Harald Busch · So war der U-Boot-Krieg

Der BdU Admiral Karl Dönitz vor seinen Männern.

Harald Busch

So war der
U-Boot-Krieg

VERLAG K.W. SCHÜTZ KG · PREUSSISCH OLDENDORF

Emblem auf der Einbanddecke: „Stier von Scapa Flow"
Als Engelbert Endrass noch Wachoffizier auf Priens U-Boot war, entwarf er nach einer
Zeichnung diesen Stier, der voll dynamischer Wucht und Angriffsentschlossenheit zum
Kampf trompetet, als Bootsemblem. Bei dem Unternehmen von Scapa Flow war dieses
Zeichen bereits am Turm, und seitdem ist es als „Stier von Scapa Flow" bekanntgeworden.
Nachdem Prien gefallen war, wurde der Stier zum Zeichen der 7. U-Flottille, die unter diesem
Zeichen die meisten Erfolge aller Flottillen überhaupt errang. Schließlich entwickelte sich der
„Stier von Scapa Flow" geradezu zum Symbol der gesamten U-Boot-Waffe. Viele von den in
diesem Buch erwähnten Kommandanten sind aus der Stier-Flottille hervorgegangen.

4. überarbeitete und erweiterte Auflage 1983
des 1952 in 1. Auflage im Deutschen Heimat-Verlag,
Ernst Gieseking, Bielefeld, erschienenen Buches
Copyright 1983 by Verlag K.W. Schütz KG, Preußisch Oldendorf
Gesamtherstellung: Kölle-Druck GmbH, Preußisch Oldendorf
Umschlagentwurf: Fritz Blankenhorn, Düsseldorf

ISBN 3-87725-105/6

Dem ehrfurchtsvollen
Gedenken der im
2. Weltkriege ge‑
fallenen U‑Bootfahrer!

Dönitz

Aumühle, 26.3.60

Inhalt

Zum Geleit   9

Vorwort   11

Der U-Boot-Krieg 1939 – 1945   15

Die erste Phase des U-Boot-Krieges   27
3. September 1939 – Juni 1940

Berichte   Von der Schippe gesprungen / Winter 1939/1940   43
            Nichts als Enttäuschungen vor Narvik / April 1940   47
            Es hätte nicht viel gefehlt . . . / Frühjahr 1940   55
            Nordkanal / Herbst 1940   59

Die zweite Phase des U-Boot-Krieges   67
Juli 1940 – Dezember 1941

Berichte   Abschied von der Bügelfalte / März 1941   83
            Nacht auf dem Grund / März 1941   87
            Lords gehen einen blitzen! / März 1941   93
            U-Boot-Mief / März 1941   99
            Fühlung halten / Frühjahr 1941   102
            Nordatlantik / April 1941   112
            Nordlicht / April 1941   114
            Sturmtage / April 1941   118
            Begegnungen / Mai 1941   122
            Fackel der Vernichtung / 1941   126
            Wolfsnächte / Oktober 1941   137
            Trotz Tod und Teufel / Oktober 1941   161
            Ein Schlachtschiff wird versenkt / 25. November 1941   166
            Rees im U-Raum / April 1941   174

Die dritte Phase des U-Boot-Krieges 180
Januar 1942 – März 1943

Berichte Erstarrte Welten / Januar 1942   196

Dreimal Schwarzer Kater „Teddy" / Januar 1942   204

Über flachstem Grund / März/April 1942   209

Taktik / Juni 1942   226

Meisterschaft / Juli 1942   251

Aber auch alles dran / Juli 1942   247

Das PQ 17 / Juli 1942   263

Der Flugzeugträger / August 1942   269

Mit der bloßen Hand / 1942   281

Bravo Brandi! / Januar 1943   288

Hintereinander / März 1943   297

Die vierte Phase des U-Boot-Krieges 305
April 1943 – Mai 1945

Berichte Zu Hause ... im Eismeer / Sommer 1943   313

Gehetzte Wölfe / Winter 1943/1944   317

Der Schnorchel / Sommer 1944   359

Vorbereitung eines neuartigen U-Boot-Krieges 1943 – 1945   369

Auch das gehört dazu 375

Verlust des Bootes und Gefangenschaft   375

Der Kamerad und Mensch   382

Abseits der Meere – Rue de Liège   389

Das war das Ende   394

Menschenführung auf einem U-Boot   399

Eine verführte Jugend? 416

Karl Dönitz in Nürnberg 416

Mensch in der Bewährung 422

Seemännische Ausdrücke 426

Bildernachweis 429

Zum Geleit

Kriege sind grausame Katastrophen. Sie geißeln uns mit Angst davor, dem Leid darin und dem Schrecken danach. Auf Grund der Naturgesetze sind sie nicht zu bannen.

Was wert ist, als Bleibendes vom Kriege berichtet zu werden, möchte ich an den Anfang dieses Buches setzen, das als Vermächtnis meiner auf See gebliebenen Kameraden, zur Erinnerung an ihre einmalige Leistung geschrieben wurde. Wo immer Menschen kämpfen, werden sie auf Grund großer physischer und tiefer seelischer Belastung gezwungen, sich mit ihrem eigenen Sein auseinanderzusetzen.

Der Kampf zeigte den Weg zu uns selber. Wir begannen die Wahrheit zu suchen, die abseits aller Ideologien und Parteiungen liegt. Wir stellten fest, daß man Wahrheit nicht ausdenken und beweisen, sondern nur erleben kann. Wir besannen uns auf das Einfache. Immer in Gefahr, wurde aller Ballast über Bord geworfen, und die Dinge bekamen ihr richtiges Maß. Wir alle waren plötzlich nackt und ohne Maske. Ein jeder mußte sich und durfte sich auf den anderen verlassen. Die Gelegenheit, so sich erproben und bewähren zu müssen und zu können, wurde zum Bedürfnis, das wir vorher nicht kannten.

Wunderbar war das Erlebnis solcher Kameradschaft. Was auch immer sei, nicht die Technik, sondern nur der ganze Kerl machte den Wert unserer Waffe aus. Wer einmal mit so gehärteten Männern auf Leben und Tod verbunden sein konnte, nimmt für die Zukunft das Beste mit.

R. *[Unterschrift]*

Vorwort

Dieses Buch wurde geschrieben um der menschlichen, nicht nur der effektiven Leistung willen jener Männer, die während des großen Krieges 1939/1945 auf deutschen U-Booten gegen den Feind fuhren. Es möchte sie vor dem Vergessen bewahren; und vor völliger Verkennung, wie sie zur Zeit um sich greift, zumal durch den widerlich entstellenden Roman DAS BOOT des einstigen Kriegsberichter-Sonderführers Lothar Günter Buchheim. Wie er deutsche U-Boot-Fahrer auftreten läßt, so waren sie wahrhaftig nicht. Wie er sie schildert, existieren sie wohl einzig in seiner eigenen so krankhaften wie geschäftstüchtigen Phantasie. Dagegen will dieses Buch aufzeigen, wie diese Männer damals wirklich, ihr Leben und Sein tatsächlich waren. Die menschliche Seite, ihr Verhalten im Einsatz und untereinander, den Ton, den sie pflegten, und den Kampf, den sie führten, und wie sie mit dem Schwersten fertig wurden, als ein Dokument der unerhörten, der einmaligen Geschichte, die so zuvor nie war und so nie wiederkehren wird. Nur wer als Mannschaftsdienstgrad unter ihnen lebte, lernte sie und ihr Leben, wie es war, zutiefst kennen und kann sie vielleicht, ich hoffe es, so auch schildern. Der Verfasser fühlte sich dazu verpflichtet.

Dieses Buch spricht also vom Leben der deutschen U-Boot-Männer zur Zeit des großen tragischen Krieges. Etwa 39000 haben auf 820 Booten vor dem Feind in See gestanden. Von diesen sind 27491 im Kampf für gebührenden Rang und Freiheit des gesamten deutschen Volkes gefallen.

Vom ersten Tage an wurde der U-Boot-Krieg unter ständig zunehmendem Druck der feindlichen Übermacht mit völlig unzureichenden Mitteln geführt. Er war etwas Einmaliges innerhalb des gesamten Ringens. Schon während des Krieges wie nachher ist manches über ihn geschrieben worden. Diese Veröffentlichungen erstrecken sich von der gelenkten Darstellung der Kriegszeit über oft sachlich unbeschwerten Ton bis zur reißerisch verzerrenden Tendenz in dem geschäftstüchtigen Roman DAS BOOT. Strahlende eichenlaubbekränzte Helden zeichnen so wenig das Wesentliche wie die fatale Überzeichnung neurotischer, einzig sexuell besessener und nun von Ängsten verklemmter, ihre unverantwortliche Führung verfluchender, obendrein krankhaft brutaler — fast meint man: heutiger — junger Männer. Auf solche Weise schlingert der Begriff vom deutschen U-Boot-Fahrer zwischen dem kitschig verklärten Helden und dem Kriegsverbrecher, und neuerdings nun gar dem böswillig verführten und dann rücksichtslos „verheizten" und dabei zerbrochenen armseligen Jüngling.

Was ist die Wahrheit?

Sechs Jahre waren nach dem bitteren Ende des Krieges vergangen, als ich dieses Buch zum erstenmal herausgab; und inzwischen sind es bereits siebenunddreißig Jahre, da ich es erneut vorlege. Verwirrung und absichtliche Verfälschung der überzeitlichen soldatischen Werte machen nach und nach doch auch dem Suchen nach unverstellter Wahrheit, was denn damals wirklich gewesen ist, Platz. Zu dieser Entwicklung wollte schon damals und will mehr noch jetzt wieder dieses Buch seinen Beitrag leisten. Es war und es ist der Versuch, das, was den Verfasser selbst zutiefst ergriffen und ihn davon mitzuteilen bewegt hat, nämlich: darzustellen, wie der U-Boot-Krieg, wie diese elitäre Handvoll Männer, ihr Sichgeben und wie ihr Kampf wirklich waren, diese Männer, die sich aus tiefstem Herzen und bis zum Letzten verantwortlich fühlten für das Geschick ihres Volkes, überzeugt von der Notwendigkeit ihres Einsatzes, ja zutiefst auch stolz darauf, auserwählt und dem gewachsen zu sein; und selbst dazu bereit, wenn es denn sein sollte, gemeinsam mit ihren Kameraden ihr Leben hinzugeben. Sie alle empfanden sich nicht als „Verführte" und waren es auch nicht; und sie wurden nicht „zerbrochen", wie es einem heute eingeredet wird. Selbst in der höchsten Gefahr, wenn alles ausweglos erschien, gab es keine Disziplinlosigkeit an Bord, schon gar nicht Gebrüll, wie es kürzlich der Film DAS BOOT glaubte darstellen zu sollen, weil gewiß so viele intellektuelle Menschen es sich heute gar nicht anders vorstellen können. Damals aber herrschte absolute Ruhe im Boot, gespannteste Aufmerksamkeit; höchstens, daß es einer vermochte, durch ein flachsiges Wort seine und der anderen Angst zu bannen. Wer nervlich nicht oder nicht mehr durchzuhalten vermochte, wurde, kam das Boot noch einmal davon und zurück, in Ehren aus der „band of brothers" entlassen, aus dieser „Bruderschaft der Tiefe", zu einem weniger aufreibenden Dienst.

Durch seinen Einsatz zunächst als Kriegsberichter, dann aber als Matrosengefreiter der U-Boot-Waffe selbst, hat der Verfasser diesen geschlossenen Kreis und die unerhört harte Atmosphäre des Lebens an Bord als U-Boot-Fahrer genugsam miterlebt. Bei seinen Schilderungen stützt er sich also auf das eigene Erlebnis, aus dem heraus er weiterhin in planmäßig geführten Unterhaltungen mit Kameraden anderer Boote, Offizier wie Mann, deren Erlebnisse sich vorzustellen vermochte. Er prüfte diese danach durch das Studium der entsprechenden geheimen Kriegstagebücher der Boote: sie wurden ihm, dem Mannschaftsdienstgrad, ausnahmsweise, auf persönliche Weisung des Befehlshabers der U-Boote, Dönitz, zur Einsichtnahme freigegeben. Das Geschehen im einzelnen, das in jenen Aufzeichnungen seinen nur militärisch knappen, aber zuverlässigen Niederschlag fand, bemühte er sich ausführlich anschaulich werden zu lassen, um so die damaligen, einmaligen Ereignisse für die Zukunft zu vergegenwärtigen. Die Auswahl dieser und nicht anderer Boote wie Kommandanten wurde weithin durch Zufälligkeiten bestimmt. Sie bedeutet keinerlei Bewertung gegenüber Nichterwähnten. Dennoch hofft der Verfasser, daß seine Auswahl ein einigermaßen lebensvolles Gesamtbild ergibt.

Der Eigenart des sich verändernden Geschehens entspricht es, daß die Leistungen der ersten Phasen des U-Boot-Krieges farbiger und auch breiter geschildert werden konnten als die der späteren, in denen die größere Zahl der Boote unter weniger bekannt gewordenen Kommandanten gegen vermehrte Schwierigkeiten zu nur geringeren Erfolgen kamen, die aber, wenn man soldatisch werten soll, keineswegs geringer waren als die eines der „Asse" der „großen Zeit" des U-Boot-Krieges. Was Zähigkeit und Einsatzhärte anbetrifft, ragen so manche Taten weithin namenlos gebliebener Kommandanten und ihrer Besatzung über die vergleichsweise „leichteren" Zeiten sicherlich noch hinaus.

Mannigfaltigkeit der Charaktere, der Aktionen und Reaktionen verbanden sich zu einem unvergleichlichen Kapitel unerhörter männlicher Bewährung, einer Leistung aus bewußter Bereitschaft zum soldatischen Opfer für ihr Volk. Mit Recht mag bezweifelt werden, daß schon heute das endgültige Urteil über die Katastrophe des Zweiten Weltkrieges abgegeben werden kann; daß man schon heute die endgültige kriegswissenschaftlich historische oder gar politische Darstellung vorlegen kann. Der Verfasser darf betonen, daß er weder das eine noch das andere beabsichtigt. Vielmehr soll hier, ehe es zu spät ist, die möglichst verläßliche Anschauung vermittelt werden, soll also nicht mehr und nicht weniger angestrebt werden, als innerhalb eines für solche Berichte unumgänglichen seekriegsgeschichtlichen wie auch technischen Rahmens, soweit er solchen zu erkennen vermag, den U-Boot-Krieg aus der Sicht des U-Boot-Mannes selbst darzustellen. Es soll vom Geist und von der Art jener menschlichen Auslese gesprochen werden, die man heute unglaublich zu verzeichnen beliebt. Ein möglichst echtes Bild wurde angestrebt der

Kommandanten wie ihrer Besatzungen, die allein, hätte man rechtzeitig auf ihren Befehlshaber gehört, England in die Knie zu zwingen in der Lage waren. So das Urteil selbst eines Winston Churchill. Der Begriff des Dienens bis zum Letzten war das höchste Ethos dieser Männer. Dies Buch über sie soll die Erinnerung an sie, vor allem an ihre vielen Gefallenen lebendig erhalten, soll das jüngst so verzeichnete Bild von ihnen berichtigen, soll ihr Handeln als verpflichtendes Beispiel fruchtbar werden lassen in unserer weithin so verfahrenen Zeit, in der, entgegen allem Geschwätz, unser Volk um seine Ehre und um seinen Bestand überhaupt zu ringen hat.

Dr. Harald Busch

Spätsommer 1952/Frühjahr 1982

Der U-Boot-Krieg 1939—1945

Als Großbritannien am 3. September 1939 Deutschland den Krieg erklärte, sah sich das Reich gezwungen, gegen jene beherrschende Seemacht anzutreten, mit der es die Auseinandersetzung unter allen Umständen hatte vermeiden wollen.

Deutschland war für diesen Seekrieg nicht annähernd gerüstet. Das Verhältnis der Flottenstärken ergab eine katastrophale Unterlegenheit der Kriegsmarine. 1914 war das anders gewesen. Kaum viereinhalb Jahre vor Ausbruch des Zweiten Weltkrieges, am 16. März 1935, hatte Deutschland seine Wehrhoheit wiederhergestellt. Das wenige Monate später abgeschlossene deutsch-englische Flottenabkommen war gekennzeichnet durch ein beiderseits nüchternes Abwägen der Tatsachen. Nicht zuletzt aus der Einsicht, daß sich eine kampfkräftige Flotte überhaupt nicht von heute auf morgen bauen läßt, schlug Deutschland eine Beschränkung des eigenen Kriegsschiffbaues auf 35 Prozent der englischen Tonnage vor. Diese Verhältniszahl war im einzelnen verschiedenartig gestaffelt. So akzeptierten die Engländer, daß Deutschland gegenüber England 45 Prozent an U-Booten, der Waffe des Schwächeren, unterhalten durfte. Es war erwogen, sich bei späteren Besprechungen auf 100 Prozent zu einigen. So hätte Deutschland bei Kriegsausbruch September 1939 eine Zahl von 72 beziehungsweise sogar 160 Booten in selbst bestimmter Größe und Bauart besitzen dürfen. Im Verlauf der Verschärfung der internationalen Lage kündigte die Reichsregierung im April 1939 das Flottenabkommen und hätte damit die Möglichkeit gehabt, den U-Boot-Bau zu forcieren. Das geschah nicht. Die deutsche Kündigung erwies sich als ein bloß politisches Druckmittel.

Bei Kriegsausbruch verfügte Deutschland nur über 57 U-Boote, davon lediglich 22 von einer Größe, die sie für Operationen im Atlantik ernstlich in Frage kommen ließ (Typ IX: 750 Tonnen; Typ VII: 500 Tonnen). Alle übrigen waren jene kleinen, „Einbäume" genannten 250-Tonnen-Boote (Typ II), mit deren Bau Deutschland offiziell erst 1935 begonnen hatte, sich eine U-Waffe zu schaffen. Sie waren als Schulboote anzusprechen und nur in nicht allzu weit entlegenen Seegebieten kriegsmäßig einzusetzen.

Die deutsche U-Boot-Führung war mit Kriegsbeginn überzeugt, daß allein eine scharfe Drosselung der englischen Zufuhr an Nahrungsmitteln und Rohstoffen durch den U-Boot-Krieg entscheidend sei. Angesichts unserer Flottenlage müsse zwangsläufig eine Entscheidung gegen England vor dem drohenden Eingreifen der USA erzwungen werden, aber sie fand noch kein Gehör. Erst lange nach Kriegsbeginn wurde ein großzügiges Neubauprogramm für die U-Waffe aufgestellt. Statt des bisherigen Zuwachses von nur zwei Booten im Monat waren nunmehr dreißig vorgesehen; eine Zahl, die man schließlich erreichte. Von 1942 an traten jeden Monat durchschnittlich wenigstens zwanzig Boote neu zur Front. Damals aber war längst die britische U-Boot-Abwehr ausgebaut und eingespielt. Das Unterseeboot ist eine verhältnismäßig junge Waffe. Erst 1914 hatte Kapitänleutnant Otto Weddingen auf U 9 mit der Versenkung von drei schweren Einheiten des Gegners auf einen Schlag zum ersten Male und zu allgemeiner Verblüffung gezeigt, ein wie gefährliches Instrument der Seekriegsführung dieses Fahrzeug war, das man bis dahin kaum ernst genommen hatte. In den darauffolgenden Jahren bis zum Zusammenbruch 1918 bewies dieses inzwischen technisch vervollkommnete U-Boot weiterhin, daß es besonders dazu geeignet war, in vom Gegner kontrollierten Seegebieten Handelskrieg zu führen. 1936 war Deutschland dem Londoner U-Boot-Abkommen von 1930 beigetreten. Danach durfte ein Handelsschiff nur nach Anhalten und Prüfung seiner Ladung versenkt werden, wenn diese sich als Konterbande herausstellte und ein Einbringen des Schiffes in einen eigenen Hafen nicht möglich war; und außerdem erst nach ausreichender Sorge für die Sicherheit seiner zivilen Besatzung. Die deutsche, nach 1936 neu verfaßte Prisenordnung entsprach diesen Bestimmungen. Im Zweiten Weltkrieg richteten sich unsere U-Boote, mit einer einzigen durch ein Mißgeschick verursachten Ausnahme, auf die wir noch zu sprechen kommen, streng danach. Gemäß dem Protokoll von 1930 war aber der U-Boot-Kommandant von diesen einengenden Anordnungen befreit gegenüber eindeutig erkannten Truppentransportern und solchen Handelsschiffen, die durch Kriegsfahrzeuge oder Flugzeuge geleitet wurden und somit demonstrierten, daß sie von diesen, also der Partei des Gegners, abhängig waren. Das galt auch gegenüber Handelsschiffen, die sich an Kampfhandlungen beteiligten, zu denen schon das Übermitteln von Funknachrichten gerechnet wurde. Naturgemäß war England sowohl auf der Londoner Konferenz von 1930 als auch der in Washington von 1920 – aber vergeblich – dafür eingetreten, daß man einem bewaffneten Handelsschiff die gleichen Rechte wie dem unbewaffneten zubilligen solle; es wollte dessen Waffen als reine Defensivwaffen erklärt wissen. Das U-Boot mit seiner ungewöhnlich hohen Verletzlichkeit darf sich aber im Interesse seiner eigenen Sicherheit nicht in die Gefahr einer Auseinandersetzung mit solch einem Fahrzeug einlassen. Aus diesem Grunde kann ein bewaffnetes Handelsschiff mindestens dem U-Boot gegenüber nicht die Rücksichten beanspruchen, wie sie das Völkerrecht nach jenem Protokoll dem unbewaffneten zubilligt. Die am Zustandekommen des Protokolls beteiligten und sehr verschieden interessierten Staaten hatten zu keiner Einigung in dieser Frage kommen können, so daß im Londoner Protokoll die Stellung des bewaffneten Handelsschiffes, zweifellos absichtlich, nicht recht deutlich geklärt wurde. Damals vermied man es auch, die Frage der Deklaration von „Operationsgebieten", in denen warnungslos, also unbeschränkt, angegriffen wird, offiziell anzuschneiden, und so findet diese im Protokoll auch keine Erwähnung. Sehr bald sollten sich allerdings diese Lücken des Völkerrechts praktisch wie von selbst schließen.

Welche Gefahren ein Handelskrieg nach Prisenordnung für das U-Boot mit sich bringt, welche Beschränkung seine Erfolgsaussichten als Handelsstörer dann erfahren, war von vornherein klar. Im Ersten Weltkrieg hatte England Q-ships, sogenannte U-Boot-Fallen, die ihre Bewaffnung versteckt führen und sich nach außen hin ein harmloses Aussehen geben, ausgerüstet und eingesetzt. Diese Q-ships bekämpften das auftauchende, sie anhaltende und zur Untersuchung sich anschickende Boot plötzlich mit einem vernichtenden Hagel von Geschossen, von denen eines oft schon genügte, ein so verletzliches Fahrzeug zu vernichten. Und natürlich erschienen auch im Zweiten Weltkrieg ähnliche U-Boot-Fallen auf den Meeren. Im Zeitalter des Flugzeugs bedeutet ohnehin das Auftauchen und Hinüberschicken eines Prisenoffiziers zur Untersuchung der Ladung eines angehaltenen Handelsschiffs, zumal in küstennahen Gewässern wie der Nordsee, wegen der Flugzeuge ein allzu riskantes Unternehmen.

16

Trotzdem hielt Deutschland an diesen durch die Veränderung aller technischen Voraussetzungen des modernen Seekrieges im Grunde längst überholten internationalen Bestimmungen von London zunächst fest. Es war England, das die schrittweise Verschärfung der deutschen Maßnahmen im U-Boot-Handelskrieg durch eigene, international unzulässige Schritte heraufbeschwor. Davon später. Obgleich man rechnen muß, daß normalerweise ein Drittel der deutschen Boote jedesmal in der Werft zur Reparatur, ein weiteres Drittel auf dem Marsch ins Operationsgebiet oder aus diesem zurück war, damit also höchstens ein einziges Drittel wirklich am Feind stand, waren die Erfolge, welche die deutsche U-Boot-Waffe trotzdem und trotz aller Beschränkungen schon bald nach Kriegsbeginn errang, erstaunlich. Sie zeigten, daß ungeachtet der zwischen den beiden Weltkriegen entwickelten Abwehrmittel, wie dem verfeinerten Horchgerät und der Unterwasserortung mit Asdic-Strahlen, ein Unterseebootkrieg durchaus noch möglich und dem Gegner gefährlich war.

Die Ausbildung der deutschen U-Boot-Besatzungen war aber auch hervorragend. Der Führer der U-Boote, Kommodore Dönitz, im Ersten Weltkrieg selbst U-Boot-Kommandant und mit der ihm unterstellten Waffe und ihren Problemen aus eigenem Erleben eng vertraut und liebevoll wie mit soldatischer Strenge um ihre praktischen wie taktischen Probleme bemüht, hatte dafür gesorgt, daß seine U-Boot-Offiziere, -Oberfeldwebel, -Unteroffiziers- und -Mannschaftsdienstgrade mit ihren Booten wie im Schlafe umzugehen wußten. Er wachte darüber, daß sie auf jeden nur denkbaren Fall einer Störung im komplizierten technischen Organismus des Fahrzeuges vorbereitet und in der augenblicklichen Behebung aller nur möglichen „Ausfälle" geschult, ihre Kommandanten taktisch aufs beste durchgebildet, darüber hinaus aber auch — und das als das Wesentliche seiner Erziehung —, sie auf den schneidigen und zähen Angriff ausgerichtet waren. Das geschah in einer Weise, die er aus den Lehren des letzten Krieges und der neuen Abwehrmittel, vor allem aber aus denen der Verbesserungen, die das Funkwesen inzwischen erfahren hatte, entwickelte. Die junge Unterseebootwaffe war Werk und Werkzeug dieses Mannes.

Im Ersten Weltkrieg war der U-Boot-Einsatz, so schwer er auch schon sein mochte (es blieben 199 Boote vor dem Feind!), vergleichsweise noch in vielem „bequem" gegenüber dem, was den Besatzungen jetzt auf Feindfahrt abverlangt wurde. Mit der Zunahme der britisch-amerikanischen Abwehr im Verlauf des Krieges nahm die Härte der Bedingungen ständig zu. Einst hatte sich, wenigstens bei ruhiger See, der wachfreie Teil der Besatzung an Oberdeck aufhalten können. Bei unruhiger See, welche das Deck sofort überspült, blieb ein Teil der wachfreien Männer neben der seemännischen Brückenwache, die das Boot verantwortlich fährt, auf dem Turm. Außer dem dort befindlichen Luk waren damals, soweit es das Wetter erlaubte, auch das Luk vorn an Oberdeck und das achtern, manches Mal sogar auch noch die größeren beiden Torpeduluken geöffnet gefahren worden. Das in der Feuchte des Bootsinnern inzwischen muffig gewordene Zeug, Decken, Wäsche und Proviant wurden draußen gelüftet und getrocknet.

Im Jahrhundert des Flugzeuges war das nicht mehr möglich. Dies gilt schon für normale Überwasserfahrt des Tauchbootes. Befand sich das Boot, wenn es tauchte, seinerzeit in völliger Sicherheit, so waren schon gegen Ende des Ersten Weltkrieges das Horchgerät, das des Bootes Geräusche unter Wasser feststellte und dieses einzupeilen suchte, und die Wasserbombe entwickelt. Auf bestimmte Tiefe eingestellt, detonierte diese, was nun mit fortschreitender Technik schon in immer weiterem Abstand vom Boot zu Ausfällen, ernsten Beschädigungen und zum Verlust führen konnte. Dazu kam jetzt die Asdic-Ortung, die neben dem Horchgerät das Boot in der Tiefe aufspüren und genau einpeilen sollte. Diese Unterwasserortung arbeitete allerdings nicht einwandfrei, wenn das Boot nur genügend tief tauchte, was anfangs allerdings nicht geschah. Es ergab sich, daß jede Schichtung des Wassers, wie sie die Sonneneinstrahlungen oder Strömungen hervorrufen, die Suchstrahlen mehr oder weniger stark brach, so daß fast mehr noch als dieses Gerät das Gehorchtwerden dem getauchten Boot gefährlich wurde. Die Propaganda, die England vor dem Kriege dem neuen Asdic-Gerät widmete und die wohl abschreckend wirken sollte, nahm Kommodore Dönitz schon damals nicht so ernst wie sie klingen sollte, auf Grund der Erfahrungen mit dem entsprechenden eigenen, dem sogenannten S-Gerät. Die Praxis gab ihm recht. Wie er sich auszudrücken pflegte, wurde auch beim Briten nur mit Wasser gekocht.

Die neuen deutschen Tauchboote wurden so konstruiert, daß sie mindestens bei Schleichfahrt gegenüber denen des Ersten Weltkrieges nahezu geräuschlos fuhren und so gegen das Einpeilen durch das Horchgerät erheblich geschützt waren. Allerdings verlangsamte solche „Schleichfahrt" die Unterwassergeschwindigkeit des getaucht ohnehin nur in sehr mäßigem Tempo — höchstens für kurze Zeit mit sieben Seemeilen die Stunde — sich fortbewegenden Bootes auf ein bis zwei Seemeilen. Auch aus diesem Grunde zog man den optisch vom Gegner schwer erkennbaren Nachtangriff über Wasser jedem Unterwasserangriff vor. Ein Angreifer, der langsamer ist als der Verfolgte, welcher seinerseits jederzeit zum Angreifer werden kann, sowie er den Gegner bemerkt, befindet sich in mißlicher Lage. Die neue von Dönitz entwickelte Taktik trachtete denn auch, den in den weiten Räumen des Atlantik aufgespürten Gegner außerhalb seiner Sicht bis zur einbrechenden Dunkelheit zu verfolgen und erst dann anzugreifen. Den Ansatz mehrerer Boote zugleich, die durch Funk untereinander in Fühlung blieben und sich gegenseitig im Halten der Fährte unterstützten, nannte Dönitz die „Rudeltaktik". Erst die verfeinerte Funktechnik mit ihren sogenannten Kurzsignalen, die der Gegner im Anfang des Krieges noch nicht zum Einpeilen des Bootes auszunutzen vermochte, hatte diese Taktik ermöglicht. Der Massierung der Frachter in Geleitzügen setzte Dönitz die Massierung der Angreifer entgegen.

Der Hauptgegner, der jetzt dem U-Boot-Mann auf Feindfahrt das Leben erschwerte und die größte Gefahr für des Bootes Existenz darstellte, war das Flugzeug. Der Aufklärer, der es sichtet und seinen Standort meldet, damit ihm dann die Meute der speziell darauf ausgebildeten Abwehrfahrzeuge auf den Hals geschickt wird. Der es unter Wasser zu zwingen versucht, während der vom U-Boot verfolgte Geleitzug dann ungesehen anderen Kurs nimmt und entkommt. Und der Angreifer, der es mit Bordwaffen und Bomben, schließlich mit Spezialwasserbomben, als deren Explosivstoff das neue wirkungsvolle „Torpex" in England entwickelt wurde, zu vernichten trachtet. Erst die Flugzeuge des Gegners mit ihrem weiten Radius und der sich ständig steigernden Geschwindigkeit bewirkten, daß schließlich selbst in den entferntesten Seegebieten, in denen mit Trägermaschinen geflogen wurde, sich auf der deutschen U-Bootsbrücke nur der das Boot fahrende Wachoffizier und, zur Unterstützung des lebenswichtigen Ausgucks, das notwendigste Brückenpersonal, zusammen vier Mann, aufhalten durften. Schließlich waren die Boote überhaupt nicht mehr recht in der Lage aufzutauchen. Auf die Veränderungen, die zum Schluß des Krieges den gegen die Radarortung durch Flugzeuge als Sicherung gedachten, „Schnorchel" genannten Luftmast und neue U-Boot-Typen brachten, kommen wir noch zu sprechen. Ständig herrschte höchste Alarmbereitschaft im Boot, damit sich dieses im Gefahrenmoment mit Schnelltauchen der Sicht (später also auch der Radarortung) und der gefährlichen ersten Tiefenzone entziehen konnte.

Das Leben, wie es sich in der engen, ständig feuchten und von tausend Düften schwangeren Bootsröhre durch Wochen und Monate hindurch abspielte, ist einem Laien – und zu solchem ist in diesem Falle jeder Nicht-U-Boot-Fahrer zu rechnen – kaum klarzumachen. Glücklicherweise empfand der U-Boot-Mann selbst das Außergewöhnliche, mit dem er sich nach und nach anfreundete, nicht mehr als etwas Besonderes. Er litt schließlich nicht bewußt daran, und selbst sein Organismus stellte sich mit der Zeit einigermaßen um. Jemand, der unvorbereitet an einer Feindfahrt teilnahm, würde sich darüber gewundert haben, daß er sich (wie es durch eine Folge außergewöhnlicher Umstände dem Verfasser auf seiner ersten Feindfahrt tatsächlich erging) von Woche zu Woche an die Bedingungen des U-Boot-Alltagslebens unmerklich gewöhnte und endlich als echter U-Boot-Mann das Überwasserfahren im U-Boot als die unmittelbarste und eindrucksvollste Form von Seefahrt überhaupt empfand.

Der seemännische Dienst an Bord wechselte normalerweise von vier zu vier Stunden, wenn die Besatzung in drei Wachen, sozusagen drei Belegschaften für jedesmal die gleichen Verrichtungen, eingeteilt war. Das Maschinenpersonal ging in nur zwei Wachen, man löste sich also von sechs zu sechs Stunden ab. Infolgedessen teilten sich meist zwei Mann nacheinander in eine Koje, wie der Seemann seine Schlafgelegenheit nennt. An ein Ausziehen der Bekleidung war auf Feindfahrt nicht zu denken. Auf Gefechtsstationen, beim Angriff also wie bei Alarm, der mit jeder Sekunde durch schrilles Klingeln befohlen werden konnte, war die gesamte Besatzung von durchschnittlich 46 Mann, jeder an besonderer Stelle mit besonderem Aufgabenbereich, gleichzeitig eingesetzt.

Der ohnehin unbeschreiblich enge Raum, der an Bord der deutschen Frontboote dem Menschen zur Verfügung stand, war auf Feindfahrt obendrein vollgestopft mit Ausrüstung für lange Wochen, wie sie bei Konstruktion dieses Bootstyps zweifellos nicht vorgesehen war. Der Frischproviant für die erste Zeit in See hinderte, sperrig wie er war, in verschiedenen Räumen jede Bewegung. Er duftete impertinent noch über all die vielen anderen „Gerüche" von muffiger Kellerluft aus den Bilgen, von Essensdünsten, von „Kolibri" (dem Kölnischwasser, mit dem der U-Boot-Fahrer sich das Salz der ständig die Brücke überschüttenden See vom Gesicht zu waschen pflegte), von Dieselöl und Abgasgestank, vom ständig auf- und zugehenden Klosett mit seinem „Luftreiniger" (selten, daß einmal die blaue Lampe nicht anzeigte, es ist zur Zeit benutzt!), und über die ungewaschene Menschenausdünstung hinweg. Dazu ständig Bewegung, schwerste Bewegung im Boot! Das kleine Fahrzeug schlingert, stampft, giert, rollt, steigt und fällt in dem schwankenden Element schon bei nur mäßig bewegter See und in jeder Dünung ganz anders als jedes normalerweise sehr viel größere Überwasserschiff. Dafür aber in einer wunderbar der See angepaßten Bewegung. Krängungen (Neigungen) bei schwerer See bis an 60 Grad waren keine Seltenheit, und manchmal polterte ein Schläfer aus seiner in der Längsrichtung des Bootes eingebauten Koje über deren Schlingerschutz hinaus glatt zu Boden. Ja, es kam vor, daß einer aus der oberen Koje quer durch den Raum in die untere der gegenüberliegenden Seite hineinfiel.

Das primitive enge Zusammenleben der Besatzung beansprucht den Menschen in einer kaum vorstellbaren Weise, zumal die geistig anspruchsvollere Individualität. Bei den im Kriege verwendeten Bootstypen war der Bugraum der Besatzung zugleich der Bugtorpedoraum. Solange die ersten der Reservetorpedos noch nicht in die zum erstenmal leergeschossenen Ausstoßrohre nachgeladen waren, hatte die Mannschaft, die hier hausen mußte, nicht einmal so viel Platz, daß der einzelne sich stehend aufrichten, nicht einmal Sitzgelegenheit, daß er sich auf normale Weise einmal setzen konnte. Über den Bodenplatten lagerten dann nämlich zusätzlich mitgeführte Torpedos, und erst über diese war ein Notzwischenboden aus Holzbohlen gelegt, auf dem die Mannschaft die erste Zeit lebte. Überall im Boot und selbst auf diesem Zwischenboden im Bugraum standen Körbe, Kisten und Säcke voller Proviant, hingen mit Vorräten prall gefüllte Hängematten.

Im Raum der Unteroffiziere, dem sogenannten U-Raum gleich hinter der Zentrale (dem Hirn- und Nervenzentrum des Bootes), lagerten unter der Back, also dem Tisch, der zwischen den Kojenwänden rechts und links durch die Länge des schmalen Raumes reichte, etwa die Säcke mit Kartoffeln, und über ihm, so daß, wer stehen wollte, den Kopf einziehen mußte, baumelte eine Hängematte mit harten Frischbroten. Wer von der Zentrale her durch diesen meistbegangenen Raum des Bootes hindurch zur Kombüse und den achtern liegenden Maschinenräumen sowie zum Hecktorpedorohr oder von dort zurück nach vorn wollte, mußte sich buchstäblich durch all das hindurchwinden und -stolpern. Der Abstand zwischen den Kojen war gerade so breit wie der Tisch, so daß dessen eines, in der Längsrichtung als Klappe ausgebildetes Drittel ständig abgeschlagen bleiben mußte, sonst hätte sich niemand durchzwängen können.

Die Koje war der einzige Platz, auf dem man liegend seine freie Zeit verbrachte; schwieriger schon sitzend, die Beine über den das Blut stauenden Schlingerschutz hängend: eine Art Leiter, die vor dem Hinausfallen schützen sollte. Sowie einer durchkam – und wir nannten, weil dies gerade während der Mahlzeiten mit der Wachablösung dauernd der Fall war, diesen U-Raum die Leipziger Straße oder auch den Potsdamer Platz! –, mußte man den unter der niedrigen Matratze des oberen Bettes hervorgestreckten Kopf einziehen, und zugleich Knie und Füße mit, denn sonst kam der Passant unmöglich zwischen Tisch und Koje unter der Hängematte hindurch und über die Säcke am Boden hinweg zu seinem Ziel. Und doch, der Mensch wird von der Gewohnheit geprägt. Wer auf einem U-Boot zur See gefahren ist und sich als Seemann, als Soldat und Kamerad, als Mensch bewährte, empfand schon auf der nächsten Reise kaum, und bald überhaupt nicht mehr, was ihm allein schon durch solch unbequemes Alltagsleben in See abverlangt wurde. Er hatte sich so eingewöhnt, daß ihn das Boot mit seinen Kameraden als eine, wenn auch abenteuerliche, Heimat anmutete. Die meist noch jungen Menschen fanden sich bald in solcher Umwelt zurecht.

Die weitaus stärkste seelische Belastung des U-Boot-Mannes war, tage- und wochenlang in diesem ewigen Einerlei härtesten und beschränktesten Lebens, in jeder Sekunde ständig auf den Einsatz gespannt, auf keinen Feind zu stoßen. Nicht zum Angriff, auf den alles zielte, nicht zum Erfolg zu kommen, der doch ihr Soldatsein erst bedingte und der ihrem U-Bootfahrer-Leben erst einen Sinn verlieh, war am schwersten. Oft wochenlang vergebliches Warten, das Ausbleiben von Erfolgen, und waren diese noch so schwer zu erringen, führten zu jenen allerdings nicht häufigen Nervenversagern, die früher oder später zur Ablösung des betreffenden „verbrauchten" Mannes aus der Front zwangen.

In diesem Kriege wurde für den U-Boot-Mann mit Recht viel getan. Man gab ihm die beste Verpflegung; natürlich kein Alkohol auf Feindfahrt. In den Werftliegezeiten, während das Boot für seine nächste Feindfahrt überholt wurde, ging ein großer Teil der Besatzung auf Heimaturlaub. Der übrige, soweit zur Zeit zur Hilfe bei Werftarbeiten nicht benötigt, verbrachte die Tage solange wie möglich in einer der nahe bei den Einsatzhäfen eingerichteten „U-Bootweiden", wie man diese besonderen Erholungsheime nannte. Anfangs zog man nach durchschnittlich zwölf Feindfahrten den einzelnen, mochte er noch so sehr protestieren, aus der Front. Allerdings überstanden von 1943 ab wenige Boote ihre zweite; viele wurden zu dieser Zeit schon auf ihrer ersten vom Gegner vernichtet. Wer sich als U-Boot-Mann, sei es aus charakterlichen, sei es aus körperlichen Gründen, nicht bewährte – und so etwas zeigte sich schnell –, wurde gleich nach Rückkehr von der Unternehmung abgelöst und zu anderer Verwendung kommandiert.

An Freiwilligen für die U-Waffe, Offizier wie Mann, hat es keinen Augenblick dieses Krieges jemals gefehlt; selbst in den hoffnungslosesten Zeiten 1943/44 nicht. Eine Einsatzkrise, wie man später häufig munkelte und in der Nachkriegspresse „enthüllte", daß etwa ein Kommandant oder gar die ganze Besatzung eines Bootes sich geweigert hätten, auszulaufen, hat es in Wahrheit nie gegeben. Mit unverhohlener Bewunderung schreibt sogar der ehemalige Gegner in der 1946 erschienenen Veröffentlichung der Britischen Admiralität „The battle of the Atlantic": „... However, there is no reason to suppose that they would not have fought in a losing campaign, if the defeat of the German Army had not brought collapse and surrender. Their moral was unimpaired to the bitter end." – „Es besteht jedoch kein Grund anzunehmen, daß sie nicht hätten weiter kämpfen wollen in einer verlorenen Schlacht, wenn nicht die Niederlage der deutschen Armee Zusammenbruch und Übergabe gebracht hätte. Ihre Moral war ungeschwächt bis zum bitteren Ende."

Der Verlust von 753 deutschen Unterseebooten mit 27491 Mann von den 39000, die im Fronteinsatz standen, spricht eine deutliche Sprache. Wohl keine Waffengattung hat in einem Krieg einen derartigen Prozentsatz an Verlusten erlitten und – ohne moralische Krise überstanden. Keine hat aber auch mit einem aufs Ganze gesehen derart geringen Aufwand an Menschen und Material einen verhältnismäßig so umfangreichen und gewichtigen Effekt erzielt. Der Geist der U-Boot-Besatzungen war tatsächlich ungebrochen bis zuletzt.

Ein mir unvergeßlicher Vorfall war typisch für diesen U-Bootfahrer-Geist. Er ereignete sich in der schwärzesten Zeit des U-Boot-Krieges:

Einige Boote waren mit ungewöhnlich starken Luftabwehrwaffen ausgerüstet und versuchsweise eingesetzt worden, um sich in der Biskaya der hier ständig patrouillierenden Royal Air Force zu erwehren. Diese Boote, die ja wie alle dieses Küstenvorfeld passieren mußten, sollten den aus der Luft angreifenden Gegner überraschend mit konzentriertem Feuer annehmen und abschießen, anstatt bei Annäherung des Flugzeuges zu tauchen. Man hoffte, so den Feind einschüchtern und von seinem gerade dort so stark konzentrierten Einsatz an Flugzeugen abbringen zu können.

Bei der zweiten Fahrt der ersten „Flakfalle" U 441 im Juli 1943 fielen im Gefecht mit drei Beaufighter-Zerstörerflugzeugen auf dem U-Boot 11 Mann, während 13 (darunter sämtliche seemännischen Offiziere und der Obersteuermann) schwer verwundet wurden. Alles, was sich zur Bedienung der Maschinenwaffen, mit denen dieses Boot gespickt war, auf der Brücke und den besonderen Kanzeln vor und hinter dieser befand, wurde von den schweren Bordwaffen der zugleich angreifenden Flugzeuge im Augenblick weggeputzt. Die Hoffnung, auf diese Art der Luftgefahr Herr zu werden, trog. Dem Arzt an Bord, Stabsarzt Dr. Pfaffinger, der als Sportsegler und auf Grund seiner Fronterfahrung auf

Schnell- und U-Booten (das EK I hatte er bereits) zufällig ein guter Seemann war, gelang es, das Boot mit Hilfe des tüchtigen Obermaschinisten Helmchen sicher in die Obhut des herbeieilenden Minensucher- und Luftgeleites und so nach Brest zurückzuführen. Eine Leistung, die nur der Fachmann würdigen kann; handelte es sich doch nicht einfach um Überwasserfahrt, sondern um eine äußerst komplizierte Ansteuerung mit dem getauchten Boot unter den Augen des Feindes.

Naturgemäß sprach es sich in Brest schnell herum, was anlag, als dieses Boot einlief. Nun aber trat das Unerwartete ein: Sofort meldeten sich von der Personalreserve der Stammflottille fünfundzwanzig Mann, die die Gelegenheit, jene durch den Tod ihrer Kameraden freigewordenen Plätze zu besetzen, als ihre Chance ansahen, endlich auf einem, wenn auch noch so gefährdeten, Frontboot zum Einsatz zu gelangen, den sie dem gefahrlosen Etappenleben im schönen Frankreich weitaus vorzogen. Sie wollten gerade auf einer Flakfalle zum Schießen, zum Erleben des eigenen Zuschlagens kommen.

Die Männer, die auf den deutschen U-Booten gegen den Feind fuhren, wußten sehr genau, was die Glocke für sie geschlagen. Sie zählten es sich an den Fingern ab und hatten keinen Zweifel in jenem beinah aussichtslosen Jahr vor Einführung des Schnorchels 1943/44, daß sie auf ihrer ersten und sonst voraussichtlich auf ihrer zweiten Reise bleiben würden. Dennoch gingen sie mit einer Art grimmen, realistisch nüchternen Humors, mit einem jedes falschen Glanzes entkleideten Stolz auf ihre im Grunde hoffnungslose Fahrt gegen den Feind. Stolz, daß gerade sie es waren, jene für ihr Volk notwendige und — wie sie unerschütterlich glaubten — entscheidend wichtige Aufgabe zu erfüllen. Sie nahmen die Gefahr, den beinahe unabänderlichen Tod, dafür in Kauf. Andere schickten sich in dieses Los als eine Notwendigkeit. Dem Verfasser haftet das Gespräch mit einem jungen Kommandanten in der Erinnerung, der im Spätsommer 1944 zum ersten Mal mit seinem Boot auf Feindfahrt ging. Wenn wir, so etwa sagte er, nur einen einzigen Frachter des Gegners versenken und dabei draufgehen, so hat unser Einsatz Sinn gehabt und sich gelohnt. Der militärische Wert eines mit Truppen oder Nachschub beladenen Frachters — es war die Zeit der Invasion im Kanal — sei weit höher.

Solche Entschlossenheit, sich aufs Spiel zu setzen, wirkte sich keineswegs dahin aus, daß diese U-Boot-Männer in „tierischem Ernst" gefahren wären, und das hieß für die meisten: unter körperlich schwersten Bedingungen ihre Apparaturen bedienen; denn von dem eigentlichen Kampfgeschehen sahen und erlebten sie unmittelbar nichts als nur den Lärm und die Erschütterungen durch Detonationen, deren Folgen ihnen ans Leben griffen. Sie handelten in einer oftmals vielleicht in stillen Stunden sich abgerungenen, dennoch nur aus der Tiefe ihres Wesens möglichen Freudigkeit und äußerlich womöglich wurschtigen Sorglosigkeit im Angesicht des unabwendbaren Todes. Kein falsches Pathos, keine Verlogenheit hatte für sie Bestand im Überwinden des eigenen „inneren Schweinehundes" als Sieger über Trägheit, Angst und Grauen.

Die deutschen U-Boot-Männer waren Männer der Front, die nicht groß Worte machen, die von Gefühlen schon gar nicht sprechen, die mit ironischem Flachs sich gegenseitig „auf Vordermann" zu bringen wußten, wo es einmal not tat. Sie hatten jeden Lack verloren und fühlten sich, waren sie wirklich doch noch einmal davongekommen und wiederum an Land, als ein Orden, als eine Zunft echter Seeleute und Soldaten. Lords, Seelords (sailors) nannten sie sich voller Stolz. Inmitten des nur noch leerlaufenden Getriebes einer längst aus ihren Fugen der Bürgerlichkeit geratenen „feinen" Welt schlugen sie gern und oft über die Stränge. Wir dürfen es uns erlauben, meinten sie und taten damit wohl kaum Unrecht. Es mag in manchem Eitelkeit mitgesprochen haben und Hang zum Abenteuer, Geltungsbedürfnis — wer will das säuberlich auseinanderhalten! —, aber das allein hätte, was sie leisteten, nicht vermocht.

Die deutschen U-Boot-Fahrer waren ungebrochen und auf ihre Weise heiter bis zum bitteren Tod, wie das der letzte Brief eines Mannschaftsdienstgrades, der kurz darauf fiel, dartut. Er ist bei aller Naivität seiner Phraseologie echt empfunden und typisch: „Ihr Lieben!", so schreibt dieser Junge nach Haus, „wenn Ihr einmal hören solltet, daß unser Boot nicht mehr zurückgekehrt ist, dann braucht Ihr keine Hoffnung mehr zu haben. Wir sind glücklich, unter einem so herrlichen Kommandanten fahren zu dürfen. Wir haben uns mit ihm verschworen, daß sich keiner von den Engländern gefangennehmen läßt. Wir wollen zusammen kämpfen und siegen, oder, wenn es sein muß, zusammen sterben. Alle zusammen . . . " Gewiß, jugendliche Sentimentalität. Aber was besagt das! Mit solchen Männern, die zu ihnen aufblickten, konnten fähige und entschlossene Kommandanten „trotz Tod und Teufel" Erfolge erringen.

Der eigentliche und im Grunde einzige Kämpfer im Unterseebooteinsatz des Zweiten Weltkrieges war der Kommandant. Auf ihm ruhte, wie vielleicht nirgend sonst auf dem Führer einer Einheit, die volle Last der Verantwortung. Er allein handelte sehend. Die anderen leisteten mehr oder weniger blind gewissenhaft ihren eng umgrenzten Dienst. Er allein führte. Leistung war hier mehr als irgendwo eine Frucht des Charakters und eine Gnade, denn der Erfolg hing von Unwägbarkeiten ab. Es mochten viele Eigenschaften mitwirken und zu solcher Leistung führen, negativer wie positiver Art, wenn man sie menschlich werten will: Beim Einsatz flossen viele Komponenten zusammen, und aus diesen wiederum wuchs als ein Geschenk, wenn man so will, der Erfolg. Sehr verschiedene Eigenschaften: Eitelkeit so gut wie Pflichtbewußtsein; Geltungsbedürfnis, Draufgängertum wie Vorsicht, Härte wie Güte, Zielstrebigkeit, Zähigkeit und sportliche Leidenschaft am Spiel ebenso wie Angst; Überlebenwollen wie Mut, Selbstüberwindung und Verantwortungsgefühl. All solche Komponenten waren zweifellos latent vorhanden und wirksam. Aus einer kaum erkennbaren, nur aus Andeutungen angenommenen Situation und dem, was man vielleicht mit Klugheit, vielleicht mit Instinkt bezeichnen kann, wurde der Einsatz. Es lag nun einmal in der Natur der Sache begründet, daß, wenn unter Wasser ein Angriff gefahren oder einer Verfolgung ausgewichen werden sollte, kein einziger an Bord Genaueres wußte von dem, was eigentlich anlag, wie der Seemann sagt. Niemand stellte sich die Situation recht vor; einzig der Kommandant konnte wenigstens nach Vorstellung einigermaßen ein Bild gewinnen. Wurde das Boot auf Sehrohrtiefe gehalten, so konnte allein er von Zeit zu Zeit im Okular die Lage kontrollieren, die er auf Grund seiner immer nur bruchstückweisen Beobachtungen berechnete.

Ein U-Boot erfolgreich zu führen, dazu gehörte nicht nur Klugheit und Erfahrung, sondern auch Phantasie. Damit ist nicht jene wild wuchernde Einbildungskraft gemeint, die von der Wirklichkeit nur wenig, am liebsten keine Notiz nehmen möchte, sondern jene Vorstellungskraft, die kühl und klug aus Einzelbeobachtungen ein Bild der ständig draußen sich verändernden Situation zusammenbaut und Ereignisse, die erst im Werden begriffen und im Flusse sind, vorausahnt. Auch Menschenkenntnis gehörte dazu; denn auch die feindlichen Schiffe wurden ja von Menschen geführt. „Nase" nannte der U-Boot-Mann diese Phantasie. War aber das Boot tiefer hinabgetaucht, wenn der Gegner es festzustellen und durch seine Maßnahmen zu vernichten trachtete, oder galt es bei einem Angriff unbemerkt unter den Sicherungen hindurch an das Ziel heranzukommen, so war der Kommandant auf dieses „Nase-haben" ausschließlich angewiesen, soweit ihm nicht das eigene Horchgerät die Peilung der Schraubengeräusche der verschiedenen Gegner deutlich genug anzeigte, so daß er kombinieren konnte. Von der Umwelt und dem, was dort vorging, übersah er dann genauso wenig wie seine Besatzung. Diese aber war auf jeden möglicherweise einmal eintretenden Fall geübt, ihre Gegenmaßnahmen zu ergreifen.

Die U-Boot-Männer standen, was die technischen Einrichtungen des Bootes anbelangt, unter dem Leitenden Ingenieur, der rechten Hand des Kommandanten. Er hatte zu bestimmen, wie es gemacht werden sollte, wenn dieser den Befehl gab, das Boot in eine andere Lage zu bringen oder es in der augenblicklichen zu halten, falls äußere Einwirkungen dem entgegenarbeiteten. Seine Unteroffiziere, das Personal der Zentrale und an der Maschine, waren ausgesprochene Spezialisten in ihrem Fachgebiet. Erst gegen Ende des Krieges ließ das Können aller Besatzungsmitglieder spürbar nach.

Die Torpedowaffe an Bord unterstand dem I. WO, zugleich Erstem Offizier an Bord; die Artillerie dem Zweiten. An dieser Stelle sei es gesagt: Der Torpedo (und nicht etwa, wie man so oft hört, „das" Torpedo) ist kein Geschoß wie die Granate, sondern im Grunde selbst ein kleines Fahrzeug, ein Sprengstoffträger mit eigener Maschine. Mittels darin aufgespeicherter Energie, ursprünglich Preßluft, später elektrischer Kraft, und nach Maßgabe eingebauter komplizierter und von Fall zu Fall anders einzustellender Apparaturen bewegt er sich selbständig voran, wenn er erst einmal „abgeschossen", besser gesagt: losgemacht, das heißt in Gang und Freiheit gesetzt wurde. Je nach dem vermuteten Tiefgang des Zieles wird die Tiefe, in der er laufen soll, eingestellt. Er soll diese trotz Seegang, laufend der Dünung sich anpassend, halten. Meist wurde er obendrein nicht in direktem Schuß, sondern als Winkelläufer, der seine endgültige Richtung erst während der Laufzeit einnimmt, verwandt. Eine Aufschlag- oder eben eine Abstandpistole, die letztere löst sich magnetisch aus, treibt dann den Zündbolzen ein und bewirkt die Detonation der im Torpedokopf gelagerten Sprengladung. An späterer Stelle wird behandelt, was gegen Ende des Krieges an Neuerungen auf diesem Gebiet entwickelt und zum Teil auch bereits eingesetzt wurde.

Das Unterseeboot liegt — auch dies scheint zu erwähnen notwendig — selbst bei Überwasserfahrt im Wasser, das heißt unter der Wasseroberfläche verborgen. Was herausschaut, sind nur der Turm des Bootes mit seiner Brückenwanne darüber sowie den Kanzeln für die Flugzeugabwehrwaffen und nur bei ruhiger See auch das beim An- und Ablegen für das seemännische Personal benötigte und bei Kriegsbeginn als Plattform zur Bedienung des damals noch für längere Zeit häufig benutzten 8,8-cm-Geschützes notwendige Holzdeck mit seiner seitlichen Blechverkleidung; also nicht der eigentliche Schiffskörper, diese druckfeste Tauchröhre. Das Bedienen der verwirrend komplizierten Anlage von Instrumenten im Innern war wie ein Blindflug nach Kontrollapparaturen. Der einzelne Mann im Boot erfaßte nichts als nur diese seine Instrumente. Der Kommandant, der das Boot gleichsam wie ein Fechter seine Klinge führte, hatte im Augenblick konzentriertesten Handelns genug zu tun, um nicht laufend seine Beobachtungen, Berechnungen, Vermutungen, Erkenntnisse und Absichten sowie den jeweiligen Stand des Geschehens seiner Besatzung mitzuteilen, was er sonst nach Möglichkeit durchführte. Nicht zuletzt aus solcher Unselbständigkeit des einzelnen Mitkämpfers, begreifen zu können, was und wie es eigentlich geschah, aus dem Mangel an eigener Anschauung, resultierte das blinde Vertrauen der Besatzungen zu den erfolgreichen

Kommandanten, deren Erfolge auch die ihren waren. Daraus ergibt sich, daß der einfache U-Boot-Mann über das eigentliche Kampfgeschehen meist nur unvollkommen im Bild war und, wenn er daheim erzählte, nur ungenaue und oft falsche Schilderungen gab.

Die deutschen U-Boot-Männer haben den Sieg, den sie erringen wollten und – was an ihnen lag – mit aller Zähigkeit und Treue erstrebten, den endgültigen Sieg über die Seemacht England, nicht herbeigezwungen. Vor dem Hintergrund innerer Konflikte ihrer hervorragendsten Vertreter steht das Ethos des deutschen U-Boot-Mannes. Seine Treue war eine Treue „trotzdem". Es liegt mir fern, den deutschen U-Boot-Fahrer heroisieren zu wollen zu einem Idealbild von Mann, wie es Kränzchenschwestern sich einmal vorstellten. Die besten und die tüchtigsten deutschen Soldaten, wie sie mit Recht in der Welt berühmt, gefürchtet und bewundert sind, waren keineswegs unproblematisch „strahlende Helden"; aber sie waren um so echtere Männer, Männer unserer harten und komplizierten Zeit. Was sie leisteten, ist über jedes Lob erhaben, nur daß nun einmal „Heldentum" und „Idealismus" in Wahrheit anders aussehen, als es sich ein allzu kindliches Gemüt, ohne die Wirklichkeit zu kennen, vorstellt. Die Ganzheitsbetrachtung unserer Zeit erlaubt keine Schwarzweißmalerei, und die Beweggründe, aus denen ein Geschehen entsteht, das den Mann über sich hinaushebt, sind vielfältiger, dunkler und verschlungener, als sich der Knabe erträumt. Dennoch bleiben Wert und Unwert, bleibt die Leistung bestehen, bleibt in allem der Mensch das Maß; der Mensch, der sie vollbrachte. Die meisten U-Boot-Kämpfer waren jung, als der Krieg sie rief, und nicht fertig. Da kamen sie plötzlich zu sich. Der Krieg sah sie eingepfercht in eine enge, ewig feuchte Stahlröhre, und sie sahen sich ausgefüllt mit Begriffen. Draußen aber war die weite See und die Gefahr. In ihnen auch Angst, Pate vom Nichts. Waren sie nicht Todeskandidaten, hatte nicht schon der Erste Weltkrieg 199 Boote gekostet? Und waren nicht seitdem die Abwehrwaffen gegen das U-Boot zur Vollendung gebracht? Hatte nicht die vor Malta im Manöver liegende englische Flotte durch ihr Ortungsgerät alle in der Nähe operierenden italienischen U-Boote zum Auftauchen gezwungen?

Auch das waren Parolen. Jetzt aber hatte nur eines Bestand: die Tat. Über alle Vorstellungen und auch die geistigen Eitelkeiten hinweg wurde der Begriff des „Dienens" wach als bestes Erbe ihrer abendländischen Tradition. Es war nicht nur die Tat um ihrer selbst willen oder um ihr Leben zu schützen. Dieser Impuls wäre allenfalls stark genug gewesen bis zum ersten Orden. Es war die Tat im Dienste einer Idee, die sie in sich trugen als Frucht ihrer Tradition oder als Ergebnis einer Zucht, der sie sich freiwillig unterworfen hatten. Und diese Zucht wurde nun wirksam, als der Krieg über alle Propaganda hinweg unpopulär geworden war, als Zweifel anschlichen über die politische Führung, als den jungen U-Boot-Soldaten die Wirksamkeit gegnerischer Abwehrwaffen entgegenschlug. Als sie verstanden, daß die Chance zum Angriff und zur Entscheidung so gut wie genommen und ihre Aufgabe nur mehr war, Köder zu sein, um einige tausend Flugzeuge zu binden, die zur Überwachung des Atlantiks, zur U-Boot-Bekämpfung eingesetzt waren; zu verhindern, daß auch diese noch über die blutende Heimat herfielen. Diese Zucht war noch wirksam, als die echte Auseinandersetzung bei jedem einzelnen anfing: ob der totale Krieg die Maßnahmen wirklich rechtfertige, die zur Auflösung der Werte führte, zu der sie die gleiche Tradition und Zucht verpflichtet hatte, abseits von allen Fragen der Zweckmäßigkeit, ob etwa der Krieg noch gewonnen würde oder nicht. Denn das ahnten sie, die in der Seestrategie zu Hause waren, seit Anfang 1943, daß dieser Krieg militärisch verloren sein könnte. War es nicht wie eine Heuchelei vor sich selbst, wenn sie noch am 28. April 1945 für eine hoffnungslose Sache ausliefen und die anderen ihnen, den auf Feindfahrt gehenden Kameraden, wie seit je ihr Hurra nachriefen? Galgenhumor? Nein, auch hier war noch der Imperativ wirksam, der sie verpflichtet hatte. Die Zucht, die sie zur Aufgabe eines gepflegten Ehrbegriffes zwang, um zu dienen, zu gehorchen — viel geschmähter Begriff: zu gehorchen. Als ihr Oberbefehlshaber die im norwegischen Raum stehenden Kommandanten in einem Funkspruch anwies, die Boote an den Feind auszuliefern, die Kapitulationsbedingungen strikt einzuhalten, um dadurch Hunderttausenden von deutschen Menschen das Leben zu retten, da gehorchten diese alten Haudegen, obwohl es gegen ihren Kodex verstieß. Der Begriff „dienen" war das höchste Ethos dieser menschlichen Auslese. Sie stand im Dienste ihres Volkes und Vaterlandes und glaubte sich in dem der abendländischen Kultur und Ordnung. Mit ganzen 57 Booten — wir sagten es schon —, von denen im Grunde nur 22 zum Kampf geeignet waren, trat Deutschland in den Krieg gegen Englands Seeherrschaft. Trotzdem waren schon, als nur zwei und drei Boote zur gleichen Zeit, als womöglich, wie um die Weihnachtszeit 1940, nur ein einziges sich auf Feindfahrt befand, die Erfolge erstaunlich. Die der italienischen U-Boote, die zeitweilig im Atlantik unter gleichen Bedingungen wie unsere, aber fast ohne Erfolg fuhren, die der englischen im Skagerrak und im Mittelmeer, der amerikanischen gegen Japan im Pazifik, lassen ihre Leistungen nur um so unvergleichlich heller erstrahlen. 1171 Boote hat Deutschland im Laufe dieses Krieges in Dienst gestellt. Von ihnen waren nach und nach 820 am Feind und versenkten nahezu 3000 Schiffe mit 15 Millionen Bruttoregistertonnen, dazu 187 Kriegsfahrzeuge, vom Schlachtschiff und Flugzeugträger bis zum kleinen Bewacher, und 11 Hilfskreuzer. Von diesen 820 kehrten 753 nicht zurück; viele befanden sich noch in Erprobung und Ausbildung (und eine große Zahl weiterer erst im Bau), als trotz allem für sie unerwartet das Ende eintrat.

Die deutsche U-Boot-Waffe war ohne jede Ausnahme bis zuletzt in der Hand ihrer Führung. Erinnert sei nur an die Selbstaufopferung so manches jener „Einzelkämpfer" der Marine, die, vielfach aus der U-Waffe stammend, auf Kleinst-U-Booten gegen den Feind fuhren und fielen. Erinnert auch an den Einsatz der zu großen Teilen aus ehemaligen aus der Front gezogenen U-Boot-Fahrern gebildeten Marinebrigaden, die bei der verzweifelten Verteidigung des Heimatbodens im Osten eingesetzt und beinahe aufgerieben wurden; erinnert an den Einsatz der im Landkrieg noch weniger als jene ausgebildeten, geschweige denn erfahrenen Bootsbesatzungen wie der des Kapitänleutnants Cremer vor Harburg, die, mit Dreiradlieferwagen auf eigenen Entschluß an die Front geworfen, mehrere britische Panzer zur Strecke brachte und den Vormarsch behinderte. In den Reservationen und Gefangenenlagern wurden später die U-Boot-Männer mit Erfolg zur Aufrechterhaltung der Ordnung eingesetzt. Sie erhielten sich Disziplin, Korpsgeist und Einsatzbereitschaft bis zuletzt. Sie haben sich im zivilen Leben erstaunlich schnell zurechtgefunden und durchgesetzt, soweit ich darüber erfahren habe. Der Angriffswille der U-Boot-Männer, Zähigkeit und Härte gegen sich selbst waren von ihren Führern getragen, vor allem von der soldatischen Persönlichkeit ihres Befehlshabers, des BdU, des späteren Großadmirals Dönitz. Die einzigartige Leistung der U-Boote 1939/1945 ist sein Werk. Selbst das Internationale Militärtribunal in Nürnberg stellte am 1. Oktober 1946 fest, daß sich die Dönitz zudiktierte Strafe nicht auf seine Unterseebootführung stütze. Dieser Spruch der Siegermächte nach Siegerrecht war eine vor aller Welt, wenn auch höchst widerwillig, ausdrücklich bezeugte Rechtfertigung der deutschen U-Boot-Kriegführung, die man „vor Tische" als unmenschlich, als gegen alle internationalen Bestimmungen und Gepflogenheiten aufs grausamste verstoßend, ja, als verbrecherisch gar nicht laut genug verurteilen zu können vermeint hatte.

26

Die erste Phase des U-Boot-Krieges

3. September 1939 bis Juni 1940

Es mögen — schon als der Verfasser bald nach dem Kriege seine Kapitel über die verschiedenen Phasen des U-Boot-Krieges als eine gewisse Einteilung im Gesamtgeschehen zur Erläuterung der Einzelberichte schrieb; und gar heute, 35 Jahre später, wo er dies Buch erneut (in wenig überarbeiteter Fassung) vorlegt — es mögen also von der (inzwischen sehr gründlich zu Werke gegangenen) Spezialforschung ganz andere Abschnitte als die seinen zu richtigeren Zäsuren des U-Boot-Krieges erklärt worden sein; er jedoch möchte in diesem Buch bei der einmal getroffenen Einteilung bleiben. Sie entspricht dem damaligen geringen Horizont der U-Boot-Fahrer im Mannschaftsdienstgrad, zu denen er selbst, fachlich kaum geschult und höchstens durch mancherlei Gespräche mit ihm persönlich bekannten oder gar befreundeten Offizierskameraden zu einem etwas weiteren als dem gewöhnlichen Horizont gelangt, nun einmal gehört. Aus solchem Verständnis heraus aber versuchte er das Vorliegende zu schreiben.

Wenige Stunden nach Kriegsbeginn erfolgte schon die erste Versenkung eines britischen Schiffes durch ein deutsches Unterseeboot. Aber es war ein unglückseliger Erfolg, mit dem die junge Waffe sich einführte.

Deutsche Boote befanden sich seit Ende August alarmbereit in See. Kaum war ihnen der Eintritt Englands in den polnischen Krieg mitgeteilt und alles an Bord auf den Ernstfall umgestellt worden, als U 30 unter Obltn. z. See Lemp einen Passagierdampfer mit günstigem Kurs für einen Angriff sichtete. Das Schiff lief außerhalb der üblichen Route, und da es obendrein zackte, das heißt mit wechselnden Kursen fuhr, machte es sich verdächtig. Passagierschiffe werden vorzüglich, da bequem und schnell darauf umzustellen, als Truppentransporter eingesetzt. Lemp, der die britische Nationalität des Dampfers feststellte, hielt diesen für einen solchen und griff an. Er glaubte sich dazu nach internationaler Abmachung als einem Kriegshilfsschiff gegenüber berechtigt und verpflichtet. Das Schiff, die „Athenia", mit Passagieren von England nach Amerika unterwegs, wurde versenkt. 128 Personen kamen ums Leben.

Der bedauerliche Irrtum hatte üble Folgen. Einmal gab er England die Gelegenheit, sofort zu behaupten, die Deutschen führten also allen internationalen Abmachungen zum Trotz vom ersten Tage an „uneingeschränkten" U-Boot-Krieg. Es hielt auch, nachdem sich diese Annahme anhand der weiteren Praxis aller deutschen Boote als Irrtum herausstellen mußte, an dieser Verlautbarung fest und zog die Konsequenz, seinen eigenen Bruch jener Abmachungen als durch diesen angeblich symptomatischen Fall bedingt und erlaubt hinzustellen. An dieser Lesart hält man in England heute noch offiziell fest. Später konnte allerdings nachgewiesen werden, daß die angeblichen Konsequenzen aus diesem Fall schon vorher, unabhängig von der „Athenia"-Versenkung, vorgesehen und, was ausschlaggebend ist, zum Teil bereits in den Stunden vor diesem Ereignis, mit Kriegsbeginn, in Kraft gesetzt waren.

Die Reichsregierung dementierte sofort, uneingeschränkten U-Boot-Krieg zu führen, und stellte überdies in Abrede, daß ein deutsches U-Boot die „Athenia" torpediert habe. Zunächst tat sie dies in gutem Glauben, denn keines der in See befindlichen Boote hatte den Vorfall gemeldet. Alle besaßen strikten Befehl, Handelskrieg nur nach Prisenordnung zu führen. Erst nach der Ende September erfolgten Heimkehr von U 30 erfuhr der Befehlshaber durch den mündlichen Bericht des Kommandanten, der inzwischen sehr wohl bemerkt hatte, was durch ihn angerichtet worden war, und deshalb keine Funkmeldung über den Vorfall abgegeben hatte, daß Lemp tatsächlich das Schiff versenkte. Statt dies nun nachträglich richtigzustellen und zu bedauern, wurde auf ausdrücklichen Befehl der politischen Führung das Versehen weiterhin abgestritten.

Die Seekriegsleitung mußte damals auf Grund entsprechender höchster Weisung befehlen, die Tatsache strengstens geheimzuhalten. Als Befehlshaber hatte Kommodore Dönitz infolgedessen zu veranlassen, daß die betreffende Seite im Original des Kriegstagebuches U 30 durch Lemp nachträglich entfernt und durch eine andere ersetzt wurde, damit bei der Herstellung der üblichen acht Abschriften kein Verdacht aufkam und sich herumspräche. Die Kriegstagebücher wurden zwar als Geheimsache geführt, waren aber zu Ausbildungszwecken vielen Personen zugänglich (wie schon die Anzahl der Ausfertigungen zeigt), so daß die von höchster Stelle des Reiches wie der Wehrmacht geforderte absolute Geheimhaltung dieses unseligen Erfolges anders nicht gewährleistet war.

Die Angelegenheit, die vor dem Nürnberger Tribunal eingehend behandelt wurde, ist der einzige Fall einer nachträglichen Abänderung oder sonstigen Ungenauigkeit der Eintragungen in den sachlichen Berichten eines Kriegstagebuches geblieben. Die „Athenia"-Versenkung war vom Gegner begreiflicherweise sofort weidlich ausgenutzt worden. Die deutschen U-Boot-Kommandanten bewiesen ebenso wie fernerhin Lemp gegenüber den Besatzungen der nach Prisenordnung angehaltenen, untersuchten und erst dann berechtigt versenkten Schiffe ein derart hohes Maß von Ritterlichkeit, häufig sogar unter Außerachtlassen der Sorge für ihr eigenes Boot und seine Aufgabe, daß diese Haltung selbst von feindlicher Seite, wenn auch bis Kriegsende nicht gerade offiziell, Anerkennung fand. Alle andersartigen Behauptungen fielen vor dem Nürnberger Tribunal als unbegründet in sich zusammen. Das Versehen Lemps, das Schiff für ein Hilfskriegsschiff zu halten, wofür er von Dönitz mit Arrest bestraft wurde, obgleich die Seekriegsleitung angeraten hatte, den Fall milde zu beurteilen, war von der „Athenia" durch ihr außergewöhnliches Verhalten heraufbeschworen, und etwa 1970 stellte sich dann heraus, daß sie als ein Hilfskriegsschiff tatsächlich, aber geheim, eingesetzt war! Lemp fiel 1941 als Kommandant von U 110 nach mancherlei Erfolgen, wie auch Schwieger seinerzeit von Feindfahrt nicht zurückkehrte, der im Ersten Weltkrieg die „Lousitania" versenkte und so damals den Anlaß zum Kriegseintritt der Vereinigten Staaten gab.

Zum Abstreiten der Tatsache durch die deutsche Reichsregierung kam ein Weiteres. Das Propagandaministerium stellte, ohne die Seekriegsleitung von seiner Absicht zu verständigen, die abstruse Behauptung auf, es habe sich bei jener Katastrophe um die durch den Ersten Lord der Admiralität Winston Churchill absichtlich herbeigeführte Explosion einer Höllenmaschine gehandelt. Man habe dem Schiff die Sprengladung mitgegeben, um dann die Deutschen diffamieren und angeblich mit Berechtigung die internationalen Abmachungen brechen zu können.

28

Eine unmittelbare und für die Dauer der ganzen ersten Phase des U-Boot-Krieges schwerwiegende Folge des „Athenia"-Falles war, daß man Befehl gab, künftig kein Passagierschiff, welcher Nationalität es auch sei und wenn es noch so deutlich als im Dienste der feindlichen Kriegführung verwendet sich erwiese, zu versenken; nicht einmal solche, die im Geleit führen. Eine noch zusätzliche Beschränkung der Handelsfreiheit und Erfolgsmöglichkeiten der deutschen U-Boote bedeutete ein weiterer Befehl: Man wollte den Franzosen die Eröffnung der Feindseligkeiten überlassen. So untersagte man strikt, französische Schiffe anzugreifen. Welche Fessel diese Weisung für den U-Boot-Krieg bedeutete, ist leicht einzusehen, wenn man bedenkt, daß zu dieser Zeit die britische Expeditionsarmee über den Kanal, in dem die deutschen Boote damals noch durchaus operieren konnten, aufs Festland überführt wurde, und daß bei Nacht das Bestimmen der Nationalität eines Schiffes unmöglich ist. Dieser Befehl wurde erst am 24. November 1939 aufgehoben, während jener andere, Passagierdampfer zu schonen, bis in den Sommer 1940 hinein Gültigkeit behielt.

War also der erste deutsche U-Boot-Erfolg dieses Krieges alles andere als ein Erfolg, so darf der nächste, der ihm am 17. September 200 Seemeilen westlich Irland folgte, als der erste große Schlag der jungen deutschen Waffe bezeichnet werden. Kapitänleutnant Schuhardt versenkte den britischen Flugzeugträger „Courageous". Daß aber dieser unheimlichen deutschen U-Boot-Waffe nicht nur hin und wieder solch ein Erfolg gelingen, sondern daß sie wieder wie im Ersten Weltkrieg eines der für England gefährlichsten Instrumente der deutschen Kriegführung war und noch mehr hätte sein können, hätte sie nur damals schon über mehr Boote verfügt, das offenbarte so recht erst die Tat des Kapitänleutnants Prien, der zum „Weddigen des Zweiten Weltkrieges" wurde. Ihm gelang es, mit U 47 in die sorgfältig verriegelte Bucht von Scapa Flow, den Hauptliegeplatz der britischen Home Fleet, einzudringen und dort ein Schlachtschiff zu versenken.

Schon gegen Ende des Ersten Weltkrieges hatten nacheinander zwei deutsche Unterseeboote das gleiche versucht und waren vernichtet worden. Beobachtungen von Aufklärungs- und Wetterflugzeugen, darunter vor allem eines der Luftflotte 2 unter Leutnant Neve, wie auch des Kommandanten eines der kleinen Unterseeboote, U 14, Kapitänleutnant Wellner, der die Verhältnisse vor Holm Sound und Kirk Sound, Eingängen der Bucht von Scapa, zufällig und in gewisser Weise unfreiwillig, dann aber planmäßig und sorgfältig studierte, waren Veranlassung zum Einsatz Priens. Alle Möglichkeiten wurden seit dem 8. September 1939 genauestens überprüft, wie sich aus den Aufzeichnungen des Kriegstagebuches des Befehlshabers der deutschen Unterseeboote ergibt. Die törichte Legende von dem als schweizerischen Uhrmacher Oertel getarnten deutschen Seeoffizier a. D. Alfred Wehring, den es nie gegeben hat, der aber nach dieser Behauptung als Spion in Kirkwall seit Jahren eingeschmuggelt worden sein, planmäßig auf diesen Fall hingearbeitet und alles genauestens vorbereitet, sogar endlich dessen Ausführung selbst geleitet haben soll, indem er in der Nacht vor dem Durchbruch Priens an der schottischen Küste per Schlauchboot von diesem an Bord genommen worden sei, ist barer Nonsens und Erfindung eines geschäftstüchtigen Journalisten. Da man wohl mit solcher „Enthüllung" einen „Nazi-Helden" als Propaganda-Größe entlarven zu können glaubte, wurde die Geschichte durch die Presse vieler Länder unkontrolliert und begeistert aufgegriffen.

Über die Vorgeschichte und die Vorbereitung der Tat Priens sowie über deren Verlauf ist mehrfach berichtet worden, sowohl von ihm selbst wie von seinem Freunde Wolfgang

Frank während und dann noch einmal mit Hans Meckel zusammen nach dem Kriege, als beide den vielerlei Nachkriegsgerüchten um Günther Prien mit eingehenden Untersuchungen zu Leibe rückten. Eine nochmalige Schilderung, wie es zuging, in die Reihe unserer Einzelberichte aufzunehmen, erübrigt sich. Hier sei nur noch das Wesentliche, das früher nicht gesagt werden durfte und das auch heute noch trotz der verschiedenen Darstellungen den meisten nicht klar wurde, deutlich hervorgehoben.

Der Kirk Sound, einer der unbedeutenderen unter den verschiedenen Zugängen zur Bucht von Scapa Flow, sozusagen ein Nebenarm des Holm Sound, schien nur durch mehrere in den beiden engsten Stellen der schmalen Fahrrinne einigermaßen quer zum Strom vor Anker versenkte Sperrschiffe geschützt zu sein. Ein kleineres Fahrzeug müßte bei Stillwasser, so schloß man, wenn es nur beherzt und mit seemännischem Geschick gefahren würde, durch diese Passage eindringen können. Es wurde voraus berechnet, in welcher Nacht der Gezeitenstrom günstig für das Eindringen und das Wiederauslaufen während tiefster Dunkelheit eintrat — die Neumondnacht vom 13. auf den 14. Oktober. Mit auflaufendem Wasser (damit man bei Festkommen möglichst bald wieder flott würde) sollte sich das Boot an den Sperrschiffen vorbei in die Bucht hineinzuschlängeln versuchen, um nach kurzer Zeit, die ihm für Angriffe gegen die hier meist vor Anker versammelte britische Schlachtflotte zur Verfügung stünde, zu versuchen, auf dem gleichen Wege zu entkommen, ehe der Strom mit voller Stärke gegenan liefe. Der Gezeitenstrom läuft im Pentland Firth und den kleineren Wasserrinnen zwischen Schottland und den Orkneys ungeheuer stark; seine Geschwindigkeit beträgt während der stärksten Phase etwa acht bis zehn Seemeilen die Stunde. Ein U-Boot vom Typ VII vermochte an Geschwindigkeit bis zu fünfzehn, allenfalls sechzehn Seemeilen die Stunde (bei Überwasserfahrt!) zu entwickeln. Unter Wasser lief es nur bis sieben Seemeilen für kurze Zeit, normalerweise drei bis vier Seemeilen die Stunde, bei geräuscharmer „Schleichfahrt" noch wesentlich weniger. Es gehörte Können dazu, in einem derart schmalen, unregelmäßigen und deshalb jeweils verschieden versetzenden Fahrwasser bei starkem und je nach dem Verlauf des Ufers und des Grundes richtungsverschieden das Boot angreifenden Strom mit einem Fahrzeug, das so außerordentlich träge navigiert, das heißt dem Ruder gehorcht, wie ein U-Boot, nicht nur die äußerst schwierige Wasserstraße zu überwinden, sondern obendrein die an zwei — und natürlich gerade den unangenehmsten — Stellen der Fahrrinne versenkten Sperrschiffe unbemerkt zu umgehen.

Priens seemännischem Können gelang das Wagstück. Von allen Unterseeboot-Kommandanten hatte er damals wohl seemännisch die gründlichste Erfahrung. Prien war ursprünglich Handelsschiffsoffizier und besaß bereits das Kapitänspatent, als er zur Kriegsmarine überwechselte. Charakterliche Eignung befähigte ihn in hohem Maße zu dem Husarenstück: Entschlußkraft, selbstlose Einsatzfreudigkeit und zäher Wille, Disziplin und starkes nicht nur seemännisches Gefühl. Günther Prien war ein robuster, aber auch klug berechnender Draufgänger.

Obgleich nun überraschenderweise in der zum Durchbruch ausersehenen Neumondnacht helles Nordlicht flammte und nicht die erwartete Dunkelheit herrschte, die zum unbemerkten Durchschlüpfen für notwendig erachtet wurde, unternahm Prien dennoch den Versuch. In den darauffolgenden Nächten fielen die Gezeiten nicht mehr so günstig, und wer bürgte dafür, sagte er sich, daß es dann mit dem Nordlicht besser stand? Je länger man wartete, desto eher bestand die Möglichkeit, daß die britische Flotte aus Scapa Flow inzwischen wieder einmal auslief (wie es tatsächlich schon an diesem Tage geschah!).

Wenige Tage vorher hatte man sie aus der Luft dort zahlreich liegen sehen. Dazu kam die Überlegung, daß seine Männer, denen er inzwischen mitgeteilt, was bevorstand, bei längerem Warten auf die Unternehmung ihren Angriffsschwung einbüßen könnten. Unternahm er mit seinem Boot nicht jetzt den Versuch, so hätte dieser womöglich um Wochen verschoben und erneut vorbereitet werden müssen. Wer sagte, daß es dann noch dazu kommen konnte!

Über Wasser drang U 47 an den Sperrschiffen, deren eines es in dem nach Niedrigwasser sofort stark einsetzenden Strom — mit wüsten Ruderlagen, jedoch ohne Schaden zu nehmen — streifte, vorbei in die Bucht ein. Dies ist bereits die eigentliche Leistung Priens, die ihm so leicht keiner nachgemacht hätte. Daß er noch eine weitere, für ihn typische anfügte, ist kaum bekannt und sei deshalb hervorgehoben. Innerhalb der Bucht nach Südwesten vorstoßend, fand Prien das Nest leer. Es war die große Enttäuschung für ihn wie für die deutsche Seekriegsleitung: am gleichen Tage, an dem U 47 draußen vor dem Pentland Firth auf Grund lag und die Nacht zum Durchbruch abwartete, war — sei es nun Zufall oder Fügung — die britische Hochseeflotte aus ihrem Stützpunkt ausgelaufen. Als Prien nun auf den hinter den dort angebrachten Netzsperren den Holm Sound gegen Eindringlinge bewachenden britischen Zerstörer stieß, wendete er das Boot nach Norden und suchte auch dort die Bucht ab. Endlich fand er wenigstens zwei schwere Einheiten, die nebeneinander, für ihn sich überlappend, dicht unter Land lagen.

In einer der Silhouetten erkannte Prien das Schlachtschiff „Royal Oak", in der anderen glaubte er die „Repulse" vor sich zu haben; erst jetzt, lange nach dem Kriege, wurde nachgewiesen, daß es sich um den älteren Seeflugzeugträger „Pegasus" gehandelt haben muß. Trotz der verräterischen Helligkeit der Nacht — das Wasser schien zwischen den hohen schwarzen Bergen das Nordlicht wie in einem Hohlspiegel zu sammeln — griff Prien über Wasser bis auf nahe Entfernung an und schoß. Von der gesamten Chargierung traf lediglich ein einziger Torpedo; und zwar, wie man auf der U-Bootsbrücke wahrzunehmen glaubte, das hinter dem Bug der „Royal Oak" hervorschauende Vorschiff der „Repulse". In dem Bericht, den Churchill am 2. November 1939 vor dem britischen Unterhaus abgab, war nur von der „Royal Oak" die Rede. Auch seitdem ist über das zweite Schiff von englischer Seite nie etwas veröffentlicht worden. Nach der unüberhörbaren Detonation ließ nun aber die erwartete britische Abwehr erstaunlicherweise auf sich warten.

Alles blieb zunächst ruhig. Mit dem Schuß aus Rohr V, dem Heckrohr, zu dem das Boot im Anlauf hatte wenden müssen, war Prien abgelaufen. Es hätte jeder der fünf Torpedos solch ein Ziel treffen müssen, aber keines der beiden Schiffe zeigte Wirkung. Und nun beginnt die zweite, die typisch Priensche Leistung dieser Nacht. Der deutsche Kommandant lief ab, aber nicht schnellstens aus der Bucht wieder hinaus, wie es uhrzeitlich vorgesehen und bei dem mit jedem Augenblick zu erwartenden Einsetzen der Abwehr, der Suche nach dem Eindringling, durchaus verständlich, ja das Gegebene gewesen wäre, sondern er verhielt trotz der immer noch anhaltenden gefährlichen Nordlichthelle mitten in der Bucht, dieser Mausefalle, und ließ die bereits in Schnelladestellung vor den leergeschossenen Ausstoßrohren hängenden drei Reservetorpedos (Rohr IV wurde nämlich unklar gemeldet), eilig nachladen. In zwanzig Minuten, einer Rekordzeit, unermeßlich lang aber für den, der eiskalt und kühn derweilen mitten in dem feindlichen Schlupfwinkel geradezu spazierenfährt und darauf gefaßt sein muß, daß der Feind sich längst anschickt, alle Ausgänge jetzt doppelt aufmerksam zu bewachen. Und dann, sowie die Rohre klargemeldet sind, läuft Prien wiederum an. Diesmal mit der gleichen Einstellung der Torpedos, aus dem gleichen Angriffswinkel heraus, nur auf eine noch kürzere Distanz losgemacht, trifft der Dreierfächer die „Royal Oak", die, von gewaltiger Explosion zerrissen und buchstäblich in die Luft gejagt, augenblicklich sinkt. Nun endlich setzt die Reaktion des Gegners ein. Jener erste Treffer war, so stellte sich später heraus, von den am Ort befindlichen führenden Stellen, die an die Möglichkeit des Eindringens eines deutschen U-Bootes gar nicht glauben mochten, für eine Explosion im Schiffsinneren, dann aber für eine deutsche Fliegerbombe gehalten worden, woraufhin man Fliegeralarm gab, ohne daß man das deutsche Boot bemerkte oder auch nur besonders nach ihm suchte. Und nun erst, während endlich jetzt alles doch aufgescheucht lebendig wird, Scheinwerfer aufblenden und die Bucht abtasten, Leuchtgranaten ihre Spuren ziehen, man ringsum nach dem verwegenen Eindringling sucht — der es nun doch gewesen sein mußte! — läuft dieser ab und versucht zu entkommen, nachdem er wenigstens diesen einen Erfolg wahrhaft herbeigezwungen hat.

Vom Holm Sound nähern sich dem Boot entgegen Zerstörer. Dicht vor dem Schlupfloch läuft einer von ihnen fast genau auf das deutsche Unterseeboot zu; er nähert sich spitz, und es ist für Prien die Frage, ob er vor jenem ungesehen den Kirk Sound erreichen wird. Weitere Lichter schwirren ringsum wie Leuchtkäfer über die plötzlich zu nervösem Leben erwachte Fläche. Suchfahrzeuge, die sich untereinander mit Morsezeichen verständigen. Prien läuft dicht unter Land nach Süden auf die Abzweigungen von Kirk- und Holm Sound zu, damit sich für die Suchenden sein Boot möglichst nicht von den dunklen Bergen abhebt. Immer noch nähert sich das Topplicht des Zerstörers.

Auf der Uferstraße jagt ein Kraftwagen heran, bremst plötzlich scharf ab, wendet, und seine Scheinwerfer streichen grell blendend über die Flanke des grauen Bootes und dessen Turm. Dann jagt jener den Weg, den er gekommen, zurück. Hat der Fahrer das Boot auf dem hellen Wasserspiegel gesehen? Was wird er veranlassen? Nur ruhig! sagt sich Prien auf der Brücke. Es ist ein verteufelter Augenblick, nicht zu wissen, was jetzt geschehen mag. Strudelnd schäumt das Wasser neben Priens Boot, aber dieses macht nur geringe Fahrt über den Grund. Allzu langsam wandern die Landpeilungen achteraus, obgleich es mit äußerster Kraft der Diesel und zusätzlich noch der E-Maschine gegen den bereits reißend durch den Sound hereinstehenden Strom anarbeitet.

Immer deutlicher wächst unter dem hellen Topplicht, das der Zerstörer hier im Hafengebiet führt, die Silhouette dieses gefährlichen Gegners aus der nordlichtfahlen Dämmerung heraus. Nun beginnt er noch zu morsen. Der Signalscheinwerfer über der Brücke zuckt auf. Hat er das Boot erkannt, das so dicht vor ihm auf die Stelle der Ausfahrt zustrebt? Ist nun doch alles aus? Verbissen kämpft sich Priens Boot mühsam gegen den Strom, der es einmal nach dieser, einmal nach jener Seite abzudrängen versucht. Prien fragt sich, ob der Gegner ihn wirklich schon erkannt hat. Flammt nicht jetzt, so erwarten sie alle auf der U-Bootsbrücke, dessen großer Scheinwerfer auf und strahlt sie an? Blenden nicht jeden Augenblick orangerot die ersten Abschüsse seiner Geschütze? Prien will nicht glauben, daß er gesehen ist, obgleich bei der hohen Umdrehung der Schrauben seines Bootes das eigene Heckwasser als ein weißes, wirbelndes Band grausam auffällig leuchtend achteraus schäumt. Ginge Prien mit der Fahrt herunter, so würde der Strom ihn in die Bucht hinein zurücksetzen. Langsam, allzu langsam, Meter um Meter rückt U 47 vor. Viel zu weit ist die Uhrzeit schon vorgeschritten, der Strom übermäßig stark für ein schwaches kleines Fahrzeug. Aber Prien läßt es darauf ankommen, der Erfolg

1 Zwei Boote an der Pier.

2 Proviantübernahme

3 Proviantübernahm

4 Ablegen
von der „Ysère"
zur Feindfahrt, Lorient.

5 Abschiedsgrüße

6 Auslaufen zur Feindfahrt aus La Spezia.

8 Nordatlantik 1941, U 101

7 Auslaufen U 73 (Rosenbaum) zwischen Lorient und Ile Croix.

9 Turm mit Brückenwache und Kanzel von achtern, Typ VII-Boot.

10 Brückenwache

11   Nordmeerabend südwestlich Grönland, März 1941.

hat in jedem Fall den Einsatz gelohnt, würde ihn selbst dann lohnen, denkt er, wenn U 47 mit seinen Männern auf dieser Unternehmung bliebe. Aber wer will das! Man kämpft um sein Leben bis zuletzt. Wäre nur der Zerstörer nicht dort vorn! Wir würden es schaffen, denken alle auf der Brücke. Aber so ...? Jetzt muß der Feind uns doch sehen! Muß! Da! In diesem Augenblick geschieht es, daß der Gegner von seinem spitzen Kurs auf einmal abfällt und breit wird. Das helle Topplicht wandert seitlich aus. Der schon so nahe hat das unscheinbare deutsche Boot doch nicht erkannt, das in diesem Augenblick den eigentlichen Kirk Sound gewinnt, während er in die Bucht zurückwendet und dort weiter sucht.

Da wummern auch schon Wasserbomben auf hinter U 47, dem sie gelten. Man will dem Eindringling das Ausschlüpfen durch diesen einzig wohl in Frage kommenden Weg wehren, will ihn vernichten. Zu spät. U 47 befindet sich bereits in der Passage und kämpft verzweifelt, wenn auch in der hohen Stimmung errungenen Erfolges, ununterbrochen geistesgegenwärtig an gegen die jetzt mit voller Wucht anstemmenden Wassermassen, kommt mit knapper Not von einer in den Strom hinein vorgebauten hölzernen Landepier klar, mit der es um ein Haar zu guter Letzt noch kollidiert hätte, turnt aufs Schwierigste nacheinander an jenen beiden Wracksperren vorbei, und endlich, endlich gelingt es ihm, ungesehen die freie See zu gewinnen. Kapitänleutnant Prien kehrte mit U 47 unangefochten von seiner waghalsigen, vorbildlich durchgeführten Unternehmung zurück.

Das erhoffte gesteckte Ziel war nur zu einem Bruchteil erreicht. Es war nicht Priens und seiner Männer Schuld, daß das Gros der britischen Flotte nicht mehr in der Bucht lag. Auch nicht, daß die Torpedos versagten (Wir kommen auf die Torpedofrage noch zurück). Prien hätte nach Lage der Dinge auch mit besseren Torpedos nicht mehr erreichen können, weil die erwarteten Ziele fehlten. Seine Leistung bleibt erstaunlich und der moralische Erfolg seiner Tat ungeheuer. Der Name Scapa Flow besaß bereits in Deutschland besonderen Klang. Prien dachte auch, wie er selbst später bekannte, bei seiner Tat daran: Diese Bucht war das Grab der unbesiegten deutschen Hochseeflotte des Ersten Weltkrieges, die sich hier selbst versenkte, als gegebene britische Versprechen nicht eingehalten wurden. Jetzt wollte er an eben diesem Platz mit seinem einen kleinen Boot auf einen Schlag der britischen Flotte gewaltigen Schaden zufügen.

Noch am 12. Oktober war die Bucht von der Luft eingesehen worden: ein Flugzeugträger, fünf schwere Einheiten und zehn Kreuzer außer ungezählten geringeren Kriegsfahrzeugen. Prien kam zu spät — doch eben noch rechtzeitig. Meckel und Frank berichten, daß nur um wenige Tage später auch ein Durchbruch durch den Kirk Sound nicht mehr möglich gewesen wäre. Schon Wochen vor Priens Fahrt beantragte nämlich die britische Admiralität, der die im Kirk Sound ausgebrachten Wracksperren als nicht ausreichend erschienen, den Ankauf eines älteren in London liegenden Schiffes, um es zusätzlich zu versenken. Das britische Schatzamt sträubte sich, die vom Eigner geforderte Summe für ein Fahrzeug auszuwerfen, das nur versenkt werden sollte. Nach längerem Drängen der Admiralität aber wurde diese endlich bewilligt. Inzwischen war das Schiff durch das längere Liegen, das ja ständig Geld kostet, im Preis gestiegen. Wiederum mußte die Admiralität die neue Summe beantragen und mit dem Hinweis auf die Dringlichkeit ausreichenden Schutzes der britischen Flotte in Scapa Flow ausführlich begründen. Wiederum lehnte das sparsame britische Schatzamt zunächst ab. Endlich kamen die Verhandlungen zum Abschluß: Ausgerechnet am 13. Oktober 1939, an dem die britische

Flotte aus Scapa Flow auslief und Prien abends mit U 47 eindrang, wurde jenes Schiff in London endlich abgeschleppt, um zum Kirk Sound bugsiert zu werden.

Priens Tat war ein Fanal. Das Prestige der jungen deutschen Marine stieg durch diese überragende Leistung nicht nur in Deutschland. Auch der Gegner hat in ritterlicher Weise die Leistung Priens und seiner Männer anerkannt.

Neben diesen militärischen Einzelerfolgen begann schon mit dem ersten Kriegstage der U-Boot-Handelskrieg, der „Versorgungskrieg", wie ihn Kurt Assmann nennt, als eine Folge der von britischer Seite gegen Deutschland sofort eröffneten Hungerblockade. England hatte mit Kriegsbeginn eine erweiterte Banngutliste veröffentlicht, die praktisch jeden Artikel umfaßte. Deutschland antwortete wenige Tage später mit einer ähnlichen, nur daß es mit seinen Maßnahmen zur Durchsetzung seiner Absicht, das Befördern des Banngutes nach England zu verhindern, naturgemäß wie im Ersten Weltkrieg am kürzeren Hebelarm saß. Weiterhin forderte England von den neutralen Schiffen, daß sie, anstatt ihre Ladung draußen in See auf solches Banngut hin untersuchen zu lassen, bestimmte britische Kontrollhäfen anlaufen sollten. Da jetzt also jede Fracht Banngut bedeutete, Englands Überwasserstreitkräfte die Meere ringsum zu beherrschen vermochten, fügte sich jedes neutrale Schiff dieser Bestimmung. Der deutsche Markt wurde von nun an durch neutrale Schiffe aus entfernten Ländern nicht mehr beliefert. Deutschland blieb zunächst keine andere Gegenmaßnahme übrig als der Handelskrieg nach Prisenordnung durch Unterseeboote und gelegentlichen Kreuzerkrieg sowie der Minenkrieg, vornehmlich durch Unterseeboote und Flugzeuge.

Am 27. November wurde von England absolute Ausfuhrsperre gegen Deutschland verhängt, durch die den Neutralen nun auch der Import deutscher Waren abgeschnitten wurde. Diese Sperre war verbunden mit der Einführung des sogenannten Navicert-Systems und Schwarzer Listen, die den gesamten neutralen Handel schon im neutralen Lande unter britische Aufsicht stellten und Schiffe wie Handelshäuser, die sich dem britischen Verlangen nicht fügten, der Einziehung beziehungsweise dem Boykott aussetzten. Von diesen Maßnahmen behauptete England begreiflicherweise, daß sie zwar den Handel der Neutralen und vielleicht auch deren Rechte schädigten; jedoch, indem sie weder die Schiffe noch deren Besatzung gefährdeten, eine humanere Art der Kriegführung bedeuteten, als es der Handelskrieg nach Prisenordnung sei. Sie waren der Ausdruck der sehr verschiedenen Möglichkeiten der beiden Staaten, der unterschiedlichen Seemacht und geographischen Lage. Praktisch ergab sich, daß Schiffe und Besatzungen der Neutralen gerade durch den Zwang, solche Kontrollhäfen anzulaufen, sehr wohl gefährdet wurden. Die britischen Schutzminensperren reichten nicht aus, die von England den Handelsschiffen vorgeschriebenen Schiffahrtswege längs der Insel zu diesen Häfen vor deutschen Gegenaktionen zu schützen. Deutschland war durch solche Maßnahmen veranlaßt und durchaus berechtigt, gerade dort seine Kriegsmittel einzusetzen. Die Schiffe, die diese Routen benutzten, standen ja unter Kontrolle und Macht des Gegners. Durchaus in Übereinstimmung mit den Vorschriften der Seekriegsordnung versuchte es, speziell diese von England genau bezeichneten Wege zu verminen.

Übrigens wandte England im Gegensatz zu seiner offiziellen Verlautbarung dort, wo es in ähnlicher Lage wie Deutschland war, in der Ostsee und im Skagerrak — das heißt in Seegebieten, in denen es nicht die absolute Herrschaft auszuüben vermochte — durchaus andere als die von ihm propagierten Methoden des Handelskrieges an, und zwar die gleichen von ihm offiziell als so inhuman beschrieenen. Hier nämlich setzte auch

England seine Unterseeboote ein und ließ sie nicht nur nach Prisenordnung vorgehen. Es ließ uneingeschränkt und warnungslos angreifen, tagsüber die deutschen, nachts überhaupt jedes in Sicht kommende Schiff. Einer richterlichen Nachprüfung und Kritik dieser Maßnahmen beugte England vor, indem es sich schon am 7. September von der Fakultativklausel des Ständigen Internationalen Gerichtshofes im Haag lossagte mit dem ausdrücklichen Hinweis auf die Notwendigkeit, der britischen Flottenführung volle Handlungsfreiheit sicherzustellen.

Die britischen Handelsschiffe verfuhren, wie sich durch Auffinden entsprechender Befehle im besetzten Frankreich herausstellte, vom ersten Tage des Krieges an nach den Befehlen der britischen Admiralität. Damit begaben sie sich nach internationaler Auffassung jener Rechte, die laut Abmachung den Handelsschiffen der kriegführenden Parteien zustehen. Sie wurden außerdem bewaffnet. Nicht nur mit sogenannten Defensivwaffen, also Geschützen (nach englischer Auffassung statthaft), sondern auch mit Wasserbomben, die unmißverständlich nur einer offensiven Bekämpfung von Unterseebooten dienen. Die schnelleren zunächst weiterhin einzeln fahrenden Schiffe erhielten zusätzlich Spezial-Wasserbomben-Werfer und Asdic-Unterwasser-Ortungsgeräte, so daß die gerade von England immer geforderte (aber nie durchgedrungene) Unterscheidung von Defensiv- und Offensivwaffen der Handelsschiffe nicht mehr aufrechterhalten wurde. Die britischen Handelsschiffe erhielten sofort Befehl, nachts abgeblendet zu fahren, was nach internationalem Recht ihren Charakter als im Dienste der Kriegführung stehend offenbarte, so daß sie warnungslos angegriffen werden durften. Ferner wurde befohlen, jedes gesichtete U-Boot unverzüglich durch Funk zu melden, wodurch sie außerdem in den Nachrichtendienst der Kriegführung eingeschaltet wurden.

Zunächst schickte man die langsameren Schiffe, schließlich alle, in Geleitzüge zusammengefaßt auf die Reise. Die ersten verließen bereits am 7. September England, was sie wiederum der Rechte des Handelsschiffes entblößte, und erhielten den Befehl, jedes auf Schußentfernung gesichtete feindliche U-Boot unverzüglich zu beschießen. Auf deutscher Seite hielt man solche Vorkommnisse und Erlebnisse einzelner U-Boote zunächst für Einzelübergriffe. Allmählich aber stellte sich das System heraus und am 1. Oktober gab Churchill offen bekannt, daß die britischen Kapitäne Anweisung erhalten hätten, jedes U-Boot sogar möglichst zu rammen.

Alle diese nach internationalem Recht den Handelsschiffscharakter aufhebenden Maßnahmen wurden öffentlich in Kraft gesetzt mit dem Hinweis darauf, daß Deutschland, wie der „Athenia"-Fall gezeigt habe, uneingeschränkten U-Boot-Handelskrieg führe und sich nicht an die Abmachungen halte. (Im Sommer 1940 stellte es sich aber, wie gesagt, heraus, daß diese Befehle bereits 1938 im Geheimen Britischen Handbuch für Anweisungen an die Handelsmarine aufgestellt und sofort mit Kriegsbeginn einfach in Kraft gesetzt waren.) Der „Athenia"-Fall bot lediglich den willkommenen Vorwand, ihnen den Schein der Rechtmäßigkeit zu verleihen.

Bereits am 6. September 1939 beschoß der britische Frachter „Manaar" ein deutsches Unterseeboot, U 38, als dieses ihn ordnungsgemäß nach Prisenordnung anzuhalten versuchte. Die deutsche Seekriegsleitung fragte sich noch, ob solches Verhalten ein eigenmächtig herbeigeführter Einzelfall, oder ob solche unerlaubte Maßnahme nicht doch auf Befehl geschehen sei. Erst am 4. Oktober, nachdem Churchill seinen Rammbefehl veröffentlichte, erging deutscherseits die Anweisung, künftig jedes Handelsschiff, dessen Bewaffnung erkannt war, warnungslos anzugreifen. Dieser Befehl wurde am

17. Oktober sinnvoll dahin abgeändert, jedes feindliche Handelsschiff zu versenken: Sonst bestand kein Schutz vor inzwischen, wie im Ersten Weltkrieg, festgestellten „Handelsschiffen", deren Bewaffnung versteckt aufgestellt war, sogenannten U-Boot-Fallen, den Q-ships, wie die britische Bezeichnung lautet.

Was aber sollte mit neutralen Handelsschiffen geschehen, die für England, die nach England fuhren? Wie sollte sich das deutsche U-Boot schützen, wenn es ihnen gegenüber weiterhin aufzutauchen, anzuhalten und zu untersuchen gezwungen war?

Der Handelskrieg nach Prisenordnung war mindestens in Küstennähe, wo der Schiffsverkehr sich bündelt und am ehesten abzufangen ist, äußerst erschwert. Er mußte infolgedessen in der Nordsee schon am 30. September eingestellt werden.

Am 6. Januar 1940 erfolgte deutscherseits die Erklärung einer bestimmten Zone zum „Operationsgebiet", in der jedes betroffene Schiff warnungslos angegriffen werden sollte. Wenige Tage vorher hatte man die Neutralen gewarnt, dieses Gebiet zu durchfahren, da dort Kampfhandlungen stattfänden, die ihre Schiffe in Mitleidenschaft ziehen könnten. Das erste „Operationsgebiet" war der Seeraum Nordostschottland—Orkney—Shettlands zwischen 51 und 56 Grad Nord und zwischen 0 und 4 Grad West. Dieses Gebiet brauchte nur zu durchfahren, wer nach England wollte. Nach England fahren bedeutete praktisch Banngut befördern. Wer solches geladen hatte, setzte sich nun dem Risiko warnungsloser Versenkung aus. Blockade — Gegenblockade! Wer führte sie erfolgreich durch?

Das von der Erklärung bestimmter Seeräume zu Operationsgebieten hauptsächlich bedrohte England hatte sich immer bemüht, diese in den internationalen Besprechungen für unzulässig erklären zu lassen. Man hatte über Rechtmäßigkeit oder Unrechtmäßigkeit nie eine Einigung erzielen können. So war der Begriff „Operationsgebiet" geflissentlich niemals ins Protokoll aufgenommen worden, als gäbe es diese Art der Kriegführung nicht, obgleich sie doch schon im Ersten Weltkrieg eine so bedeutsame Rolle spielte. Eine moderne Seekriegführung kommt ohne solche Operationsgebiete gar nicht mehr aus. Sie zu untersagen, würde sinnlos sein. Die von deutscher Seite erfolgte Erklärung war in diesem Kriege schon vorbereitet durch die von USA erklärte Combat Area.

Nach den bitteren Lehren aus den Folgen ihrer Einmischung in den Ersten Weltkrieg hatten sich die Vereinigten Staaten seit 1935 zu völliger Neutralität im Falle eines europäischen Konflikts entschlossen. Mit Kriegsbeginn 1939 proklamierte Präsident Roosevelt eine „Sicherheitszone" längs der amerikanischen Küste, die in etwa 300 Seemeilen Abstand zu dieser verlief. Als Hoheitsgewässer galten sonst nach uralter Praxis des Seekrieges nur die im Abstand von drei Seemeilen! Innerhalb dieser Zone würde, so hieß es, jedes dort betroffene Kriegsfahrzeug einer kriegführenden Macht unverzüglich von amerikanischen Streitkräften bekämpft werden. Im Zuge der gleichen „Neutralitätspolitik" des amerikanischen Präsidenten, zu der ihn sein Kongreß damals noch zwang, wurde von Roosevelt am 4. September die Erklärung abgegeben, daß amerikanischen Bürgern wie Schiffen das Befahren bestimmter Zonen, Combat Areas, als Kampfzonen, die genau festgelegt wurden, durchaus verboten sei. Es handelte sich um das Seegebiet rings um England. Damit waren Konflikte zwischen Deutschland und dem mächtigsten der Neutralen, den USA, künftig kaum möglich. (Die tatsächlich ganz anders verlaufene Entwicklung wird an späterer Stelle geschildert.)

Wenn Deutschland am 6. Januar 1940 von sich aus einen Teil dieser „Kampfzone" zum „Operationsgebiet" seiner See- und Luftstreitkräfte erklärte, handelte es damit wie die USA dem Charakter neuzeitlicher Kriegführung entsprechend, wie er sich aus dem

Einsatz moderner Kampfmittel zwangsläufig ergibt. Der Vorwurf, den man nach Kriegsende der deutschen U-Boot-Führung von seiten der Siegermächte machte, fiel denn auch in sich zusammen. Vor dem Nürnberger Tribunal konnte darauf hingewiesen werden, daß auch England – und zwar sofort mit Kriegsbeginn – in der Elbmündung, der Ostsee, im Skagerrak, und daß auch die USA vom ersten Tage ihres Krieges gegen Japan an solche Operationsgebiete benutzten, in denen jedes Fahrzeug außer alliierten und Lazarettschiffen warnungslos angegriffen wurde.

Wenn man Deutschland vorwarf, daß es sein Operationsgebiet über Gebühr – wie es hieß – ausgedehnt habe, so daß die neutrale Schiffahrt kostspielige Umwege hätte einschlagen müssen, so konnte dagegen angeführt werden, daß den Neutralen bestimmte Routen mitten durch dieses Operationsgebiet genau bezeichnet worden waren. Diese durften sie gefahrlos benutzen, wovon auch einige, zum Beispiel die Schweiz und Schweden, Gebrauch machten. Außerdem muß man berücksichtigen, daß im Zeitalter des Flugzeuges nur noch in ausgedehnten Räumen Seekrieg geführt werden kann. Endlich war dem entgegenzuhalten, daß die USA den gesamten Pazifischen Ozean als „Operationsgebiet" behandelten, gegen das jenes von Deutschland proklamierte nur wie ein Teich wirkt. Das Internationale Militärtribunal fand sich mit dem allgemein geübten Brauch ab und kam zu dem Schluß, daß es den Befehlshaber der deutschen Unterseeboote Dönitz wegen dieses Verstoßes gegen die internationalen Bestimmungen nicht bestrafe. Die Erklärung solcher „Operationsgebiete", also ein uneingeschränkter Unterseeboothandelskrieg, war und wird auch künftig – sollte es wider Erwarten der Richter des Nürnberger Tribunals noch einmal zu einem Seekrieg kommen! – nicht zu umgehen sein.

Allmählich hatten sich die britischen Maßnahmen zum Schutz vor deutschen U-Booten eingespielt, und die Kampfmittel gegen das U-Boot wurden vermehrt und verfeinert. Immer mehr Fahrzeuge setzte man ausschließlich zur U-Boot-Bekämpfung ein. Deren Besatzungen wurden speziell für solche Aufgaben ausgebildet. Captain F. J. Walker war der Mann, der sich die höchsten Verdienste um die erfolgreiche Bekämpfung der deutschen U-Boote erwarb. Er starb 1944. Aber nicht nur Spezial-U-Jagdgruppen, sondern auch die zur Sicherung der Geleitzüge angesetzten Fahrzeuge, Kreuzer, Zerstörer, Korvetten und Fregatten, ja, die Handelsschiffe selbst lernten von Monat zu Monat besser und wirksamer, sich der deutschen U-Boot-Angriffe zu erwehren und sich ihnen vorzeitig zu entziehen. Mit der Zeit operierten sie immer geschickter.

Der U-Boot-Krieg wurde schwieriger, gefahrvoller und härter. Er erforderte in erster Linie immer mehr Können und Zähigkeit der Kommandanten. Vor allem erwies sich das Flugzeug als der wirksamste Gegner des U-Bootes. Während anfangs über See fast nur die schwerfälligen Sunderland-Flugboote bemerkt wurden, denen man rechtzeitig durch Tauchen entgehen konnte, so traten nach und nach Bordflugzeuge der Frachter und begleitenden Kreuzer, dann aber auch Trägermaschinen, endlich die von Küstenflugplätzen aus gestarteten modernen, schnellen Flugzeugtypen mit mindestens 800 Seemeilen Aktionsradius in Erscheinung. Das British Coastel Command wurde der Hauptgegner der deutschen Boote.

Neben den Einzelerfolgen gegen Kriegsfahrzeuge des Gegners, neben dem Unterseeboothandelskrieg brachte in der ersten Zeit vor der Erklärung des „Operationsgebietes" noch eine weitere Art der deutschen Seekriegführung erstaunlichen Erfolg: der Minenkrieg. Minen auszulegen, dazu konnten auch gut die kleinen Boote vom Typ II herangezogen werden, da sie auf Minenunternehmungen nicht lange in See zu bleiben brauchten.

Die Irische See mit ihren Zugängen Nordkanal und St. Georgskanal, ferner der Westausgang des sogenannten Kanals (welcher bald nach Kriegsbeginn von U-Booten vorerst nicht mehr zu befahren war), vor allem aber jener schmale Küstenstreifen hinter den englischen Schutzsperren im Osten der Insel, den damals alle, auch neutrale Schiffe, durchlaufen mußten, die Flußmündungen der Themse, des Tyne und des Clyde waren die bevorzugten Gebiete für diesen Minenkrieg. Die deutschen Boote durchbrachen „vorsichtig" den britischen Minengürtel, der sich als unzureichend erwies, und legten ihre Spezialminen in tolldreister Bravour mitten in die feindlichen Schiffahrtswege an besonders engen Fahrwasserstellen und Ansteuerungspunkten und am liebsten gleich in die Hafeneinfahrten. Jedes Boot führte anstelle von Torpedos sechs bis acht Minen in den Ausstoßrohren mit.

Es kam nicht selten vor, daß mit diesen Minen 50 Prozent Treffer erzielt, das heißt, mit sechs Minen kurz hintereinander drei Fahrzeuge beschädigt oder gar vernichtet wurden. Ein kaum für möglich gehaltener Prozentsatz! Damals erwarb sich Kapitänleutnant Kretschmer unter seinen Kameraden den Spitznamen „Lochkriecher Kretschmer", da er vielleicht noch verwegener als die meisten mit seinem Boot operierte und seine Minen direkt in die feindlichen Schlupflöcher legte. Auch Meckel, Lemp und Schepke zeichneten sich damals besonders aus. Auf diesen Minenunternehmungen gab es erstaunlich wenig eigene Verluste. England war gezwungen, die von ihm als einwandfrei und zu Zwangswegen erklärten Passagen, auf denen sich der Verkehr jetzt drängte, ständig freizuräumen, was nur ungenügend gelang. Immer wieder erfolgten Verluste, und die Neutralen protestierten.

Anfangs war man englischerseits im unklaren, auf welches Kampfmittel diese Verluste zurückzuführen seien. Bald stellte man die Beschaffenheit dieser neuen elektrischen, magnetisch zündenden deutschen Minen fest. Dann entwickelte man schnell Gegenmaßnahmen, auf die wir noch zu sprechen kommen.

Eine ganze Zeit hindurch waren die Erfolge der deutschen Minenaktion, an der auch Flugzeuge beteiligt waren, erstaunlich, bis dann mit Einführung des „Operationsgebietes" der Minenkrieg in dieser Art sein Ende fand. Der veränderten Lage entsprechend wechselte die Kampfweise. Immer noch galten sämtliche Passagierschiffe als ausgenommen. Erst am 18. August 1940 fiel diese Fessel, und gleichzeitig wurde der Operationsstreifen nach Westen hin erweitert, da der zunehmende Aktionsradius der britischen Luftwaffe die Verlegung des Angriffs weiter in den Atlantik hinein notwendig machte, womit das Auffinden der Ziele schwieriger wurde. Den besonders gekennzeichneten Handelsschiffen des irischen Freistaates wurde Schonung zugesichert und gewährt. Im allgemeinen waren zu dieser Zeit der Westausgang des Ärmelkanals und die westliche Biskaya südlich Irland und der Scillys, an Portugal vorüber bis Gibraltar das Hauptkampffeld der deutschen U-Boote. Während 1939, solange nach Prisenordnung vorgegangen werden mußte, nach britischer Verlautbarung 97 Prozent aller Handelsschiffsverluste sich bei Tage zutrugen, änderte sich jetzt das Bild. Weitaus die meisten Angriffe wurden nun bei Nacht vom über Wasser fahrenden Boot durchgeführt. Das erhielt sich auf diese Weise seine größere Bewegungsfreiheit und entging der unangenehmen, mindestens aufhaltenden und den Anschluß an den von ihm verfolgten Geleitzug unterbrechenden Unterwasserverfolgung seitens des mit Horchgerät, Asdic-Ortung und Wasserbomben vorgehenden Gegners. Endlich begann die neue Taktik der U-Boote, die Kommodore Dönitz entwickelt und mit seinen Booten schon im Frieden geübt hatte, Bedeutung zu gewinnen.

Im April 1940 aber trat erst einmal jenes Ereignis ein, das für einen ganzen Monat jede sonstige Tätigkeit der deutschen Unterseeboote ausschaltete, weil diese sämtlich daran beteiligt wurden: der Norwegenfeldzug.

Für die deutsche U-Boot-Waffe war der Einsatz im Norwegenunternehmen ein ausgesprochen krisenhafter Mißerfolg. Die Tauchboote, wie sie bis gegen Kriegsende verwendet wurden, waren kein rechtes Kriegsmittel für ein vom Gegner mit Überwasserstreitkräften und Bordflugzeugen beherrschtes Küstenvorfeld. Sie wurden immer wieder gezwungen, zum Aufladen der Batterie aufzutauchen, und entwickelten unter Wasser nur eine geringe Geschwindigkeit. Das damalige deutsche U-Boot brauchte weite Seeräume, die der Luftüberwachung möglichst entzogen waren. Die Richtigkeit dieser Auffassung des BdU stellte sich im Verlauf des Krieges immer wieder heraus, aber die Seekriegsleitung ließ sich nicht belehren. Das Tauchboot war typisch Handelsstörer und nicht Kampfmittel in einem Küstenvorfeldunternehmen. Des U-Bootes Unsichtbarkeit hinter der Kimm, dem Horizont, für den, der auf hohen Fahrzeugen mit Aufbauten, Schornstein und Masten ihm sichtbar fährt, war seine Eigenart und Stärke. Sein höchster Punkt sind die Köpfe der aus der Deckung heraus beobachtenden Männer auf der Brücke. Darin liegt die Möglichkeit, sich dem Gegner ungesehen anzunähern und ihn dann erst in der Nacht, die seinen niedrigen Schatten birgt, über Wasser anzugreifen. Nur so war es dem Frachter an Geschwindigkeit überlegen, während es getaucht wie an die Stelle genagelt blieb. Dennoch setzte man es gegen Norwegen ein, weil zu diesem wagemutigen Unternehmen nun einmal alles, was überhaupt schwimmen konnte, eingesetzt werden sollte.

Kaum war das deutsche Vorkommando unter Dietl auf den zehn modernsten der wenigen deutschen Zerstörer im Erzhafen Narvik, dem weitest entfernten und für Deutschland wichtigsten Ziel gelandet, als von unsichtigem Wetter begünstigt der beabsichtigte britische Schlag gegen Norwegen anlief. (Dieser englisch-französische Angriff war tatsächlich längst vorbereitet. Er wurde auf den 5. April und dann erneut, auf den 8. April, verschoben und war damit gegenüber der deutschen Aktion allerdings ins Hintertreffen geraten.)

Ungesehen und ungehindert von den deutschen Unterseebooten, die als Sperre aufgestellt waren, brachen starke britische Überwasserstreitkräfte gegen Narvik durch, ehe die der kleinen deutschen Marine überaus wertvollen Zerstörer wieder hatten auslaufen können. Jetzt sperrte der Gegner den Hafen. Die deutschen U-Boote im Westfjord waren nicht in der Lage, helfend einzugreifen. Sie waren es ebensowenig, als kurze Zeit darauf die alliierte Gegenlandung einsetzte, die unter anderem Narvik der deutschen Truppe entreißen sollte. Schlachtschiffe mit Bordflugzeugen und Zerstörer schnürten die Zufahrtswege für den deutschen Nachschub dorthin ab und deckten die nahebei erfolgende britisch-französische Landung. Erst der siegreiche deutsche Frankreichfeldzug, die Rückführung der flüchtenden britischen Expeditionsarmee von Dünkirchen auf die Insel, gab den Grund für das Aufgeben der alliierten Anstrengung. Dazu kam sicherlich die Einsicht, daß man auf die Dauer Norwegen nicht werde halten können, solange Deutschland die Luftüberlegenheit in der Nordsee besaß.

Ihre strategische Aufgabe, den Feind vor allem im Falle Narvik am Nachstoßen zu hindern, konnten die deutschen Unterseeboote nicht erfüllen. Wenn sie nicht einmal zu einem Erfolg gegen auch nur eines der vielen feindlichen Schiffsziele kamen, deren einige sie immerhin schußgerecht angriffen, so besaß das einen gewichtigen Grund: Die deutschen Torpedos versagten.

Vermutet hatte man dies schon bei so manchem ungeklärten Fehlschuß, zum Beispiel im Falle Scapa Flow. Immer aber hatte die zuständige Stelle erklärt, daß der Mißerfolg des Kommandanten an fehlerhafter Einstellung der magnetischen Zündpistole des Torpedos gelegen haben müsse. Sie mußte für jedes Seegebiet nach Zonen verschieden je nach Abstand vom magnetischen Nordpol vorgenommen werden. Jetzt stellte sich aber heraus, daß die Kommandanten mit ihren ständigen Beschwerden doch recht gehabt hatten.

Neben dem mit Preßluft angetriebenen atmosphärischen, dem sogenannten A-Torpedo, der auch weiterhin zumal über große Schußentfernungen und bei Nacht beibehalten wurde, war von Deutschland der elektrisch arbeitende sogenannte E-Torpedo entwickelt. Wegen seines unsichtbaren Laufs wurde er mit Kriegsbeginn eingesetzt, nachdem man schon gegen Ende des Ersten Weltkrieges vereinzelt derartige verwandt hatte. Der A-Torpedo verursacht durch die austretende nach und nach sich verbrauchende Preßluft eine weithin sichtbare Blasenbahn, die auf die Abschußstelle hinweist und dem Gegner das Auffinden und Bekämpfen des getauchten Bootes wesentlich erleichtert, wie sie ihm auch, wenn rechtzeitig bemerkt, dem Schuß auszuweichen ermöglicht. In Verbindung mit dem ebenfalls von deutscher Seite inzwischen entwickelten sogenannten schwallosen Ausstoß sollte der E-Torpedo ein überraschender und desto gefährlicherer Gegner sein. Deutschland hatte weiterhin statt der bis dahin üblichen Aufschlagszündung im Torpedokopf die Abstandpistole entwickelt und eingeführt. Eine Magnetzündung, die durch den Eigenmagnetismus des feindlichen Schiffskörpers ausgelöst wurde, wenn sie in dessen Kraftfeld eintrat und entsprechend eingestellt war, so daß sie im rechten Abstand die Detonation des Sprengkopfes auslöste. Die stärkere Wirkung solcher Magnetzündung liegt auf der Hand. Die Detonation der Sprengladung gerade unter dem Schiffsboden, wenn der Torpedo unter diesem durchläuft, bewirkt an dieser konstruktiv schwächsten Stelle einen weit stärkeren Wassereinbruch, damit ein zuverlässiges, schnelleres Sinken des getroffenen Schiffes, dem gleichsam das Rückgrat gebrochen wurde, als es die an der Schiffsseite erfolgende Aufschlagzündung mit sich bringt.

Es ergab sich, daß diese Torpedos mit Magnetzündung zu früh, zu spät oder gar nicht zündeten, und weiterhin, daß sie viel zu ungenau liefen. Möglicherweise war vor Narvik die Nähe des magnetischen Pols tatsächlich an solchem Versagen mit schuld, sicherlich mehr noch aber der später festgestellte ungenaue Tiefengang der Torpedos. Vielleicht auch die inzwischen eingeführte Entmagnetisierung der britischen Schiffe, von der die Deutschen damals noch nichts wußten. Die Engländer ließen zu der Zeit auf Grund ihrer Erfahrungen mit den neuartigen ebenfalls magnetisch zündenden deutschen Minen von Zeit zu Zeit ihre Schiffe bestimmte Kraftfeldschleifen durchlaufen, was den Eigenmagnetismus eines Schiffskörpers wesentlich herabsetzt. Deutschland hat später solches Verfahren als Schutzmaßnahme gegen die nun auch von britischer Seite verwendeten Magnetminen angewandt, die immer häufiger von Flugzeugen über den Hafeneinfahrten abgeworfen wurden. Bei den entmagnetisierten Schiffseinheiten trat die Abstandpistole, während der Torpedo unter dem Schiffsboden durchlief, nicht in Tätigkeit. Mag dem sein, wie ihm wolle, jedenfalls wurde allein die „Warspite", das britische Schlachtschiff, das die Hauptkampfkraft des Gegners vor Narvik darstellte, in jenen entscheidenden Tagen nicht weniger als fünfmal vergeblich auf günstige Schußentfernung und -lage von deutschen Unterseebooten angegriffen. Auch sonst hatte kein deutsches Boot mit seinen Torpedos vor Norwegen Erfolg, obgleich mehrere trotz schwierigster Bedingungen endlich zu günstigen Angriffen kamen. Zum Beispiel Prien, der allein im Vaagsfjord sieben Torpedos gegen stilliegende truppenausladende Transporter und deren Sicherungsfahrzeuge losmachte. Darunter einen A-Torpedo, dessen fehlerhaften Lauf er durchs Sehrohr einwandfrei beobachten konnte.

Die Klagen waren nicht neu. Wiederum Prien, eines der „Asse" unter den deutschen Kommandanten, wie ihn der britische Bericht nennt, hatte auf einer Feindfahrt im November/Dezember 1939 zwar drei feindliche Schiffe mit zusammen 31000 Bruttoregistertonnen versenkt, aber auch sechs Torpedoversager gehabt. Ähnlich war es allen anderen Booten ergangen. Die Kommandanten, die von Norwegen heimkehrten, zogen dann aber bei ihrem mündlichen Bericht vor dem BdU, wie er nach jeder Feindfahrt erstattet wurde, deutlich genug vom Leder. Dieser verlangte nun kategorisch von der zuständigen Stelle, daß sie die Torpedofrage einwandfrei kläre und zufriedenstellend löse. Ginge es doch nicht an, die Boote mit offensichtlich schlechten Waffen auf Einsatz zu schicken, die Kommandanten sich unter schwierigsten Bedingungen Schußpositionen erkämpften und alles aufs Spiel setzen, dann aber ihre Schüsse wirkungslos verpulvern zu lassen.

Als nächstes gab man vorerst die Magnetzündung auf. Alles wurde auf alte Aufschlagzündung umgestellt. Die Torpedoversuchsanstalt aber laborierte und suchte nach dem Grund der Versager. Die Praxis ergab jetzt, daß oft auch der Torpedo mit Aufschlagzünder nicht traf. Schließlich stellte sich heraus, daß die Tiefensteuerung mangelhaft arbeitete. Man hatte bei Schießversuchen im Frieden zur Kontrolle des sogenannten „Tiefenapparates" im Übungskopf ein Gerät eingesetzt, das nach den gleichen physikalischen Gesetzen arbeitete. Dieses Gerät hatte die gleichen Fehlerquellen wie der Tiefenapparat. Bei den jetzt angestellten umfangreichen Versuchen dagegen schoß man den Torpedo durch hintereinander in Abständen aufgehängte dünne Netze und stellte fest, daß er im Durchschnitt tiefer steuerte als im Tiefenapparat eingestellt.

Es ist von besonderer Wichtigkeit für den Effekt, ob das Ziel in der Wasserlinie oder ob es so tief wie möglich unter Wasser getroffen und aufgerissen wird. Der Lauf des Torpedos soll auch bei Seegang die nach Maßgabe des Tiefganges des Zieles einmal eingestellte Tiefe genauestens einhalten, praktisch also auf jede Veränderung des Wasserdrucks sofort reagieren, so daß er sich der Bewegung einer dünenden See ständig anpaßt und sein Ziel wirklich so wie beabsichtigt trifft. Es sei vorweggenommen, daß erst nach längerer Zeit, im Sommer 1942, die schwere Krise der U-Boot-Waffe, die den Erfolg der oft übermenschlichen Anstrengungen der Besatzungen ernstlich in Frage stellte, überwunden war. Von nun an arbeiteten die neuen Torpedos mit Abstandpistole und in ihrem Lauf einwandfrei.

Vorab behalf sich die Front so gut es eben ging. Es wurde angeordnet, die dem Boot mitgegebenen Torpedos (in der Hauptsache E-Torpedos mit Aufschlagzündung) auf Feindfahrt ständig zu „ziehen". Das heißt, daß man jeden der bei geschlossener Mündungsklappe in den Ausstoßrohren schußbereit lagernden Torpedos ein über den anderen Tag zu Dreivierteln seiner Länge ins Boot hinein zurückzog, seine Batterie nachlud, ihn regelte, daß man seine Instrumente laufend genau kontrollierte. Die Versuche hatten nämlich außerdem ergeben, daß die Torpedos nach längerer Lagerung nicht mehr einwandfrei arbeiteten. Vor dem Kriege war dies nie in Erscheinung getreten, weil man naturgemäß beim Übungsschießen jedesmal frisch vorbereitete Torpedos verwendete. Auf Feindfahrt war das Lagern nicht zu vermeiden.

Die Zahl der Frühzünder und der Enddetonierer, die jedesmal die Abwehr des Gegners auf das Boot zogen, verringerte sich dadurch. Durch einen eklatanten Fall von

Frühzündung gleich vor dem Boot war am 14. September 1939 U 39 unter Kapitänleutnant Franz 150 Seemeilen westlich der Hebriden beim Angriff auf den Flugzeugträger „Arc Royal" als erstes deutsches U-Boot in diesem Kriege in Verlust geraten.

Im Zeitraum der ersten Phase des Unterseebootkrieges bis zur Besetzung und dem Ausbau der französischen Atlantikhäfen zu deutschen U-Stützpunkten im Spätsommer 1940 gingen bereits einige U-Boote verloren. Nur eine sehr kleine Zahl trat in diesem Zeitraum neu zur Front, so daß sich der knappe Gesamtbestand ständig verringerte. Das erweiterte Bauprogramm wie auch die Personalausbildung und das Einfahren der fertiggestellten Boote benötigten ihre Zeit. Dem Verlust von sieben Booten bis Sommer 1940 standen aber Handelsschiffversenkungen von monatlich 250000 Bruttoregistertonnen, zusammen 2 1/2 Millionen Bruttoregistertonnen, gegenüber. Ein beachtlicher Erfolg. Die Zahl der Boote verringerte sich sogar bis zum Frühjahr 1941 ständig weiter. Um Weihnachten 1940 befand sich nur ein einziges am Feind, die anderen lagen in der Werft oder fuhren als Schulboote. Vom Frühjahr 1941 an vermehrte sich endlich die Zahl im Monat durchschnittlich um zehn, seit Jahresende 1941 etwa zwanzig und später noch mehr Boote. Trotzdem, trotz nur so weniger Frontboote am Feind — es waren Monate hindurch nur drei bis fünf gleichzeitig auf Unternehmung draußen —, trotz aller Torpedoversager nach manchem schwer erkämpften Schuß, waren die errungenen Erfolge gerade in dieser ersten Phase bewundernswert. Der müßige Gedanke drängt sich förmlich auf: Was hätte die deutsche U-Boot-Waffe wohl in dieser Zeit erreicht, wenn sie bei Kriegsbeginn über wenigstens so viele Frontboote verfügt hätte, wie der deutsch-englische Flottenvertrag ihr freistellte! Dönitz' ständig wiederholtes Drängen blieb jahrelang leider ohne Erfolg.

Im Gegensatz zu manchen Erfolgsmeldungen der gegen Schiffsziele angesetzten deutschen Flugzeugbesatzungen, die allerdings ungenauer sein mußten, waren die der U-Boot-Kommandanten überaus gewissenhaft und differieren mit den inzwischen durch Rohwers Arbeiten genau festgestellten Tatsachen verhältnismäßig wenig. Es ist erstaunlich, wie genau die deutschen Seeoffiziere die Größe der meist bei Nacht und nur als Schatten ausgemachten Ziele schätzten. Sie waren sehr vorsichtig in der Beurteilung, ob ein getroffenes Schiff, dessen Untergang sie zum Beispiel während einer Geleitzugschlacht nicht abwarten und beobachten konnten, nach Art des erhaltenen Treffers und der gezeigten Tendenz gesunken sein mochte oder nicht. Später draußen im Mittel- und Südatlantik war diese Genauigkeit leichter zu erzielen, wo anfangs noch viele ungesicherte, aber bewaffnete Einzelfahrer gestellt und versenkt wurden. Hier gelang es fast in allen Fällen, das getroffene Schiff namentlich zu identifizieren, seinen Untergang abzuwarten und genaueste Angaben über den Erfolg zu machen. Heute sind diese sämtlich festgestellt.

„Habt ihr Mut, o meine Brüder? Seid ihr
Herzhaft? *Nicht* Mut vor Zeugen, sondern
Einsiedler- und Adler-Mut, dem auch kein
Gott mehr zusieht?
Kalte Seelen, Maultiere, Blinde, Trunkene
Heißen wir nicht herzhaft.
Herz hat, wer Furcht kennt, aber Furcht zwingt;
Wer den Abgrund sieht, aber mit Stolz.
Wer den Abgrund sieht, aber mit Adlers Augen, —
Wer mit Adlers Krallen den Abgrund *faßt*:
Der hat Mut. — — "

Friedrich Nietzsche, aus: „Zarathustra"

Berichte

Die Einzelberichte diese Buches sind nach eigenem Erleben und sonst durchweg nach ausführlichen Gesprächen mit den genannten Kommandanten, Leitenden Ingenieuren, häufig zusätzlich nach Schilderungen weiterer Besatzungsmitglieder der betreffenden Boote niedergeschrieben. Sie alle sind mit den in den dienstlichen Kriegstagebüchern der Boote knapp niedergelegten Tatsachen in Übereinstimmung gebracht, wo sich in der Erinnerung der Erzählenden Fehler eingeschlichen hatten. Einige wenige Berichte sind einzig nach diesen Kriegstagebuchaufzeichnungen abgefaßt, nachdem das betreffende Boot und seine Besatzung von einer späteren Feindfahrt nicht mehr heimgekehrt war.

Von der Schippe gesprungen
Winter 1939/1940

Herbert Schultze ist einer der Unterseebootkommandanten, die sich als erste nach Beginn des Zweiten Weltkrieges einen Namen machten. Wie Schuhardt, der den Flugzeugträger „Courageous" versenkte; wie Prien, der in Scapa Flow eindrang; wie Kretschmer, der Schützenkönig mit über 300000 Bruttoregistertonnen versenkten Schiffsraumes; wie Hartmann und Schepke fuhr auch er schon im Frieden als Kommandant eines deutschen Bootes.
Nun war es ernst geworden mit dem, was man so lange und so gründlich übte: Sein Boot U 48 hatte den stark gesicherten Zug zweier feindlicher Frachter aufgefaßt, sich hinter die Kimm in günstige Angriffsposition geschoben, war zum Unterwasserangriff getaucht und lief auf Sehrohrtiefe seinen Anlauf. Vom Gegner wurde es nicht bemerkt, die Bewachung glücklich durchbrochen. Schon 35 Minuten nach dem Tauchen konnte das Kommando des Kommandanten fallen „Rohr I los!". Kurz darauf erfolgte drüben die Detonation des Treffers, nach zehn Minuten war der britische Frachter gesunken. Es war

die 8800 Tonnen große „Navasota". Der zweite entkam. Er stand beim Anlauf zum Beschuß nicht günstig. Vor den das Boot in der Tiefe suchenden Bewachern mußte Schultze vorerst versteckt bleiben und konnte die Verfolgung nicht aufnehmen.

Anderthalb Stunden später ist es soweit. Durchs Sehrohr erscheint die Luft ringsum rein. Es kann aufgetaucht werden. Als erster springt der Kommandant auf die triefnasse Brücke über dem Turm und nimmt, wie üblich, ehe er die Seewache aufziehen läßt, den ersten prüfenden Rundblick.

Ist dort nichts? Steuerbord querab kommt ein Geleitzug in Sicht. Das verspricht heute ein guter Tag zu werden, denkt Schultze. Die Brückenwache zieht auf. Das Boot setzt sich den Rauchfahnen vor, deren Kurs man bald bestimmt, und will nach einigen Stunden gerade in voller Ruhe zum Angriff tauchen. Schon hat der Kommandant als letzter das Luk in der Hand, die anderen sind bereits eingestiegen, da erkennt er, wie er noch einmal aufblickt, eine Sunderland im Anflug.

„Alllarrrm!" Herbert Schultze springt hastig ein, verriegelt das Luk, und schon werden, noch während die Alarmglocken schrillen, in der Zentrale unter ihm die Schnellentlüfter herabgerissen. Nun beginnt, aufstöhnend wie ein sputender Wal, das Boot sofort, und doch, so schnell es auch folgt, viel zu langsam für seine Ungeduld, zu sinken.

„Alle Mann nach vorn!" geht der Ruf des Leitenden Ingenieurs durchs Boot, damit es durch die Menschenlast vorn schneller herabgedrückt werde. Wer abkömmlich ist von seiner Gefechtsstation, auf die ihn der Alarmruf trieb, stürzt, poltert, schubst und taumelt in dem nach vorn bisher nur gering abwärtsgeneigten Gang vor. Durch Offiziers- und Oberfeldwebelraum hindurch, durchs Schott, die Stufe hinab zum Bugraum und bis zu den Ausstoßrohren, damit der schlanke Fisch schneller, steiler abwärtsgleitet.

Schon ist der Riesenvogel herangebraust. Vier Detonationen in unmittelbarer Nähe erschüttern das Boot, während der Tiefenmesser Zentrale gerade erst fünfzehn Meter anzeigt, der Bootskörper kaum von der Oberfläche verschwunden ist. Nun sackt er vorn steil hinab. Ist er getroffen und sinkt? Oder geschieht es endlich durch die eigenen Maßnahmen? Es ist ihm nichts geschehen. Er wird abgefangen. Bald darauf brausen Zerstörer herzu; man hört deutlich die schnellschlagenden Schrauben.

Spannung beherrscht die Besatzung. Finden sie uns? Wie werden die Wasserbomben liegen? Man hat ja noch so wenig Erfahrung.

Der Gegner ist nicht voreilig. Er nimmt sich Zeit und geht mit der Ruhe dessen vor, der sich seiner Sache gewiß ist. Das Boot, das er verfolgt, ist mit seiner Schleichfahrt drunten ja wie angenagelt an den Fleck. Überdeutlich ist im Boot das unangenehme Geräusch zu vernehmen, das die Asdic-Unterwasserlotung des Gegners verursacht.

Der Zerstörer stoppt eine Weile, lotet nach dem großen stählernen Fisch, geht wieder an und verbessert seine Position. — Ssss, Ssss, Ssss — hört man mit bloßem Ohr sein Gerät arbeiten. Und wieder geben die Schrauben droben Ruhe. Er horcht mit seinem überfeinen Gerät.

Wieder einige Umdrehungen der Schrauben, Psch, Psch, Psch — — Im Horchgerät des Bootes ist in anderer Peilung ein zweiter Zerstörer wahrzunehmen, und beide verbessern dauernd ihren Standort.

Jetzt schweigt der zweite. Ununterbrochen das widerlich zirpende Ssss, Ssss, Ssss des Suchgerätes, der Asdic-Strahlimpulse. Verfluchte Nervensäge! Man hört, wie Bomben geworfen werden. Jetzt... Jetzt! Wann werden... Sie sinken schon. Wo werden sie — — — Rrrummms! sie detonieren — verfluchter Kram! Die im Boot ziehen unwillkürlich die

44

Köpfe ein, um sich kleiner zu machen — direkt über dem Boot, das durch die Detonation zusammenschüttert und zu bocken beginnt, daß es der Leitende nur schwer zu halten vermag — Rrrummms! erst einmal zwei Stück in unmittelbarer Nähe des Bootes.

Herbert Schultze gibt Befehl tiefer zu tauchen. Mit leisesten Sohlen, geringster Schleichfahrt gleitet das Boot dahin. Nur den droben Lauschenden nicht mehr Anhalt geben, als unerläßlich ist! Trotzdem scheint das Asdic-Ortungsgerät sie zuverlässig genug festzustellen.

Schultze versucht durch geringe Winkelzüge zu entkommen, mit schmaler Silhouette sich langsam fortzuschleichen aus dem droben festgestellten bisherigen Kurs. Zwanzig Minuten nach der ersten Serie detonieren drei Wasserbomben dicht neben dem Boot. Diesmal sind die Erschütterungen derart stark, daß die Lastigkeitswaage — sie ist zur Tiefensteuerung unerläßlich — zerplatzt und die Sicherungen mehrerer Kommandoelemente herausspringen.

Hält der Druckkörper wenigstens dicht? Ist nirgends —? Man weiß noch so wenig, was solch ein Boot im Ernstfalle verträgt. Aus den einzelnen Räumen laufen nacheinander Klarmeldungen in der Zentrale ein, wie es unzählige Male bei Übungen im Frieden mit fingierten Ausfällen geprobt wurde.

Gott sei Dank! Alles atmet befreit. Es ist ein verfluchtes Gefühl, wehrlos Bomben unter Wasser ausgesetzt zu sein, nicht davonlaufen zu können, bewegungsunfähig und blind. Da der Meeresgrund in diesem Nordseebereich nicht mehr weit entfernt ist, entschließt sich Schultze, weiter tauchen zu lassen, obgleich diese Tiefe unter der sonst vorsichtshalber einzuhaltenden liegt, und es auf Grund zu legen. Dann sollte es dem Gegner wohl schwer sein, das Boot genau zu erfassen. Mindestens zu horchen ist es dann nicht mehr. Außerdem spart man an eigener Energie.

Alle Lärm verursachenden Hilfsmaschinen, der Mutterkompaß, der ständig leise summt, die Lüfter und Pumpen bleiben abgestellt. Nur kein irgendwie vermeidbares Geräusch! Vielleicht verlieren die da oben uns doch?

Erneut wird das Boot erfaßt und mit Bomben belegt. Kein angenehmer Zustand, untätig hören zu müssen, wie die Zerstörer sich heranpirschen, wie einer stoppt und seine Wasserbomben löst, die kurz darauf in nächster Nähe mit ekelhaftem Bellen nach einem greifen. Wie lange geht das nun schon? Wie lange wird es noch gehen? Vernichtet nicht die nächste sie in der Tiefe? Ist so das Ende? Kann man denn gar nichts tun?

Weitere Ausfälle im Boot sind die Folge der nächsten Wasserbomben. Waschbecken und Klosett zerspringen, Glühlampen platzen, der Umdrehungsanzeiger im Turm fällt aus. Was tun?! Soll man tatenlos zusehen und warten, bis endlich eine dieser Serien so nahe liegt, daß der Druckkörper des Bootes nachgibt und sie alle zusammen elend absaufen? Sollen sie so lange stilliegen, bis der letzte Sauerstoff der Luft im Boot verbraucht, bis man sie ausgehungert hat? Auf den Kommandanten sieht die Besatzung. Was er auch veranlaßt, was er unterlassen mag, er ist der einzige an Bord, der Entschlüsse zu fassen, der zu befehlen hat. An ihm hängt jeder der Besatzung mit allen Gedanken. Tut er nichts? Kann er denn nichts tun? Oder hält er es nicht für nötig und meint, wir kommen hier so heraus? Schultze weiß, daß die einzige Chance für sein Boot die Dunkelheit ist, die zu dieser winterlichen Jahreszeit hierorts gegen 16.00 Uhr nachmittags einfallen wird. Und dann, beschließt er, wenn bis dahin noch möglich, werden wir auftauchen und über Wasser zu entkommen versuchen. Bisher ist alles dazu Erforderliche einigermaßen intakt.

„18.00 Uhr. Boot vom Grunde gelöst und auf 60 Meter weitergefahren", vermerkt später nüchtern das Kriegstagebuch. „Die Schraubengeräusche werden schwächer." Tatsächlich entfernt es sich so von den droben immer noch suchenden und Bomben werfenden Zerstörern. Diese scheinen den Aufbruch des so lange Zeit stilliegenden Bootes wahrhaftig nicht zu bemerken. Sollten sie im Augenblick nicht ganz aufgepaßt haben? Die Flucht scheint zu glücken.

Dreiviertelstunden Schleichfahrt, nicht ganz zwei Seemeilen Weges, und alles ist ruhig geblieben, kein Gegner dem Boot nachgestoßen. Da läßt Herbert Schultze vorsichtig auftauchen. Er springt allein auf die Brücke, blickt sich um, und — — erkennt sich mitten in einem ganzen Pulk von Bewachern.

So viele hatte er bisher nicht unterschieden. Es ist dunkel, aber eine klare Nacht und die Sicht gut. Seegang und Dünung sind geringer geworden, der Wind hat abgeflaut. Leise! Nur leise!

Ruhig hebt und senkt sich das niedrige schlanke Boot fast ohne Fahrt in der Dünung. Ringsum heben sich die Schatten der Suchfahrzeuge deutlich ab. Zwanzig bis dreißig vermag Schultze zu überschlagen. Und die allesamt wollen ihn in der Tiefe vernichten. So viele hat man gegen ihn herangeführt, und sie wähnen ihn noch am Grund — —. Es ist ein eigenartiges Gefühl, zu sehen, wie sie an anderer Stelle nach ihm suchen und die U-Boot-Männer keine Deckung, kein Versteck ringsum haben als die geringe Sichtbarkeit des Bootes selbst!

Kapitänleutnant Schultze läßt, um keinen Lärm zu machen, Handruder besetzen, das leiser geht als die elektrische Ruderübertragung. Das Boot fährt weiterhin mit der geräuschlosen Elektromaschine, nicht mit den lärmenden Dieseln. Schultze wendet es leise — leise! — auf die ihm als die weiteste erscheinende Lücke zwischen zwei Bewachern zu.

„Herausgeschlängelt haben wir uns", erzählt der Kommandant. „Über Wasser abgelaufen", meldet in militärischer Kürze sachlich das Kriegstagebuch, als wäre weiter nichts dabei gewesen. Dann folgt diesmal die an solchem Orte überaus bezeichnende, weil ungewöhnliche Bemerkung: „Lange Nase gemacht!"

Man muß Herbert Schultze, diese Legierung von stillem, wortkargem Ernst, Entschlußkraft und Humor kennen, wenn man ermessen will, was hinter der Eintragung steckt. „So sieben- bis achthundert Meter", schätzte er auf meine ausdrückliche Frage hin den Abstand, „und dazu ausgesprochen gute Sicht in jenem Augenblick. 'Ne verflucht kitzlige Situation — wo wir alle doch schon so zerrupfte Nerven hatten", sagte er, zerrupfte Nerven! „nach dem endlosen Wabosegen."

Endlich konnten die Diesel wieder anspringen. Sie waren zunächst infolge eines Schadens in der Kühlwasserleitung nicht betriebsfähig, die Schäden im Boot erheblicher, als man glaubte. Außenbordventile sind gelockert, das Entlüftungsgestänge schadhaft, sämtliche Kommandoelemente, Kreisel- und Magnetkompaß ausgefallen. Das gesamte technische Personal mußte schwer 'ran. Nach und nach wurde alles geschafft, was notwendig war. Man hatte in langer Friedensausbildung gelernt, Ausfälle zu beheben.

Der Schmutt gibt „Kujambel" (Saft) aus und, wenn auch verspätet, als Abendessen für alle nach der geglückten Flucht einen besonderen kräftigen „Halben Schlag", das bei der Marine immer beliebte Eintopfessen. Trotz der glücklichen Eskapade ist die Stimmung an Bord noch etwas gedrückt. Kein Wunder nach solchem Erlebnis, Auge in Auge mit dem Tod gestanden zu haben. Manch einer hat die Lage wohl aussichtslos gesehen. Vorerst fehlte begreiflicherweise der rechte Angriffsschwung, die Unbekümmertheit, das Selbst-

46

vertrauen, das für die deutschen U-Boot-Fahrer selbstverständlich wurde und sie viele ihrer unerhörten Leistungen vollbringen ließ.

Während das Boot möglichst viele Meilen zwischen sich und die Suchgruppe des Gegners legt, in der gleichen Nacht, nimmt die Sicht wieder ab, Wind und See schwellen an. Gegen Morgen wird es ausgesprochen unsichtig. Regenschauer fallen über die Brückenwache her wie nasse Tücher. Ein feindlicher Geleitzug wird passiert, aber noch ist das Boot nicht wieder gefechtsklar, um ihn angreifen zu können. Herbert Schultze muß es sich verkneifen, so lieb ihm gerade jetzt ein neuer Angriff auch wäre, um seine Männer wieder in Form zu bringen. Er spürt durchaus, wie es um sie steht. Es geht ihm selbst nicht viel anders. Aber er weiß, wie solcher Zustand am besten zu überwinden ist. Noch werkelt der Obermaschinist mit seinen „Cyclopen", wie sie die Männer vom Maschinenpersonal nennen, am Beheben der Schäden.

Nicht viel später rauschen zwei Zerstörer dicht hintereinander in einer Regenbö auf knapp 100 Meter vorbei, ohne das deutsche Boot zu bemerken. Einige Zeit darauf ein Tanker und ein weiteres Fahrzeug, offenbar Nachzügler des nach England laufenden Geleites.

Das wäre die Gelegenheit, durchzuckt es Herbert Schultze. Obgleich längst nicht alles voll wieder gefechtsklar ist, greift er an: Die Wasserbombenpsychose soll überwunden werden. Noch ist es dunkel. Das Boot greift über Wasser an. Vorsetzen, Anlauf und Schuß. Der Aal trifft sein Ziel nicht. Auch Nummer zwei geht fehl. Der Vorhalt war vielleicht zu groß berechnet — „über den Daumen gepeilt". Die Zieloptik zum Berechnen der Schüsse war während der Waboverfolgung ausgefallen, und in der zu Stärke 5 bis 6 auflaufenden See holte das Boot im Augenblick des Schusses gerade stark über.

Erneuter Anlauf. Der dritte Torpedo reißt das schwerbeladene Schiff in der Mitte auf. Es brennt, zerspringt und sinkt: der britische Tanker „San Alberto", 7379 Bruttoregistertonnen groß. Diese Versenkung war gleichsam die Rache für die üblen Wasserbomben. Jedenfalls faßten es Herbert Schultze und seine Männer so auf. Denn die waren die härtesten gewesen und sollten es bleiben, die sie je auf ihren Feindfahrten erlebten. Der I. WO dieses Bootes, der „Überwassertorpedoschütze", war später einer der erfolgreichsten Kommandanten, war Reinhard „Teddy" Suhren.

Nichts als Enttäuschungen vor Narvik
April 1940

Als anläßlich der Besetzung Norwegens durch die Wehrmacht April 1940 auch das Unterseeboot des Korvettenkapitäns Victor Schütze den Auftrag hatte, im Vestfjord britische Seestreitkräfte, mit deren Eingreifen man rechnete, aufzuhalten und möglichst auszuschalten, fand es sich plötzlich durch die Natur dieser Breiten selbst mattgesetzt. An Bord der deutschen Zerstörer unter Kommodore Bonte war nach Überwinden der für solche Fahrzeuge ungeheuer weiten Strecke Wilhelmshaven—Narvik trotz allerschwersten winterlichem Orkan eine geringe Abteilung von Gebirgsjägern als Vorkommando in die Bucht jenes norwegischen Erzhafens eingelaufen. Sie hatte — noch ohne eigene schwere Waffen — Befehl, diesen wichtigsten Platz des äußersten Nordens im Handstreich zu besetzen und zu halten, bis Waffen und Verstärkung an Bord von Frachtern nachkämen.

Ob nun die Zerstörer den Standort des Bootes bereits passiert, ob sie den Hafen schon angelaufen hatten und das Unternehmen geglückt war, das wußte man auf dem Unterseeboot des Korvettenkapitäns Schütze noch nicht. Auf jeden Fall mußte dieses Boot auf das Erscheinen von britischen Einheiten jederzeit gefaßt sein, denn der Feind wollte in diesen Tagen Narvik und Skandinavien für sich besetzen. Durch Funk waren die deutschen Boote unterrichtet, daß große Teile der britischen Hochseeflotte, daß Transporter, Frachter und auch französische Streitkräfte im Anmarsch nach Norden seien.

Die deutschen Zerstörer waren dem Briten im letzten Augenblick zuvorgekommen. In diesem kritischen Moment, da ein Funkspruch dem Boot meldete, daß die Flottille soeben Baröy passiert habe — vom Engländer war bisher nichts gesichtet worden —, setzte plötzlich undurchdringlicher weißer Flockenfall ein. Die Ausgucks auf der Brücke des lauernden Unterseebootes konnten buchstäblich nicht mehr das eigene Vorschiff ausmachen. Das Boot Schützes lag bis zur kritischen Stelle vorgeschoben in dem stillen Fjordwasser wie abgeschnitten und ausgeschaltet. Die Situation war um so unwirklicher, als man bis zu diesem Augenblick genau den gleichen Orkan, durch den die mit Landungstruppen übervollen deutschen Zerstörer sich hatten durchkämpfen müssen, abgewettert hatte. Auf einen Schlag schien plötzlich die ganze Welt ringsum versunken. „Haben Sie jemals so was an Schnee erlebt, Bootsmann?" macht Victor Schütze seinem Ärger wie seiner Besorgnis Luft. Der Oberfeldwebel, zur Zeit Wachleiter auf der engen U-Boots-Brücke, schüttelt den vermummten Kopf. Gleichsam als Weihnachtsmänner dick in Watte gepackt, stehen die vier Männer als Ausguck ratlos da.

„Wenn jetzt der Engländer — — Ach was! Man darf nicht daran denken!" bemerkt der Kommandant weiter. „Wir bleiben auf jeden Fall oben." Damit verschwindet er wieder ins Bootsinnere. Ändern kann er ja nichts. Wer zur See fährt, begibt sich nun mal in die Gewalt der Elemente.

Bei unsichtigem Wetter ist es üblich zu tauchen; der Sicherheit des Bootes wegen, daß es nicht unversehens angegriffen wird. Angegriffen ist es immer, jedem Gegner gegenüber, der Schwächere und weit mehr als jedes andere Fahrzeug gefährdet. Die Stärke des Unterseebootes ist sein Nichtgesehenwerden. Heute aber kommt es darauf an, keine Minute länger als nötig blind, sondern möglichst beweglich zu bleiben. In jedem Moment kann die schneeausschüttende Bö vorübergehastet sein und der Gegner in Sicht kommen. Um keinen Preis darf er die deutschen Zerstörer in Narvik wehrlos — etwa noch beim Beölen — in der Bucht antreffen. Ehe er nachstößt und die Falle schließt, sollen sie wieder klar und aus der Enge heraus auf dem Rückmarsch sein.

Unerbittlich sinkt das weiße Geriesel in ganzen Massen um das Boot herab. Untätig stehen der Wachoffizier und seine drei Mann Ausguck auf der offenen Brücke des Bootes. Sie fluchen in sich hinein oder sind stumm ergeben, je nach Temperament. Langsam schleichen die Minuten ihrer vier Stunden dauernden Wache dahin.

Plötzlich wiegt sich das Boot. Nanu? Mit einem Satz von seiner schmalen Koje hoch, durchs enge runde Kugelschott und die Zentrale, den senkrechten Niedergang die zwei Stockwerke durch den Turm hinauf, ist Victor Schütze auch schon auf der Brücke. Den Mantel hat er gar nicht erst übergestreift.

„Da is' einer vorbei, Herr Kapitän!" meint der WO und schluckt, um das Gefühl des Unheimlichen, unabänderlich Unbekannten wegzubekommen, daß einer da ungesehen dicht an ihnen vorüberzog.

Verfluchter Nervenkitzel! Was ist denn eigentlich? Irgend ein Fahrzeug! Aber was für eines? In der Bewegung, die es im stillen Fjordwasser weithin ausbreitend hinter sich hervorrief, schlingerte das Boot. In welcher Richtung lief der Unbekannte? Ein oder aus? Keinerlei Bewegung mehr im Wasser. Man hat sie nur gespürt. War das der Gegner, dem sie auflauern? Einfach alles weg. Man ist in einen dicken, flimmernden Vorhang von Schweigen eingehüllt.

Irgend ein norwegisches Fahrzeug kann das Boot passiert haben. Ebenso gut auch der Brite. Hört der verdammte Schneefall immer noch nicht auf? Reinster Polarwinter herrscht hier oben noch. Sie stehen wie blind in einer engen Kammer, deren Wände einem vor den tastenden Händen zurückweichen. Alles ist aufgeschluckt von dem weichen, dichten Geriesel. Als hätte man Watte in den Ohren und Milchglasbrillengläser vorm Gesicht. Der Schnee kitzelt auftauend die Nase; die Wimpern sind schwer, naß und kühl von flockigen Tropfen, die Augen wie zugeklebt. Man muß sie schmerzhaft aufreißen.

Plötzlich lauscht alles auf: War da nicht — —? Da wieder!

Tatsächlich: Artillerieschießen.

So ist mit dem Schneetreiben der Gegner tatsächlich durchgebrochen.

Korvettenkapitän Schütze gibt Befehl: Das Boot stößt nach, in die Narvikbucht hinein. Jetzt wird es sichtiger, jetzt, wo es zu spät ist. Der Schnee fällt weniger stark. Man kann ein paar hundert Meter weit erkennen.

Eine Weile vergeht, während der das Boot mit brummenden Dieseln durch das ruhige Fjordwasser dahinzieht. Das Aufbellen der Salven in der Ferne wird seltener. Dann verstummt es ganz. Wie mag es in Narvik stehen? Was machen unsere Zerstörer, ist die Frage der U-Boot-Männer.

Da! Schemen lösen sich aus dem Nichts. Zwei britische Zerstörer laufen mit höchster Fahrtstufe zurück. Sind die Torpedos klar? Aber man steht ungünstig zu jenen beiden. Schon preschen die grauer und bestimmter werdenden Schatten heran, werden größer, dunkler, passieren, — — das Boot kommt ihnen nicht mehr in den Weg. Ganz einwandfrei, dies sind Briten. Die Unsern haben die englische Vorhut zurückgewiesen, denkt der Kommandant. Keine Lage zum Schießen. Schon ist der Spuk verschwunden.

Wer U-Boot fährt, kaut an einem harten Brot! Die Enttäuschung darf nicht umschmeißen. Vielleicht hat einer der Kameraden weiter draußen bessere Chance und Glück?! Victor Schütze zuckt die Achseln.

Der Feind ist also wirklich im Vestfjord. Er hat die deutschen Sicherungen durchbrochen, hat sie im Schneetreiben überrannt. Das Wetter hat ihn begünstigt, und er hat es für sich genutzt. Narvik steht ihm offen. Zwar scheint sein erster Versuch, die deutsche Landung dort mit leichten Kräften zu liquidieren, gescheitert, aber er darf sich Zeit nehmen: Er ist jetzt da, ehe der deutsche Nachschub zur Stelle ist. Die deutschen Zerstörer sitzen in der Falle, sind noch nicht wieder weg; die deutschen Truppen, die sie brachten, ebenfalls. Von allem, was sie brauchen, sind sie nun abgesperrt. Mit seinen schweren Kräften, die er doch bestimmt hier oben hat, kann jetzt der Feind dies Seegebiet als einzige Verbindungstür hier herauf einfach abriegeln. Die deutschen stärkeren Einheiten sind weiter im Süden durch andere Aufgaben gebunden. Was gelten sie denn im Vergleich zu der riesigen britischen Hochseeflotte. Zu einem kräftemessenden Kampf wie seinerzeit der Skagerrakschlacht dürfen sie es niemals kommen lassen. Sie können nur hier und dort Nadelstiche versetzen, diese und jene Gelegenheit für sich nutzen. Für Korvettenkapitän Schütze gilt es nun, den Gegner wenigstens so viel wie möglich zu schwächen und von der engeren Narvikbucht abzuhalten. Die steilen Fjordwände treten heraus. Gemäß dem für diesen Fall vorgesehenen Befehl des BdU stößt Victor Schütze weiter in die innere Bucht vor. Er hat sich die Seekarte auf die Brücke heraufreichen lassen und prüft mit dem Obersteuermann jede Felsnase, all die verschiedenen und im Passieren dauernd wechselnden Silhouetten der Berge, späht nach jeder Bucht. Jedes Loch und alle Untiefen, von denen es hier wimmelt, prägt er sich genau ein, nimmt und notiert Peilungen, um sich später in jeder Lage schnell zurechtfinden zu können. Er fährt die ganze Bucht aufmerksam sorgfältig ab. Es sollte sein Glück werden, daß er dies schwierige Fahrwasser derart in Ruhe durchstudierte und jede Ecke, jeden Winkel besah. Schütze klopfte die ganze Bucht ab wie ein Infanterist das Gelände, in dem er sich einrichtet. So, nun kannte er sich einigermaßen aus. Ein Unterseebootkrieg so dicht unter Land in dem Gewirre von Fels und engem, vielfach untiefem Wasser ist kaum ein Seekrieg, sondern mehr ein Küstenvorfeld-Stoßtrupp-Unternehmen.

Aus Funkmeldungen geht inzwischen hervor, daß die Außenposten durch die anderen Boote überhaupt noch nicht besetzt sind. So fühlt sich Schütze mit seinem Boot als der einzige vorgeschobene Verteidiger von Narvik. Gern würde er den Ort einmal anlaufen, um Näheres über die Lage dort zu erfahren. Noch weiß er nicht, was die Gebirgsjäger erreichten, ob sie Waffen am Platz vorgefunden haben, die sie nun brauchen können, wie man es hoffte (aber es war nicht der Fall!). Er wagt nicht, seinen wichtigen Posten vor der Bucht auch nur für Stunden zu verlassen.

Außer fremden Zerstörergruppen fernab, die gelegentlich als Aufklärer gegen die hier vermuteten deutschen U-Boote auf Suchfahrt mit Asdic- und Horchgerät begriffen sind, wird zunächst nichts vom Feind gesichtet. Einmal kommen mehrere Zerstörer denn doch mit wechselnden Kursen und geringer Fahrt in Schützes Nähe. Sie loten. Wie Stockschläge gegen die Turmwand sind die Impulse der Suchstrahlen im getauchten Boot zu hören. Es wird, nach etwa halbstündiger Fahrt, während der es sich dem Gegner mit Schleichfahrt vergeblich zu entziehen versucht, genau überlaufen. Bei 70 Meter Wassertiefe an dieser Stelle geht es nahe den Klippen vorsichtshalber auf Grund. Nach drei Stunden ergebnislosen Suchens läßt der Gegner endlich ab. Kurz darauf geht das Boot auf Sehrohrtiefe. Von schweren Einheiten, die es als Ziele im Gefolge der Zerstörer vermutet, ist weder etwas zu horchen noch zu sehen.

Am späten Nachmittag dieses Tages überfliegen Feindmaschinen den Fjord. Ihr Bombenangriff auf Narvik ist gut zu hören. Man steht zwölf Seemeilen entfernt. Was mögen die deutschen Zerstörer machen? Laufen sie nicht aus?

Mit dem Abend wird das Wetter regnerisch diesig. Das Boot taucht auf. Und nun kommen zwei der deutschen Zerstörer aufklärend in Sicht. Derweilen lädt Schütze für Unterwasserfahrt die stark mitgenommene Elektrobatterie durch Diesel nach. Der Lärm ist innerhalb der widerhallenden Bergwände unangenehm deutlich zu hören.

Am Mittag des folgenden Tages stehen die sichernden deutschen Zerstörer immer noch auf und ab vor der Einfahrt nach Narvik. Im Westen kommen Masten heraus. Gleichzeitig hört man Geschützfeuer. In drei Reihen über die Fjordbreite verteilt, marschiert der Feind zahlreich, aus schweren Geschützen feuernd, auf Narvik zu. Etwa zehn fremde Zerstörer sind vorläufig zu zählen; Flugzeuge kreisen über ihnen. Anhaltender Lärm von Wasserbomben und Geschoßeinschlägen. Der Kommandant beobachtet durchs Sehrohr; er allein sieht Andeutungen von dem, was draußen geschieht.

Der Gegner zackt erheblich, um den einschlagenden deutschen Geschossen zu entgehen und das Einschießen zu erschweren. Viel werden die Zerstörer Bontes kaum ausrichten können gegen die Übermacht.

Schütze greift mit seinem Boot an. Er geht gegen die Backbordkolonne des Gegners vor. Entfernung 1200 Meter — — 1000 Meter — — 800 Meter und Lage 90 Grad: Schuß! Und noch einmal: Schuß! Dann schneidet sein Sehrohr unter!

Verflucht! Was ist los? Hat er getroffen? Nicht festzustellen bei dem allgemeinen Lärm ringsum, wenn man es nicht sieht. Das Boot hat fallende Tendenz. Erst nach mehreren Minuten steigt es wieder an, nun aber so schnell, daß, wenn es nicht die Wasseroberfläche durchbrechen soll — und das würde sein Ende herbeiführen —, der Kommandant beziehungsweise sein Leitender Ingenieur mit harten Mitteln eingreifen muß, es wieder hinunterzubringen.

Zwischendurch gelingt ein kurzer Blick durchs Sehrohr. Ein Schlachtschiff in Lage 100 Grad auf etwa 300 Meter Abstand folgt den Zerstörerkolonnen, von zwei weiteren Zerstörern gesichert. Das wäre ein Ziel! Schützes Boot ist noch keineswegs wieder in der Gewalt der Tiefenruderleitung. Es kann keinen Schuß lösen und bockt in ständigem Wechsel zwischen Steigen und Fallen, seit die beiden ersten Torpedos vorn das Boot verließen und dort sein Gewicht veränderten.

Es ist kein eigentliches Frontboot, das Victor Schütze kommandiert, sondern ein ehemaliges Versuchsboot, das, so gut es gehen wollte, zum Einsatz hergerichtet wurde. Es hapert an Ecken und Enden. Bis es soweit ist, daß man Sehrohrtiefe halten und den Unterwasserangriff weiter fahren kann, ergibt der Blick durchs Okular, daß die schwimmende Festung des Gegners inzwischen viel zu weit ab und sich bereits in einer Lage befindet, daß ein Torpedoschuß nicht mehr möglich ist. Ununterbrochen feuert sie aus den Türmen ihrer schweren und mittleren Artillerie volle Salven. Schütze folgt. Unter Wasser macht sein Boot nicht die notwendige Fahrt. Vielleicht, rechnet er, wendet das Schlachtschiff — es scheint die „Warspite" zu sein — und kommt dann doch noch in günstigere Schußposition? Es muß alles versucht werden.

Seit Insichtkommen dieses mächtigen Gegners ist dem Kommandanten deprimierende Gewißheit geworden, was er längst befürchtete: Die deutschen Zerstörer werden von der erdrückenden Übermacht des Gegners vernichtet. Zu dem Schlachtschiff und dem Verband, der sich da gegen Narvik schiebt, vergrößert sich seine Entfernung schnell. Das Unterseeboot, die letzte Außensicherung jenes Hafens, ist überrannt worden.

Es bleibt lediglich die Aufgabe, zu versuchen, die schweren Einheiten des Gegners noch einmal, wenn auch für Narvik zu spät, zu erwischen. Vielleicht seinen Nachschub, mit dem gerechnet werden muß, zu schädigen.

Die Luft- und Zerstörerüberwachung des Fjords, die nun einsetzt, läßt ein längeres Auftauchen am Tage nicht mehr zu. Selbst während der Nacht, die durch Schnee, Nordlicht und Mondschein stark aufgehellt für kurze Zeit hereinsinkt, ist jede Überwasserfahrt erheblich eingeschränkt. Das Boot aber muß auftauchen. Nicht nur um zu durchlüften, sondern vor allem, um immer wieder die Batterie nachzuladen, mit deren Energie allein es sich unter Wasser halten und operieren kann. In dem engen Ofotfjord, in dem es steht, zwischen ragenden Bergwänden, sind die Horchmöglichkeiten für den Gegner derart gut, daß ein laufender Diesel auf mindestens 10000 Meter einwandfrei bemerkt werden muß. So ist das Boot jedesmal während des Aufladens stark gefährdet. Ist es denn nicht möglich, fragt sich Schütze, bis an das feindliche Schlachtschiff heranzukommen, das sicherlich jetzt unmittelbar vor Narvik liegt? Die Entfernung bis dorthin ist so groß, und der Aufklärung des Gegners wegen könnte man sie nur unter Wasser überwinden. Bis dahin wird die U-Boots-Batterie völlig leergebraucht sein, ehe der eigentliche Angriff gegen das Schlachtschiff gefahren werden kann. Der Angriff dürfte sich wegen der starken Sicherung des Schiffes durch Zerstörer überaus kompliziert gestalten und eine Menge Strom benötigen, Aufladen ist dann nicht möglich. Das Boot ist mattgesetzt. Dauernd jagen Feindmaschinen in geringer Höhe über den Fjord. Über Wasser bis dorthin zu gelangen, ist also unmöglich. Schütze beschließt deshalb, im westlichen Teil des Fjords zu bleiben und dem Gegner hier aufzulauern. Er wird die winzigen versteckten Buchten, die er so genau auskundschaftete, zum Nachladen der Batterie benutzen. Dann dringt der Schall des Diesels nicht so weit.

Am späten Nachmittag kommt der englische Kampfverband auslaufend in Sicht. Das Schlachtschiff der Queen-Elizabeth-Klasse — es ist tatsächlich die „Warspite" — und sechs Zerstörer als Sicherung. Lage 0! Genau auf den Standort des Unterseebootes zu. Das läuft mit seiner geringen Unterwassergeschwindigkeit sofort dem Verband aus dem Kurs, um angreifen zu können, gerät auch in die Sicherung hinein, aber der Gegner bemerkt es und setzt Wasserbomben, so daß das Boot vorlastig abfällt, ehe eine geeignete Schußposition erreicht wurde. Armaturen sind zerstört, Ventile gelockert und undicht, die Tiefenrudermotoren ausgefallen. „Umschalten auf Hand!" heißt es; aber dieses Boot ist ungemein schwer zu dirigieren und zumal tiefzusteuern. Mit bloßem Oberkörper, so heiß wird ihnen dabei trotz der eisigen Kälte in der Zentrale, schuften die beiden Tiefenrudergänger an ihren ungefügen Handrädern, seit die elektrische Übertragung ausfiel und sie nicht mehr die einfachen Ruderknöpfe als Tasten bedienen können. Ihre Haut glänzt im Licht der mit Apparaturen, Handrädern, Ventilen verwirrend bespickten Zentrale. Der Schweiß rinnt herab, während die übrigen Männer ringsum in die Finger blasen und sich die Füße warm zu treten versuchen; denn elektrische Öfen hat das Boot nicht mit. Es fehlt überhaupt der überstürzten Ausrüstung wegen so allerhand.

Ringsum bellen Wasserbomben. Aus dem Jäger ist ein Gejagter geworden. Mit einer Weiterführung des Angriffs ist es vorbei.

Um der Verfolgung möglichst zu entgehen, schleicht Schütze sich in Richtung der nahegelegenen kleinen Bucht, die er als Versteck zum Aufladen der Batterie schon vorher ins Auge faßte. Deren Einfahrt ist für Zerstörer und größere Fahrzeuge unpassierbar. Wird man sie noch erreichen?

Die Detonationen ringsum brechen ab. Der Gegner scheint das Boot verloren zu haben. Im Horchgerät ist festzustellen, daß der feindliche Verband weitermarschiert. Schütze läuft blind, ohne das Sehrohr zu zeigen, die Bucht an. Mit der letzten Kraft seiner E-Maschine gelingt es, sie zu fassen. Wie aber das Boot endlich das Sehrohr vorsichtig ausfährt, erkennt Schütze, daß einer der Zerstörer, offenbar detachiert, als Nachzügler doch hinter ihm drein ist und auf und ab patrouilliert.

Schütze bringt sein Boot durch die Enge. Mehrmals erscheint der Zerstörer draußen vor dem Loch. Bei Lage 80, die Fahrt des Gegners auf 15 Meilen geschätzt, Entfernung 1500 Meter, fällt der Heckschuß. Doch der Feind horcht den auf ihn anlaufenden Torpedo. Er geht plötzlich mit hoher Fahrt an. Kein Treffer. Es ist eben alles gegen einen Erfolg.

Mit Einbruch der Dunkelheit manövriert Schütze rückwärts sein Boot aus der Enge. Anders geht es nicht. Er stellt fest, daß draußen immer noch der feindliche Zerstörer ist. Der weiß, wer dort in dem Loche sitzt. Nun dreht Schütze — so gerade eben schafft es die fast aufgebrauchte Batterie — und geht über den Achtersteven wieder in sein Krebsgehäuse hinein, um künftig vorwärts aus ihm heraus vorstoßen zu können.

Helle Mondnacht. In aller Eile wird der Turm des Bootes, das nun aufgetaucht daliegt, weiß angestrichen. So hebt er sich kaum noch von dem schneebedeckten Hintergrund ab. An Land werden Lichtzeichen beobachtet. Sind es Norweger, die signalisieren, oder etwa britische Landungstruppen? Verständigt man sich untereinander über das deutsche Boot? Ein unangenehmer Liegeplatz, so eingekeilt dazusitzen.

Am frühen Morgen läuft die „Warspite" mit fünf Zerstörern erneut Narvik an. Sie kommt an der Bucht, in der das Boot, immer noch wohlbewacht durch „seinen" Zerstörer, liegt, vorüber. Der Kommandant erkennt es und versucht aus der Bucht heraus einen Überwasserschuß. Die Gegnerlage ist nicht ungünstig. Rrrummms! — Viel zu bald nach dem „Torpedo los!" trifft der Aal, nach kaum 800 Metern Lauf, der Zeit nach berechnet, auf einen dort offenbar befindlichen Unterwasserfelsen. Er detoniert viel zu früh.

Zerstörer kommen heran. Schütze legt das Boot, das sich so unliebsam bemerkbar machte, auf Grund und wartet die nächste Nacht zum Laden der Batterie ab. Laufend sind die Schraubengeräusche der Wächter vor seinem Fuchsloch zu horchen.

Derweilen spielt sich vor Narvik und in den Fjorden ringsum der heldenhafte Endkampf der deutschen Zerstörer ab; vor erdrückender Übermacht nacheinander stolzer, ehrenvoller Untergang. Sie hatten, ehe der Gegner kam und ihren Weg sperrte, für die lange Reise nicht genug ölen können. Nun zogen sie, bis zur letzten Granate angreifend und feuernd, eine Zahl von des Gegners Einheiten mit in den Tod. Ihre Aufgabe, die deutsche Landungstruppe an diesen entlegensten Punkt des Norwegenunternehmens zu führen und auszuschiffen, hatten sie trotz schwierigster Wetterlage vorbildlich erfüllt. Die an Land geretteten Besatzungen helfen jetzt den Gebirgsjägern im Endkampf, so gut es geht. Irgendein artilleristischer, überhaupt ein nennenswerter Widerstand außer dem mit leichten Infanteriewaffen kann dem nachstoßenden Gegner, wenn auch er eine Landung durchführt (und er sollte es sehr bald tun), nicht mehr geleistet werden.

Der Hafen von Narvik ist nun für Deutschland gesperrt und liegt dem Feind offen da. Das große Schiffssterben setzt ein. Alle Frachter, deutsche wie neutrale, die vor Narvik zu Anker liegen, werden durch britische Torpedos, fächerweise in die Bucht hineingeschossen, wie auf dem Schießstand versenkt. Ein Totenfeld entsteht. Die Wracks ragen aus dem stillen, eisigen Fjordwasser dunkel zwischen den verschneiten Hängen heraus. Der Hafen mit der Erzpier gerät in die Hand des mit starken Kräften gelandeten alliierten Expeditionskorps. Der deutsche Vortrupp unter Dietl, der den Hafen im Handstreich nehmen und bis zum Eintreffen von Verstärkungen und Waffen auf langsameren Frachtern halten sollte, zieht sich, völlig abgeschnitten und auf sich gestellt, entlang der wichtigen Erzbahn, die von den schwedischen Gruben hierherführt, Schritt vor Schritt tapfer, zäh verbissen kämpfend, aus dem Stadtgelände zurück. Die Bucht ist zu einer Mausefalle geworden, die der Engländer mit Leichtigkeit zu sperren vermag.

In so einer Falle sitzt auch das Unterseeboot des Korvettenkapitäns Schütze. Voller Kampfeslust, noch ungebrochen in seinem Verlangen anzugreifen, wo nur Gelegenheit und Aussicht sich bieten mochte, aber doch gefangen in diesem Loch und in seiner Handlungsfreiheit beschnitten und geschwächt. Ist erst einmal ein enges Seegebiet vom Gegner beherrscht, so kann auch ein Unterseeboot nur wenig ausrichten. Die Fjordenge, die Schützes Boot mit den anderen — die zum Teil Narvik anliefen, nun aber weiter draußen operieren — zu sperren vergeblich versucht hatte, wird jetzt von britischen

Zerstörern und Flugzeugen wirkungsvoll überwacht. Der Kommandant hofft, daß sich doch noch Gelegenheit bietet, den Gegner wenigstens zu schädigen. Er lauert weiterhin in seiner Bucht. Der günstige Liegeplatz, die weiße Tarnfarbe am Turm, hindern passierende Fahrzeuge, ihn vor der verschneiten Landschaft auszumachen. Der kleine Hafen gibt günstigen Horchschutz beim Aufladen der Batterie. Unangenehm ist das Gefühl, möglicherweise durch anwohnende Norweger verraten zu werden.

In dieser Nacht wird die völlig erschöpfte Batterie nachgeladen. Das Tuckern des Diesels hallt unheimlich laut. Es glückt, ohne daß irgend etwas die Arbeit stört und unterbricht. Nur noch zwei und eine halbe Stunde lang sind hier droben im Norden jetzt die Nächte und ungewöhnlich hell über dem Schnee. Das Wetter ist still und ruhig geworden. Kaum eine Stunde vergeht, daß nicht mindestens ein Zerstörer in Sichtweite des Bootes vorüberzieht. Der Fjord ist zu tief, um sich auf Grund legen, zu eng, um bei Verfolgung einigermaßen ausweichen zu können. Der Kommandant entschließt sich im Laufe des nächsten Tages, diesen Ort lieber zu räumen und eine westlichere Position einzunehmen, die für das Abfangen von alliierten Nachschubfahrzeugen noch günstig werden kann. Hier drinnen scheint ihm die Bewachung zu dicht.

Gegen Abend dieses Tages läuft das Boot bei gutem Wetter mit klarer Sicht über Wasser aus seinem Schlupfwinkel. Es hat einen günstig erscheinenden Augenblick abgewartet; dann taucht es, um sich nicht „an der Ecke" überraschen zu lassen. Und richtig, dort steht, nein, stehen feindliche Zerstörer mit Suchfahrt auf und ab: U-Boot-Jagd! Zehn Stunden hindurch müht sich das Boot durchzuschlüpfen. Die droben tasten immer wieder, die Fahrt stoppend, horchend und lotend, nach dem hier zu Recht vermuteten Gegner. Sie werfen Wasserbomben, und das nicht schlecht. Noch haben sie das Boot nicht aufgefaßt. Während der Morgendämmerung sieht Schütze im Sehrohr deutlich die Verfolger. Vorsichtig schleicht er dicht unter den Felsen an die Passage heran. Die Zerstörer folgen nicht. Endlich hat er Glück. Er geht um das Eck herum. Er ist draußen. Der Versuch ist gelungen. Noch vierzehn Tage lang operiert das deutsche Boot im Vestfjord. Außer Flugzeugen und Zerstörern des Feindes kommt nur ein einziges Mal ein rechtes Ziel in Sicht: der große Träger „Arc Royal". Er bleibt außerhalb der Reichweite des Bootes.

Desto öfter wird dieses vom Gegner aufgefaßt und verfolgt. Versuche, auf einzelne der Zerstörer zum Schuß zu kommen, schlagen fehl. Zerstörer sind nun mal ein schwieriges Wild für das Unterseeboot und eben von Natur aus dessen Verfolger.

Wieder setzt orkanartiger Sturm ein, der das unbeholfene Boot stark in seiner Operationsfähigkeit beeinträchtigt. Die Funksendeanlage fällt aus. Schwer angeschlagen von der Gewalt der Elemente bleibt Schütze weiter am Feind, solange der Treibstoff es zuläßt. Unbedingt will er seine restlichen Torpedos an den Mann bringen. Fast scheint es, als sollte ihm das glücken. Kamerad Prien meldet draußen vor der Küste einen feindlichen Geleitzug und gibt laufend Fühlungshaltermeldungen. Schütze operiert auf diesen Verband, bekommt ihn schließlich in Sicht, aber wieder macht das Wetter ihm einen Strich durch die Rechnung. Das Boot kommt nicht zum Angriff, es kann sich bei dem herrschenden Seegang nicht auf Sehrohrtiefe halten. Es verliert die Fühlung, weil es sich in der Sturmsee, die hier außerhalb des Vestfjordes in der freien See aufgelaufen ist, nur beschränkt zu bewegen vermag.

Erst nach Ablauf dieser letzten vierzehn Tage läuft das daheim bereits aufgegebene Boot unangemeldet in Helgoland wieder ein. Es war von allen am längsten draußen geblieben. Diese Narvikunternehmung war die enttäuschendste, die gefahrvollste und dennoch interessanteste von Korvettenkapitän Schützes Feindfahrten.

Es hätte nicht viel gefehlt ...

Frühjahr 1940

Es glückte erst in den letzten Tagen des Krieges, daß ich Gerd Suhren begegnete, dem Ingenieuroffizier, Bruder des bekannteren U-Boot-Kommandanten Reinhard, genannt „Teddy" Suhren. Wie jener war er bereits in der ersten Phase des Krieges gegen England mit dem Ritterkreuz ausgezeichnet worden als der Leitende Ingenieur eines der erfolgreichsten unserer Boote jener Zeit. Jetzt also war er nach längerer Tätigkeit im Stabe des BdU noch einmal auf einem Frontboot eingestiegen, und zwar auf dem zuerst fertiggewordenen des neuartigen Typs XXI, dem Elektro-, also einem echten Unterseeboot gegenüber den bisherigen „nur"-Tauchbooten. Addi Schnee befehligte es als Kommandant, und mein alter Kumpel Billigmann von U 101, jetzt Obersteuermann, war ebenfalls an Bord. Dazu mein alter, bester Freund schon aus dem Zivilleben, Dr. Wolfgang Frank, jetzt Leutnant z.S.

Es geschah im Oslofjord vor Horten, Südnorwegen. Dieses Boot U 2511 sollte als das erste dieses vielversprechenden Typs auf Feindfahrt gehen und traf hier gerade seine letzten Vorbereitungen; ich selbst erschien dort auf U 1107, das hier seine letzten Schnorchelübungen absolvierte, um dann, nach Übernahme seiner Torpedos und von Frischproviant in Kristiansand, von dort in Englands Küstengewässern eingesetzt zu werden. Trotz seines vollständigen Gummiüberzugs gegen Ortung kehrte es dann von dieser Unternehmung leider nicht zurück. Ich war in Kristiansand ausgestiegen, um dort auf den XXIer meines Freundes Erich Topp, U 2513, zu warten, der hier ebenfalls seine letzte Ausrüstung wenig später übernehmen würde und mit dem auf Feindfahrt zu gehen ich verabredet war beziehungsweise Befehl des Generaladmirals v. Friedeburg mir beschafft hatte. Dazu sollte es dann nicht mehr kommen: es erfolgte die deutsche Kapitulation.

Vor Horten also begegnete uns, während ich auf der Brücke stand, Schnees U 2511. Durch Winkspruch von Brücke zu Brücke vereinbarte ich mit Freund Frank ein Treffen an Land für diesen Nachmittag; wir waren uns längere Zeit hindurch nicht mehr begegnet. Dabei kam es dann, daß der mich, im Einverständnis mit seinem Kommandanten, zur Besichtigung des XXIers, dieses „Wunderbootes", das absoluter Geheimhaltung gegenüber jedem Nichtdazugehörigen unterlag (Frank war informiert, daß ich selbst wenige Tage später auf ein solches Boot umsteigen würde), zu einem kurzen Treffen mit dem mir bereits bekannten Korv.Kpt. Schnee, mit Billigmann und eben mit Gerd Suhren aufforderte.

In der überraschend geräumigen Messe des Bootes saßen wir nach dem mich allerdings verblüffenden Rundgang durch dieses Fahrzeug mit seinen den weiteren U-Boot-Krieg zweifellos gründlich verändernden Möglichkeiten bei einem Gläschen Aquavit miteinander im Gespräch. Dabei versuchte ich Gerd Suhrens weit zurückliegende Erfahrungen als Leitender Ingenieur damals auf Hartmanns U 37 im Vergleich zu diesem neuen Boot zu erkunden.

„Wie sind Sie eigentlich", fragte ich, „so früh als L.I. eines Bootes, ich glaube als der erste, dazu gekommen, daß man Ihnen das Ritterkreuz verlieh?"

Suhren winkte ab: Vielleicht habe man auch einmal einen solchen auszeichnen wollen.

„Aber Sie müssen doch", beharrte ich, „mehr als die übrigen geleistet haben? Ist da nicht mit Ihrem Boot irgend etwas Besonderes losgewesen? Berichten Sie!"

„Was ist da zu erzählen!" wehrte der Ingenieuroffizier ab. „Teddy (also der berühmte Bruder) hat doch viel mehr Besonderes geschafft als ich, der Ingenieur —!"

Aber gerade das war es, was mich interessierte: Ich wollte von einem Ingenieuroffizier erfahren, wofür man ihm die hohe Auszeichnung gab. Gewiß sei ihm etwas Besonderes gelungen, daß er eine üble Situation gemeistert habe, daß er sein Boot glücklich herausbrachte?

Das alles damals sei nichts gewesen, nichts Besonderes, schüttelt Suhren den Kopf, während wir alle ihn anblicken. Wenn man bedenke, was unsere Boote heute draußen erleben und meistern müssen. Er habe damals das Kreuz nun mal bekommen, „Gott, ich tat jedesmal, was gerade nötig war."

Was gerade nötig war! Eben darauf aber kommt es ja in jedem Fall an; daß der Leitende Ingenieur eines Tauchbootes immer zur rechten Zeit veranlaßt, was der Augenblick erfordert.

Gewiß, Ausfälle, die habe auch das Boot von Hartmann, für das er damals verantwortlich war, des öfteren gehabt; und die seien dann eben jedesmal ausreichend behoben worden. „Dazu sind wir schließlich ausgebildet —", lächelt er ein wenig verlegen. Der Laden sollte eben klargehen, der ganze technische Kram. Für ihn sei ja der Ingenieur da.

Und auf mein weiteres Drängen:

„Wissen Sie, es hat zuletzt immer geklappt. Wir waren nun mal das erste Boot, das die 200 000 Tonnen versenkte. Werner Hartmann fuhr es, der jetzt die Marinebrigade im Osten kommandiert; und dann Oehrn; auch der ein tadelloser Mann. Beide bekamen das Ritterkreuz, und so gab man dann auch mir eins, weil mit dem Boot alles so schön zurechtgekommen war. So geht das mit uns Ingenieuroffizieren: Wir sind die linke Hand des Kommandanten, sozusagen, und die muß unbemerkt einwandfrei funktionieren, damit das Boot genau das auch tut, was er von ihm verlangt. Die kämpferische Leistung des Bootes, sein Erfolg liegt nun mal beim Kommandanten. Wir Techniker kämpfen ja nicht, die ganze Besatzung nicht, wir führen bloß aus, was er haben will. — Unangenehme Lagen? Nun ja", besinnt Suhren sich, „mit Oehrn passierte uns das mal . . ." Und nun beginnt er endlich entspannt zu erzählen:

„Wir hatten einen Zerstörer versenkt. Bei Tage. Getaucht fuhren wir genau durch die Stelle, an der er sank. Unter ihm durch, wenn Sie so wollen. Wir meinten das. Aber er war schon tiefer, und da gingen plötzlich direkt unter uns, durch den Wasserdruck, auf den sie eingestellt waren, all seine Wasserbomben auf einmal hoch, der ganze Segen, den der Bursche bei sich hatte, genau in dem Augenblick. Eine völlig unerwartete Schweinerei. Unser Boot bockte vielleicht! Junge! Wüste Ausfälle bei uns, das kann ich Ihnen versichern. Schlimm! Verbiegungen, die Ausstoßrohre verklemmt, Wassereinbruch hier wie da. Allerhand. Wirklich, da war was gefällig."

„Und Sie haben es gemeistert, also das Boot trotzdem hingekriegt!" werfe ich ein, damit er bloß nicht aufhört zu berichten. Die Brüder Suhren sind bekannt dafür, daß sie nicht gern Worte machen über sich, was sie geleistet haben, daß sie dies vielmehr gern untertreiben, wie dafür, was alles sie sich an unmilitärischen Streichen, will sagen dummdreist frechen wie überlegenen Antworten gegenüber Vorgesetzten, leisteten, geistesgegenwärtig fix, wie sie nun mal sind.

„Doch, ja!" führt er aus, „wir haben später sogar noch zwei umgelegt; die Heckrohre waren noch klar. Aber dann sind wir nach Hause . . . Und unter Hartmann, vorher", fällt ihm eine andere Geschichte ein, „mit Hartmann, da haben wir mal wüst so'n Ding gehabt.

Ganz unangenehm. Wir hatten schließlich kaum noch Luft zum Atmen und durften doch um keinen Preis auftauchen. Aber Ausfälle waren damals weniger als das mit Oehrn."

Der Korvettenkapitän Ing. Suhren kippt den kleinen Rest aus seinem Glas hinunter. „Muß das sein?" beugt er sich noch einmal gequält vor. Aber wir lassen ihn nicht aus. Zu selten hört man einen Leitenden Ingenieur erzählen, und so ergibt er sich schließlich in sein Schicksal.

„Damals fuhr also Hartmann noch die ‚Westward-Ho‘, U 37, bald nach Kriegsbeginn. Zwei Frachter hatten wir schon mal versenkt, nachts. Im Morgengrauen, meldete man mir, kam ein dritter in Sicht; bei spiegelglatter See, nicht weit vor Gibraltar. Es hieß, er komme auf, ganz wie bestellt, so bequem für einen Angriff. Hartmann setzt den Angriff an. Wir tauchen dazu.

Nachher meinte der Kommandant mir gegenüber, es sei ihm gleich aufgefallen, daß der Kerl sich ständig in günstiger Schußposition geradezu präsentiert habe; aber vielleicht hat er das nachher kombiniert. — — Also Unterwasserangriff bei geradezu ölig glatter See, eigentlich nicht einfach, unbemerkt heranzukommen. Aber alles ging vorschriftsmäßig. Werner Hartmann verstand ja auch sein Handwerk. Oder, der Kerl wollte uns nicht bemerken. Jedenfalls, der Torpedo trifft auch hin: Treffer Mitte. Nur, der Bursche sinkt nicht.

Es war eine Falle. Er hatte uns bestimmt längst bemerkt. Nun wollte er, daß wir jetzt auftauchten, um die verhältnismäßig kleine Beute mit Artillerie anzugehen, wie das ja üblich war, um die kostbaren weiteren Aale zu sparen. Diese Knaben haben leere Fässer, Korkballen und so was alles geladen, so daß sie gar nicht absaufen können, sondern auf der Ladung schwimmen, wenn sie leckgeschossen sind. Sie lauern darauf, daß wir an die Oberfläche kommen, um ihnen mit dem Kanon vermeintlich den Rest zu geben, und dann geht der eigentliche Spektakel los. So war das ja im Ersten Weltkrieg mehrfach dem Briten gelungen, und so versuchte er auch diesmal zu Anfang, die gleiche Platte aufzulegen. Diese als harmlos getarnten Kerle waren versteckt bis an die Zähne bewaffnet. Und sie riefen als erstes natürlich Hilfe herbei, die hinter der Kimm schon darauf wartete. Diesmal aber waren wir vom „Großen Löwen" zur Vorsicht erzogen. Wir blieben hübsch unter Wasser. Hartmann merkte den Schwindel gleich, als der kleine Kasten keinerlei Wirkung zeigte. Er versuchte, unter Wasser möglichst abzulaufen. Im Sehrohr, das er nur äußerst vorsichtig zeigte, erschien wie erwartet allzubald etwas. Zunächst ein Flugboot, eine Sunderland, wissen Sie; dann Schnellboote. Sie waren gewiß schon vor unserem Angriff herbeigefunkt worden. Es gab eine tolle Wasserbombenverfolgung. So was waren wir damals noch gar nicht gewohnt. Dazwischen Fliegerbomben. Wir kamen einfach nicht wieder hoch, um schneller ablaufen zu können; und der Tag hatte ja gerade erst begonnen. Bis zum Dunkelwerden war es allzu lange hin.

Mühsam versuchten wir, uns während jedem Anlauf eines der Gegner mit größerer Fahrt von der Stelle zu bewegen, bis der Gegner stoppte, horchte und uns mit seinem S-Gerät zu orten versuchte, anlief und warf. Aber wir kamen einfach nicht weg. Sie blieben dran, was wir auch unternahmen, um sie zu täuschen.

Allmählich wurden unsere Akkus schlapp. Wir hätten auftauchen müssen, um sie nachzuladen. Auf der Stelle ohne Fahrt zu schweben, das kannten wir damals noch nicht. Sowie wir dachten, jetzt bliebe alles ruhig, sie hätten aufgegeben, und der Kommandant ließ mich von der Schleichfahrt höhergehen und auf Sehrohrtiefe, um einen kurzen

Rundblick zu nehmen, hatten sie bloß gestoppt stillgelegen, und wir bekamen unsere Bomben. In dem ruhigen Wasser stellten sie uns mit ihren Geräten, sowie wir nur etwas schneller laufen wollten, sofort genauestens fest. Es war nichts zu machen. Es waren schlaue Hunde.

Mehrere Leckagen ließen Wasser ein; ziemlich viel Wasser sogar. Wir mußten einfach von Zeit zu Zeit lenzen, und bei dem damit verbundenen Geräuschen orteten sie uns natürlich sofort wieder genauer; jedesmal."

„Die bekannte Zwickmühle!" wirft mein Freund ein, um Suhrens Redefluß in Gang zu halten.

„Das kann man wohl sagen", stellt der fest. „Den geschlagenen Tag ging das so. Die Akkus wollten kaum noch, und die Luft im Boot wurde für uns immer schlechter, die Temperatur unerträglich heiß. Wir haben fein geschwitzt, die Lockerungen mußten möglichst ohne Lärm dichtbekommen werden. Wir haben uns Kalipatronen um den Hals gebunden und darüberhin gehechelt; denn hätten wir den Lüfter eingeschaltet, um die gesamte Luft im Boot über sie hinstreichen zu lassen, hätte das nicht nur unsere Akkus noch mehr verbraucht, sondern das hätten sie oben noch deutlicher gehört und uns noch besser eingepeilt. Ihre Horchgeräte arbeiteten offenbar noch genauer als ihr Asdic. Das bekamen wir mit der Zeit spitz. Nein, schön war das ganz gewiß nicht. Sogar ziemlich übel. Aber wir alle wollten möglichst lange durchhalten. Man soll ja nicht aufgeben. Den ganzen Tag lang immer wieder kurze Zeit die verdammten Schraubengeräusche, und so lange schalteten wir höhere Fahrtstufe ein und schlugen einen kurzen Haken; und dann stoppten sie, und das verdammte Zirpen ihres Geräts setzte wieder ein, wir mußten auf Schleichfahrt zurückgehen, standen also beinahe auf der Stelle; und schon detonierten wieder ihre Wabos lausig dicht über und neben uns. Welche Tiefe wir auch wechselnd wählten, sie verloren uns nicht. Stunde um Stunde. Wir kamen nicht weg.

Ein verdrießliches Gefühl! Sie kennen das ja, wenn alles nichts helfen will. Und die Luft wird immer schlechter. Und für uns war es das erstemal, daß es derart schlimm kam. Gott sei Dank auch das letztemal derart schlimm. Selbst wenn sie uns nicht doch einmal noch genauer, noch dichter trafen, hatte schließlich bald alles keinen Zweck mehr. Bald war Schluß; denn langsam gab es nicht mehr genug Luft zum Atmen. Sollten wir doch hochgehen und uns zusammenschießen lassen? Maus in der Falle. Verdammt noch mal! Noch wollten wir weiter versuchen durchzuhalten. Bis Dunkelwerden? Schaffen wir das? Und wenn, werden sie uns dann nicht doch erkennen?

Vielleicht ist das alles gar nichts gewesen, damals", überlegt Suhren vor sich hin, „gegen das, was unsere Besatzungen später draußen erleben mußten und heute erleben auf den bisherigen Booten, trotz Schnorchel. Aber in unserer Situation hätte auch der uns nicht helfen können. Aber wir hatten damals praktisch noch gar keine richtige Erfahrung, was unsere Boote — und was überhaupt der Mensch alles abkann! Für uns war das, was wir da geboten kriegten, sicherlich genug. Wir fühlten uns jedenfalls sehr dicht vor dem Ende mit unserem Latein. Wir mußten jetzt hoch, und wenn es das Ende sein würde.

Ein verzweifelter Entschluß; das kann ich euch sagen.

Wir tauchten vorsichtig auf. Ohne Sehrohr-Rundblick vorher. Ganz leise hoch und raus. Es sollte dann alles ganz schnell gehen: Die Geschützbedienung stand am Niedergang und sollte sofort mit unserer Kanone die feindlichen Fahrzeuge niederzuhalten versuchen . . . bis zum Ende. Wenn sie da noch lagen und uns erkannten. In die Dämmerung hinein wollten wir so schnell wie möglich abzulaufen versuchen. Vielleicht

58

lächerlich, vielleicht auch mochte es glücken; denn über Wasser sind wir ja schlecht zu sehen, wenn es nur unsichtig genug ist. Wir klammerten uns an diese Chance, die kaum eine war, aber wir wollten uns wenigstens wehren können. Wir warteten so lange, wie es irgend ging. Dann also hoch und raus.

Wir kommen hoch und — — sind allein! ‚Nichts zu sehen!‘ ruft Hartmann, sowie die heraufstürzenden Männer das Luk freigeben, von oben. Alle einfach weg. Sie müssen in diesem Augenblick der tiefer einfallenden Dämmerung die Jagd aufgegeben haben.“

Suhren schweigt.

„Ein tolles Gefühl!“ sagt nachdenklich einer. „Endlich richtig Luft, und alles frei — — !“

„Ja!“ sinniert der sonst so lebhafte Suhren vor sich hin. „Unbegreiflich! In meiner Zentrale, wir wollten es gar nicht glauben nach der langen unerhörten Spannung und erschöpft, wie wir alle waren, bis die Kameraden vom Geschütz, das sie gar nicht zu besetzen brauchten, durch den Turm herunter zurückkamen. Wir alle hatten mit dem verzweifelten Kampf und dann dem Ende gerechnet. Aber es blieb dabei, während die herrliche frische Luft durchs Boot strömte, die Diesel angesprungen und auf Fahrt gebracht waren: Unbehelligt liefen wir davon. Tatsächlich.“

Und nach einer Weile erst:

„Das war der tollste Tag von allen, an die ich mich erinnere. Der unangenehmste jedenfalls, und der glücklichste. — Es hätte nicht viel gefehlt . . .“

Nordkanal

Herbst 1940

Es hat wohl nur wenige Besatzungen gegeben, die trotz laufendem Wechsel nach jeder Fahrt — die Tüchtigsten wurden zur Beförderung eingegeben und auf Lehrgang kommandiert — derart eingespielt und stolz zusammenhielten wie die auf dem Roten-Teufels-Boot.

Das inoffizielle Zeichen am Turm U 57, unter dem früheren Kommandanten erwählt, so recht erst unter Topp zum Begriff innerhalb der U-Boot-Waffe geworden, waren zwei tanzende rote Teufel. Jeder von ihnen schwang einen lodernden Feuerbrand: Fackel des Lebens wie Fackel der Vernichtung — so wurden sie gedeutet.

Die alte Seemannsregel besagt: Du sollst niemals an einem Freitag auslaufen, erst recht nicht Freitag, den Dreizehnten.

Aber jede Stunde war kostbar und unwiederbringlich verloren, wenn sie nicht genutzt wurde. Aberglaube? Narrenkram! — zu gebrauchen für einen alten Seemannsrees, untauglich für die Härte des Krieges. Nun gut, Dönitz hatte befohlen. Am Donnerstag legt das Boot zu seiner ersten Fahrt mit dem neuen Kommandanten feierlich ab, verholt jedoch nur auf die andere Seite des Hafenbeckens, rüstet dort vollends aus und geht dann, aber heimlich, wie befohlen tags darauf an eben jenem Freitag in See. Ob der Trick gelingt?

Bereits in der Nordsee, an einem recht diesigen Nordseetag, treibt drohend eine Mine gegen das Boot, schurrt widerlich kratzig an der Bordwand entlang. Jetzt . . . Man weiß nie, ob mit dem Losreißen wirklich die vorgesehene international angeordnete Entschärfung eingetreten ist? Die Mine schert frei, ohne zu detonieren. Immerhin — sollte das eine Drohung, eine Warnung des Schicksals zur Vorsicht sein?

In Norwegen wird noch einmal Treibstoff ergänzt. Dann geht es gegen den Feind. Kaum ist man aus dem Korsfjord wieder ausgelaufen, bei spiegelglatter See auf Höhe Marstenen, da schießt ein englisches U-Boot einen Zweierfächer gegen die deutsche Konkurrenz. „Hart Steuerbord! Beide Maschinen AK voraus!" brüllt der Wachhabende auf der Brücke. Kasprzak, einer der Ausgucks, hat die Laufbahn erkannt. Beim Andrehen des Bootes durch das scharfe Überholen nach Steuerbord aufmerksam gemacht, stürzt der Kommandant hoch zur Brücke und sieht gerade noch die beiden Blasenbahnen der englischen Preßlufttorpedos parallel zum Boot vorbeistoßen. Das wäre haarscharf klargegangen! — So, der Kasprzak? Der Junge scheint „auf Zack" zu sein wie sein Name. — Der Versuch, anschließend den feindlichen Kollegen zu überlisten, schlägt fehl, weil das Horchgerät ausgefallen ist. Die Suche wird aufgegeben. Das Boot läuft ab.

Der erste Teil dieser Unternehmung dauert ganze fünf Tage, aber innerhalb dieser kurzen Zeit sind die wenigen Aale, die das Kleinboot mitnehmen kann, verschossen. Topp hat einen einzelfahrenden Dampfer mit Holzladung für England und aus einem Geleitzug einen Munitionsdampfer versenkt. Er hat sich einer Zerstörerverfolgung mit entsprechendem Wabo-Segen geschickt entzogen, obwohl sein Horchgerät immer noch streikt. Das ist Rekord für ein solches Boot. „Gutgemacht! Weiter so!" funkt der BdU. Das gibt mehr Antrieb als der Erfolg.

Nach kurzer Zwischenergänzung in Bergen geht es wieder hinaus. Vor der Minch zwischen den Hebriden und Schottland wird ein riesiger Geleitzug bei nebligem Wetter aufgefaßt. Man muß ihn ziehen lassen, denn der neue Leitende Ingenieur wird mit dem Boot im entscheidenden Augenblick nicht recht fertig. Es war der größte Geleitzug, den Erich Topp jemals zu Gesicht bekam, und herausschießen konnte er nichts. Es scheint doch ein Unstern über dieser Fahrt zu stehen, urteilt er enttäuscht. Solch eine Chance zu haben und dann mitten im Angriff mit dem Boot unterschneiden und nicht zum Schuß kommen — das ist verdammt ärgerlich.

Es geht weiter zum Nordkanal, dem Eingang der Irischen See. Dort wird nach mühevoller Jagd in viermaligem Angriff endlich ein Fünftausendtonner versenkt. Ein Flugzeug, zu spät gesehen, wirft seine Bomben auf das Boot. Sie gehen empfindlich nahebei in den Bach, aber sie sind blind. Also doch Schwein gehabt!

Das Boot läuft zur abermaligen Ergänzung diesmal nach Lorient. Auf dem Rückmarsch überfällt wiederum ein Flugzeug das Boot, diesmal mit einem Hagel von Geschossen aus seinen Bordwaffen. Fünfzehn Einschüsse. Es soll wohl noch nicht sein. Niemand ist verletzt. Die Bombe des Gegners war wieder Blindgänger.

Knapp acht Tage ist das Boot erneut draußen, wieder im Nordkanal. Zehn Tage lang kämpft sich das schwache kleine Ding durch brüllenden Sturm. Wie ein Stückchen Treibholz wird es in der schweren Atlantiksee umhergestoßen. Zehn Tage lang nichts zu sehen als die urig aufgebrachte Natur, nichts zu hören als das jaulende, brausende Lied des Sturmes. Das Horchgerät, notdürftig repariert, fällt gleich am ersten Tag wieder aus. Und dieses Instrument ist so nötig, wenn man getaucht fahren will. Es ist das einzige Organ, das einigermaßen vermittelt, was sich an der Oberwelt begibt.

Am elften Tag — der Seegang ist wenigstens auf Stärke 6 abgeschwollen — „Dampfer in Sicht!" Er kommt auf. Wie ein Spielball jumpt immer noch das Boot. Auf Sehrohrtiefe zum Tagesunterwasserangriff ist es einfach nicht zu halten. Es schneidet unter, wird hochgebracht, bricht mit dem Vorschiff, sogar mit dem Turm durch die Oberfläche, sackt dann erneut hinab, und schließlich findet es sich im Kielwasser dicht hinter dem entkommenden Feind. Dessen Name ist gerade noch an seinem Heck zu lesen: „Keramic". An ein Verfolgen, erneutes Vorsetzen mit dem winzigen unbeholfenen Boot ist bei dieser See nicht zu denken. Der Kerl hat Glück: 16000 Bruttoregistertonnen, ein ganz schöner Happen. Die „Keramic" wurde schon im Ersten Weltkrieg dreimal vergeblich von deutschen U-Booten beschossen. Es gibt solche Schiffe. Erst gegen Ende des Zweiten Weltkrieges ereilte auch sie das Geschick: Sie wurde von U 515 vor Gibraltar versenkt.

„Dreizehnter" Tag in See. Wie es hell wird, stürzt aus der niedrigen Wolkendecke, vorher unbemerkt, ein Flugzeug auf das U-Boot herab. Man darf wohl nicht mehr so dicht unter Land operieren, sagt sich Topp. Diesmal sind die Bomben recht unangenehm. Das Boot wird schwer durcheinandergeschüttelt. Die Fundamente eines der beiden Diesel reißen; die Nockenwelle ist gebrochen; viele Instrumente sind zerstört. Glücklicherweise hält das wegtauchende Boot wenigstens dicht. Da die See hier an der Küste nicht tief ist, kann es der Kommandant auf Grund legen.

Offiziersbesprechung. Was tun? Derweilen werden die Schäden soweit wie möglich behoben. Man wägt das Für und Wider gegeneinander ab. Der Leitende Ingenieur als der für die Gefechtsbereitschaft und den gesamten technischen Betrieb des Bootes verantwortliche Mann rät dringend, nach Hause zu fahren. Das Boot sei nicht mehr einsatzfähig; der eine Diesel bleibt ausgefallen. Die übrigen Ausfälle könne man höchstens notdürftig reparieren und nur versuchen, wenigstens einigermaßen glücklich heimzukommen. WO Reichenbach dagegen, jung und draufgängerisch, meint, mit dem noch unangebrochenen Satz an Aalen im Boot könne man unmöglich die Heimreise antreten.

Erich Topp, der zu entscheiden hat, ist der gleichen Auffassung. Aber wie bringt er die Torpedos jetzt an den Mann? Mit einem havarierten, lahmenden Boot? Höchstfahrt neun Meilen. Die einzige Möglichkeit ist, sich irgendwo an einem Punkt hinzustellen, den der Gegner sozusagen passieren muß, und dort „einfach" zu warten. Beschluß: Weiter hinein in den Nordkanal.

Das Boot humpelt heimlich in die Enge hinein. Ungesehen werden mehrere Zerstörer passiert. Es ist Nacht. Die Leuchtfeuer an Land brennen. Der Engländer hat sie nicht gelöscht. So tief in seinem Bereich vermutet er keinen Gegner. Im vorigen Krieg war die Irische See ein Hauptjagdgebiet der deutschen Unterseeboote. Aber heute, bei einer ausgeklügelt entwickelten Luft- und Seeüberwachung gegen den gefürchteten Feind in der Tiefe, bei solch genau arbeitender U-Boot-Abwehr? Unmöglich! Das Boot kann mit Hilfe der Feuer wunderbar genau navigieren.

Vorsichtig mogelt es sich über Wasser an allen Bewachern vorbei in die Höhle des Löwen. Bleibt man wirklich unbemerkt und kommt zum Erfolg? Eine Schweinerei, daß jetzt noch das Horchgerät nicht mitmacht, das so wichtige Sorgenkind dieses Bootes.

U 57 ist wenige Stunden in der Enge. Da kommt ein Geleitzug auf. Der Mond ist günstigerweise gerade verdeckt. Der Angriff glückt. Topp schießt in einem Anlauf nacheinander drei Torpedos. Alles, was er hinausjagen kann aus den drei Rohren, die das Boot besitzt. Sie laufen.

Mit verbissenem Schneid ist der Angriff durchgeführt worden. Bald nach dem ersten Schuß hat der an Steuerbordseite des Geleitzuges sichernde Zerstörer das angreifende Boot gesichtet. Nach dem zweiten Schuß auch der mittlere, auf den man genau anlaufen muß, wenn der dritte Torpedo auf sein Ziel angebracht werden soll. Beide Zerstörer drehen sofort an. Topp will um jeden Preis seinen dritten Aal losmachen. Inzwischen geht der erste als Treffer hoch; kurz darauf der zweite. Immer noch ist die für den dritten Schuß notwendige Lage nicht erreicht. Ruhe! Nur Ruhe! Nicht durchdrehen!

Topp hört den WO sein „Rohr III lllossss!" ausstoßen, spürt den federnden Rückstoß, den der das Boot verlassende Torpedo diesem mitteilt. Nun heißt es nichts als weg! Das Nachtzielgerät wird vom Uzo abmontiert, die Klamotten verschwinden mit der Brückenwache durchs Luk, der Kommandant folgt als letzter, dreht den Verschluß dicht. Während das Boot eben vor den heranbrausenden Zerstörern endlich auf Tiefe geht, ist die dritte Detonation zu hören. Alle drei Torpedos haben ihre Ziele getroffen.

Auf Tiefe? 45 Meter Wasser — das ist hier alles.

Wassereinbruch! Nanu? Was ist denn da wieder los? Ein dicker Strahl ergießt sich in den Bugraum. Schon bumst der Bug hart auf den Meeresboden. „Anblasen vorn!" Bloß weg von der Tauchstelle, ehe die Gegner heran sind. Hoch, schnell los vom Grund.

Was war geschehen? Das Umsteuerventil war nicht geschlossen worden. Kaum, daß vorn angeblasen wird, sackt das Boot achterlastig. Verdammte Zucht! Nun rührt und regt es sich nicht vom Grund. Drei Tonnen Wasser im Boot über sein Tauchgewicht hinaus, inzwischen eingebrochen, wollen erst gelenzt sein.

Sind die Zerstörer noch nicht über uns? Hätte man doch das Horchgerät, um sie feststellen zu können. Sie sahen das Boot tauchen, und außerdem bleibt die Stelle noch längere Zeit deutlich im Wasser zu sehen.

Die Wasserbomben bellen auf.

Eine Höllenverfolgung setzt ein, wie sie Topp, der doch schon einiges erlebte, auch später nie wieder erfuhr.

Wehrlos liegt das Boot auf Grund in der geringen Wassertiefe. Nur still. „Fest mit Lenzen!" Jetzt müssen sie erst einmal liegenbleiben.

Alles ist abgestellt, sämtliche Hilfsmaschinen schweigen, damit die droben wenigstens nichts horchen können. Mit Pützen wird das vorhin eingedrungene Wasser, so gut es geht, auf die einzelnen Bilgen in den verschiedenen Abteilungen verteilt. Da das Anblasen fehlschlug, muß versucht werden, auf diese Weise den Trimm des Bootes einigermaßen herzustellen.

Immer wieder Detonationen in nächster Nähe. Die Bomben sitzen verdammt gut — haben die da droben ihren Vorrat noch nicht aufgebraucht? Dauernd gibt's neue Schäden. Überall leckt es im Boot. Es tropft und sprudelt immer neues Wasser herein.

In der Dunkelheit des Bootes wächst mit der Ungewißheit die Angst der Kreatur. Der Kommandant zwingt sich, unbefangen Tones zu befehlen, Fragen zu stellen und hin und wieder eine leichte Bemerkung einzuflechten, als wäre alles nicht so schlimm. Obwohl kein Zweifel besteht, daß es kaum noch schlimmer kommen kann, daß das Schicksal des Bootes auf des Messers Schneide steht und wohl bald besiegelt ist. Aber drei Frachter haben sie torpediert! Das ist, wenn es nicht anders sein soll, ein kleines deutsches Boot mit einigen wenigen Mann Besatzung wohl wert.

Die nächste Serie. Rbennnngg — — Rbennnngg — — Rbennnngg! Hört denn der Wasserbombensegen nicht mehr auf? Wenn das so weitergeht. — — Schwer wird das Boot geschüttelt.

Die ganze Nacht währt der Schlamassel, währt das Behämmern des Bootes mit geringen Pausen, den folgenden Tag und noch eine Nacht. Keine Möglichkeit zu entkommen. Mit jeder halben Stunde schleicht einer der Verfolger über das Boot weg und lädt seine

62

verderbenbringende Last einfach ab. Man kann nichts tun, als alles über sich ergehen lassen. Wann wird endlich eine der Bomben das Boot völlig zerstören? Warum nicht längst? Warum ist der Druckkörper noch nicht zerrissen? Ob wohl das Boot zufällig in einer Mulde des Grundes liegt, daß die Sprengwellen darüber hinwegspringen? Oder sollten die Suchenden endlich glauben, das Boot sei nun erledigt? Noch sind sie am Werk. Bleibt es diesmal ruhig? fragt man sich in jeder Pause. Wieder hört man mit dem bloßen Ohr die Schraubengeräusche sich nähern, verhalten — sie lauschen darauf —, nun gehen sie wieder an. Jeder duckt sich, und dann bersten die Wasserbomben dicht beim Boot.

Topp schickt die Besatzung zur Koje. Die Luft ist verbraucht, die Lufterneuerungsanlage ausgefallen. Jeder bekommt eine Kalipatrone mit. Im Liegen verbraucht der Körper weniger Sauerstoff, und Kali, durch das die Luft gesaugt wird, absorbiert das gefährliche Kohlendioxyd. Der Kommandant hockt mit Leutnant zur See Reichenbach-Klinke, dem Wachoffizier, in der Zentrale auf dem Kartenschrank.

Alle halbe Stunde geht er beim Schein einer Taschenlampe Ronde, ob keinem der Schläfer der Schlauch aus dem Mund gefallen ist. Vorsichtig klettert er über die Liegenden weg. Jetzt, wo alle wachfrei sind wie sonst niemals im fahrenden Boot, hat nur die Hälfte der Besatzung Platz in den Kojen, in die sie sich sonst im Wechsel der Wachen teilen. Die übrigen liegen überall in Decken gehüllt auf den harten Bodenplatten — teilweise im Wasser — herum. Wie bringen es diese Jungens nur fertig zu schlafen? Sie tun es tatsächlich und sind eben weniger belastet an Vorstellung und Bewußtsein als der Kommandant, der die Verantwortung trägt, der handeln darf und soll und ständig grübelt, Möglichkeiten sucht. Alle halbe Stunde brüllen die Detonationen ringsum auf.

Gekocht wird nicht. Gegen Mittag muß der Schmutt Schnitten für die Männer machen. Der Kommandant hat keinen Appetit, sie aber können essen. Ihr Körper verlangt danach. Glückliche Natur, denkt er. Sie essen im Liegen.

Die Luft im Boot beginnt unangenehm drückend zu werden. Das Atmen fällt schwer. Es geschieht in ununterbrochenem kurzem Hecheln. Draußen wuchten bellend die Detonationen — immer noch. Pause.

Und wieder gehen die Schrauben an. Ganz langsam. Man hört den Schlag einer dreiflügligen Schiffsschraube genau über dem Boot.

Ein Ruck — das Boot hebt sich vorn und fällt zurück. Die Männer taumeln hoch, ehe sie beschwichtigt werden können. Etwas schleift an der Bordwand von vorn nach achtern. Die Atmosphäre ist zum Zerreißen gespannt. Gleichgültige Worte des Kommandanten.

„Suchleinen", zischt Reichenbach ihm ins Ohr. Topp nickt ruhig. Nur jetzt nichts merken lassen. Die Angst, Ahnung, jedem einzelnen mehr oder weniger bewußt, muß gebannt werden. Sonst lähmendes Entsetzen, Panik. Die Schrauben oben mahlen weiter, werden leiser. Offenbar tastet der Gegner den Grund ab. Dazwischen Wasserbomben. Nichts im Boot ist mehr heil. Überall knackt und leckt es, keine der Lenzpumpen mehr intakt. Ein Glück nur, daß es keine Ölspur gibt. Bei diesem Bootstyp liegen die Treibstoffbunker innerhalb des Druckkörpers. Alle Ventile sind gelockert durch den ständigen Preß des Wasserdrucks bei den Detonationen. Stunde um Stunde schleicht vorüber.

Nacht draußen und drinnen. Hier herrscht sie ununterbrochen — feucht, kühl, atemschwer wie in einem verschütteten Bergwerksstollen. Über zweihundert Wasserbomben sind gezählt. Keine traf genau genug, um dem Boot in der geringen Tiefe den Rest zu geben. Und jetzt — man glaubt es erst kaum — scheint es wirklich still bleiben zu wollen. Halten die Verfolger das Boot nun doch für vernichtet?

23.00 Uhr soll aufgetaucht werden. Notdürftig wird die Hauptlenzpumpe repariert und halbwegs klar gemeldet.

22.30 Uhr. Alles ist ruhig.

22.40 Uhr. Immer noch.

22.50 Uhr. Wasserbomben! Also weiter abwarten! Mindestens bis Mitternacht. Es bleibt ruhig.

24.00 Uhr. „Anblasen!"

Das Boot kommt hoch. Das Turmluk fliegt auf. Frische, würzige, reine Luft. Der Gegner? Stockfinstere Nacht. Seegang sechs. Besser konnte es nicht kommen. Achtern zum auftauchenden Boot liegen ein Zerstörer und ein weiteres Suchfahrzeug als düstere Schatten. Ein Glück, daß sie das flache Boot viel weniger leicht sehen können. Leise schleicht Topp mit der geräuschloseren E-Maschine vom Fleck. Merken die beiden nichts? Es gelingt, ungesehen abzulaufen.

Der Kompaß ist noch unklar. Sterne, nach denen man steuern könnte, nicht zu sehen. Man schätzt, daß der Sturm aus Nordwesten stehen wird, so stand er vorgestern abend. Also gegen die See, das mag am ehesten die Richtung sein, um aus dieser Mausefalle von Nordkanal wegzukommen.

Es stimmt tatsächlich.

Sie schaffen es. Fieberhaft wird gearbeitet, die Schäden zu reparieren.

Gegen Morgen taucht das Boot und lädt die zwei Reservetorpedos in die Ausstoßrohre. Dann wieder Auftauchen.

Flugzeug voraus! Darunter Rauchwolken. Ein Geleitzug. Schnell runter mit dem Boot und darauf zu. Mit hoher Unterwassergeschwindigkeit kommt man auf einen der Nachzügler eben noch zum Angriff.

Angriff? Mit diesem mehr als mitgenommenen Boot? Angriff ist das Lebensgesetz der U-Boot-Waffe. Zähigkeit, Draufgängertum, Entschlußkraft und zäher Wille bei kühlem, klarem Verstand, ein heißes, ständig waches und alles durchpulsendes Bewußtsein von der Notwendigkeit des ganzen Einsatzes der eigenen Person zur Erringung des Zieles.

Topp löst den Doppelschuß: Als rotglühender Ball geht der Tanker hoch, eine schwarze, unermeßlich sich ausdehnende Rauch- und Qualmwolke emportreibend.

Ein Spezialfahrzeug verfolgt das Boot mit Wasserbomben doppelten Kalibers gegenüber denen der Vortage. Achtzig werden gezählt und sind nicht von Pappe. Das Boot schüttelt und bäumt sich jedesmal. Es gibt erneut Materialausfälle. Aber jetzt ist größere Wassertiefe unter dem Kiel, und das Boot kann sich wenigstens — wenn auch allzu langsam — regen. Endlich läßt der unangenehme Gegner von weiterer Verfolgung ab. Es wird still.

Da legt Topp das brave Boot auf Grund und gönnt seiner Besatzung und sich Ruhe, wunderbare, ungestörte Ruhe.

Nun wird ein Galamonstre-Essen veranstaltet mit allen Schikanen, von heute an Tradition auf dem Roten-Teufels-Boot, wenn alle Aale verschossen sind und es heimgeht. Alles, was „Küche und Keller" zu bieten haben an leckeren Dingen — und die deutschen Frontboote waren gut ausgerüstet! —, wird zusammengestellt zu raffinierten Gerichten. Eine regelrechte Speisekarte wird ausgelegt, und jeder trägt ein, was er von den Leckerbissen zu essen wünscht, „zwanglos nach der Rangordnung", wie es bei der Marine so schön hieß. Das große Essen wird aufgetischt, und Topp ergreift diese Gelegenheit, ein paar Worte mehr an seine Besatzung zu richten. Er spürt, jetzt hat er die Männer ganz

64

12   Morgensonne, Typ VII-Boot bei Marschfahrt.

13 Typ VII-Boot querab Rockall-Bank.

14 Gegen Abend im Mittelmeer.

15 Achterer Ausguck

17   Der Handelsschiffsoffizier Steuermannsmaat Paul Weber (später selbst Kommandant) schießt mit dem Sextanten die Sonne für das Mittagsbesteck zur Standortbestimmung.

◀ 16   Typisch glatte Mittelmeersee, „Geschütz klar!" zur Übung, vom ausgefahrenen Sehrohr aus gesehen.

18 Ein Einzelfahrer wird, seine Zacks abschneidend, verfolgt. L.I. (mit Glas) und Dieselobermaschinist sind mit auf der Brücke, um mit dem Kommandanten zu besprechen, ob das Boot nicht noch schneller laufen kann.

19 Der Kommandant ist zum erhofften Wiederauftauchen des Feindes auf der Brücke. ▶

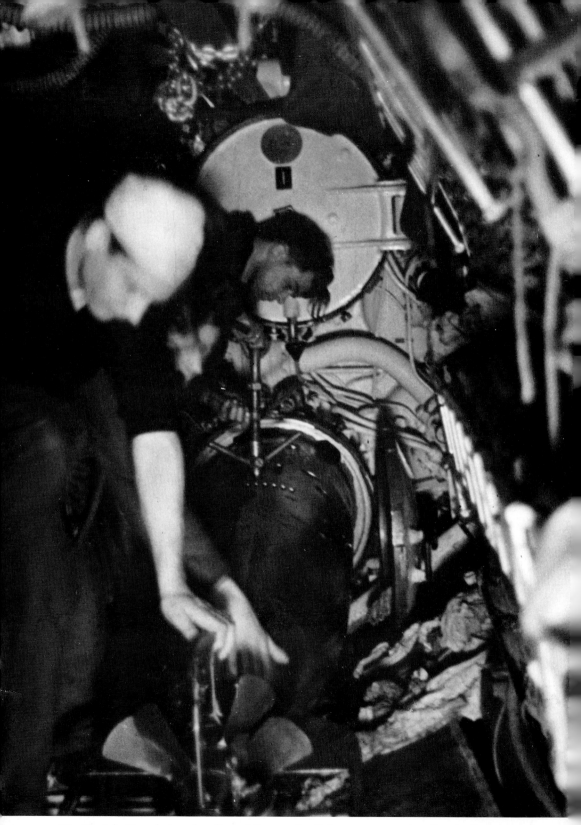

20 Die Aale (Torpedos) werden alle zwei Tage aus den Rohren gezogen und gepflegt (nachgeladen und geregelt).

hinter sich, jetzt ist er ihr „Alter", wie nun einmal jeder Kommandant eines Fahrzeugs bei seinen Männern heißt. Sie haben einiges mit ihm erlebt und unter ihm Erfolge errungen, außergewöhnliche Erfolge sogar für dieses Boot. Sie werden mit ihm durch dick und dünn gehen. Er soll sie nur weiter so führen.

Und das tat er. Freilich auf einem anderen Boot. Der wackere „Einbaum" U 57 erreichte zwar die Heimat, aber über dieser Unternehmung, die man trotz allem an einem Freitag begann, schwebte der Schatten des Verhängnisses. Die zweite, einzig noch betriebsfähige Dieselkupplung brach. Man baute die Rückwärtskupplung um und humpelte weiter. Täglich mußte mehrmals vor Flugzeugen getaucht werden. U-Boot-Fahren war schon damals kein Vergnügen mehr durch diese Bienen. Die Männer dachten oft daran, wie herrlich es die auf den Booten des Ersten Weltkrieges gehabt haben mußten, als vom Flugzeug als Gegner keine Rede war. Jetzt hing alles an Sekunden und ständig angestrengtester Aufmerksamkeit. „Es herrscht keine Liebe mehr unter den Menschen" war ein Schnack, der unter den „Lords" zum geflügelten Wort wurde. Trotz aller Aufmerksamkeit der Brückenwache auf U 57 geschieht das Tauchen vor einem anfliegenden Flugzeug doch einmal zu spät. Der Feind überschüttet das wegtauchende Boot mit einem Hagel von Geschossen. Zehn Einschüsse; wieder kein Mann verletzt.

Nach Deutschland zurück. Schon steht das Boot mit der Schleuse Brunsbüttel in nächtlicher Signalverbindung. Die Tore gehen auf, und ein norwegischer Dampfer schiebt sich heraus. Er zeigt rot. Auch Topps Boot. Plötzlich drüben grün-rot. Der Norweger, mit dem Heck noch im Stillwasser der Schleuse, kommt mit dem Bug in den Flutstrom und wird — noch ohne Ruderwirkung — auf das U-Boot gedrückt.

„A. K. zurück!" brüllt Topp hinunter. Schon hat der Frachter, der jetzt entgegen der zuerst von ihm gezeigten Ruderlage dreht, das von Feindfahrt glücklich heimkehrende Boot gerammt.

Nach einer Sekunde lähmenden Entsetzens das Kommando: „Alle Mann aus dem Boot! Überspringen!" Der Turm des Bootes liegt genau in Berührung mit dem Deck des Fremden. Nur für kurze Zeit — innerhalb von 15 Sekunden ist das Boot gesunken.

Die Männer werden schnell abgetrieben von dem mit etwa vier Meilen setzenden Flutstrom. Nur einem kleinen Teil gelingt es überzuspringen. Rettungsstation und Küstenwache werden alarmiert. Der Norweger setzt ein Rettungsboot aus. Das Suchen in der dunklen Nacht ist nicht leicht.

Die Nacht vergeht, ehe die Überlebenden wieder zusammen sind. Einer von ihnen kam erst nach achtmaligem Versuch an die Wasseroberfläche: Das Boot lag leicht geneigt unter Wasser auf der Seite. Der Mann stand mit dem Kopf in einer Luftblase im Funkraum. Tiefste Finsternis. Wo ist der Ausgang? Keine Orientierung. Nur Ruhe, sonst schaffst du es nicht. Der erste Versuch, schwimmend und gleitend das Turmluk zu erreichen, mißlingt. Falsche Richtung. Zurück. Ruhe, Ruhe und überlegen. Tief Luft holen, bis zum Ausgang muß es reichen. Da ist der Vorhang, da taste ich den Luftverdichter, dort muß der Ausgang sein. Die Luft wird knapp, zurück zur Luftblase. Da ist sie, Gott sei Dank.

Das wurde siebenmal wiederholt. Kameraden, die sich im Todeskampf unterm Turmluk verknäult hatten, versperrten den Ausgang. Beim achten Male gelang es hochzukommen. Total erschöpft, ohne Besinnung wurde der Mann an Land gespült.

Der Kommandant hat die Verantwortung für das Boot und seine Besatzung. Sechs Mann sind geblieben. Das Seegericht spricht ihn später frei von Schuld. Hat er in jedem Augenblick die Übersicht behalten? Hat er alles getan, um die Katastrophe abzuwenden?

Kann er vor seinen übriggebliebenen Männern bestehen? Im Morgengrauen treten die
Reste der Besatzung an, zum Teil nur notdürftig in Decken gehüllt, ein trauriger Anblick.
Der Rangälteste meldet: „Herr Oberleutnant, die Besatzung ist angetreten bis auf sechs
Mann. Ich übermittle Ihnen den Wunsch der Besatzung, zusammenzubleiben und unter
Ihrem Kommando weiter fahren zu dürfen."
Dieses war das einzige Mal, daß der Kommandant sich über die Augen wischte, ehe er sich
umwandte, um langsam davonzugehen.

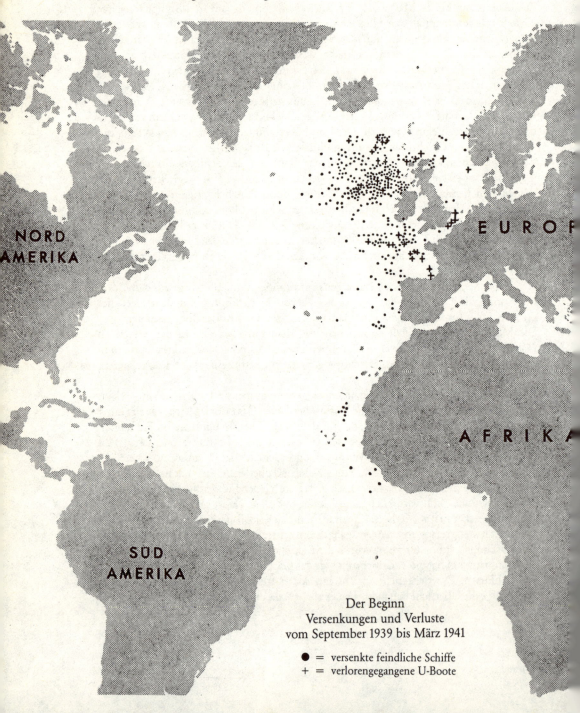

Der Beginn
Versenkungen und Verluste
vom September 1939 bis März 1941

● = versenkte feindliche Schiffe
+ = verlorengegangene U-Boote

Die zweite Phase des U-Boot-Krieges

Juli 1940 bis Frühjahr 1942

Die Besetzung der französischen Atlantikhäfen im Sommer 1940 brachte weit mehr als die der norwegischen im Frühjahr eine Verbesserung der Erfolgsmöglichkeiten für die deutschen U-Boote. Die Anmarschwege gegen die Lebensadern der britischen Versorgung wurden wesentlich verkürzt, und die U-Boot-Waffe besaß jetzt Häfen, die, dicht am tiefen Wasser gelegen, vom Gegner nur geringfügig durch Minen zu blockieren waren.

Endlich hatte der Deutsche aus dem „Nassen Dreieck" seiner Nordsee herausgefunden. Dort war nur geringe Tauchtiefe, und die Schiffahrtswege konnten vom Gegner weitgehend vermint, die Enge zwischen Skandinavien und Schottland mit Überwasserstreitkräften verhältnismäßig leicht gesperrt werden. Jetzt wurden zuerst Lorient, später St. Nazaire, Brest, La Palice und Bordeaux zu U-Stützpunkten großzügig ausgebaut. Vorausschauend begann man mit dem Errichten mächtiger U-Boot-Bunker, in denen die Boote vor Bombenangriffen sicher liegen sollten und lagen. Selbst als gegen Ende des Krieges überschwere Bomben und Kettenbomben, die nacheinander die gleiche Stelle treffen und aufreißen sollten, abgeworfen wurden, vermochten diese nicht die inzwischen noch einmal verstärkte Betondecke zu durchschlagen. Deutsches Fachpersonal lernte immer mehr ausländische Arbeitskräfte an, so daß die Güte der fremden Werften bald jener in der Heimat nicht mehr nachstand. Während im Winter 1940/41 der niedrigste Stand an Frontbooten erreicht war, traten seit dem Frühjahr die aus dem wenn auch noch viel zu geringen Neubauprogramm hervorgehenden hinzu, so daß die Zahl der Boote und die der neu aufgestellten Flottillen wuchs.

Allerdings spielte sich jetzt die Abwehr des Gegners, die aktive U-Boot-Bekämpfung wie die passive, mit der Geleitzüge sich der Verfolgung durch deutsche U-Boote geschickter zu entziehen lernten, mehr und mehr ein. Aber im Sommer und Herbst 1940 vermochte England noch kaum Zerstörer, die dafür am besten geeignet sind, am Geleitzug einzusetzen, da die vorhandenen im Kanal als Sicherung gegen das erwartete Unternehmen „Seelöwe" (die vorbereitete Invasion Englands) benötigt wurden. Die im Handelskrieg tätigen deutschen U-Boote fanden infolgedessen nur eine noch nicht ausreichende Abwehr an den britischen Geleiten vor. Oktober 1940 war es zu umfang- und verblüffend ertragreichen Geleitzugschlachten gekommen, indem endlich, wie von Dönitz schon immer vorgesehen, mehrere Boote zur gleichen Zeit des Nachts über Wasser angreifend an solchen Konvois „rakten", wie der U-Boot-Mann sich auszudrücken liebte. Einige dieser Geleite wurden nahezu aufgerieben. „Die Nächte der langen Messer" nannten die deutschen Kommandanten jene Zeit. Prien, Kretschmer, Schepke, Frauenheim, Liebe, Jenisch, Kuhnke, Endrass holten sich hier ihre bedeutendsten Erfolge. Das britische Geleit war zunächst solchem Angriff gegenüber hilflos. Die Abwehr blieb verhältnismäßig ungeschickt und gering. Mit der Meldung von vierzig- und fünfzigtausend Tonnen versenkten Schiffsraumes kehrten die einzelnen Boote von diesen meist kurzen

Unternehmungen heim. So wurden im Oktober aus zwei Geleiten in der ersten Nacht des Angriffs 20 Schiffe mit 71825 Bruttoregistertonnen, in der zweiten 12 Schiffe mit 75069 Bruttoregistertonnen und später noch weitere aus versprengten Resten versenkt.

Jetzt aber wurden England von den USA (entgegen der dort offiziell noch gültigen Neutralitätsgesetzgebung) fünfzig Zerstörer überlassen. Diese übernahmen weitgehend neben den britischen leichten Kreuzern und den nun nach nicht erfolgter deutscher Invasion freigegebenen britischen Zerstörern den Schutz der einlaufenden und der auslaufenden Konvois. Bordflugzeuge traten hinzu und verstärkten die Sicherheit der Geleitzüge auf See, indem sie die lauernden und über Tag außer Sichtweite den Schiffsansammlungen folgenden U-Boote zu tauchen zwangen, derweilen jene dann unbeobachtet mit neuen Kursen zu entkommen trachteten. Seit Herbst 1941 vermehrten Hilfsträger die Zahl der britischen Flugzeugträger und unterstützten deren Bemühen, die für das Coastel Command der Royal Navy zu weit entlegenen Seeräume rings um die Geleitzüge von Unterseebooten freizufegen. Immer weiter spannte und immer engmaschiger knüpfte sich das Netz, das die Royal Air Force über See auswarf. Spezial-U-Jagdgruppen wurden zusammengestellt und ausgebildet, neue schnell zu bauende Schiffstypen entwickelt, sogenannte Korvetten, kleiner als Zerstörer, aber dem U-Boot ebenso gefährlich, mit Spezialwasserbombenwurfvorrichtungen, vielfach Vierlings-Schnellfeuergeschützen und selbstverständlich Horch- und Asdic-Unterwasser-Ortungsgeräten ausgerüstet.

Der Gegner lernte es, sich dem nächtlichen Überwasserangriff der U-Boote geschickter als anfangs zu entziehen. Leuchtgranaten, Leuchtschirme wurden reichlich geschossen. Nur selten trat noch solche Verwirrung, solch kopf- und disziplinloses Auseinanderstieben der einzelnen Frachter ein wie in den „Nächten der langen Messer". Die Kapitäne blieben der ihnen aufgetragenen Rolle treu, und mit ihnen handelten die Sicherungskräfte von Mal zu Mal exakter Hand in Hand. Die britischen Seeleute verloren nicht mehr die Nerven. Viele hatten mehrmals ihr Schiff verloren und fuhren immer wieder. Ein sehr hoher Prozentsatz der Schiffbrüchigen kam jedesmal, wenn oft auf abenteuerliche Weise, glücklich an Land und wurde wieder eingereiht in die Zahl der für den Bestand Englands so wichtigen Schar.

Auf die Erschwerung der Bedingungen am Geleit (vornehmlich durch die wachsende Zahl von Flugzeugen verursacht) konnten sich manche bisher erfolgreich hervorgetretene Unterseeboot-Kommandanten vielleicht nicht schnell und grundlegend genug umstellen. Das Maß dessen, was man wagen durfte und mußte, das aber nicht zu überschreiten, jedoch bis auf Messers Schneide genau anzustreben war, wenn man überhaupt zum Erfolg kommen wollte, dieses Maß ging allmählich zurück. Zweifellos hatten auch unsere Bootsbesatzungen technisch viel dazu und mehr zu ertragen gelernt, als man anfangs überhaupt für möglich hielt.

Drei der erfolgreichsten und bekanntesten deutschen Boote — Prien, Schepke und Kretschmer — gingen fast zur gleichen Zeit März 1941 verloren. Kretschmer, dem als erstem Kommandanten die Schwerter zum Eichenlaub des Ritterkreuzes des Eisernen Kreuzes verliehen wurden, damals mit über 300000 Bruttoregistertonnen „Schützenkönig", gelang es wenigstens, mit einem Teil seiner Männer aus dem sinkenden Boot U 99 auszusteigen. Er wurde gerettet und geriet in Gefangenschaft. Schepke, U 100, der mit ihm am gleichen Geleit operierte, wurde am gleichen 17. März 1941 nur eine halbe Stunde zuvor durch Wasserbomben gezwungen aufzutauchen, wie der Engländer bekanntgab. In diesem Augenblick rammte der Zerstörer „Vanoc" — nach britischer Darstellung — zufällig das Boot. Es gab kaum Überlebende. Der eben die Brücke betretende Kommandant wurde von dem Bug des Zerstörers zwischen der sich verbeulenden Brücke und dem Sehrohrbock eingequetscht und getötet. Vielleicht hatte sich der kühne Schepke besseren Überblick und die Möglichkeit verschaffen wollen, im Dunkeln ungesehen wieder mitzumachen, und tauchte nur deshalb auf, ohne dazu gezwungen zu sein. Das mag sein. Jedenfalls hatte er es so des öfteren mit unverschämtem Glück mitten im Geleitzug, und während er mit Wasserbomben verfolgt wurde, gehandhabt. — Günther Prien blieb im Kampf an einem Geleitzug, an dem, wie er als letzten Funkspruch durchgab, ein Flugzeug zur Sicherung eingesetzt war. Während des Krieges wurde über sein Ende nichts Näheres bekannt. Erst jetzt steht fest, daß der britische Zerstörer „Wolverine" Priens Boot U 47 durch Wasserbomben in der Nacht vom 7. auf den 8. März versenkte.

Die meisten Kommandanten dieser älteren Generation waren damals schon ausgestiegen. Sie hatten bereits im Frieden als Kommandanten gefahren. Nun schulten sie oder waren Chefs der neu aufgestellten Flottillen, zum Teil auch Mitarbeiter im U-Boot-Führungsstab. Eine neue Generation trat an die Front und übernahm an ihrer Stelle teilweise die alten, aber meist neue Boote. Viele von ihnen waren vor Kriegsbeginn als Wachoffiziere unter den bisherigen Kommandanten gefahren wie Endrass, Suhren und Topp; andere während des Krieges wie zum Beispiel Mohr. Dazu kamen viele jüngere Offiziere neu zur U-Boot-Waffe.

Mit der Vermehrung der Boote beginnt die Rudel-Taktik ihre eigentliche, praktische Wirksamkeit und Bedeutung zu entfalten. Erfolge sind nicht mehr so reichlich zu gewinnen wie in der vergangenen Zeit, da noch fast jedes der wenigen Boote mit einer Reihe weißer Siegeswimpel am Sehrohr, die Zahl der Tonnage jedes versenkten Dampfers darauf markiert, heimkehrte. Einer von diesen alten Seerennern, das Boot, auf dem Reinhard Suhren, „Teddy" genannt, als Wachoffizier nacheinander unter drei Kommandanten gefahren war, U 48, hatte es auf über 402 000 Bruttoregistertonnen Gesamterfolg gebracht. So viel vermochte jetzt kein einzelnes mehr zu vernichten. Das weitere Ansteigen der Gesamtversenkungsziffern verteilte sich nun anteilmäßig auf zahlreiche Boote. Hätte Deutschland — wie Dönitz immer wieder beantragte — gleich zu Beginn über viel mehr U-Boote verfügt — — — .

1941 wurden Island und bald darauf die Azoren vom Gegner (beziehungsweise von den USA) besetzt und in erster Linie zu Luftstützpunkten gegen deutsche U-Boote ausgebaut. Immer weiter langte die ständige Seeüberwachung durch britische Flugzeuge aus. Immer weiter in den offenen Atlantik hinaus mußten erschwerte Suche und Angriff gegen die Geleitzüge verlegt werden. Aber wie sollte man sie dort finden! Jetzt wurde der Mittlere, dann der Südatlantik zumal von den größeren, den Typ IX-Booten der 2. Flottille (Lorient), aufgesucht.

Die um Afrika nach England gehenden Frachter pflegten Freetown zur Zwischenergänzung anzulaufen. Hier fuhren sie meist noch unbeschützt. Da unten wurde nach Prisenordnung Handelskrieg geführt, soweit nicht die Bewaffnung solch eines Dampfers ohne weiteres dessen kriegerischen Charakter offenbarte und den warnungslosen Angriff erlaubte. Draußen für die deutschen Hilfskreuzer angesetzte Tanker sorgten hin und wieder für die Ergänzung der Ausrüstung auch der zum Teil lange Monate hindurch in See bleibenden Boote. Die kleineren der berühmten 7. Flottille (St. Nazaire), zu der einst auch

Prien gehörte, dessen (inoffizielles!) Bootsabzeichen, den lächerlich wütenden Stier, sie jetzt fast alle als eine Art Vermächtnis am Turm trugen, wurden weiterhin zumeist im so schwierig werdenden Nordatlantikgebiet eingesetzt. Gibraltargeleitzüge zwischen England und dem Mittelmeer waren wegen ihrer unverhältnismäßig starken Sicherung in diesem Seekriegsgebiet unter den U-Boot-Fahrern berüchtigt.

Winter 1941/42 trat entgegen dem Rat von Dönitz das Mittelmeer als Operationsgebiet der U-Waffe neu hinzu. Eine Reihe von Booten durchbrach nachts über Wasser, die meisten aber getaucht, die Meerenge von Gibraltar und suchte den Italienern zu helfen. Diese zeigten sich außerstande, den für England ausschlaggebenden Schiffahrtsweg zu sperren und den eigenen Nachschub wie den deutschen für das Afrikakorps unter Rommel zu ermöglichen. Als Basis stellte Italien, das als Gegenleistung eine eigene U-Flottille zum Atlantik nach Bordeaux entsandte, seinen U-Boot-Hafen La Spezia und einen Teil der dortigen Marinewerft zur Verfügung. Auch Pola, Salamis und Toulon wurden später Stützpunkte. Der Einsatz der deutscherseits etwa zwanzig Boote starken Mittelmeerflottille erfolgte unter eigenartigen, schwierigen und verlustbringenden Bedingungen. In dem allseits von Land umgebenen engen Binnenmeer konnte von typischen Geleitzugsverfolgungen und -schlachten nicht die Rede sein. Statt dessen aber vom Versuch aktiver Abwehr der vielen feindlichen Flugzeuge vom Boot aus, die man hier zuerst durch Verstärkung der Flawaffen (anfangs durch in besonderen wasserdichten Töpfen auf der Brücke montierte italienische Bredas) zu forcieren suchte. Die Mittelmeerboote trugen wegen des durchsichtigen und vielfach ruhigen Wassers zumal vor der flachen afrikanischen Küste bunte Tarnbemalung, angemessene Erfolge erzielten sie kaum; die Verluste waren hoch.

Nachdem der Krieg sich auf Rußland ausgedehnt hatte, wurde auch das Nördliche Eismeer Operationsgebiet. Dönitz hätte es — mit Recht — lieber gesehen, mit allen Booten nur gegen Englands Versorgung zu operieren.

Anders als in den übrigen Operationsgebieten war im Eismeer die unerhörte Vielseitigkeit des Einsatzes. Wegen der geringeren Entfernung vom Stützpunkt wurden auch hier nur 500-t-Boote verwendet. Charakteristisch für das Eismeer waren die reinen Wetterunternehmungen, oft verbunden mit dem Ausbringen von Wettertrupps nach Grönland, Spitzbergen oder Franz-Josephs-Land, sowie Hilfeleistung für diese beim Aufbau ihrer Blockhäuser; doch auch das Abholen dieser Leute von der Küste, wenn sie, durch feindliche Stoßtrupps verjagt, sich zu verabredeten Landestellen hatten durchschlagen können. Weiterhin hatten die Boote immer wieder Wetterfunkgeräte an feindliche Küsten wie Jan Mayen, die Bären-Insel, Hopen-Insel und Nowaja Semlja und Wetterfunkbojen auf das Schelf von Island auszubringen. Zahlreiche Minenunternehmungen führten sie dicht unter russisches Land, manches Mal auf Wassertiefen, die kaum noch zu tauchen erlaubten. Die Boote kamen auf ihren Unternehmungen bis zu 81 Grad Nord. Die besonderen Verhältnisse erlaubten die Bildung regelrechter „U-Stützpunkte" direkt unter feindlichen Küsten durch auf flachen Grund gelegte und durch Netze getarnte U-Boote zum Einsatz gegen den russischen Verkehr auf dem sibirischen Seeweg, wobei Boote bis ostwärts Kap Tscheljuskin operierten. Dabei gehörte das Herumschlagen mit dem Eis zum täglichen Brot der Eismeerfahrer. Des öfteren kam es zu Sonderstückchen wie zum Beispiel der überraschenden Aushebung einsamer russischer Funkstellen an Land, die dann eine Weile durch eigene Funker irreführend weiterbetrieben wurden. Noch 1942 beschossen sie mit der braven 8,8-cm-Kanone zahlreiche russische Küstenstationen nach dem Motto „Jedem Kommandanten seine Funkstelle". Aber auch das Betanken von Dieselflugzeugen durch U-Boote und von jenen improvisierten „U-Boot-Stützpunkten" aus wurde erprobt und trotz aller Schwierigkeiten (mehrere Maschinen gingen im Seegang zu Bruch) durchgeführt, um so den Aufklärungsbereich der Fernaufklärer ganz wesentlich zu erweitern.

Durch das starke Zusammenwirken beider herrschte im Nordmeerraum eine besonders enge Kameradschaft zwischen Seeleuten und Fliegern, besonders eng vor allem, als noch Bomber und Jagdflugzeuge in Banak und Bardofoss stationiert waren. Noch bis Kriegsende war die Luftaufklärung nach Island und den Shetlands hinüber eine ganz wesentliche Hilfe für die Bekämpfung der Geleitzüge, selbst als sie zum Schluß nur noch mit sehr beschränkten Kräften durchgeführt werden konnte. Es zeigte sich, wie erst ein Zusammenspiel weitreichender Fernaufklärung durch erfahrene Seeflieger mit U-Booten den Erfolg der letzteren so recht ermöglicht hätte.

Welche Schwierigkeiten und welche Gefahren von seiten der Natur diesem Krieg an der Grenze des ewigen Eises eigentümlich waren, davon erhält der Nicht-Nordmeerfahrer erst einen ungefähren Begriff, wenn er die Kriegstagebücher dieser Nordmeer-Boote oder auch das des BdU Nordmeer einsieht. Aufgaben, die in einem anderen Seegebiet durchaus normal durchzuführen gewesen wären, wurden hier zu einem Problem. Ein hohes Maß an seemännischem Geschick wurde diesen Marinesoldaten abverlangt. Ihr Alltag und nicht nur ihr Kampfeinsatz waren etwas Besonderes innerhalb des U-Boot-krieges. Auch mit Heeresstoßtrupps kam es gelegentlich zur Zusammenarbeit, so zum Beispiel, als feindliche Stützpunkte auf Spitzbergen vernichtet werden sollten.

Das gemeinsame Operieren mit Überwasserstreitkräften bildet ebenso ein besonderes Kapitel der Geschichte dieses einzigartigen Eismeer-Krieges. U-Boote hatten Aufklärungs- und Sicherungsaufgaben (!) beim Einsatz von „Scheer" in der Kara-See, von „Scharnhorst" und „Tirpitz" gegen Spitzbergen-Stützpunkte des Gegners zu erfüllen. Geplant war die gemeinsame Bekämpfung der Geleitzüge. Sie wurde auch durchgeführt, wo immer sie durchzuführen war, doch waren der unberechenbaren Schwierigkeiten, die sich solcher Zusammenarbeit entgegenstellten, mehr, als von seiten der Nicht-U-Boot-erfahrenen Seekriegsleitung angenommen werden mochte.

Bei der verhältnismäßig großen Sicherheit vor feindlichen Bomberverbänden ergaben sich jedoch im Nordmeer-Raum die unglaublichsten Möglichkeiten. Es wurde auf diesem Kriegsschauplatz mehr als vielleicht irgendwo sonst „improvisiert". Ab 1942 wurden dann auch die feindlichen Rußlandgeleite regelmäßig durch Flugzeugträger begleitet, deren Maschinen eine ständige Bedrohung auch der deutschen Stützpunkte bedeuteten. So wurde noch am 4. Mai 1945 die „Black Watch" in Harstad und das gerade eingelaufene U-Lange von Trägerflugzeugen versenkt. Der Flakschutz der norwegischen Schärenküste war eben nur sehr bedingt.

Typisch für das Nordmeer war die Art dieser Stützpunkte, die in Kirkenes, Hammerfest, Harstad und Narvik durch Wohnschiffe mit Werkstattschiffen dargestellt wurden. Die Leistung der letzteren als schwimmende Werften verdient eine besondere Erwähnung, wie „Kamerun", „Huascaran", „Neumark" und die Versorgungsschiffe „Kärnten" und „Pelagos". Die Stützpunktschiffe „Stella Polaris" in Narvik, „Südmeer" in Kirkenes, „Black Watch" in Hammerfest und später Harstad waren mit ihrer vorbildlichen Betreuung Begriffe für alle Nordmeer-Fahrer und bei der Entfernung von Mitteleuropa und dem Mangel an Zivilisation hier oben meist der Ersatz für „Heimat".

Der normale Urlauberweg beleuchtet die Entlegenheit dieses Nordraumes. Man benutzte aus der Heimat zunächst den Urlauberzug bis Frederikshavn. Dann von dort das Transportschiff nach Frederikstad und fuhr weiter mit der Eisenbahn bis Oslo. Von hier ging es in 14stündiger Bahnfahrt über die Berge von Drontheim und im Anschluß mit dem „Hufeisenzug" durch Schweden bis zur Erzbahn nach Narvik; mit den oft tagelangen Wartezeiten dazwischen eine äußerst mühsame Fahrt. Findige Kommandanten machten die Rückreise schneller mit Transport-Ju's von Narvik nach Drontheim und von Oslo nach Aalborg.

Es ist klar, daß auch der Nachschub unter der norwegischen Küste ständig durch englische U-Boote, Zerstörer, Schnellboote und Flugzeuge bedroht und so die Versorgung der nördlichen Stützpunkte — zumal seit dem Ende der deutschen Luftherrschaft — recht schwierig war. Zeitweise mußten für besonders wichtige Dinge wie zum Beispiel Torpedos spezielle Transport-U-Boote eingesetzt werden, die jedoch in der nördlichen Nordsee eine Biskaya-ähnliche Situation vorfanden und manches Mal sogar selbst noch im Geleit auf dem Schärenweg in Norwegen verlorengingen. Die volle Härte der Luftbedrohung durch den Gegner trat im Nordmeer-Raum später als im Atlantik, schließlich aber auch hier in voller Wucht und Härte durch die feindlichen Flugzeugträger und gelegentlich Fernbomberverbände in Erscheinung. Das Schlachtschiff „Tirpitz" wurde bekanntlich das Opfer einer feindlichen Fernbombereinheit.

Erst im Winter 1942/43 begann im Nordraum die feindliche Ortung, zunächst durch Zerstörer. Bald aber waren auch die hier eingesetzten Flugzeuge des Gegners mit Radar ausgerüstet. Naturgemäß erfolgte dann deutscherseits hier erst später als im Atlantik die Ausrüstung der Boote mit dem Schnorchel. Es ist wenig bekanntgeworden, daß noch im Frühjahr 1945 ein feindlicher Geleitzug vor Murmansk durch Schnorchelboote wiederum völlig aufgerieben wurde.

Die Hauptschwierigkeiten des Nordmeer-Einsatzes lagen für die Boote in den navigatorischen Verhältnissen. Zunächst in der durch Nebel und Schauer ständig wechselnden Sicht, in der Behinderung, einmal genaues Besteck nehmen zu können. Dann vor allem in dauernden Beschädigungen der Boote und ihrer empfindlichen Instrumente im Eis. In den fehlenden Nächten im Sommer, den hellen Nordlichtern zur Zeit der ewigen Polarnacht im Winter, die bei aufreißender Wolkendecke das Boot mitten im Geleit plötzlich den feindlichen Zerstörern präsentierte, wenn es diesen trotz der ununterbrochenen Dunkelheit überhaupt gefunden hatte. Dazu kam hier seit 1943 in zunehmendem Maße der Mangel an einer eigenen starken Luftwaffe und das feindliche Radar, so daß hier 1944, im Laufe des Jahres, alle 26 eingesetzten Boote in Verlust gerieten und ersetzt werden mußten. Noch ungeübte Boote, von denen man einfach nichts mehr hörte, gingen wahrscheinlich durch Eisschäden verloren, und viele mußten mit eingeknickten Sehrohren wieder einlaufen. Auflaufen auf Eis im Nebel war keine Seltenheit. Wasser mit Minusgraden, Eisschicht an der Innenwand des Bugraumes und auf dem Wetterzeug der Brückenwachen kennzeichnen die Härte der Einsatzbedingungen. Typisch für die Entwicklung des U-Bootkrieges im Nordmeer ist, daß die Boote ähnlich denen im Mittelmeer zunächst durch einen Referenten des Admirals Nordmeer in Narvik, also nicht durch die U-Bootführung, sondern das Flottenkommando, mitgesteuert wurden; daß dann mit Erhöhung der Bootszahl ein FdU eingerichtet wurde, der erfolgreiche frühere U-Boot-Kommandant Fregattenkapitän und Träger des Eichenlaubs mit Schwertern Reinhard Suhren.

Die Fäden der U-Boot-Nachrichten aus „seinen" Seegebieten liefen in Kernevel, dem kleinen Stabsquartier des BdU am Ausgang der inneren Bucht von Lorient, der Barockfestungsstadt Port Louis gegenüber, zusammen. Später befand sich dieses in Angers, darauf in Berlin, endlich seit 1944 im Lager Koralle nicht weit von Bernau, und zuletzt in Flensburg. Hier wurden die Meldungen der Boote gesammelt und ausgewertet, Pläne ausgearbeitet, Befehle erteilt, nach denen die Boote einzeln oder mehrere als Rudel operierten.

Chef der Operationsabteilung und all die Jahre über engster Mitarbeiter des BdU war Kapitän zur See, später Konteradmiral Godt. Erfuhr man von einem Geleitzug, so wurden mögliche Gruppen von Booten auf bestimmten Aufklärungsstreifen angesetzt, durch die jenes Geleit voraussichtlich seinen Weg nehmen würde. Stellte eines der Boote die Fühlung her, meldete es Standort, Zeit, Geschwindigkeit und Kurs des Gegners, so rief der Befehl des BdU die übrigen dorthin, wenn diese nicht bereits vorher zur Gruppe zusammengefaßt, nur auseinandergezogen, schon auf die erste Meldung hin, die sie mithörten, zustießen. Es war üblich, solche Ansammlung sich vollziehen zu lassen, bis Dönitz oder sein Chef des Stabes Angriffserlaubnis erteilte. Auf diese Weise sollten das Fühlunghalten am Gegner, das immer schwieriger wurde, und dann ein desto größerer Erfolg gewährleistet werden.

War ein Geleitzug aufgescheucht, so tat er alles, um seine Verfolger irrezuführen und abzuschütteln. Die einzelnen Boote standen untereinander in Funkverbindung. Selbst auf Sehrohrtiefe war solcher Empfang möglich. Der Gegner lernte es, die Boote, deren (kompliziert verschlüsselten und daher ihm zunächst unverständlichen) normalen Funk auch er aufnahm, einzupeilen, den Standort des sendenden Bootes zu bestimmen, so daß er die Geleitzüge oft den so erkannten U-Boot-Ansammlungen rechtzeitig aus dem Wege zu dirigieren vermochte. Infolgedessen durften jetzt nur zu bestimmten Zeiten „Kurzsignale" gesendet werden, die er anfangs noch nicht einzupeilen wußte. Die übrige Zeit herrschte Funkstille.

Ein kaum vorstellbares Nachrichtennetz überzog damals drahtlos die gesamte Erdkugel. Wohl noch nie ist ein nur annähernd ähnliches aufgebaut worden, wie es in diesem Krieg für die deutschen Unterseeboote geschah, die in allen Meeren der Welt operierten und mit der Befehlsstelle des BdU über Funk ständig in Verbindung blieben. Jedem Seegebiet waren eigene Wellen und besondere Schlüssel vorbehalten.

Von den deutschen Fachstellen war immer wieder der Verdacht aufs entschiedenste ausgeschlossen worden, unsere Gegner könnten etwa außer den Funksprüchen der deutschen Boote (und zwar durch ein inzwischen aufgebautes Netz von Landstationen, mit deren Hilfe sie die Standorte der funkenden Boote einpeilen könnten) womöglich auch deren sogenannte Kurzsignale einpeilen. Ohne solche aber waren eine operative Führung durch die Führungsstelle des BdU und ein Signalverkehr zwischen den Booten selbst, also die „Rudeltaktik", das Zusammenwirken mehrerer Boote, gar nicht möglich. Tatsächlich aber konnten die Briten dies im Verlauf des Krieges doch. Und nicht nur das. Sie konstruierten sogar ein Peilgerät von so geringen Ausmaßen, daß es auf Fahrzeugen eingesetzt werden konnte, die mit seiner Hilfe bei Nacht und Nebel das über Wasser laufende Boot aufzuspüren vermochten. Dieses HF/DF, „huff-duff" genannte Gerät, von dessen Existenz wir Deutsche keinerlei Ahnung hatten, wurde unseren Booten offenbar weit gefährlicher noch als das 9-cm-Kurzwellen-Radargerät, dessen Bestehen und Wirkungsmöglichkeiten uns bekannt wurden, und dem wir bis vor kurzem die

Hauptschuld an dem Verlust so vieler unserer Boote, an dem kaum noch zu überwindenden Schwierigkeiten, zum Angriff zu kommen, und schließlich an dem trotz der endlich (viel zu spät!) anwachsenden Zahl von Booten völligen Einbruch des deutschen U-Boot-Krieges zuschrieben.

Erst seit den siebziger Jahren bekamen wir nach und nach durch das allmähliche Lüften der britischen topsecret-Geheimnisse Kenntnis von dem, was wirklich die Erfolge des deutschen U-Boot-Krieges mit den alten Tauchbooten zum Erliegen brachte. Es ist zu bewundern, wie dem Briten die absolute Geheimhaltung so lange tatsächlich gelang.

Dazu aber kommt noch ein weiteres, vielleicht das wichtigste Geheimnis, das erst nach 1975 nach und nach bekannt wurde: „Ultra", beziehungsweise „Operational Intelligence Centre", das nach seiner Unterbringung auch „Bletchley Park" genannt wurde.

„Ultra" war die Dienststelle der Kryptographen, jener Fachleute, die sich darum bemühten und es fertigbrachten, die deutschen verschlüsselten Funksprüche zu entziffern, in Klartext aufzulösen.

Es war von den deutschen Fachstellen immer wieder für unmöglich hingestellt worden, unsere mit der Enigma-Schlüsselmaschine verschlüsselten Funksprüche zu lesen. Aber in Wahrheit gelang es dem Gegner, in den, beziehungsweise in die verschiedenen deutschen Schlüsselverfahren einzubrechen. Er lernte sogar allmählich, die ganz besonders komplizierten Marine-Funkschlüssel zu knacken, sie also nicht nur mit aufzunehmen, mitzuschreiben, sondern zu entziffern.

Endlich jetzt, also in jüngster Zeit erst, seit verschiedenen britischen zunächst noch ungenauen, dann aber völlig umfassenden Veröffentlichungen der damals entscheidenden Fachleute und Geheimnisträger über dieses zweifellos wichtigste, kriegsentscheidende Geheimnis der gegnerischen Kriegführung, werden auch die für uns bislang unverständlichen, ans Wunder nicht nur grenzenden, sondern wunderbaren Vorkommnisse erklärt, die man deutscherseits fälschlich nur auf Spionage in den höchsten deutschen Dienststellen — wenn auch dann immer noch unvollkommen — zurückführen zu müssen dachte. Um ein Beispiel zu nennen: Das Auftreten feindlicher Streitkräfte an dem erst kurzfristig über Funk angewiesenen Treffpunkt des Hilfskreuzers „Atlantis" mit einem Versorger, der „Python". Nach dem Verlust der „Atlantis" nahm die „Python" deren Besatzung auf. Ihr wurde kurzfristig ein Treffpunkt mit einem deutschen Unterseeboot zum Beölen mitgeteilt. Doch auch die „Python" wurde durch Feindeinwirkung versenkt, das U-Boot entzog sich durch Tauchen, kam aber auf den britischen Kreuzer nicht zum Schuß. Dies Boot und darauf vom BdU aus anderen Operationen abgezogene weitere nahmen die vielen Schiffbrüchigen auf und brachten diese nach langer Fahrt in qualvoller Enge Überlebenden schließlich am Weihnachtsmorgen 1941 vollzählig an Land.

Der Gegner wußte also über jedes einzelne Boot genauestens Bescheid. „Intelligence Centre" gab über die Admiralität beziehungsweise ganz wenige Eingeweihte höchste Dienststellenleiter derselben nur an die notwendigsten Kommandostellen die wichtigsten Anweisungen, ohne nähere Begründung, weshalb und nach Kenntnis welcher Quellen. Das Geheimnis blieb also bis 1975 gewahrt.

Es war also Tatsache, daß es britischen Kryptologen in Bletchley Park gelungen war, selbst unsere nach überaus kompliziertem Verfahren ständig wechselnden Marine-Funksprüche mitzulesen. (Die deutschen Heeresschlüssel waren sehr viel leichter zu brechen, und England gab wichtige Erkenntnisse aus dem Heeresfunkverkehr, beabsichtige Operationen, Vorbereitungen, Abteilungsstärken, Angriffsziele auch an Rußland weiter, so daß ebenso der Krieg im Osten — wie zum Beispiel die mißglückte starke deutsche Operation bei Kursk — weitgehend wohl mit durch „Ultra" verloren ging). Den Beginn, daß England unsere Schlüssel aufzulösen vermochte — nachdem es in das System der für absolut geheim und sicher gehaltenen Schlüsselmaschine „Enigma" schon 1931 (durch Verrat) gelangt war — brachte die uns nicht bekanntgewordene Bergung einer kompletten Maschine mitsamt den zugehörigen Walzen aus dem gekaperten, von der Besatzung schon verlassenen U 110 am 9. Mai 1941. Lemp selbst war im Wasser erschossen worden, als er zu dem zu langsam sinkenden Boot zurückschwimmen wollte, die Männer wurden von dem feindlichen Zerstörer aufgefischt und nach einstudiertem Plan sofort auf die dem sinkenden Boot abgewandte Seite gebracht, so daß sie gar nicht sehen konnten, wie eine britische Spezial-Einheit in das zwar mit Preßluft noch einmal hochgebrachte, nun aber wieder sinkende Boot eindrang und es fertigbrachte, die entgegen dem grundsätzlichen Befehl gutgläubig, daß ihr Boot ja schon sank, nicht gesondert vernichteten Schlüsselgeräte und -Unterlagen zu bergen. Später wurden dann weitere Schlüsselmaschinen von geheimen deutschen Wetterstationen und Wetterschiffen erbeutet, die man eingepeilt hatte, fand und entsprechend geschickt aushob.

Trotzdem gelang das Entschlüsseln zunächst nur mit drei bis vier Wochen Verzögerung und war damit noch wenig ergiebig. Aber ab Ende Juli 1941 benötigte Bletchley Park nur noch zwei bis drei Tage. Der Erfolg für England: Unser Gegner vermochte seitdem seine Geleitzüge den ihm bekanntgewordenen Aufstellungen der U-Bootsrudel durch den BdU rechtzeitig aus dem Wege zu leiten und stattdessen gerade dorthin seine U-Bootsabwehr zu konzentrieren.

Weder die deutsche U-Boot-Führung noch der U-Boot-Mann an der Front wußten darum. Und insofern dürfte es, so meine ich, für unser Buch, das den U-Boot-Krieg vornehmlich aus der Sicht des U-Boot-Mannes selbst darstellen will, genügen, die kürzlich erst enthüllten Tatsachen, die es dem Gegner ermöglichten, die deutsche U-Boot-Gefahr abzuwenden, zwar zu vermelden, aber sie nicht ausführlicher darzustellen. Für die Einzelheiten sei auf die speziellen Veröffentlichungen eben von Prof. Dr. Jürgen Rohwer hingewiesen, die in der Deutschen Marine-Rundschau erschienen. Im Augenblick ist der Marinehistoriker gemeinsam mit den britischen Spezialisten dabei, die Geschichte der Funkaufklärung im Zweiten Weltkrieg und also deren praktische Anwendung und Auswirkung von Tag zu Tag bis in die Einzelheiten hinein zu erforschen, die Maßnahmen beider Seiten aufeinander abgestimmt festzustellen und dann darzulegen. Diese das Thema abschließende Arbeit wird in absehbarer Zeit erscheinen.

Deutscherseits wurde vorsichtshalber trotz der beruhigenden, aber fälschlichen Versicherungen unserer Fachstellen, daß das Entziffern unserer Funksprüche dem Gegner unmöglich gelingen könne, im Februar 1942 ein neuer, der noch weit kompliziertere Marineschlüssel M 4 eingeführt. Es vergingen, wie wir jetzt erfuhren, tatsächlich Monate, und zwar bis zum Dezember des Jahres, bis Bletchley Park auch diese verschlüsselten Funksprüche doch wieder zu lesen verstand. So vermochte der Gegner dann ab Januar 1943 wieder seine Geleitzüge um die auf sie angesetzten deutschen U-Bootsrudel jedesmal herumzuführen. Fast nur zufällig noch trafen seitdem deutsche Boote auf den, auf den sie operierten. (Auch dem deutschen sogenannten B-Dienst war es durchaus und schon früh gelungen, wenigstens die einfacher verschlüsselten britischen Anweisungen an Geleite und deren Funkverkehr untereinander weitgehend zu entziffern und so die vorgesehenen Daten und Routen derselben zu erkennen. Die daraus folgenden Maßnahmen der U-Boot-Führung wurden, wie gesagt, durch das Mitlesen der Weisungen an die Boote durch den Gegner unwirksam. Den komplizierteren Schlüssel der britischen Kriegsmarine vermochte meines Wissens unser B-Dienst nicht zu knacken.) „Ultra", also Intelligence Centre, Bletchley Park im Verein mit der im Verlauf des Krieges zunehmend stärker und geschickter werdenden U-Boot-Abwehr der Briten brachte unsere Anstrengung, England durch unsere U-Boote niederzuzwingen, vor allem und zuerst im dazu wichtigsten Gebiet, im Nordatlantik, praktisch zum Erliegen.

Wie anders also hätte der Erfolg der deutschen U-Boot-Waffe ausfallen und den Krieg entscheiden können, wenn unsere Führung begriffen hätte, daß dieser Krieg insgesamt ein Seekrieg, nämlich ein Krieg gegen England war und nur zur See und, wie die Dinge lagen, nur durch U-Boote gewonnen werden konnte; wenn nämlich die Führung rechtzeitig auf „den kleinen Commodore Dönitz" gehört, seine Auffassung sich zu eigen gemacht hätte, die er in immer wiederholten Eingaben früh genug vorlegte, nämlich, daß England nur durch Unterbinden seiner Versorgung zum Aufgeben gebracht werden könne und daß also mit der Kündigung des Flottenabkommens, spätestens aber mit der durch unsere Führung nicht vorausgesehenen Kriegserklärung durch England, nur der mit aller Kraft der Rüstung forcierte Bau von U-Booten und die entsprechende Ausbildung von deren Besatzungen dieser Krieg rechtzeitig und überhaupt zu gewinnen war. Wäre Deutschland mit der von Dönitz geforderten Zahl von 300 Frontbooten in den Krieg gezogen und hätte es diese — wie dann zu spät durchgeführt — um monatlich 30 Boote vermehrt, als es noch keine rechte britische Abwehr wie später, kein Radar, kein HF/DF, keine Torpex-Wasserbombenwürfe und vor allem noch kein „Ultra" gab —, das gewaltige Neubauprogramm von Frachtern in den USA war noch nicht angelaufen, überhaupt war das amerikanische Volk noch nicht durch Roosevelt „in den Kreuzzug hineingelogen" —, der Versorgungskrieg gegen die britischen Inseln hätte England zur Aufgabe gezwungen, und selbst Stalin wäre ohne die amerikanischen Lieferungen nicht derart gegen den Westen vorgedrungen, wie es geschehen ist.

So, wie sich die Dinge (ohne rechte Vorbereitung Deutschlands auch auf den anderen Gebieten, wie sich entgegen aller Kriegspropaganda herausgestellt hat) dann entwickelten, darf man und muß man zumindest staunen und es bewundern, was die deutsche U-Boot-Waffe unter Karl Dönitz trotz allem, und das ohne jede personelle Krise (anderslautende Behauptungen wurden frei erfunden) zustande brachte. Das wird auch britischerseits von denen, die das beurteilen können, durchaus anerkannt. Daß dieser Krieg dann, den Hitler niemals beabsichtigte, so verlaufen mußte, wie es eintrat, ahnte innerhalb der U-Boot-Waffe kaum der eine oder andere, vielleicht Dönitz. Aber selbst der, der solches befürchtete, handelte damals „dennoch", nach wie vor freiwillig, stolz darauf, auf einer so gefährdeten, ausgezeichneten wie wichtigen Stelle zu stehen, in soldatischer Pflichterfüllung, als Deutscher, für sein Volk.

In dieser Zeit des Krieges sah sich der Deutsche noch in der Lage, mindestens die Funksprüche der Geleitzüge des Gegners, die nicht das komplizierte militärische Schlüsselverfahren, sondern einen einfacheren Code verwendeten, zu entschlüsseln. So war die Hauptschwierigkeit für die deutschen Boote, den Gegner (den man inzwischen nicht mehr wie zu Beginn bei sich bündelnder Annäherung an seine Bestimmungshäfen abfassen konnte) in der Weite des Weltmeeres einigermaßen festzustellen, wenigstens bis zu einem gewissen Grade durch die beim BdU ausgewerteten feindlichen Meldungen behoben. Auch der Nachrichtendienst der „Abwehr" wurde weitgehend verwertet. Der Kreis, den das Boot mit seiner allzugeringen Augenhöhe draußen an Ort und Stelle aufzuklären vermag, ist in der Weite des Weltmeeres winzig gegenüber dem eines normalen Fahrzeuges mit hochliegender Brücke und mit Ausguck in den Masten oder gar gegenüber dem eines Aufklärungsflugzeugs. Wie begrenzt sind diese Chancen zu den Möglichkeiten des Geleitzuges, seinen Weg zu nehmen. In weniger überwachten Seegebieten versuchten es die Boote, einen Mann am ausgefahrenen Sehrohr im Bootsmannsstuhl ausschauen zu lassen. Schließlich wurde der U-Boots-Drache entwickelt, der vom Fahrtwind des Bootes in die Höhe getragen wurde und mit einem Ausguck bemannt war. Aber diese Maßnahmen behinderten die Alarmbereitschaft.

Der Massierung der Frachter im Geleitzug hatte Dönitz die Massierung der Angreifer entgegengesetzt, die Rudeltaktik. Sie kam jetzt, weil allmählich die Zahl der Boote, trotz aller Verluste, zunahm, zum Tragen. Aber dem entsprach keineswegs im Verhältnis die Steigerung der Versenkungserfolge. Stiegen diese absolut genommen auch an, so doch nicht in dem Maße wie die Anzahl der deutschen Boote. Dennoch ist die zweite Phase des U-Boot-Krieges im Ganzen gesehen zweifellos die glücklichste und erfolgreichste gewesen.

Noch in diese zweite Phase gehört die sogenannte „Amerika-Schießzeit", die Periode der ersten und überraschend großen Erfolge deutscher Unterseeboote direkt vor den Küsten Amerikas, mit dem das Reich nun doch in Krieg geriet. Sie beginnt in dem Augenblick, da die Versenkungserfolge im Atlantik nachlassen und Schwierigkeiten überhand nehmen, und wird eröffnet durch den sogenannten „Paukenschlag" vor New York, den Hardegen mit seinem Boot als erster führt. Einige Worte zur Vorgeschichte des deutschamerikanischen Krieges erscheinen mir notwendig.

Durch die sogenannte Neutralitätsgesetzgebung hatte sich der amerikanische Kongreß vor Ausbruch des Zweiten Weltkrieges festgelegt, daß an Kriegführende eines möglicherweise ausbrechenden europäischen Konflikts weder Kriegsmaterial auszuführen noch Anleihen zu gewähren seien. Außerdem war es mit Kriegsbeginn den einzelnen Staatsbürgern verboten worden, das Kriegsgebiet zu befahren. Amerikanische Waren, die nicht unter das Waffenembargo fielen, durfte nur erwerben, wer sie zu bezahlen und selbst abzuholen vermochte (die Cash- and Carry-Klausel des Gesetzes). Präsident Roosevelt, der bereits vor Kriegsbeginn das Waffenembargo abzuschaffen versucht hatte, gelang es, nachdem der Krieg in Europa ausgebrochen war, den Kongreß zu bewegen, die an sich seit Frühjahr 1939 abgelaufene Cash- and Carry-Klausel zu erneuern. Sie trat offensichtlich an Stelle des Verbotes der Waffenausfuhr, das sie ursprünglich hatte ergänzen sollen.

Nach der Lage der Dinge waren damals nur die Alliierten imstande, Güter in Amerika abzuholen, was zweifellos Roosevelts Absicht war. Schon zur gleichen Zeit, bereits mit Kriegsbeginn, unterstützten ohne Zustimmung des Kongresses Streitkräfte der amerikanischen Marine einseitig und völkerrechtlich völlig unzulässig die britische Kriegführung gegen Deutschland. Sie ließen die in nordamerikanischen Häfen vom Kriege überraschten deutschen Handelsdampfer, die von dort aus die britische Blockade zu durchbrechen und heimzukehren versuchten, nicht aus den Augen. Amerikanische Fahrzeuge also begleiteten sie und meldeten jeweils ihren eigenen, damit praktisch deren Standort unverschlüsselt angeblich an amerikanische Landdienststellen, was aber einer Funkmeldung direkt an die britische Admiralität gleichkam. Der Erfolg war, daß britische Streitkräfte die Verfolgung der deutschen Schiffe ohne weiteres aufnahmen und diese stellen konnten, die sich schließlich nur durch Selbstversenkung dem Aufbringen zu entziehen vermochten.

Anfang September 1940 erfolgte weit eklatanter noch die erste rigorose Verletzung des eigenen Neutralitätsgesetzes durch die amerikanische Regierung wie zugleich des Haager Abkommens. Wie schon erwähnt, wurden damals fünfzig nordamerikanische Zerstörer an die britische Admiralität, die sie dringend benötigte, abgegeben. Als Entgelt verpachtete die britische Regierung die atlantische Inselgruppe Bermudas auf 99 Jahre an die Amerikaner. Die britischen Kräfte reichten damals nämlich in keiner Weise aus, die notwendigsten Zufuhren für den englischen Kriegsbedarf wie für die Ernährung der Bevölkerung der Insel zu sichern. Wie sich die Lage ohne das Eingreifen Amerikas entwickelt hätte, ist kaum abzusehen.

Mit dieser „Hilfe in der Not" für den einen der Kriegführenden war es nicht genug. Es dauerte nicht lange, und auch die Cash-and-Carry-Klausel fiel, die noch eine gewisse Beschränkung in der ausdrücklichen Hilfeleistung für England verursachte. Präsident Roosevelt verkündete vor dem Kongreß, daß es die Aufgabe der Vereinigten Staaten sei, als Arsenal für die im Krieg gegen „Angreiferstaaten" befindlichen Nationen zu dienen. „Es wird bald so weit sein", erklärte er, „daß sie diese (Waffen im Werte von vielen Milliarden Dollars, wie er selbst zuvor ausgeführt hatte) nicht mehr bar bezahlen können. Wir aber", fuhr er fort, „können und wir wollen ihnen nicht sagen, daß sie kapitulieren sollen, nur weil sie im Augenblick nicht in der Lage sind, die Waffen zu bezahlen, die sie jetzt dringend brauchen."

Seit April 1941 unterstützten außerdem Luft- und Seestreitkräfte des angeblich noch immer neutralen Amerika die britische Seekriegführung. Sie klärten weithin im Atlantik planmäßig auf, versuchten alle Fahrzeuge der Achsenmächte, die sie feststellten, zu beschatten und meldeten diese in offener Sprache durch Funk. Die Achsenfahrzeuge, zum Beispiel Hilfskreuzer, durften sich den „Neutralen" gegenüber nicht wehren.

Vorläufig enthielten sich die USA direkter Kampfhandlungen. Allerdings erklärte Staatssekretär Hull: „Wege müssen gefunden werden, die sicherstellen, daß unsere Unterstützung für Großbritannien ihre Bestimmungsorte in kürzester Zeit und in größtem Umfange auch erreicht." Marinesekretär Knox ergänzte: „Wir dürfen nicht zulassen, daß unsere Lieferungen im Atlantik versenkt werden. Auch wir werden geschlagen werden, wenn dies geschieht: denn dies ist unser eigener Kampf."

Als nächster Schritt auf dem Wege in den offenen Krieg wurde Juli 1941 das mit Dänemark in Personalunion verbundene Island, das England bald nach der Norwegenunternehmung okkupiert hatte und dessen Gewässer die meisten Amerika-Geleitzüge ansteuerten, von Amerika besetzt. Gleichzeitig übernahmen Streitkräfte der Vereinigten Staaten regelrecht die Sicherung der britischen Geleitzüge von amerikanischen Häfen bis nach dort und ab September deren Schutz innerhalb der gesamten Westhälfte des Atlantiks. In dieser Zeit waren die nordamerikanischen Neutralitätsgesetze offiziell immer noch in Kraft. Zwar hatten die USA die Propaganda für Neutralität nicht vergessen, aber was machte es aus, ob ein regulärer Kriegszustand ausgesprochen war. Von dieser Art Kriegsbeteiligung merkte das Volk nicht viel mehr, als daß die Arbeitslosenzahl zurückging. Der Zustand war für die USA recht günstig, da sie ohne eigentliches Risiko hervorragend verdienten, zugleich den Konkurrenten England abhängig machten und Deutschland niederzwingen halfen. Diese Verhältnisse mußten insbesondere seit Sommer 1941 zwangsläufig zu Zwischenfällen führen. Zwar standen die deutschen Kommandanten unter ausdrücklichem Befehl, solche gerade mit amerikanischen Schiffen peinlichst zu vermeiden. Diese operierten aber in so engem Zusammenhang mit britischen Streitkräften an britischen Geleitzügen, beteiligten sich sogar des öfteren so ungeniert aktiv an Kampfhandlungen gegen deutsche Unterseeboote, daß es nicht mehr zu umgehen war, beim Angriff auf das Geleit und seine Sicherung versehentlich einen amerikanischen Zerstörer mit anzugreifen. Das konnte um so leichter geschehen, als ja fünfzig Zerstörer amerikanischer Bauart und Herkunft jetzt britisch waren, also nie recht feststand, ob der, den man vor sich hatte, britisch oder amerikanisch war, da er sich in beiden Fällen gleich verhielt.

Am 4. September 1941 wurde U 652 längere Zeit hindurch von einem einzeln fahrenden Zerstörer verfolgt und, wie Kommandant Fraatz annehmen mußte, schließlich mit Wasserbomben belegt. Es gelang Fraatz, zwei Torpedos gegen den Verfolger loszumachen, die aber fehlgingen. Erst tags darauf erfuhr er durch den Funk, daß er nicht einen britischen, sondern den amerikanischen Zerstörer „Greer" beschossen hatte. Wie nach Kriegsende festgestellt werden konnte, spielte sich dieser Vorgang so ab:

„Greer" stellte das Boot fest und beobachtete das getauchte laufend mit seinem Asdic-Gerät, was im Boot deutlich zu hören war. Bald darauf kreiste über der Stelle auch ein britisches Flugzeug. Schließlich fragte der britische Flieger durch Funk bei dem Amerikaner an, ob er beabsichtige, das deutsche Boot anzugreifen. „Beabsichtige nicht anzugreifen", erklärte der Amerikaner. Daraufhin warf der Brite Wasserbomben auf die bezeichnete Stelle. Der U-Boot-Kommandant mußte natürlich annehmen, daß sie von dem Zerstörer, den man gesehen hatte und den man laufend hörte, stammten; denn von einem Flugzeug war ihm nichts bekannt. Nachdem das Flugzeug mit Wasserbomben angegriffen hatte, warf nun auch entgegen der ursprünglichen Absicht der Zerstörer solche. Es sei bemerkt, daß schon das vorhergehende Verhalten des amerikanischen Zerstörers durchaus neutralitätswidrig war und einen Angriff durch das U-Boot absolut rechtfertigte. So torpedierte Fraatz schließlich den Zerstörer, traf aber nicht. Und nun erhob sich in Presse wie Äther von seiten Amerikas großes Geschrei voll sittlicher Entrüstung, daß ein „deutscher Pirat" es gewagt habe, den Neutralen anzugreifen. Präsident Roosevelt nahm am 11. September diesen Vorfall zum längst herbeigesehnten Anlaß, im Rundfunk zu erklären, daß ein deutsches Unterseeboot wohlüberlegt den (wie die Bevölkerung annehmen mußte: friedlichen neutralen) amerikanischen Zerstörer „Greer" angegriffen habe. Und dann erfolgte die Verkündung des sogenannten Schießbefehls: „. . . amerikanische Marinefahrzeuge und Flugzeuge werden nicht mehr warten", hieß es pathetisch, „bis unter Wasser lauernde Achsen-Unterseeboote . . . ihren tödlichen Streich zuerst ausgeführt haben . . . " Am 15. September verkündete Mr. Knox, die USA-Flotte habe jetzt Befehl, „alle Handelsstörer der Achse, gleichviel, ob ihr Über- oder Unterwasserpiraten in den Weg kommen, mit allen verfügbaren Mitteln aufzubringen oder zu vernichten."

Am 17. Oktober 1941 wurde südöstlich Island der US-amerikanische Zerstörer „Kearney" von einem deutschen U-Boot torpediert. Er stand an einem britischen Geleitzug und hatte sich an der U-Bootjagd beteiligt. Am 31. Oktober geschah das gleiche dem amerikanischen Zerstörer „Reuben James", dessen Schicksal von Präsident Roosevelt weidlich zur Kriegspropaganda ausgenutzt wurde, obwohl dieses Schiff einwandfrei im Dienst der Briten gefahren war (siehe Schilderung Seite XX). Derartige Vorkommnisse ließen sich eben trotz aller von den deutschen Kommandanten zähneknirschend angewandten Vorsicht einfach nicht mehr vermeiden, wenn die Amerikaner sich wie Briten verhielten. Auf Antrag des Präsidenten beschloß der amerikanische Kongreß am 13. November 1941 mit 212 gegen 194 Stimmen die Aufhebung des im Neutralitätsgesetz bestimmten Verbotes der Bewaffnung amerikanischer Handelsschiffe und zugleich die des Befahrens der Kampfzone durch nordamerikanische Schiffe und Bürger. Roosevelt und sein Kreis hatten endlich ihren Willen durchgesetzt, übrigens gegen den verzweifelten Kampf des populären Ch. Lindberg gegen Roosevelts Kriegspolitik. Amerika war in vollem Umfang zum kriegführenden Land geworden, ohne daß es den Krieg offiziell aussprach und ohne daß es selbst bekriegt wurde.

An Deutschland trat die entscheidende Frage unausweichlich heran, ob es auf seinen U-Boot-Krieg überhaupt verzichten sollte. Führte es ihn gegen England, praktisch also auch gegen die amerikanische Flotte weiter, bedeutete dies zwangsläufig den Krieg in jeder Form mit Amerika, indem es nun auch die für England fahrenden amerikanischen Einheiten angreifen mußte. Eine Unterscheidung war künftig nicht mehr möglich. Deutschland zögerte. Die Lösung aus diesem Dilemma erfolgte überraschend von jener dritten Seite, auf die das Reich bisher mit seinem Zögern Rücksicht genommen hatte. Japan begann am 7. Dezember 1941, von Roosevelt dazu getrieben und, wie heute nachgewiesen, Roosevelt rechtzeitig bekannt, aber verschwiegen trotz der zu erwartenden Menschen- und Materialverluste, den Krieg gegen die USA mit dem Angriff auf die vor Pearl Harbour liegende Flotte. Für Deutschland war die Lage nun eindeutig. Es erfolgte eine offizielle Kriegserklärung an die Vereinigten Staaten. Dieser Krieg war von amerikanischer Wehrmacht längst geführt, aber der Deutsche hatte bisher nicht zurückschlagen dürfen.

So fielen die Fesseln, die den U-Boot-Krieg im Atlantik immer unerträglicher hinderten. Der Erfolg war, für die USA absolut unerwartet, zunächst verblüffend. Trotz allem war man dort auf deutsche U-Boot-Operationen im eigenen Küstenvorfeld noch keineswegs eingestellt. Man rechnete nicht mit solcher Reichweite der deutschen Boote, die nun vor Kanada — die größeren sogar sofort schon vor New York und bald darauf weiter südlich bis hin zum Panamakanal in der Karibik — operierten. Es bürgerte sich ein, daß die, die ihre Torpedos verschossen hatten und heimkehrten, ihren überschüssigen Treibstoff anderen weniger glücklichen Booten abgaben. Bald wurden auch die sogenannten „Milchkühe" fertig, U-Tanker, die die Operationsdauer und Reichweite der Kampfboote außerordentlich verlängerten, indem sie diesen Brennstoff, Torpedos, Artilleriemunition, Lebensmittel, Trinkwasser und Medikamente zur Ergänzung überbrachten, Kranke übernahmen und Personalersatz stellten. Treffpunkte, Sammelstellen im wenigstens vor Landflugzeugen sicheren Bezirk inmitten des Atlantik, dem „U-Boot-Paradies", wie der Engländer sagt, wurden den Booten jedesmal durch Funk bestimmt und von ihnen angesteuert.

Die Versenkungsziffern, zunächst fast ausschließlich dicht vor der amerikanischen Küste erzielt, schnellten in die Höhe. Hier, wenn auch in gefährlich flachem Wasser, zum Beispiel bis in die Flußmündung des St. Lorenzstromes hinein, fiel die Schwierigkeit fort, Geleitzüge wie in der Weite des Atlantiks erst auffinden zu müssen und dann aus der übergroßen Zahl stark geschützter Dampfer doch nur wenige herausschießen zu können, da das Fühlunghalten immer schwieriger wurde. Vorerst fuhren die Schiffe vor den amerikanischen Küsten noch als Einzelfahrer und dicht unter Land, und wenn, so nur ungeübt gesichert. Indem die U-Boote sich nahe vor den Hafenaus- und -einfahrten plazierten, trafen sie auf deren viele, die noch keineswegs über die Erfahrung und

Kampfentschlossenheit der englischen verfügten. Die schützenden Zerstörer besaßen zwar dem Asdic ähnliche Sonar-Geräte, aber noch kein Radar, und die Trawler, die den Mangel an Zerstörern (die man ja an England gegeben hatte) ausgleichen sollten, verfügten weder über das eine noch das andere. So bedeutete die amerikanische Küste für die deutschen Boote geradezu ein Dorado mit völlig neuen Jagdbedingungen, die zwar nicht überall leicht und gefahrlos, dennoch leichter und erfolgbietender waren als die an den Nordatlantikgeleitzügen: Zumal zwischen England und Gibraltar kamen zuletzt selbst die tüchtigsten deutschen U-Boot-Kommandanten kaum noch zu Erfolgen. Um diese Zeit fiel dort Engelbert Endrass, einer der bewährtesten.

Bald wandelten sich vor Amerika die Verhältnisse. Auch dieser Gegner zur See lernte es, dem U-Boot zu begegnen. Wiederum mußte die Operation in den Atlantik zurückverlegt werden. Boote wurden in noch entferntere Seegebiete beordert, womit die Aussichten auf Erfolg sich dem notwendigen Aufwand entsprechend verringerten. Trotz aller eintretenden Verluste nahm die Gesamtzahl der deutschen Unterseeboote zu, und so blieb es bis Kriegsende. Dennoch trat mit dem Ausgang dieser zweiten Phase im Frühjahr 1942 die große, die entscheidende Wende im Unterseebootkrieg ein, trotz gelegentlich selbst jetzt noch ansteigender Versenkungsziffern. Nach amtlicher britischer Angabe war November 1942 der für die alliierte Handelsschiffahrt verlustreichste Monat des Krieges mit allein 134 versenkten Schiffen von zusammen 860000 Bruttoregistertonnen. Aber der Höhepunkt der Erfolge war endgültig und schlagartig im März 1943 überschritten.

Mai 1943 verringerte sich zum ersten Male die bis dahin ständig zunehmende Spanne zwischen monatlicher Versenkung alliierten Handelsschiffsraums und monatlichem Neubau von Ersatz durch den Gegner. Das ungeheure Bauprogramm der alliierten Werften begann sich auszuwirken. September 1943 waren die gewaltigen Verluste wettgemacht, und bald darauf verfügte der Feind über mehr Handelsschiffstonnage als zu Beginn des Krieges. Der U-Boot-Krieg war praktisch entschieden.

Wir rechnen das Ende der so erfolgreichen zweiten Phase aber nicht mit diesem den U-Boot-Männern wie auch der deutschen Führung damals nicht bekannten Ereignis. Es war ein anderer Vorgang, der sich zunächst für sie weit faßbarer, deutlich spürbar auswirkte und wiederum einen völligen Wandel im U-Boot-Krieg herbeiführte, indem er den Einsatz vom U-Boot-Fahrer her gesehen grundlegend änderte.

Seit Frühjahr 1942 begegnete den deutschen Booten – zunächst noch unerklärlich – ein neues britisches Ortungsgerät. Sommer 1942 wurde diese neue (Überwasser-) Ortung dann auch von der alliierten Luftwaffe verwendet, um die U-Boote jetzt auch bei völliger Dunkelheit genau festzustellen, sofern sie nur auftauchten (und das mußten sie ja). Das neue Gerät wurde mit zunächst verblüffendem Erfolg verwendet. Nun erst wurde auf deutscher Seite mit aller Entschiedenheit darauf hingearbeitet, technisch andere Unterseeboote zu konstruieren, die auch der durch jenes Ereignis gewandelten Lage Herr würden und weiterhin zu Erfolgen fähig wären.

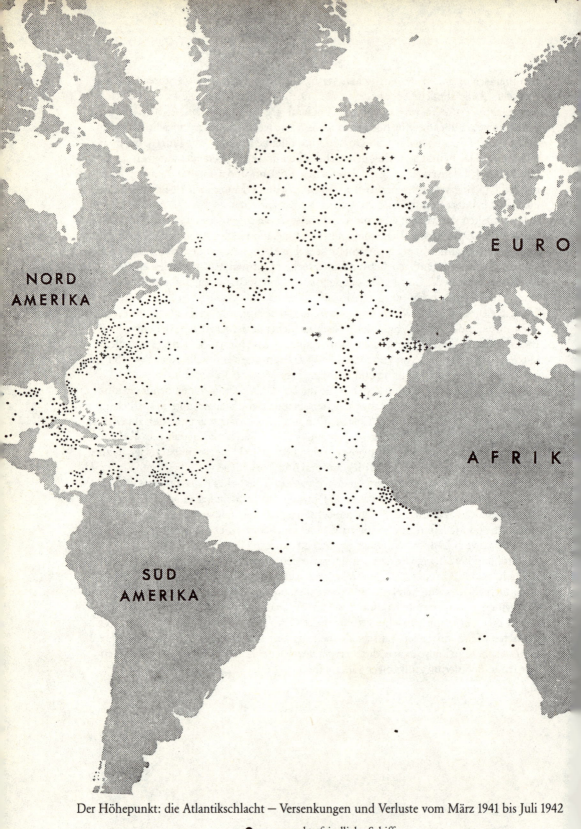

NORD
AMERIKA

SÜD
AMERIKA

EURO

AFRIK

Der Höhepunkt: die Atlantikschlacht — Versenkungen und Verluste vom März 1941 bis Juli 1942

● = versenkte feindliche Schiffe
+ = verlorengegangene U-Boote

Berichte

Abschied von der Bügelfalte
März 1941

Es hat wohl keiner das U-Bootsleben derart unvermittelt kennengelernt: innerhalb vier Tagen Einberufung, Einkleidung, Reise zum Einsatzhafen und dort ohne vorbereitende Ausbildung gleich am ersten Abend an Bord zur Feindfahrt. So schnell ging es aus dem freien Zivil in die unvorstellbare Enge des frontausgerüsteten Unterseebootes für lange Wochen Einsatz.

Gewiß, man liebte seit der Kindheit die See, befuhr auf „Musikdampfern", wie der Seemann Fahrgastschiffe nennt, Nord- und Ostsee, Küstengewässer, segelte gelegentlich als Gast auf einer kleinen Yacht auf der Niederelbe, hatte drei Jahre zuvor als Ergänzungssoldat eine Rekrutenausbildung schon überstanden, also die Anfangsgründe des Militärischen in ganzen acht Wochen mehr berührt als wirklich schon erfaßt, saß jetzt im Krieg wegen einer Knieverletzung zunächst zu Hause — und nun endlich war es auf ungewöhnliche Weise dennoch geglückt, an die Front zu kommen, nicht mehr als junger Zivilist verschämt in der Heimat herumlaufen zu müssen, während andere längst draußen ihren Mann für unser Volk standen. Da springt man eben mit beiden Beinen hinein in das noch Unbekannte. Jetzt gilt es, sich darin zurechtzufinden.

Ist es nicht so auch das beste? Muß nicht alles in seiner besonderen Andersartigkeit gerade auf diese Weise doppelt stark auf den wirken, der es unbefangen noch fremd mit den Augen der Heimat erlebt? Kein U-Bootfahrer wird nach den Monaten und Jahren seiner Ausbildung eine Feindfahrt, überhaupt das Leben an Bord des kleinen deutschen Tauchbootes als derart besonders mehr empfinden, den krassen Gegensatz zum normalen Leben im Beruf an Land derart spüren wie der, der frisch von dort auf einmal unter der U-Boot-Mannschaft die Wochen im Atlantik auf sich einwirken läßt.

Da steht man also, März 1941, eines Nachmittags mit Koffer und Seesack, frisch in Blau gekleidet, „Wäsche hinten", wie es dem Mannschaftsdienstgrad entspricht, am schmutzigen Bahnhof der französischen Atlantikküste. Der Hamburger Freund, jetzt beim Stabe der U-Bootführung, wartet schon: „Das beste ist", sagt er, „Du steigst gleich auf dem nächsten Boot ein, das ausläuft. Ich spreche gleich mal mit Kpt. Godt. Warst Du erst draußen, holt man Dich bestimmt nicht mehr zurück auf den Sonderlehrgang. Erst mal essen wir was bei uns in der Messe, und dann mache ich Dich mit dem Kommandanten bekannt, ob er Dich mitnehmen will."

„Ja, wenn Sie wollen", meint der bald darauf, „von mir aus kommen Sie ruhig mit." Und zu meinem Freund, dem Offizier: „Da haben Sie recht; so lernt er alles am unbefangensten kennen." Und wieder zu mir: „Steigen Sie ein bei mir! Und zuerst besorgen Sie sich schnell noch ihr Zeug! Um 18.00 Uhr ist seeklar."

„Seeklar", das heißt auf gut Deutsch: Das Boot läuft aus.

Wenig später wippe ich mit meinem Koffer, Seesack und Klamotten überm Arm die schmale, für mich ungewohnte Stelling abwärts auf das niedrige Oberdeck des schon am Lieger „Ysere" festgemachten Unterseebootes. Hilfsbereit springt ein Mann der Besatzung, der neben dem Turm lehnt, herzu und nimmt mir Seesack und Koffer ab. Mein

Freund, der mich bis zur Pier hierher führte, winkt mir von dort noch einmal mit der Hand zu.

„Kommst Du bei uns mit?" fragt der neue Kamerad, dessen Dienstgrad ich an seinem grüngrauen Arbeitspäckchen noch nicht erkenne. „Ja, ich soll mich beim Kommandanten an Bord melden."

Auf dem Vorschiff arbeiten ein paar ebenso gekleidete Männer, Stapel von Säcken und Kisten, Körbe mit Gemüse, Kästen mit Eiern, Äpfeln, Speckseiten, Dosen und Brotlaibe in ein offenes Luk hineinzugeben, einer gibt oder wirft sie dem nächsten zu, je nachdem. Die Arbeit scheint wie geschmiert zu laufen. Auf dem achteren Deck vor mir befindet sich ebenfalls ein geöffnetes Luk. Dahinein muß ich wohl; denn der Kamerad mit meinen Sachen verschwindet gerade darin, während ich mich noch umgucke. Also ihm nach!

Mein Gott! wie ist diese Röhre eng! Vorsichtig klettere ich, Brust zur „Leiter", die senkrechten Sprossen abwärts, möglichst ohne Zögern, so gut mir das mit der einen freien Hand gelingen will, um mir möglichst wenig Blöße zu geben. Ein weiterer Kamerad hat drunten offenbar schon das Gepäck wahrgenommen und legt nun auch das, was ich über dem Arm an mich klemme, irgendwohin zur Seite; und nun befinde ich mich in einem mir viel zu engen Verließ. Fast benimmt es mir den Atem. Ich kann mich kaum rühren. Überall stoße ich an, obgleich doch alles noch völlig still dasteht. Ich muß wohl erst lernen, mich hier zurechtzufinden, richtige Bewegungen zu wählen, um dorthin vorzudringen, wohin mich der Kamerad — wo ist der denn bloß? — führt. Noch ist mir, als hätte ich mich ringsum festgerannt. Da steht ja ein Herd! Direkt gegenüber eine Art Anrichte, und mehrere Hähne darüber deuten an, daß gleich unter dem Brett wohl die Spüle mit dem Ausguß verborgen ist. Das Ganze scheint demnach die Kombüse zu sein, und mitten hindurch durch dieses Stück Raum schneidet der Niedergang, die Leiter, die ich herunterkam. Der arme Schmutt! Keine Hausfrau kann ihn beneiden, wenn sie sein Reich sieht. Wie mag es ihm nur möglich sein, in dieser Enge, in der man kaum aufrecht stehen kann, sich zu rühren und für bald fünfzig Menschen zu kochen?! Und das dann noch bei Seegang! Ringsum Fächer und Spindtüren, überall Rohrleitungen, Gestänge, und ein metallenes schrankartiges Abteil ragt auch noch in diesen Raum vor: „WC" steht deutlich an seiner Tür zu lesen; aber die Tür klafft ein wenig offen und läßt erkennen, das gesamte Schapp ist von unten bis oben vollgestaut mit Konservenbüchsen, durch Holzleisten verriegelt, damit nichts herausfallen kann. Im rechten Winkel dazu befindet sich ein mannsgroßes Schott, eine verriegelbare Türe also, mit der Aufschrift „Dieselmaschinenraum". Gegenüber entsprechend ein zweites, offenstehendes mit dem Schild „Unteroffiziersraum".

Und durch dieses, über seinen hohen Süll, klettere ich jetzt hinter dem hilfsbereit dort wartenden Kameraden her. Durch den schmalen — aller Raum hier scheint also schmal — Unteroffiziersraum („U-Raum" wird dieser gangartige Schlauch an Bord genannt wie der Oberfeldwebel kurz „O.F.-Raum" und der der elektrischen Maschinenanlage ganz achtern einfach „E-Raum") quetsche ich mich, mit Körper und Gliedern überall anstoßend, stolpernd, mich bückend, hindurch; denn der allzu geringe Platz für diesen Weg ist durch einen langen, schmalen Tisch, eine sogenannte Back, verstellt. Nicht nur Menschen stehen und kramen hier, von der gewölbten Decke hängen auch noch mit Broten prall gefüllte Hängematten, und auf dem Boden, unter der Back, lauern andere Hindernisse, Säcke mit Kartoffeln offenbar. Am nächsten Schott, das ich endlich erreiche, wartet schon mein freundlicher Kamerad. Er erkennt in mir den völligen Neuling. Hätte ich nicht in U-Bootsbüchern aus dem Ersten Weltkrieg schon einiges gelesen, und hätte ich nicht wenigstens eine gewisse Erfahrung vom engen Raum auf einer kleinen Segelyacht, ich wäre vielleicht verzweifelt und einfach steckengeblieben. So eng, so eng wie hier habe ich mir das doch nun nicht vorgestellt! Ich als ein wissenschaftlicher und noch dazu ein sogenannter schöngeistiger Mensch, ein Kunsthistoriker meines Zeichens! Solch ein Unterseeboot ist wahrhaftig eine unvergleichliche Welt für sich, mit anderen Maßstäben zu messen, anders, als es sich ein bürgerlicher Laie daheim träumen läßt, träumen lassen kann. Eine Welt, auf die ich mich gründlich werde umstellen müssen. Wenn man das überhaupt schafft. — Aber nicht zögern! Hinter dem Führer her! Dies alles werde ich ja noch genauer kennenlernen. Also durchs Schott!

Dieser Raum hier gleich hinter dem U-Raum scheint die Zentrale des Bootes zu sein. In der Mitte stößt von oben ein riesiger Rohrstutzen mit einer metallenen Sprossenleiter mit Handläufen vor, offenbar der Niedergang zum Turm und zur Brücke hinauf; und dahinter das silberblinkende dicke Rohr, das Sehrohr mit seinem Schacht darunter. Und sonst ein Gewirre von Rohrleitungen, Handrädern, Ventilen, Hebelarmen, Pumptöpfen und zwei riesigen Uhren — ach so, die Tiefenmanometer! — alles mir noch unerklärliche Dinge ringsum. Dort ein Schränkchen mit Ledersitzpolster darauf, ein Kartenpult, Geräte: Wie ist das bloß möglich, sich in diesem unglaublichen Durcheinander auf derart engem Raum zurechtzufinden und die richtigen Griffe zu bedienen? Alles überhaupt auseinanderzuhalten?

Dann ein rundes Loch in der Wand mit zur Seite stehendem Deckelverschluß, das Kugelschott mit dem Handgriff darüber — mein Kamerad schwingt sich glatt hindurch. Ich muß, mich bückend und zugleich ein Bein nach dem anderen hebend, hindurch — und — um ein Haar wäre ich dem Kommandanten über die Beine gestolpert. Hier nämlich sitzt er, direkt links von mir, auf einer mit gelben Holzrahmungen eingefaßten und schwarzem Leder bezogenen Koje neben seinem winzigen Schreibtisch. Das Ganze ist nur eine schmale Nische neben dem Gang; die entsprechende rechts hat zwei kastenartige, durch Türen verschließbare, jetzt aber offenstehende „Räume" für den Funkmaaten, das Horch- und das Funkschapp.

Ich baue mich auf, so gut es hier geht, wie ich das vor zwei Jahren gelernt habe, und melde mich vorschriftsmäßig an Bord. Aber er unterbricht mich, ohne seine halbwegs bequeme Stellung zu verändern:

„Da sind Sie! Haben Sie Ihr U-Bootszeug empfangen? Der Bootsmann wird Ihnen ein Spind zuweisen. Richten Sie sich ein. Etwas beengt sind wir ja zunächst mit all der zusätzlichen Ausrüstung. Sehen Sie sich schon mal um. Welche Koje — ich muß noch mit dem Schmadding, unserem Bootsmann, sprechen. Sie wissen, auf 18.30 Uhr ist ‚Seeklar' angesetzt. Da legen wir ab."

Verlegen staunend sehe ich mich um: dieser offene Platz, anscheinend nur durch einen dunkelgrünen Vorhang an einer Schiene, der jetzt zu dem Schreibschränkchen hin zurückgeschoben ist, verschließbar, ist also der Kommandantenraum, lediglich diese geringe Aussparung in dem durch Schotten unterteilten Hintereinander des röhrenförmigen Druckkörpers, dessen obere Hälfte, durch die Bodenplatten abgeteilt, als Raum für die Männer zum Schlafen und zum Bedienen der Instrumente und noch dazu dem gesamten Proviant zur Verfügung steht! So also haust hier selbst der Kommandant?! Und in dieser Tauchröhre also willst du, wirst du Wochen hinaus unter den jungen Männern leben, dich einzuleben versuchen? Wirst du fähig sein, in ihrer Kameradschaft mitzumachen, was auch geschehen mag, ohne aussteigen zu können, wenn es zu schwer wird, wenn du mit deinen 37 Jahren das alles auch körperlich einfach nicht mehr ertragen zu können meinst? Dein alter Rheumatismus? Und dann, fühlst du dich robust genug für die Gefahr?

Aha! Da meldet sich der altbekannte „Schweinehund"! Aber so haben wir nicht gewettet! Nun bist du mit an Bord und hast die Zähne zusammenzubeißen, hast mitzumachen, dich zu bewähren unter all diesen viel jüngeren Männern, hast froh zu sein, daß es überhaupt geglückt ist, hier dabeizusein: du hast es ja selber so gewollt, willst es auch jetzt noch, bei Gott!

Aber ich werde mir jetzt erst dessen so recht bewußt, was es heißen wird, unter diesen Frontfahrern zu bestehen. Vom einen Tag zum nächsten. Es gibt jetzt kein Zurück. Du mußt es schaffen! Du wirst es!

Und außerdem liegt ja vor dir die schon lange ersehnte See, endlich der weite Atlantik, zu dem es dich so lange zog. Und der Einsatz endlich auch für dich gegen England, das unser Volk immer wieder nicht aufkommen lassen will. Und, irgendwann, so Gott will, wieder glückliche Heimkehr. Noch liegt das Boot, jetzt auch mein Boot, am Lieger vertäut an der Pier. In seinem Innern hat das Gedränge noch zugenommen. Im U-Raum stehen die Maaten und kramen ihre Sachen in die Spinde über den Kojenplätzen. Ununterbrochen quetschen sich Kameraden an mir, der ich hier ein Spind zugewiesen bekam, vorbei ihren Weg, von dem man glaubte, daß er von den Konstrukteuren dieses Bootstyps als Freiraum für die Besatzung, nicht als Vorratsraum berechnet sei. Andere hocken oder liegen zur Zeit auf ihren Kojen in der Rundung des Druckkörpers. Unlackiertes Flachsen schallt vom einen zum anderen und wird lachend quittiert. Aus dem Lautsprecher unter der Decke zwischen den dort in Hängematten herabbaumelnden Broten plärrt die Musik aus dem Radio im Funkschapp.

Ich habe meinen Kram jetzt in dem geringen Platz untergebracht. Mit dem nun einigermaßen leeren Koffer — er enthält noch Kabel und Nitraphotlampe für Innenaufnahmen, die ich mit meiner Leica zu machen gedenke — zwänge ich mich, wie mit dem E-Maschinenmaat soeben vereinbart, durch Kombüse und Dieselraum ganz nach achtern. Er begleitet mich und zurrt nun das Gepäckstück mit einer Leine so an einem Handlauf fest, daß ich künftig bei Bedarf herankommen kann. Dann winde ich mich noch einmal zurück und durch die Zentrale nach vorn, um mich bei den Offizieren und Oberfeldwebeln als der Neue an Bord zu melden.

Als ich an ihm vorbeikomme, winkt mich der Kommandant zu sich heran: Das Boot sei für diese Reise stärker belegt als angenommen; ein Kommandantenschüler und ein Offiziersanwärter seien noch dazugekommen. „Sie müssen sich mit zwei verschiedenen Kojen im Wachwechsel begnügen, die dann frei werden; also immer nach vier Stunden raus in die andere. Noch geht's: Wollen Sie aussteigen für eine günstigere Gelegenheit?"

„Nein, Herr Kaleunt! Wenn Herr Kaleunt mich behalten wollen?" bemühe ich mich, noch die früher übliche Form der Anrede zu verwenden. „Ich möchte mit!"

„Na schön!" erwidert er. „Von mir aus gern, und vielleicht würde es später auf den nächsten Booten auch nicht besser für Sie."

Durch den Offiziers- und dann den O.F.-Raum an dem vorderen, zur Zeit einzig benutzbaren WC des Bootes und dem ihm gegenüberliegenden größeren Vorratsspind vorbei winde ich mich durch die diese Abteilungen voneinander halbwegs trennenden Engpässe von hohen Spinden, dann durchs Schott zum Bugtorpedoraum, in dem die

Mannschaft lebt. Er ist weit niedriger als die anderen Räume; denn hier leben die Freiwachen vorab über den noch nicht nachgeladenen Reservetorpedos, über die notdürftig ein Bretterboden gelegt ist. Auf Körben, Kisten und Säcken hocken hier die Männer im Dämmerlicht dieses „Bergwerkstollens" und essen schlankweg aus der Hand, soweit dies geht. Auf bürgerlichen Komfort wird hier kein Wert gelegt, das sehe ich sofort. Man fühlt sich in solchem Alter wohl, eine Zeitlang das „Räuberleben" zu führen. Jede freie Minute, die einem auf Feindfahrt der Dienst läßt, nutzt man, um auf der Koje zu „filzen", wie der Seemann das Schlafen nennt. Zur Zeit liegen die unteren der Kojen etwas tiefer als der provisorische Boden. Aufrecht stehen kann man hier ohnehin nicht, solange nicht die zweite Gruppe von „Aalen" nachgeladen, der Zwischenboden endlich entfernt ist.

Aus dieser Perspektive werde also auch ich in den kommenden Wochen das U-Bootsleben kennenlernen, dazu meine Schlafenszeit jedesmal halbiert. Eines ist jedenfalls sicher: Mir, dem Neuen, wird dieses Leben so unvorbereitet weitaus krasser und objektiver erkennbar, spürbar werden als dem, der es durch lange Schulung und gar schon durch frühere Feindfahrten längst gewohnt ist. Gerade das aber ist für mich ja der Zweck des Ganzen! Wenn ich später das Dasein unserer U-Bootsmänner schildern will, muß ich mittendrin dabeigewesen sein.

„Besatzung an Oberdeck!" kommt eben der Befehl durch alle Räume. Schon saust alles dem jetzt einzig noch geöffneten Niedergang in der Zentrale zu. Der drängelnde Strom reißt mich mit. Und dann, wenig später, nach der Verabschiedung des Bootes durch den Flottillenchef, ist es soweit: wir legen ab.

Nacht auf dem Grund

März 1941

Kaum sind wir vom Geleit durch den von Minen freigeräumten Weg in die offene See entlassen, ergibt sich während der Probemeilen, die wir nach der Werftliegezeit mit hohen Touren laufen, daß an den Dieseln immer noch nicht alles so läuft, wie es soll.

„Auf Tauchstationen!"

Der Ruf pflanzt sich im Boot nach vorn und achtern fort. Sofort wechseln die Männer ihre Stationen.

„Wasserdichte Back ist auf!" tönt es aus dem Bugraum, wo der Mechanikergefreite das entsprechende Ventil bedient hat. Nun wird das Boot tauchklar gemeldet. Die Brückenwache steigt ein. Als letzter der Kommandant. Er schließt über sich das Turmluk und steigt den senkrechten Niedergang am Rudergänger im Turm vorbei zur Zentrale hinunter.

„Fluuuten!"

Mit zischendem Seufzer reißt das Brummen der Dieselmotoren urplötzlich ab, und im gleichen Augenblick gibt es einen pfeifend fauchenden Laut: Der Zentralemaat hat die Flutventile öffnen lassen und reißt die Hebel der Entlüftung. Die Luft also entweicht aus den Tanks, Wasser dringt in sie ein, der Fisch aus Stahl neigt sich vorlastig, durch die Tiefenruderblätter vorn und achtern gelenkt, abwärts. Das bisherige sanfte Stampfen und Schlingern als lebendige Bewegung unseres Bootes in der Dünung, die es wiegend klettern und wieder sinken ließ, hat mit einem Male aufgehört. Auch das Radio aus dem Horchschapp brach im Augenblick des Unterschneidens der Netzabweiser-Antenne mitten in seiner Darbietung ab. Wir fallen ständig weiter hinab, wie die Zeiger an den Tiefenmessern anzeigen. Im Boot ist es ganz still.

„Auf fünfzig Meter gehen!" vernimmt man die Stimme des Kommandanten aus der Zentrale, wo er sich aus dem leichten Wetterzeug helfen läßt; denn draußen regnete es, und überdies war Spritzwasser übergekommen bei dem anliegenden Kurs West-Nordwest gegen den Wind. Die Sicht jetzt während der Nacht war miserabel gewesen.

Langsam richtet sich die Schräglage des Bootes auf bis auf ebenen Kiel. Die beiden Tiefenrudergänger in der Zentrale drücken ihre Tasten der Übertragung zu den vorderen beziehungsweise achteren Blättern, je nachdem, was ihnen die Lastigkeitswaage, jener senkrechte Glasstab mit der in ihm auf- und absteigenden Flüssigkeit, anzeigt.

„Einhundert Liter lenzen!" befiehlt der Leitende Ingenieur. Hinter den Rücken der beiden Tiefenrudergänger stehend, beobachtet er die Apparate, die Anzeigen. Sofort wiederholt der Zentralegefreite, der an den Lenzenventilen bereitsteht, den Befehl und dreht die Griffe, drosselt und schließt sie wieder und meldet, sowie sie verstummt sind, was seine Uhr als durchgeströmte Menge anzeigt: „Einhundertzehn Liter sind gelenzt!"

„Steuern Sie Grund an, Reuter!" der Kommandant.

Er ist inzwischen seine nassen Klamotten losgeworden und wendet sich, schon im Begriff, durchs Kugelschott hindurch seinem sogenannten Kommandantenraum zuzustreben, noch einmal an seinen Ingenieuroffizier: „Wir haben hier Sand und durchschnittlich um die siebzig Meter Wassertiefe. Bis 06.00 Uhr bleiben wir unten. Bis dahin werden die Männer den Diesel so weit hingekriegt haben, daß wir ohne weiteres zum Ansteuerungspunkt und zurück laufen können. Geleit ist auf 07.30 Uhr angefordert." Und nun schwingt er, Hände am Griff über dem kreisrunden Loch, den Kopf einziehend, das eine Bein voran, geschickt durch das Schott, und gleich darauf hört man ihn den grünen Vorhang um sein Reich dichtziehen.

Noch stehen wir über dem flachen Schelfgürtel der Biskaya nahe der Küste. Der L.I. läßt jetzt die vorderen wie die achteren Tiefenruderblätter etwas abwärtslegen. Durch sie wird das Boot, solange noch Fahrtstrom auf sie einwirkt, allmählich hinabgedrückt. Seit die Diesel verstummten, laufen wir geringe Fahrt mit den E-Maschinen, die im Augenblick des Tauchens eingeschaltet wurden. Da die Diesel ja Luft brauchen, sind sie nur bei Überwasserfahrt zu verwenden; getaucht muß sich das Boot mit der weit schwächeren Elektromaschine begnügen, die aus der während der Überwasserfahrt aufgeladenen Kraft ihrer Akkus läuft.

„Beide Maschinen stop!" Im Turm über der Zentrale auf seinem Sattelsitz hockend, wiederholt der Seitenrudergänger den Befehl des Wachoffiziers und legt dreimal den Hebel des Maschinentelegraphen auf die befohlene Stellung. Dreimal schrillt dieser auf. Die Männer im Heckraum springen auf, schalten die Griffe der E-Maschine um und melden dann die Ausführung zurück: Wieder schrillt die Glocke, und nun springt der Zeiger endgültig auf „Stop".

„Beide Maschinen sind gestoppt!" ruft der Rudergänger zur Zentrale hinab. Der Rest von Fahrt wird sich nach und nach aus dem Boot jetzt verlieren; wir in seinem Inneren merken davon unmittelbar nichts. Nur die Tiefenrudergänger und hinter ihnen der L.I. stellen an den Anzeigen fest, daß das Boot dem Ruderlegen nicht mehr gehorcht: es schwankt ein wenig. Sechzig Meter Wasser über dem Kiel zeigt der Tiefenmesser an. Die Tasten für die

Tiefenruder wirken nicht mehr ein, wo wir kaum noch voran, sondern auf der Stelle schweben. Sie werden auf Null gelegt.

„Fünfzig Liter nach vorn!" kommt der Befehl des Leitenden an den Zentralegefreiten, der sich augenblicklich zu den Handgriffen der Pumpen beugt, diese zu drehen, bis die entsprechende Menge aus dem Reglertank nach vorn getrimmt ist; denn offensichtlich ist das Boot etwas achterlastig: das Heck neigte sich tiefer als der Bug. Man hatte das, solange noch Fahrt im Schiff war, nicht so beachtet. Jetzt aber kommt es auf Millimeterarbeit an. Ein kompliziertes Gebilde scheint mir solch ein Unterseeboot zu sein. Himmel noch mal! denke ich. Auf jedes Kilo Gewicht an der rechten Stelle kommt es wohl an, wenn es getaucht schweben soll; auf jede Veränderung des spezifischen Gewichtes, erklärt mir der Zentralemaat, durch was für Wasser es gerade fährt. Der Atlantik zum Beispiel ist stärker salzhaltig und also schwerer als unsere Nordsee oder gar die Ostsee. Im Norden um Island liegt es wieder anders als im Süden, und noch viel schwerer ist das Wasser im Mittelmeer. Jede Strömung, auch im Atlantik, führt ein anderes Gewicht.

Der Ausgleich ist hergestellt. Kaum merkbar, daß sich das Vorschiff neigte, aber die Lastigkeitswaage zeigte es deutlich an. Zugleich springt der Zeiger am Tiefenmanometer Grad um Grad zurück. Wir scheinen um ein Geringes leichter zu sein als die Masse Wasser, die wir verdrängen. Wir steigen offenbar, anstatt leise zu sinken.

„Einhundert Liter fluten!"

Diesmal öffnet der Maat das Flutventil, schließt es kurz darauf; und nun sinkt tatsächlich das Boot mit uns darin langsam, mehr und mehr sich beschleunigend, hinab, so daß noch einmal die Hälfte der Menge gelenzt werden muß, um ein härteres Aufsetzen auf dem Meeresboden abzufangen.

Nun liegt es still. Es regt sich nichts mehr an den Kontrollapparaten. Das Aufsetzen des Bootes auf dem Sandgrund war tatsächlich kaum wahrzunehmen. Aber jetzt, erst einen Augenblick später, neigt es sich ein wenig und dann noch mehr zur Seite: Es wälzt sich offenbar wohlig in die bequemste Lage hinein. Der L.I. läßt es durch Hinzufluten etwas beschweren, um ihm festeren Halt gegen die Strömung zu geben, die hier, so nahe der Küste, mit den Gezeiten läuft, damit es nicht womöglich von ihr umhergetragen, aufgestoßen und beschädigt wird. Und damit hat er dann seine Arbeit für heute getan; denn die Dieselreparatur leitet der Diesel-Obermaschinist Muckel selbständig. Dem Kommandanten, der an seinem winzigen Schreibtisch die Eintragung ins Kriegstagebuch des Bootes macht, wird gemeldet. Dann ist ringsum Ausscheiden mit Dienst. Nur wenige Wachen bleiben zur Sicherung.

Im Dieselraum herrscht allerdings jetzt Hochbetrieb. Denn der Obermaschinist geht mit seinen Männern daran, die halbe Maschine, so will es mir Laien, wie ich hinkomme, scheinen, auseinanderzuwerkeln. Da klettert einer, kaum noch sichtbar in dem Spalt zwischen Zylinderblock und Druckkörper, und montiert in dieser quetschigen Enge mit einem Schraubenschlüssel irgend etwas ab. Da zwängt sich ein anderer in die ölverschmierte wasserfeuchte Bilge hinab, von der die Bodenplatte abgeräumt ist. Da feilt ein Dritter am Schraubstock neben dem Kombüsenschott einen Stab zurecht, der zu einem neuen Werkteil ausgearbeitet werden soll. Ich verstehe nichts davon und bin nur froh, daß die Diesel nicht laufen; denn sonst gehe ich nur ungern zwischen diesen lärmend springenden, mir unheimlichen Burschen „Tünnes" und „Scheel" hindurch, worüber die Kameraden von der Maschine nur ungläubig staunen. Stunde um Stunde wirken sie jetzt schwitzend und dreckverschmiert wie Neger in ihrem Reich.

Es gibt „Kujambel" zu ihrer Erfrischung: Zitronenwasser mit viel Zucker darin. Ihr Obermaschinist hat es besorgt. Er selbst arbeitet nicht anders als seine „Zyklopen"; er ist in nichts als durch seine Mütze von ihnen zu unterscheiden, die ihn ab und zu um einen Rat angehen, ob es wohl so oder so richtiger sei. Sie alle sind Spezialisten, jeder einzelne ein ausgebildeter Motorenschlosser. Nun werkeln sie in ihrem Element. Sie sind bei allem Ärger über die Arbeit doch stolz, wieder einmal zeigen zu können, was sie leisten. Sie sind ja, fern von jeder normalen Arbeitsmöglichkeit, jedem Ersatzteillager, ihre eigene Reparaturwerkstatt, ihre eigene Werft. Immer wieder macht doch dieser verdammte Steuerborddiesel dieses Bootes ihnen zu schaffen, seit es, noch unter dem vorigen Kommandanten, während jener erfolgreichen Geleitzugschlacht, der sogenannten „Nacht der langen Messer", über Gebühr lange „Dreimal Äußerste" hatte laufen müssen und nachher trotz normaler Marschfahrt die gefährlichen Abgase ins Boot entließ, so daß sie nur mit Gasmasken vorm Gesicht den Stützpunkt anlaufen konnten. Die Werft hatte also auch jetzt, nach der weiteren Reise, nachdem die gleiche, inzwischen angeblich behobene Malesche doch wiederum auftrat, das Ding immer noch nicht einwandfrei hingekriegt. Sie müssen noch einmal drangehen oder ihn gegen einen neuen austauschen, um, wenn es sein muß, höchste Fahrtstufe laufen zu können. Herumreparieren hat keinen rechten Sinn. Aber nun müssen sie doch mit ihm erstmal so weit kommen, daß wir ihn schlecht und recht in die Werft zurückbringen. Sie wollen nicht schon wieder Gasmasken aufsetzen müssen. So hämmern und feilen und klopfen sie, daß ihnen der blanke Schweiß auf den verschmierten Oberkörpern, Armen und Gesichtern glänzt. „Schmiede im Atlantik" nennen die anderen, auf den Kojen und in jeder halbwegs dazu geeigneten Ecke Liegenden — denn beide seemännischen Wachen sind ja zur Zeit dienstfrei, auch der größere Teil des Maschinenpersonals — das spitze, sonderbar metallene Hallen im ganzen Bootskörper. „Hörst du? Da schuften unsere Zyklopen wieder was zurecht!"
In der Zentrale hat es sich der I. WO als der Wachoffizier bequem gemacht, so gut das auf einem vollgestopft auf Feindfahrt gehenden U-Boot nur geht: Er sitzt auf dem niedrigen Kartenschrank mit dem Lederpolster, auf dem bei Unterwasserfahrt sonst die Tiefenrudergänger sitzen. Er hat ein Buch auf den Knien, im jetzt mehr und mehr auskühlenden Boot die Lammfellweste an und den „Pudel", die grobgestrickte blaue Seemannsmütze mit der runden Quaste, auf dem Kopf. Es ist die einzige Möglichkeit, in diesem Raum zu sitzen. In der Kombüse ist jetzt der Schmutt dabei, die schon angebraten im Kühlschrank mitgenommenen Hähnchen im großen Suppenkessel warmzudünsten; gleich ist Abendbrotzeit, und schon seit dem Ersten Weltkrieg ist es unverbrüchliche Sitte, daß ein in See gehendes U-Boot für den ersten Abend Hähnchen mitbekommt.
„For jeden eins. Dat sinn dir sone Dinger, wat?!" lacht der unverkennbare Berliner strahlend jeden an, der durch die Kombüse geht. Immer wieder lüftet er den Deckel und läßt die Neugierigen hineinschnuppern.
„Junge! Dat's ma son Fest! Nen ganzen Hahn?" fragt einer.
„Unn Appelmus noch dazu, Adolph, Kartoffel unn Soße!" vollendet stolz der Schmutt. Ja, ein Abend Ruhe auf Grund! Das ist noch nie dagewesen und wird auch kaum noch mal sein! Da soll der Schmutt mal zeigen, was er bieten kann!
Doch überhaupt, für die ersten Tage in See ist reichlich frische Kost vorhanden, und sie muß schnell bewältigt werden; denn es hält sich auf einem Unterseeboot nichts lange in dem feuchten Mief. Später kommen früh genug die Konserven dran, die langen Wochen hindurch, das fade, dröge, krümelige Büchsenbrot. Zwar sind wunderbare Sachen

darunter, aber Konserven ist man bald leid. Frischfleisch, frisches Gemüse und frisches Bäckerbrot, das ist doch ganz etwas anderes und schmeckt tausendmal besser als der feinste Büchsenkram, werde ich belehrt. Und heute also, zur Feier des ersten Abends nach dem Auslaufen, gibt es Hähnchen! Für jeden eins! Mensch, ein prima Bursche, unser Schmutt!

Jetzt haben wir sie vertilgt in der ungewöhnlichen Enge im Boot, das auf Grund liegt. Überall herumsitzend, wo nur Platz zu finden war, weil doch fast die gesamte Besatzung Freiwache hat und natürlich auch die, die auf den Kojen liegen, sofort mittafeln wollen, wenn solche Vögel schön fertig gebraten einem in die Nase duften. Die „Backen“, die Tische also, bieten ja nur für jedesmal die Hälfte der Besatzung Platz. So nimmt man das Geflügel auch gern mal gleich so aus der Hand, zerbricht, zerpflückt es und nagt auch das Gerippe ab. Die Finger sehen danach aus. Vom Teller auf den Knieen langte man gelegentlich und meist erst hinterher den Apfelbrei, eine Kartoffel, die reichlich specksalzige Sauce, die der Gute sicherlich aus Oetkerpäckchen dazugezaubert hat.

„Du!“ hat Bootsmaat Willi im U-Raum eine Idee, „Horch emol: Wenn wir nu wieder einlaufen tun, dann könn'mer doch auch neu ausrüsten? Da kriegs'de noch emol frischen Kroam un allet, Schmutt, was?! Kanns'de nicht Gänse besorjn?“

„Na klar doch, Herr Bootsmaat!“ hat der schnell begriffen. „Det könn'wer verlangn, nochmal Hähneken fors Auslaufen. Det is doch klar! Mach ik! Wenn det unser Verwaltungsoffizier von de Flottille jenehmicht. Zwee Tare soll det inne Werft wohl dauern mit'n Diesel, hat der Obermaschinist jesacht; der Fijaro hat det vorhin zum L.I. . . .“

„Figaro?“ fällt Oskar ein, „Figaro? Mensch, wer is denn das? Unser Obermaschinist, der Muckel?“

„Nee doch!“ tut sich der Schmutt, nicht gerade der hellste an Bord, was auf seine Kenntnis; „de doch nich! De neue von de E-Maschine. Weeß ik doch nich, Herr Maschinenmaat, wie der zu sein Namen kommt, Fijaro. De hat schon bei die Zwote so jeheißen, wo er doch herkommt.“

„Figaro! Mensch! Ein prima Name für den; einfach schneidig! — Singt der denn?“

„Singen, wieso denn?“ fragt unser Schmutt verblüfft, „is denn det'n Sänger, Fijaro?“

Unser Schmutt schaut nicht gerade klug drein. Und dann kehrt er unvermittelt zu seinem vorigen Thema zurück: „Wat ik saren wollte: in die zwee Tare kriejen wer allet nochmal neu an Frischproviant. Auch Hähnekens, jewiß doch. Prima Sache, wat?“

Wir liegen jetzt oder lehnen irgendwie am Boden sitzend alle satt und faul herum. Jeder freie Fleck ist belegt, nicht nur die Kojen. Selbst auf der schmalen Back im U-Raum haben sich zwei in ihre Decken gemummelt ausgestreckt und beginnen zu „filzen“, schlafen also. Der eine schnarcht bereits, der andere schnauft entsprechend vor sich hin, daß es seine Art hat. Es herrscht ansonsten im ganzen Boot eine sonderbar ungewohnte Ruhe, bleierne Ruhe sozusagen, durch die jetzt Stunden hindurch nur das Klopfen der Heinzelmännchen aus dem Dieselraum widerhallt. Dann erstirbt auch das. Sie sind mit ihrer Reparatur fertig geworden. Und jetzt also schläft alles im Boot bis auf die paar Mann Wache. Im Schott zwischen E-Maschine und Dieselraum sitzt einer und liest in einer noch mitgebrachten Zeitschrift. An den „Wand“flächen, den Apparaturen, den vielen Rohrleitungen, Handrädern und was es alles mir noch Unbekanntes gibt, sammelt sich feuchter Belag wie an winterlichen Fensterscheiben. Die Tropfen rinnen. Alles ist naß. In der Zentrale fällt die Kälte geradezu herab aus dem Turm und breitet sich von dort immer mehr in alle Räume aus. Nur einer kramt im Oberfeldwebelraum noch in seinem Spind, um ein Buch hervorzusuchen; er will lesen. Im Gang zwischen den Dieseln und dem im E-Maschinenraum liegen dicht bei dicht einige von denen in Decken gerollt, deren Kojen zur Zeit von den „Kollegen" besetzt sind: normalerweise fährt ja das Boot, und nur immer die Männer der Freiwache können schlafen. Mein Gott, wie eng ist doch aller Raum hier schon ohnehin, und wie über das Maß jetzt noch mit Proviant vollgestopft, wo es auf Feindfahrt geht!

Ab und zu gluckert in einem der Tanks irgendein Luftbläschen oder was es sein mag. Solche Laute, wie geradezu eine Verdauung in seinem Bauch, lassen die unheimliche Stille noch deutlicher empfinden, die uns Eingeengte umgibt. Kein Geräusch von draußen dringt zu uns herein. Nicht mehr das sonst ständige Scheuern und Klatschen der See an der Außenhaut und an Oberdeck über unseren Köpfen wie sonst bei Überwasserfahrt. Nicht der Lärm der Diesel, nicht das Summen der E-Maschine, wenn unter Wasser gefahren wird; nicht das Radio aus dem Lautsprecher in den Räumen, solange wir über Wasser sind. Keine Unterhaltung der Männer. Es ist still, fast bedrückend still jetzt auf dem Grunde der hier noch flachen See. Beinahe alles schläft; und die Wachen sinnieren vor sich hin oder lesen in alten Heften. Gedankenlos wird ein Apfel dazu gegessen aus den Weidenkörben im Bugraum, die zum schnellen Verzehr mitgenommen wurden. Stunde um Stunde rinnt so dahin. Nichts ereignet sich.

Um 24.00 Uhr hat es den Mittelwächterkaffee gegeben. In der Kombüse wurde er von einem der Dieselheizer zurechtgebraut. Die neuen Männer richten sich, leise am Arm gestoßen, um sie zu wecken, auf, kommen hoch und lösen, nachdem auch sie eine Tasse von dem heißen Saft getrunken haben, ab, und die bisherigen legen sich an die frei gewordenen Stellen: Wachwechsel. Fünf Minuten später ist es unverändert das gleiche Bild wie zuvor, nur mit den neuen Männern.

Wie mag es wohl draußen aussehen? meditiere ich, ohne recht einschlafen zu können. Wir liegen also auf 68 Meter Tiefe, das Heck niedriger als der Bug, mit leichter Krängung nach Steuerbordseite. Bald muß der Gezeitenstrom kentern, erklärte mir vorhin der Steuermannsgast Billigmann vor seiner Seekarte in der Zentrale. Ob wir das spüren werden? Wenn die Flut einsetzt? Ob sich unser Boot dann anders legen wird? Oder sind wir genügend schwer, um so liegenzubleiben?

Eben beugt sich der wachhabende Zentralemaat Lorenz zu dem Schränkchen neben dem Kartenpult hinab und prüft an Meßgläsern die chemische Zusammensetzung der Luft im Boot. Jetzt stellt er für eine Weile die Lüftung, das Zirkulieren der Luft im Boot an, die schnurrend aus allen Räumen die Luft ansaugt und über Kalipatronen streichen läßt, um durch sie die vermehrte Kohlensäure, so belehrt er mich, zu binden. Sauerstoffzusatz tut offenbar noch nicht not. Wir liegen ja noch gar nicht so lange unter Wasser. Morgen früh laufen wir noch einmal zum Stützpunkt zurück. An der Abgasleitung des Steuerborddiesels gilt es einen Teil auszuwechseln, sagte man. Auf Feindfahrt muß das Boot jeder Beanspruchung gewachsen sein.

Die Besatzung hat also noch einmal wunderbar Ruhe. Und draußen, außerhalb? Was für Schwärme von Fischen und welch anderes Getier mag jetzt um uns sein und den Fremdkörper betrachten, von uns nur durch die Stahlwandung getrennt? Gibt es Pflanzenwälder auf dem Grund oder lediglich Sand, wie die Karte verzeichnet? Dann wird wohl nur weniges Leben ringsum sein. Vielleicht das Wrack irgendeines alten Schiffes? Die bretonische Küste wurde seit ältesten Zeiten manchem seegehenden Fahrzeug zum windüberwehten verschollenen Grab.

92

Ob auch die Tiere der See jetzt schlafen wie wir? Leben auch sie nach Tag und Nacht? Vielleicht gibt es auch unter ihnen Räuber, die gerade während der dunklen Zeit, wenn andere schlafen, auf Beute gehen wie unter der Tierwelt an Land und in der Luft? Kennen sie überhaupt den Wechsel von Arbeit und Ruhe? Oder gibt es für sie nur ständiges Einerlei? In größerer Tiefe ist sicherlich ohne Unterschied die gleiche finstere Nacht? Auch wir sind solch ein Räuber, einer der Grauen Wölfe der See, die am liebsten bei Nacht über Wasser in die Herden der britischen Geleitzüge einbrechen. Wann werden wir auf den ersten stoßen? Daß wir heute ruhen, daß wir diese Nacht untätig auf Grund liegen, mein Gott! Wird so etwas jemals wieder vorkommen? Womöglich einmal als das letztemal, für immer? Denn für gewöhnlich fährt doch das Boot ständig in gleicher Bereitschaft seine Jagd im Atlantik.

Immer kühler wird es im Boot. Ich hocke da und habe keine Wolldecke um. Die Schläfer im Gang des E-Maschinenraums, in den ich mich zurückgezogen habe, schlagen die ihren fester um den Körper. Die Uhr zeigt mir, daß es schon gegen Morgen geht. Auf 06.30 Uhr ist Auftauchen angesetzt. Noch liegen wir, und die meisten schlafen. Aber bald wacht alles wieder auf, es beginnt zu rumoren, und dann steigen wir auf, ins Leben zurück, zum Licht, das dann einsetzt, zur Luft, in die Sphäre der Menschen.

Bald, bald ist es soweit.

Lords gehen einen blitzen!

März 1941

Da hocken wir nun also beisammen auf der kahlen Stube der früher französischen Arsenalkaserne, U-Bootsmänner, rauhe, herzliche Kerle, wie ich nun schon weiß, am späten Nachmittag vor der Feindfahrt. Kurz zuvor hatten wir im Eßraum unser Abendbrot vertilgt. Einer schreibt am Tisch andächtig an einem Brief; ein anderer kramt ohne Eile im Spind; einer lehnt im offenen Fenster, das nach dem Hafen und zu den schnittigen grauen Booten hinaus geht, von denen eines, das jetzt noch in der Werft bearbeitet wird, ab morgen Abend endgültig unsere Heimat sein soll für längere Wochen. Wir übrigen lassen die Beine baumeln von unseren zweigeschossigen Kojen.

Schon einmal liefen wir aus, aber wir mußten zurück. Der endgültige Start wurde verschoben: ein Stück der Abgasleitung der Diesel soll ausgewechselt werden. Im Grunde hatte man also schon Abschied genommen; das Geld war zu Ende. Keiner weiß jetzt so recht, was heute tun.

Da kommt unser blonder Bootsmaat Werner zum Schott herein, wie der Seemann zünftig auch an Land die Türen nennt, aus dem Waschraum zurück, rosig-frisch und gutgelaunt. Das Handtuch hat er um den bloßen Nacken geschlungen, Pinsel und Rasierzeug zwischen den Fingern.

„Kinder, wer geht mit an Land?" Er versucht uns aufzurütteln.

„Kommt einen blitzen, ihr müden Braten! Los dafür!"

„Ach was denn, Mann; wer hat denn noch Geld! Ik wer früh filzen gehn. Auch ma ganz schön."

„Ja", besinnt Rudolf sich, „ins Theater könnten wir aber gehn." Unser Torpedomechanikersmaat ist für „höhere" Genüsse immer gleich bei der Hand.

„Is denn da heute was los, Rudi? Was gibts denn da?"

„Ganz groß, Mann; Varieté! Der Bootsmann sagt, 'ne ganz prima Sache. Der war schon vor drei Tagen drin."

„Wat? Varieté? Jungs, da mach ik mit!" richtet sich unser Zentralemaat Lorenz von seinem Schreiben hoch. „Aber ist denn überhaupt noch Zeit?"

Währenddem hat Werner sich fertig angezogen: „Ich geh einen blitzen, Leute – macht ihr, was ihr wollt! Aber wer will, kommt mit mir. Ich hab noch vierzig Märker. Das sollte doch wohl langen für 'nen allgemeinen Kleister."

Ja, wenn das so gemeint ist, begreifen auf einmal alle. Wo hat denn der bloß heute noch so viel Geld her?

„Aber erst ins Varieté!" gibt Rudolf zu bedenken; er ist nun mal „der Literat" der Crew. „Zum Schnaps kommen wir immer noch früh genug. Und dich, Werner, dürfen wir dann immer noch früh genug nach Hause lotsen, altes Spülfaß!"

„Na schön!" schließt Werner mit dem prallgefüllten Geldsack den Disput. „Aber dann, dann machen wir" – und dabei nickt er mir zu – „mit unserem neuen Kameraden 'nen richtigen Zug quer durch die Last. Finstere Dinger, sag ich dir. – Aber Beeilung, Herrschaften, Beeilung!"

Als wir im eigentlich für Landgang verbotenen U-Bootfahrer-Päckchen, der Bordkleidung, in gelöster Marschordnung die Stufen der Freitreppe zum Theater heraufkommen, ist dieses bereits wegen Überfüllung geschlossen. Rudolf, der sich damit nicht abfinden mag, während die anderen zum Weitermarsch drängen, rüttelt zwar an der Klinke – auch einige Landser stehen noch unschlüssig herum –, aber „Alles voll!" Militärisch gesperrt!" tönt es von drinnen heraus, ohne daß sich der geringste Spalt öffnen läßt, den man mit brachialer Gewalt erweitern könnte. Alles bleibt dicht. Enttäuscht trotten wir hinter Werner her um den hohen grauen Kasten des Gebäudes herum. Rudolf voran; er will noch einmal rekognoszieren. Aber längst sind – sicherlich auf Grund älterer Erfahrung – die Seiten- und alle Nebeneingänge zugesperrt.

„Mensch!" blickt Rudolf hoch, und es kommt ihm die Erleuchtung: „da is ja'n Luk offen!" Und schon beginnt er fachmännisch geschult die hohen Sprossen der eisernen Feuerleiter an der seitlichen Hauswand emporzuklimmen: sie enden genau vor einer Fenster- oder Ausstiegsöffnung. Wir alle ihm nach bis hinauf zum obersten Stock. Auch Werner kommt noch herbeigestürmt: denn das ist etwas für ihn. So macht auch ihm Theaterbesuch Spaß. „Siehst du wohl! ,Zähigkeit bringt Erfolg; bloß nicht nachgeben!' sagt der Alte auch immer!" Wir zwängen uns einer nach dem anderen durch die Öffnung. Der Zuschauerraum ist allerdings brechend überfüllt. Wohl doppelt so viele Besucher wie hineingehören hängen geradezu, dichtgedrängt, mit den engen Galerien über dem vollgepfropften Parkett. Ein beängstigender Anblick. Die Feldpolizei hat zweifellos mit Recht das Haus geschlossen; viel zu spät. Die Vorführung hat längst begonnen.

Tief unter uns auf der Bühne führt ein Equilibrist seine tollen Eskapaden auf zerpflückbarem Fahrrad auf; ein wahrer Teufelskerl. Man muß sich verrenken, um zwischen den vielen Uniformierten hindurch etwas von dem wahrzunehmen, was dort vor sich geht.

Rudolf hat für sich tatsächlich einen Sitzplatz gewonnen; wie, das begreifen wir anderen nicht. Jedenfalls sitzt er bereits und strahlt uns, sich mehrfach zurückwendend, verschmitzt triumphierend an. Die meisten Soldaten sind eben doch um einiges schüchterner als unsere U-Bootsmänner in dem schilfgrauen Päckchen mit dem Eisernen

Kreuz 1. Klasse und dem U-Boots-Frontabzeichen auf der Brust. Wir anderen sind froh, über all die Sitzreihen und die dichtgedrängten Rücken hinweg, zwischen den Köpfen der schon vor uns Stehenden hindurch, etwas von dem zu erhaschen, was dort unten auf der Bühne geboten wird.

Die nächste Attraktion: Ein wirklich toller Bursche, dieser Jongleur! Das muß ihm der Neid lassen. Selbst im Berliner Wintergarten würde er Erfolg haben: Mit Spazierstock, strohgeflochtener „Kreissäge", Zigarre, Stuhl auf Kopf, Knien und sogar Hacken gleichzeitig führt er mit Bällen, mit Gläsern und Tellern ein wahres Hexenmeisterspiel vor uns Verblüfften auf, als wäre es nichts. Es ist, als hätten in seinen Händen, an seinem ganzen Körper alle Dinge gar keine Schwere, keinen Hang mehr zu fallen.

Und so etwas bietet man also uns, uns armen Schluckern von Soldaten, hier, weit weg, im gottverlassenen Frankreich, Menschenskind! Hier in unserem vergammelten Einsatzhafen, diesem dreckigen Nest! Weiß Gott! Man tut doch was für uns! Ganz stolz macht einen dieses Bewußtwerden.

Auch die flotten Rollschuhläuferinnen auf ihrem runden Podest sind nicht übel! Kaum zu glauben, welche Wirbel an Akrobatik die hübschen Dinger auf engstem Raum vollführen! Fällt der Vorhang, gleich spielt schon wieder das Orchester einen Marsch; und geht der zu Ende, dann stolziert ein schlankes weibliches Wesen mit bloßen Beinen, oben in einen glitzernd-bunten Seidenfrack gesteckt, bedauerlich unrhythmisch gegen den Takt der Musik an unter dem verblaßten Kolossalprospekt unserer herrlichen Hafenstadt, der auf dem verschlissenen Vorhang sich darbietet, die Zahl der nächsten Nummer des Programms auf weißem Karton zeigend, vorbei. Wir haben natürlich kein Programm. Wir brauchen auch keins. Uns würden die Namen doch nichts sagen. Herrgott im Himmel, was haben doch diese Franzosen noch für einen spießbürgerlichen Geschmack! Das flotte Mädchen, sozusagen eine Ansagerin ohne Worte, trägt mit billig einstudiertem Lächeln das Pappschild vor sich her. Wir dagegen lassen uns überraschen. Ringsum in unserer Nähe scheint niemand ein Programm zu haben. Wir alle hier oben sind wohl ohne Eintrittskarten hereingelangt?

Ein Komiker erscheint, dick und „á la St. Pauli, wie es einmal war", kraftmeierisch in quergestreiftem ärmellosem Seemannshemd; und hinterdrein der kleine Assistent, sein listig fixer „Moses" sozusagen. Aber zum Schluß, wie er übertrieben dankend seinen Diener macht, reißt er dazu die Kappe vom Kopf und ist im flatternden Pagenkopf eine Frau; gewiß die Frau des starken Clownakrobaten. Der Jubel ob dieser Überraschung — obgleich man sie schon längere Zeit ahnen konnte — will nicht enden.

Wiederum Pause und das befrackte so unmusikalische Mädchen.

Und dann kommt sie!

Ohne besondere Aufmachung erscheint eine recht groß gewachsene elegante Frau in langem schwarzem Seidenkleid, das rot gefüttert ist. Sie wirkt gar nicht wie vom Varieté. Sie ist ganz Dame. Um die freien Schultern trägt sie zum Abendkleid malerisch ein grün und rot gemustertes Tuch. Ganz ohne Allüren kommt sie herein, als wäre sie die Bretter und so viele Menschen gar nicht gewohnt, sondern die Herrin eines Schlosses; als wäre zu gefallen gar nicht ihr Beruf. Was sie wohl will, diese Frau?

Nun setzt sie sich bald vor der Rampe der sonst gänzlich leeren Bühne in einen Sessel, den man für sie dorthin gestellt hat, schlägt lässig die Knie ein wenig übereinander; man sieht das leuchtend rote Futter des langfließenden schwarzen Kleides aufblitzen.

Alles verhält den Atem.

Jetzt streicht sie mit der Hand, an der ein großer Stein aufblitzt, wie unbeabsichtigt lässig über das volle, reichlich platinblonde Haar. Sie ist schon ein wenig ältlich, die Gute, etwas füllig; aber auf die Entfernung mag es noch gehen. Ein Hauch echter „großer Welt" spielt um diese Frau, wie man ihn so auf diesen Fronttheaterbrettern gar nicht erwartet hätte. Und dann beginnt sie zu singen. Ein schwermütiges, typisch französisches Chanson, das Lied etwa einer enttäuschten kleinen Grisette, der der Liebste davongegangen ist, das einzige, das sie besaß und das sie glücklich machte. Man hat das oft gehört so oder ähnlich, von manch einer Sängerin besser vorgetragen, irgendwie treffender, zierlicher als von ihr, dieser etwas unbeweglichen erfahrenen Frau. Und doch fesselt ihr Lied.

Sie hat sich auf ihrem leichten Stuhlsessel zurückgelehnt, die gutgeformten Arme vorgestreckt, die Hände ums Knie. Das bunte Tuch liegt jetzt quer über ihrem Schoß. Sie singt mit einer herben, ein wenig verbrauchten Altstimme wie träumend ganz für sich allein vor sich hin: Eine kleine, klägliche Melodie mit jener trällernd schwebenden, wehmütig charmanten Grazie, die französischen Liedern zu eigen ist: Traurig, aber das Leben geht weiter; schmerzlich, aber es erschüttert nicht; es ist im Grunde ja nur ein kleines unbekanntes Glück, das hier zerbricht, das unwichtige Schicksal eines verlassenen Mädchens mit großen Augen und einem sehnsüchtig süß verlangenden Mund.

Es ist still im Saal. Jeder denkt an irgendeine Frau.

Dann folgt schnell ein ungarisches Lied.

„Aus meiner ungarischen Heimat", sagt sie in fremdländischem Deutsch leise, fast schüchtern. Ein schelmisches, ein temperamentvolles Lied, ein Locken und Fragen und Antworten. Und die schwarzgekleidete Dame mit dem bunten Schal, den sie so gut zu tragen versteht, dehnt sich und streckt ihre vollen Arme, wirft den Kopf zurück, während sie singt. Sie hat das ganz gewiß nie richtig gelernt, aber desto verblüffender wirkt es auf uns, weil es so unbeholfen echt, so gar nicht „gemacht" erscheint. Es muß sich um eine Art Wechselgesang handeln — verstehen können wir die fremde Sprache nicht —, etwa um ein Liedchen vom Lande, von Burschen und ihren Mädchen am dörflichen Brunnen.

Es macht einem warm, sie zu hören. Die grauen und die vielen blauen Soldaten blicken sich an und zwinkern mit den Augen einander begeistert zu: Prima, Kumpel, was! Die ist in Ordnung, Mann; schwer in Ordnung!

Jetzt ist die Sängerin aufgestanden.

„Ein altes deutsches Volkslied!" sagt sie und faltet die Hände vor der Brust. Ein wenig zu viel Pose ist doch dabei, so unberührt unschuldig ergeben, ganz Gretchen, wie sie mit ihrem allzublonden Scheitel vor uns steht. Aber der Appell ans Gemüt wurde an Deutsche noch niemals vergeblich gerichtet.

„Ein Spielmann war in Franken . . ."

Da horchen all die vielen Soldaten erst richtig auf, so daß man nichts sonst mehr vernimmt, kein störendes Geräusch, nicht einmal das Knarren eines der alten Sitze in dem weiten, von der Bühne her matt erleuchteten Raum. Nur das Lied klingt, warm und heimatlich, als sängen es alle in Gedanken mit; nichts als das schlichte deutsche Lied hier draußen im schmuddeligen Frankreich. Die fremde, so weltgewandt elegante Frau mit der gar nicht einmal so guten Stimme singt es da vorn, dort unten, für uns — —

„Ein Spielmann war in Franken . . ." Und die Kinder bitten für ihn, wo sonst keiner, keine Frau, keine Geliebte sich seiner erinnert, um ein gutes Wort für ihn einzulegen; als niemand ihn, der nur für alle spielte, kennt und der Himmel schon für ihn verschlossen bleiben soll.

21 „Alarm!" Einschalten der E-Maschine durch den E-Maschinenmaaten (oben rechts eine Netzhänge-matte mit Proviant).

23   Der Zentralegast trimmt die Lastigkeit des Bootes durch Verlagern von Wasser in den Tanks nach vorn oder achtern.

◀ 22   Der Zentralemaat bedient die Flutventile, das Boot steht jetzt vorlich, es ist soweit.

24 Der L.I. kontrolliert, in der Zentrale hinter den Tiefenrudergängern stehend, die vom Kommandanten befohlene Tiefe und die Lastigkeit des Bootes.

25 „Allarrm — Zerstörer!"

26 Die Schrauben des Zerstörers, der das Boot feststellte, angriff und jetzt überläuft, sind mit bloßem Ohr deutlich zu hören.

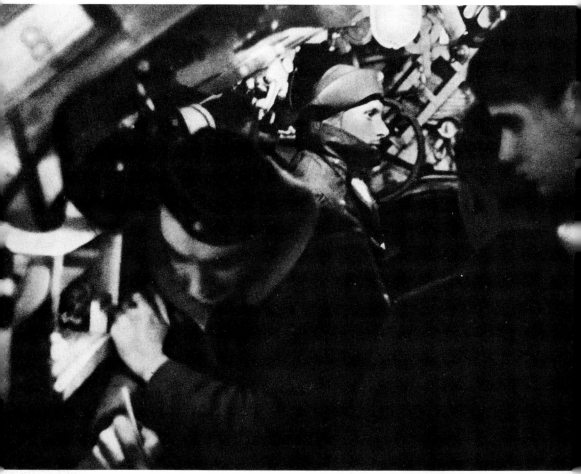

27   Horchverfolgung. Der Kommandant (noch im Wetterzeug) wartet in der Zentrale auf die Wasserbomben und überlegt, ob er nicht den Feind durch Hakenschlagen abschütteln kann. Der Zentralemaat (vorn) trägt alle Veränderungen von Geschwindigkeit und Kurs in die Kladde ein.

28   Funkmaat Töpfer am Horchgerät, der einzige, der die Bewegungen des Gegners und dessen Entfernung vom Boot genauer abschätzen kann.   ▶

29 Blick durchs Sehrohr: Ein Einzelfahrer im mittleren Atlantik.

Wer kennt das Lied? Wer kannte die Weise? Aber es ist, als habe ein jeder sie schon irgendwann einmal gehört, so oder ähnlich; vielleicht, als er noch Kind war; das Lied von dem Spielmann in Franken: „Rosen im Tal/Mädchen im Saal/allerschönste Rosa ...“

Jetzt verstummt die Frau. Aber da bricht wie erwachend geradezu ein Sturm los in dem doch lediglich von rauhen Männern vollgestopften Saal, wie ihn keiner der doch wirklich tüchtigen Artisten vorher nur annähernd so entfesselt hat. Sie schreien, sie klatschen, sie trampeln, rufen, nachdem sie sich erst eine Weile besonnen haben; es ist, als wäre jedem das größte Geschenk gemacht worden, etwas, was er sich jahrelang gewünscht.

Die blonde Frau in dem schwarzen Kleid dankt mit leise wehmütigem Lächeln, das sich nichts vergibt, ganz Dame; dankt noch einmal, immer, immer wieder; und dann kann sie dem Applaus nicht mehr widerstehen. Sie singt aufs neue. Aber ein anderes Lied: das Lied der von ihrem Fürsten nach Amerika verkauften hessischen Truppen: „Ein Schifflein sah ich fahren ...“

Sie singt plötzlich ausgelassen und sprühend frech, so völlig anders, als man es bisher von ihr gewohnt ist — oh, sie weiß ihre Männer zu nehmen!

„Ein Schifflein sah ich fahren, Kapitän und Leutenant ...“

Dabei kokettiert sie mit allen, die zu ihr aufstaunen, daß es eine Art hat, schmettert die Töne — wenn sie doch nur voller hervorklingen wollten! — aus sich heraus. Sie dreht sich in den Hüften, den Knien, wiegt und biegt sich und lacht und spottet und schmollt und lockt wie eine temperamentsprühende Kokotte ganz großen Stils. Sie hebt gelegentlich ihr Kleid zum Knie, aber dann, wenn jeder denkt, nun geschieht es wieder und höher, greift sie zwar danach, läßt es aber am Boden und zieht den verdutzten Burschen eine lange Nase, diese raffinierte, mit allen Wassern gewaschene Person.

„... Kapitän, Leutenant, Fähnerich, Sergeant, nimm das Mädel, nimm das Mädel bei der Ha-a-and! — Soldaten, Kamera-a-den!“

Die Männer fiebern nur so auf ihren Sitzen, unruhig, besiegt von so viel bewußter Überlegenheit. Nach jeder Strophe jubeln sie ihr aufs neue zu; ein jeder glaubt, daß ihre Blicke gerade ihn meinen, die Feldwebel und Offiziere in den Logen, die Männer im Parkett und auf den Rängen. Sie singt das ganze lange Lied herunter, jedesmal noch eine weitere Strophe zugebend.

„Wo sollen die Soldaten schlafen, Kapitän und Leutenant? — Bei ihrem Gewehr und Waffen, da müssen die Soldaten schlafen! Kapitän, Leutenant, Fähnerich, Sergeant, nimm das Mädel, nimm das Mädel bei der Hand! — Soldaten, Kameraden ...!“

„Auf einem weißen Schimmel, da reiten die Soldaten in den Himmel, Kapitän, Leutenant, Fähnerich, Sergeant, nimm das Mädel, nimm das Mädel bei der Hand! — Soldaten, Kameraden ...“

Begeistert, völlig hingerissen starren die Seeleute sie an, die Männer von den Booten, die Flieger, die Rekruten. Wäre nicht die Bühne mit dem Orchestergraben davor, sie würden sie im Triumph durch den Saal tragen; da ist kein Zweifel.

Und dann, wie der Beifall immer noch nicht enden will, die letzte Strophe wie zur Strafe:

„Wie kommen die Offiziere in die Hölle? — — Auf einem schwarzen Rappen müssen sie zur Hölle trappen — Kapitän, Leutenant, Fähnerich, Sergeant ...“

Ein temperamentsprühender Abgang. Keine einzige von all den vorzüglichen, wirklich staunenswerten Nummern des Programms (und ich erfuhr viel später, erst nach dem Krieg und infolge meiner Schilderung, daß es tatsächlich alles Kräfte vom Berliner „Wintergarten“ gewesen waren!) löste solche Begeisterung, solch einen Tumult aus wie diese Frau, die so wenig kann und doch so viel versteht. Eine Mordsperson! Auch Werner ist hell begeistert.

Wie berauscht drängeln wir uns in dem dichten schwatzenden Schwarm erhitzter Besucher — jetzt ordnungsgemäß — dem Ausgang zu. Schon an der Ecke des Platzes nimmt uns die nächste der kleinen Kneipen auf, uns sieben Kumpels vom gleichen Boot. Junge, Junge, das Unternehmen hat gelohnt! Jetzt einen draufgesetzt! Kommt, laßt uns einen blitzen! Heut' ist nun wirklich letzter Abend an Land. Da muß noch einmal die Lampe begossen werden. Jetzt sind wir richtig alle in Fahrt dazu.

„So, Jungs! Un nu ma ran!" übernimmt Werner jetzt die Führung. Wohlhabenheit verpflichtet nun mal und wird stets automatisch anerkannt.

„Hier, Madamm! eine Runde bong Likör pour jeden, pour mä Kamerads, trä bong Likör sukree, Madamm, nix sacharin. Un los dafür! Toute suitte!"

„Zigarette, Willem? Hier! Lang zu!" Und dann kippen wir den buntgefärbten Schnaps aus den hohen Stengelgläsern hinter die Binde.

„Du, Rudolf!" fängt Werner noch einmal davon an, „war das nicht prima, diese Frau? Das Lied?" Und wir pflichten ihm unbesehen bei. „Dies Lied, Jungs, wie war das noch? Schneidig! Mensch, ganz groß, der Spielmann, das — — ich hätte richtig heulen können!" „Hätte?" flachst Oskar, verteufelt grinsend, ihn an, „hätte?" Kerl, Mann! das hast du ja! Ich hab's gesehen, alter Seemann — aber mir ging es genauso." Und wir alle müssen nicken.

„Los, Kameraden! Los dafür! Schnell ins nächste! Wir haben noch vieles vor heute abend. Unser neuer Kamerad muß doch alle kennenlernen!" drängt Werner, ein paar Scheine auf den Tisch werfend. Da setzen wir uns gehorsam in Marsch.

Gleich darauf stehen wir vor der nächsten Theke, der Tonbank, wie man in Hamburg sagt. Hier dicht am Hafen liegt ein Lokal neben dem anderen; eines wie das andere nüchtern, schmucklos nüchtern französisch; nur daß jedesmal ein anderes Gesicht unterschiedlichen Alters hinter dem Tresen uns bedient. Wir setzen uns gar nicht erst hin. Von Stampe zu Stampe geht es wie im Sturm; und es gibt deren offenbar nicht wenige hier am Ort. Wir müssen uns beeilen, wenn wir sie alle vorm Zapfenstreich berücksichtigen wollen. Jetzt ist ein grüner an der Reihe, dann ein roter, ein gelber Schnaps, ein brauner; und wiederum ein grüner. Höchstens mal ein Cognac zwischendurch, um den bittersüßen Sacharin-Bonbon-Geschmack des billigen Kriegszeugs damit hinabzuspülen. Wir kommen mächtig in Fahrt dabei.

„Langt das Geld noch, Werner?"

„Klar doch! Keine Sorge! Trinkt, Kameraden! Das Moos muß endlich weg. Morgen geht es in See. Da brauchen wir keinen Mammon mehr. Prost, ihr kleinen rosa Schweinchen! Prost, Kameraden! Die Nacht wird kühl." Und weiter geht es. Überall fallen wir flüchtig ein. Matrosen von den Booten machen einen Schlag. Man kennt das wohl hierzulande inzwischen und weiß, wer wir sind und daß wir nun für lange Zeit erstmal nicht wieder erscheinen, wenn überhaupt: Morgen laufen sie ja aus in See — — U-Bootsmänner gehen einen blitzen ...

U-Boot-Mief

März 1941

Wie ich kurz vor Ablösen der Wache gegen Mitternacht von der Brücke aus der freien Luft ins Boot abwärts klettere, umfängt mich sofort jener mir noch fremde, unbeschreibbare U-Bootsgeruch, der mir schon vorhin beim ersten Anbordkommen den Atem abdrücken wollte.

Mit sinkender Dämmerung waren wir ausgelaufen. Als phantastische Silhouette blieb an der engen Einfahrt zur Bucht der charakteristisch bretonische Kirchturm des kleinen Fischerortes Larmor unter flammend überzeichnetem Abendhimmel zurück. Bald darauf blinkte das Geleit seinen letzten Abschiedsgruß herüber, wie wir es — nun mit Große Fahrt — passierten: „K. an K. Wünsche glückliche Reise!"

Seitdem zackten wir mit schnellen Schlägen dem freien Atlantik und unserem Operationsgebiet entgegen, hinein in die milchig wirkende, merkwürdig diesig aufgelichtete Nacht.

Auf der Brücke war nur die Erste Wache zurückgeblieben: der I. WO, der Bootsmann, der Steuermannsmaat und ein Matrosengefreiter, dazu noch ich. Schwärzlich grün atmete die Biskaya, von fahlem Leuchten wie aus der Tiefe magisch erhellt. Es herrschte Meerleuchten trotz der Frühe der Jahreszeit, obgleich es noch kühl war und der Fahrtwind böse durch die Spalten meiner Lederjacke zupfte; die anderen hatten sich wärmer eingemummt. Phantastisch glommen Hecksee und Kielwasserstreif in dem ungewissen Schimmer dieser eigenartigen Frühjahrsnacht. Vor allem überraschend geisterte das Leuchten in den Furchen der Bugsee, die unser Boot wie mühelos zu beiden Seiten seiner Flanken aufwarf, in einem unwahrscheinlichen Geleucht. Wie Flügelbreiten blieben sie zurück, bald darauf vom wattigen Nichts wieder verschluckt. Entfernt unter uns, aber beruhigend, klang durchs offen gefahrene Turmluk die Arbeit der Diesel zu uns herauf. Die Lüfter zu beiden Seiten der Brückenverkleidung rauschten. Ganz deutlich merkte man, daß neben dem Rudergänger unter uns im Turm ein Mann der Freiwache sein Zigarettchen „stieß": nur hier darf jedesmal zur Zeit einer dem geliebten Laster frönen. Der Rauch umgab uns im Sog der Brückenverkleidung. Aus der abgedunkelten Zentrale leuchtete es nur matt herauf, wenn man direkt hinabblickte. Im Turm selbst hockte der Rudergänger auf seinem Sattelsitz in der Enge vor seinen Tasten, die er, die wandernde Kompaßscheibe im Auge, bediente: Von Zeit zu Zeit ging ein Befehl des Wachoffiziers oder eine Frage zu ihm hinunter, die er als verstanden sofort wiederholte: „Auf soundsoviel Grad gehen!" und nach der Ausführung: „Soundsoviel Grad liegen an!" Der kleine stämmige Fischerssohn vom Kurischen Haff ist es, der im Augenblick dort Wache hat. Schwerfällig gediegen klingt für mich sein ostpreußischer Akzent.

Sonst war es still auf der Brücke; man spürte das Vibrieren des Bootes von den Dieseln durch den ganzen Körper. Das ist wie eine besondere Verbundenheit mit ihm. Angestrengt suchten die Augen, jedes Paar in dem ihm zugewiesenen Sektor. Aber es war nichts auszumachen in dem ungewissen Schimmer aus grünlich erhelltem Grau, der See und Himmel kaum voneinander unterscheiden ließ. Wie weit reicht überhaupt die Sicht?

Uns wird so leicht keiner erkennen, trotz des Meerleuchtens nicht. Es ist so recht eine Nacht, um durch die ständig hier patrouillierenden feindlichen Sperren durchzubrechen, an lauernden britischen Unterseebooten und Zerstörern ungesehen vorbei in den freien Atlantik hinaus zum ungestörten Marsch ins ferne Operationsgebiet.

Meine erste Nacht in See auf einem frontgehenden deutschen Unterseeboot. Unbeschreiblich die Stimmung. Elastisch wiegt das Fahrzeug in der langen, wenn auch schwachen Dünung. Das Vorschiff hebt sich, speit schaumiges Wasser durch das Plankengitter seines Decks und dann von seinen breiteren Flanken wie ein auftauchender Wal, duckt seine Nase wieder weg, dabei sich ein wenig seitlich vom Kurs verschiebend, richtet sich erneut auf, kommt wieder auf den alten Kurs: Es ist, als spiele ein großes Tier in seinem Element. Und gleichzeitig drängt es unaufhaltsam voran weiter, vorwärts getrieben durch den Willen, der die Diesel jetzt Große Fahrt laufen läßt. Kommen Spritzer über das Schanzkleid der Brücke, uns übersprühend, so sind es heute Funkenschauer, die für eine Weile auf dem Lederzeug haften bleiben wie Glühwürmchen in einer gewitterschwülen Sommernacht mit blühenden Linden irgendwo in der deutschen Heimat.

„Hart Steuerbord Ruder!" unterbricht jäh die Stimme des Bootsmannes an Backbord das einlullende Schweigen.

Torpedolaufbahn? Wir alle starren wie gebannt nach der hellen Bahn, die an Steuerbordseite, eigentlich der des Wachoffiziers, aus dem Nichts kommt und blitzartig schon unseren Bug unterschneidet. Es geschieht nichts, während jetzt das Boot anluvt. Aber da sind ja noch mehr! Und „Auf alten Kurs gehen!" die Stimme des I. WO. Es ist eine ganze „Schule", eine Herde von Delphinen, drei, fünf, vielleicht sechs, die uns umspielen und das Geleit geben.

Da ist auch schon der Kommandant zwischen uns auf der Brücke. „Gott sei Dank! Das wäre zu spät gewesen! Aber recht so, Bootsmann!" wie er erfährt, wer den Alarm gab. „Lieber dreimal zu oft als einmal zu wenig!" meint er, die allgemeine Spannung beendend. Und nun schauen wir — keinen Augenblick deshalb die Aufmerksamkeit in die milchige Nacht hinein vernachlässigend — dem Spiel dieser Tiere zu, die mit Schußfahrt unheimlich sicher, wie mühelos, den großen „Bruder", unser stählern starres Boot umkurven, vorpreschend, es unterschneidend kreuzend, achteraus verschwindend und wieder auflaufend.

Noch eine Weile betrachte ich dieses Geschehen, wie das Meerleuchten die wendigen Leiber, vielmehr deren Bahnen, zauberhaft aufschimmern läßt. Das diesig grünliche Grau ringsum gibt den kühlen, dennoch märchenhaften Grundakkord zu einem Bild wie den von Dulac illustrierten aus „Tausend und eine Nacht".

Der Kommandant ist längst wieder hinunter. Endlich melde auch ich mich beim Wachoffizier von der Brücke. Als Neuling taste ich mich noch etwas unbeholfen und jetzt überdies völlig klamm durch den stark auskühlenden Fahrtwind den Niedergang senkrecht abwärts in die Zentrale, torkele dann, nachdem ich das hochliegende Kugelschott — ein Bein voraus anhebend und zugleich den Kopf einziehend — gemeistert habe, durch das lange, ständig sich wiegende Boot nach vorn zu dem mir angewiesenen derzeitigen Schlafplatz.

Um weniges später. Ich habe den Schlingerschutz vor der Matratze meiner Koje eingehakt und liege noch ohne Schlaf in dem wenig erhellten, mir noch so fremden Raum. Von Zeit zu Zeit plitscht ein gehässiger Tropfen Schweißwasser von einem Vorsprung mir genau ins Gesicht. Ich muß mich anders legen. Nun scheint auch die bisherige Wache von der Brücke zu kommen. Die Ablösung fand statt. Der Kamerad von ihnen erscheint, pellt sich die Regenkleidung aus, trocknet sich mit dem Handtuch das Gesicht und legt sich auf seinen frei gewordenen Kojenplatz, wickelt sich ein. Erneut Ruhe. Aber der unbeschreibliche Geruch läßt mich so schnell keine Ruhe finden. Es ist, als lege er sich wie ein Teppich von Geschmack auf die Zunge, die Zähne, und kröche nun langsam immer tiefer den Hals hinab, beenge die Brust.

U-Boot-Mief, wie soll man ihn beschreiben? Wer ihn nicht kennt, dem kann man wohl keinerlei Vorstellung von ihm geben. Die alten U-Bootshasen allerdings merken von ihm längst nichts mehr. Höchstens, daß er sie sogar heimatlich berührt, wenn einer von Land wieder an Bord kommt: Ah! Hier riecht es endlich wieder nach dem vertrauten Boot!

„Was? Keine gute Luft?" lacht später ungläubig der Leitende Ingenieur, als ich auf seine Frage, wie ich mich hier so fühle, einzig über den Geruch im Boot klage. „Die Luft ist doch tadellos bei uns! Absolut einwandfrei gesund! Wonach denn, meinen Sie, riecht es hier?"

Ja, das ist schwer zu sagen. Es kommt so vielerlei zusammen. Einmal wird es der Diesel sein; Heizölgeruch gibt wohl den Grundakkord dieser ganzen Symphonie. Dann aber der Frischproviant, das Brot, das in Hängematten baumelnd einem den Weg durch den U-Raum versperrt. Es „duftet" geradezu verblüffend impertinent. Dann die Säcke voller Kartoffeln; sie rufen Erinnerungen an feuchte Keller wach. Das Schweißwasser in den Bilgen, niemals vollkommen sauber weggelenzt, trägt ein übriges bei; und dann die Ölfarbe, nach der nun einmal jedes Schiff riecht, und dann das feuchte Zeug am Körper. Es duftet auch nicht gerade nach Rosen; und das in den Spinden — alles ist doch klamm. Zwar sind wir selbst im Augenblick noch frisch gewaschen: nach sechs Wochen Feindfahrt wird das weit schlimmer werden bei uns siebenundvierzig Mann Soldaten an Bord, die sich nicht waschen, nicht umkleiden können, sondern ständig auf Alarm gerüstet sein müssen. Dann kommt auch noch die Kombüse hinzu mit ihren Kochdünsten, von denen der nach nur leicht angebratenen Speckscheiben (die an sämtliche Gerichte auf diesem Boot zu kommen scheinen) der vorstechendste ist.

Endlich: Das Gummizeug der Brückenwache wird zum Trocknen über die elektrischen Heizöfchen gepackt und stinkt unverschämt; dazu die ebenso nassen Lederhandschuhe, die dann so gern unversehens ankohlen, wenn die Heizung auf „Stark" gestellt ist. Zuletzt aber ist noch ein Wort zu sagen über ein sogenanntes Gesichtswasser, das in der deutschen U-Bootwaffe von den Männern der Brückenwache, wenn sie herabkommen, bevor sie sich in die Koje hauen, benutzt wird, um das Salz der Wassergüsse und Spritzer aus dem Gesicht zu waschen; denn Frischwasser ist kostbar an Bord und steht dem einzelnen nicht zur Verfügung, und Salzwasser soll angeblich ungesund sein und die Haut entzünden. Mir selbst hat es noch nie geschadet, aber dieser Volksglaube ist nun mal nicht auszureden, so wenig wie der, zum Beispiel, daß Pferde ihren Urin durch die Rippen ausschwitzen; und das glauben zumeist Bauernjungen vom Lande. Dieses Gesichtswasser heißt „Kolibri" und nennt sich „Kölnisch Wasser" (was nennt sich nicht alles so!). Ein Produkt der doch gut bekannten Firma Dralle. Aber für meinen Geschmack duftet es so, wie ich mir den Geruch in einem billigen Puff vorstelle; einfach unerträglich. Aber Hein Seemann mag es nun mal vorzüglich. Zu allerletzt aber darf das WC nicht vergessen werden mit dem „Luftreiniger" darin. Und das alles zusammen und noch mehr gehört nun mal zu dem U-Boot-Mief, der, ohne daß man ihn dann noch groß bemerkt, vertraut berührt, kommt man als altbefahrener U-Bootsmann wieder an Bord.

Ich muß gestehen, daß ich mindestens zwei Wochen brauchte — und dabei war ich während der gesamten Reise nicht ein einziges Mal seekrank trotz schweren Wetters —, um mich an den unglaublichen U-Boot-Mief zu gewöhnen, und dann weitere, um ihn als vertraut heimatlich zu empfinden. Dies zunächst nicht Erwartete aber geschah unversehens: Eines Tages fiel mir auf, daß ich offenbar schon länger gar nichts mehr von dem störenden Geruch im Boot bemerkt hatte. Und später, witterte ich ihn wieder nach einer Zeit an Land nur von fern, empfand ich ihn als unbedingt heimatlich in Gedanken an Feindfahrten, an die Kameraden, an alles, was ich mit ihnen zusammen erlebte, auch eben diesen besonderen Geruch. — Die erste Zeit aber störte er mich als kaum zu ertragen, weitaus mehr als alles andere jener noch ungewohnten Feindfahrt und ließ ständig (jedoch unstillbaren) Durst und Verlangen nach Obst bestehen anstatt jeglichem Appetit. Ich glaubte fast umzukommen, geradezu verzweifelt, solange ich nicht auf der Brücke in frischer Luft zubringen durfte, und es bedurfte des ganzen Willens, nicht durchzudrehen: Es gab ja nun kein Zurück.

Doch der Mensch stellt sich auf fast alles ein. Aber in jener ersten Nacht in dem engen Boot drückte mir dieser Mief fast den Atem ab. Doch es gab kein Entrinnen. Es hieß durchzuhalten, unaufhaltsam getragen dem Atlantik zu, seiner winterlich groben See, seinen dahinfegenden Wolken, Schnee- und Hagelböen, mit seiner schweren, langen, Dünung und mit unserer Aufgabe am Feind.

Fühlung halten
1941

Am 4. Dezember 1940 wird U 552 — ein Frontboot vom Typ VII C, bei Blohm und Voß in Hamburg in Dienst gestellt. „U Adelheid", wie man es in St. Nazaire mit Tarnbezeichnung nannte, erlangte als das eigentliche Rote-Teufels-Boot Berühmtheit. Die alte Topp-Besatzung von U 57, um einige Neue ergänzt, trat wieder zusammen. Der BdU hatte der Bitte des Kommandanten und seiner Männer entsprochen. Um noch im Winter zum Einsatz zu kommen, kämpft sich das Boot durch die bereits vereisende Ostsee — man hatte in Danzig Restarbeiten durchgeführt — hartnäckig zum Nord-Ostsee-Kanal hin. Mehrfach sieht es aus, als sollte das nicht mehr glücken. Aber der Kommandant will an den Feind. Das Boot schafft es, wenn auch mit Schrammen und Beulen. Es geht hinaus in den Atlantik.

Die erste Reise von U 552 ist reich an Gefahr wie an Leistung, arm an eigentlichem Erfolg. Auserlesene Ziele bieten sich, aber das Boot hat offenbar ausgesprochen Pech. Während des Tagangriffs auf den ersten Geleitzug erkennt der Kommandant im Sehrohr — viel zu spät — einen Doppeldecker im Anflug. Das Boot ist vorm Schuß, nachdem die Angriffsposition hartnäckig erkämpft und die Sicherung des Gegners bereits untertaucht war.

„Jetzt ist Schluß!" greift er nach dem Arm des Obersteuermanns, seines späteren I. WO Säck, der zur Berechnung der Schußwerte neben ihm im Turm steht. Es fällt keine Bombe. Der Angriff wird weiter durchgeführt. Kolonnen werden untertaucht und nacheinander fünf gezielte Einzelschüsse losgemacht. Kein einziger Aal trifft.

Die Enttäuschung ist hart und niederschmetternd. Die Torpedos waren bei 15 Grad minus übernommen worden. Ist das der Grund des Versagens? Das zäh und geschickt durchgeführte Unternehmen des Unterwassergeleitzugangriffs war umsonst. Obendrein folgen die unvermeidlichen Wasserbomben. Man hat zweifellos die laufenden Torpedos gehorcht. Die Verfolgung wird aber nicht schlimm. Die „Alten" unter der Besatzung sind mehr gewohnt. Für die „Neuen" ist es Eingewöhnung. Topp läßt das Boot sacken, hinter dem Geleitzug zurückbleiben.

In der Abenddämmerung erscheint aus der Richtung des verschwundenen Geleites ein riesenhaftes Schiff. Es zackt ohne erkennbares System. Immer größer wächst es heraus. Topp läuft, so gut es geht, zum Angriff und schießt auf geschätzte 1500 Meter Entfernung einen Dreierfächer. Es ist dunkel geworden.

Alle drei Torpedos gehen vorbei.

Diese mußten vorbeigehen, wenn sie noch so gut und einwandfrei gelaufen wären. Jetzt, wo der Riese querab vorüberrauscht und man seine Formen voll ausmachen kann, erkennt der Kommandant bestürzt: Es ist die − − „Isle de France"! 43 000 Bruttoregistertonnen! Eine einmalige Chance, und man hat sich verschätzt, hat sie nicht früh genug erkannt. Für derartig groß hat Topp das spitz aufkommende Schiff nicht gehalten. Mindestens 4000 Meter betrug die Entfernung im Augenblick des Schusses. Schnell den vierten preßluftgetriebenen Torpedo, der noch im Rohr liegt, entsprechend einstellen lassen und hinterdrein. Es bringt nichts.

Diese Unternehmung, mit so viel Hoffnung begonnen, bleibt wie verhext.

Eines Nachts in der Ferne Leuchtgranatenschießen. Das Boot stößt darauf zu. Ein Geleitzug. Es vermag sich vorzusetzen und führt durch seine Fühlungshaltermeldungen im Laufe des folgenden Tages weitere Boote heran. Tolles Wetter kommt auf. Schneeböen nehmen zeitweilig jede Sicht. Noch hält der BdU durch Funk die Angriffserlaubnis zurück. Erst sollen die weiteren im Anmarsch befindlichen Boote beisammen und dran sein. Dann können sie mit Aussicht auf desto lohnenderen Erfolg mit einem Schlage in der Herde reißen, die Topp aufgespürt und zunächst über lange Zeit hin allein nicht aus der Witterung gelassen hat. Über Tag hätte er, der vor dem Geleitzug herlief, leicht unter Wasser angreifen können. Jetzt, im Schneegestöber, verliert er die Fühlung. Alles ist in Frage gestellt. Die See ist von Stärke zwei auf Stärke sechs aufgelaufen. Wo bleiben jetzt die dringend von ihm gebrauchten Fühlungshaltermeldungen der anderen, die er doch erst heranführte, indem er laufend meldete? Sie sind inzwischen im Angriff auf „seinen" Geleitzug. Sie schießen ihm die besten Stücke vor der Nase weg und vergessen zu melden, während er allein gelassen sich abquält, wieder Fühlung zu bekommen. Als für sein Boot die Sicht abriß, hat der Feind in dem Augenblick einen Zack eingelegt. Keiner der anderen machte ihn darauf aufmerksam. Topp stieß ins Leere. Aus den Funksprüchen ist zu erkennen, daß eines der Boote seine Torpedos verschossen hat, abhaut und nach Hause läuft, statt weiter für die anderen mit Fühlung halten zu helfen. Topp ist wütend.

Im Morgengrauen kommt er dem Feind auf die Spur. Drei Dampfer treten heraus. Hagel und Schnee lassen wieder die Fühlung abreißen. U 552 tappt ohne Sicht im Ungewissen. Plötzlich klarste Sicht und − − „nichts wie rin in den Bach!", um nicht gesehen zu werden. Allzu dicht vor dem Boot marschiert der ganze gegnerische Haufen.

Bis nach dem Tauchen das Sehrohr über die Oberfläche lugt, ist alles wieder zugeschmiert. Ein Wetter wie vom Gegner bestellt. Das Boot taucht auf. Die Fühlung bleibt abgerissen, und die Suche geht erneut an.

Zwei Tage und zwei Nächte lang bleibt es so. Immer aufs neue: Fühlung gefunden, gemeldet und wieder abgerissen. Fühlungshaltermeldungen anderer Boote gibt es kaum. Plötzlich rauscht in der Dunkelheit ein Fahrzeug auf kürzester Entfernung am Boot vorbei. Ein Torpedo wird geschossen. Bei solcher See und nur nach geschätzten Werten konnte er, aus verhältnismäßig spitzer Lage hinterdrein, kaum Treffer werden. Topp bricht als letzter aller Kommandanten die Verfolgung ab. Der Geleitzug ist zu dicht vor seinem Ziel.

Ein Funkspruch muntert den geradezu verzweifelten Kommandanten auf: „Anerkennung für zähes Fühlunghalten!" Man ist doch nicht so allein.

Was solche Tage und Nächte des Fühlunghaltens an einem Geleitzug bei ungünstiger Witterung auf der Brücke eines Unterseebootes vor allem für den Kommandanten bedeuten, ermißt nur der, der ohne Ablösung „auf Draht" bleiben und Entschlüsse fassen zu müssen selbst erlebt hat.

Während dieser Unternehmung kommt noch einmal ein Geleitzug in Sicht. Ein Doppelschuß reißt den 12000 Tonnen schweren Tanker „Cadillac" als rotglühend aufblowende Wolke in die Höhe. Der Himmel verdüstert sich, schwarz von dem Ölbrand. Noch am nächsten Tag wird der Rauchpilz von einem anderen Boot auf 100 Seemeilen Entfernung, fast 200 Kilometer, über der Kimm beobachtet und gemeldet. So war denn wenigstens eine vernünftige „Ehrenrunde" gewonnen auf dieser mit so viel Erwartung begonnenen und so vom Pech verfolgten Unternehmung.

Auf der nächsten versenkt Erich Topp etwas über 20000 Tonnen zum Teil in seinem alten Jagdrevier, dem Nordkanal. Dort ist inzwischen kaum noch ein Auskommen für die deutschen Boote. So sehr hat sich die Abwehr verstärkt. Zur folgenden Unternehmung bittet der Kommandant den Befehlshaber, ihn wieder zum Nordkanal zu schicken, wo er bisher seine besten Erfolge errang.

„Gut, sollste haben!" meint der BdU. „Aber das eine sag' ich dir: wenn dir was passiert und wir sehen uns im Himmel wieder, dann stell' ich dich dort noch zur Rede!"

Die Jahreszeit ist jetzt besonders ungünstig für dieses landnahe Gebiet mit seinen übermäßig vielen Flugzeugen: Sommersonnenwende. In den wenigen Stunden Nacht strahlt ein heller Mond. Sieben bis zehn Alarme täglich vor allzu schnellen Feindmaschinen, Landmaschinen hier an der Küste, die wesentlich schneller sind als die bisher zur Seeaufklärung verwendeten Typen, die schwerfälligen Sunderland-Flugboote, die man weiter draußen trifft und vor denen sozusagen bequem wegzutauchen ist. Immer wieder Alarme und außerordentlich was aufs Dach.

„Ich habe meiner Besatzung vielleicht etwas viel zugemutet", urteilt Topp später. Mehrere seiner Männer waren nach dieser Reise „fertig" mit ihren Nerven und mußten in Ehren entlassen werden aus der Kampfgemeinschaft dieses Bootes. Sie stiegen aus, waren nicht mehr frontverwendungsfähig in der U-Boot-Waffe und erhielten Landkommandos bei einer der Flottillen. Die Kampfbedingungen waren auf dieser Reise allzu hart gewesen. Aber drei Dampfer mit zusammen 24000 Bruttoregistertonnen fielen um. Eine U-Boot-Falle, die sehr geschickt mit Flugzeugen und Zerstörern zusammen operierte, wurde rechtzeitig erkannt und abgeschüttelt. Mit seinen drei letzten Aalen setzte sich der Kommandant nach Westen zu vom Nordkanal weg ab. Da traf man auf einen Einzelfahrer.

„Eine tolle Geschichte war das", berichtet Topp. „Ich sah ihn in einem Orkan. Auf etwa 3000 Meter. Verlor ihn. Fand ihn wieder. Und beide konnten wir uns bei diesem Wetter einfach nichts tun."

Die Geschichte ist typisch für eines jener Erlebnisse, die an den Nerven fressen und die doch alltäglich waren im Leben der U-Boot-Fahrer.

„Dreitausend Tonnen mochte er haben", meint Topp. „Nicht allzu viel; aber immerhin. Ich hielt mich daran fest. Wir verloren ihn wiederum und setzten uns nach Osten ab. Nach einem ganzen Tag kam er wieder an. Und nun begann die Sache unseren Ehrgeiz zu wecken. Hinterher! Des Nachts verlor ich ihn erneut. Eine ganze Weile hielten wir Fühlung nach Peilung im Horchgerät, indem wir zwischendurch immer wieder tauchten und horchten. Wir liefen ihm nach; zu sehen war nichts. Schließlich hatte auch das Gerät kein Ergebnis mehr. Wieder aufgetaucht, jetzt ohne Hoffnung, den Burschen noch einmal zu bekommen. Ich ließ ab.

Eine halbe Stunde darauf kommt er unerwartet abermals an. Er hatte sich aus irgendeinem Grund aufgehalten und verzögert. Bei dem herrschenden hellen Nordlicht war ein Überwasserangriff leider unmöglich. Ich lief also nach vorn, tauchte und griff unter Wasser an. Aal Numero I wird ‚Toter Mann'. Der Dampfer läuft unbehelligt an mir vorbei. Also sacken lassen, auftauchen, neues Vorsetzmanöver, tauchen und neuer Anlauf. Aal Numero II wird Kreisläufer und geht achtern übers eigene Boot weg. Ein fatales Gefühl! Deutlich wird er im Heckraum gehört. Wider Erwarten ging es glatt. Als wir im Horchgerät seinen Kurs verfolgten, hatten wir damit gerechnet, uns selbst zu torpedieren.

Nun war der letzte Torpedo übrig. Ich setzte mich über Wasser noch einmal vor. Zum dritten Male in dieser Nacht: Tauchen, Angriff und Schuß. Aal Numero III detonierte nicht. Der Bumms des Aufpralls beim Gegner war deutlich zu hören. Mehr auch nicht. Der Dampfer warf daraufhin Nebelbomben und verschwand."

Soweit der damalige Kommandant. Ein Kapitel Alltag des U-Boot-Fahrers. U-Boot-Brot war knochenhart. Diesmal allerdings härter als gewöhnlich.

Der Kommandant U 552 erhielt mit dem 26. Juni 1941 das Ritterkreuz. Nicht für eine auffallende Einzeltat, sondern für sein unerhört zähes, so oft bewiesenes Fühlunghalten und jene Kette von Versenkungen, die in härtestem ständigem Einsatz auf sechs Unternehmungen dem Schicksal abgerungen worden waren.

Auf der vierten Fahrt des neuen Bootes bekommt Topp Fühlung an einen Geleitzug. Da! Bruch der Dieselkupplung. Mit dem übrigbleibenden Diesel ist kein Vorsetzmanöver mehr möglich. In sichtbarer Entfernung schießen verschiedene Kameraden. Ein Dampfer nach dem anderen geht auf Tiefe. U 552 vermag eben Fühlung zu halten. Zur Unterstützung der Augen der übrigen für den Fall, daß sie die Fühlung verlieren sollten. Im Morgengrauen kommt Topp doch auf einen Abgesprengten zum Angriff mit Artillerie. Obgleich der Bursche eine beachtliche Kanone am Heck hat, wird ihm bis auf teilweise 50 Meter Entfernung auf den Leib gerückt. Versenkt! Zwei Zerstörer hasten heran, um den frechen Angreifer zu bekämpfen. Es glückt Topp, sich der Verfolgung zu entziehen. Das Boot läuft heim und geht in die Werft.

Auf seiner fünften Reise steht es vor Grönland. Wochen hindurch vergeblich. Durch einen Kameraden wird ein Geleitzug aufgefaßt. Die Nachrichtenübermittlung durch Funk ist schlecht. Ständige Nordlichter beeinträchtigen sie stark. Mit Mühe boxt sich das Boot gegen die schwere See und gewinnt trotz der nur lückenhaft aufgenommenen Fühlungshaltermeldungen verhältnismäßig schnell Anschluß.

Der Gegner hat starke Sicherung angesetzt. Mit jedem Male wird es schwieriger, sie zu durchbrechen und an den Pulk der Frachter heranzukommen; ebenso, die Fühlung über Tag nicht zu verlieren. Zerstörer und Flugzeuge versuchen die ringsum sich anheftenden deutschen Boote immer wieder unter Wasser zu drücken, während das Geleit mit

Kursänderungen entkommen kann. Es ist nicht ganz einfach, aber schließlich glückt es, die notwendige Position zu erkämpfen. Es herrscht eine jener geisterhaften nordischen Nächte. Ein Hauch der Weltenferne und Kälte liegt über dem eisig strömenden Meer. Weltenferne? Eben dreht das Boot hart Backbord an zum Angriff gegen die Herde, da — — — .

„Schatten voraus!" Ein anderes angreifendes deutsches Boot.

Beide drehen gleichzeitig ab, um sich nicht gegenseitig zu rammen. Wer „schaltet" nun schneller? Topp geht sofort hinter des Kameraden Heck durch und zum Angriff vor, passiert als erster die Sicherung des Gegners und gibt — wer zuerst kommt, hat den Vorteil der Überraschung für sich — zwei gezielte Einzelschüsse auf zwei Dampferschatten. Beide gehen vorbei. Kurz nach ihnen zwei weitere auf zwei Frachter der nächsten Kolonne. Treffer. Im Abdrehen wird noch der Hecktorpedo auf einen Tanker losgemacht. Treffer!

Auf einen der Havaristen brummt ein Dampfer der folgenden Kolonne auf. Das kann noch beobachtet werden. Mindestens zwei, wenn nicht drei Schiffe sind auf Tiefe geschickt.

Wie nicht anders zu erwarten, hat mit dem ersten Treffer ein toller Lichtzauber eingesetzt. Von allen Seiten fliegen Leuchtgranaten. Das Boot steht mittendrin. Man könnte auf seiner Brücke Zeitung lesen. Dazu unheimlich helles Nordlicht. Das Boot läuft mit hoher Fahrt ab.

Ist denn der Gegner blind, daß er nicht auf das Boot schießt? Daß keiner der Bewacher zustößt? Topp bleibt trotz der Helligkeit über Wasser. Taucht er, so geht mit Bestimmtheit der Anschluß an das Geleit verloren. Und Frechheit siegt manchmal. Das Boot wird nicht aufgefaßt und bleibt trotz aller Lichteffekte unbehelligt, während in aller Eile Reservetorpedos in die Ausstoßrohre geladen werden.

Drei Frachter lösen sich aus dem wild durcheinander geratenen Konvoi und scheinen auf eigene Faust der Gefahr entkommen zu wollen. Ihre Schatten wandern schnell aus. Es sind Schnelläufer. Während die Männer im Bugraum sich sputen, die neuen Aale gefechtsklar zu bekommen, hängt das Boot sich diesen wahrscheinlich wertvollen Schiffen an. Das vorderste der drei ist ein Tanker. In mühevoller Kleinarbeit stößt U 552 vor und schießt. Sofort flammt drüben das Feuerwerk auf. Die Ölladung brennt. Hell angestrahlt entpuppt sich der folgende Schatten als Hilfskreuzer, überstark armiert. Das deutsche Boot liegt hell beleuchtet sichtbar in der Nacht. Auf der Brücke ist kaum zu atmen. Solche Hitze strahlt der brennende Tanker auf über 800 Meter Entfernung aus. „Verdammt nah die Aufschläge!" meint jemand. Topp blickt sich um. Trotz allem bleibt er über Wasser. Taucht er, so haben ihn die Wasserbomben bald am Wickel. Es gelingt tatsächlich, den Gegner durch hohe Fahrtstufe und dauernde Kurswechsel abzuschütteln. Jetzt hat er das U-Boot verloren, ohne daß er mit seiner Artillerie einen Treffer erzielte. Da gabelt unversehens ein Zerstörer, der zur Hilfe für den Tanker herbeieilt, das deutsche Boot auf.

„Brücke räumen!"

Schleunigst verschwindet die Wache im Luk, der Kommandant bleibt droben, während alles klar zum Alarmtauchen wartet. Der schnelle Feind jagt das Boot. Er behält es in seinem Funkmeßgerät, eine ganze Weile lang. Vielleicht ohne daß er es, das sich so wenig gegen die Kimm abhebt, deutlich sieht. Da erlischt schlagartig, eineinhalb Stunden nach dem Treffer, das Feuer des Tankers; er ist gesunken. Der Verfolger glaubt sicherlich, weil er das Boot jetzt nicht mehr erkennt, es sei vor ihm getaucht. Er wirft plötzlich Wasserbomben in seinem Kielwasser und wird endgültig abgeschüttelt.

Es wird hell. Die Fühlung an die übrigen wiederzugewinnen mißlingt. Einige Tage lang steht U 552 vergeblich südlich der Faröer, wohin es von der U-Boot-Führung befohlen wird. Dann muß es heimkehren nach St. Nazaire, dem Stützpunkt der VII. Flottille an der Biskaya. Ein Abstecher während dieser Rückreise vor den Nordkanal bringt keinen Erfolg.

Berichtet man über Erich Topp als Kommandanten, so muß man auch Bertl Endrass erwähnen. Die Freundschaft dieser beiden war mehr als vorbildliche Kameradschaft. Der menschliche Wert eines Mannes zeigt sich oftmals darin, ob er Freundschaft gewähren und halten kann. Seit ihrer Fähnrichszeit waren Endrass und Topp unzertrennlich. Beide waren Unterseebootkommandanten geworden, beide trugen das Ritterkreuz. Endrass, dem zu Beginn seiner Laufbahn während des Krieges schon gleich einige außergewöhnliche Erfolge beschieden waren, nachdem er zunächst unter Prien als Wachoffizier gefahren hatte, während Topp auf einem wenig erfolgreichen Boot fuhr, trug bereits das Eichenlaub. Seit Indienststellung ihrer eigenen Boote hatten es „Castor und Pollux", wie man die zwei auf ausgelassener Feier im Kiefernwald von La Baule unter Freunden einmal mit Eierlikör getauft hatte, immer wieder versucht, zur gleichen Zeit auslaufen und gemeinsam operieren zu können. Jetzt endlich glückte es. Die Unternehmung wurde zum klassischen, zum Schulbeispiel hervorragend Hand in Hand arbeitender Geleitzugtaktik. In solcher Vollendung konnte sie nur unter Kommandanten durchgeführt werden, die derart aufeinander eingespielt und jeder selbst ohne besondere Verständigung die Überlegungen und Absichten des anderen zu erraten fähig waren.

Vier, fünf Tage nach dem Auslaufen begann es damit, daß wieder einmal Kasprzak, der beste Ausguck auf Topps Boot, den erwarteten Geleitzug entdeckte. Das war morgens 04.00 Uhr. Auf die Meldung stößt Endrass hinzu. Bevor er heran ist, tastet derweilen U 552 auf eigene Faust die Sicherungen ab, ohne ringsum eine Lücke zu finden. Endlich schießt Topp auf einen der Zerstörer. Der Zweierfächer trifft vorn und achtern. Der Gegner wird atomisiert durch die Detonation seiner eigenen Wasserbomben. Lediglich eine Rauchwolke bleibt übrig, quillt schwellend empor, dann löst auch sie sich auf (nach dem Krieg stellte sich heraus: es war der US-amerikanische Zerstörer „Reuben James"). Die anderen Zerstörer brausen heran und stoßen dem Angreifer nach. Ein tolles Bild: Das Boot mit Höchstfahrt dahinjagend über die langhin schwingende morgendliche Dünung der Biskayasee, hinter ihm drein die Verfolger. Und da ist ja auch Endrass. Er läuft zunächst mit ab.

Der Rückzug vor den Zerstörern gelingt. Die Boote gehen längsseit.

„Verfolger abgeschüttelt!" ruft Endrass lachend durchs Megaphon dem Freund hinüber. Er ist etwas wütend, daß Topp den Geleitzug rebellisch machte, ehe er selbst heran war. — So, ein Zerstörer ist weg? Immerhin beruhigend.

Beide Boote setzen sich wieder vor. Wie im Frieden auf Übung. Winksprüche werden zwischen beiden getauscht: „K. an K." (Kommandant an Kommandant), und dann folgt irgendein Flachs; aber auch ernsthafter Austausch der Beobachtungen, Meinungen und Absichten.

Nach Stunden schulmäßigen Vorsetzens ist es nachmittags soweit, daß der Unterwasserangriff beginnen kann. Da sieht Topp plötzlich in der Ferne Endrass' Boot hart ab- und wieder zudrehen und durchs Glas auf der Brücke den wild zu ihm herübergestikulierenden Freund. Was ist denn los? Er blickt sich um und erkennt im gleichen Augenblick — von beiden Booten zu spät gesehen, da man mehr Acht auf die Seite legte, an der der

Geleitzug stand — zwei Korvetten, die Endrass eben vorher sichtete. Durch seine auffälligen Kurse machte er den Freund aufmerksam. Schon eröffnet der Feind ein wildes Geschieße. Die Boote drehen ab, zurück. U 552 steht dem angreifenden Gegner näher. Nun rücken aber auch von der anderen Seite, durch die Korvetten inzwischen verständigt, Zerstörer, sich vom Geleitzug lösend, über die Kimm heraus auf sie zu. Nur 20 Meter ab liegen die Granateinschläge der Korvetten. Prima schießen diese Burschen! Also weg! Getaucht!

Erfolg: Das zunächst stehende Boot hat sich also dem Artilleriebeschuß entzogen. Die Korvetten werden sich nicht über die Tauchstelle hinweg, hinter dem anderen her, wagen. Endrass kann oben bleiben, sagt sich der Kommandant, und weiter Fühlung halten. Topp ist überzeugt, daß der Freund seinen Gedankengang versteht und entsprechend handeln wird. Das läßt sich nicht erst besprechen, wenn gehandelt werden muß. Jeder der Kommandanten muß den anderen sofort erfassen und auf ihn eingehen.

So geschieht es. Die Korvetten kommen nicht weiter heran, verfolgen das zweite Boot nicht, das oben bleibt. Sie fürchten den Torpedo des getauchten ersten, das zwischen ihnen und dem davonjagenden zweiten steht und lauert.

Kaum ist Topp wieder oben — in solcher Situation muß erst eine ganze Weile verstreichen, ehe man aus der Blindheit wieder aufzutauchen wagen darf —, da empfängt U 552 auch schon die Fühlungshaltermeldung von U 567, dem Endrass'schen Boot.

Allein hätte es den Anschluß verloren, denn das Geleit zackte in der Zwischenzeit während der Dämmerung auf einen völlig neuen Kurs nach Osten. Der bisherige wies Nord. Kurz nachdem Topp auftauchen ließ, kam eine Korvette in Sicht; sie zackte gerade nach Osten. Topp schwankte einen Augenblick, ob er ihr wohl folgen oder ruhig ohne Fühlung weiter nach Norden laufen sollte. Er glaubte sich des Generalkurses des Gegners sicher, hielt den Abendzack nur für eine Finte und entschloß sich zu Nord. Da meldete Endrass die tatsächlich erfolgte Kursänderung des Geleitzuges. Nun denn: Also Ost!

Zerstörer kommen, Kurs Süd, in Sicht. Leuchtgranaten werden geschossen. Dort steht kein deutsches Boot; das weiß Topp ja besser. Es kann nur ein Trick der sich verfolgt wissenden Feinde sein, um die deutschen Boote irrezuführen und abzuschütteln. Altbeschossene Hasen fallen auf derlei Manöver nicht mehr herein.

Ost war richtig. Zwei Stunden, und U 552 hat den Geleitzug wieder. Inzwischen verlor U 567 die Fühlung. So leitet Topp jetzt den Freund wieder heran.

Eine mondhelle Nacht ist angebrochen; ungünstig hell für einen Angriff. Man müßte zu weiten Abstand beim Schuß halten. Mühselig setzt sich das Boot vor. Nur andeutende Anhaltspunkte für den Geleitzug müssen genügen, auf ihn und seine Kursänderung zu schließen und zu reagieren. Einmal erscheint in Lee unvermutet eine Korvette. Sie wird rechtzeitig erkannt, so daß man ungesehen dem Schatten ausweichen kann und nicht zu tauchen braucht. Wäre das nötig geworden, so wäre alle Mühe umsonst, das Spiel verloren, zumal Endrass noch nicht wieder Fühlung hat.

Eine dunkle Wolke kommt heran. Der Mond verhüllt sich. Regen rauscht herab. Sofort löscht alle Sicht einfach aus. Ins Ungewisse hinein läuft Topp an: Nur nicht den Anschluß verlieren!

Es wird so dunkel, daß die Back des eigenen Bootes nicht mehr zu sehen ist. Wie aus Mulden schütten ganze Ströme von triefnassem Himmel über die Männer auf der offenen U-Boot-Brücke. Achtern auf kaum 150 Meter plötzlich der hohe Bug eines Zerstörers genau hinter dem Boot. Hart Ruder und abdrehen! Schlagartig war es wieder hell geworden. Nun heißt es ungesehen vor diesem Gegner klarkommen. Ist das noch möglich? Trotz allem: Es gelingt, und das Lauern, Tasten, Vorsetzen beginnt aufs neue. Nach zwei oder drei anstrengenden Stunden zäher Versuche, eine Lücke in der Sicherung des Geleitzuges zu finden, glücken endlich fünf Schüsse auf verhältnismäßig weite Entfernung: sämtliche Rohre, die ganze Chargierung hintereinander, erst vorn, dann achtern aus dem derweilen drehenden Boot. So bald wird man nicht wieder zum Schuß kommen.

Der Torpedo aus Rohr I wird Kreisläufer: Mit Hartdrehen weicht das Boot, das im phosphoreszierenden Wasser die Spur verfolgen kann, dem heimtückischen eben aus.

Der Torpedo aus Rohr IV wird Rohrläufer: er bleibt stecken. Verwünschte Zucht! Sein Triebwerk läuft und schnurrt, aber er will nicht hinaus aus seinem Lager. Kein Mittel bewegt ihn dazu.

Und die anderen? Sechs Minuten sind sie schon unterwegs. Sind sie vorbei? Im Geleitzug erfolgt eine Detonation. Schwarz steigt ein Rauchpilz hoch. Wenigstens einer der Dampfer ist getroffen.

„Korvette!" ruft der backbordachtere Ausguck. Sie stößt herzu und jagt das ablaufende Boot. Eine unangenehm kritische Lage, denn mit dem scharfen Rohrläufer vorn im Bauch ist man nicht tauchklar.

„Rohrläufer mit allen Mitteln ausstoßen!" befiehlt Topp hinab.

Endlich gelingt es. Die Korvette scheint das Boot noch nicht direkt gesehen zu haben, obgleich es fast hell geworden ist. Topp versucht zunächst oben zu bleiben. Wahrhaftig: bei 1000 Metern Entfernung dreht der Gegner, Wasserbomben zur Abschreckung werfend, tatsächlich ab und von seiner Stichfahrt zurück zu seinem Gros.

Durch die Morgendämmerung hält U 552 weiter Fühlung an dem Geleit, indem es sich einem der Zerstörer der Sicherung eben in Sichtweite hält. Eine anstrengende Sache. Es gilt lausig aufzupassen, zu überlegen, zu kombinieren. Diese Schnelläufer sind so beweglich, fahren einmal hier- und einmal dorthin, kommen aus Sicht und dann wieder viel zu schnell heraus. Einmal kommt der Bursche mit Lage 0 heran. Hat er was gemerkt? fragt man sich. Tauchen! Spiegelglatte See, sparsamer Sehrohrgebrauch. Topp beobachtet. Bei 400 Meter Abstand gerät der Gegner in Lage 80 Grad, die Torpedos sind klar und werden vorbereitet. Zweierfächer! Kaum sind die Aale aus dem Rohr, da macht der Junge einen Satz, dreht hart zu — — . „Schnell auf Tiefe!" ruft Topp zur Zentrale hinunter — — und überläuft haargenau das Boot.

Unangenehmer Augenblick! Keine Wasserbomben? Das Boot war erst auf 25 Meter Tiefe. Sie würden verdammt gefährlich gewesen sein. Erst etwa 800 Meter entfernt setzt der Wasserbombensegen ein. Der Gegner hat nicht das Sehrohr, sondern nur die auf ihn zukommenden Aale bei dem ruhigen klaren Wasser gesehen oder sie gehorcht und hat die Entfernung zur Abschußstelle überschätzt.

Jetzt holt er Hilfe herbei. Topp läuft unter Wasser spitz ab, ehe sie ihn orten, und beobachtet, wie die Gegner systematisch das ganze Gebiet, in dem sie ihn vermuten, absuchen. 1000 Meter neben dem Boot, das sein Sehrohr nur vorsichtig zeigt, werden gleichsam die Karrees aufgebaut. Langsam, so leise wie möglich, schleicht sich der Gesuchte davon. Die Bomben detonieren zu hören, ist anfangs unangenehm. Das Boot spürt sie allzu deutlich trotz der Entfernung. So weit also reicht ihre Wirkung. Fünf Stunden hindurch sucht der Gegner planmäßig das Geviert ab nach dem Boot, aber der Abstand zu diesem vergrößert sich mehr und mehr. Endlich gibt der Feind auf und läuft ab, hinter seinem Verband her. Das Boot kann auftauchen und versucht, den Anschluß zurückzugewinnen. Es findet keine Fühlung mehr.

Nun meldet sich Endrass und gibt die Position.

Durch vier Tage und Nächte geht es hinter dem Gegner her. Das Wetter ist denkbar ungünstig. Kommt ein Zerstörer in Sicht, so ist er sofort voll heraus und nicht erst die Mastspitze, so daß gleich getaucht werden muß. Mehrmals geschieht das. U 552 kann nur eben Fühlung halten, niemals vorsetzen und zum Unterwasserangriff kommen. Und nachts: Kaum ist's soweit, daß man zum Angriff über Wasser anschließen will, stößt solch ein Bursche heran, zwingt einen in den Bach, und die mühsam erkämpfte Position ist verloren. Es heißt seine Nerven in der Gewalt haben und nichts Unbesonnenes tun. (Heute weiß man, es war gewiß mehr noch die uns verborgen gebliebene „huff-duff"-Peilung, als das bald darauf erkannte britische Radar-Ortungsgerät, das den Gegner so schnell, ohne Sicht, unsere Boote auffassen ließ.) Einmal glaubt Topp, den beobachteten Bewegungen der Mastspitzen eines Geleitfahrzeuges nach zu schließen, die vordere Sicherung des Zuges vor sich zu haben. Er sah die Andeutungen, stößt zu und – – ins Leere. Es war die achtere, die Schlußsicherung, die er wiedergefunden hatte und nun verliert. Alles umsonst und vertan!

Der Gegner verstärkt seine Sicherung an diesem Geleitzug; denn er spürt, daß ihm zähe Kämpfer an den Fersen kleben. Er ruft eine U-Boot-Falle und Flugzeuge. Durch nichts lassen sich die Kommandanten abschütteln und überlisten. Sie halten durch. Sie selbst ununterbrochen ohne Schlaf, ohne Ausspannen, stehen auf der Brücke ihrer Boote und jagen den Feind, halten ihn in Atem. Ein größerer Erfolg bleibt versagt.

U 552 ist wieder abgedrängt, findet erneut Anschluß durch sein Horchgerät. 21.00 Uhr, die Nacht wolkenlos und hell. Das Boot steht an Steuerbordseite des Geleitzuges, gegenüber die Vollmond. Also herumholen! Etwa vier Stunden wird das Manöver in Anspruch nehmen. Die Nächte sind kurz. Aber anders kommt man nicht heran.

In Wirklichkeit dauert das Ausholen viel länger: von 21.00 Uhr bis 07.00 Uhr früh. Um 09.00 Uhr wird es hell. (Man rechnet auf den Booten nach deutscher Zeit.) Laufend haben die Zerstörer U 552 weit hinaus abgedrängt. Für den Überwasser-Nachtangriff ist es nicht mehr dunkel genug. Topp läßt tauchen. „Nie wieder!" meint er allerdings später.

Morgendunst liegt über dem Wasser. Im Sehrohr ist kaum etwas zu erkennen. Nur unvermittelt huschende Schatten von Zerstörern. Rings über den ganzen Kreis des Horizontes sind im Horchgerät laufend Schraubengeräusche zu vernehmen. In einer Zahl, daß man nicht mehr klarkommt zwischen den verschiedenen Peilungen und ihren Auswanderungen, so daß nach den Meldungen aus dem Horchschapp kein Bild der Lage draußen zu gewinnen ist. Dauernd, in kurzen Abständen, Wasserbomben. Gelten die, fragt sich der Kommandant, schon uns, oder sind sie allgemein zur Abschreckung geworfen? Jedesmal ist ein Höllenspektakel im Boot. Währenddem unentwegt, die Stirn gegen die Gummimuschel vorm Okular des Sehrohrs gepreßt, in das ungewisse Schummerlicht und die dampfenden Dunstschwaden starren, ohne etwas wirklich erkennen zu können als hin und wieder unvorhergesehen einen Schatten. Ein Zerstörer? Oder ist es – jetzt müßte man doch bald auf die Kolonne stoßen?

Endlich werden die Peilungen klarer. Funkmaat Steinweg ist am Horchgerät tadellos. Ruhig und bestimmt gibt er seine Meldungen:

„Peilung 50 Grad – Stärke etwas zunehmend."

Die Kolonne!

110

„Peilung 45 Grad — Peilung 40 Grad. Peilung wird lauter — ."

Gleich muß es soweit sein. Längst ist die Torpedowaffe auf Station, und die Aale sind zum Schuß vorbereitet.

„Peilung 30 Grad —"

Im Sehrohr immer noch nichts.

„Peilung wird schwächer —"

Schwächer? Wieso?

Knappe Minuten vor der Schußposition hat der Geleitzug einen Zack um 90 Grad eingelegt.

Da soll man nicht weich werden! Der Kommandant an seinem Sehrohr glaubt, er müsse umsinken vor Enttäuschung. Vier Tage hindurch, vier Nächte dazu, ohne jeden Schlaf — verbissen hat er diesen verdammten Geleitzug verfolgt. Endlich glaubt er zum Schuß zu kommen, kurz vor Toresschluß, ehe der Gegner seinen Bestimmungshafen erreicht — — da ist es wieder einmal und endgültig nichts!

Es ist hell geworden. Topp beobachtet durch's Sehrohr, wie der Geleitzug nach nur einer Stunde Südkurs auf den alten Kurs zurückzackt. Wie zum Hohn. Am Horizont wandert der Mastenwald für das Boot unerreichbar dahin. Unglaubliches Pech — jetzt kommen, von Land verstärkt, die „Bienen", die Flugzeuge. Man ist zu dicht an der Küste. Nichts mehr zu machen. Topp läßt sich sacken. Die Fühlung reißt ab.

Noch mehrmals kommen Befehle an die beiden Boote, mit anderen Kameraden zusammen „Rudel" zu bilden und auf neue Ziele zu operieren. Man findet die Beute nicht. Dann folgt die Heimreise.

Bereits drei Tage vor Topp meldet Endrass seinen Rückmarsch. U 552 hört es mit. Hat der Freund es nicht abwarten können? Topp hat noch Brennstoff und muß infolgedessen warten. Dann steuert er heimwärts. Erst einen Tag, bevor U 552 an die entsprechende Stelle kommt, an den sogenannten „Punkt", meldet U 567: „Stehe vor Ansteuerungspunkt."

Nanu! Erst jetzt? Hat Endrass die zwei von den drei Tagen Vorsprung verbummelt? U 552 läuft weiter. Der Einlaufbefehl für U 567 wird mitgehört. Einen Tag später wird U 552 so weit sein. Schade! Topp ist ärgerlich, daß es nichts aus einem gemeinsamen Einlaufen wird. Endrass meldet, daß er den ihm gesetzten Termin für das ihm bestellte Geleit nicht einhalten könne. Er sei durch Flugzeuge unter Wasser gedrückt worden. Das riecht denn doch — — . Der will wohl gar nicht so schnell wieder hoch und weiterlaufen, sondern auf den Freund warten?!

Topp hat auf dieser Unternehmung einen wenig tüchtigen Bootsmaaten an Bord. Er will ihn nach der Rückkehr auswechseln lassen. Einmal an diesem Tag, als der Kommandant auf die Brücke kommt, hört er es doch brummen? — und — — sieht im selben Augenblick schon aus dem Sektor, den dieser Maat als Ausguck zu überwachen hat, eine Lockhead-Hudson auf nur 1500 Meter Entfernung bereits im Tiefflug heranbrausen.

„Alarm!" brüllt er.

Ehe das Boot wegkommen kann — bestenfalls in 30 Sekunden — jagt die Maschine über den Turm dahin.

Keine Bomben. Sie wären der sichere Tod gewesen.

Die Maschine wendet und kommt erneut an. Jetzt wirft sie! Das Boot ist auf Tiefe gekommen. Schwein gehabt!

Erst nach längerer Zeit darf man wagen, in dieser stark überwachten Biskaya wieder aufzutauchen. Versuche hochzukommen und sich in Überwasserfahrt zu beeilen, schlagen fehl. Nach wie vor kreist die Maschine oder eine sie ablösende in dieser Gegend. So wird wohl nichts mehr aus dem gemeinsamen Einlaufen mit Endrass, der plötzlich aber ebenfalls Verzögerung meldet. Endlich scheint der BdU zu merken, um was es hier geht. Ein neuer Termin für das gemeinsame Einlaufen beider Boote folgt.

Es wurde ein starkes Bild an der Schleuse in St. Nazaire, als die Boote der Freunde gleichzeitig eintrafen. Zwei weitere Boote waren hinzugekommen. Vier Frontboote kehrten zugleich von Feindfahrt heim — zum strahlenden Empfang.

Wenn auch nur geringer Erfolg bei dieser Unternehmung herausgesprungen war, so war sie doch vorbildlich durchgeführt und ein Schulbeispiel mustergültiger Zusammenarbeit zweier U-Boot-Kommandanten.

Eine ähnliche gemeinsame Feindfahrt wünschten sie sich wieder. Es sollte nicht nochmals glücken. Endrass' Boot wurde in der Werft schneller fertig und ging am 18. Dezember 1941 allein hinaus. Topp konnte nur eben an der Pier Lebewohl sagen. Zum letzten Mal. Es war ein trüber, regnerischer Tag. Am 26. Dezember lief auch U 552 wieder aus und wurde auf andere Ziele angesetzt (Diese Unternehmung des Bootes schildert der Bericht „Erstarrte Welten" auf Seite 196). Während Topp draußen operierte, blieben nach kurzer Zeit die Erwähnungen des Endrass'schen Bootes in den Funkbefehlen aus. Seine Bootsnummer war zuletzt genannt worden, während das Rudel, dem es zugeteilt war, auf einen offenbar besonders stark gesicherten Gibraltar-England-Geleitzug eindrang. Bigalk schoß damals einen Hilfsflugzeugträger heraus. Aber Endrass? War sein Boot etwa beschädigt und frühzeitig wieder eingelaufen oder gar verloren? Während der ganzen diesmal besonders harten und langdauernden Unternehmung klammerte sich der Freund an dieses letzte Fünkchen Hoffnung, U 567 sei vorzeitig heimgekehrt und noch nicht wieder draußen. Bei seiner Rückkehr kam die Gewißheit. Bertl Endrass war mit seinem Boot im Kampf auf See geblieben.

Nordatlantik
April 1941

Es herrschte beinahe den ganzen Monat April über geradezu tolles Wetter, stürmisch bis zu schwerstem Sturm. Trat endlich für wenige Stunden einmal die Sonne heraus, und der wütend aufgebrachte Atlantik schwoll ein wenig ab, so jagten doch weiterhin Wolken mit Licht- und Schattenpartien auf der See über uns hin und erschwerten die Sicht; denn sie lassen ein Flugzeug des Gegners womöglich zu spät erkennen; und außerdem werden die knappen Anzeichen eines Geleitzuges kaum aufgefaßt.

Man muß sich umstellen auf diese Art von Naturbetrachtung aus der Sicht des U-Bootmannes. Es herrscht Krieg. Krieg gegen die stärkste Seemacht mit nur geringen eigenen Mitteln. Ansonsten würde einem gerade an Bord eines solchen Fahrzeugs (die Brücke wie ein nur winziges Ruderboot mitten in der ungeheuerlich weiten Natur) die grobe Atlantiksee mit schwellend über sie dahin jagenden Wolken besonders beeindrucken und gefallen. Wie anders als nur auf einem solchen Boot könnte man derart unmittelbar die unverstellte Großartigkeit der See erleben! Nun aber soll und muß man sich auf die Bedingungen des Kämpfers zur See umstellen.

Aber auch der Kamerad auf der Brücke, der seine sieben Feindfahrten hinter sich hat und der obendrein von Beruf Handelsschiffsoffizier ist, nickt ihm, dem Neuen, mitten im

Wetter triefnassen Gesichts unter dem grauen Südwester aus verkniffenen Augen gelegentlich voll stolzer Freude zu: Na, wie gefällt dir das hier so bei uns?! Auch er also hat Sinn für dieses Naturerleben.

Und wahrhaftig, es ist ein Erlebnis, das für ein Leben lang vor einem steht, der Nordatlantik, seine gewaltige offenbare See von der engen, niedrigen U-Bootsbrücke aus, derart unmittelbar darinliegend, so unmittelbar mitbewegt wie von keinem größeren, höheren Schiff aus Tage und Wochen hindurch mit allen Sinnen derart aufzunehmen. Zumal ein Auge, das die Welt auf ihre Farben und Formen hin zu betrachten geschult ist, ein Sinn, der gewohnt ist, das Menschliche, die Auseinandersetzung des geistbegabten Geschöpfes mit der unverständigen Naturgewalt, mit dem Göttlichen, in allem künstlerischen Werk zu begreifen, sich zutiefst überwältigt fühlt, von Grauen wie von Lust gefangen. Was denn gäbe es auf Erden Urgewaltigeres als die See, von Anbeginn jeder Fessel spottend, ungezähmt, unwandelbar in allem Wechsel die gleiche, die ihre Menschen formt?

Da wühlt sich das Boot unaufhaltsam seinen feuchten Weg durch das mächtig schwellende Element, pflügt seine unruhvoll schimmernde Spur, auf und ab schwingend, den Rücken und Tälern ein. Die Spur haftet nicht, sie vergeht und ist morgen nicht mehr da. Das Meer aber bleibt, unberührt, ungerührt, stumm, und doch jederzeit mit tausend Zungen redend dem, der ihm zu lauschen versteht.

Da wuchten Riesenberge heran, gepreßt von ihrem Reiter, dem Sturm, schaumgetigert schwankend, brechergekrönt sich aufbäumend und wieder hinabtauchend. In ihnen wühlt das Boot sich dahin wie ein Wal, dieses Gebilde nach Menschengeist aus Menschenhand, dieses Stückchen Geborgenheit und Lebensmöglichkeit für ein paar wenige Menschen in seinem Innern, lassen es mit ihnen darin zwischen sich versinken, walzen über es hinweg und heben es dann wieder mit sich, zunächst zögernd, dann in königlichen Gnaden es anerkennend, immer leichter es stemmend, hoch empor. Der Kamm der Woge bricht sich aufschäumend, vergeblich durch dieses ihm doch fremde technische Gebilde gehemmt in seiner Bahn, einen schimmernden Teppich an Schaum neben ihm aufrollend, zu spät, um darüber zu schreiten, der quirlend wieder versinkt zu streifigem Gespinst, niedersinkend und wieder emporgehoben. Und dann entläßt die weiterwuchtende See das Boot wieder hinab in ihre tiefe Mulde, die sich hinter dem Buckel verneigt. Durch sie zieht das Boot seine beharrliche Bahn spielend weiter und dann den schon heranwankenden nächsten Hang mühsam hinan.

Da schwappen ganze Brecher, eine prasselnde Wolke von Gischt über den Turm hinweg, auf dem die vier Männer als Wache angegurtet, in Gummizeug und Wolle darunter unkenntlich dick vermummt, ihren schweren Dienst tun und Ausguck halten, den Gegner zu erspähen. Heimtückisch wischen ihnen Güsse und Spritzer eisig scharf ins Gesicht. Da weht Wasserstaub wie Rauch, wie ein Schleiertuch vom Sturm mitgeführt neben dem dahingeworfenen Boot her. Diese Männer halten frierend, erschöpft, bis auf die Haut eingesickert naß ihre endlosen vier Stunden Wache dort oben aus in tollster Bewegung, ununterbrochen sich anklammernd, sich duckend und wieder aufrichtend, und dennoch ihren Sektor prüfend, unbändig stolz dabei und voll männlicher Lust, zu trotzen, auszuharren, zu meistern: Wir schaffen es! Wo bleibt nur der Feind?

Des Nachts geistert manches Mal Nordlicht über ihnen im Zenit stumm klingende bunte Schraffuren, hingespielt von eines weltenfernen Meisters Hand. Unter ihnen die See liegt schwarz und eisig ungerührt. Oder der Mond geht auf aus einer schwellenden

Wolkenbank mit dem nächsten Tief und leiht der Welt sein wehmütig begütigendes, je-her vertrautes Licht. Unheimlich aber, wenn in pfeifend sturmerfüllter Nacht die Dünung fahl undeutlich neben ihnen sich auftürmt und unter ihnen wieder versinkt. Manchen Morgen mischen sich vor ihren Augen die buntesten Farben an Licht zu unwahrscheinlichsten Brechungen, und ebenso des Abends nach Sonnenuntergang. Das Meer wirft diese Farbenspiele des Himmels verstärkt zurück auf seine Weise, bis der müde gewordene Tag in Dämmerung und Nacht verglommen ist.

Doch nur die Brückenwachen nehmen an all dem teil. Nur diesen Männern der Besatzung wärmt blanke Sonne den frontverwitterten Pelz. Nur ihnen blendet der Widerschein des blinkernden Meeres gleißend die salzwasserbrennenden Augen. Die anderen alle, die Männer der Technik des Bootes, leben ständig blind umhergeschüttelt im Innern dieser engen Röhre und tun ihre Pflicht so zuverlässig wie jene droben auf der Brücke. Jene sind gleichsam auch ihre Augen, und einer verläßt sich auf den anderen, muß sich auf ihn verlassen dürfen. Dort droben suchen ja die Kameraden ständig den Himmel ab und das weite Rund der See; vor allem die Kimm; ob nicht endlich in dem tagelangen Einerlei schmale Masten als nadelfein gestrichene Spitzen oder der blasse Unterschied der Luft durch eine Rauchtrübung hinter der Krümme den Feind, endlich den Geleitzug des Gegners als mögliche Beute verrate. Erst die kämpferische Tat gibt ihnen allen, ihrem Einsatz den Sinn.

Man möchte auf der Brücke wohl träumen, wohlig vor sich hinsinnieren bei solchem stummen Wetter; aber da ist die Pflicht, und die Männer gehen unverdrossen ihre Wachen als Posten Ausguck nicht anders als die an den Maschinen, die der Zentrale, im Funkschapp oder auch der Schmutt. Von ihrer aller Zuverlässigkeit hängen Überleben und Erfolg ihres Bootes, hängen sie selbst ab. Auf jedem einzelnen von ihnen liegt die Verantwortung für alle und mehr: für den Ausgang dieses verzweifelten Ringens, die Zukunft ihres Volkes gegen dessen entscheidenden Gegner: England.

Es ist ganz gewiß nicht leicht, als U-Bootfahrer Dienst zu tun. Das zu begreifen dauert nicht lang. Aber gewiß ist gerade in dem, was er dem einzelnen abverlangt, dies der stolzeste Einsatz, den ein Mann für die Gesamtheit seines Volkes leisten kann durch das, was ihm für seine Entbehrungen, die Hingabe seiner gesamten Person, selbst seines Lebens tausendfältig zurückgegeben wird. Nicht nur in dem Bewußtsein, Notwendiges zu leisten, Widrigkeiten gemeinsam zu bestehen, an Erfolgen wesentlichen Anteil zu haben, sondern darüber hinaus in dem, was höchste Kameradschaft der Gruppe und was für den Seemann unter ihnen das unvergleichliche Erlebnis der weiten See ihm mitteilt und verleiht, gerade im Nordatlantik, dieser urigen Wiege, in der der Seemann und der Krieger gedeiht, heute genau noch so wie einst.

Nordlicht

April 1941

Seit einem Tag gab es endlich etwas ruhigere See. Nicht gerade gutes Wetter, weiß Gott, nein! Aber das Barometer steigt, und die schwere Dünung hat nachgelassen, läuft merklich nicht mehr so aufgewühlt, nur mehr tot; denn der Sturm ließ nach. Alles berechtigt zu den schönsten Hoffnungen. Wenn es viele Tage aus allen Löchern weht, hat man wohl das Recht auf das Verlangen, auch einmal wieder bessere Stunden zu erleben, um endlich auf ein Ziel zu sicherem Schuß zu kommen. Nachgerade war die Stimmung an Bord schon gereizt. Alles sehnte sich nach ruhiger zu überstehendem Dienst, nach weniger anstrengender Maschinenwache zum Beispiel, die Brückenwache nach Trockenheit, alle nach genußvollerem Essenfassen und nach einem endlich einmal wieder lohnenden britischen Frachter möglichst ohne Sicherung, dem man bequem einen verpassen könnte, daß er mit seiner Ladung auf Tiefe ginge.

Außerdem wäre es nachgerade nicht unwillkommen, sich geruhsamer und mit geringerem Geschicklichkeitsaufwand bewegen zu können, als bei dem ständigen Hexentanz derart schwerer winterlicher Nordatlantiksee. Die Stimmung an Bord stieg jetzt zusehends seit dem Abflauen der wildesten Bewegung. Nun wird auch „unsere Gelegenheit" nicht lange mehr auf sich warten lassen; beim Wetter der letzten Tage wäre einen Torpedo loszumachen sinnlos gewesen, selbst beim lohnendsten Ziel.

Unser Torpedomaat mit seinen „Mixern" pflegte heute seine Aale mit besonderer Zuversicht sorgfältiger, so schien es mir. Jetzt während der Hundewache zwischen Mitternacht und 04.00 Uhr morgens lag ich, in meine Wolldecke gemummelt, fest in meine Koje eingeklemmt und schlief. Gegen Morgen — das heißt, auf diesen Breiten oder Längen, ich verstehe mich nicht darauf, befanden wir uns mit unserer deutschen Uhr der Ortszeit um einige Stunden voraus — stieß mich mit einem Mal der Zentralegast beim Arm:

„Frage vom WO: Will der neue Kamerad auf die Brücke? Ein besonders schönes Nordlicht heute! Das kennt er doch wohl noch nicht?"

Selbstverständlich will ich! Noch halbwegs verschlafen richte ich mich von meinem ständig schweißwasserfeuchten Kopfkeil hoch, zerre die Wolldecke zur Seite, lasse mich bäuchlings über den Schlingerschutz auf die Füße gleiten, ducke mich balancierend hinter dem Kameraden her unter den her und hin wiegenden Hängematten durch nach achtern, taste mich taumelnd an den Schlingerleitern der Nachbarkojen des Bugraumes voran; denn der Tanz, den meine ganze Umgebung — Festes und Loses, der Boden unter den Füßen, die Kojengestelle mit dem pendelnden Zeug daran, die Back mit der als Sitz vor ihr festgezurrten Zitronenkiste — aufführt, ist immer noch lebhaft genug. Nun tappe ich zwischen den Spindwänden im vom Schnarchen erfüllten Oberfeldwebel-, dann dem Offiziersraum durch am Horch- und dem Funkschapp vorbei, in dem der Funkmaat vom Dienst die letzten Sprüche entschlüsselt. Ihm gegenüber hat der Kommandant seinen grünen Vorhang dichtgezogen, die Andeutung einer schließenden Wand, die sein Privates umgrenzt. Er schläft also wie jetzt alle an Bord, die nicht Wache gehen.

Dann turne ich mit inzwischen gelerntem Schwung durchs Kugelschott an dem dort sich jetzt wieder hinhockenden Befehlsübermittler vorbei, und schon werde ich in der Zentrale als angenehme Abwechslung im ermüdenden Einerlei der unbeliebten Hundewache freudig mit Hallo von unserem allseits beliebten Zentralemaaten begrüßt.

„Nee, Wilhelm!" muß ich bedauern. „Diesmal bleib ich nich bei euch. Erstmal jedenfalls soll ich auf die Brücke."

Natürlich weiß der gute Lorenz längst, sogar länger als ich, daß ich hinaufgerufen wurde.

„Knipsen?" fragt er geradezu unschuldig auch noch jetzt mitten in der Nacht, der Spaßvogel, wie stets seine Ellenbogen rückwärts auf das Kartenpult gestützt und die unvermeidlich speckige Bordmütze keck auf dem Ohr wie immer, was auch anliegen mag, dabei friedvoll vor sich hin auf seine mit kleinen Drahtenden zusammengebändselten

Bordschuhe hinunterschmunzelnd: „Na, denn man ruff! — Eene roochen? Hier — alles mitnehmen, Kumpel!"

Und dabei, indem er die für ihn so typische verbogene Stellung seiner langen Glieder leicht verändert, langt er hinters Ohr und steckt mir, zugleich mit dem für ihn so typischen Griff seiner Mütze schnell noch einen weiteren Pull nach achtern gebend, eine Zigarette ins Gesicht, die er, wie der Kontorist seinen Bleistift, eigentlich für sich selbst hinters Ohr eingeklemmt hatte: bestimmt wollte er selbst sie zwischendurch schnell mal im Turm, dem — aber nur für Freiwächter! — zum Rauchen freigegebenen Ort, unerlaubterweise während des Dienstes „stoßen".

„Zieht euch warm an . . .!" summt er noch, sich hilfsbereit um mich sorgend, — „Wolgalied! Du weißt ja, Doktorchen: Hier! Meine Fellweste — un nu erst das Gummizeug! Frieren is nich gutt!"

Am Rudergänger vorüber, der, vor der ständig leicht hin und her wandernden, matt erleuchteten Kompaßscheibe hockend, im Turm seine Knöpfe bedient, klimme ich den senkrechten Niedergang hoch, erst bequem die augenblickliche Schräglage der Turmröhre nutzend, dann schwer in Armen und Füßen an den Sprossen hängend, wie das Boot überholt.

„Aufwärts!" Und dann: „Frage an WO: Darf ein Mann auf die Brücke?" Der ständige Satz, wenn einer zusätzlich hinauf will.

„Ja!" kommt es von Obersteuermann Kölzer zurück. Und dann also geht es das letzte Stück hinauf durchs Luk und hinaus.

Da weht plötzlich nach der engen Luft im Boot die weite kühle Nacht um mich. Ich melde, und mich am Schanzkleid haltend, blicke ich auf. Ein unbeschreibbares Bild über mir. Satt farbig, dennoch licht und als unergründlicher Raum blaut der nächtliche Himmel tiefsamtig im Zenit. Nicht dunkel genug für viele Sterne; aber in einem fragwürdigen, nirgendwo endenden, schwerelosen Ton. Unter diesem hin aber und doch in weltenferner Höhe huschen und geistern magisch weißliche Schleierspitzengebilde, fahl aufleuchtend, wieder verschwindend, erst hier, dann dort unberechenbar sich regend, als schlössen sich Kristalle auf einer Flüssigkeit geisterhaft zusammen, über die hin man atmet; als lösten sie sich nach dem Anhauch unversehens wieder auf; als beschrieben Farb- und Strahlengruppen strichweise mathematische Felder, blasse Nadelbüschel wie auf dem Rund einer mit dem Cellobogen angestrichenen Metallplatte die „kladnischen Klangfiguren" im Physikunterricht, über die gesamte Glocke des Firmamentes hingespielt. Dann wieder rötliche, dann rote, gelbe, sogar grüne Gespinste, und wiederum weiße, verwirrend sich verwandelnde Figuren.

Unfaßlich, absolut unwirklich, überirdisch, verwirrt mich das Ganze, als wäre gar nicht wahr, was ich doch sehe. Es erscheint mir wie unleserliche Schriftzeichen eines Weltengeistes oder vielmehr wie das zweckentrückte Spiel einer anderen Welt.

Und hier unten ziehen wir schwankend dahin, das einsame Boot mit den in seinem Leib geborgenen Schläfern, unglaublich winzig in dem kalten endlosen Rund der unbegrenzten fremden wühlenden Wasserwüste. Düster wandert um uns die unheimliche Dünung als ein aus dem Schlaf der Materie erwachendes mythisches Gebirge, lauter flüssige Hügel, urweltlich drängend bewegt, unaufhaltsam wallend in ein und der gleichen Richtung angerührt, eine unbegreifbar urige Welt.

Genau Südkurs liegt an. Im Leib unseres Bootes brummen die Diesel ihre vertraute langsame Marschfahrt. Einzig sie sind ein Zeichen von Leben in der ringsum unmenschlich bewegten Starre. In der Brückennock summen die Lüfter. Das schnittige Vorschiff unseres ringsum allein vertraute Überlebensmöglichkeit bietenden Bootes weist genau auf den Mond, der ein in sich bewegtes und dennoch starr gerichtetes Band von zuckendem Licht über die haltlos wandernden Rücken der See zieht. Genau in dieser Lichtbahn streben wir voran. Beinahe voll und von gelblichem Glanz räkelt er sich — so will es uns Schwankenden scheinen — träge auf schwellenden Kissen einer über die volle Breite der Kimm heraufziehenden Bank graugelblicher Spitzenwolken, weit großartig schweigevoller noch, als es jemals Schwind, der Maler nächtlicher Romantik, geträumt und gemalt hat.

Im Norden dagegen, also hinter uns — fast eindrucksvoller noch als er in dieser seltsamen Nacht — liegt das fahle rötlich-grüne Dämmerlicht des versunkenen Tages über der Kimm. Aufwärts gegen den Zenit aber wechseln die spielenden Effekte des Nordlichts, das vor dem Blau der höchsten Wölbung ständig aufscheint und wieder sich verliert.

Voraus im Süden versinkt jetzt die uns vertrautere Scheibe des Mondes oft und öfter in dem aufsteigenden Wolkengeriesel. Einzelne Fetzen von diesem lösen sich mehr und mehr von ihm los und ziehen herankommend über uns dann als düstere Trübungen hinweg. Wir aber dümpeln schwankend unter diesem Wunder, rollen, elastisch getragen von dem fremden Element, ein Nichts, ein versprengter Tropfen Heimat, verlorene Menschen in dem ringsum unheimlich kalten, fremden All. Es zieht, so scheint es, unser Boot triebhaft nach dem Süden wie ein Tier dem wärmeren Licht zu; als ängstige die strömende Leblosigkeit es, das haltlos urweltliche Wanken, die Unerbittlichkeit, das nordische Ende der Welt. Als möchte es dem maßlosen Fremdsein entkommen.

Wir nehmen verhältnismäßig wenig Wasser über trotz der noch wallenden Dünung auf diesem Kurs fast dwars zur See, den wir noch wenige Stunden halten werden. Genau von Ost laufen die dunklen Rücken gegen uns an, heben das Boot, das ja so tief in ihnen liegt, mit auf, als würden sie dieses Menschenwerk gar nicht beachten. Das neigt sich dabei zur Seite, während es mit aufschwingt, wühlt sich hinein und steigt mit ihnen an, als passe ihm das. Ein schäumender Teppich quillt neben ihm auf von sich brechender See. Und dann schwingt es zurück nach Backbordseite, neigt sich wiederum und sinkt tief dabei, während die weiterwandernde Schwellung es in das nächste Tal hinein entläßt, das ihr folgt: Ständig steigt und fällt die gleiche Masse Element, nur wenig am gleichen Fleck kreisend, während lediglich die dahinwallende Bewegung als solche weiterzieht. Und wieder trägt ein neuer Hang uns empor, drückt unseren Turm nach Steuerbordseite, und dann geht es wieder tief hinab und wiederum empor zwischen See und Himmel — fühllos unausmeßbares Element!

Wie ich gut eine Stunde darauf, kurz vor der Wachablösung, in die Zentrale hinabschlittere, ist das Barometer wieder gefallen. Mit der Wolkenbank kam wohl ein neues Tief. War der vergangene Tag nur Atempause, die der wüste Sturm uns ließ? Etwa sein Zentrum, sein Auge? Oder kommt nun doch trotz fallendem Glas ein besserer Tag?

„Gute Nacht!" wünscht mir der I. WO, der die neue Wache übernimmt und sich hier für sie gerade einmummt; ein liebenswerter Vorgesetzter — er blieb später als Kommandant auf eigenem Boot gleich nach dem Auslaufen zu seiner ersten Unternehmung —. „Der Wind frischt wohl wieder auf? Noch nie haben wir anhaltend solches Wetter gehabt. Verflucht! Wie soll man dabei zu Erfolgen kommen?!"

Ich muß mich erst umstellen. An den Krieg hatte ich die letzte Stunde gar nicht mehr gedacht — —

117

Sturmtage
April 1941

Das Wetter hat also keineswegs nachgelassen; der Sturm ist sogar noch heftiger geworden. Immer wieder drücken gewaltige Böen steile Mulden in die sich duckende See hinab, so daß diese, um der Gewalt auszuweichen, zu schwankenden Buckeln aufläuft. Nun wandert deren Bewegung, in massigen Hängen weiterwuchtend, immer wieder neu auflaufend heran. Beängstigend türmen sich und schwingen die endlosen Reihen ragender Gipfel, gleichsam Ackerfurchen mythischer Gewalten, rings um uns. Weißgraue Bärte springen aus ihnen auf, übersprudeln sich und werden wie Mähnen jagender Rosse ihnen voraus weggerissen. Die ganze Urgewalt ist vorwärtstaumelnd in Bewegung geraten von Anbeginn bis Ende dieser Welt. Das Chaos, aus dem einst der Kosmos sich gebar, scheint wieder zur Herrschaft gekommen; das All in Aufruhr, um aufs neue zu kreißen. Schon hat es unter der Gewalt des zornwütigen Weltenodems erste Ordnung angenommen, zu weithin ungebärdig dahinwuchtenden Reihen sich, wenn auch widerspenstig, schon formiert.

Und das ist das Überwältigende an diesem Grauen wie Lust zugleich erregenden Anblick: Nicht die Masse als solche wandert dahin, sondern nur deren Form. Jeder Teil des Weltenmeeres bleibt an seinem Platz; das heißt, er schwingt nur immer auf und ab in kreisender Bewegung, die gesamte unausschöpfbare Atlantiksee. Also die fließende Bewegung als solche wandert, wird als solche sichtbar; einzig ihre Form läuft dahin. Die gleiche Stelle Wasser, soeben noch tief drunten, trägt sich urplötzlich wie durch Eruption hoch empor, an ihrem Gipfel vor dem düster dahinstreichenden Wolkenhimmel grün durchschimmert wie Flaschenglas; und dann sinkt sie wieder hinab in den tiefen Schoß des Urgrundes, und das Aufwallen beginnt erneut. Das wirkt, als stürmten Regimenter unter einer über sie gebreiteten Decke dahin, die sich über den angreifenden Reihen hebt und zwischen ihnen senkt, ganze Regimenter von riesigen Elefanten, so daß man, ohne sie selbst zu sehen, ihr Vorwärtspreschen und -stolpern verfolgen kann.

Das ist das Wunderbare an diesem Anblick, den man, selbst emporgeschwungen und wieder hinabgestoßen in ständigem Wechsel, erlebt, daß die dahinwuchtende Dünung nichts ist als der gewaltige Chor der See, der Tanz, den die Urmaterie aufgenommen hat, um das Walten des Weltengeistes zu feiern auf seine wortelose, dennoch unmißverständlich eindringliche Art: durch die unmittelbar wirkende Sprache sichtbarer, ständig sich wandelnder Form.

Das Boot stampft und rollt und giert, daß man sich um- und umzukehren meint, wenn die wuselnd bewegten Wasserhänge mit ihrem auf der Stelle zurückbleibenden, auf und ab schwingenden Schaumgeäder heranwuchten, das Boot hinauftragen und zur Seite neigen. Über fünfundvierzig Grad Krängung hinaus vermag unser entsprechendes Meßglas in der Zentrale nicht anzuzeigen; sie werden seit langem immer wieder überschritten. Kentert nicht, überschlägt sich nicht unser Boot?

Nein! Vollkommen sicher schwimmt es als solches ja gänzlich in der See liegend, und hinaus schaut im Grunde lediglich der Turm mit seiner winzigen Brücke und darin uns. Die See bricht sich rauschend an seinem Leib, drückt erst das Vorschiff zur Seite, dann nachkommend das Achterschiff, so daß der mächtige Körper darunter, immer wieder um mehrere Grade drehend, seine Achse her- und hinpendelt, während er wie ein Wal durchs

Wasser zieht und das knapp auf ihm liegende Deck ständig wie ein Sieb mit einbricht, sinkt und wieder heraushebt, sich schüttelt, so daß das Wasser hindurch- und zur Seite prasselt; und wieder hebt es sich, das Vorschiff, hoch heraus. Die See läßt es mühsam emporstapfen, wenn die Kuppe des schwankenden Gebirges unter seine Nase greift; dann wieder hinabrauschen, wenn sie sein Achterschiff unterläuft. Und dann taucht die nächste sein Vorschiff jäh wieder tief hinein in den schaurigen Schlund der schwärzlich tiefen Flut, als sollten wir auf immer darin versinken. Doch dann läßt es sich von der kommenden, erneut aufsteilenden Masse wiederum hoch emportragen, dann den Bug und das halbe schwere Vorschiff frei hinausragen und, von dem Rücken der Walze entlassen, sich hineinstürzen für geringe Zeit in die unheimlich tiefe Geborgenheit zwischen den steil dahinwallenden Schluchten.

Durch den Turm in die Zentrale hinab rauscht gelegentlich Sturzwasser von einem besonders heftig auf die Brücke prasselnden Brecher. Ungerührt — er ist das längst gewöhnt — lehnt unser Zentralemaat breitbeinig am Kartenpult, geschickt mit beiden Ellenbogen gegen die Bewegungen des Bootes abgestützt, und blickt stumpfsinnig auf seine Stiefel. Von Zeit zu Zeit muß er die Lenzpumpe betätigen lassen, wenn unter den durchbrochenen Bodenplatten das hin- und herschießende Wasser der Bilgen über diese hinaufsteigt. Ein toller Spaß, zu beobachten, wie schnell es sich jedesmal vermehrt. Man steht unter dem Turm gelegentlich wie unter Gießbächen, solange droben das Luk noch nicht geschlossen gefahren wird. Dazu kommt es bei diesem Kurs nicht. Im Boot ist es still; die Freiwache schläft. Man hört kein Wort. Jeder ist erschöpft von der ständigen Bewegung. Desto toller vernimmt man das Lärmen der See an seiner stählernen Haut. Streifig getigert zu endlosen grauweißen Bahnen quer zur Dünung ist die sturmgeriefelte, in Aufruhr geratene See. Schimmernde Kronen brechen aus ihren Häuptern auf, zacken empor, wenn die Walzen sich zuhöchst steigern, stürzen dann, für eine Weile in Schwebe gehalten, ihnen voraus und fallen, von der weiterwuchtenden Bewegung zurückgelassen, in sich zusammen und zergehen, grünlich gefleckt hinabstrudelnd, zu jenen Bändern in dem düsteren Schiefergrau der schwingenden Weite.

Die Männer auf der Brücke sind naß bis auf die Haut auch unter ihren triefenden Wettermänteln, den Kapuzen und den Gummihosen, dem sogenannten „Großen Seehund". Dagegen nutzt auch kein Schal zur Abdichtung um den Hals. In ihren Wasserstiefeln steht die See um die Beine bis zum Rand. Vier Stunden hindurch halten sie angegurtet, damit sie nicht weggespült werden, falls bei entsprechendem Kurs eine achterliche See das langsamere Boot vollständig überläuft, hier oben aus. Das Luk ist jetzt geschlossen worden, damit solch ein Schwall nicht voll ins Boot hinab einbricht. So sitzt endlich auch der Rudergänger im Turm trocken; Befehle an ihn werden von oben durchs Sprachrohr übermittelt. Draußen die Vier sind jetzt völlig abgeschlossen, ganz allein inmitten der grandiosen Einsamkeit der ungeheuren See.

Das Boot wühlt und tummelt sich in seinem Element, das künstliche Menschenwerk, wie kein anderes seegehendes Fahrzeug harmonisch der See angepaßt, in diesem wilden Geschehen aufwärts, abwärts, und dabei schlingernd, stampfend, in seinem Kurs hin- und zurückdrehend, aber beharrlich voraus, vorangezwungen. Brummend saugen die Lüfter Frischluft zu den Dieseln. Prasselnd platzen Schauer von Brechern gegen den metallenen Turm, zersprühen und überfallen die Brücke, daß kein Sichabwenden hilft, kein Sich-hinter-das-Schanzkleid-ducken. Längst ist alles durch und durchgeweicht, und angestrengt geht der Atem. Der Sturm mergelt die feuchten frierenden Glieder aus, beißt die Haut im Gesicht, soweit dieses freiliegt; er verklammt die Finger in den quitschnassen Lederhandschuhen, die das ohnehin triefnasse Glas kaum einmal vor die Augen bringen. Der Lappen in der Tasche ist längst ebenso naß, mit dem man sonst die Okulare trockenwischen mochte. Periodenweise gab man, solange das Turmluk offen war, sein Glas zur Zentrale, wo es behandelt wurde, und ließ es sich wieder heraufreichen.

Trotz allem, Wachsamkeit ist oberstes Gebot. Heute ist zwar kaum mit Flugzeugen des Gegners zu rechnen hier so weit draußen, und Zerstörer haben gewiß genug mit sich selber zu tun in dieser bulligen See; dennoch heißt es wachsam sein und nach Masten zu spähen, denen man sich dann anhängen möchte. Denn wenn der Sturm endlich abflaut, die tolle Dünung geringer wird, und man hat bis dahin Fühlung halten und andere heranführen können, dann kann man endlich zum Schuß kommen: bei dieser augenblicklichen See hätte das gar keinen Sinn.

Stunde um Stunde mit wechselnden Kursen, Wache um Wache wühlt sich das graue Boot durch die wuchtenden Seen. Tief fetzende Wolken jagen unter verhangenem Himmel dicht über den Turm des Bootes. Von Zeit zu Zeit peitschen sogar Hagelböen den Männern ihre Schlossen ins Gesicht und springen wie querschlagende Pfeile von den harten Metallteilen der Brücke ab. Dauernd folgt ein Nebel von Wasserstaub im Windschatten dem Boot, wenn sich dessen Rumpf heraushebt, wie ständiger Dampf. Noch ist kein Nachlassen des Wetters, kein Abschwellen des Aufruhrs der Elemente zu sehen.

Die Männer blicken sich gelegentlich aus frierend erschöpften Gesichtern verschnaufend an, nicken sich trotzig stolz ein verzerrtes Lachen zu, hingerissen von dem Erlebnis solcher Urnatur. Wen beeindruckte wohl nicht dieses gewaltige Spiel und der eigene Kampf mit dem mächtigen Element! Noch schaffen wir es! heißt das; wir wollen es weiter schaffen! Wir zwingen die See, uns zu dulden, der Mensch die Naturgewalt! Unser Boot paßt sich der unvernünftigen Natur an, so, daß sie uns tragen und vorankommen lassen muß. Der Mensch ist geschmeidiger Sieger über die rohe Kraft.

Allmählich ist es Tag geworden, aber noch liegt es wie Dämmerung über der unter dem Sturm sich duckenden und dann wieder aufbäumenden See. Nordatlantik! Ohne Unterlaß preschen Sturzseen über die Brücke. Die Männer starren trotzdem aus verkniffenen Augen ständig wachsam in diese grandiose unmenschliche Welt. In dem geringen Rund ihres ständig schwingenden Turmes als winzig verloren, weitab von jedem festen Halt, den Freunden, Verwandten, die man kaum noch kennt, so fremd ist einem die ganze andere Welt geworden. Nur die wenigen Kameraden, auf deren jeden man sich verlassen kann, weil man ihn bis in den Kern kennt, sie sind uns vertraut. Wir alle zusammen unter diesem unserem Kommandanten ein Stoßtrupp im Niemandsland, das der Brite zu beherrschen sich anmaßt. Wir sind hier, um diesem überheblichen Feind die Zufuhr zu sperren, der uns drosseln, uns die freie Luft nehmen, uns nicht aufkommen lassen will.

Jetzt hebt sich das Turmluk. Die neue Wache zieht auf. Einer nach dem anderen von uns meldet sich abgelöst und gleitet dann schwer und klamm durchs Luk hinab ins enge wärmere Boot zu den Kameraden; zuerst der Offizier. In der Zentrale helfen wir uns gegenseitig aus dem sperrigen, klitschigen Regenzeug, ziehen an den Hosenbeinen, um die nassen Röhren abzustreifen. Alles ringsum ist plötzlich so eng nach der unwegsamen Weite draußen, alles so voll von dem Gedränge der Männer zwischen all den Apparaturen. Aber jetzt zwängen wir beiden Mannschaftsdienstgrade, die Klamotten aller vier über dem Arm, uns zum wärmeren Elektromaschinenraum nach achtern, damit sie bis zur nächsten Wache wieder brauchbar sind. Und dann zwängen auch wir uns nach vorn durch zum Bugraum.

Überdies erscheint der Backschafter, um die Barkass voll Rührei, eingelegten Gurken und Wurst nach vorn zu bringen für die Mannschaft, dazu die Kanne mit heißem Kaffee in der anderen Hand, denn die abgelöste Wache ist jetzt „dran". Wir stauen alles hungrig in uns hinein, über das reichliche Frühstück herfallend, nach Holzbrettchen und den Messern langend, die, von den Vorgängern, die jetzt droben stehen, liegengelassen, auf den durch die Schlingerleisten gesicherten Feldern der Back umherschlittern. Wie hat es der Schmutt nur fertiggebracht, bei solcher See Eier zu schmirgeln, den Kaffee aufzubrühen?! Dicke Brocken vom bröckelnden Dosenbrot brechen wir, und kräftige Scheiben von der Hartwurst schieben wir zwischen die Zähne. Die Butter aus der „goldenen" Büchse schmeckt zwar etwas ranzig, aber die Eier mit dem Speck machen das wett.

„Wo bleibt die Milch? Hier! Gib mal durch, Sigi: der Schmutt soll neue rausgeben! Wieder mal nur noch leere Dosen hier, wenn wir kommen. Immer dasselbe! Unn noch'n paar Eier ran! Backschafter, hurtig, hurtig, sag ich dir! Los dafür!"

Zwischen den übereinanderliegenden schmalen Kojen im Bugraum, um die schlingernde Back geklemmt, stopfen die abgelösten beiden Männer der Brücke die reichliche Mahlzeit in sich hinein wie junge Wölfe, flachsen sich zwischendurch mit den bereits in ihren Kojen liegenden „Heizern" der Freiwache in aller Freundschaft rauhgesellig an, wie das immer Seeleute den Männern von den Maschinen gegenüber tun. Und dann klimmt der eine, kurz darauf der andere gewandt in die von der Ablösung für ihn frei gewordene Koje. Sie haken den Schlingerschutz vor der Matratze ein, um nicht schlafend hinauszurollen bei dem Tanz, den der Raum wie ein wildgewordenes Bügelbrett aufführt, sinken in die vom ewigen Schweißwasser klammen Wolldecken und filzen sofort, wie der U-Bootsmann das nennt, schlafen durch bis zu ihrem nächsten Törn. Ihr Gesicht haben sie vorher schon mit ihrem „Colibri" vom Salz gereinigt. Währenddessen hat der Backschafter bei dem Seegang Mühe, das schmutzige Geschirr in dem heißen Seewasser, das er geholt hat, notdürftig abzuspülen, zu trocknen und klappernd ins Spind zu ordnen, in dem es durch Leisten gesichert liegt. Dann fegt er noch die Reste der Morgenmahlzeit von der Back in die Pütz. Unvorstellbar turnt der gesamte Raum, auf und ab und nach den Seiten rollend, in der groben Atlantiksee.

Niemand liest heute noch für eine Weile in einem der Bücher der mit jeder Reise wechselnden Bordbibliothek — der Dienst war zu erschöpfend auch für das gesamte technische Personal. Sie alle drehen ihre Leselampen am Kopfende der Kojen sofort aus.

Still wird es im Raum. Desto lauter sprechen die Geräusche des Bootes, und man vernimmt einen Brecher nach dem anderen prasselnd anschlagen und an seiner Außenschale rauschen, wenn sich das Boot hebt; dazu das hin und her schäumende Bilgenwasser unter den Bodenplatten. Herrenlose Stiefel schurren über den Boden des Raumes und poltern abwechselnd an Back- und an Steuerbordseite an.

Draußen wachen jetzt auf der Brücke und achtern an den brausenden Dieseln, an der stillgelegten E-Maschine, in der Zentrale Kameraden; das Boot bleibt ununterbrochen in Bereitschaft auch bei solchem Wetter. Ob wohl sie mehr Glück haben als wir, die letzte Wache, und etwas sichten? Man ist ja nicht Seemann allein, im Kampf mit Rasmus, dem Element, sondern zugleich Soldat am Feind, am Feind im Nordatlantik!

Begegnungen
April/Mai 1941

Rückmarsch. Endlich war es wärmer geworden, und auch die See atmete hier gleichmäßig ruhig unter seidig weichblauem Himmel. Ganz ungewohnt ist das uns, die wir vom hohen Norden zurückkommen. Nur leicht wiegt das Boot in der schwachen Dünung; von Seegang kann keine Rede mehr sein.

Ja, es wird Frühling! Zu Hause mag womöglich alles schon in voller Blüte stehen jetzt Ende April. Unser Dieselheizer Helmuth, der aus einem Dorf an der Bergstraße stammt, versichert es uns anderen jedesmal, wenn er während seiner Freiwache auf eine Zigarettenlänge in den Turm kommt. Er hat Heimweh, der kleine junge Kerl. Wir anderen können es uns noch gar nicht recht vorstellen, daß irgendwo der weiße Schimmer von Schwarzdorn am Wiesenrand vor dem durchsonnten grünen Schleier aufblätternden Waldes, daß womöglich gar schon Duft und Traum blühender Obstbäume durch warme Nächte geistern soll. Vor drei Tagen noch hatten wir geradezu bullige See abzureiten; Schneeböen bissen der Brückenwache in die verkniffenen Augen; die ganze Majestät des winterlichen Nordatlantik war vor uns enthüllt, uns wenigen in der winzigen schwankenden Nußschale der Brücke ganz allein in der urigen Weite. Woche um Woche war es uns ähnlich ergangen auf dieser ausgesprochenen Schlechtwetterreise. Nun endlich laufen wir geruhsam mit „Eine Langsame" unserem Einsatzhafen an der französischen Biskaya wieder zu; die letzten Aale sind verschossen.

Heimmarsch. Endlich Sonne und mildere Luft! Gestern nacht, so hieß es, hätten wir Rockhallbank passiert. Nun ist es warmer, schöner Nachmittag. Eben noch stand im Osten niedrig über der Kimm eine Reihe kleiner weißer Wattebauschen von Wolken aufgereiht wie an einer Schnur: „Die irischen Sperrballone!" hatte einer von der Brückenwache lachend gemeint. Ja, Eire, die Grüne Insel!

Die Brückenwächter pellen sich mehr und mehr aus ihren warmen Brocken. Hautöl wird gegen das dem Körper jetzt noch ungewohnte Licht, gegen Sonnenbrand, heraufgereicht, und dagegen werden die Schafwollmäntel und die Lederjacken hinuntergegeben, die Lammfellwesten, die Troyer. Hach, wie das guttut, die frische laue Luft auf der Haut! Sonne auf dem blaßgewordenen Pelz zu spüren nach dem wochenlangen nassen, eisigkalten Törn in Sturm und grober See!

— — „Hier, Herr Oberleutnant!" erscheint das jetzt bärtige Gesicht unseres tüchtigen Zentralemaaten verschmitzt aufwärtsgrinsend im Turmluk: „Nacktkultur an Bord ist aber verboten!" Er, der Spaßvogel an Bord und unverwüstliche Humorist der Besatzung, was immer auch anliegen mag, darf sich wohl erlauben, auch mal den I. WO mit Unschuldsmiene anzuflachsen, der zu guter Letzt eben sein Hemd hatte hinabreichen lassen.

„Wie wollen denn Sie da unten feststellen, Lorenz, was wir hier treiben?" ruft der, ohne das Doppelglas von den Augen zu nehmen, scheinbar ärgerlich knapp zurück. Um seinen Mund schmunzelt es dabei. Dann blickt er sich um nach dem Luk, aber der Kopf ist schon verschwunden.

„Nach dem, Herr Oberleutnant", kommt es jedoch aus einem Stockwerk tiefer, dem Turm, jetzt herauf, „was da so nach und nach zu mir heruntergegeben wurde, mußte ich das wohl annehmen." Mit ulkig eingezogenem Kopf und blinzelnd zwinkernden Augen steigt der Maat jetzt pflichtschuldigst den zweiten Teil des Niedergangs zurück in seinen Dienstbereich.

Stunde um Stunde ziehen wir schon so dahin. Die ersten Anzeichen des späten Nachmittags werden spürbar. Die See ist jetzt von einer märchenhaft weichen Bläue mit schiefrigem Grün darin. Dahinein ziehen wir unsre silbrige Heckspur und die beiden weit ausgreifenden Fahnen der Bugsee. Still ist es auf der Brücke geworden, ganz ungewohnt still; denn die Geräusche aus dem Boot beachten wir hier draußen gar nicht mehr.

„Die reinste Bäderreise!" stellt einmal der Bootsmann als backbord-vorderer Ausguck fest. Jetzt hebt er wieder das Glas vor die Augen und deutet dann, nach einer Weile es absetzend, hinüber auf einen dunklen Punkt backbord-voraus in seinem Sektor. Wir nähern uns ihm. Ein Stück Treibholz offenbar, das Wrackstück eines versenkten Frachters, wie man sie des öfteren trifft? Aber dann würde der Bootsmann doch gar nicht mehr besonders darauf hinweisen?

Auch ich nehme jetzt das Glas vor die Augen nach jenem Sektor hin. Immer näher schieben wir uns an den Gegenstand heran. Unbeirrt marschiert unser Boot den einmal festgesetzten Kurs. Jetzt treibt jenes dunklere Etwas querab an uns vorbei. Wir alle starren schweigend eine Weile darauf hin. Es mag ein jeder sich Gedanken machen, still für sich. Es ist ein toter Seemann, leise von der Dünung auf und nieder gewiegt.

Brite oder Kamerad? Wer will das entscheiden? Schiffe sind Feind; der einzelne Seemann aber gilt dem Seemann Freund. Es wird ein Mann der Besatzung eines versenkten Frachters sein. Der Krieg ist hart, Freund. Gestern dir, morgen mir. Jeden kann es treffen. Nun ist nichts mehr von ihm zu sehen; achterlich blieb der Tote zurück in seinem weiten, strömenden Grab; ein ruheloser Wanderer zwischen den Welten, bis sein Leib zerfallen ist und aufgeht in die Kraft des allumfassenden ewigen Ozeans.

„Ships, that pass in the night!" — Wer wird ihm wieder begegnen? So wenig wir von unserer niedrigen Brücke aus auch übersehen, die Sieben Meere der Welt sind unermeßlich weit. Jedes einzelne Schiff ist schon grenzenlos einsam. Der einzelne Mensch aber — und wir Fünf auf der winzigen U-Bootbrücke fühlen uns wie in einem winzigen offenen Ruderboot verloren — ist in der salzigen Flut ein Nichts.

Bald wird die Dämmerung einsetzen. Die Sonne berührt schon fast die im Nordwesten lagernde Dunstschicht über der Kimm. Feines Gekräusel streicht wie Gefieder erschauernd die kühle, fast schon metallisch glänzende Fläche. Der Wind scheint noch einmal zu erwachen vor dem völligen Einschlafen. Er regt sich ein wenig und weht ein paar zartsilbrig-goldene Wolken einzeln über den wasserhell grünlichblauen Abendhimmel herauf. Es gibt in diesen Breiten ganz eigenartig schöne Farben, wie man sie an der deutschen Küste niemals sieht, diesig gebrochen wie Perlmutt, wie milchiger Opal.

Längst haben die Wachen gewechselt, aber ich stehe noch oben an diesem sonderbar besinnlichen Tag, um keinen Augenblick dieser Farbenspiele zu versäumen; sie waren mir wichtiger als das Abendbrot. Heimfahrt also! Bald werden wir wieder zu Hause sein. Heimaturlaub!

Ein Rausch von blassem, dennoch funkelndem Gold, von nahezu orangefarbenen Tönungen flammt jetzt, wo wir eines dieser gefiederten Felder durchfahren, um uns immer stärker auf. Die Sonne selbst ist im Versinken.

Nun ist sie verschwunden, und das weite All spielt ihren letzten Glanz wie eine überwältigende Symphonie des Schweigens durch den unermeßlichen Raum; zu gewaltig für ein kleines unvollkommenes Menschenohr, um sie vernehmen zu können. Was kümmert sich das Unerschöpfliche um uns winzige Menschen mit unserer anmaßlichen Freude, unserem anmaßlichen Leid! Da lebt und webt es, baut auf, läßt wachsen, wieder sterben, zerschmettert, vergißt; unberührbar rücksichtslos führt sie ihr eigenes Leben, die Natur. Wir können nur ahnen, daß sie etwas empfinde. Was wir sehen, wird uns zum Symbol, Symbol für die Schmerzen und die tiefe Lust unseres eigenen Herzens.

Der Ruf einer einsamen Möwe klagt triebhaft, urweltlich rauh zu uns herüber. Trägt denn alle Kreatur an diesem Leid? Nicht nur wir Menschen in unserem schöpferischen Zwiespalt? Spürt denn auch sie das Besondere dieses Abends?

„Das kann keiner malen!" stößt mich Obersteuermann Kölzer, der jetzt Wachleiter ist, am Arm, während auch er für eine Weile verloren in das fremdartige, unerhört eindrucksvolle Spiel der Farben starrt. Dann sucht er erneut, das Glas wieder vor die Augen hebend, die Kimmung ab. Keinen Augenblick darf der Ausguck vernachlässigt werden; gerade zu dieser Zeit der Dämmerung nicht, die jetzt einfällt. Unser Boot fährt, so will es scheinen, in einer Mulde, einem Teller gleichmäßig dahin, als rühre es sich gar nicht von der Stelle. Zum ringsum messerscharf jetzt geschnittenen Horizont steilt sich die gleichsam eingedellte grünlich-goldene Fläche allmählich auf in ständig sich bewegendem Fluß. Dort aber, hinter der Kimm, senkt sie sich wohl ab. Deutlich empfindet man, daß wir auf dem Rund einer Kuppel schweben, auf der riesigen Kugel unseres Planeten in dem weiten Raum des Alls: Dort jenseits unserer Erde, diesem Wasserball, wandert jetzt meilenfern die flammende Sonne tiefer und tiefer im Raum, lediglich unserem Blick unsichtbar, verborgen durch die Wölbung unseres eigenen Horizontes. Aber man spürt es, erkennt es deutlich, sie ist dennoch da.

In der leicht gerauhten Wasserfläche spannt sich an der Schattenseite, silbriger als seine Umgebung gleißend, ein schmaler gerader Streifen — —

„Torpedolaufbahn!" schreckt auch schon der Ruf des Bootsmannsmaaten auf, der diesen Sektor zu bewachen hat — „Hart Backbord Ruder!" fährt der Obersteuermann, sich nach dort wendend, fort. „Beide Maschinen äußerste Kraft voraus!"

Wir alle auf der Brücke starren, während der Maschinentelegraf unter uns im Turm, vom Rudergänger sofort gelegt, aufschrillt und kurz darauf das Boot langsam, viel zu langsam, zu drehen beginnt, auf die hellere Spur, die sich dort tatsächlich uns voranzufressen scheint. Sollte das nicht doch bloß ein Windstreifen sein?

Nein, sie breitet sich aus. Immer schneller dreht jetzt unser Boot an, seine Nase auf die Laufbahn zu. Und da brummen endlich, zu spät, will uns scheinen, die Diesel auf. Man spürt und man hört es. Die Hecksee schäumt höher; das Boot neigt sich nach Steuerbord aus der Kurve und nimmt schnellere Fahrt auf.

Werden wir es schaffen? Werden wir nicht gerade vor ihrem Beginn die Bahn kreuzen, genau in den Torpedo hinein, der da auf uns losgemacht wurde?

Unser Drehkreis wird enger. Gott sei Dank!

„Ruder liegt Hart Backbord!" meldet es ruhigen Tones aus dem Turm. Sind denn erst Sekunden vergangen? Endlich schrillt wiederum der Maschinentelegraf.

„Beide Maschinen laufen Äußerste Kraft!" der Rudergänger.

Da ist auch schon der Kommandant, Kapitänleutnant Mengersen, zwischen uns — ich wurde zur Seite gerissen —, springt ans hohe Schanzkleid der Brücke vor und blickt mit nach dorthin, wo gerade, parallel zu uns, die Spur des feindlichen Torpedos kaum sieben Meter entfernt von unserer Flanke aufquillt und seine Spur verbreitert: Ein A-, ein Preßluft-Torpedo.

124

„Komm auf!" ruft er hinunter. „Recht so! — — Da! Noch so ein Streifen! Fächer! Haben Sie nichts von dem Sehrohr ausgemacht? Eine feine Bescherung!"

„Nein, Herr Kaleunt!" meldet der Obersteuermann nach einem Blick auf den Bootsmaaten, der die Spur entdeckte. Wir alle starren voraus, während das Boot, jetzt mit hoher Fahrt klatschend und rauschend die Bugsee nach beiden Seiten aufwerfend, den befohlenen Kurs annimmt: Hier irgendwo muß doch der Bursche stehen, das britische Boot!

Aber nichts von Stoß, nichts von einer Ramming ist zu spüren, nichts, kein Sehrohrkopf zu sehen: der feindliche Bruder ist sicherlich weggetaucht, als keine Detonation erfolgte und wir stattdessen auf seinen Standort eindrehten. Nun wird er es vorziehen, unten zu bleiben.

„Das wäre noch mal gerade klargegangen!" meint, uns anblickend, erleichtert der Kommandant. So wie er war, hatte er die Brücke gestürmt, als er durch die Schräglage anhand der Drehung und das Höherspringen der Diesel bemerkte, daß etwas anlag. „Eine feine Bescherung!" wiederholt er. „Wer hat die Blasenbahn gesehen?"

„Ich, Herr Kaleunt!" meldet der Bootsmaat.

„Nichts von einem Sehrohr, gar nichts von dem Boot?"

„Der hat hier zweifellos auf der Lauer gelegen", mischt sich der Wachhabende ein. „Für diesmal hat der Liebe Gott noch mal seinen dicksten Daumen dazwischen gehalten."

Der Kommandant wendet sich dem Obersteuermann zu und nickt: „Eine tolle Schweinerei! Aus der Dämmerung heraus gegen den leuchtenden Abendhimmel . . . Das hätte sitzen müssen! — — Ihr Brüder!" spricht er die Vier der Brückenwache an und nickt auch mir kaum merklich zu: „Das geht unmöglich, daß der Engländer uns früher sieht als wir ihn! Hättet ihr bei der ruhigen See nicht getorft, dann hätte jetzt er erledigt sein können. Wir, wir haben bloß Schwein gehabt. Ihr sollt die Fixeren sein! — Gut, Tietjen!" wendet er sich an den Bootsmaaten, „gut, daß Sie wenigstens auf den Streifen schnell reagiert haben; und Sie, Obersteuermann, daß Sie sofort richtig reagierten: in die Bahn hinein, nicht weg. Es war knapp genug! Wir fahren hier nicht im Frieden — — und sind noch nicht zu Hause!" Dann, nach einer Weile: „Lassen Sie bis 23.00 Uhr Große Fahrt laufen, Obersteuermann! Generalkurs wieder 200 Grad. Aber legen Sie Kursänderungen ein! Hier werden gewiß noch weitere stehen und lauern. Vor der neuen Wache gehen Sie wieder auf Marschfahrt ohne Zacken; dann ist es dunkel genug." Und damit verschwindet er wieder von der Brücke.

Er hat bestimmt recht. Das hätte unklar gehen können, eigentlich unklar gehen müssen. Wir haben wirklich unerhörtes Schwein gehabt.

Wie ich endlich nach diesem ersten vermeintlich besinnlichen Tag der ganzen Unternehmung, der dann doch so voll unerwarteter Ereignisse war, ins Boot hinabsteige, um auf meiner Koje auch mal zur Ruhe zu gehen, da ist die Dämmerung längst in Nacht übergegangen, und mitleidlos, doch tröstlich in ihrer festen unvorstellbaren Ordnung, blinken die Myriaden Sterne in dem satten träumenden Blau des Nachthimmels. Gutes schlankes Boot, sinniere ich, du bist uns Heimat hier draußen im Niemandsland der weiten See, so wenig wohnlich es in deiner Höhle auch sein mag. Du allein umschließt und birgst uns alle zusammen, uns Kameraden, in dem für den Menschen grauenhaft einsamen Meer, dem erschütternden, dem erhebenden. So weit entfernt von den Unsern, von allen Menschen, sind wir wenigen ganz auf dich gestellt. Noch haben wir dich! Ja, wenn wir dich nicht hätten . . .!

Fackel der Vernichtung
1941

Das Boot arbeitete heftig. Als es nach langer Unterwasserfahrt auftauchte, war ein dickes Tief drohend heraufgekrochen, von einem Ende des nordwestlichen Himmels bis zum anderen. Die Brückenwache hatte das Wetterzeug verlangt, als die See schwerer und schwerer zu werden begann, und immer öfter ganze Brecher über den Turm klatschten. Der Kommandant kletterte dann mit dem beglückenden Bewußtsein ins Bootsinnere, endlich für eine ganze Weile beruhigt schlafen zu können — tief schlafen.

Noch will das Auslöschen der Gedanken sich nicht einstellen. Kapitänleutnant Korth ist viel zu erregt und übermüdet. Das stärker sich bewegende Boot zwingt ihn überdies, sich im Liegen festzuklammern. Das rechte Entspannen nach all dem Erlebten bleibt aus.

Immer stärker turnt U 93 in dem aufkommenden schweren Wetter. Neben dem Kommandanten hängen griffbereit über dem Haken am Spind Lederjacket und Doppelglas am Riemen. Sie stehen sonderbar schräg und steif in den Raum hinein, wenn sich der „Dampfer", wie man das Boot gern nennt, zur Seite wälzt. Da scheint allerlei gefällig draußen. Kapitänleutnant Korth dreht das Gesicht zur Wand, den einen Fuß, das andere Knie, besseren Rückenteil und einen Ellenbogen geschickt als Stützen wechselweise gegen das Wandpolster beziehungsweise gegen den außen angebrachten Schlinger-schutz der Koje gestemmt; dazu den Kopfkeil in den Rücken gestopft, um nicht hinausgeschleudert zu werden. So ist man es gewohnt. Er liegt fest. Verflucht! Kann man denn gar nicht einschlafen heute?

Jetzt stapsen torkelnd die Männer der ablösenden Wache an ihm vorbei zur Zentrale. Ihr Getrappel schallt gedämpft durch den läuferbelegten schmalen Gang der Bootsröhre, der sich an dieser Stelle so anmaßend „Kommandantenraum" nennt. Korth hat vergessen, den schweren grünen Vorhang dichtzuziehen, der um Koje und Klapptisch dieses „Raumes" einen geheiligten Bezirk zu zaubern vermag. Im Grunde macht er nichts aus, bestärkt aber die Einbildung, abgeschlossen und für sich zu sein. Bald darauf kommen in umgekehrter Richtung die abgelösten Männer von Brücke und Maschine, jeder mit geübtem Schwung sich bückend und zugleich kletternd, durchs runde Kugelschott aus der Zentrale durch den Kommandantenraum und verschwinden einer nach dem andern nach vorn. Nebenan pellt sich der WO Götz v. Hartmann aus seinem Regenzeug. Polternd fahren die ausgewürgten schweren Gummistiefel gegen das Spind. Nun ächzt dort die Koje; man hört die Ringe von deren Vorhang über die Stange klappern. Es wird still.

Wie man alle Geräusche des Bootes allmählich deuten lernte! Die See wäscht heute unheimlich an Oberdeck und Bootskörper. Immer wieder schlägt es prasselnd hart gegen den Turm. Im Innern des Bootes knarrt ständig irgendein Verband im Holz. Surrend springt die Lenzpumpe an. Der Zentralemaat wird seine Bilgen entleeren wollen; sicherlich kommt viel Wasser von oben durch den Turm herein. An der Maschine hämmert einer auf Metall. Es hört sich hier wie sonderbares Picken an. Das alles ist altvertraute Schlafmusik des Frontfahrers, wie auch der Mief im Innern des Bootes ihn heimatlich berührt. Kapitänleutnant Korth hat siebenunddreißig Stunden hindurch kein Auge zugetan: Das Boot kommt aus einer Geleitzugschlacht. Jetzt endlich sinkt er in den Schlaf.

Die Nacht, der Tag und wiederum eine Nacht vergehen mit orkanartigem Sturm. Der zweite Tag bricht an. Endlich hat das wütende Wehen abgeflaut. Brav haben die U-Boot-Männer mit ihrem Boot die wilde Sturmsee abgeritten.

Ein tolles Wetter. Wirklich unmittelbar aus Gottes eigener Hand. Diese Boote sind nun einmal das Beste, was es an Seetüchtigkeit geben kann. Man sollte es nicht für möglich halten, was sie vertragen und glänzend überstehen. Sie liegen völlig in der See. Was herausschaut, sind Aufbauten. Ein Kentern ist ausgeschlossen, und wenn die Krängung einmal an die 60 Grad geht: das Boot richtet sich wieder auf. Alles in so wunderbar weicher Bewegung im gleichen Rhythmus wie die See selbst.

Die Besatzung hat es nicht leicht gehabt. Nicht die Brückenwachen draußen und nicht die übrigen im Boot; vor allem nicht die Männer am Diesel; und nicht zu vergessen der Schmutt. Jetzt, wo es vorüber ist, sind alle „fertig". Einzig der Kommandant hatte die volle Zeit zum Ruhen, so gut es ging. Er soll leistungsfähig sein, wenn er gebraucht wird, und das kann jeden Augenblick erfolgen.

Über Nacht ließ der Sturm plötzlich nach. Die Luft ist beinahe still. Noch geht starke Dünung. Die See hat sich keineswegs beruhigt über den rücksichtslosen Zugriff des Sturmes. Die schwankend wandernden Gebirge der Atlantiksee, die jener schroff emportrieb und -preßte, schwellen erst jetzt zu steilen Hängen an, die das Boot hinauffährt und hinabstößt. Die Bewegungen des Bootes sind zwar weicher geworden, nicht mehr so jäh wie an diesen Tagen, geringer sind sie noch nicht.

Während der frühen Dämmerung läßt der Kommandant tauchen. Wie an jedem Tage muß das derzeitige Trimmgewicht des Bootes festgestellt, der Verbrauch beziehungsweise Vorrat an Treiböl nachgeprüft werden. Das Horchgerät ist, wie unter Wasser immer, besetzt. Nur dann, wenn der Motorenlärm verstummt ist, nimmt das Gerät Geräusche ringsum auf und zeigt sie an. Hier unten ist es ruhig und voller Frieden, empfinden alle nach den beinahe zweimal vierundzwanzig Stunden Sturm. Leider nur vielleicht für knapp eine Stunde. „Peilung 85 Grad! Schraubengeräusche!" meldet der Funkgefreite, indem er der Koje des Kommandanten gegenüber den Kopf aus seinem Schapp, dem schrankartigen Horchraum, hervorstreckt.

Kapitänleutnant Korth wirft das Buch, in dem er gerade las, neben sich auf den Lederbezug, springt auf und nimmt einen der Kopfhörer vors Ohr.

„Weit weg — — tatsächlich. Aber kein Zerstörer. Ein Frachter vielleicht? Mann . . . !" nickt er dem Jungen zu, der mit feinfühliger Hand das Rad um die Stelle der Peilung spielen läßt.

„L. I.: Auf Sehrohrtiefe!" ruft Korth, den Hörer absetzend, zur Zentrale hinüber, die mit dem Vorschiff nur durch das runde Loch des Kugelschotts verbunden ist. „Sind Sie schon soweit mit Ihrer Trimmrechnung? — Halten Sie ihn mal drin, Melchers!" befiehlt er dann wieder dem Funkgefreiten. „Laufend melden!"

Nun schlüpft er in den Ledermantel, hebt den Riemen des Doppelglases um den Nacken, bindet den Südwester sorgfältig unterm Kinn fest — noch ist Zeit —, turnt durchs Kugelschott. Dann wartet er in der Zentrale ab, daß der Leitende Ingenieur mit seiner Trimmgewichtsrechnung fertig wird und auf Sehrohrtiefe gehen kann.

„Horchpeilung 72 Grad!" kommt es vom Funkmaaten, der inzwischen anstelle des Gasten das Horchgerät besetzt hat; der B. Ü. (Befehlsübermittler) am Kugelschott gab die Meldung weiter.

„Ja!"

127

Kurz darauf ist es soweit. Der Leitende Ingenieur hat das Ergebnis der Prüfung, die Trimmzahlen des Bootes, gemeldet bekommen; er steht dem Kommandanten mit dem einsatzbereiten Boot zur Verfügung.

„Boot ist auf Sehrohrtiefe!" meldet er, der, die Instrumente beobachtend, hinter dem Rücken der beiden Tiefenrudergänger auf dem Kartenschrank in der Zentrale hockt.

„Ja! Seh' schon!" bestätigt kurz der Kommandant, der neben ihm steht und mit abgelesen hat. Jetzt klimmt er den senkrechten Niedergang in den Turm hinauf.

„Sehrohr ausfahren!" befiehlt er wenig später von dort oben, wo er inzwischen, ein Stockwerk über der Zentrale, auf dem Sattelsitz vor dem drehbaren Angriffssehrohr hockt. Solange er auch durch die lichtstarke Optik blickt, es ist nichts auszumachen, obgleich es draußen längst Tag wurde.

„Höher ausfahren!"

Auch das bringt kein Ergebnis.

„Auftauchen!"

Inzwischen hat sich die Seewache für die Brücke wieder klargemacht und wartet vor dem Niedergang in der Zentrale, daß das Boot rauskommt und der Kommandant sie hinaufruft.

„Turm ist frei!" meldet der Leitende Ingenieur entsprechend dem Zeiger des Tiefenmanometers.

„Ausblasen mit Diesel!" Der Ruf pflanzt sich fort, von Mann zu Mann nach achtern durch U-Raum und Kombüse weitergegeben bis zum Maschinenraum. Die Druckveränderung im Boot schmerzt für einen Augenblick unangenehm in den Ohren, während der Überdruck aus dem Boot vom anspringenden Steuerborddiesel abgesaugt wird, um die Atmosphärenzahl jener draußen anzugleichen.

„Boot ist raus!" und schon springt das Luk auf, frische Luft strömt kühl und rein ins Boot herab, während Korth allein auf die Brücke klimmt und ringsum alles prüft; denn gar zu leicht kann man vorher im Sehrohr doch irgend etwas übersehen haben.

Drunten lauern sie, was nun kommen mag. Mehrmals mußte das Boot sofort mit Alarm wieder tauchen, ehe die Seewache aufziehen konnte.

„Seewache aufziehn!" vermittelt der Rudergänger im Turm als Befehlsübermittler zwischen Brücke und Zentrale den Befehl des Kommandanten. Also ist draußen alles normal. Und die Schraubengeräusche?

Die Männer klettern senkrecht hinauf. Im Wiegen des Bootes in der See, das, seit sie der Oberfläche nahe kamen, wieder voll und ganz eingesetzt hat, hängen sie mal in den Sprossen, mal werden sie geradezu angelüftet, als schöbe man sie ein schräges Dach hinauf.

Zuerst fauchend, dann stuckernd, ist der Backborddiesel angesprungen, und beide Maschinen wummern ihr kraftvolles, vertrautes Lied.

„Beide Maschinen Halbe Fahrt Voraus! Auf 240 Grad gehen!"

Klingender dröhnen die Motoren. Noch einmal das gleiche Zeichen des Maschinentelegrafen als Antwort: Befehl ausgeführt. Der Rudergänger meldet zur Brücke, daß beide Maschinen jetzt Halbe Fahrt Voraus machen. Man spürt, wie das Boot allmählich vermehrte Fahrt aufnimmt und auf neuen Kurs eindreht.

„240 Grad liegen an!" meldet der Rudergänger.

Von dem Frachter, den das Horchgerät in rechtweisend 240 Grad feststellte, ist nichts auszumachen, so angestrengt auch Brückenwache und Kommandant durchs Glas spähen.

30 Der Kommandant (E. Topp) am Standsehrohr in der Zentrale. Neben ihm „Der dicke Säck", sein Obersteuermann, später Wachoffizier, zur Berechnung der Werte.

31 Nach Lösen der Torpedos: Die Torpedomixer am Ausstoßrohr. „Frage Laufzeit?"

32   Torpedotreffer auf Tanker, Ölexplosion.

33   Das Rückgrat gebrochen, Frachterwrack.

34   Tankerwrack, es schwimmt für eine Weile auf seinem Luftkissen, ehe es versinkt.

35 Schiffbrüchige
Frachterbesatzung
im Mittelatlantik
wird versorgt.

36 Überlebender,
Mittelatlantik
vor Freetown.

37　Ein Boot hält außer Sicht Fühlung, Typ IX.

39   HX-Geleitzug, aus einem Sunderland-Flugboot gesehen. Im Vordergrund ein Passagierfrachter, dahinter mehrere Tanker, die meist die sicheren Plätze in der Mitte des Konvois erhielten.

◀ 38   Der Kommandant (J. Mohr) auf der Brücke während des Fühlunghaltens.

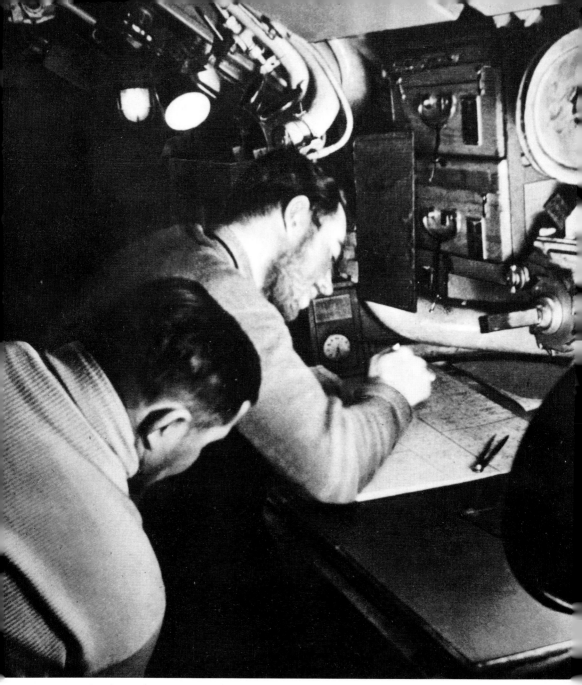

40 Obersteuermann Kölzer am Kartenpult in der Zentrale beim Berechnen und Eintragen der Kurse.
Hinter ihm der Bootsmann.

„Frage: Darf Luftverdichter angeschlossen werden?" vermittelt der Rudergänger die Bitte des Leitenden Ingenieurs aus der Zentrale hinauf.

„Ja! Is' gut!" erwidert der Kommandant, ohne das Glas von den Augen zu nehmen. Nichts kommt in Sicht. Er verschwindet von der Brücke und überläßt die Führung des Bootes dem WO.

Eine Viertelstunde verstreicht. Das Boot tut sich schwer in der See. Korth hält es nicht auf seiner Koje, wo er die Eintragung über die letzten Ereignisse zu schreiben begann. Er schließt die Kladde weg und begibt sich wieder auf die Brücke.

„Beide Maschinen Große Fahrt!"

Heller singen die Diesel auf. Härter arbeitet das Boot in der Dünung.

Eine halbe Stunde ist nach dem Auftauchen vergangen. Die Kimm bleibt leer. Nur die wandernde See ringsum, die, wenn das Boot mit der Dünung emporgetragen wird, wie ein zuckendes, wuselndes Band erscheint.

Korth läßt tauchen und erneut horchen. Das Schraubengeräusch ist immer noch deutlich auszumachen, jetzt in 340 Grad zum Boot, rechtweisend 260.

„Auftauchen, L.I., und dann: Beide Äußerste!" sagt Korth strahlend, „Dreimal A.K.! Mensch, holen Sie raus, was irgend geht! Das wäre ja noch schöner!"

Wütend brummen die Diesel und treiben das wild schwankende Boot durch die See. Es ist eine Fahrt, wie man sie ohne Not bei solcher Dünung kaum unternimmt, keine Erholungsreise. Der Kurs liegt günstig zur Richtung der See, in spitzem Winkel; sonst wäre eine solche Fahrtstufe überhaupt nicht möglich. Trotzdem ist die Brücke jedesmal wie mit Vorhängen überweht, wie mit Kübeln voll Wasser überschüttet, wenn das Vorschiff schweratmend in die Berge feuchten Elementes einbricht, die sich schräg heranwälzen. Es ist, als stöhne das ganze Boot wie ein lebendiges Wesen längst vergangener Weltzeitalter auf. Gehemmt in seinem Lauf, kämpft es sich wie unwillig über den Widerstand wieder frei. Die triefnassen Männer auf der Brücke sind voller Grimm. Sie wollen dem Schraubengeräusch auf die Spur kommen. Stammt es wahrhaftig von einem einzeln fahrenden Frachter, so soll der ihnen nicht entgehen, koste es, was es wolle! Sie sind allerhand gewohnt. Wer weiß, wann man wieder auf eine Beute stößt, die so bequem ist wie ein Einzelfahrer. Noch sind die Aale nicht alle verschossen. Jede Gelegenheit heißt es anzupacken. Wo steckt nur der Bursche? Schneller noch als sie kann er doch nicht sein?!

Erst eine ganze Weile darauf erkennt der Bootsmaat als erster in dem ihm anvertrauten Sektor zwei fadenschwache Masten, die in 350 Grad zum Boot über die schwankende Kimm ragen. Sie stehen dicht beieinander, in spitzer Lage zum eigenen Kurs. Der Bursche lief die ganze Zeit vor ihnen her.

Kapitänleutnant Korth läßt das Boot etwas abfallen von seinem Kurs und beobachtet Lage und Auswandern der Masten des Gegners — die hinuntergegebenen Zahlen werden drunten am Kartenpult vom Obersteuermann ausgewertet —, während die anderen weiter ihren eigenen Sektor überwachen. Ausguck ist nun einmal das halbe Leben! Er darf keinen Augenblick vernachlässigt werden.

Nur langsam wachsen die Masten höher über die unruhvolle Kimm. Sie verschwinden, wenn das Boot sich in die Täler der Dünung hineinschmiegt; sie steigen, wenn es prustend auf den Rücken der Wasserwalzen emporgetragen wird und ihm die weitere Sicht über die wandernd schwingende wüste Welt gegeben wird. Stunde um Stunde. Die Wachen wechseln. Kapitänleutnant Korth sitzt längst wieder am Schreibtischpult neben seiner

Koje. Erschöpft und übermüdet fallen die abgelösten Männer über das Essen her, dann legen sie sich schlafen, ohne erst noch viel zu „reesen" heute. Aber die Stimmung ist prima.

Der Frachter, dessen Schornsteinkappe allmählich, im Glas zu erkennen, freikommt, muß das Boot während der frühen Morgenstunden noch bei Dunkelheit auf nicht so weite Entfernung passiert haben. Er zackt jetzt ständig in langen stumpfen Schlägen. Und schnell ist er. Offensichtlich ein typischer Einzelfahrer, wie man sie ohne Sicherung auf die Reise zu schicken wagt. Bisher ist von Bewachern nichts zu bemerken. Sie wären sonst schon im Horchgerät festgestellt worden. Seinen mageren Aufbauten nach ist der Kerl nicht mal allzu fett, nicht so, wie man es hoffen möchte. Verwunderlich ist nur die hohe Geschwindigkeit. Nun, Kleinvieh macht auch Mist, sagt der Lateiner, erinnert sich Korth. Sehen wir ihn uns mal an!

Von Zeit zu Zeit erscheint der Kommandant auf der Brücke. Er läßt den in ruhigen Schlägen zackenden Gegner genau ausdampfen, um sichere Unterlagen für den Schuß zu bekommen. Der Frachter macht es einem nicht schwer; denn seine Kursänderungen sind bisher unkompliziert, die Geschwindigkeit stetig.

Der Tag geht hin, bis das Boot sich dem Gegner mühsam vorgesetzt hat. Dann wird zum Angriff getaucht und gelauert, denn über diese Stelle müßte er wohl kommen. Alles atmet auf nach der anstrengenden Fahrt, daß es endlich soweit ist.

„Torpedowaffe auf Station!" Die Laute der Überwasserfahrt setzten mit dem Schlag des Tauchens aus. Im Bugraum erstarb mit einem Mal das ewig klirrende Anschlagen einer Stahlkette der Torpedovorholeinrichtung gegen ihre Schiene. Kaum wird aus dem tieferen Untertauchen die Sehrohrtiefe wieder angesteuert, so beginnt das geruhige Wiegen, das Klappern und Scheppern dieser und jener Dinge im Boot; die hohe Dünung draußen wirkt sich so tief hinab kräftig genug aus. Es ist nicht leicht für den Leitenden Ingenieur, bei dieser See das Boot zu halten, daß es nicht mit Vorschiff oder Turm herausbricht. Dann wäre es mit dem Angriff vorbei. Bootsmann und Steuermannsgefreiter als Tiefenrudergänger verstehen ihre Sache ausgezeichnet, jeder Tendenz des Bootes, die der Seegang verursacht, sofort zu begegnen. Ständig trimmt zudem der Zentralemaat Wassermengen von vorn nach achtern und wieder nach vorn, wie der Leitende es angibt. Blitzschnell und sicher heißt es, die verwirrend vielen Handgriffe der Ventile in der Zentrale zu bedienen.

Korth hockt hinter dem Angriffssehrohr im Turm. Alles wird zum Schuß klargemacht, die Ausstoßrohre sind bewässert, die Aale schwimmen bereits; denn die Mündungsklappen sind geöffnet. Noch gilt es, sie entsprechend den Werten, die der Kommandant befehlen wird, einzustellen.

Immer höher kommt der Frachter heraus, immer näher schiebt er, schwer genug in der See arbeitend, sich heran. Nur von Zeit zu Zeit richtet sich beutelüstern der „Bleistift", das Sehrohr, auf ihn. Jetzt sieht Korth das ganze Schiff. Wahrhaftig, ein kleiner Frachter, kleiner noch, als er befürchtet hatte. Bei der langen Dünung, durch die er sich seinen Weg so erstaunlich eilig wühlt, schlagen seine Schrauben oft im Leeren. Dann wieder setzt das Vorschiff wie zu mächtigem Sprunge an, bäumt sich auf, steilt empor. Die See schüttet in ganzen Sturzbächen von ihm ab, ehe wiederum der Bug, Brecher zur Seite und hoch hinaufklatschen lassend, massig einsackt in das schwere, wandernd schwingende Element. Zur Vorsicht läßt Korth die Lauftiefe der Torpedos noch geringer einstellen, daß sie ihr Ziel nur ja nicht untersteuern sollen, was sie ohnehin leider gern tun.

„Sehrohr aus!" Ein kurzer Blick. Eine geringe Kursänderung wird befohlen. So.

„Ein!" Befehl an die E-Maschine, andere Fahrtstufe zu laufen. Nun müßte es hinhauen. Zackt er nicht etwa noch aus, ehe es soweit ist? Mühsam ist es allemal, sich unter Wasser an einen Gegner heranzupirschen. Es erfordert lange Vorbereitung, Beobachtung und Berechnung. Ein Spiel, das anstrengt und anspannt.

„Sehrohr aus!"

Gott sei Dank! Dort zieht der Frachter prustend und ahnungslos seine Bahn herauf. Zwei Minuten noch, dann dürfte das Boot in Schußposition kommen. Ein Torpedo; der muß genügen. Mehr ist der Bursche nicht wert, urteilt Korth. Weg mit dem Sehrohr!

„Ein!" Die Lage ist jetzt gut.

Eine spannende Minute. Und noch eine. Aus dem Bugraum kommen die Meldungen vom Rohrsatz.

„Sehrohr aus!" Er hat seinen Kurs beibehalten.

„Rohr III — Achtung!"

„Deckung!" wiederholt durchs Sprachrohr der Mechanikersmaat von der Feuerleitanlage her seine Meldung, so daß der Schuß fallen kann.

„Rohr III — — — Lllosss!" kommt es kurz darauf zurück, und der Maat schlägt zur Sicherheit auf die Handabfeuerung, während das Klingelzeichen aufschrillt als Zeichen dafür, daß der Schuß vom Turm aus gelöst wurde. Die Springer der Feuerleitanlage kreisen ihren sonderbar spielerisch wirkenden Tanz um die Mitte der matt erleuchteten schwarzen Scheibe. Mit leisem Zischen hat die Preßluft den Aal aus seinem Rohr hinausgetrieben; der Rückstoß hemmt deutlich spürbar das Boot für einen Augenblick in seinem Lauf.

„Torpedo läuft!" meldet der Funkmaat aus dem Horchraum. Das vorn verlorene Gewicht des Bootes hat der Zentralemaat mit dem Augenblick des Schusses nachzufluten begonnen. Jetzt ist es still. Im Mittelgang vor dem Horchschapp drängen sich der Zweite Obermaschinist und einige, die nicht auf Station zu sein brauchen, und lauern auf den Laut der erwarteten Detonation. Der Funkmaat hat die Stoppuhr gedrückt. Zuckend kreist der feine Zeiger, der die Laufzeit, die tatsächliche Entfernung gegenüber der geschätzten, kontrollieren soll.

Nun? Kapitänleutnant Korth läßt wiederum das Sehrohr ausfahren, denn jetzt muß drüben die Wassersäule aufspringen — — — .

„Torpedo läuft noch!" dringt die Meldung zu ihm hin. Der Maat nennt die langsam auswandernde Peilung seines Schraubengeräusches.

Der Obermaschinist blickt von der Stoppuhr auf und ihn an.

„Na?"

Schraubengeräusch des Dampfers und Schraubengeräusch des Torpedos, die in Deckpeilung lagen, wandern voneinander fort.

„Sehrohr ein!" hört man entfernt die Stimme des Kommandanten. Der ging also vorbei. Zwar läuft er immer noch, aber unbehelligt kämpft sich der Frachter seinen Weg weiter durch die hochgehende See.

Jeder flucht in sich hinein. Erneuter Angriff? Noch einmal das ganze mühselige Vorsetzen, nachdem er aus Sicht und man auftauchen kann? Noch mehr Torpedos lohnt ja der Kerl gar nicht recht. Korth läßt enttäuscht den Frachter völlig vorbeiziehen, dann taucht er auf. Und wieder stürmt das Boot mühsam außerhalb der Sicht des Gegners diesem nach.

„Der lohnt nicht, Jungs!" beantwortet er das fragende Gesicht eines seiner Männer. „Mit der Kanone. Heute nacht!"

Auf ein Neues denn! Heute abend!

Und wieder heißt es Fühlung halten, sich mit „Große Fahrt" durch die hohe See kämpfen. Den ganzen restlichen Tag.

Inzwischen passiert das Boot die Stelle, auf der sich vor Tagen die Geleitzugschlacht abspielte. Noch treiben, weit auseinandergerissen durch den Sturm, Trümmer der versenkten Schiffe in der Dünung. Korth läßt einen Rettungsring auffischen und nimmt ihn mit. Er stammt von einem der Frachter, die er versenkte. Auf dem Wrackstück eines zerschlagenen Rettungsbootes liest man einen zweiten Namen. Des Kommandanten Vermutung, nur nach den Formen der während der Nacht schemenhaft erkannten Gegner aus Lloyds Register herausgefunden, hat demnach gestimmt. Die Klasse war richtig erfaßt, und jetzt weiß man auch Namen und Größe der Opfer auf die Tonne genau.

Ein völlig wolkenloser Himmel ist dem Sturmtag gefolgt. Es herrscht unwahrscheinlich klare Sicht. Wie mit dem Messer gezogen trennen sich See und Luft. Der in toter Dünung wogende Atlantik ist von seidig blauer Farbe, neben dem Boot fast schwärzlich bunt, mit grünem Geström darin, und, wo die Bugsee ihn aufwühlt, mit schneeig weißem, ständig neu ans Licht empordringendem Schaumgequirle. Tief schneidet der Bootskörper in die immer noch laufende Dünung ein, hebt sich unwillig schäumend aus ihr heraus, schüttelt sich und wird, kaum, daß er freikam, von der nächsten, schwappend heranschwankenden, über ihm zusammenbrodelnden Wassermasse wiederum begraben. In regelmäßigen Abständen kommt die leichte Rauchfahne des Frachters, den man an Steuerbordseite voraus seine Zacken fahren läßt, über die Kimm heraus in Sicht. Das Boot läuft seinen Generalkurs parallel mit. Bleibt er wie ein Routineboot bei seiner Taktik, wird er einem nicht mehr entgehen. Es ist jedesmal ein spannendes Erwarten, ob er nicht einfach ausbleiben wird.

Am späten Nachmittag wird weit voraus ein Flugzeug gesichtet.

Tauchen? Nein! Abwarten, es ist weit entfernt und nicht im Anflug. Sicherlich hat es das Boot nicht gesehen, urteilt der Kommandant. Der kleine dunkle Punkt in der Luft dreht auf die Rauchfahne zu ein, die als leichte Trübung zur Zeit gerade über dem dunklen Gewoge schwebt, stößt nieder — — sollte das ein deutscher Fernaufklärer sein, der jetzt dem Boot vor der Nase weg den Gegner verputzt?

Wirklich: Detonationen sind zu hören. Das Wasser leitet Schall und Erschütterung über die Meilen her, fast als gälten sie einem selbst. Der Punkt verschwindet. Die Rauchwolke bleibt, wird keine Detonationswolke. Alles bleibt wie vorher. Die Mastspitzen kommen heraus, der Frachter hält seine längst gewohnten Zacken stur wie ein Panzer unverändert bei. Der Angriff der Maschine scheint erfolglos geblieben. Hatte sie nur jene paar Bomben noch an Bord?

Nicht lange, und es wird ein Funkspruch des BdU aufgenommen, der besagt, daß eine Condor in dem und dem Quadrat — und es stimmt erstaunlich genau überein mit dem, das von dem Boot doch so viel zuverlässiger ermittelt wird — einen feindlichen Frachter angegriffen, aber nicht versenkt habe. Ein sauberes Besteck habt ihr Brüder von der Luft diesmal ausgerechnet, alle Achtung! schmunzelt man im Offiziersraum des Bootes, wie die Funkkladde mit dem entschlüsselten Spruch die Runde macht. Auch ihr habt also Pech gehabt mit diesem zähen kleinen Burschen! Der Kerl hat Schlump. Nun wird es Ehrensache, ihn zu versenken.

Der Frachter hat doch, bemerken sie bald, seine Geschwindigkeit noch um einiges erhöht. Hart schiebt sich das Boot über und durch die See. Die Brückenwache fährt ständig vollkommen naß, unter ganzen Güssen von Brechern. Jeder Gedanke, den im Grunde gar nicht einmal lohnenden Burschen einfach laufen zu lassen, ist jetzt im Keime schon erstickt: Dieser Kerl soll geknackt werden. Endlich soll er daran glauben.

Eine helle Mondnacht steigt herauf.

Der Gegner scheint sich merkwürdig sicher zu fühlen. Er behält seinen Kurs einfach bei, nur daß er jetzt auf das Zacken verzichtet und mit der Meilenzahl wieder heruntergeht. Doch auch sie „genügt" durchaus noch, ein Artilleriegefecht vom U-Boots-Deck aus zu einer höchst problematischen Sache zu machen. Auch sonst ist das Wetter dieser Nacht ungünstig für ein Überwassergefecht. Der Feind, der als ungewisser Schatten in einiger Entfernung dahinzieht, muß das angreifende Boot sehen bei der Helligkeit, die das Gestirn heute verbreitet. Richtig dunkel wird es bei dieser Mondphase nicht werden. Ob die Geschützbedienung sich an Oberdeck überhaupt genügend wird halten können? Wird sie Treffer erzielen bei dem ständig arbeitenden, dauernd überspülten Boot?

Kapitänleutnant Korth probt verschiedene Möglichkeiten der Lage des Bootes zur See aus, ehe er seinen Angriff entwirft. Er muß aus dem ein wenig dunkleren Horizont heraus angreifen, und doch darf nicht der Mond die dem Gegner zugewandte Seite des Bootes anstrahlen. Endlich soll die Lage des Bootes in der See möglichst ruhig und trocken sein!

„Artillerie klar!"

Geschickt lassen sich die Männer der Geschützbedienung an Oberdeck herab, nutzen den Moment, da eine See sich verläuft und sich das Vorschiff hebt, springen herzu, gurten sich blitzschnell ans Geschütz, reißen an dem Verschluß, das Rohr wird herumgeschwenkt, gerichtet — eine See überspült sie mit brodelndem Schwell, daß sie bis zum Bauch hilflos im zerrenden Wasser spaddeln, — und dann spannen sie auf das Kommando zum ersten Schuß.

Das Boot läuft spitz an, um so spät wie möglich erst entdeckt zu werden. Immer näher stößt es gegen sein Ziel. Schon blickt der II. WO, jedesmal der Artillerieoffizier auf den deutschen Booten, fragend den Kommandanten an, der, das Doppelglas vor den Augen, neben ihm auf der Brücke steht und das „Feuer frei!" befehlen soll.

Entfernung 1500! Ständig richtet das Geschütz mit auf den Schatten, der, von dem fast vollen Mond angestrahlt, immer größer wächst. Das Boot giert stark auf seinem Kurs in der See. Der Rudergänger hat verteufelt aufzupassen, daß die drunten am Geschütz nicht ständig allzu stark nachzuschwenken brauchen.

Nur noch 1000 Meter! Da endlich:

„Feuererlaubnis!" Und auf den sofort folgenden Befehl des II. WO reißt der Bootsmaat drunten auf Deck am Abzug.

Nichts.

Nanu?

Versager! Fluchend wird die Granate ausgewechselt. Wieder spült eine See gurgelnd über Deck und läßt die Männer taumeln. Sie hängen mit den Karabinerhaken am Geschütz fest. Ein neuer günstiger Augenblick wird abgepaßt. So nun — — :

Nichts!

„Verflucht, was is' denn los bei euch?" schreit der Offizier.

„Versager!" brüllt es noch einmal von dort zurück.

„Kann ich mir denken, — was denn?"

Mit einem Mal ballern auf dem Frachter zwei 4-cm-Geschütze. Man hat den Angreifer entdeckt.

Auch das noch!

„Hart Backbord! Beide Halbe Fahrt voraus!" ruft der Kommandant. „Jetzt die Zwozentimeter! Los, Jungs! Rotzt ihm was hin! Das Oberdeck bestreichen!"

Rack, rack, rack, rack — — spuckt sofort stotternd das 2-cm-Geschütz auf der Kanzel hinter der Brücke seine flammenden Mäuse zum Gegner hinüber, dorthin, wo die Abschüsse aufflammten.

Ein unsympathisches Gefühl, auf der ungeschützten Brücke eines derart verletzlichen Bootes und frei an Oberdeck an seinem Geschütz zu stehen. Aber auch für den Gegner nicht angenehm, so von heranzirpenden Glühpunkten gesucht zu werden, die wie eine Lichterkette auf ihn zustürzen.

Dreht denn das Boot nicht schneller ab? Die feindliche Leuchtspur zischt den Männern pfeifend um die Ohren, und das eigene Geschütz, das wirklich etwas ausrichten könnte, ist unklar. So eine Mordsschweinerei!

Trotz des Beschusses durch den Gegner gelingt es, das Boot unbeschädigt in die schummrige Mondnacht hinein abzusetzen. Der Gegner hat abgezackt, aber man behält den Schemen im Glas und kann folgen. Auf einen neuen Angriff ist der Feind jetzt gefaßt; er ist gewarnt.

„Was ist mit dem Kanon?!" Der II. WO ist selbst hinzugesprungen. Es stellt sich heraus, daß das Fett, mit dem das Geschütz gegen Seewasser dick überzogen und in allen Teilen verschmiert war, verharzt ist. Zweifellos durch den letzten, eisig auskühlenden Sturm. Die Abfeuerung ist blockiert. Der Fehler ist leicht zu beheben.

Der Funkmaat meldet SOS-Rufe des Dampfers. Dabei erfährt man seinen Namen: Es ist einer der schnellen ursprünglich für die Nordseeroute gebauten Fleisch- und Gemüse-frachter. Das moderne Schiff vermag glatt und gut seine 14 Meilen zu laufen, so verrät das Register der Handelsflotten. Sie hatten es den ganzen Tag über zu spüren bekommen. Jetzt zeigt es erst richtig, was es kann, und das ist weit mehr, was es aus der Mühle herausholt.

Dennoch bleibt ihm das Boot so eben und eben auf den Fersen. Trotz aller Finten, die der Gegner auf einmal spielen läßt, verliert Korth die Fühlung nicht; vielmehr gerade wegen solcher Finessen verzwickter Kurse, die der Frachter plötzlich läuft, vermag er überhaupt zu folgen; denn von der niedrigen U-Bootsbrücke aus sieht man das höher ragende Schiff viel länger, als man dort glaubt.

Eine aufregende Verfolgung. Einmal macht der Frachter auf der Stelle kehrt; auch das wird rechtzeitig erkannt, und das Boot kann folgen. Das Geschütz ist inzwischen frisch eingefettet worden. Nun kann der neue Anlauf beginnen.

Ein zähes Stück Fressen, dieser kleine Bursche. Er will nicht sterben. Er weiß sich gegen sein Schicksal zu wehren. Die grauen Wölfe, wie sie in der Presse genannt werden, lassen nicht leicht von einer einmal aufgenommenen Spur.

Der Gegner ist hellwach. Bei so sichtigem Wetter noch einmal auf sichere Schußentfernung heranzukommen, wird Korth nicht leicht. Er muß warten, und das erfordert Aufmerksamkeit und Geschick. Stunden hindurch.

Es geht auf den Morgen. Der zunehmende, fast volle Mond ist endlich untergegangen. Auch so bleibt die Nacht außerordentlich klar und licht. Korth setzt sich mühsam vor, nachdem der Frachter normalen Kurs aufgenommen hat, und greift nun wiederum mit schmaler Silhouette diesmal fast genau von vorn an. So können die Geschütze des Gegners nicht gleich eingreifen.

Der wachsame Frachter entdeckt das Boot diesmal schon auf 2500 Meter Entfernung und dreht hart ab. Jetzt soll es zur Entscheidung kommen.

Bellend jagt der erste Schuß aus dem Rohr. Grell blenden vom Mündungsfeuer der Turm und die Gesichter auf der Brücke auf, und die dunkle See, die an den Flanken des Bootes strömt. Man schließt am besten so lange die Augen und beobachtet den Gegner durchs Glas, nur den Einschlag, sonst ist man für eine ganze Weile blind in dem wieder einsetzenden Dunkel.

Und abermals „Feuer!"

Treffer drüben! Donnerwetter! Gut!

Wieder muß der Augenblick abgepaßt werden, wo das Boot auf einigermaßen ebenem Kiel eine brauchbare Basis für das Schießen abgibt.

Der nächste Abschuß!

Wirklich ein tolles Ding, bei immer noch hoch laufender Dünung vom Oberdeck eines schwer arbeitenden kleinen Unterseebootes aus zu schießen, die Männer am Geschütz in brodelnden Strömen herumgezerrt und oftmals nur durch ihre Gurte gehalten! Nur fünf Schuß Brandmunition nach der Brücke des Gegners, auf über Zwanzig-hundert, bei Nacht, und vier Treffer darunter. Das haut hin! Alles ist begeistert. Der Gegner ist das fremde Schiff, nicht der Kumpel, der auf ihm fährt; man denkt jetzt nicht an den und darf nicht an ihn denken. Man sieht nur das Schiff, das es zu versenken gilt, denn es ist Krieg.

Dreimal Bugwechsel. Das Geschütz bleibt am Ziel. Es ist eine wahre Freude, wie die Männer schießen. Sie sind bei der Sache. Lichterloh brennt bereits drüben die Brücke. Endlich können die beiden Geschütze des abdrehenden Frachters eingreifen. Schon streicht wieder die deutsche Zwozentimeter nach ihnen hinüber; höchst unangenehm für sie. In schneller Schußfolge jagen die U-Boot-Männer jetzt mit der 8,8 eine Granate nach der anderen dem Feind in den Leib, ehe der sich auf den nur schlecht sichtbaren Angreifer eingeschossen hat.

Der Frachter gibt auf, er ist außer Gefecht gesetzt. Seine Besatzung geht in die Boote, die sich absetzen. Weiter schießt das deutsche Geschütz jetzt unbehindert gegen das aufgegebene Wrack. Korth kann sein Boot in die günstigste Position bringen. Ein paar Sprenggranaten schlagen dem verlassen daliegenden Dampfer in die Wasserlinie. Flammen lohen endlich auch aus dem Bauch des Opfers und breiten sich aus. Weißer Dampf, zuckend rot angestrahlt von dem Brand, quillt aus der Maschine. Entlüftungen werden in die Bordwand geschossen, damit der Kasten desto besser sinke. Dann säuft er sich langsam achtern voll und sackt ein.

„Feuer einstellen!"

Noch ein letzter Schuß brüllt auf und jagt hinüber.

„Können Sie nicht hören da unten, Sie Honigkuchenpferd? Feuer einstellen!" schimpft der junge Artillerieoffizier. Dann wird es still. Das rasende Aufblaffen der Abschüsse, das harte Schlagen der Zwozentimeterkanone sind verstummt. Man hört das Prasseln des Feuers von drüben durch die Nacht.

Das Geschütz wird in Ruhestellung gebracht, die übriggebliebene Munition zurückgemannt, und dann turnen die triefnassen Männer, erschöpft und strahlend von Oberdeck einer nach dem anderen, herauf auf die Brücke, verschwinden durchs Luk abwärts, wo sie berichten müssen, während sie ihre nassen Klamotten wechseln. „Eine Flasche Schnaps für die Geschützbedienung!" hat ihnen der Alte, als sie an ihm vorbeiturnten, bewilligt. Mensch, eine gute Idee!

„Und die Besatzung soll raufkommen. Nacheinander, einzeln! hat er gesagt", berichten sie.

Das ist einmal was! Wie selten geschieht es, daß der einzelne etwas sieht und erlebt von dem, was sich begibt, wie ein Gegner vernichtet wird und sinkt. Ihr Boot, sie selbst, haben das doch geschafft. Da kommen sie herauf, der Leitende Ingenieur, der Bootsmann und nach einer Weile die Obermaschinisten, die Funker, die Heizer von der Maschine, die „Mixer", wie man die Torpedomechaniker scherzweise nennt, die die Aale pflegen und einstellen. Und wie sie nacheinander das schauerliche Spiel des nächtlichen Brandes auf meilenweiter einsamer See mit angesehen haben, läßt Kapitänleutnant Korth die noch heraufkommen, die zur Zeit sonst der Dienst im Innern des Bootes festgehalten hätte. Ja, ihr Alter ist wie ein Vater der ganzen Besatzung; er denkt an alle.

Sie starren gebannt auf das brennende Schiff, und keiner wird diesen Anblick jemals vergessen. Der Tod ging um durch die Nacht, über die See und langte zu. Dort drüben verzehrt er seine Beute. Heute ihn. Wann wird er sie selbst treffen?

Glührot schlagen die Flammen aus dem tiefer und tiefer sinkenden Wrack. Längst sind die Aufbauten wüst in sich zusammengestürzt. Ein märchenhaft aufblowender Funkenteppich trieb in den nachtdunklen Himmel empor. Kühl und fahl standen darüber die ungezählten Sterne im sammetenen Firmament, mitleidlos starr hinter dem roten Funkengestiebe.

Die Bordwand des Frachters beginnt zu glühen. Das zischt und saust und prasselt jaulend und zirpend durch die Dunkelheit wie von tausend sterbenden Geistern und Dämonen. Korth blickt stumm in das Schauspiel, er lauscht. Dort tobt sich ungehindert die Vernichtung aus, die diesen kecken Gegner doch erfaßte. Dreimal war er dem Zugriff entkommen. Jetzt packte es ihn. Heute dir, morgen mir? Fackel des Lebens — Fackel der Vernichtung. Die beiden roten Teufel mit ihrem Feuerbrand in der Faust, die Korths Boot am Turm als Abzeichen führt, haben ihr Werk getan. Fackel des Lebens — Fackel der Vernichtung — — .

Das Vorschiff des Frachters steigt aus der See. Langsam erst, dann immer schneller sinkt das verlorene, verlassene Schiff übers Heck auf Tiefe. Jäh erlischt mit einem Mal die Flamme.

Mit einem Schlage erlosch auch die schauerlich zuckende glührot blutige Spur, die von dem Opfer her in den spiegelnden Mulden der dunklen Dünung blinkte und in allem Strömen der See unbeirrbar auf das deutsche Boot U 57 zu die ganze Zeit über eine unheimlich magische Bindung zauberte. Die nächtliche See hat alles gierig aufgeschluckt, die grauenhaft herzlose See, die jetzt, als sei nichts geschehen, in majestätischer Gelassenheit nur noch das deutsche Boot trägt und wiegt, neuen Kämpfen, seinem Schicksal, entgegen.

136

Wolfsnächte
Oktober 1941

Einer der erfolgreichsten und durch die Frische und den natürlichen Charme seines Wesens anziehenden deutschen Unterseeboot-Kommandanten war Johannes Mohr, bei seinen Kameraden kurz „Jochen Mohr" genannt, zur Unterscheidung von mehreren Namensvettern.

Mohr war ausgesprochen sicherer Torpedoschütze. Sein besonderer Tag, als sein Boot dicht unter amerikanischer Küste eine ganze Flotte von Tankern nacheinander versenkte. Wochen darauf noch schwamm, nach Berichten von Topp, eine dicke Ölschicht über jenen Gewässern.

Die kühne Art dieses Kommandanten, der bei allem Angriffsschneid zugleich ein kühler Rechner und überlegener Geist, eben ein vorbildlicher Geleitzugkämpfer war, geht aus dem Verlauf seiner ersten Unternehmung eindrucksvoll hervor. Sie soll hier geschildert werden.

Vor vier Tagen ist das Boot aus Lorient, dem Standort der II. U-Flottille, ausgelaufen. Es hat für eine längere Feindfahrt zum Süden ausgerüstet. Frisch befördert kam der junge Offizier erst zum Auslauftermin strahlend vom Kommandantenlehrgang zurück und übernahm das ihm als früherem I. WO unter Wilhelm Schulz bereits vertraute Boot U 124.

Fünfhundert Seemeilen südwestlich Irland schiebt sich der lange graue Fisch — Typ IX C, reichlich 700 Tonnen groß und meist im Südatlantik verwandt — mit Marschgeschwindigkeit durch mittelhohe Dünung. Die Sicht ist ausreichend, wenn auch nicht gerade klar. Südostwind weht in Stärke 3 bis 4; Tageszeit frühmorgens. Der WO läßt von der Brücke dem Kommandanten achteraus Rauchfahnen melden.

Kapitänleutnant Mohr erscheint augenblicklich oben, beobachtet durchs Glas und gibt Weisung für Kursänderung und erhöhte Fahrtstufe. Das Boot vermehrt Fahrt und setzt sich an die Westseite der Rauchfahnen — ein Geleitzug. Bald sind fünf Dampfer mit südlichem Kurs zu erkennen. Ein Zerstörer als sogenannter „Feger" vorn, achtern mindestens eine Korvette als Steuerbordseitensicherung.

Die Sicht nimmt ab. Gegen Mittag wird es diesiger unter dem Sonnenlicht. Laufend peilt Mohr, der in kurzen Zeitabständen immer wieder selbst auf die Brücke kommt, die Dampferkolonne ein. Er hält sich vorsichtig außerhalb von deren Sicht, indem er nur gerade die Mastspitzen der Gegner über die Kimm heranwachsen läßt. Kommt eine höher heraus, weicht er mit dem eigenen Boot aus. Jetzt will er sich hinter dem Geleitzug herum auf dessen dunstigere Ostseite setzen, als der Fegerzerstörer auf einer seiner ausgreifenden Kontrollfahrten so schnell heranstaffelt, daß nur Zeit bleibt, ungesehen nach Nordwesten hinter die Kimm zu verschwinden, ohne tauchen zu müssen und den Anschluß damit wahrscheinlich zu verlieren.

Die Andeutungen des Geleitzuges geraten aus Sicht. Ringsum ist nichts mehr als die wandernde See in dem bleichen Licht des diesigen Tages. Der schnelle Zerstörer zackt bereits nach einiger Zeit zurück. Das Boot ist abgedrängt und weiß nun nicht mehr, wohin sich der feindliche Verband gewendet hat.

Mohr stößt in die vermutete Richtung. Nach einer bangen Stunde hat er die Fühlung tatsächlich wieder hergestellt. Rauchfahnen und einige Mastspitzen werden sichtbar.

Bald merkt man, daß der Geleitzug jetzt mit höherer Geschwindigkeit läuft. Der Kommandant beschließt auf der Westseite zu bleiben. Er will mit Dunkelheit versuchen anzugreifen.

Plötzlich kommt ein Flugzeug auf. Einmotorig, deutlich ein Eindecker mit Schwimmern. Offenbar die Katapultmaschine eines der Dampfer.

„Alarrrm!"

Wie ein Wal sackt das Boot ein, nachdem die Brückenwache durch Luk und Turm hinabgepoltert ist. Vorlastig rauscht es auf Tiefe.

Alles bleibt still. Keine Bombe fällt. Der Flieger hatte das deutsche Boot wohl doch noch nicht bemerkt.

Mohr bringt das Boot auf Sehrohrtiefe zurück und beobachtet. Nichts. „Auftauchen!"

Die Kimm verschwimmt. Das Boot stößt hinter der verschwundenen Dampfergruppe her. Im Dunst wird im Nordwesten das Blinken eines morsenden Signalscheinwerfers sichtbar. Dort stecken sie also. Nun läuft auch der Fegerzerstörer auf jene Stelle zu. Vielleicht setzt der Frachter sein Flugzeug wieder ein?

Mohr versucht Fühlung an der achteren Sicherung des Geleitzuges zu halten. Bei dem unsichtigen Wetter reißt sie an dem beweglich hin und her wuselnden Feind zeitweilig ab und muß neu gewonnen werden.

Dämmerung breitet sich über die See, die geruhsam fließend in mäßiger Dünung wandert. Unbeschreibliche Farbenspiele glimmen auf wie Perlmutt. Weich und reizvoll, unausgesprochen wie die Tonmalereien der Impressionisten, wie Musik von Debussy, schmerzlich wehmütig, zart und friedevoll; alles verschwimmt wie schwerelos im Nichts. Das Meer schimmert wie silbriges Blei, unwirklich, nur alle Farben glänzender als die des Himmels.

Wo sind die Mastspitzen geblieben? Ausgerechnet in der einbrechenden Dämmerung, dieser kritischen Zeitspanne, in der es näher heran aufzuschließen gilt, daß man die Fühlung beim Dunkelwerden nicht endgültig verliert. Die Gruppe müßte nach Osten gezackt haben. Hat man wie so oft und vielfach so wirksam ein abendliches Täuschungsmanöver eingelegt?

Der Kommandant ändert den Kurs des Bootes. Tatsächlich kommen bald nach 10.00 Uhr abends im Schummer der letzten Dämmerung die Frachter voraus in Sicht.

Der Alte hat Nase, denkt der WO, der die letzten Stunden wenig zuversichtlich auf der Brücke verbrachte. Er läßt Mohr melden, der auf seiner Koje ausgestreckt lag, um etwas zu ruhen. Heute nacht muß er frisch sein. Sofort erscheint dieser oben.

Tiefhängende Wolken verwandeln den Abend in Nacht. An Steuerbord sind acht Dampfer auszumachen, eine Korvette vorn, ein Zerstörer achtern.

Der Himmel ist völlig bedeckt. Die Dünung hat abgenommen. Mehr und mehr schläft der Wind jetzt ein. Stark phosphoresziert das Wasser. Meeresleuchten, wie es in der Biskaya häufig auftritt. Man sieht die seeumwaschene Form des Schiffsleibes in dem gläsern vorbeiströmenden Wasser. Die Bugsee, wie ein Schleiertuch nach beiden Seiten sich breitend, leuchtet funkelnd aus stumpfem, diesig dunklem Grund der Nacht und der ungewissen Tiefe. Es ist, als wäre rings alles erleuchtet, aber zugleich durch ein Nebeltuch verhüllt. Ein gespenstisches Nichts, in das man blind hineintappt. Das Kielwasser schimmert verräterisch, als werde es angestrahlt.

Mit der schnell abnehmenden Sicht schloß das Boot mit vermehrter Fahrt näher heran, und die Frachter finden sich wieder. Gleichsam einer Herde trotten sie, dichter als bei Tage aneinandergedrängt, dahin. So friedlich, so behütet, harmlos wirkt das alles, als ahne drüben niemand, daß der Feind längst neben ihm ist, ja mitten unter ihnen. Daß er an ihrer Fährte klebt und beutegierig auf die geringste Gelegenheit lauert zuzupacken. Noch ist es dazu nicht dunkel genug.

Ein sonderbares Gefühl, neben dem Gegner mitzuziehen, vorsichtig in gewisser Entfernung; darauf bedacht, ihn nicht aus dem Auge zu lassen. Da laufen die Schiffe dahin, jedes ein Wesen für sich mit vielfältigem Leben. Man fühlt sich ihnen allen verwandt, empfindet in jedem das Stück Heimat, das es den Menschen darauf bedeutet. Aber sie sind Gegner mit wichtiger Fracht, die es zu vernichten gilt.

Eine halbe Stunde vor Mitternacht greift Mohr an. Etwa sechshundert Meter hinter der Steuerbord-Seitensicherungs-Korvette stößt er in den Konvoi hinein. Vier Minuten darauf fällt lautlos der erste Schuß. Der Torpedo wird auf einen Dampfer von etwa 5000 Bruttoregistertonnen losgemacht; zwei Minuten später der zweite auf einen größeren Tanker von etwa 8000 Bruttoregistertonnen. Im nächsten Augenblick kracht die Detonation des ersten durch die Stille. Der dritte Aal gilt dem größten der Schatten, einem Tanker von mindestens 10000 Bruttoregistertonnen. Währenddes zerreißt die gewaltige Detonation des zweiten Torpedos die Nacht. Eine hohe Sprengsäule schießt an der Bordwand jenes Tankers empor, über die Höhe des grell erleuchteten Schornsteines weit, weit hinaus.

Kapitänleutnant Mohr dreht ab. Die dritte Detonation bellt auf. Treffer auch auf dem schweren Tanker.

Der achtere Gefechtsausguck auf der Brücke bekommt Befehl, die getroffenen Schiffe nicht aus dem Auge zu lassen, während das Boot abläuft. Einwandfrei stellt er fest, wie beide Tanker sinken. Der erstgetroffene Frachter kommt allerdings vorher aus Sicht.

In dem Geleitzug ist Leben erwacht. Die feindliche Sicherung schießt Leuchtmunition. Viele Versager, stellt Mohr befriedigt fest. Mehrere helle Leuchtkörper strahlen noch über dem wogenden Kampfplatz. Bei solch wechselnder Beleuchtung aber sieht man das deutsche Boot nicht; die Augen stellen sich nicht so schnell um auf die verschiedenen Werte von Hell und Dunkel. Nur eintausend Meter vor dem achteren Sicherungszerstörer vorbei gelingt es Mohr, das Boot nach Westen aus dem Verband hinauszubringen. Ob der Frachter inzwischen sank?

Aus dem diesig dunklen Westhorizont heraus ist gut weiter Fühlung an der vor dem helleren Osthimmel stehenden Sicherung des Geleitzuges zu halten. Mindestens zwei, wenn nicht drei von den acht Einheiten sind erledigt. Nun heißt es geduldig warten, bis alles wieder friedlich dunkel bleibt.

Im Norden wummern berstende Wasserbomben. Sollen die uns gelten? fragen die Männer im Boot. Dann sind sie viel zu weit ab. Der Gegner wirft sie wohl zur Abschreckung oder hat sich geirrt und irgend etwas, vielleicht ein Wrackstück, für das deutsche Boot angesehen.

Der Geleitzug läuft nach Osten ab. Mohr aber hatte noch beobachtet, daß er schwenkte, und stößt nach, hinter den schnell aus Sicht kommenden Schatten her.

„Im Westen Leuchtgranaten!" meldet der achtere Ausguck.

„Täuschungsmanöver", erwidert Mohr. Ein dorthin detachierter Bewacher wird es veranstalten, um auf falsche Fährte zu locken.

Da von der Dampferkolonne jedoch nichts wiedergefunden wird, läßt Mohr die Gefechtswache der Brücke einsteigen und taucht, um zu horchen. Bald meldet der

Funkmaat ein Geräuschband von Schiffsmaschinen. Der Kommandant zwängt sich mit in das enge Horchschapp hinein und drückt die Hörmuscheln vors Ohr. Er nickt befriedigt. Die von ihm angenommene Richtung stimmt also.

„Auftauchen!" Die Wache zieht wieder auf, das Boot stößt in Richtung der Horchpeilung nach. „Laß man ruhig den einsamen Bewacher im Westen seine Munition vergeblich verpulvern", lacht der I. WO.

02.00 Uhr. Die Nacht ist tiefschwarz, die Sicht kaum eine Seemeile weit. Von den Frachtern noch nichts wieder zu erkennen. Stieß man an ihnen vorbei?

Horchtauchen. Im Horchgerät singt lediglich achteraus ein stark in seiner Richtung hin und her zackender Zerstörer, solange auch der Maat das Gerät über die Grade der Kompaßrose kreisen läßt. Der Gegner selbst scheint entkommen. Mohr läßt wieder auftauchen und stößt eine Stunde lang nach Südsüdosten.

Nichts — nochmals Tauchen. Auch nichts.

„Auftauchen!" knurrt der Kommandant. „Möchte mal wissen, ob unsere Luftaufklärung morgen die Brüder findet!" Hätte doch das U-Boot einen weiteren Horizont!

„Sollen wir anfordern, Herr Kaleunt?" fragt der II. WO als Funkoffizier an Bord, der im Gang neben Mohr das Ergebnis des Horchversuches abwartete.

„Einverstanden."

In langen Zacks, um einen weiteren Raum abzusuchen, läuft das Boot mit großer Fahrt nach Süden. Zweifellos ist dies Geleit nach Gibraltar unterwegs. Mohr will nach Möglichkeit, findet er den Anschluß nicht über Nacht wieder, morgen früh schon davor stehen, vorausgesetzt, daß dann deutsche Fernaufklärer die neue Position des Gegners melden sollten.

Es dämmert. Längst sind die Gefechtsposten im Boot und auf der Brücke durch die laufenden Wachen abgelöst worden. Der U-Boot-Alltag vergeht, ohne daß man den Feind wiederfindet. Von einem Ergebnis der deutschen Fernaufklärung durch die Condormaschinen, die zwischen Frankreich und Norwegen fliegen, ist nichts zu hören. Der Anschluß ist verloren und verpaßt, die Stimmung an Bord entsprechend.

Mit den üblichen Funkbefehlen am späten Nachmittag aber kommt das Ergebnis der Luftaufklärung. Die Befehlsstelle der Unterseebootführung gibt nähere Anweisung. Auf geht's! Und gegen 23.00 Uhr deutscher Zeit, praktisch in der Abenddämmerung dieser Breite, kommt der Geleitzug wieder in Sicht, nachdem Mohr auf dessen für jetzt angenommene Position, die sich aus der Meldung und ihrer Uhrzeit vermuten ließ, operierte. Drei Dampfer mit einer Korvette sind zunächst festzustellen.

Der Wind hat aufgefrischt. Der Himmel ist völlig bedeckt. Die Sichtverhältnisse wechseln unangenehm; zeitweise ist es arg diesig, dann wieder klarer. Schwierig, Fühlung zu halten. Man wird zu leicht selbst bemerkt oder verliert den Anschluß.

Zehn Minuten nach Insichtkommen der Dampfer rummst es vernehmlich. Zwei Detonationen. Unverkennbar Torpedotreffer. Addi Schnee, von dem man durch Funkbefehle weiß, daß sein Boot seit heute auf das gleiche Geleit operiert, ist offenbar schon im Angriff.

Völlige Dunkelheit. Nur schnell ran!

Nach reichlich einer Stunde des Aufschließens sind die Dampferschatten plötzlich wie weggewischt mit der schnell hereingesunkenen Nacht. Mohr stößt in Richtung der Korvette, die er zuletzt beobachtete, nach. Sie ist nicht mehr zu finden.

Tauchen und Horchen. Kein Ergebnis.

Wieder hinauf und weiter nach Süden. Das dürfte noch am ehesten Erfolg versprechen. Der Funkmaat erscheint mit der Spruchkladde und den entschlüsselten inzwischen aufgenommenen Sprüchen auf der Brücke: Schnee meldet, daß er drei Frachter mit zusammen 14000 Bruttoregistertonnen versenkt hat. Dann ist ja nichts mehr übrig von dem Geleit, überlegt Mohr; da könnten wir lange suchen. Der Kamerad war also schneller. Mohr setzt einen Funkspruch auf, daß er Fühlung an die Restgruppe gehabt, den Geleitzug nach Schnees Erfolg für aufgerieben halte. Vier Stunden später wird die Antwort des BdU empfangen:

„Sparsame Marschfahrt nach Süden für etwaigen Ansatz auf Geleitzug. Luft wird angesetzt." Am späten Abend heißt es, offenbar als Ergebnis der Luftaufklärung:

„An Mohr, Schnee: Gibraltargeleitzug erledigt. Marschfahrt nach Norden."

Nach Norden? Der Kommandant, seine Offiziere, der Obersteuermann, alle wundern sich. Das Boot wendet auf neuen Kurs. Weshalb nicht Kurs auf das ursprünglich angewiesene Operationsgebiet im Südatlantik? Dort, an der afrikanischen Küste, soll man doch nebenbei diesen Obergefreiten absetzen. Ist denn im Norden etwas Neues im Busch, wobei man erst mitmachen soll?

Mittags kommt die Erklärung. Eines der im Atlantik stationierten italienischen U-Boote hat 600 Seemeilen westlich Cap Finisterre einen riesigen Geleitzug gesichtet und gemeldet, die Fühlung wieder verloren. Tags darauf stieß deutsche Luftaufklärung auf dieses Geleit, gab die neue Position und meldete, daß es sich um 27 Schiffe mit einem Kreuzer, zwei Zerstörern und vier weiteren Bewachern als Sicherung handle. Kurs: Gibraltar—England. Jetzt soll außer anderen Kommandanten auch Mohr dieses Geleit angreifen.

Aus dem Marsch in die an bequemeren Erfolgen bei ungeschützten Einzelfahrern reichen Tropen wird offenbar noch nichts. Um so besser! lacht Mohr bei dem Gedanken. Dann sparen wir den langen Anmarschweg vor dem Erfolg. Ihm soll es recht sein; hinunter kommt er schon noch.

Es geht in den Abend, in die Nacht. Ein neuer Morgen erwacht über der See, geradezu herbstlich frisch. Der Wind weht mit Stärken zwischen 4 und 5. Das genügt, um die See in langer, mittelhoher Dünung vor sich herzutreiben. Die Sicht läßt zu wünschen übrig.

Wenn die Meldungen und die eigenen Berechnungen stimmen und der Gegner Kurs und Geschwindigkeit beibehält, müßte der Treffpunkt mit dem Geleit während der Nacht erreicht werden. Das Ortsbesteck kann vom Flugzeug aus nie so genau genommen werden wie von einem Schiff. Der Kurs des Gegners und dessen Marschgeschwindigkeit werden vom Flugzeug aus nur geschätzt.

Der Tag vergeht. Neue Positionsangaben werden aufgenommen und ausgewertet. Bisher ist nichts in Sicht gekommen. Leer wiegt sich der Atlantik, ungeheuer einsam und leer. Kein Einzelfahrer, kein Dunstschleier von Rauch über der ein wenig trüben Kimm und den grüngrau dahinwallenden Dünungsrücken.

Es dämmert. Die Oktobernacht senkt sich herab über das unruhevolle Meer.

Jetzt wäre es der Uhrzeit nach so weit. Mohr läßt tauchen und horchen. Das Ergebnis ist einwandfrei: In vier bis sechs Seemeilen Entfernung steht tatsächlich im Westen das Geleit auf dem Wege zum St.-Georgskanal, der in die Irische See von Süden her einführt. Die Berechnung hat genau gestimmt.

Das Boot taucht auf und operiert auf angenommenem Gegnerkurs Nordnordwest, später Nordwest. Der Kommandant bleibt mit auf der Brücke. Fünf Augenpaare suchen gespannt die Dunkelheit zu durchdringen. Wattig hüllt das unbestimmte Nirwana der Biskayanacht alles ein. Jeden Augenblick können, müssen die Schatten aus dem schwärzlichen Grau herauswachsen. Ist nicht dort? — Nein!

Ein unbeschreibbar aufreibendes und ermüdendes Geschäft, so ohne Unterlaß das Nichts mit dem Glas zu durchforschen, ob es nicht irgendwo den Schemen eines Etwas enthalte. „Frage: Uhrzeit?" ruft Kapitänleutnant Mohr ungeduldig dem Rudergänger zu, der im Turm unter der Brücke auf dem Sattelsitz vor seinen Schaltknöpfen hockt und neben seiner Haupttätigkeit auch Befehlsübermittler ist nach der Zentrale wie — durch den Maschinentelegrafen — zum Diesel- und zum E-Maschinenraum.

„An Kommandant: 04.51 Uhr!" kommt es von unten gleich darauf zurück.

Ein kurzes „Ja" nimmt die Antwort entgegen, und im selben Augenblick erregt: „Da! — — Genau querab!"

Der Kommandant hat ihn als erster ausgemacht, den Schatten. Tatsächlich ein Schatten. Undeutlich schummert er vor dem um nur weniges helleren Nichts von sternenlosem Himmel, der ohne Übergang aus der See herauswächst.

Da sind sie. Das muß der Kreuzer sein, den die Luftwaffe meldete.

Zwanzig Minuten behält man auf der U-Boots-Brücke den Gegner im Glas. Mit bloßem Auge ist überhaupt nichts zu erkennen. Doch die neuerdings „vergütete" lichtstarke Optik der scharfen Doppelgläser scheint das Licht zu sammeln und so selbst das Düstere durchdringbar zu machen. Zwanzig volle Minuten beobachten sie ihn, berechnen Obersteuermann, I. WO und Kommandant die Schußunterlagen, Gegnergeschwindigkeit und Kurs, und versuchen, das Boot in Angriffsposition zu bringen. Da verschwindet plötzlich der Schatten, ehe es soweit ist und ohne daß man ihm folgen könnte. In kaum einer Seemeile Entfernung verloren ihn die Männer auf der Brücke aus den Augen.

Das ist nicht ihr Hauptanliegen. Kapitänleutnant Mohr läßt tauchen und das Horchgerät nach den Geräuschen des Geleitzuges suchen. Steht dieser vor oder hinter der Kreuzersicherung?

Ergebnis: Der Geleitzug steht ebenfalls an Backbordseite, achteraus, der Kreuzer immer noch voraus. Also . . . !

Nach knapp zehn Minuten ist das Boot wieder oben. Fauchend springen die Diesel erneut an, und kurz darauf hat man den gelegentlich zackenden Kreuzer wieder, hinter dem in etwa einer Seemeile Abstand die Zerstörersicherung des Geleitzuges anrückt.

Der Kreuzer fällt etwas zurück und kommt dabei in Schußposition. Fieberhaft schnell werden die Aale eingestellt. Mohr läuft an, aber der Zweierfächer, den der Torpedooffizier auf 800 Meter Entfernung losmacht, verfehlt das Ziel. Und jetzt beobachtet man, daß die Geschwindigkeit des Gegners unterschätzt wurde. Vorhin, als man ihn längere Zeit neben sich hatte, lief er geringere Fahrt als jetzt, und nach den vorigen Unterlagen hatten sie sich gerichtet.

Schade! Ein Kriegsschiff ist nun mal das edelste Wild, das man erlegen kann. In offener, locker gestaffelter Formation kommen aber jetzt die Frachterschatten in Sicht.

Von vorn, auf Gegenkurs, stößt Mohr mitten in die auf ihn zulaufende Gruppe hinein. Backbord voraus entwickelt sich ein riesiger Tanker. Ein Zerstörer und zwei der kleineren Bewacher sichern. Aus dem Geleitzug heraus zustoßend, greift Mohr den Großen an. Der Zerstörer läuft dabei dem Boot genau in den Weg.

Schuß!

Vorbei . . .

142

Die wendigen, fixen Zerstörer sind schwer zu treffen; zu oft wechseln sie Fahrtstufe und Kurs, während so ein Aal auf sie zuspurtet. Ihre Geschwindigkeit — und damit der Vorhalt, den man dem langsamen Torpedo geben muß — ist nur schwer einzuschätzen, da man solch einen Zerstörer nie lange genug auf geradem Kurs beobachten und peilen kann.

Im Bugraum des Bootes wühlen die Männer voller Hast, um möglichst schnell die neuen Ungetüme von Torpedos unter den provisorisch eingelegten Zwischenplatten des Bugraumes hervorzuwuchten und in die Ausstoßrohre nachzuladen.

Bemerkt hat der Zerstörer von dem Schuß, der ihm galt, so wenig wie vorher der Kreuzer: Alles bleibt ruhig und dunkel.

Ein erregendes Spiel um Leben und Tod. Der Höllenzauber wird beginnen, sowie man das deutsche Boot bemerkt, das so unverschämt mitten zwischen den noch ahnungslos dahinwandernden Schiffen der feindlichen Herde sich seine Beute sucht. In dem Dunkel ringsum ist nur das Rummeln der Schiffsmaschinen zu hören, übertönt von dem eigenen Motorengedröhn, dem Brausen und Schäumen von Luft und See in den Ohren, von dem Aufklatschen und Prasseln der Brecher, denn der Seegang läßt das kleine deutsche Boot heftig arbeiten.

Ringsum fällt offenbar niemandem das Brummen der fremden Diesel auf, während das Boot in der Schwärze der Nacht kaum 150 Meter hinter dem Heck des vergeblich beschossenen Kreuzers durch und auf den Tanker zustößt. Kaum zehn Minuten nach dem Fehlschuß werden zwei Aale auf diesen losgemacht. Geschätzte Entfernung 400 Meter. Hauen sie hin? fragen sich alle. „Hart backbord!" ruft Mohr nach dem doppelten „Llosss!" seines über die Zieloptik gebeugten I. WO dem Rudergänger zu. Beim Überwasserangriff fährt der Kommandant das Boot, während der Torpedooffizier schießt.

Man läuft ab.

Ein Schaltfehler. Versehentlich gelöst, verläßt noch ein dritter Torpedo sein Ausstoßrohr, während das Boot bereits dreht. Da läuft er hin ins Blaue, das kostbare Ding, denken sie wütend, während noch die anderen beiden auf ihr Ziel losschnurren. Der achtere Gefechtsausguck mit seinen guten Nachtaugen hat wiederum Befehl, dieses im Auge zu behalten.

„Treffer! Hurra!" schreit dieser in der Erregung.

Drüben springt eine Wassersäule auf, am Vorschiff des Tankers.

Dann rummst es hell herüber. Im gleichen Augenblick steigt schon eine zweite Torpedodetonation, mittschiffs, wenig vor der Brücke des Gegners, empor; eine gewaltige Säule mit grellem Flammenschein. Die gesamte Brücke drüben scheint mit hochzugehen, sie zerlegt sich in der Luft in ihre Teile; die regnen nun einzeln herab. Rrrummms! grollt es noch einmal herüber, stärker noch als von der ersten Detonation.

Der Tanker ist mitten auseinandergerissen. Sein Vorschiff sinkt schnell, noch während das Boot abdreht. Der Hamburger Matrosengefreite, der „Afrikaner", beobachtet den Erfolg einwandfrei. Wie sich vor Tagen schon herausstellte, ist er mit den besten Nachtaugen begabt und deshalb zum achteren Gefechtsausguck bestimmt, obgleich er nur für die Hälfte dieser einen Unternehmung mit an Bord ist.

„Komm auf! Recht so!" ruft Mohr nach einem kurzen Blick achteraus dem Rudergänger zu.

Der Abwehrzauber geht an: Leuchtgranaten in nächster Nähe.

Tauchen? Nur das nicht, solange es oben auszuhalten ist; sonst ist der Anschluß verpaßt.

Wenn die Bewacher das Boot erst unter Wasser festhalten mit ihren Asdicgeräten und Wasserbomben, ist der Geleitzug weg; dann kommt es zu keinem weiteren Erfolg mehr in dieser Nacht. Nur oben bleiben, denkt Mohr und denken alle im Boot; sie wollen noch mehr Schiffe versenken als dieses eine.

Im zuckenden Schein des Mündungsfeuers und des brennenden Tankerwracks plötzlich der Zerstörer. Genau mit Lage 0 fegt er auf das deutsche Boot zu. Alle auf der Brücke sehen ihn. Hell schäumt die Bugsee wie ein Schnurrbart zu beiden Seiten seiner steilen Back, seines Vorschiffes, auf. Rechtwinklig zu seinem Kurs, in voller Breite, läuft ihr Boot von dem sinkenden Tanker ab; er hat es gesehen, muß es gesehen haben. Genau hält er auf sie zu. Gleich wird er sie rammen. Glühender Funkenregen stiebt aus seinem Schornstein auf: Das sichere Zeichen des Wechsels seiner Motoren auf höhere Fahrtstufe.

Dein Funkenlöscher scheint nicht mehr ganz in Ordnung, alter Knabe! registriert beobachtend der Kommandant. Und: Herrgott, so also ist das! denkt der Gefreite, gleich, gleich ist Schluß! Es ist seine erste Feindberührung.

„Ruhig, Kinnings! Der sieht uns nicht", beschwichtigt Mohr seine Männer auf der Brücke, „die haben ja Whiskyaugen." Stur läßt er sein Boot den bisherigen Kurs weiterlaufen.

Wirklich! Der Zerstörer dreht nicht mit, gar nicht auf sie zu, die so in voller Breite vor ihm dahinjagen. Er bleibt bei seinem Kurs, während sie dem seinen unaufhaltsam kreuzen. Jetzt verschwindet für sie die Hälfte seines doppelten Bartes, und schon sieht man seine Back nur noch seitlich — der Kommandant hat Recht.

Nerven! staunt der Matrosengefreite. Sportsegler, hat er es während dieses Krieges auf seiner abenteuerlichen Rückkehr aus Afrika erst bewiesen, daß er ruhigen Blutes und auch nicht unerfahren bei allerlei Fährnis auf See und in den Tropen ist, aber er hätte darauf geschworen, daß der Gegner das Boot gesehen hatte und anlief. Doch keine dreihundert Meter hinter dem Heck quert der britische Zerstörer mit vermehrter Fahrt dessen Kielwasser. Stutzt er denn immer noch nicht? Zielstrebig hält er auf den sinkenden Tanker zu, dessen Achterschiff gerade eben — Schrauben hoch aus dem Wasser — senkrecht auf Tiefe sackt: 12000 Bruttoregistertonnen. Und nun, ruhiger, begreift er: Zum Tauchen vor dem Heranbrausenden, wenn dieser sie wirklich hätte rammen wollen und mitdrehte, wäre es ohnehin zu spät gewesen.

Wenn der Brite besser sehen würde! Vielleicht hat er wirklich schlechtere Nachtaugen als der Deutsche? überlegt er. Man sagt es allgemein seit den Erfahrungen deutscher U-Boot-Fahrer im Ersten Weltkrieg. Das ist sicherlich Unsinn. In Wahrheit sieht man eben von den höheren Schiffen aus die flachen Boote bei Dunkelheit ungemein schwer. Sie heben sich nicht über die Kimm. Nun gar beim wechselnd flackernden Licht der Leuchtgranaten ist es nicht leicht für den Gegner, die grauen Wölfe zu fassen, wenn sie des Nachts auf Raubzug mitten im Geleitzug sind. Dann geht es um alles. Dem Kühnen gibt sich der Erfolg. Nur wer den vollen Einsatz, auf des Messers Schneide tanzend, wagt, gewinnt, wenn er bei aller Kühnheit doch besonnen zu Werke geht und sich nicht hinreißen läßt. Und wenn er Glück hat in so hohem Spiel. Dem Zaudernden wird nichts geschenkt. Immer noch Leuchtgranaten schießend, schwindet der Zerstörer im allmählich einsetzenden Regen aus Sicht. Ganze siebzehn Minuten, nachdem das versehentlich losgemachte dritte Torpedo das Boot verließ, rummst es in der Ferne vernehmlich; unmißverständlich eine Torpedodetonation. Zufallstreffer? Nicht zu kontrollieren. Schade.

Kapitänleutnant Mohr setzt sich weiter nach Südwesten aus dem Geleitzug heraus. Es ist inzwischen — nach deutscher Zeit — 08.00 Uhr geworden. Der Morgen dämmert. Als bald darauf der Tag fröstelnd nüchtern, trüb und unsichtig über unruhevoll bewegten Wassern heraufsteigt, weht es von Nordwesten immer noch in Stärke 4, so daß die See kürzer und steiler dünt als gestern.

In dem zunehmenden Regen reißt die Fühlung an dem Geleitzug, die das Boot um jeden Preis zu halten suchte, ab. Ob dieser seinen Kurs änderte?

Kurz nach Mittag hat es den Gegner wieder und bleibt den Nachmittag über unbemerkt auf seiner Spur.

Immer mehr dreht der Wind auf Nord. Stellenweise reißt die Sicht plötzlich auf. Die Kimm tritt klar heraus, während sie an andrer Stelle durch Regenböen verschmiert bleibt, die schnell dahinwandern. Unangenehmes Wetter für den U-Boot-Mann.

Gegen Abend wird die Dünung wieder länger und bleibt mittelhoch. Einer der britischen Zerstörer des Geleitzuges setzt sich heraus und drängt dadurch das bis dahin knapp unter der Kimm mitlaufende deutsche Boot nach achtern ab. Endlich verschwindet er, schneller als dieses ihm zu folgen vermag. Wohin ist der Geleitzug inzwischen gelaufen? Gerade jetzt mußte das wieder passieren! flucht die Brückenwache, flucht der Kommandant. Jetzt, wo die Dämmerung naht. Sie ist ohnehin jedesmal die kritische Zeitspanne.

Mohr steigt abwärts in die Zentrale und kommt bald darauf mit einem Handzettel zurück. Er hat die möglichen Winkelzüge, die der Gegner vollführt haben könnte, kreismäßig berechnet, sich eine Skizze konstruiert, und stößt nun tangential zu diesem Kreise nach. Eine Stunde später ist die Fühlung wiederhergestellt.

Inzwischen wird es dunkler. Dauernd schütten zu allem Überfluß Regenböen ihr Wasser über das Boot hin. Die Männer auf der engen, ungeschützten Brücke kneifen die brennenden Augen zu einem Spalt zusammen. Das Salz der ewigen Spritzer, die unangenehm über sie hinwegfegen, kristallisiert bei dem ständigen Wind im Augenblick. Als die Wache beim Wechsel ins Boot hinabsteigt und die Gesichter endlich trocken werden, ist die ausgemergelte Haut auf den Wangen von einer rauhen, mehlig weißen Schicht überzogen; zuletzt hatte der waschende Regen ausgesetzt. An den Lidspalten krusten richtige Brocken Salz. Schnell das triefend nasse Wetterzeug zum Trocknen nach achtern an die warme E-Maschine gebracht, die Flasche mit dem sündhaft duftenden „Kolibri", dem Kölnisch Wasser der U-Boot-Männer, aus dem Spind gelangt und mit davon durchfeuchtetem Handtuch die Haut gereinigt. Als zweite Schicht geht es über die Mahlzeit her. Und schließlich fix auf die von dem Kameraden, der jetzt Wache hat, verlassene Koje und „geruckst". Jede wachfreie Minute muß genutzt werden. Sie alle sind zum Umsinken erschöpft.

Kurz darauf heißt es schon wieder mit schrillem Glockenzeichen „Klar zum Gefecht! Gefechtswache aufziehn!" Da ist jeder eingeteilt und benötigt. So steht wieder jener Gefreite als achterer Ausguck auf der Brücke, der eigentlich Fahrgast an Bord ist, denn es geht auf die Nacht, und Jochen Mohr will angreifen. Ein letztes unbestimmtes Leuchten der Dämmerung liegt im Westen über der Kimm. Das Boot nimmt vermehrte Fahrt auf, um zum Angriff aufzuschließen. Geschmeidig reitet es die langen Buckel der Atlantikdünung ab, dumpf polternd bricht es bei der erhöhten Fahrtstufe ein in das massige, nachgebende Element, wenn einer der Berge sich besonders hoch zusammenschob und übermächtig daherschwankt. Der Brecher prasselt dann wie ein Schauer von scharfem Eisgestöber hart über die dick vermummten Gestalten auf der mit ihnen torkelnden

U-Boots-Brücke hin. Es nutzt nicht viel, sich blitzschnell hinters Schanzkleid zu ducken. Meist ist es dazu längst zu spät, wenn man den hemmenden Ruck im Bootskörper spürt und das Aufklatschen des Gusses an der blechernen Turmaußenwand hört. Der Sturm zerrt die aufbrechenden Spritzer unheimlich schnell über die ganze Länge des Vorschiffes vom Bug bis zur Brücke hin. Man duckt sich nun mal aus alter Gewohnheit. Es ist wie ein Sport, sich selbst zu zeigen, ob man nicht doch einmal fixer ist als der peitschende Wasserguß. Triefnaß wird man in jedem Fall.

Eine sonderbare Spannung liegt über allem, wenn es zum Angriff geht. Brausend saugen ununterbrochen die Lüfter zu beiden Seiten der Brückennock ihre Frischluft zu den Dieseln hinab, deren wütendes Wummern kraftvoll, erregend und zugleich beruhigend, durchs ganze Boot bebt. Das schlanke Fahrzeug prescht wie ein lebendiges Wesen dahin. Die wenigen Männer auf seiner Brücke stürmen als seine Reiter mit ihm vor. In wildem Wiegen drängt sich der massige Fisch durch die dunkle See und reitet ungestüm die Wogen ab. Bängliches Fragen, das in jeder Kreatur einmal aufsteigt, wird weggespült, fortgeschwemmt und übertönt von stolzestem Hochgehobensein in dem Gefühl intensivsten Lebens, mit dem Bewußtsein, daß es zum Kampf geht und daß sie mit allen Kräften notwendig gebraucht werden. Sie wissen auch, daß in dem Schoße der nächsten Stunden Gefahr lauert, Tat, Erfolg oder Untergang, und daß nach des Kommandanten Willen das Boot sie dem Kommenden ins Ungewisse unaufhaltsam entgegenträgt.

Wieder prasselt eine Regenbö aus dem düster Unsichtbaren über die Männer hin, das Letzte an Sicht völlig verschluckend.

„Ein tolles Wetter zieht herauf ...", deklamiert Kapitänleutnant Mohr laut, und dieser Satz und die folgenden sind der traditionelle Spruch, den der Kommandant bei jedem Wetter, das ihn auf der Brücke trifft, feierlich zitiert:

> „Ein tolles Wetter zieht herauf,
> Die Wolken ballen sich zu Hauf,
> Es regnet ohne Unterlaß,
> Und Hirt und Herde werden naß."

Mohr hat sich umgewandt und bietet, mit den Schultern gegen das Schanzkleid gestemmt, dem Wetter den Rücken. Der Kommandant hat keinen der Sektoren verantwortlich zu überwachen. Er zieht, mit vergnügter Grimasse dem nicht so bevorzugten WO schadenfroh zuschmunzelnd, seinen schalumwickelten Hals noch tiefer als bisher in das sperrige Gummizeug hinein. Der Vers gehört auf diesem Boot zu jedem Regenguß wie das Amen zur Predigt in der Kirche. Mohr hält auf Tradition und festen Brauch.

Es vergeht eine Weile; die Bö ist vorübergejagt.

Inzwischen haben alle mit verhaltenem Vorsichhinfluchen geschwiegen. „Da 'hört doch noch was zu, Herr Kaleunt!" meldet sich nach einer Weile der achtere Ausguck, der ja neu an Bord ist und den Spruch des Kommandanten zum ersten Male miterlebt.

„Wozu?" blickt Jochen Mohr, der nicht gleich „schaltet", auf.

„Zu der Herde und dem Hirten, Herr Kaleunt!"

„So? Geht das noch weiter? Komm mal her!" und der Kommandant läßt den Gefreiten seinen Sektor mit dem nach vorn gerichteten des I. WO tauschen, damit er ihn neben sich hat. „Das muß ich lernen! Los! Was 'hört dazu? Was kommt dann?"

Der Matrosengefreite deklamiert vergnügt, absichtsvoll hamburgisch breit, die Reime:

> „Nun wird das Wetter wieder schön,
> Die Sonne strahlt von Himmelshöhn,
> Es bläst der Hirt auf der Schalmei,
> Die fromme Herde steht dabei."

Die vier auf der Brücke, die beiden anderen haben den Vers mit halbem Ohr mitgekriegt, lachen.

„Prima, Mensch, prima!" freut sich der Kommandant. „Nochmal! Wie war — — Das Wetter wird . . . ", er stockt.

„Nun wird das Wetter wieder schön, Herr Kaleunt!" wiederholt der Matrosengefreite seine Strophe.

„Das muß ich lernen! Los! — Was ist das überhaupt? Mann, wo haben Sie das her?"

Mohr ist ganz Feuer und Flamme und verbeugt sich infolgedessen zu spät vor einem Brecherüberfall. „Verflucht!" Aber er lacht gleich über sich und über das Mißgeschick, den Vers und dieses ganze männliche U-Bootfahrer-Leben, über alles. Ein richtiger Junge, denkt der gleichaltrige Student und Reservist; ein richtiger Junge ist dieser prächtige Kommandant. Woher er dieses Poem, dieses köstlich gefühlvolle Produkt vermutlich der bukolischen Barockzeit eigentlich kennt, und was noch weiteres an Strophen davor, dazwischen, hinternach dazugehören mag, er weiß es selbst nicht. So muß er denn den feinen zweiten Vers noch mehrmals wiederholen, bis der lebhafte Mohr auch diesen zweiten auswendig kann.

„Wird jetzt jedesmal feierlich gesprochen, wenn eine Regenbö vorüber ist, Henke, was?" wendet er sich beinahe dienstlich im Ton an seinen I. WO. „Herzlichen Dank!" an den Matrosengefreiten, „haben Sie noch mehr so passende Sprüche für die verschiedenen Lebenslagen der armen Menschen auf unseren Tauchröhren?"

In diesem Augenblick — sie müssen inzwischen an Backbordseite in Höhe etwa der vorderen Sicherung des Geleitzuges stehen, und alle drei auf der Brücke, dazu der Kommandant, haben trotz aller Unterhaltung ständig durchs Glas schärfstens Ausguck gehalten und beobachtet — in eben diesem Augenblick kommt einer der feindlichen Zerstörer plötzlich auf Gegenkurs in Sicht. Unheimlich schnell geistert der Schatten an Steuerbordseite des deutschen Bootes vorüber. So geht es; die Geleitschutzfahrzeuge zacken gelegentlich rings um ihre Herde zu ausgreifenden Stichfahrten ab. Man muß ständig auf der Hut sein. Noch ist die Lage durchaus unübersichtlich, denn von der eigentlichen Dampferkolonne ist nichts auszumachen.

Da ist ja der Kreuzer wieder. Er kommt von achtern nach vorn auf. Offenbar wechselt er mit dem Zerstörer die Position. Es gilt, vorsichtig zu operieren, um unbemerkt zu bleiben und doch die Fühlung nicht zu verlieren. Jeden Augenblick kann es unliebsame Überraschungen geben, es braucht nicht einmal gleich einer dieser verdammten Leuchtschirme zu sein, der, wenn einer der Gegner argwöhnisch wird, plötzlich verräterisch losbrennt.

Der Kommandant ändert ein wenig Kurs und Geschwindigkeit des Bootes.

Es geht auf Mitternacht. Mohr hängt sich an den Zerstörer und dann nach dessen Kurswechsel an die beiden, die jetzt, so glaubt er, die achtere Sicherung hinter dem Geleit bilden. Wieder stimmt seine Berechnung. Dort wandern drei Dampfer. Undeutlich heben sich ihre Schatten vor einer etwas helleren Stelle des Nachthimmels ab.

Ruhe — Geduld scheint sein Blick zu ermahnen, wenn dieser einen seiner Männer auf der Brücke streift. Es wird sich schon eine Möglichkeit bieten, unbemerkt in die Lücke zwischen Frachtern und Zerstörern einzubrechen.

Rrummm! blafft unverkennbar der Schall einer Torpedodetonation herüber.

Mützelburg! Seit den Abendstunden ist auch der, wie aus den Funksprüchen hervorging, die laufend auf der Brücke dem Kommandanten gereicht werden, an diesem Geleitzug und scheint an einer anderen Stelle schon zum Schuß gekommen. Augenblicklich spuren einige Leuchtgranaten, wenn auch nicht unmittelbar an dieser Stelle, über den Himmel. Urplötzlich steht wie hingezaubert eine Leuchtkugel da:

„Beide Maschinen Langsame! Backbord fünfzehn! — — Keinen Zweck, Kinnings!" bescheidet sich Mohr enttäuscht und besonnen, „so wird das nichts."

Er läßt sein Boot mit langsamer Fahrt sacken und setzt sich nach Westen ab, bis alles dunkel und still geworden ist.

Gerade heute ist so recht Wolfsnacht. Schon die Natur wirkt unheimlich, wie geschaffen, anzugreifen und dabei unsichtbar zu bleiben, zu überraschen. Wie beutelüsterne Wölfe auf der Fährte folgen die deutschen Boote, ein Rudel, ihrem Wild, dieser dumpfen Herde fetter Frachter des Gegners. Schaumüberwaschen wühlen sie sich in Sprung und Ducken ihren Weg durch die brausende Dunkelheit der mitleidlosen, geistererfüllten Elemente. Der Wind hat wieder auf Südwesten gedreht. Immer noch ist er böig, und Regenschauer verhindern jede Sicht.

Erneut pirscht sich Mohr, kaum, daß es längere Zeit hindurch dunkel geblieben ist, vor gegen die backbordachtere Sicherung. Das Boot hängt sich an und schiebt sich, sowie der das Geleit dort bewachende Zerstörer einmal etwas zur Seite abfällt, kühn und geschickt in die Lücke zwischen diesem und der Dampfergruppe ein und dann vor.

Ein großer, von zwei Bewachern besonders gesicherter Tanker taucht als längerer Schatten aus der Nacht. Der lohnt, stellen die Männer auf der U-Boots-Brücke erwartungsvoll fest. Der Angriff wird entworfen, die Schußunterlagen so weit wie möglich errechnet und geschätzt. Der Mechanikersmaat im Bugtorpedoraum stellt die ihm durchs Sprachrohr hinuntergegebenen Werte an seinen Aalen ein. Die Besatzung lauert auf das erlösende „Rohr I . . . Los!" Ständig wechselnde Kommandos an Ruder und Maschine, deren Telegrafen alle fast pausenlos schrill aufklingen. Das Boot muß in die richtige Lage gebracht werden. Klarmeldungen und wiederholte Anfragen zwischen dem I. Wachoffizier als dem Torpedooffizier und den „Torpedomixern" am Rohrsatz im Bugraum, sonderbar quakig durchs Sprachrohr verzerrt, lassen die Männer bis hin zu denen achtern an der E-Maschine, die nur in ständiger Bereitschaft stehen für den Fall, daß mit schrillem Alarm plötzlich getaucht werden muß, fiebern. Jeden Augenblick wird der Schuß fallen.

Auf der Brücke beugt sich Oberleutnant Henke, I. WO und Torpedooffizier, über das Nachtzielgerät. Jetzt wandert der Schatten des Tankers ins Fadenkreuz ein . . . warte, gleich!

„Hart Steuerbord!" unterbricht scharf das Kommando des Kommandanten den Abschuß und vermasselt den sicheren Erfolg, die ganze Arbeit. Aber er hat es gegeben. Er sah den Schatten eines Zerstörers in nächster Nähe, der auf Gegenkurs zum Geleit steuerbordquerab zu ausgesprochener Kollisionsposition mit dem deutschen Boot heranwächst, wenn dieses seinen Angriffskurs nur um eine geringe Zeit beibehält. Der Zerstörer müßte es in Augenblicken rammen. Nachgeben! Unverzüglich! Und das, obgleich der Schuß gegen den wunderbaren Tanker noch in diesen Sekunden gelöst werden könnte.

Der junge Kommandant wählte instinktiv den gewagteren Zug. Er ließ das Boot nach Steuerbord auf den Zerstörer zu, in den Winkel hinein, den beider Kurse miteinander bilden, andrehen. Auf solche Weise kommt er dem Gegner zwar näher, als wenn er mit Backbordruder von ihm weg zu entkommen versuchte. Doch dann passiert er ihn, heißt, begegnet er ihm auf Gegenkurs um sehr viel kürzere Zeit. Dies ist die Chance, sich aus der verteufelten Situation noch zu retten. Erkennt man drüben — vielleicht — noch nicht das deutsche Boot, — und bisher deutet nichts darauf hin, daß man es tat —, so „torft" vielleicht sein Ausguck auch noch einen weiteren kleinen Augenblick? Alles kommt darauf an, denn sonst . . . !

Ein sonderbares Gefühl des Wachseins beherrscht die Männer auf der Brücke, zumal jene, die nach Backbordseite Ausguck halten und von dem nahenden Zerstörerschatten nichts sehen. Unheimlich schnell wächst er mit schimmernder Bugsee am messerscharfen Steven heran.

„Brücke räumen!" gibt Mohr auf alle Fälle Befehl, damit das Boot als ultima ratio desto geschwinder tauchen kann. Kein überflüssiges Wort. Die Männer gehorchen sofort. Mit harten, wägenden Augen beobachtet Mohr jetzt allein den Gegner, während die anderen sich durchs Luk ins Boot fallen lassen, dicht hintereinander, nur die Handstangen benutzend, den Niedergang hinabrutschen. Drunten warten sie gespannt, was geschehen mag. Mohr steht klar zum Sprung in die Tiefe über dem runden Loch, unter dem die Steigleiter beginnt. Falls der Zerstörer wirklich einwandfrei das Boot zum Rammen annimmt oder schießt und „Scheinwerferleuchten" gibt, wird Mohr ebenfalls einsteigen und mit Alarm fluten lassen. Das geschähe bei der geringsten Wendung des Zerstörerkurses auf den Deutschen, der in voller Breite zu Kollisionsposition auf ihn losfährt. Noch hätte das keinen Sinn. Erst muß sein Boot aus dem möglichen Drehkreis des Gegners so weit heraus sein, daß es nicht mehr überrannt werden kann. Sonst wird es eine vernichtende Katastrophe, wenn das Boot gerade in dem Augenblick taucht. Jeder Meter Gewinn aus dem Weg hinaus ist ein Geschenk. Es geht um Sekunden.

Sekunden, Minuten? drängt es in Mohr. Dreht denn das Boot immer noch nicht auf die Hartlage des Ruders? Er krampft die Hand um den Rand des Lukendeckels und zwingt sich zur Nüchternheit. Schleicht denn die Zeit? Noch dreht der Zerstörer nicht an. Vielleicht kann ich oben bleiben, zögert Mohr.

„Ruder liegt hart Steuerbord!" meldet in diesem Augenblick der Rudergänger aus dem Turm die Ausführung des befohlenen Kommandos. Ist das noch nicht länger her? staunt der Kommandant. So unbelastet ruhig klingt die Stimme des Jungen, als läge überhaupt nichts Besonderes an, fährt es ihm durch den Sinn. Sind diese Männer durch nichts aus ihrer Zuversicht zu bringen? Erfassen sie da drunten nicht, um was es geht? Dieses Vertrauen zu spüren, daß ich richtig handle — —. Verdammt! wie doch die Gedanken ausweichen wollen vor dem, was sie jetzt einzig bewegen sollte. Mohr zwingt sich zur Beobachtung des noch aufkommenden Zerstörers.

Knapp 300 Meter vor dem Bug des Gegners, bevor der Kollisionspunkt erreicht ist, dreht das sich dahinwühlende Boot auf den Zerstörer ein. Immer näher kommen sich beide. Nun dreht es stärker. Hat jener es denn noch nicht erkannt? Nur um ein Geringes braucht er anzuluven, dann hat er es im Augenblick überrannt und vernichtet.

Einsam wie ein Reiter auf seinem Tier steht Mohr über seinem in der Dünung schwingenden Boot auf der Brücke. Mit überwachen Sinnen beobachtet er, was geschieht. Herr Gott im Himmel! geht sein Stoßgebet, laß ihn noch diese kleine Weile nichts merken. Mohrs Herz ist zum Zerspringen angespannt. Nur diesen Augenblick! Noch diesen nächsten dazu! Diese entscheidende Minute Zeit! — Dann haben wir gewonnen! Er darf uns jetzt noch nicht, jetzt noch nicht sehen!

Weiter dreht U 124 hart gegen den mit spitzer Lage auf Backbordbug anlaufenden Zerstörer ein. Wahrhaftig eine verzweiflungsvoll aufreibende Minute für Mohr. Allenfalls noch für die drei, die eine Kollision kommen sahen und jetzt in der Zentrale unter dem Niedergang stehen und lauern, daß der Alte ihnen folgt und endlich als den letzten verzweifelten Versuch Alarm geben wird zu tauchen. Weshalb kommt er nicht nach? Will er droben bleiben, wenn gleich der Anprall erfolgt?

Die Nerven des Kommandanten sind wie so oft in höchster Beanspruchung merkwürdig ruhig. Seine Sinne kühl. Ihm ist, als könne nichts anderes geschehen, als was er mit Geschick beherzt auffangen und zurückschlagen kann, wie in einem kühnen Spiel den Ball. Mit seinem Entschluß steht und fällt das Leben von sechsundvierzig Männern, die Existenz dieses Bootes U 124, das der BdU ihm anvertraute.

Die Männer haben sich gerade ihn als Kommandanten gewünscht, den sie kennen, und sich Erfolge von ihm erhofft, kühne Erfolge und glückliche Heimkehr. Soll es damit zu Ende sein? Die drei spannen unverrückt nach oben. Hat die Lage sich günstig geändert? Sie wagen es kaum zu hoffen. Die übrigen im Boot machen sich kaum Gedanken. Sie tun ihre Pflicht. Was draußen vorgeht, ahnen sie nicht.

Immer enger wird der Drehkreis. Jetzt steht der Bug U 124 genau auf den feindlichen Zerstörer zu. Auf 200 Meter schätzt Mohr die Entfernung. Der Gegner zieht unbeirrt seinen Kurs. Die größte Gefahr, gerammt zu werden, ist vorüber. Der Feind kann nur noch schießen und Mohr tauchen, ohne daß jener ihn zu rammen vermag, ehe das Boot auf Tiefe kommt.

„Mittschiffs!"

„Ruder Mittschiffs!" wiederholt der Mann im Turm das Kommando ungerührt. Sie sind ja blind! geht es Mohr wiederum durch den Sinn, wie er die ruhige Stimme hört. Gleich ist es geschafft und der Feind, der alle Trümpfe ahnungslos in seiner Hand hielt, ist ungesehen passiert. Man kann oben und dem Geleitzug weiter an der Klinge bleiben. Jetzt stürmt der Zerstörer wahrhaftig, ohne etwas zu bemerken, auf unverschämt nahe Entfernung an dem deutschen U-Boot vorbei.

Daß man drüben nicht das immer wieder vom Gischt hell überspülte Vorschiff des Bootes sieht, verwundert sich Mohr ingrimmig frohlockend, nicht die immer wieder zu beiden Seiten des Rumpfes sich hell aufwerfende See, wenn der Bug einbricht. Die vorn aufschwappenden Brecher fegen nur so auf und prasseln gegen den Turm und stieben über die ganze Länge des Achterschiffes hinweg wie eine Fahne. Hören die dort drüben über dem Lärmen der eigenen Maschinen nicht das fremde, typische Brummen der Dieselmotoren des deutschen Bootes, das hier so überlaut erscheinen will? Fällt ihnen nicht nach dem Passieren die schimmernde Schleppe des brodelnden Kielwassers auf, die so lange in der schwingenden Dünung stehenbleibt? Erkennen sie denn nicht jenes helle Band in der winderfüllten rauschenden Nacht? Auf nur 150 Meter Distanz passiert Bord an Bord der britische Zerstörer das Boot unheimlich schnell und sackt für dieses mehr und mehr achteraus. Mohr erkannte jede Einzelheit auf dem Zerstörer.

Mohr hat das Spiel mit seinen Nerven gewonnen. Er kann weiter versuchen anzugreifen.

„Ruder liegt Mittschiffs!" meldet der Rudergänger die Ausführung des zuletzt erhaltenen Kommandos.

Was? verwundert sich der Kommandant, hat denn das alles nicht länger gedauert? Seit jenem „Mittschiffs" können erst Sekunden verstrichen sein. Er beugt sich über das Luk, vor dem er immer noch steht:

„Hoch! Kommt hoch, Kinnings!" ruft er strahlend hinab. — Das ist echt hannoversch und sein Lieblingswort. „Alles klar! Gefechtswache aufziehen!"

„Gefechtswache aufziehn!" übermittelt vorschriftsmäßig wiederholend mit gleichmäßiger Stimme der Rudergänger, den keine Phantasie und kein Gewissen belasten und nichts erschüttern kann, was er nicht handgreiflich mit seinen Sinnen erlebt. Die drunten haben ohnehin den Befehl verstanden und klimmen dicht gedrängt hintereinander hoch.

Mohr fühlt sich in Gliedern und Gelenken sonderbar weich. Im Grunde, so empfindet er, ist es doch gut, daß die Männer im Boot nicht jede Situation voll erfassen. Vorhin war ihn für einen Augenblick etwas wie Wut darüber angekommen, daß er allein Auge in Auge mit ihrer aller Schicksal stehen sollte.

Rrrennnggg! bellt in ziemlicher Nähe eine Wasserbombe auf und läßt den Kommandanten ebenso überrascht wie alle übrigen zusammenfahren. Die drei kommen gerade auf die Brücke und blicken ihn erstaunt an. Rrrennnggg! Rrrennnggg! Rrrennnggg! . . . Zwanzig Stück detonieren hintereinander. Da hat der Zerstörer endlich das Kielwasser des Bootes gesehen und schmeißt „Wabos" hinterdrein. Meint er, sie wären umgekehrten Kurs vor ihm davongelaufen und vor ihm weggetaucht? Wären sie es, die Bomben würden ihnen wenig schmecken.

Erst als die Wirkungsweise des neuen feindlichen Ortungsgerätes bekannt wurde, konnte man sich diese und ähnliche Situationen erklären. Er mag sich etwa so verhalten haben: Der Zerstörer hat das U-Boot auf seinem Bildschirm mit dem Gerät erfaßt und läuft mit hoher Fahrt darauf zu, ohne es bei unsichtigem Wetter zu sehen. Unter etwa 800 Meter, im sogenannten Nahbereich, zeichnet das Gerät nicht mehr. Der Zerstörer läuft blind weiter und wirft, wenn er die 800 Meter überbrückt hat und nichts sieht, Wasserbomben in der Annahme, daß das U-Boot getaucht ist. In diesem Falle bestärkte ihn das noch sichtbare Kielwasser in seinem Glauben.

Mohr dreht das Boot wieder auf Kurs mit dem Geleit, um erneut nach vorn zu stoßen. Da der Zerstörer nach achtern wechselte, müßte vorn jetzt Chance sein, zum Schuß zu kommen.

Wieder detonieren zehn Wasserbomben nacheinander, weiter entfernt als die ersten. Ist der Tommy nervös und will die Boote, die er wittert, abschrecken? Er ahnt wohl, daß hier und dort und überall in der unsichtigen Nacht etwas droht und jeden Augenblick geschehen kann und will, ohne daß er die düstere Lage durchschaut. Vier Detonationen. Dann bleibt es ruhig, während U 124 vorwärtsstürmt.

Wo mag der schöne Tanker stecken, der ihnen vorhin entging? Wo der nächste? Die Sicht ist miserabel schlecht. Mohr schimpft vor sich hin. Aber jedes Ding hat zwei Seiten. Den Augenblick vorher war es ein Glück, daß sie nicht besser war.

„Zerstörer achtern!" ruft der Matrosengefreite. Im ersten Augenblick, wie jener ihn einweist, erkennt Mohr noch nichts. Doch! Dort! Wahrhaftig. Mehr zu ahnen als zu erkennen, kommen zwei Zerstörerschatten hinter dem Boot auf und werden deutlicher.

Wieder steigt auf Mohrs Befehl bis auf ihn selbst die Brückenwache ein. Er zögert und prüft, ehe er mit seinem Hinabspringen und dem Befehl zu tauchen die Chance auf weitere Erfolge für diese Nacht aufgibt.

„Zwomal Äußerste! Zehn Umdrehungen mehr!" ruft er zunächst hinter den dick wie die Weihnachtsmänner vermummt den Niedergang noch ausfüllenden Gestalten drein. Es schien ihm, wie er die beiden Schatten im Glas hielt, als liefen diese nicht so sehr viel schneller als er selbst, als rückten sie nicht so hoffnungslos schnell näher, wie es ihre Lage, diese verdammte Lage 0, erwarten ließ. Der Abstand scheint sich, soweit er beobachtet, kaum zu verringern. Wenn er oben bleiben kann – – – ?

Immerhin kommen sie beide genau hinter dem deutschen Boot her. Mohr nimmt sie wieder ins Glas. Haben sie es gesehen? Mohr klemmt sich mit gespreizten Beinen fest und sucht die beiden abwechselnd ruhig zu betrachten. Sie kommen doch laufend näher. Und einmal wird der Augenblick erreicht sein, wo man in den Keller muß, wenn – – wenn man nicht ein wenig mehr aus der guten alten Mühle herausholen kann an Geschwindigkeit. Tauchen müssen wäre verdammt. Wabos gibt es dann obendrein. Es wird mit jedem Augenblick kritischer, rechtzeitig weit genug vor ihnen auf Tiefe zu kommen.

Versuchen wir's mal weiterhin, mit schmaler Silhouette ihnen zu entgehen! Was macht der Abstand? Mohr wendet sich zwischendurch kurz nach vorn. Ist dort alles noch frei? Das Boot läuft mitten im feindlichen Geleit.

„Backbord 5!" ruft er dem Rudergänger zu. Es gilt, sich leise aus der Spur zu schleichen, daß er weder beim Drehen besondere Hecksee noch sonst eine auffällige Veränderung für den gegnerischen Ausguck gibt. Deshalb nur die geringe, nicht die harte Ruderlage als Kommando.

Tief unter dem Turmluk in der Zentrale des Bootes hat der Leitende Ingenieur, Oberleutnant (Ing.) Brinker, ins Sprachrohr nach der Maschine hin angeblasen, so daß es dort aufpfiff:

„Hier!" ruft er hinterdrein und legt dann lauschend das Ohr an den Trichter.

„Achtung!" kommt es bereits von dort zurück. Der Leitende Ingenieur verständigt sich mit dem Diesel-Obermaschinisten. Heute mag der Gute dort fein schwitzen in dem dicken Mief, den das dauernde Schalten und Höchste-Fahrtstufe-Laufen erzeugt.

„Zehn Umdrehungen mehr?" brüllt der, sich vergewissernd, ob er auch recht verstand.

„Schön, wird gemacht. Wir werden unser Mögliches versuchen. – Was liegt denn an?" erkundigt er sich; denn der Oberfeldwebel selbst und seine Männer, die „Cyklopen", wie man sie scherzeshalber nennt, möchten Näheres erfahren. Brinker berichtet ein paar Worte in den Lärm hinein, soweit er selbst unterrichtet ist; dann tritt er vom Sprachrohr zurück. Er meditiert: Gut! soll er haben, der Alte. Zehn mehr; na schön! Damit ist denn das Äußerste erreicht, was die Maschine an Umdrehungen hergibt. Was mag nur sein? Er läßt sich vom I. WO, der von der Brücke mit herunterkam und neben ihm steht, berichten, soweit dieser in der Geschwindigkeit, mit der alles geschah, die Lage droben übersah.

Auf der Brücke wägt Mohr ringsum blickend den Abstand zu den Zerstörern. Wie ein Luchs gilt es Ausschau zu halten, daß man nicht unversehens einem anderen in die Fänge rennt bei dieser Affenfahrt. Achteraus stellt er fest, daß sich sein Boot seitlich um ein weniges über den Weg der ihm folgenden feindlichen Zerstörer wegschiebt. Noch haben diese nichts bemerkt. Dennoch nimmt der Abstand stetig etwas ab; zumindest erweitert er sich nicht. Auf die Dauer müssen die beiden Burschen merken, wer da vor ihnen herläuft. Und noch breiter zu werden, seitlich auszubrechen, wagt Mohr nicht; sonst erkennt man das Boot viel leichter.

„Hier! An L.I.!" ruft er deshalb ins Luk noch einmal hinunter, „zehn mehr! Dreimal Äußerste!"

152

In der wie üblich ziemlich abgedunkelten Zentrale — damit kein Lichtschein nach droben dringe und das Boot verrate — wird zwei Stockwerke tief unter Mohr das sich heraufkehrende Gesicht des Ingenieuroffiziers, unter dem Niedergang matt erleuchtet, sichtbar.

„Unmöglich, Capitano!" ruft er herauf. „Wir laufen schon Zwomal A. K.!"

Mohr beugt sich hinab, frisch, unbekümmert:

„Red' ihnen man gut zu, deinen Dieseln, Brinker! Du mußt sie eben Dreimal A. K. laufen lassen!" Und schon ist sein Gesicht für den drunten Stehenden verschwunden. Mohr beobachtet weiter, über das Schanzkleid der Brücke hinweg, was in der unsichtigen Nacht um ihn her vorgeht. Brinker zieht den Mund breit und wendet sich, da der Gesprächspartner für ihn verschwand, achselzuckend wieder zum Sprachrohr. Dreimal Äußerste Kraft, das gibt es überhaupt nicht. Zwomal A. K., das heißt das Höchste, was die Maschine zu leisten vermag.

Eine tolle Situation: Zwei Verfolger genau hinter ihm, und nicht zu tauchen! denkt er. Das Boot läuft zwar schnell. Die ihm folgenden Zerstörer verfügen jederzeit über weit mehr als das Doppelte an Geschwindigkeit, wenn sie nur wollen. Jeden Augenblick müssen sie doch das deutsche Boot entdecken, und dann wollen sie! Der Kommandant wagt viel. Er nutzt die Chance bis zum Äußersten, droben zu bleiben und weiteren Erfolg anzustreben. Brinker spricht mit dem Obermaschinisten und fordert ihn durchs Sprachrohr auf, sein Letztes zu versuchen, durch raffiniertere Einstellung noch mehr aus seinen Dieseln herauszuholen.

„Hier! L.I.! Viermal A. K.! Noch zehn mehr! Unbedingt!" ruft es da wieder von der Brücke herunter. Oberleutnant Brinker hört es, noch ehe der Rudergänger im Turm den Befehl wiederholt.

„An Kommandant!" ruft Brinker zurück, indem er zum Niedergang springt und hinaufblickt; Mohr kehrt sein Gesicht noch einmal zur Öffnung.

„Mann!" beginnt jener drunten, als er das Gesicht seines Kommandanten sieht, des Kameraden aus der Zeit, als sie noch auf der vorigen Reise des Bootes beide unter Wilhelm Schultz fuhren, „Mann!" beginnt er unmilitärisch, „gleich schlagen die Dieselköpfe glatt durch den Druckkörper durch, raus an Oberdeck!" Er ist verzweifelt. Das Boot läuft mehr als jemals.

„Macht nichts, Brinker!" lacht Mohr völlig ungerührt von solcher Aussicht, „laß deine alten Esel man laufen!"

Sie sind eben Freunde, die beiden, da ergibt sich in einem derart hochgespannten Augenblick des Einsatzes solch frohgemuter Umgangston trotz aller Autorität und Disziplin, die ein Kommandant wahren soll. Mohr ist bester Stimmung. Er bemerkt, daß, kommt nichts Unvorhergesehenes dazu, sein Boot den beiden feindlichen Zerstörern über Wasser ungesehen entkommt.

Die beiden „Esel" schnurren bereits, daß die Brücke vibriert wie etwa beim Radieren mit einem Gummi auf polierter Platte. Noch schneller, nein, das geht einfach nicht mehr. Brinker schüttelt den Kopf. Hoffentlich halten sie überhaupt das Höllentempo durch. In der Zentrale drängen sich um den Niedergang die drei der Gefechtswache in ihrem nassen Wetterzeug und lauern darauf, wieder hinaufgerufen zu werden. Oder kommt der Kommandant doch nach, und es muß getaucht werden? Es scheint kaum noch so. Blufft der Alte auch diese Zerstörer aus? Die Lage war kritisch genug und kein Anlaß, unbesorgt zu sein. Der Kommandant scheint glänzender Laune, wie immer allerdings, wenn er in Aktion ist.

Durchs Luk regnet von Zeit zu Zeit Sprühwasser und manches Mal ein voller Guß überkommender Brecher. Mohr steht droben einsam und fährt sein Boot.

Jetzt hält es sich gegenüber den beiden Zerstörern in seinem Rücken und schert mehr und mehr seitlich aus ihrem Kurs heraus. Es scheint zu glücken, daß es oben bleiben kann. Mohr hebt das Glas vor die Augen und sucht achteraus. Wo sind denn die Schatten? Sie gehen anderen Kurs und fallen ab! Mann-o-Meter! Zehn Minuten, nachdem sie in Sicht kamen, tauchen die gefährlichen Zerstörer wieder ein in die undurchdringliche Finsternis.

Die Diesel dürfen langsamer laufen. Die Gefechtswache klimmt zur Brücke hoch.

„Hier! L. I.!" ruft Mohr frotzelnd zur Zentrale hinunter. „Kannst stolz sein auf deine Maschine: Zwo Zerstörer ausgedampft!"

Des Kommandanten anerkennender Spaß spricht sich im Boot herum. Alle wußten kaum recht, was anlag und weshalb sie derart hohe Fahrtstufe liefen. Daß sie es taten, spürte jedermann von vorn bis achtern im Boot am Lärmen und Schüttern der Diesel. Nicht alle schmecken den jungenhaften Witz, der hinter solchem Flachs zwischen den beiden Kameraden steckt. Unser Alter, so denken sie. Der und unser Boot, unser schneidiger „Dampfer" — so pflegen sie es wohl mal zu nennen, wenn sie vertraulich von ihm Gutes reden wollen. Und damit meinen sie auch sich selbst, die Crew U 124.

Zu Betrachtungen bleibt nicht viel Zeit. Jeder hat in dieser Nacht vollauf zu tun und auf seinem Posten zu sein. Das Boot wiegt immer noch wie toll und arbeitet schwer in der hohen Dünung, auf die Fahrtstufe und Kurs keine Rücksicht nehmen dürfen. Es setzt jedesmal lausig hart in die Seen ein. Ungesehen und ohne selbst etwas als nur Finsternis ringsum zu sehen, läuft U 124 mit dem Geleitzug des Gegners. Man zieht schneller nach vorn als jener. Nach der Berechnung müßte man bald an der Spitze sein. Der Chronometer in der Zentrale zeigt kurz nach 02.00 Uhr. Kapitänleutnant Mohr ist auf eine Weile hinabgestiegen und rechnet am knapp erleuchteten Kartenpult mit dem Obersteuermann die Kurse durch. Er vergleicht die Möglichkeiten und kombiniert. In der Kombüse hat jemand starken Kaffee gebraut. Der Kommandant erhält zuerst eine Tasse. Das heiße Getränk tut gut. Sie stehen ja alle ohne Ablösung seit Stunden auf Gefechtswache.

Wie der Kommandant nach wenigen Minuten der Abwesenheit wieder auf der Brücke erscheint, zieht von Südwesten her eine dicke Regenbö in Richtung auf die von ihm dort vermutete Dampferkolonne zu.

Ein neues Ruderkommando. Mohr geht mit.

Auf dem neuen Kurs mit der See giert das Boot stark, aber es arbeitet weicher als bisher und schwingt in langen Bewegungen. Da die See es jetzt von achtern unterläuft, hat es ein langes, kippelig schneidendes Wiegen, Rollen, Beschleunigtwerden und Wiederverhalten aufgenommen. Die Brückenwache gurtet sich vorsichtshalber an, weil auf solchem Kurs zu leicht die hohe, schnellere Dünung über den Turm des Bootes hinwegklettert und die Männer mit sich schwemmt. Die durch das Loshaken der Gurte entstehende Verzögerung, wenn einmal mit Alarm plötzlich getaucht werden müßte, ist in Kauf zu nehmen. Jedesmal, wenn die Brücke zu überfluten droht, hat einer zunächst das Turmluk dichtzutreten, damit nicht die volle See ins Innere des Bootes hineinstürzt und es versenkt.

Da ist eine Gruppe von drei Dampfern! Der Alte hat recht gehabt! Massig wachsen die Schatten aus der Nacht. Auch sie arbeiten schwer in der hohen Dünung. Deutlich sieht man die See geisterhaft an ihren Flanken entlangwischen, wenn der Rumpf diese aufwühlt, zur Seite drängt und nun sich selbst heraushebt. Drei Frachter, wunderbare Ziele für das deutsche Boot.

Wenige Minuten sollen genügen zum Abschätzen und für die Einstellung der Torpedos, dann wird der erste gelöst; auf einen Frachter von etwa 6000 BRT.

Treffer achtern. Das Schiff sinkt nach gewaltiger Detonation fast augenblicklich über den Achtersteven weg.

Kaum eine Minute später, noch im gleichen Anlauf, wird der zweite Torpedo gelöst, auf einen 5000-Tonner, und trifft mittschiffs. Eine mächtige Detonationswolke hüllt das Opfer gleich darauf fast vollständig ein.

Mit dem weithin aufzuckenden Flammenschein dieser Explosion wird noch einmal jener große Tanker sichtbar, den man vorhin vergeblich anzugreifen begann. Im Augenblick ist nichts zu machen, denn fürs erste setzt die übliche „Festbeleuchtung" und Abwehr ein.

Schade, schade! denken der Kommandant und auch die übrigen auf der U-Bootsbrücke. Leider stand der dritte Frachter beim Angriff ungünstig, nämlich in Deckung durch den zweiten, so daß er nicht gleich mit erledigt werden konnte. Der zweite sinkt, noch ehe das währenddem schleunigst ablaufende Boot sich aus der Helligkeit entfernt hat. Bei solchem Seegang sackt ein waidwundes Schiff schnell weg.

Eine düstere Regenbö fegt mit so kollossalem Wind einher, daß die ohnehin hohe See ganz steile Köpfe aufsetzt. Nach achtern zu ist etwas Sicht. Mohr wendet das Boot und läuft, um zu beobachten, eine Weile genau gegen das Wetter an.

Ein wildes Geschieße hat auf allen Seiten mit dem Angriff eingesetzt, immer über das Boot hinweg in die Regendunkelheit hinein: Der Gegner ahnt, daß der Angreifer sich darin verborgen hält und sich in ihrem Schutze zurückziehen will. Das Boot läuft nicht weit fort. Mohr bleibt in Sichtweite zum Gegner, der vor der Dunkelheit von ihm nichts wahrnimmt.

Brecher klatschen in ganzen Kaskaden über die Brücke. Wie toll arbeitet das Boot, während es jetzt mit Langsame Fahrt gegen die steile See anliegt. Unaufhörlich niederprasselnder Regen. Dort, wo der Geleitzug mit seinen Bewachern steht, ist es etwas lichter. Man erkennt mühsam genug Schatten der Frachter gegen die sich kaum abhebende Kimm. Dort zuckt ohne Unterlaß das Mündungsfeuer des L.G.-Schießens auf, das dem unbekannten Angreifer gilt. Noch steckt das Boot in der Bö. Bald muß es wenden und mit jener weiterziehen, sonst tritt es heraus.

Fast taghell mit einem Mal — — Verflucht! Was ist? —

Ein Leuchtschirm flammte auf, genau über dem Boot. Mit unwirklicher Helligkeit ist alles übergossen. Rücksichtslos, daß man die Bartstoppeln in den Gesichtern der Kameraden auf der Brücke — sie sind ja erst wenige Tage in See — zählen könnte. Ein unheimliches, bühnenmäßig unnatürliches Licht, sonderbar ungewohnt und unerwartet, orangefarben gelb, beinahe golden.

Aus! der verfluchte Mist! Aus damit! schreien stumm die Männer auf der U-Boots-Brücke. Aus! Zunächst haben sie wie gelähmt keinen anderen Gedanken.

Das Licht steht und regt sich nicht. Verdammt noch mal! Es zieht mit dem Sturm, viel zu langsam, über sie dahin. Wie züngelnd fließende Flammenbäche rinnen in seinem Schein die Wasserstürze und -tropfen von den Ölhüten der Männer der Brückenwache nieder, über das graue Gummizeug hinab. Als gleißende Funken stieben die aufklatschenden

Brecher vom Vorschiff her gegen den Turm und über die Brücke hin. Wie ein dichter Vorhang aus Licht rauscht dazu der Regen herab. Alles trieft von Licht.

Ein Mordsbild, weiß der Himmel! denkt der Matrosengefreite, der Afrikaner. Unheimlich schön! Wie ein Gemälde von Rembrandt, dem Meister des Helldunkel, der hintergründig geisternden Seelenschilderung. „Mann im Goldhelm", kommt es ihm in den Sinn, wie er, sich kurz einmal nach vorn umwendend, die in dem triefnassen Wetterzeug gleichsam in Gold gepanzerte Gestalt seines Kommandanten sieht. Anders, nicht so finster wie jener Mann auf dem Gemälde des Haarlemer Malers. Ebenso überwirklich einprägsam wie jenes Bild, denkt er, ist auf seine Art dieser Anblick. Niemals werde ich diesen Augenblick vergessen, nie dieses Gesicht, nie Stimmung und Geschmack dieser Stunde, nie die erregende Spannung dieser endlos sich dehnenden kurzen Minute unter dem mitleidlos enthüllenden und so märchenhaft alles verzaubernden Licht.

Es sind nur Sekunden, kaum eine Minute, ein wach erlebter Augenblick. Jäh schrillt beim Rudergänger unter der Brücke der Maschinentelegraf.

Mohr hat Fahrtwechsel befohlen. Die Diesel springen auf A.K. Das Boot schwingt in der hohen Dünung arbeitend herum und nimmt, während es abdreht, vermehrte Fahrt auf. Die da drüben müssen uns sehen! sagen sich die vier. Jetzt, wo das Boot ihnen beim Drehen die volle, hell beleuchtete Silhouette zeigt. Denn immer noch strahlt das unverschämte Licht. Der Himmel, vielmehr dieser ganze ringsum strömende Regen, ist wie ein flammender, brandig goldener Widerschein, durch den querhin die gleißend plitschenden Feuerfunken aus Schaum und Tropfen stieben. Es wird höchste Zeit, wenn man den schützenden Regenvorhang, bevor er völlig abzieht, noch nutzen will. Hinters Schanzkleid geduckt, lauern die steif vermummten Gestalten triefnaß und aufgequollen, frierend, auf der Brücke. Jeden Augenblick müssen die Granaten vom Gegner auf sie herabkommen, die bisher über sie hinweg in die Regenbö hinein geschickt werden; denn man muß das Boot doch sehen! Sie starren hinüber, die Männer, soweit ihnen der Ausguck in den anvertrauten Sektor Zeit dazu läßt, starren zurück, gewärtig, daß nun endlich auf sie geschossen wird. Doch auch in diesem leuchtend flimmernden Vorhang von Goldgeprassel bleibt das flache graue deutsche Boot offenbar jenen unsichtbar. Wortlos nickt Mohr einmal, wie er in die unverkennbar begeisterten Augen seines achteren Gefechtsausgucks blickt, diesem zu. Na, alter Junge — so heißt das wohl —, wie gefällt dir das so bei uns?! Unvergeßlich, solch ein Augenblick, was?

Dann bricht, während er sich abwendend ein neues Ruderkommando hinunterruft, das Licht urplötzlich, wie es aufflammte, ab. Dunkel schließt sich schmerzhaft undurchdringbar dicht um die Augen und das Boot. Nur langsam gewöhnen diese sich wieder um. Noch eine Weile ziehen Leuchtspurgranaten über sie dahin ihre Bahn, viel zu weit in die abziehende Regenbö hinein.

Plötzlich zwei Detonationen achteraus. Also ist wieder einer der Kameraden zum Schuß gekommen. Mützelburg? Oder Addi Schnee? Auch der ist, wie die Funksprüche inzwischen zeigen, jetzt da. Selbst Reschke könnte in dieser Nacht schon Fühlung gewonnen haben, überlegt Mohr.

Hinter der schwärzer und schwärzer um sie aufwachsenden Düsternis der Bö, mit der sie laufen, sieht man in diesem Augenblick, entfernt, mehrere Leuchtspurschirme aufflammen. Wie grelle Bogenlampen über einer Straße im Nebel schwimmen sie in der Luft. An Steuerbordseite schießt der Kreuzer, ihr alter Freund, heftig in den dunklen Westhorizont hinein. Mohr muß sich noch weiter nach Nordwesten zu absetzen.

Nach einer Stunde ist es ruhig. Sofort geht Mohr auf Kurs Ost, um erneut Anschluß zu gewinnen, hinein in die schwarze Nacht. Noch reicht die Sicht weniger als höchstens tausend Meter. Fegt eine der Regenböen dazwischen, so wird sie auf wenige hundert herabgedrückt.

Mohr sucht vergeblich. Die Kavalkade scheint gezackt zu haben.

Der Morgen dämmert. Da entschließt sich der Kommandant zu tauchen, um zu horchen. Das Gerät bringt kein Ergebnis. Mohr geht sofort wieder hinauf und läuft nun in Richtung Nordost; das scheint ihm am ehesten Erfolg zu versprechen. Es wird gewittrig. Der Tag klart auf zu ausgesprochener guter Sicht, ohne daß man die Fühlung an den Geleitzug wiedergewinnt. Windstärke 5 aus Südwest. Die Dünung läuft ungewöhnlich hoch und hat seit der Nacht zugenommen. Stunde um Stunde jagt U 124 vor dem Wind nach Nordosten. Die Brückenwache hat sich wieder angurten müssen. Zu oft, daß so ein schwerer, schwanker Wasserberg von See das Boot von achtern her bis über Brückenhöhe langsam und glatt überläuft.

Einmal geschieht es, daß eine solche Dünung besonders drohend hoch heranwankt und geradezu genießerisch langsam, aber unaufhaltbar, so scheint es dem achteren Ausguck, das Boot annimmt.

Sie könnte wohl genau in Höhe des Schanzkleides über die Brücke dahinwuchten. „Wahrschau!" ruft der Afrikaner — wieder auf Wache — und springt, während sich die anderen wie üblich ducken, auf den Sockel des Sehrohrbockes und klammert sich dort fest. So steht er um weniges höher. Und wirklich, geradezu bedächtig, flaschengrün, kommt die Walze von See dahergewankt, ein glasiger gewaltiger Buckel, der alles unter sich begräbt. Zunächst das Achterschiff, dann den „Wintergarten" des Bootes, die Kanzel für das 2-cm-Geschütz hinter der Brücke, und endlich, sie gemächlich, aber unwiderstehlich füllend, die Brücke selbst, so daß schließlich alles von der See begraben ist.

Die vier Mann Ausguck hängen durch Gurte mit Karabinerhaken am Sehrohrbock inmitten der Brücke fest. Drei sind verschwunden in dem wuchtig am Widerstand aufgurgelnden Schwell, der nun langsam, langsam wegen der eigenen gleichlaufenden Bewegung des Bootes sich nach vorn hin über das lange Vorschiff weiterwälzt. Nichts ist mehr zu sehen als einzig der Kopf des achteren Ausguckmannes, der allein über Wasser ragt, als schwimme er, von allen einzig überlebend, hoffnungslos einsam in der ungeheuren Wucht und Weite der fühllos rings um ihm sich breitenden Wasserwüste. Vom ganzen Boot mitsamt den eingeschlossenen übrigen tief unter ihm ist auf eine schauerlich eindrucksvoll lange Weile nichts mehr wahrzunehmen. Vollkommen verlassen sieht sich der Junge in der haltlosen, bis ins Grenzenlose schwingenden Atlantiksee.

So einsam wie der Gefreite in diesem Augenblick mitten im weiten Weltenmeer, alleingelassen, das einzig landgebundene Wesen im endlosen, ihm dämonisch fremden feuchten Element, es ist ein Erlebnis, das das Herz stocken und hinternach desto schneller schlagen läßt.

Endlich verläuft sich der Schwell. Der schwingende Wasserberg ist, schneller als das eilende Boot, weitergewandert. Erschöpft schnaufend nach so langer Zeit unter Wasser, erscheinen zerknautscht und seltsam matt wie wüst an Land geworfene Fische die drei anderen, die Brücke und der Rumpf des Bootes aus der See. Schon hebt sich dieses aus dem Rücken der weiterlaufenden Bewegung. Es sinkt, in seinem Lauf verhaltend, rücklings in das sich einmuldende Tal, als rutsche es wie ein Schlitten zurück an dem ihm zu steilen Hang dieser Mulde; und dabei giert es seitlich aus. Schon holt eine nächste Schwellung von achtern es ein, schiebt an und beschleunigt wieder des Bootes Lauf wie ein Riese, der den im Wasser treibenden Stab an seinem Ende spielerisch anhebt und vorandrückt.

Stunden läuft das Boot so mit den dahinwallenden Seen um die Wette. Den ganzen Tag über muß das Luk geschlossen bleiben. Immer wieder wird der Turm überflutet. So hoch und steil ist die achterliche Dünung. Nur durch das Sprachrohr ist die Brückenwache mit dem Boot verbunden, stehen die vier Mann von vier zu vier Stunden buchstäblich in der Atlantiksee. Im Laufe des Nachmittages meldet der Funkmaat dem Kommandanten, der sich endlich einmal auf seiner schmalen Koje dem Funkschapp gegenüber ausgestreckt hat, Peilzeichen aus Südosten, die er auffing. Sie wandern schnell aus und sind äußerst stark.

Mohr ist sofort hellwach. Er läßt den bisherigen Kurs beibehalten. Zweieinhalb Stunden später kommt der Geleitzug wieder in Sicht. Anfangs nur eine geringe Trübung über der Kimm von windzerrissenem Rauch, dann die Andeutung von Mastspitzen. Während sich das Boot vorsichtig außerhalb der Sicht des Gegners hält und doch an diesen klammert, kommt an der anderen Seite ein großer Dampfer höher heraus. Masten und ein dicker gelber Schornstein mit schwarzem Rand. Er scheint sich nach Westen zu von dem Geleit abzustaffeln.

Der Sturm ist zu Stärke 7 angeschwollen; die Sicht wechselt schnell. Mohr hält sich an den alleinfahrenden Frachter, der da so friedlich für sich allein im Nordwesten dahinzieht.

Die Dämmerung beginnt. Eine Regenbö, wie sie auch über Tag mehrmals begegneten, nimmt für längere Zeit jede Sicht. Wie sie vorüber ist, hat der Dampfer hart nach Osten gezackt. Mit A. K. hängt sich Mohr ebenfalls nach Osten an. Über 12 Meilen Geschwindigkeit läuft der Frachter. Infolgedessen holt U 124 bei diesem Seegang nur langsam auf.

Ganz allmählich verringert sich die Distanz in beginnender Dunkelheit. Nach zwei Stunden kommen auch die übrigen Frachter des Geleitzuges wieder in Sicht. Die ganze Mahalla hat Kurs nach Osten aufgenommen, und jener Einzelfahrer schließt sich dem Zug nun wieder an.

Mohr bleibt hinter dem Konvoi. Nach einiger Zeit ist es völlig dunkel geworden, aber erst gegen Mitternacht gibt sich Gelegenheit. Der achtern das Ganze sichernde Zerstörer zackt auf eine Weile reichlich weit nach Steuerbord heraus, und schon stößt Mohr mit Höchstfahrt in die Sicherung hinein. Ein nach dorthin vollkommen schwarzer Hintergrund läßt sein Boot dem Gegner unsichtbar bleiben; der Mond steht glücklich hinter einer Regenbö.

Dreißig Minuten später wird ein Torpedo gegen den jetzt als letzten der Kolonne fahrenden Dreitausend-Tonnen-Frachter losgemacht.

Treffer Achterkante Schornstein.

Eine weitere knappe halbe Stunde, und er ist gesunken. Im Wegsacken schießt er noch einen weißen Stern. Grell angestrahlt leuchten die Flanken des deutschen Bootes vor dem dunklen Grund.

Sofort ist natürlich die Kolonne rebellisch. Alle haben das Boot gesehen. Noch ist Mohr dabei, hart abzudrehen, um wenigstens die volle Silhouette seines Bootes dem blendenden Licht zu entziehen und sich wieder achteraus vom Geleitzug abzusetzen, da kommt plötzlich, hinter dem sinkenden Frachter hervor, ein U-Boots-Turm auf Gegenkurs in Sicht, zu Kollisionsposition. Beide Boote weichen einander aus. War das nun, fragt sich Mohr, Mützelburg, Schnee oder Reschke, die jetzt mit an diesem Geleitzug „raken"? Offenbar hatte der Kamerad sich auf das gleiche Ziel angepirscht, das da immer noch ein wenig abseits läuft. Aber Mohr schoß schneller.

Bei dem einsetzenden Leuchtgranatenschießen bleibt U 124 zwar ungesehen im Dunkel, aber vorerst kann es nicht aufs neue angreifen. Um eine Stunde später ist das Geleucht eingeschlafen — der Gegner kann ja nicht ohne Unterlaß schießen! — und nun dreht Mohr wieder an, zurück auf östlichen Kurs. Da ihm bisher das Schießen des Gegners die Richtung wies, in der der Feind stand, erhält er bald Fühlung. Dicht aufgeschlossen hinter dem backbordachteren Zerstörer der feindlichen Sicherung lauert er auf Gelegenheit. Noch gilt es Nerven zu bewahren, nicht unbedacht draufloszustoßen. Es zeigt sich keine rechte Chance; der Feind ist gewarnt und sicherlich doppelt wachsam.

Zwei Stunden zieht U 124 mit. Da hallt eine Torpedodetonation durch die Nacht. Und wieder, es ist im Südwesten, Leuchtgranatenschießen. Einmal vernimmt man den unverkennbaren Laut fernab berstender Wasserbomben. Mohr hält beobachtend Fühlung. Wenn endlich, denkt er, der Zerstörer, dieser unbeirrbare Schäferhund der dichtgedrängt ängstlichen Herde von Frachtern in günstige Schußposition laufen würde, daß ich ihn wegschießen kann! Der wuselt unentwegt mit kleinen unregelmäßigen Zacks immer auf der gleichen unangenehm geschickt gewählten Position.

Einmal aber ist es soweit, daß auf ihn ein Torpedo gelöst werden soll, um Luft zu schaffen. Ausgerechnet diesen Augenblick stößt unvorhergesehen der vordere Zerstörer auf einer Kontrollfahrt die Herde entlang mit Lage 0 auf das U-Boot zu. Mohr muß seinen Anlauf auf den anderen sofort abbrechen und mit A. K. abdrehen, um nicht gesehen zu werden. Wenigstens darin, daß ihm dies glückt, hat er Schwein. Der bereits zum Abfeuern über sein Zielgerät gebeugte I. WO flucht nicht schlecht über den ihm verpatzten Angriff.

Mohr hängt sich dem bis dahin vorderen Zerstörer an und versucht bei diesem, der weniger stark wechselnden Kurs zu laufen scheint, sein Glück. Denn ist erst die Bewachung dezimiert oder ausgeschaltet, kann man ungestört Beute machen. Zweimal beginnt Mohr den Anlauf gegen diesen zweiten, aber beide Male hat der Gegner sicherlich ahnungslos den Dusel, im wirklich letzten Moment so abzudrehen, daß der Schuß nicht fallen kann.

Nicht locker lassen! hält sich Jochen Mohr vor. Er lächelt, nachdem er mit einem Männerfluch — man merkt, daß dieser ihm so gar nicht ursprünglich aus dem Herzen kommt — seine Laune wieder ins Gleichgewicht gesetzt hat. Er ist erschöpft nach diesen ununterbrochen aufreibenden Tagen und Nächten, aber: „Wir wollen doch den Krieg gewinnen!" redet man sich gut zu.

Gegen 05.00 Uhr morgens beginnt der vierte Anlauf gegen den Zerstörer. Und diesmal kommt es zum Schuß. Die Aale laufen.

Da — — nach kurzer Laufzeit, nur eineinhalb Minuten — zackt dieser Hund, so fluchen sie enttäuscht und ermattet, tatsächlich wieder ab, ehe ihn die Torpedos erreicht haben können. Beide gehen sang- und klanglos in die Binsen.

Es waren Mohrs letzte. Diese Unternehmung — seine erste als Kommandant und von nur wenigen Tagen Dauer — hat sich auch so mehr als gelohnt. Eine hübsche „Strecke" hat der junge Mann vorzuweisen. Ein vielversprechender Anfang. Ein weiteres Boot hat sich in dieser Nacht verschossen. Es erbittet von der U-Boot-Führung schlicht und einfach seinen Rückmarschbefehl. An sich pflegen die Boote, bis auf die Meldung „kein Torpedo" entsprechende Order kommt, weiter mit Fühlung zu halten, damit der aufgefaßte Geleitzug den anderen, die laufend abgedrängt werden können, nicht mehr durch die Lappen geht. Das ist ständiger Befehl des BdU und ein wesentlicher Punkt der Rudeltaktik. Mohr liest in der Funkkladde, die er von Zeit zu Zeit einsieht, den auch von seinem Boot mit aufgefangenen und soeben entschlüsselten Spruch des Kameraden.

„Nee!" meint er gedehnt und jungenhaft schmunzelnd in der Messe, wo die wachfreien Offiziere gerade beim Frühstück sitzen, schlägt das Buch bedeutungsvoll zu und blickt die anderen an: „Sieh mal bloß so was Dummes! Kinnings, das machen wir nicht mit! Man muß doch den ‚Löwen' kennen!"

„Der große Löwe", das ist der BdU, Admiral Dönitz; so wird er von seinen Kommandanten genannt. Und Mohr läßt seine tägliche Funkmeldung an die U-Boot-Führung in Kernevel, die zur bestimmten Stunde abgegeben wird über Brennstoffvorrat, Anzahl der Torpedos, Wetter und so weiter hinausgehen, ohne nur die Andeutung einer Bitte um Befehl zum Rückmarsch, so brennend den das ganze Boot natürlich herbeiwünscht. Noch kein Wort über seinen Erfolg, der als besonderer Spruch abgesetzt zu werden pflegt und nicht in diese sachliche Meldung mit hineingehört. Sie besagt unter den üblichen Angaben lediglich, daß dem Boot keine Aale mehr zur Verfügung stehen, ohne weiteren Kommentar.

Was vorausgesehen, tritt ein. Mittags wird — und das natürlich ebenso von allen weiteren Booten dieses Operationsgebietes — folgender Spruch aufgefangen und entschlüsselt: „Mohr und Schnee Rückmarsch. Mützelburg und Reschke dranbleiben."

Natürlich ein Hallo auf U 124! Zwomal Äußerste werden die Diesel geschaltet, spaßeshalber nur für diesen Augenblick; ausgerechnet zu dieser Zeit läuft man in Sichtweite von Reschkes Boot, dem man — es hatte schwere Wasserbombenschäden erlitten — einige Ersatzteile hinübergegeben hat. U 124 dreht mit aufqualmenden Abgasen am Heck seine Nase schäumend südwärts, während Reschke, der dies mit anschauen muß, das Nachsehen hat. Er und Mützelburg sollen weiter mit Fühlung halten, ohne daß Reschke noch zubeißen kann. So ausgelassen können U-Boot-Männer sein. Mit aufgischtender Hecksee tritt Mohrs Boot die Heimreise an von des neuen Kommandanten erster Unternehmung. Sozusagen mit Winke-Winke und herausforderndem Grinsen über diesen gelungenen Streich.

Kaum ist der eindrucksvoll in der hohen Dünung hinter ihnen dahinreitende Kamerad aus Sicht, werden die strapazierten Diesel, die so wacker liefen, auf Marschfahrt herabgesetzt, und der die operative Unternehmung abschließende Funkspruch geht hinaus:

„Rückmarsch angetreten. Versenkt drei Tanker, drei Dampfer, 44 000 Bruttoregistertonnen. Treffer wahrscheinlich ein Dampfer 5000 Bruttoregistertonnen. Mohr."

Der BdU macht seinem jüngsten Kommandanten jenen klassischen Funkspruch:

„Der Mohr hat seine Schuldigkeit getan, der Mohr kann gehn!"

41 Der Kommandant (E. Mengersen) wartet auf seiner Koje, die Ölhose übergestreift, daß er mit Dämmerungsbeginn zum Angriff auf die Brücke gerufen wird.

42   Torpedotreffer an Tanker.

43   Tanker – Das Öl explodiert.

44   Brennendes Öl.

45   Nächtlicher Brand.

46   Schlachtfeld Nordatlantik.

47 Britischer Hedgehog-Wasserbombenwerfer.

48   U-Boot neben Fliegerbombeneinschlag.

49   Boot Typ XXI auf dem Marsch nach Norwegen im Bordwaffenbeschuß eines Flugzeugs.

50   Das Ende: U 200 (Schonder) gesunken am 24. 6. 1943.

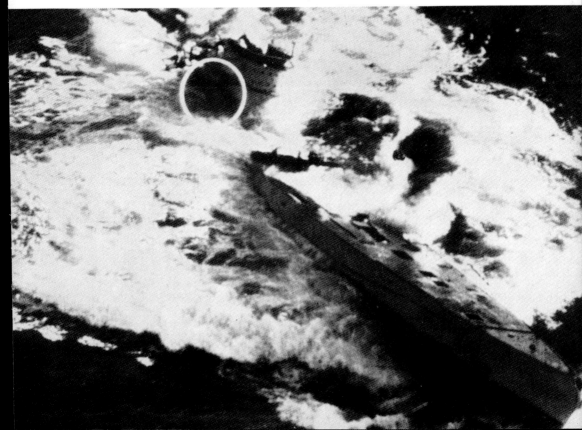

51 Hält die Stütze für den durch Wasserbombeneinwirkung vom Sokkel gelösten Diesel?

52 U 333 (Ali Cremer): Heimkehr trotz schwerster Beschädigungen durch Flieger- und Wasserbomben sowie Unterwasserrammen durch den sinkenden Frachter.

Trotz Tod und Teufel

Oktober 1941

Als Kapitänleutnant Hermann Rasch seine erste Feindfahrt als Kommandant des Bootes, auf dem er bereits drei Reisen als Wachoffizier gemacht hatte, antrat — Oktober 1941 —, geschah es, daß er unversehens eine seiner drei Brückenwachen insgesamt bis auf den letzten Mann verlor, und das, ohne es gleich zu bemerken.

Der einzig dastehende Vorfall ereignete sich am dritten Tage der Unternehmung am Ausgang der Biskaya. Die See stand achterlich, eine rechte Schönwettersee bei Sonne und schwellenden weißen Wolken unter strahlend blauem Himmel. Solches Wetter zwang gerade in diesem Seegebiet, auf der Hut zu sein vor feindlichen U-Booten und Flugzeugen, die hier vor der Tür der Atlantikhäfen der deutschen Unterseeboote konzentriert lauerten. Die Brückenwache — altbefahrene ausgezeichnete Seeleute, — der Wachoffizier wie der Fähnrich als Nummer I, und ebenso die beiden Gasten als achtere Ausgucks, waren sämtlich keine Neulinge an Bord. Die Wache hatte sich, alarmbereit, noch nicht angegurtet, um bei plötzlichem Auftauchen einer „Biene" jederzeit unbehindert einsteigen zu können, damit das Boot desto schneller mit Alarm wegzutauchen in der Lage sei. Wer konnte damit rechnen, daß der Wind während eines einzigen Wachturns, innerhalb weniger Stunden, von Stärke 4 zu Stärke 8 anschwellen und die bis dahin geruhsam wandernde achterliche Dünung zu derart hoher und steiler Sturmsee emportreiben würde.

Achterliche See, das ist immer gefährlich, weil sie das kleine, tief im Wasser liegende Boot mit ihrer höheren Geschwindigkeit überholt und oft überläuft. Sie steigt in die Brücke ein und darüber hinweg, wenn das Boot, noch schräg aufwärts an den Rücken der vorigen See geklebt, die mit ihm dahinwalzt, in seiner Fahrt behindert ist. Solch scheinbar harmlos strahlendes Sonnenreisewetter wie an jenem Tag läßt leicht übersehen, welche Gewalt dem mächtigen Geschiebe des Elementes jetzt nicht anders als bei düsterem Wolkensturm innewohnt. So galt es für die Wache, nach eigenem Ermessen abzuwägen, ob die Gefahr von seiten des Gegners aus der Luft, oder ob die der Elemente zur Zeit höher einzuschätzen sei. Sie entschied sich und zögerte das Angurten hinaus. Aber die See schwoll derart schnell und unversehens auf, daß wahrscheinlich gleich die erste von achtern voll über Turm und Brücke hinwegwuchtende Dünung — sonst würde man sich angegurtet haben — die einsamen vier Männer dort oben mit sich nahm. Die Gewalt einer dahinwandernden See ist stärker als ein paar klammernde Männerfäuste.

Der Rudergänger im Turm gleich unter der Brücke, saß vor seinem Apparat und hatte zu tun, das immer schwerer in der See arbeitende Boot auf Kurs zu halten, den Kurs, den der WO von oben ihm vor einiger Zeit herabgerufen hatte. Jetzt wurde das Luk dichtgetreten wie stets, wenn zuviel Wasser überkommt. Dann hörte der Mann vor seinen Ruderknöpfen nichts mehr und gab sich damit zufrieden. Seinen Kurs hatte er, seine Instrumente zeigten ihm alles Nötige an. Etwa dreiviertel Stunde später, als einer der Zentralegasten schnell mal zur Brücke und Kanzel aufklimmen wollte, um Wasser zu lassen, wurde, als er das Turmluk öffnen wollte, bemerkt, daß sich dort niemand mehr befand. Das Boot wühlte sich ohne Ausguck, vollkommen blind gegen Gegner, durch die wüst aufgebrachte See seinen Weg dahin.

Was half es, daß der Kommandant sofort acht lange Stunden hindurch nach den über Bord gewaschenen Kameraden suchen ließ! Im schweren Wetterzeug, wie es die Wache trug, ist kaum an Schwimmen zu denken bei solcher See, wie sie jetzt urplötzlich aufgekommen lief.

Die vier blieben vermißt. Rasmus, die salzige See, gab nicht heraus, was sie als Opfer unversehens gegriffen hatte.

Solange es Menschen gibt, die sich nicht angstvoll verkriechen vor der Naturgewalt, kämpft der Mann mit dem Element. Er sucht es sich gefügig und dienstbar zu machen, sich ihm anzupassen und so zu überlisten. Oft schlägt es gegen solches Beginnen blindlings zu. Schon viele behielt die See seit Anbeginn der Zeiten. Doch immer wieder reizt die Auseinandersetzung mit ihr, lockt die Ferne, die Weite, die Gefahr, die Alternative, bestehen zu müssen oder zerschlagen zu werden. Die weite See macht den Starken stolz, ehrfürchtig und frei. Sie lehrt ihn, groß und kühn zu denken und über sich hinaus zu handeln.

Nach acht Stunden gab Kapitänleutnant Rasch endlich das vergebliche Suchen auf. Er befahl seine Männer in die Zentrale und „nahm sie auf Vordermann". Sollte er die Unternehmung abbrechen? Eine der drei seemännischen Wachen war verloren. Das bedeutete, wenn er die Reise mit so geschwächter Besatzung fortsetzen wollte, eine kaum erträgliche Mehrbelastung der übrigen. Seine Männer hielten sich tadellos. Abbrechen? Sie wollten an den Feind. Sie würden es schon schaffen.

So übernahm der Kommandant, der sonst, um jederzeit im Ernstfall ausgeruht zu sein, ausgenommen bleibt, die dritte Wache. Er teilte die Seeleute neu ein und nahm die Torpedomechaniker, die verhältnismäßig leichten Dienst an Bord machen, solange sie nicht gerade die Torpedos warten, zum Ausguck mit dazu, um die leergewordenen Plätze einigermaßen auszufüllen.

Was dem U-Boot-Mann an seemännischer Erfahrung meistens mangelt — kam doch kaum einer aus der Seeschiffahrt —, das ersetzte seine seemännische Begabung und die soldatische Erziehung: Die Gewöhnung an Einordnung und der Wille zum Einsatz. Daß ein guter deutscher Soldat auch bald als brauchbarer Seemann ausgezeichnet an Bord zu verwenden ist, erfuhr nun der junge Kommandant. Er selbst war vor dem Krieg längere Zeit hindurch auf Segelschulschiffen gefahren. Er besaß den Blick und hatte Geschick, zum Seemann zu erziehen, Seeleute und Soldaten zu führen. Die zum Ausguck neu herangezogenen Soldaten machten sich tadellos.

Das Boot setzte die unterbrochene Reise ins Operationsgebiet fort. Rasch wollte so schnell wie möglich einen Erfolg erzielen, der den Männern Selbstvertrauen und Zuversicht zurückgäbe. Der Schock, den jenes Unglück zu Beginn seiner ersten Unternehmung als Kommandant jedem seiner Männer doch eingejagt hatte — jeder Seemann ist nun einmal abergläubisch —, mußte überwunden werden. Nur eine sich allem gewachsen fühlende kampfentschlossene Besatzung kann Erfolge erringen und jeder Beanspruchung, wie sie das U-Boot-Leben an sich, zumal der Fronteinsatz im U-Boot, erfordert, gewachsen sein.

Bald nach jenem tragischen Erlebnis traf das Boot so günstig auf einen Einzelfahrer, daß es keine Schwierigkeit bedeutete, ihn zu erledigen. Wenig später kam ein Funkspruch an, der besagte, daß ein überaus schneller, stark und geschickt gesicherter Geleitzug in Richtung auf Amerika unterwegs sei. Ein anderes Boot versuchte Fühlung zu halten. Kapitänleutnant Rasch entschloß sich sofort, mit auf diesen Geleitzug zu operieren, obgleich er nicht eben günstig zu dessen Position und Kurs stand. Mindestens zweieinhalb, wahrscheinlich aber über drei Tage würde er brauchen, bis er Anschluß gewänne, auch wenn er die Diesel aufs äußerste beanspruchte und den Brennstoff auf Kosten der Dauer seiner Unternehmung vergeuden würde. Wenn er dann tatsächlich auf den Feind träfe, würden ihm höchstens zwei Nächte zum Angriff zur Verfügung stehen, bis die Nähe des Landes die offenbar auf Neufundland zustrebende Dampferkolonne jedem Zugriff entzöge.

Nachdem mit dem Obersteuermann am Kartentisch in der Zentrale alles durchgesprochen, geprüft und berechnet war, ließ Rasch die Maschine auf hohe Fahrtstufe schalten und das Boot auf den neuen Kurs bringen.

Aus dem schweren Wetter war man jetzt heraus. Das ganze Boot, jeder Teil vibrierte im drängenden Rhythmus seiner starken Motoren.

Durch ausgezeichnete Fühlungshaltermeldungen jener Boote, die von günstigeren Standorten aus früher den Anschluß fanden — vor allem von Kentrat, U 74, der über 1000 Seemeilen hinweg zäh Fühlung am Gegner hielt —, wurde es Rasch möglich, sich ohne nennenswerten Zeitverlust auf jeden Kurswechsel des mit etwa elf Seemeilen Stundengeschwindigkeit laufenden Verbandes umzustellen. Die Diesel hielten ohne Zwischenfall die starke Beanspruchung des tagelangen AK-Fahrens durch.

Am Abend des dritten Tages wurde über der Kimm eine breite Schleppe von Rauchwolken sichtbar. Der gesuchte Geleitzug! Es ist stilles Wetter. Leider! Eine vollkommen ölig glatte See. Rasch müßte, um heute zum Erfolg zu kommen, von hinten in die Kolonne einbrechen, so ungünstig das ist. Sich vorzusetzen, ist für diese Nacht keine Zeit mehr.

Die Frachter sind stark gesichert. Die übrigen deutschen Boote, drei alte gewiegte Hasen, haben noch nichts erreicht. Immer wieder wurden sie im entscheidenden Augenblick abgedrängt durch die starke Sicherung, die diese Dampferherde geschickt umkreist. Ob Rasch, der neue Mann, mehr Glück entwickeln wird als sie?

Noch leuchtet der zunehmende Mond, und der Kommandant muß sich in entsprechender Entfernung halten. Bald wird diese Himmelsleuchte untergehen. Dann will er versuchen, näher heranzuschließen. Das Boot fiebert und lauert: Geht heute alles glatt? Kaum ist es unsichtig geworden, setzt wildes Leuchtgranatenschießen ein. Seitlich, und zwar im Süden. Hat der Zug dorthin abgezackt? Die übrigen Boote laufen, stellt sich später heraus, darauf zu.

Nichts ist zu sehen außer dem Aufzucken und -flammen der Leuchtgeschosse im Süden. Sollte der ganze Treck entgegen Raschs Annahme wirklich dorthin abgeschwenkt sein, so wird er diesen immer noch wiederfinden können bis morgen nacht durch die laufenden Meldungen der Kameraden. Jetzt sucht der junge Kommandant erst einmal „nach Nase" auf eigene Faust. Mit A. K. geht es hinein in die Dunkelheit. Weit gabelt sich der Bart der Bugsee zu beiden Seiten des deutschen Bootes bei der spiegelblanken See. Wie in einer sich ständig dem Boot anheftenden Mulde stürmt der graue Fisch vor. Kaum weiter als diese seitlich sich verbreiternde Erhöhung kann man sehen in der geisterhaft diesigen Schwärze. Knapp 300 Meter reicht die Sicht. Dann ist alles wie aufgeschluckt von der feuchten, lastenden Luft, von der Dunkelheit hier in der Nähe der nebelberüchtigten Neufundlandbänke. Ein gewagtes Stück, so ins Ungewisse hinein vorzustoßen. Jeden Augenblick kann ein Zerstörerschatten allzu nahe schon auftauchen. Dann ist es zu spät, noch ungesehen wegzukommen.

Rasch kombiniert nach dem bisherigen Verhalten des Geleitzuges, nach seinem trotz Winkelzügen und Finten eingehaltenen Generalkurs, daß er in diesem Dunkel, also im Nordwesten stehen muß, während nur seine Bewacher jenen Kurswechsel nach Süden vortäuschen.

Noch einmal klettert der Kommandant zur Zentrale hinab und brütet wieder über der Seekarte. Mit dem Zirkel greift er die Entfernungen ab, die der Geleitzug inzwischen zurückgelegt haben kann, das mögliche Gebiet, in dem er sich zur Zeit aufhalten muß, und bestimmt die Kurse, auf denen er suchen will. Dann hält er mit Ausguck auf der Brücke. Die Gefechtsstationen sind besetzt, alles ist zum Angriff, den er für jeden Augenblick erwartet, vorbereitet. Mit äußerster Kraft prescht das schlanke Boot durch die Unsichtigkeit der unheimlich düsteren und dunstigen Nacht.

Zwei volle Stunden jagt das Boot blind. Es ist, als habe der Nebel alles aufgeschluckt und den beutegierigen Wolf völlig isoliert und in die Irre geführt.

„Und doch möcht' ich wetten, daß sie hier irgendwo sind!" wendet sich der Kommandant, das lichtstarke Nachtglas von den Augen nehmend, an seinen Torpedooffizier, der gleich ihm in die schummrige Nacht hineinstarrt.

„Wie auf dem Leipziger Hauptbahnhof stinkt das aber auch, Herr Kaleunt!" mischt sich die seemännische Nummer I ins Gespräch. Als einem Leipziger scheint ihm der Ruch auf einmal so vertraut, das ist doch Qualm? — Wahrhaftig, der Mann hat recht: Man riecht Rauch. Hier sind die Burschen. — Aber wo?

Um zwanzig Minuten später reißt der Nebelvorhang auf, die Sicht ist unversehens etwa 2000 Meter weit, und — — — das Boot steht bereits mitten drin im Geleitzug.

Vor ihm ein Pulk von fetten Tankern. Leider laufen sie durcheinander ohne feste Formation. So muß man jeden einzeln angreifen.

Kapitänleutnant Rasch läßt das Boot von achtern auflaufen, dreht hart zu und macht auf nächste Entfernung, etwa 300 Meter, zwei Aale los. 9000 Tonnen mag dieses Schiff haben. Es fliegt bei den Treffern alles mögliche den Angreifern um die Ohren: Sprengstücke, Trümmer. Und dann sieht man nichts mehr als Qualm. Es war der US-amerikanische Flottentanker „Salinas", der aber dann trotz schwerster Beschädigungen eingeschleppt werden konnte. Auch dieser Fall eines durchaus zu Recht, weil im Geleitfahren, torpedierten Amerikaners wurde von Roosevelt politisch zur Kriegspropaganda ausgemünzt.

Sofort nach dem Doppelschuß zackte Rasch ab, ehe die Torpedos trafen. Die Zeit bis zum Einsetzen der Abwehr muß ausgenutzt werden. Es dauert eine Weile, bis wieder etwas zu erkennen ist.

Auf den nächsten!

Wiederum verlassen zwei Aale, vom Torpedooffizier geschossen, die Ausstoßrohre. Drüben hat man das angreifende Boot gesehen und die Maschine auf A. K. rückwärts geschaltet. Wild schäumt das Heckwasser vom plötzlichen Rückwärtsgang seiner Schrauben, die Fahrt des Tankers mindert sich, während die todbringenden Aale noch laufen. Deutlich sieht Rasch sie — A-Torpedos — von der Brücke des nun abdrehenden Bootes aus mit Vorhalt auf ihr Ziel losspurten. Mehr und mehr verzögert sich der Lauf des Gegners, die Fahrt kommt aus dem Schiff.

Vorbei! Deutlich auszumachen bei der ruhigen See laufen beide Torpedos dicht vor dem Bug des Gegners durch. Das Wetter ist heute zu ruhig. Man sah drüben den Angreifer zu früh.

Der Kommandant dreht das Boot, um noch das Heckrohr zu schießen. Der Tanker hat inzwischen seine Waffen klar und schießt Leuchtspurmunition. Und in diesem Augenblick von vorn zwei Schatten, beide rasend schnell, mit Schaumbärten vorm Bug: Zerstörer!

Alllarrrm!!

Das ist zu spät! registriert Raschs Gehirn nüchtern. Die Gefechtswache der Brücke springt Hals über Kopf einer über den anderen durchs Luk ins Boot, ohne die Steigeisen der Leiter zu benutzen. Der Kommandant als letzter hat noch nicht einmal den Vorreiber dichtgeschlossen, da faucht auch schon mit pfeifendem Aufstöhnen die Luft aus den Tanks: Der Leitende Ingenieur, dieser prachtvolle, erfahrene Mann, ein altbeschossener Hase mit seinen vierzehn Feindfahrten, hatte bereits vorgeflutet und nun unverzüglich die Schnellentlüfter herabreißen lassen, noch ehe auf das Geschrille der Alarmglocke hin die vorgeschriebenen Klarmeldungen durchgekommen sind. Als gewitzter Frontmann hatte er in der Zentrale mitgekoppelt und erfaßt, um was es ging. Als ihm die Sache nicht mehr recht geheuer schien, flutete er auf alle Fälle schon mal vor, was an sich sonst nicht geschehen soll. Jetzt war es das Glück. Denn ungeheuer schnell kommt das Boot weg. Achtzehn Sekunden nach dem Alarm. Rekord!

Gerade auf 20 Meter Tiefe — da zieht der Zerstörer über sie hin. Sekunden, und er hätte das Boot gerammt.

Hat er wirklich die Stelle erkannt? Da ist das bekannte Geräusch des Ausklinkens der Wasserbomben. Und dann — — — bersten sie.

Nicht genau genug. Sonst wäre das Boot zerrissen, die Schweißnähte des Druckkörpers wären nicht mehr dicht. Man hat wohl nur so ungefähr geahnt, wo es getaucht ist.

Inzwischen ist das Boot auf größere Tiefe durchgestoßen, wird abgefangen und eingependelt. Mit Horch- und Asdic-Ortungsgeräten sucht man nach dem Deutschen. Volle neun Stunden lang „beharkt" man das Boot immer wieder mit ganzen Serien von Wasserbomben. Neun Stunden lang!

Ausfälle. Als erstes springen die Sicherungen heraus. Nicht schlimm, das ist man gewohnt. Es gibt neue. Zunächst flammt die Notbeleuchtung auf, der Schaden ist zu beheben. Dann zerplatzen die Gläser der Tiefenmanometer. Wasser sprüht in die Zentrale und in den Bugraum, bis man ihre Außenbordventile schließt. Ventile lockern sich, Wasser bricht in größeren Mengen ein. Und immer wieder erneut detonieren mit widerlichem Blaffen die Sprengkörper viel zu dicht beim Boot, wie sich das auch mit Schleichfahrt und allerlei Haken den Verfolgern zu entziehen versucht.

Das Boot ist jetzt achtern bis über die Schraubenwelle vollgelaufen. Es muß gelenzt werden, sonst wird es zu schwer und ist nicht mehr zu halten. Sofort hat man es droben genauer eingepeilt, sowie das summende Geräusch der arbeitenden Lenzpumpe aufklingt.

Die Wasserbomben sitzen besser.

Das Boot hält sich. Es könnte, genau genommen, sogar mehr ab.

Nach neun Stunden also gelingt es denn, sich mit geringen Kursabweichungen aus dem Bereich der Suchstrahlen herauszuschlängeln. Die droben haben das gejagte Boot aus dem Fang verloren, ehe die Zähne es zerbrachen. Sie mußten endlich weiter, hinter ihrem Geleitzug her, den sie schützen sollten, und gaben auf. Die Detonationen liegen weit. Dann bleiben sie aus.

Es ging noch einmal gut!

Mittags 02.00 Uhr läßt Rasch auftauchen. Weit und einsam ringsum die See. Sein Boot ist als einziges der Angreifer an diesem Geleitzug zum Schuß gekommen und hat wenigstens einen Tanker von 9000 Bruttoregistertonnen getroffen.

Seine Männer sind entsprechend obenauf. Wir haben es besser als die anderen geschafft! sagen sie. Sie haben es krachen hören und sind doch klar gekommen. Das Vertrauen ist wieder da. Sie hatten Erfolg und den Druck, der über dieser unselig begonnenen Reise lag, trotz Tod und Teufel gesprengt.

Ein Schlachtschiff wird versenkt

25. November 1941

In Nordafrika toben die schweren Herbstkämpfe des Jahres 1941 bei Tobruk.

U 331, das Boot des Oblt. z. S. Hans-Dietrich Freiherr v. Tiesenhausen, steht seit Tagen dicht unter Land. Vergeblich sucht es auf einen der englischen Geleitfrachter oder Schlepper oder auf eines der Kampfschiffe zum Schuß zu kommen, die von Zeit zu Zeit von See her in die Schlacht an der Küste einzugreifen pflegen. Wo es gerade steht, ereignet sich nichts. Tagsüber heißt es meist unter Wasser bleiben. Einzig des Nachts kann man auftauchen, durchlüften und die Akkumulatorenbatterie nachladen. Dann hängen jedesmal durchschnittlich vier bis fünf Leuchtkörper gleichzeitig in der Luft und bestrahlen gespenstisch mit ihrem orangegelben Schein die nahe Küste.

Grell flammt ununterbrochen starkes Mündungsfeuer in Richtung Tobruk. Ohne Unterlaß zuckt der Horizont über dem Lande. Nicht lange haben die U-Boot-Männer auf der Brücke das Bild vor Augen; viel zu gefährlich, hier längere Zeit ohne Not über Wasser zu stehen. Die Hauptwaffe des Unterseebootes ist das Geheimnis seiner Anwesenheit. Unerwartet kommt man vielleicht doch zum Angriff. Wochen hindurch ist es hier das gleiche. Die vielen Flugzeuge stören über Tag. Wie war es den Sommer über unter Wasser: Die Tage über dem allzuflachen Grund oder gar auf ihm liegend, der hier aus Sand besteht und nur sehr allmählich sich senkt, waren bei der starken Sonneneinstrahlung wie in einer Brühe unerträglich heiß. Die E-Maschine tat ein übriges noch hinzu, denn auch sie verbreitete Hitze im Boot. Im vorigen Krieg hatten die Kameraden der damaligen U-Boot-Waffe es besser im Mittelmeer. Da gab es das Flugzeug noch nicht als Gegner über See. Das häufig durchsichtig stille Meer ist kein U-Boot-Gefilde mehr.

Ein Sonderauftrag unterbricht das Einerlei des U-Boot-Alltags auf U 331. Das Boot setzt bei Ras Gibeisa östlich Marsah Matruk eine Gruppe von Soldaten mit Schlauchboot an Land, die dort einen Störauftrag hinter den feindlichen Linien durchzuführen hat. Das Boot wartet zur festgesetzten Stunde zwei Nächte hintereinander vergeblich auf die Rückkehr der Männer, die sämtlich in Gefangenschaft gerieten. Es war zufällig in der gleichen Nacht — aber das erfährt man erst später —, in der zwei britische U-Boote aus Alexandria ausliefen, um in Form eines Kommando-raid Feldmarschall Rommel persönlich auszuheben und gefangen mitzubringen. Auch sie hatten kein Glück. Das eine mußte wegen Maschinenschaden vorzeitig umkehren. Das andere kam zwar zur Ausführung der Unternehmung, aber seine Männer konnten ihr Ziel nicht erreichen und hatten schwerste Verluste. In eben dieser Nacht des 19. November begann der britische Vormarsch die Küste entlang nach Westen.

v. Tiesenhausen, der in der Bucht die Nacht über auf der Brücke stand, sah gegen Morgen deutlich die endlosen Wagenkolonnen des Feindes auf der Küstenstraße ziehen. Es steht in Afrika schlecht für Deutschland und seine Verbündeten. Wären nur nicht ständig die vielen „Bienen" am Himmel! Kaum, daß das Boot einmal auftaucht, um die weitere Sicht von der Brücke aus zu gewinnen, heißt es schon wieder mit Alarm verschwinden. Das ist hier nun einmal so. Im Mittelmeer muß allzuoft gleichermaßen vor Feind wie Freund getaucht werden. Zu schwierig ist für die in der Luft das Unterscheiden der Formen zwischen britischen, deutschen und italienischen Bootstypen. So ist Aufmerksamkeit des Ausgucks und Behendigkeit des Einsteigens bei Alarm oberstes Gebot bei dem ewigen Hasardspiel Du-oder-ich. Man möchte doch nicht allzufrüh zu den Fischen gehen.

Endlich ereignet sich etwas Besonderes, das Erwartungen weckt. Am 25. November früh gegen 09.00 Uhr hat im getauchten Boot der Funkmaat eine schwache Horchpeilung im Gerät. Im Norden! Offenbar ein ganzer Verband von Schiffen.

v. Tiesenhausen läßt auf Sehrohrtiefe hinaufgehen, aber durchs Okular ist nichts auszumachen als die einsame weite See. Der Himmel ist leicht bewölkt. Schattenflecken wandern über das mäßig bewegte Wasser.

Das Boot taucht vollends auf, um weitere Sicht zu bekommen. Aber auch so ist nichts zu erkennen.

Vor dem Ausblasen der Tanks, kaum, daß v. Tiesenhausen das Turmluk geöffnet und den ersten Blick hinausgetan hat, Alarm! Beim Kontrollieren des Himmels ein Flugzeug, bereits in ziemlicher Nähe. Wiederum auf Tiefe. Allerdings hat der Kommandant doch schon festgestellt, daß über der Kimm im Norden, wo zuletzt die breite Horchpeilung gewesen, nichts auszumachen war.

Bomben werden nicht geworfen. Vielleicht hat der Gegner das Boot gar nicht bemerkt, das triefend hochkam und so schnell wieder verschwand.

Während des folgenden ganzen Vormittags unter Wasser, mit mäßiger Geschwindigkeit auf die Horchpeilung zu, hält diese das Boot in Spannung. Die große Frage ist: Handelt es sich um einen Geleitzug oder um einen Kriegsschiffsverband? Da die Peilung als breites Horchband langsam und stetig nach Nordosten auswandert, kann es beides sein. Jedenfalls ist etwas zu hören. Die Hauptsache aber zur Zeit, daß es dauernd zu hören bleibt.

Kurz nach Mittag taucht U 331 wiederum auf. Immer noch, ein wenig in der Peilung ausgewandert, ist das Schraubengeräusch deutlich wahrzunehmen, ohne daß im Sehrohr etwas sichtbar würde.

„Ausblasen mit Diesel!" und fauchend springen die „Böcke" an.

Erneut ein Flugzeug. In etwa 400 Meter Höhe kreist es, einige Kilometer entfernt, über Land. v. Tiesenhausen wagt es, oben zu bleiben. Und richtig, der Vogel sieht das deutsche Unterseeboot wohl nicht. Jedenfalls kommt er nicht heran.

Eine Viertelstunde später muß mit Alarm vor einem anderen getaucht werden, das bereits, wie man erkennt, einkurvt.

Immer dieser verdammte Aufenthalt, wenn man endlich schneller auf die Horchpeilung zulaufen will.

Dieses Mal wird bereits nach zwanzig Minuten des ärgerlichen Wartens aufgetaucht. Schwacher Wind in Stärke 2 aus Nordosten. Nur geringer Seegang rauht die lebendige Fläche des Wassers auf, über die Wolkenschatten wandern; günstig für das Boot. Mit höchster Fahrtstufe läuft U 331 auf den Ursprung der Peilung zu. Weiter, schneller nach Nordosten.

Um 14.30 Uhr wird steuerbord voraus etwas wahrgenommen. Es könnten Rauchwolken sein. Oder ist es nur eine Trübung der Atmosphäre?

v. Tiesenhausen läßt den bisherigen Kurs durchhalten, und zehn Minuten später meldet der WO von der Brücke Zerstörermasten ein wenig steuerbord seitlich von der Trübung. Sie sind noch etwa zwölf Seemeilen entfernt und kommen für den Ausguck des Bootes auf der Brücke gerade eben erst als dünne Nadeln über die Kimm.

Im Glas sind sie zu erkennen. Etwa gleichzeitig erscheinen in der Mitte der gelblichen Verdickung der Atmosphäre über der Kimm dickere Gebilde, die wohl zu einem Haufen von Schiffen gehören könnten. Aber was für welchen, das ist zunächst nicht genau auszumachen. Daneben stehen nach jeder Seite die feinen Striche, die in die Luft ragenden Fäden gleichen. Auf jeden Fall ist das Ganze ein größerer Verband, wie schon die Horchpeilung vermuten ließ. Er bewegt sich nach Süden. Nach einer Weile wird er wieder undeutlicher trotz der großen Fahrtstufe, mit der U 331 ihm entgegenläuft. Ein Kriegsschiffsverband. Er muß jetzt seinen Kurs wieder geändert haben und scheint nach Osten zu steuern. Damit besteht die Gefahr, daß er ganz aus Sicht kommt und das Boot seine Chance verliert.

Der Kommandant ist mit auf der Brücke. Im Süden, hinter dem Boot, in großem Abstand — etwa zehn Seemeilen entfernt — wiederum ein Flugzeug mit östlichem Kurs in Sicht. Aber das sieht das Unterseeboot offenbar nicht. v. Tiesenhausen läßt das Boot über Wasser. Plötzlich wird der gelbe Dunst am Horizont stärker und wirkt mehr „gegliedert" als bisher. Offensichtlich hat der Verband abermals gezackt und kommt nun mit Gegenkurs genau auf das U-Boot zu.

Alles Weitere entwickelt sich schnell.

Für das Boot gilt es, alles zu versuchen, an den Gegner heranzukommen, daß der nicht zu guter Letzt an ihm vorbeistößt. Es hat eine niedrige Augenhöhe und darf es wagen, oben zu bleiben und seine Position genauer auf den Kurs des Gegners einzustellen. Der läuft mehr nach Westen. v. Tiesenhausen gibt das entsprechende Ruderkommando. Zwei Kriegsschiffe kommen mit ihren Masten ganz heraus. Das Boot scheint nun genau im Kurs des Gegners zu liegen. Es wird Zeit zu tauchen.

Weshalb der Kommandant vor dem entsprechenden Befehl — der Gegner ist als starker Kriegsschiffsverband jetzt zu erkennen — mit dem Boot noch eine Drehung um nahezu 360 Grad ausführen läßt, einen vollen Kreis, er weiß es selber nicht genau. Es ist wie eine Eingebung, der er ohne Nachdenken und Plan gehorcht. Ziemlich sinnlos offenbar. Aber sie wird entscheidend für den Erfolg und für die Rettung des eigenen Bootes im weiteren Verlauf der Schlag auf Schlag folgenden Ereignisse. Viel später wird v. Tiesenhausen klar, daß diese Drehung von ausschlaggebender Bedeutung war.

„Alarmtauchen!" und „Auf Gefechtsstationen!" sind die nächsten Kommandos. Von ihren Kojen springt die Freiwache hoch. Die Männer haben zum Teil lesend, zum Teil schlafend oder die vielversprechende Lage erörternd die Zeit nach der Mahlzeit zugebracht, soweit sie nicht auf Station stehen. Daß etwas „anlag" draußen, sprach sich schon herum. Die Spannung war den ganzen Tag über deutlich spürbar, wenn auch ein Außenstehender sicherlich nichts bemerkt haben würde. Jetzt werden Ereignisse erwartet. Jeder besetzt die ihm fürs Gefecht zugewiesene Station und hat seine Aufgabe, auf die er sich konzentrieren muß.

Im Turm unter der Brücke, im Stockwerk über der Zentrale, klemmen sich Kommandant, Obersteuermann, Gefechtsrudergänger und der Befehlsübermittler für die Torpedofeuerleitanlage mehr oder weniger eingeengt in den niedrigen, engen Raum mit seinen überall vorspringenden Rohrleitungen, Kanten und Apparaten. In seiner Mitte, neben dem Loch des Kugelschottes nach abwärts mit seiner Steigleiter, nimmt das Angriffssehrohr mit dem Kommandanten davor fast allen Platz für sich ein. Dreht es, muß er ringsum mitlaufen können. Es hat noch keinen Sattelsitz. Hier ist jetzt das Auge und die Seele des Bootes. v. Tiesenhausens Gesicht spiegelt Freude wider, daß es nun doch etwas mit dem Angriff wird.

Und es wird tatsächlich. Kurz nach 16.00 Uhr! Also bald Teezeit für die da oben, sagt er sich. Der Kommandant registriert, daß draußen ideales Angriffswetter herrscht. Die Sonne steht im Südwesten, im Rücken des Bootes. Leichte Schaumstreifen ziehen über das Wasser. Von dem Sehrohr, das unauffällig vorsichtig aus der ohnehin bewegten Fläche stippt, ist wohl so gut wie nichts für den Gegner zu sehen. Der Schaumstreifen, den es aufrührt und nachzieht, wird kaum auffallen bei dieser See.

Die Gegner sind sich auf Gegenkurs schnell nahegekommen. Deutlich ist ein Verband von drei Schlachtschiffen — drei Schlachtschiffen! — in Kiellinie zu erkennen. Auf jeder Seite vier Zerstörer, die in Dwarslinie, also nebeneinander, in Höhe des ersten laufen und so einen Schutzschirm für die drei bilden. Offensichtlich gegen Torpedoflugzeuge, wie sie die Italiener jetzt öfters einsetzen, denkt v. Tiesenhausen. Ein tolles Glück, daß dieser Verband derart ahnungslos weiterhin auf sein Boot zuläuft. U 331 könnte jetzt nicht mehr viel an seiner Lage verbessern. Es kommt alles darauf an, bis zum Schuß unbemerkt zu bleiben.

Droben sind auf einmal genau Signale zu erkennen. Die Flaggentücher gehen zu den Rahen hoch und wehen bunt aus. Offensichtlich bedeuten sie eine Formationsänderung. Die beiden auf der Backbordseite dem vordersten Schlachtschiff zunächst stehenden Zerstörer setzen sich vor, und zwischen diesen beiden muß nun das Sehrohr mit dem gefährlichen Unterseeboot daran hindurch. Das ist die dem Kommandanten gestellte Aufgabe. Beide sind nur etwa 500 Meter voneinander entfernt. Dazwischen hinein schiebt sich das Sehrohr.

Immer abwechselnd beobachtet der Kommandant die beiden da oben, bis sie fast querab sind. Dann: „Sehrohr ein!" und der Funkmaat im Horchraum unten muß die zwei Schraubengeräusche „übernehmen". Sowie sie achterlicher sind als querab — er meldet laufend Peilung — wird das Sehrohr erneut ausgefahren.

Beide haben noch den gleichen Kurs wie bisher, stellt v. Tiesenhausen schnell und befriedigt fest. Sie haben ihn nicht bemerkt, sind vorbei, erledigt. Sie stören nicht mehr. Nun die Schlachtschiffe! Schon ist das Boot sehr nahe dran. Genau auf Gegenkurs. Alles verändert sich unglaublich schnell. Fix die Gegnerwerte schätzen: Abstand, Lage, Geschwindigkeit, Tiefgang — Vorsicht mit dem Sehrohr! Nur ab und an aus dem Wasser mit ihm, ganz wenig nur. Die oben haben auch Augen, und viele sind es, die ständig die See ringsum kontrollieren. Längst sind die Ausstoßrohre bewässert, die angegebenen Werte werden umgerechnet, sofort durchgegeben und dann eingestellt. Größte Stille herrscht im Boot. Konzentration.

Da ist das Schlachtschiff. Himmel, ein Brocken! Das Boot ist derart dicht heran, daß das Ziel mehr Raum einnimmt, als das Gesichtsfeld im Sehrohr reicht. v. Tiesenhausen versucht, hart heranzudrehen. Es gelingt nicht mehr.

Nur nicht die Übersicht verlieren, denkt er. Sind etwa alle drei schon vorbei? Oder nur der erste? Wo kommt der nächste? Ein schneller Blick durchs mit dem Sehrohr und dem

Kommandanten zugleich herumfahrenden Okular: Das war erst Nummer eins, Nummer zwei kommt jetzt mächtig heran. Ein Schlachtschiff älterer Bauart. Welches, kann jetzt nicht festgestellt werden und ist auch weniger wichtig, als es zu treffen. Schon steht das Boot viel zu nahe auch an diesem zweiten, das da heranwuchtet. v. Tiesenhausen muß erst noch etwas ausholen mit seinem Boot, weil er sonst zu sehr herankommt. Die drei beginnen gerade sich zu staffeln, hintereinander zu Beginn ihrer Positionsänderung aus der Kiellinie heraus. Das Boot soll erst mehr Abstand gewinnen zu dem Weg des zweiten. Aber wird dieser Riese auch sinken, wenn man ihn wirklich trifft?

Schlachtschiffe haben unzählige Schotten in ihrem Innern, die eine Abteilung von der anderen abschließen. Durch sie wird ein Wassereinbruch lokalisiert. Die Vernichtung eines Schlachtschiffes gilt als weitaus höchste Leistung im Seekrieg; denn diese bilden ja das Rückgrat jeder Flotte. Und nun gar mit einem winzigen Tauchboot, ganze 500 Tonnen groß, gegen 30 000! Das wäre eine Sache. Für ein verlorenes Schlachtschiff ist der Ersatz nur in Jahren zu erstellen. Bis es gefechtsbereit ist, vergehen weitere bei einem derartigen Wunderwerk der Technik. Kapitänleutnant Hersing glückte einst eine Schlachtschiffversenkung mit seinem Boot im Mittelmeer vor den Dardanellen und bald danach noch eine zweite. Er war einer der erfolgreichsten deutschen U-Boot-Kommandanten im Ersten Weltkrieg. Weddigen hatte als erster solch einen Erfolg erzielt. In diesem Kriege gelang es Günter Prien in Scapa Flow. Soll es auch jetzt gelingen, ihm, dem jungen, bisher kaum bekannten Kommandanten? Dieses Mal geht der Angriff im freien Wasser vor sich gegen einen Verband von drei Schlachtschiffen mit starkem Schutz von acht Zerstörern.

Das Boot holt etwas aus. Die drei Schlachtschiffe fahren leicht gestaffelt hintereinander. Mit allen Mitteln wird herangedreht. Steuerbord-E-Maschine äußerste Kraft voraus, die andere gestoppt. Ruder hart Backbord dreht das Boot an. Anders wirkte sich die Ruderlage nicht genügend aus, wenn v. Tiesenhausen überhaupt noch zum Schuß kommen will. Ganz gleich, ob das Boot jetzt bockt oder nicht. Es geht ums Ganze. Alles verschiebt sich so maßlos schnell.

Jetzt wird das Schlachtschiff im Fadenkreuz immer breiter.

„Fächer fertig!" Nur der Schußwinkel, den das Boot bildet, ist noch zu groß, über 90 Grad. Vom Rohrsatz im Bugraum kommt die Meldung durchs Sprachrohr zum Turm: „Hartlage!"

Hartlage, ja. Aber der Schuß kann noch nicht fallen. Das Boot ist fast genau querab vom Ziel, dessen mittlere Partie das Sehrohrbild voll ausfüllt. Alles klar, nur das Boot ist noch nicht weit genug zum Gegner herum. Wird es kommen, ehe auch der vorbei ist?

Vom Bugraum immer noch „Hartlage!" Ja! Ist das ein Ziel! Endlich!

„Fächerrr . . .", befiehlt v. Tiesenhausen — vom Bugraum wiederum: „Hartlage!" — . . . „losss!"

Wie beim Schulschießen verlassen die vier Aale in ordnungsgemäßem Abstand das Boot. Nur so nebenbei stellt der Kommandant das fest. Im schnellen Weiterdrehen des Sehrohrs hat er gerade noch bemerkt, daß das dritte der Schlachtschiffe als eine gewaltige graue Stahlmasse auf ihn zukommt. Ein gigantischer Berg. Schnell herunter mit dem Boot!

Eine verdammt schwierige Aufgabe für den Leitenden Ingenieur, Oberleutnant (Ing.) Siegert. Geringe Fahrt im Boot — vier Torpedos haben es hintereinander verlassen, also steigende Tendenz vorn, bis dort nachgeflutet ist; dazu starke Ruderlage, und obendrein gewaltige Massenbewegungen in nächster Nähe. Zwar geht das Boot zunächst wirklich etwas tiefer, kommt dann aber doch heraus. Der Zentralemaat hat ordnungsgemäß sofort den Gewichtsverlust vorn an Wasser dorthin nachzufluten begonnen, und „Alles nach vorn!" hat der Leitende Ingenieur die Männer zum Bugraum gejagt. Wenn dies Kommando kommt, ist allemal dicke Luft. So rennen, drängeln, stolpern sie nach vorn, die nur irgend auf Station abkommen können. Aber „Herr Oberleutnant!" ruft es aus der Zentrale in den Turm, denn dort unten beobachten sie gespannt Lastigkeitswaage und Tiefenmesser, während die Tiefenruder vorn Hart Unten liegen, „Herr Oberleutnant! Boot ist mit der Oberkante Turm heraus."

Was das in diesem Augenblick bedeutet, weiß nur der Kommandant. Es kann nur eines kommen: der Rammstoß des Riesen, der ohnehin direkt auf das Boot zulief. Keiner sonst ahnt es.

„Turm räumen!" ruft v. Tiesenhausen unverzüglich. Augenblicklich wirft der Obersteuermann die Klamotten hinunter in die Zentrale. Dann schließt er, sowie sie alle drunten sind, das Luk zwischen Zentrale und Turm. Vielleicht, hofft der Kommandant, wird nur der Turm beschädigt, wenn sie endlich noch hinabkommen. Wenigstens soll dies Schott dicht sein. Jeden Augenblick muß sich der Stoß ereignen, der Anprall, mit dem alles zu Ende sein wird. Der Dritte kam zu genau auf das Boot zu und war viel zu nahe. Taucht denn das Boot immer noch nicht?

Die Zentrale ist jetzt angespannteste Konzentration. Nur wie nebenbei werden erst drei Detonationen gehört, kurz darauf eine vierte; gar nicht sehr laut. Mag sein, sie achten zu wenig darauf, denn daß irgendeine höchste Gefahr besteht, spürt in der Zentrale jeder, wo doch „der Alte" den Turm so schnell räumen ließ und hier nun auf den Tiefenmesser starrt. Das eben müssen doch Treffer gewesen sein. Vier Treffer! Jetzt sind Schraubengeräusche deutlich mit dem Ohr zu vernehmen. Und auf sie horcht man gespannter noch als auf die Detonationen, denn . . . viel wichtiger als alles ist, das Boot jetzt auf Tiefe zu bringen. Verdammt noch mal! Mit allen, selbst den härtesten Mitteln!

Noch immer erfolgt der von v. Tiesenhausen erwartete Rammstoß nicht. Man ist sehr sachlich in solchen Augenblicken — der Zeit nach . . . Was kann denn nur noch weiter veranlaßt werden? Der Leitende, der jetzt das Sagen hat, ordnete an, was erforderlich. Immerhin war das Boot mit seiner Turmoberkante ganze 45 Sekunden draußen sichtbar geworden. Das dritte Schlachtschiff, die „Valiant", wie man später erfährt, hat auch alles getan, um es zu zerstören. Im Boot starren sie auf die Zeiger — — noch immer ereignet sich nichts; weder das Absinken, noch der Stoß. Endlich geht es doch hinab. Aber mit viel zu starker Vorlastigkeit rauscht das Boot durch. Egal! Erst mal weg!

Gerammt worden sind wir jedenfalls nicht, empfindet der Kommandant vorerst erleichtert. Knackgeräusche. Sollten das Schotten sein, die unter der Gewalt von Wassermassen auseinanderbrechen? Ähnlich, wie wenn Frachter versinken, nur wuchtiger, rauher diesmal. Sollte das getroffene Schiff sinken? v. Tiesenhausen wagt es kaum zu hoffen, und im Augenblick hat er anderes, das seine ganze Aufmerksamkeit und Spannung in Anspruch nimmt. Die Manometer zeigen zunehmend Tiefe an. Doch bei 70 Meter werden sie unbegreiflich langsamer, bei 80 Meter stehen sie still. Sie stehen still. Das Boot ist noch vorlastig geneigt, und die Schrauben laufen unentwegt. Zweifellos sinkt es doch weiter. Die Tiefenruder stehen vorn und achtern Hart Unten. Jeden Augenblick müssen die Wasserbomben kommen, wo das Schlachtschiff jetzt über sie dahinwuchtete.

Was ist denn da los?

Verdutzt bleibt alles ruhig. Fieberhaft wird überlegt, was wohl der Grund für solches Verhalten des Bootes sein mag. Der Leitende wendet radikale Mittel an, um das Boot tiefer zu bringen. Aber nichts ändert sich.

Das alles spielt sich in Sekunden ab. Der Kommandant denkt unversehens an einen Fall im Atlantik zurück — — — es fällt ihm ein — — —.

„Frage: Vorderes Tiefenmanometer!" unterbricht seine Stimme die spannungsvolle Stille. Da „schaltet" der betreffende Mann blitzschnell, die richtige Manometergruppe wird angestellt. In diesem Augenblick muß allerdings dieser und jener einmal schlucken, der das Ergebnis sieht und es jetzt hört: Derart tief sind sie denn doch noch nie gewesen. „Endstellung!" kommt nämlich von vorn der Ruf, von Mann zu Mann bis zur Zentrale durchgegeben. Derart tief, das ist gar nicht, das ist niemals vorgesehen!

Vielleicht haben noch nie zwei schlichte Zeiger, die plötzlich einen Sprung machen, solche Wirkung auf Menschen ausgeübt, meint später der Kommandant, als er mir von diesem Tag erzählt.

Da also lag der Fehler. Versehentlich sind der Tiefenmesser Zentrale und zugleich die Manometer der Zellen und Bunker an den Bordventilen abgestellt worden. Von den hier allerdings unglücklich dicht beieinanderliegenden vier Handgriffen hat der betreffende Bedienungsmann in seiner Eile vorhin einen falschen erwischt und dichtgedreht. So kann es unversehens kommen, und dann ist einfach Schluß. Jetzt, wo die Zuleitung geöffnet wird, schlägt auch der Zeiger des Tiefenmanometers Zentrale wahrhaftig über die ganze Skala hin sofort bis zum Anschlag aus.

Wie tief sind sie denn überhaupt? Schon längst knackt es unangenehm in der Bootsröhre, man hat nur nicht so darauf geachtet bei der Spannung, als jeden Augenblick der Rammstoß des Riesen erfolgen mußte, bei der völligen Konzentration darauf, das Boot wegzubringen. Das Holz der inneren Verkleidung wird von dem sich zusammenstauchenden Druckkörper tatsächlich schon hart gepreßt. Gibt es kein Halten mehr?

Äußerlich bleibt alles ruhig. Es scheint solch ein sachlicher Moment — wie schon mehrere andere an diesem ereignisreichen Tag —, an dem man sich absolut nüchtern sagt: „Wollen doch mal sehn, ob das Boot es aushält! Es ist das erste je in Emden bei den Nordseewerken gebaute Boot. Und nun in über 250 Meter Tiefe!" — Aber das Boot schafft es. Es entsteht kein Leck, keine undichte Stelle. Der Leitende Ingenieur fängt es auf, und es gelingt ihm auch, U 331 auf zivile Tiefen zurückzubringen. Nach einer ganzen Weile erst beginnt der Zeiger am Tiefenmesser zu zittern. Dann kommt er in angegebene, aber keineswegs schon für das Boot vorgesehene Tiefenschichten zurück. Mindestens 260 Meter tief muß man gewesen sein. Für 100 Meter sind diese Boote konstruiert, wenn auch mit dreifacher Sicherheit, und so geht man auch mal auf 120, 130, ja 140 Meter, wenn es denn sein muß, um Wasserbomben zu entgehen. Aber 260? Doch nun bleibt man lieber immer noch „sehr tief", auf der neu erprobten „Haustiefe". So weit drunten vermutet niemand das Boot.

Mit Druckluft hat der Leitende Wasser aus den Tauchzellen ausgedrückt, um das Boot aufzufangen. In den Zellen ist eine Luftblase, und das Boot „fährt auf Luftblase". Alles in bestem Lot. Endlich kann von Gefechtsstationen weggetreten werden. Man tauscht Eindrücke aus. Jeder hat auf seiner Station etwas erlebt. So erhebt sich Palaver ringsum, da die Gefahr vorbei ist.

„Haben wir den Zerstörer denn getroffen?" fragt einer ahnungslos, der vom Maschinenraum jetzt durch die Zentrale kommt, und erfährt, daß es sich um ein Schlachtschiff gehandelt hat. Vorher war einfach keine Zeit dazu, die Männer zu unterrichten und vom Geschehen an der Oberfläche dem Boot allgemein etwas bekanntzugeben. 375 Meter war die Schußentfernung. Was war aus dem Burschen geworden? Niemand weiß es. Einige Wasserbomben wurden vom Gegner zwar geworfen, aber in der allgemeinen Spannung auf das Näherliegende wurden sie von allen nur am Rande bemerkt. Die Form des Bootes hatte sich bei dem gewaltigen Druck in der ungewöhnlichen Tiefe doch etwas verändert, so daß die Wellenlager nicht mehr in ihrer normalen Stellung waren und dort Funken entstanden. In aller Ruhe hat sie das Maschinenpersonal mit Feuerlösch bekämpft. Es ist nichts weiter geschehen.

Inzwischen läuft das Boot in großer Tiefe vom „Tatort" zunächst nach Norden ab wieder zu seinem eigentlichen Gebiet. In Abständen von zehn zu zehn Minuten sind noch Wasserbomben zu hören, aber der Beachtung kaum wert. Unbehelligt in seiner erstaunlichen Tiefe mogelt sich U 331 langsam vom Ort. Obwohl das Boot gesehen worden war, hat keiner der zahlreichen Gegner es zu orten oder gar zu verfolgen vermocht. Daß es so leicht sein würde, sich abzusetzen, hatte der Kommandant nicht erwartet.

Gegen 21.00 Uhr läßt v. Tiesenhausen auftauchen und geht, nachdem er die Torpedierung eines Schlachtschiffes durch Funk gemeldet hat, auf seine bisherige Position. Erst sehr viel später sollten Kommandant und Besatzung die Gewißheit finden, daß sie das britische Schlachtschiff „Barham" wirklich versenkt hatten.

Wie spielte sich der Vorgang an der Oberfläche ab?

Die im Periskop beobachteten Flaggensignale hatten in der Tat eine Formationsänderung eingeleitet, zu deren Ausführung sich zunächst die beiden Zerstörer vorsetzten. Wäre U 331 nicht in eben diese Formationsänderung hineingeraten, die die Aufmerksamkeit des Gegners stark in Anspruch nahm, müßte man es festgestellt haben. Hätte es nicht in dieses Manöver hinein seinen Angriff gefahren, der Große hätte es sehr wahrscheinlich überkarrt, wie v. Tiesenhausen selbst sich ausdrückt. Das von ihm ohne klare Vorstellung und Absicht angeordnete Kreisschlagen vor dem Tauchen war durch die Verzögerung, die es brachte, sicherlich entscheidend. Die bis dahin in Kiellinie steuernden Schlachtschiffe „Queen Elizabeth", „Barham" und „Valiant" mußten etwas nach Backbord eindrehen, um zu der neuen gestaffelten Formation zu kommen. Sogleich nach diesem Eindrehen wurde von der „Valiant" eine heftige Detonation auf dem mittelsten Schiff, der „Barham", wahrgenommen. Die „Valiant" drehte bereits, nur etwa 130 Yards entfernt und nur sieben Grad an Steuerbord deren Kurs eben nach Steuerbord kreuzend, als dicht vor ihr ein U-Boots-Turm die Wasseroberfläche durchbrach.

Der Kommandant der „Valiant" befahl sofort „Hart Steuerbord! Äußerste Kraft voraus!", um dieses Boot zu rammen. Da aber das große Schiff bereits im Drehen nach Backbord begriffen war und auf den neuen Kurs so schnell nicht gebracht werden konnte, verschwand der Turm des Bootes querab neben dem Schiff unbehelligt. Hätte dessen Angriff und das aus ihm folgende Auftauchen vorn nur um ein geringes früher stattgefunden, es wäre bei der notwendig geringen Schußentfernung von der nachfolgenden „Valiant" wahrscheinlich gerammt und dann zweifellos vernichtet worden. Die Zeitverzögerung war aus der vollen Drehung des Bootes vor dem Tauchen zu erklären. Solange der Turm des Bootes an der Oberfläche zu sehen war — 45 lange Sekunden —, versuchte man von der „Valiant" aus, es mit den leichten Maschinenwaffen zu treffen. Es befand sich aber derart dicht an deren Steuerbordseite, daß ihre Rohre nicht genügend gesenkt werden konnten und die Geschosse über Turm und Sehrohroberteil, die sichtbar waren, hinweggingen. Schließlich verschwand das deutsche Boot etwa 35 Yards von der Steuerbord-Bordwand des riesigen Schiffes entfernt, das nun seinerseits wiederum nach Backbord zurückdrehen mußte, um nicht in die noch in Fahrt befindliche „Barham" hineinzulaufen. Diese legte sich bereits stark über, und mit einer gewaltigen Detonation flog sie plötzlich buchstäblich auseinander. Von den vier abgeschossenen Torpedos von U 331 hatten drei getroffen, einer die Munitionskammer. Das war die vierte Detonation, die im Boot gehört wurde und die zur Folge hatte, daß das 31100-Tonnen-Schlachtschiff 4 Minuten 45 Sekunden nach dem ersten Treffer auseinanderflog und sank. Eine Tatsache, die vom Gegner erst zwei Monate später zugegeben wurde.

Rees im U-Raum

April 1941

Das Boot lief aus. Kaum fünf Minuten ist es her, daß die Leinen losgeworfen wurden. Winkend standen wir noch an Oberdeck und grüßten die vielen Kameraden, die uns den Abschied gaben, die Kumpels von der Werft, die das Boot zur Feindfahrt gerichtet hatten, die Mädchen aus dem U-Boot-Heim; auch sie hatten es sich nicht nehmen lassen, uns ihr Lebewohl zu geben. Weiter und weiter blieb das alles jetzt zurück in dem schon dämmernden Spätnachmittag eines trübsinnigen Vorfrühlingstages, während das schmetternde „Muß i denn ... " der Militärkapelle leiser und leiser über das zwischen dem grauen Boot und der Pier immer breiter werdende Hafenwasser zu uns herüberdrang.
Wie ich noch hinübersehe, schiebt sich der Maschinenobergefreite der Freiwache an mich heran. Er als erster hatte mich vor wenigen Stunden an Bord wahrgenommen, meinen Koffer hilfsbereit mir voraus ins Boot hinuntergegeben, als ich über die wippende Stelling eingestiegen war und ihn, der da an Oberdeck stand, nach dem Kommandanten fragte, bei dem ich mich melden mußte, weil ich neu an Bord kommandiert war.
„Hier! Kumpel", stellt er jetzt vor, denn nun erst haben die übrigen Zeit, sich um mich zu kümmern, der noch fremd zwischen ihnen steht, „dies hier ist der Schmutt. Mit dem mußt du dich gut stellen!"
Breit über alle vier Backen strahlend, sozusagen, und dabei doch ein wenig verlegen, lächelt der so bezeichnete mich an, ein schwerer, etwas fülliger Junge mit mächtiger Mähne und dunklen Kirschaugen im Gesicht. Das also ist der Koch!
„Wer'n uns schon einijen", meint jener freundlich. „Jib man Laut, wenn de wat von mir willst!" Und wieder lacht er, diesmal — er hat sich gefangen — in vollem, dröhnendem Baß. Unverkennbar klingt seine Sprache nach dem Nordosten Berlins.
Nun drängen auch andere herzu: „Mensch, prima! Schneidige Sache! Ist das dein eigener Apparat?" denn ich trage die Leica um den Nacken. „Ich heiße Franz", erklärt ein weiterer, „weißt du, ich bin aus Wien; und der Pepi dort, der kommt aus der Steiermark." — „Ein brauner Sohn des sonnigen Südens", fällt der also Bezeichnete ein und tritt herzu, mir die Hand zu schütteln; und wirklich ist er, obwohl der Winter noch nicht recht vergangen ist, schon auffällig braungebrannt. — „Bei uns, siehst du, ist alles vertreten", erklärt nun wieder mein Maschinenobergefreiter, „von überall her: der Volksdeutsche da, wie wir ihn nennen, kommt halb aus Polen, der Willem, aus Oberschlesien; der ärgert sich immer

noch jedesmal, wenn wir ihn damit anflachsen, wie'n kleines Mädchen." Und so ging es fort. Es war eine verwirrende Fülle neuer Gesichter.

Verwegen sahen sie aus, diese unbekümmerten Jungs. Die meisten waren noch frisch rasiert, mindestens von gestern her; aber das soll nun anders kommen. Wir stehen schon im speckig vertragenen grüngrauen U-Boot-Päckchen, ehrenvoll mitgenommen von schon so mancher Unternehmung gegen den Feind. Es ist ein altes Frontboot, auf das ich kommandiert bin. Sein Kommandant hat sich bereiterklärt, mich aufzunehmen, und mit seinen Männern werde ich schon zurechtkommen, das spürt man im ersten Augenblick, hilfsbereit und kameradschaftlich, wie sie mich gleich empfangen haben, der ich doch Reservist und älter bin als sie. Mit drängender Fahrt marschieren wir derweil durch den Hafen in die Bucht von Lorient hinaus.

Die Dämmerung ist herabgesunken. Düstere Wolkenbänke hatten noch einmal unerwartet grell aufschrillende Sonne gewittrig über dem unheimlich schwarz darunter erscheinenden Küstenstreifen der engen Einfahrt zur inneren Bucht aufblenden lassen. Die eigenartige Silhouette der alten kleinen Klippenkirche von Larmor Plage prägte sich wie eine Markung im Gedächtnis ein. Jetzt sind wir an der vorgelagerten Insel Le Groix vorüber und in See. Das Geleit blieb zurück. Nur die Brückenwache ist droben.

Man spürt und hört das Leben der Diesel wie eine seit je vertraute, einlullende Musik. Aus dem abgeblendeten Turminnern herauf dringt sie durchs offene Luk zu uns hinaus in die lauschende Nacht, beruhigend, heimatgebend wie die Hand einer Mutter für ihr Kind: Du stehst ja hier nicht allein. Drunten sind die anderen, die Kameraden. Und mit all diesen Lauten zugleich steigt aus dem Inneren des Bootes herauf jener ganz unbeschreibliche Geruch, der U-Boot-Mief. Die altbefahrenen Männer bemerken ihn allerdings nicht mehr, so sehr ist er ihnen heimatlich vertraut, so sehr sind sie längst an ihn gewöhnt.

In seinem Küchenverschlag, der winzigen, engen Kombüse, richtet jetzt der Schmutt das des Auslaufens wegen heute einmal ausnahmsweise verspätete Abendbrot: gebratene Hühnchen. So ist es nun einmal Tradition in der U-Boot-Waffe am ersten Abend auf See. Die Backschafter zwängen sich an den im Unteroffiziersraum noch aufklarenden, ihr Zeug in die Spinde hinter und über den Kojen kramenden Maaten vorbei, um das Essen zu holen, hinweg über all die Säcke mit Kartoffeln.

Man wird hilfsbereit an Bord. Wer zur Zeit sitzt, wer Freiwache hat und also keinen Dienst macht, hat es besser, sagt man sich, als der da, der mit der „Barkasse", dem eimerartigen Gefäß der Mannschaft im Bugraum für die Kost, und mit dem Kessel für Kaffee oder bereits gesüßten Tee in Händen bei Seegang die unberechenbaren Bewegungen des Bootes ausbalancieren und mit Rücken und Ellenbogen irgendwie sich abstützen muß, während er — und da gibt es kein Zögern — dem Kombüsenschott zustrebt. Er muß nun einmal durch. Darauf ist Rücksicht zu nehmen. Jeder stellt sich auf den anderen ein und hilft, so viel er kann. Wer das nicht fertigbringt, taugt nicht zum U-Boot-Fahrer und verschwindet bald aus deren Reihen in irgendeinen Job an Land. Einzig ein haarig rauher Umgangston, bei dem sich niemand etwas Böses denkt, ist das Ventil des unterdrückten eigensüchtigen Dranges nach Bequemlichkeit. Solch ein Ton, bei dem es auf Schlagfertigkeit und dabei auf geistvollen Witz, wenn auch in noch so grobem Kleid, ankommt, gehört nun einmal zur besonderen Art des Deutschen, der verbindliche Höflichkeit als Spielregel leicht wie Heuchelei empfindet und daher von Menschen anderer Nationen oft mißverstanden wird. Doch während andere gern mehr Gefühl, als sie empfinden, zu zeigen pflegen und so das Miteinander lächelnd sich erleichtern, auch wenn sie innerlich fluchen, besiegt der

Deutsche lieber umgekehrt die Widerwärtigkeiten des Lebens durch einen nur humorvoll gemeinten groben Fluch.

Jetzt werden auch im U-Raum Geschirr und Besteck aus dem Backspind gereicht und die Schlingerleisten an der Back eingesetzt, damit nichts hinabschliddert. Und dann erscheint, während die Maaten der Freiwache, die sich im Raum nun vollzählig versammelt haben, erwartungsvoll und hungrig schon nach Messern, Brettchen, Tassen greifen und zu rumoren beginnen, das verschmierte, einfältig pfiffige Gesicht des erhitzten Kochs im Kombüsenschott:

„Drei Stück for jeden!" belehrt er mit seiner schallenden Stimme zunächst den Backschafter aus dem Bugraum, der vor ihm steht, während er ihm die duftenden „Spiegelseier" in die Barkasse zählt. Daneben kommen die Gurken, und nun verschwindet der „Abgesandte des Volkes" mit seinen Schätzen und dem Teekessel auf dem gleichen kaum passierbaren Weg, den er kam, durch das ganze bereits erwartungsvolle Gedränge des U-Raumes, von jedem, den er dabei aufstört, angeflachst, durchs enge Schott, durch die Zentrale, dann durch das Kugelschott, danach am Kommandanten vorbei, der lesend auf seiner schmalen Koje sitzt, nun durch die sogenannte Offiziersmesse und den Oberfeldwebelraum bis hin nach vorn, wo er längst mit Lärmen, wo er denn so lange bleibe, empfangen wird.

Die Maaten im U-Raum bekommen jetzt ihre Eier vom Schmutt gleich auf die kleinen Eßbrettchen jongliert, die sie ihm durch ihren Backschafter reichen lassen. Außerdem erscheinen auf einem Teller für sich (hier geht es bereits etwas vornehmer zu!) die Gurken, Butter in metallener Dose, der unvermeidliche Speck in großen Stücken, und Wurst. Man trinkt dazu seinen Tee mit oder ohne Zitrone, greift nach den Broten in der Hängematte über der Back, schneidet auf und beginnt. Bald senden jetzt auch die Feldwebel und die Offiziere ihre Backschafter nach achtern zum Essenholen.

„Musik! Wo bleibt der müde Funker?" (dessen Ressort dies ist) ruft plötzlich einer durchs Kugelschott der Zentralewache draußen zu, solange Gabel und Messer aufstützend. „Hier! Zentrale! Radio einstellen! Gib mal durch, Willi! Oder Platten soll der faule Sack auflegen. Los dafür!"

Der Wunsch der Maaten ist weitergegeben worden bis zum Horchschapp gegenüber dem Kommandanten-„Raum". Dort stehen der Radiokasten und der Plattenspieler. Kurz darauf beginnt tatsächlich der durch die Hängematte mit den Broten dem Blick versteckte Kasten unter der Decke im U-Raum „Mach dir keine Sorgen . . ." zu plärren. „Mach dir keine Sorgen! Geht es auch manchmal drunter und drüber; alles geht vorüber . . ."

„Schmutt, wo bleiben die Eier?" brüllt Erwin dazwischen. „Die frißt du wohl inzwischen selber, du Dickfreeten? Ran damit! Auf die Back for'n armen Seemann! Her damit! So'n Kerl wie ich braucht mehr von die lausigen Dinger. Ameiseneier sin' das überhaupt, so klein sin' die. Sechs, acht Stück, du Farmer, sons' wirs' du gelüftet!"

Weiß Gott, der kleine schmächtige Bootsmaat aus Limburg hat seine drei Eier schon längst vor allem anderen glatt weggeputzt, gleich wie sie kamen, von der Hand in den Mund, und weg waren sie. Nun tut er harmlos, als habe er noch keine. Ein herzhaft rauher Ton herrscht an Bord. Dauernd nehmen sie sich an wie die Stiere. Sie „schlagen sich zwischen die Hörner" nennen sie das. Aber dann spürt man plötzlich, wie's darunter lacht und einer dem anderen dabei gleichsam kameradschaftlich auf die Schulter schlägt. Wie viel an Sentimentalität, an herzlichem Gefühl wird durch diesen Ton versteckt! Sie würden sich schämen, weichere Gefühle zu zeigen. Wie die alten Seekönige der

Wikingerzeit fühlen sich diese Männer, diese an Jahren kaum erwachsenen Jungs, als eine Schar von „tollen Burschen". Pampig sind sie besonders gern allen denen gegenüber, die nicht zu ihrer Zunft der Frontfahrer gehören. Im Dienst „spuren" sie tadellos, sie leisten wirklich etwas und geben sich ganz. Aber wer nicht zu ihrer Schar, den U-Boot-Fahrern, gehört, der gilt nicht allzu viel, der kennt nicht das Leben, wie es wirklich ist, meinen sie. Im rauhen Wesen verbergen sie voreinander ihr Gemüt. So ohne Lack zu erscheinen, gibt ihnen selber Halt.

„Weißt du", meint einmal Paul, der Steuermannsmaat, der ewig trocken und wie beleidigt durch die Zähne brummelt und doch der Fröhlichsten einer ist in seinen Augenwinkeln, der einzige Berufsseemann an Bord, schon älter an Jahren als die übrigen, Reservist, ein Handelsschiffsoffizier, „weißt du" — und fast entschuldigend, mit plötzlich ganz anderer Stimme kommt das heraus — „über unseren Ton hier darfst du dich nich' wundern! Der is' nu' mal so, daß wir uns anflachsen. Ich hab bloß immer Angst, wenn man sich so an diesen Ton gewöhnt und der Krieg dauert länger, dann kann man, wenn man dann nach Hause kommt, sich gar nich' mehr anders unterhalten als so. Meine Frau, die versteht mich dann gar nich' mehr. Die fällt glatt um, wenn sie mich so reden hört. Dann bin ich wohl nur noch an Bord zu Hause un' zu gebrauchen wohl nur noch unter solchen Kumpels. — Hier! Schmutt! Meine Eier haben nach Treiböl geschmeckt. Haben die dringelegen? Nu' komm schon ran! Bring neue auf die Back! Aber 'nen Schlag, du Dicksack, daß selbst'n ausgewachsener Schäferhund mit Sportabzeichen nich' drüber wegspringen kann: sechse mindestens noch für mich zur Entschädigung. — Un' du, Erwin? Hast du deine denn überhaupt schon gehabt? Wo sin' denn die?"

„Ich?" fällt Erwin schlagfertig ein, schleunigst den Rest der zweiten Portion verschluckend: „Noch nich'n einzijes richtijes Ei hab ich jekricht! — Probier mal selber, die schmecken nach Öl! Du wills' nich' jlauben, Schmutt? Mach bloß die neue Kiste auf un' bring ran! Jib mir den Rest aus der alten, eh' daß dat Treiböl noch weiter durchjeht!"

Auf derart gütliches Zureden brummt zwar der Schmutt, hereinpeilend, sie hätten schon viel zu viele bekommen; Paul und Erwin sollten doch auch Speck essen und Wurst und Krabben. Aber kurz darauf erscheint er tatsächlich doch noch mit ein paar Spiegeleiern auf der Pfanne: „Hier! Kost' Se det mal, Sie, Herr Funkmaat!" wendet er sich an den, der ein stillerer Mensch und ihm deshalb wohl glaubwürdiger scheint. „Is' denn da Tatsache Treiböl dran? Det schmeckt doch jar nich' durch? Det jeht doch nich' so schnelle durch die Schale, der Jeschmack?!"

„Doch, doch!" versichert gespielt ernsthaft der und nimmt sich selbst die drei Eier, um noch einmal zu versuchen, und der Schmutt sieht ganz interessiert zu. Dann verschwindet er, um wirklich noch ein paar neue als „Ersatz" für Paul zu schmirgeln, der eine so empfindliche Zunge hat. Die anderen meinen, man könne vorläufig auch die aus der ersten Kiste noch ganz gut essen, und nun hätten sie endlich genug.

Die Männer im Bugraum essen im allgemeinen gleich so aus der Hand, wie gelegentlich auch Erwin es tut. Man langt sich die Eier aus der Barkasse und staut sie weg oder legt sie sich aufs Brot, ohne Teller und Gabel, denn das ist zünftiger und geht bequemer. In solchem Jungensalter macht das Räuberleben einem wohl mal Spaß. Händewaschen? Wozu? Und viel zu umständlich so zwischendurch; einmal am Tage, das genügt! Wir kommen noch früh genug wieder an Land, wo es anders zugeht, denken sie wohl. Und es steht auch nur fetthaltiges Wasser aus der Torpedozelle in dem bewußten Örtchen zum Waschen zur Verfügung; es ist kein Genuß, damit umzugehen.

Auf dem Herd nebenan in der Kombüse hört man es vom U-Raum aus tatsächlich noch immer brutzeln. Die letzten Eier. Wer ißt sie? Erwin zumindest findet sich noch bereit. So klein er ist, so unbegreiflich viel kann er verdrücken. Der brave Schmutt hat alle Hände voll zu tun. Jetzt soll er nämlich längst heißes Backswasser ausgeben, in dem das Spülen vom Geschirr in allen Räumen notdürftig geschieht. Schon beginnt man auch im U-Raum das Geschirr zusammenzugeben, die Reste der Mahlzeit auf der Back zusammenzuschieben, die Schlingerleisten abzumontieren: es sieht dort wüst aus wie nach verlorener Schlacht. Der Backschafter der Unteroffiziere erscheint im U-Raum, und während er nun in der mit wenig dampfendem Seewasser versehenen Schüssel die Messer, die Gabeln, Tassen und Brettchen abwischt, turnt einer und der andere der Maaten in seine Koje. Das Boot schlingert inzwischen stärker in der Biskayadünung. Über und zwischen den Köpfen der Freiwächter, die zu beiden Seiten der Back in zwei Rängen übereinander ihre Liegeplätze haben, pendelt unermüdlich die Hängematte mit Broten. Zwei Wochen später wird jeder Laib einen weißlich grünen zottigen Pelz von Schimmel tragen, von Paul „Kaninchen" genannt werden und so, wie man diese Tiere packt, „an den Ohren" senkrecht genommen und gereicht werden, wenn nach Brot verlangt wird. Noch später werden dann Büchsen- und Knäckebrot an die Reihe kommen.

Die abgelöste Wache, die vom Dienst kam, hat nach der ersten, die inzwischen aufzog, gegessen, eine Weile satt herumgesessen und geht nun „filzen". Kaum legt er sich, so schläft Hein Seemann selbst bei dem größten Krach ringsum. Das Radio knackt und quäkt und tönt mit vollen Stärken aus Deutschland „Tausend muntre Noten" als Abendprogramm.

Der Schmutt aber kommt noch nicht zur Ruhe. Zwar hat er, der keine Wachen mitgeht, „Bauernnacht", das heißt, er darf durchschlafen, aber das Frühstück soll morgens zeitig fertig sein. (Was im Laufe der Nacht von den Mittelwächtern verlangt wird — schwarzer Kaffee und gelegentlich „Geschmirgeltes", also Eier und „Bratskartoffeln" oder Eierpfannekuchen —, das müssen diese sich selbst anrichten.) Jetzt nach aller Arbeit des Tages turnt der Koch noch mit Schlüssel und Taschenlampe bewaffnet nach vorn, Büchsen aus der Last zu holen und Frischfleisch, das vorn im Eisschrank liegt. Kurz darauf kommt er, den ganzen Arm voller Fleischlappen, zurückbalanciert.

„For morjen Mittag vorarbeeten", lacht er mich, der ich ihm zusehe, an.

Ein Kopf kommt zwischen den dichtgezogenen dunkelgrünen Kojenvorhängen zum Vorschein: „Was'n dat für'n Schamott?"

„Rolladen!" belehrt ihn der Koch, der von Beruf Konditorgeselle ist, unbeirrt auf seinem Wege zum Kombüsenschott.

„Rouladen? So'ne flachen Dinger?"

„Wart' Se's nur ab!" brummt der Schmutt, nun schon halbwegs aufgebracht, und läßt das Schott im Saugstrom der Diesel vernehmlich hinter sich dichtknallen. Wenig darauf aber erscheint seine mächtige Pranke mit einer fertig gewickelten Fleischrolle:

„Sin' det etwa keene Rolladen?"

„Na", meint Lorenz, der tüchtige Zentralemaat und unverwüstliche Stimmungsmacher an Bord, „meine Mutter hat aber andere vorm Fenster!"

„Ihre Mutta is' mich jans ejal!" entrüstet sich der Schmutt, bei seiner Künstlerehre gepackt — den Wortwitz des anderen hat er, obgleich Berliner Kind, offenbar gar nicht mitgekriegt — „mir macht se nischt vor, Herr Obermaat! Von meene Mutta hab ik det nu ma so jelernt. Basta! Un die wijt zweemalhundatunneunzich Fund! Die weeß, wat jut schmeckt!" Dann lacht er wieder sein unverwüstlich dröhnendes Lachen, nachdem er derart unüberbietbar aufgetrumpft.

„Mann-Mann", meint aber Wilhelm, unser Mechanikersmaat, „zweihundertneunzig Pfund? Die geht ja gar nicht hier durchs Schott?!"

„Tut se och nich; wenn ik det sare; un is so kleene wie Sie, Willem!"

„Dann is' die ja größer, wenn se liegt?!" läßt sich nun einmal auch „Negus" vernehmen, der drahtige kleine E-Maschinenmaat, den das Problem zu interessieren beginnt. Dabei blickt er kaum auf von seinem Buch, in dem er, auf dem Rücken in seiner Koje liegend, liest.

„Na ja doch", erklärt verlegen entschuldigend nach einer ganzen Weile des Schweigens, nachdem schon keiner mehr an die ganze Sache, an Rolläden, Rouladen und die dicke kleine Mutter des Braven denkt, der Schmutt: „Hundertunachzig wijt se aber!" Und damit zieht er sich betreten aus dem U-Raum zurück, die Klinke zum Schott, zu seinem winzigen Reich im Durchgang zwischen U-Raum und Diesel, ergreifend.

„Alte Rees-Pinne!" ruft ihm einer nach, „ein jeder Seemann spinnt und reest nu mal, — aber du, als Schmutt — — ? Verdammt, was bis' du doch für'n Kerl. Bring mir lieber noch'n Schlag Eier!"

Da aber geht der Brave denn doch noch hoch. Er erscheint: „Nu will ik Sie mal wat saren, Herr Bootsmaat!" fast hochdeutsch ohne Dialekt, obwohl er sonst wohl nicht so militärisch korrekt mit den Maaten im U-Raum steht, was er sich als Koch allenfalls erlauben darf, „von die Eier hab ik selbs keen Stück nich' von jehabt; ik hab mir totjeteilt an Euch!" Tief holt er Luft: „Mit die Eier heute hab ik mir selber anjeschissen!"

Voller Stolz und breit steht er kampfentschlossen da, starr erstaunt über das Gelächter, das ihm antwortet, in seinem verschmierten ehemals grauen Päckchen, verschwitzt, ein verkannter Held, und streicht, noch die Roulade zwischen seinen schweren Fingern, mit seinem Handrücken die wirre schwarze Locke aus der feuchten Stirn.

Es sagt keiner etwas dagegen. Sie wissen ja alle, was sie an ihm haben, an ihrem Schmutt, besonders der ihm so nahegelegene U-Raum.

„Schon gut, Schmutt", beruhigt endlich Lorenz, „schon gut! Du bist ein prima Koch, das wissen wir ja alle. Un' nu' gute Nacht!"

Die dritte Phase des U-Boot—Krieges

Januar 1942 bis März 1943

Die deutsche U-Boot-Führung hatte für ihre weit entfernt angesetzten Kampfboote U-Tanker, „Milchkühe", wie der Brite sie nennt, als Versorger eingerichtet und eingesetzt, damit sie die Boote im Operationsgebiet neu mit Treibstoff, Torpedos, Frischproviant, Medikamenten und was sonst vonnöten war, versahen. Anfangs hatte man die Kreuzer, Hilfskreuzer und U-Boote draußen gelegentlich durch Überwassertanker versorgen lassen. Schon bis Ende 1941 waren diese nach und nach vom Gegner gefaßt worden. Heute wissen wir, daß dies glückte, weil man die deutschen Funkschlüssel aufzulösen vermochte, was für unmöglich galt und was der Brite meisterlich geheimzuhalten verstand.

Seit 1940 entschloß sich die deutsche Seekriegsleitung, etwa zehn U-Tanker zu bauen (zum Teil dazu umzubauen) und hinauszuschicken. Mit ihnen war es sogar während Unterwasserfahrt möglich, den Treibstoff von Boot zu Boot zu pumpen, wenn der Verbindungsschlauch erst angeschlagen war.

Der Aktionsradius eines VII C-Bootes betrug normalerweise etwa 7000 Seemeilen. War solch ein Boot weit draußen, gar vor Amerika, so blieb ihm dort für seine eigentliche Tätigkeit nur geringe Zeit. Den größten Teil seines Betriebstoffes verbrauchte es selbst bei sparsamster Marschfahrt für den Hin- und Rückmarsch. Mit Hilfe der U-Tanker wurde das schlagartig anders. Die Boote blieben am Feind und vervielfachten ihren Kampfwert. Als die Erfolge vor Amerikas Ostküste langsam nachließen, weil sich auch hier die Abwehr einspielte, ermöglichten es die „Versorger", die Kampfboote stattdessen in geradezu beliebig weitab gelegene Seegebiete zu schicken, in denen noch leichtere Bedingungen herrschten. Schließlich mochte es gleichgültig sein, wo man dem Gegner Schaden zufügte. Das andere Problem wurde wieder wichtig, wie man ihn traf. Anfang des Krieges hatte man verhältnismäßig leicht vor den britischen Inseln den dort sich bündelnden Schiffverkehr abfangen, dann eine Zeitlang gleicherweise vor Nordamerikas Küste vorgehen können. Wieder in die Weite der See abgedrängt, besaß das Unterseeboot einen zu geringen Horizont, um für sich allein wirkungsvoll aufklären zu können. Planmäßig wurden also sogenannte Vorpostenstreifen von einer Anzahl Boote besetzt, wenn ein Geleitzug erwartet wurde, von dem man annahm, daß er dieses oder jenes Gebiet passieren würde. Bei der geringen Sicht von der niedrigen U-Boot-Brücke aus mußte aber solch ein Netz entweder allzu weitmaschig bleiben oder einen nur geringen Teil des Weltmeeres wirklich schließen, so daß man auf Abhilfe sann.

Ein Mann im Bootsmannstuhl wurde vom über Wasser fahrenden Boot mit dem Sehrohr ausgefahren, um so die Sicht zu erweitern. Ein Verfahren, das nur in kaum flugüberwachten Gebieten möglich war, da bei Alarm das Tauchen übermäßig verzögert wurde. Ein Flugdrache wurde konstruiert, der, mit einem Mann besetzt, durch den Fahrtwind im Schlepp des Bootes aufsteigen sollte. Für derartige Dinge war die Luftgefahr fast überall jetzt zu groß. Nur im Südatlantik wurde dieser Apparat, der den Decknamen „Bachstelze" trug, vereinzelt eingesetzt.

Im großen und ganzen wäre eine wirklich intensive Aufklärung wohl nur durch eigene Flugzeuge möglich gewesen. Solche Maschinen standen nicht zur Verfügung. Das U-Boot ist nun einmal die entscheidende Waffe des zur See Schwächeren. So blieb nichts anderes übrig, als daß man möglichst viele Boote baute und bemannte, sie zu Gruppen zusammenfaßte und durch entsprechende Funkbefehle genau dirigierte, bis wirklich ein Geleitzug aufgefaßt war. Dann konnten die einzelnen, herangeführt und zu selbständigem Handeln entlassen, in Aktion treten. Aber „Bletshley Park" verhinderte mehr und mehr den Erfolg und forcierte hier die Abwehr. Was war anders zu tun, als die Schwierigkeit des Auffindens in Kauf zu nehmen und die Boote in entferntere Seegebiete zu senden, wo die Abwehr noch nicht so stark war wie im Nordatlantik.

Statt nur bis vor Freetown gingen jetzt die deutschen Boote auch bis vor Südamerika, Südafrika (Kapstadt), bald darauf sogar an Afrikas Ostküste hinauf bis zur Straße von Madagaskar (wo der alliierte Schiffsverkehr wiederum sich bündelte). Endlich bis in den Indischen Ozean, selbst ins Arabische Meer hinein, wo man aus dem Mittelmeer kommende Schiffe aufzufangen versuchte. Das Bündnis mit Japan ermöglichte es, in Penang auf der Halbinsel Malakka eine eigene Versorgungsbasis mit deutschem Stützpunktleiter anzulegen.

Der Hauptzweck dieser ausgesprochenen Fernunternehmungen war ursprünglich, durch Auftreten deutscher Unterseeboote überall und nirgends eine Diversionswirkung zu erzielen. Des Gegners Abwehr sollte zersplittert werden, indem man ihn über alle Seegebiete zu verschärfter Sicherung, Abwehr und Geleitzugbildung zwang, die den Warentransport verlangsamt. Letztlich sollte so der Kampf deutscher Boote im Atlantik entlastet werden.

Die große Wende im U-Boot-Krieg war inzwischen längst eingetreten. Seit dem späten Frühjahr 1942, und zwar nennenswert seit Juni, erstatteten erst einzelne, dann immer mehr Kommandanten dem BdU Bericht von zunächst rätselhaften Erlebnissen. Es war ihnen begegnet, daß sie in der Biskaya bei Nacht während des Aufladens der E-Maschinen überraschend mit Scheinwerferlicht von Flugzeugen aus genau angestrahlt und sogleich bombardiert wurden.

Das war neu. Die Zahl der Boote, die bei Ausmarsch oder Rückmarsch durch die Biskaya verlorengingen, ohne daß man nähere Umstände erfuhr, stieg zur gleichen Zeit erschreckend an.

Sehr bald wurde der deutschen U-Boot-Führung klar, was hier vorliegen mußte: Funkmeßortung von Flugzeugen aus. Nachdem England eben erst seinen Wasserbombenwurf mit dem „Hedgehog" unangenehm vervollkommnet hatte, setzte es nun offenbar auch auf Flugzeugen eine handlichere Art von Ortungsgeräten (in Verbindung mit dem „Leigh Light") ein, als sie bisher bekannt war. Das Ortungsgerät an sich war für die deutsche Marine nichts Neues. Wegen seines gewichtigen Umfanges fand es aber auf größeren Überwasserschiffen sowie an Land gegen feindliche Flugzeuge seit längerem Verwendung. Tatsächlich aber hatte der Feind jetzt vorerst einige Wellington-Bomber mit neuartigem Gerät ausgerüstet. Mit diesen überwachte er nun auch — zunächst nur des Nachts — die Biskaya, die er durch Flugzeuge bisher allein tagsüber zu sperren versucht hatte. Später wurden auch Liberators und Catalinas mit diesem Gerät ausgerüstet, schließlich sämtliche Maschinen. Nun war es allerdings möglich, ohne optische Sicht bei Nacht und Nebel, in denen die Boote bis dahin sicher gewesen waren, die Deutschen aufzuspüren und zu bekämpfen.

Dieses neue Funkmeßgerät und — etwa gleichzeitig entwickelt und eingesetzt — der hochwirksame Explosivstoff „Torpex" in Wasser- wie Flugzeugbomben ermöglichten dem Gegner, die Jagd auf die deutschen U-Boote über die ganzen 24 Stunden jedes Tages aufs Wirkungsvollste auszudehnen. Der Platz vor ihrer Haustür, die Biskaya, wurde geradezu abgeriegelt. Nun vermochte er die bisher des Nachts fast unbehelligt über Wasser laufenden und ihre Batterie nachladenden Boote genau festzustellen, anzufliegen und überraschend fast mit Sicherheit zu vernichten. Das Boot hört in dem Lärm der eigenen Diesel die anfliegende Feindmaschine nicht, die es bei Tage wenigstens am wolkenlosen Himmel früh genug erkennt, um noch wegtauchen zu können. Der Gegner, der in der Fahrtrichtung des Bootes dieses bequem und unbemerkt anfliegt und, bei festgelegter Flughöhe (meist 50 Meter), seine Bomben in dem Augenblick löst, wo der in bestimmtem Winkel einmontierte und erst im letzten Augenblick eingeschaltete Scheinwerfer dessen Heck trifft, hat alle Wahrscheinlichkeit für sich, dieses zu vernichten. An Gegenwehr mit dem 2-cm-Geschütz ist gar nicht mehr zu denken. Nicht nur ein direkter Treffer, bereits die Detonation dieser neuartigen Bomben in einigem Abstand führte zum Verlust des Bootes.

Seit Juli 1942 stand es für die deutsche Unterseebootführung fest, daß der Brite solch verkleinertes und verfeinertes Funkmeßgerät sogar auf Flugzeugen verwendete. Zu Kriegsbeginn war Deutschland auf dem Gebiete des Funkmeß führend gewesen. Ein erstes radarähnliches Gerät war 1904 als Erfindung eines deutschen Ingenieurs zum Patent angemeldet worden. Noch 1941 hatten zum Beispiel die Erfahrungen während der Bismarck-Unternehmung erwiesen, daß das deutsche Funkmeßgerät, die sogenannte „Matratze", präziser arbeitete als das entsprechende britische Gerät. Im August 1942 erfolgte der britische Überfall auf Dieppe, den der Wehrmachtbericht als abgeschlagenen Landungsversuch bekanntgab, durch den aber der Feind solch eine deutsche Funkmeßanlage erbeutete. Schon seit 1940 waren die Engländer intensiv und großzügig an den Ausbau ihres Funkmeßwesens herangegangen und schließlich mit Hilfe von Radioamateuren und -bastlern dazu gekommen, das deutsche Vorbild weit zu überflügeln.

Das wäre an sich nicht notwendig gewesen. Nach Erscheinen der 1. Auflage dieses Buches schrieb mir Kapitän zur See a. D. Helmuth Gießler:

„Aus meiner Tätigkeit als Chef der Entwicklungsabteilung für Nachrichtenmittel im OKM kenne ich natürlich die ganzen Zusammenhänge des sogenannten ‚Hochfrequenzkrieges', aber auch die ganze Tragik, die gerade auf diesem Gebiet uns befallen hat. Leider war es so, daß die Fachabteilungen des OKM, die sich mit der Nachrichtenübermittlung und der Etwicklung der entsprechenden Geräte befaßten, auf die U-Bootkriegführung keinen Einfluß nehmen konnten. Das viele Funken der U-Boote in See lastete auf uns stets drohend, denn die Folgen waren uns klar. Durch die Erfahrungen der Briten auf und mit dem Funkbeobachtungsdienst, also dem Abhören der Funksprüche der U-Boote, war es logisch, daß sie alles dransetzen würden, hieraus die Folgerungen zu ziehen.

Der Aufbau eines großräumigen Peilnetzes dauerte seine Zeit. So lange hatten die U-Boote freie Jagd. Als aber das weitgespannte Netz über dem Atlantik stand, das sich von den Azoren nach Grönland und von den USA nach England erstreckte, mit modernsten Empfängern (automatisch und mit Sichtanzeige), konnten nahezu alle Funksprüche der U-Boote eingepeilt werden, und das geschah auch. Damit hatten die Briten einen annähernden Standort, auf den sie die Luftwaffe einsetzten. Andererseits konnten sie auch die Geleitzüge umlenken. Diese Tatsachen waren die hauptsächlichen Gründe für das allmähliche Versiegen der Erfolge. Nach dem Kriege ist dies dem führenden deutschen Physiker der Kriegsmarine, Dr. Kühnhold, von seinem britischen Kollegen bestätigt worden.

Bei Kriegsende war als Gegenmittel eine Entwicklung frontklar, der sogenannte ‚Kurier‘, ein auf Millisekunden zusammengedrängtes Kurzsignal. Nach diesem haben die Briten nach dem Kriege gefahndet und alle ihnen erreichbaren deutschen Nachrichtenoffiziere und Spezialisten befragt. Der britische Physiker sagte daher auch zu Dr. Kühnhold: ‚Wenn Sie den Kurier früher gehabt hätten, dann wäre manches anders für Sie gewesen.‘ Dies war der eine Punkt — — .“

Natürlich ist zu bedenken, daß die U-Boot-Führung auf den Funk der Boote angewiesen war, wenn sie die Lage überhaupt wollte beurteilen können und nicht von vornherein auf jede Leitung der Boote verzichten wollte. Die Boote waren auf eine solche Kommando-führung angewiesen, um den Gegner zu finden.

Gießler schreibt weiter: „Hinzu kam der Einsatz der Funkmeßgeräte auf den Flugzeugen, zunächst das sogenannte ASV-Gerät auf etwa 1,20 Meter Wellenlänge. Nachdem dies erkannt war, wurde als erste Gegenmaßnahme ein FuMB-Gerät entwickelt, anfangs als Antenne das sogenannte ‚Biskayakreuz‘, dann eine vervollkommnete Ausführung. Als Empfänger wurde sehr bald der METOX an die Front gegeben. — Der METOX strahlte; das war aber keine Sabotage, wie angenommen wurde, sondern hatte die Ursache in durch sehr schwierige Fertigung bedingten Fehlerquellen. Durch Versuche wurde festgestellt, daß der Empfänger vom Flugzeug aus bis zu etwa 2000 Meter Höhe mit einer zu äußerster Feinheit entwickelten Meßapparatur ermittelt werden konnte. Während des Krieges wurde von der U-Boot-Führung behauptet, daß diese Strahlung von britischen Flugzeugen zum Anfliegen der Boote ausgenutzt würde. Das ist falsch, denn sonst hätten die Briten ihre Flugzeuge zu fliegenden Laboratorien ausbauen müssen. Das hatten sie aber schon deshalb nicht nötig, weil ihre neuen FuMG, die sogenannten Rotterdamgeräte auf 9-cm-Wellenlänge, unmittelbar vor der Einführung standen. Diese Welle war für uns eine völlige Überraschung, da nach allgemeiner Ansicht der deutschen Physiker der Bereich unter zwanzig Zentimeter für die Ausnutzung zur Rückstrahltechnik nicht geeignet erschien. Hier lag ein großer, tragischer Irrtum, der uns am Ende mit auf die Knie zwang. Alle unerkannten und im FuMB vorher nicht beobachteten Angriffe gegen U-Boote wurden schon mit dem neuen Gerät geflogen. Die Kommandanten konnten dies nicht erkennen; es ist nur natürlich, daß sie alle möglichen anderen Ursachen vermuteten. — —

Es dürfte Sie interessieren, daß bei Kriegsbeginn die U-Boot-Führung gefragt wurde, ob für die U-Boote die Entwicklung und der Einbau von S-Geräten, also den aktiven Unterwasserortungsgeräten, oder von FuMG, den aktiven Überwasserortungsgeräten oder Funkmeßgeräten, vorbereitet werden sollte. Dann wurde der Einbau von S-Geräten entschieden. Als 1943 alles nach FuMG schrie, dauerte nunmehr die 1939 abgestoppte Entwicklung der druckdichten Antennendurchführung usw. so lange, daß sie erst bei den neuen Typen XXI und XXIII zum Tragen gekommen wäre; eine verhängnisvolle Verkennung der überragenden Bedeutung dieser neuen Technik. Als Kommandant der ‚Nürnberg‘ habe ich schon während des Krieges den Standpunkt vertreten, daß eine aktive Ortung sehr viel besser ist als alle FuMB. Diese macht den Kommandanten und die Besatzung nervös, wirkt möglicherweise sogar demoralisierend und gibt doch kein klares

Bild, da die Reichweite erheblich mehr als doppelt so weit ist als die Auffaßentfernung eines FuMG. – Vor allem", so schließt Gießler seine Ausführungen, „vor allem kam es mir darauf an, das Ammenmärchen vom ,strahlenden METOX' zu zerstreuen, denn dieses ginge auf die Verantwortung der maßgebenden deutschen Stellen, während die Rotterdam-Geräte ein Kriegsglück sind."

Der deutschen Unterseebootführung blieb zunächst nichts, als ein Warngerät zum Schutz gegen solche Funkmeßortung zu improvisieren, das wenigstens rechtzeitig anzeigte, wenn das Boot von derartigen Suchstrahlen getroffen wurde. In diesen Fällen mußte sofort Alarm gegeben, getaucht werden. Seit Anfang 1942 wurde den Booten der „Metox", ein primitives, aber schon einigermaßen brauchbares Gerät ursprünglich französischer Herkunft, mitgegeben, bald darauf das FuMB (Funkmeßbeobachtungsgerät). Vor überraschendem Angriff mit Hilfe jener Ortung aus Nebel und Dunkelheit heraus war das deutsche Boot somit einigermaßen gewarnt. Rechtzeitig? Die Möglichkeit des eigenen Angriffs war damit aber noch nicht wiederhergestellt, denn das getauchte, bereits festgestellte Boot war weiterhin äußerst gefährdet. Die feindlichen Flugzeuge riefen nun Sicherungsfahrzeuge und U-Jagdgruppen, mindestens weitere Flugzeuge heran und hielten das Boot, das ja nur beschränkte Zeit getaucht bleiben konnte und während dieser Zeit sich kaum von der Tauchstelle entfernte, unter Wasser und bekämpften es wirkungsvoll. Immer schwerer wurde es, an einem glücklich aufgefaßten Gegner Fühlung zu halten und zum Angriff zu kommen. Mit Einsatz des Funkmeßgeräts auf der Gegenseite trat der U-Boot-Krieg in seine dritte Phase ein.
Neben dem Warngerät, dem FuMB, wurden damals deutscherseits verschiedene Täuschungsmittel konstruiert und eingesetzt, die den Feind, seine Funkmeßortung wie seine Asdic-(Unterwasser-)Ortung irreführen sollten. Zum Beispiel war „Aphrodite", ein Ballon mit Stanniolstreifen im Kielwasser des Bootes, an dem sich der feindliche Funkmeß festbeißen sollte, während das Boot dann mit spitzem Heck abzulaufen versuchte.

So war der „Bold" eine Patrone, die das getauchte Boot achtern ausstieß, um dem feindlichen Asdic-Gerät dieses selbst vorzutäuschen. Schließlich kam man darauf, die Boote gegen Flugzeugangriffe stärker zu armieren, damit sie über Wasser bleiben und die sie anfliegenden Feindmaschinen abzuschießen vermöchten. Den Beginn mit verstärkter Flak machte im Mittelmeer U 73, Kapitänleutnant Rosenbaum, das vor jener Unternehmung, auf der es den Flugzeugträger „Eagle" versenkte, also im Juli 1942, zu beiden Seiten der Brücke je eine italienische Breda in zwei besonderen Tauchtöpfen eingebaut bekam. Diese Waffe war nämlich zu empfindlich gegen Salzwasser, als daß sie ungeschützt (wie das allerdings oft genug wegen des Salzwassers versagende deutsche 2-cm-Geschütz im „Wintergarten") mit dem Boot tauchen konnte. Die Breda-Kanonen mußten also vor jedem Tauchen in diesen Töpfen erst wasserdicht verschlossen werden. Die außerordentlich starke Flugüberwachung des Gegners im ringsum so küstennahen Mittelmeer hatte die Maßnahme, die Flak der deutschen Boote zu verbessern, dort zuerst hervorgerufen. Tatsächlich wurden hier mehrere Flugzeuge des Gegners abgeschossen, die mit solcher Aktivität nicht gerechnet hatten.
Nach und nach wurde allen deutschen Booten (anstelle der längst überflüssig gewordenen 8,8-cm-Kanone auf dem Vorschiff) der Turmaufbau nach achtern abgetreppt verlängert und eine zweite, niedriger gelegene Plattform als Basis für wirkungsvollere Maschinenwaffen eingebaut. Maschinengewehre neuester Konstruktion, dazu und vor allem Zwillings-,

zum Teil sogar Vierlingsgeschütze, zuletzt die allerdings ausgezeichnete deutsche 3,7-cm-Flak. Der Turm wurde in einzelnen Fällen durch leichte Panzerung geschützt, die aber nur gegen Maschinengewehrtreffer ausreichte. Anstatt zu tauchen, sollten die Boote künftig bei Annäherung einer Feindmaschine, wenn also Ortung festgestellt war oder bei Tage und Sicht es zum Tauchen zu spät schien, die Fla-Waffen sprechen lassen. Statt der Alarmglocke, die zum Schnelltauchen rief, zeigte eine Alarmsirene, ähnlich einer überlaut schnarrenden Autohupe, solchen Fliegeralarm an.

Die neue Taktik brachte anfangs Erfolg. Nachdem erst eine Anzahl von Feindmaschinen auf solche Weise abgeschossen war, stellte der Gegner sich aber sehr bald auf die veränderte Bedingung ein. Die Maschinen drehten, wenn sie die Brückenwache nicht einsteigen sahen, also kein Tauchen bevorstand, vielmehr sich die Waffen auf sie einschwenkten, zunächst ab und funkten Verstärkung heran. Im Verein mit anderen wurde der Anflug dann wiederholt. Gruppenmarsch mehrerer Boote zugleich durch die Biskaya war darauf die Reaktion deutscherseits, dann der Versuch, einzelne Boote besonders stark zu armieren. Diese (zunächst zwei), die man „Flakfallen" nannte, sollten abschreckend wirken, indem man hoffte, der Gegner würde nun annehmen, daß alle deutschen Boote jetzt derart stark armiert seien. Der Versuch mißlang.

Markantes Beispiel dafür war U 441 des Götz v. Hartmann. Bei der ersten Fahrt im Mai 1943 gelang es zwar, ein viermotoriges Sunderland-Flugboot abzuschießen. Dieses erste Gefecht hatte aber zur Folge, daß das Boot, über das sich der ganze Bombensegen der bereits abschmierenden Maschine ergoß, nur mit genauer Not „auf Kniescheiben und Augenbrauen", wie der U-Boot-Mann das nannte, wieder nach Hause kam und für Wochen in die Werft mußte. Bei seiner zweiten Fahrt im Juli 1943 wurde es von gleich drei Beaufighters zugleich (je eine vier Zentimeter, vier zwei Zentimeter, vier MGs!), – die zwei von der schlau gewordenen ersten, bevor sie angriff, herbeigefunkt, – angegriffen und aus überlegener Entfernung zusammengeschossen. So mußte U 441 wegen Ausfalls des gesamten Oberdeckpersonals durch Tod oder Verwundung, einschließlich sämtlicher Offiziere, im ganzen 24 Mann, und wegen Beschädigung aller Flugabwehrwaffen und Ausbrennen zweier Munitionsbehälter den Rückmarsch antreten. Die Führung übernahm, wie schon in anderem Zusammenhang gestreift (S. 21/22), der Bordarzt. Nur dank der Tatsache, daß die Flugzeuge keine Bomben mitführten und daß die Sprenggeschosse den Druckkörper nicht zu beschädigen vermochten, blieb das Boot noch tauchfähig. Den wenige Wochen später verwendeten Spezialgeschossen und Raketen hielten dann auch die Druckkörper der deutschen Boote nicht mehr stand. U 441 und noch eine weitere Flakfalle wurden im Herbst 1943 wieder zu normalen Front-U-Booten umgebaut.

Trotz solcher Niederschläge und der immens verstärkten Gefahr blieben die deutschen Unterseeboote weiterhin im Einsatz. Gegen seine Männer war Admiral Dönitz hart wie gegen sich selbst. Seine zwei Söhne wurden selbst in der kritischsten Zeit nicht aus dem Einsatz gezogen und sind als U-Boot- beziehungsweise Schnellboot-Offiziere gefallen. Die Verluste hatten zwar erheblich zugenommen, aber sie standen noch immer in keinem Verhältnis zu dem Erfolg, den die laufend größer werdende Menge der Boote erzielte, dem Schaden, den sie dem Gegner zufügten. Absolut genommen stand der U-Boot-Krieg damals sogar auf seinem Höhepunkt. Es wurden die höchsten Versenkungsziffern des ganzen Krieges in jener Zeitspanne erreicht: 700, 800, sogar 900 Tausend Bruttoregister-tonnen monatlich allein an alliiertem Schiffsraum. Und die höchste Zahl gar noch im

März 1943. Der offizielle britische Bericht nach dem Kriege gibt für diesen Monat 134 Schiffe mit zusammen 860000 Bruttoregistertonnen als versenkt an.

Seit Einführung des FuMB hielten sich die deutschen Verluste wieder in etwas engeren Grenzen. Aber die ständig jetzt ansteigende Zahl an Booten (monatlich traten mindestens zwanzig neu zur Front) vermochte nicht die Erfolge entsprechend zu steigern, wie man es doch allgemein, wenn auch nicht seitens der U-Boot-Führung, erwartet hatte. Die Bedingungen, zum Erfolg zu kommen, waren gegenüber denen bis zum Frühjahr 1942 zu sehr erschwert. Auch eine planvolle Verfolgung des getauchten Bootes führte jetzt häufig den Gegner zum Erfolg, obgleich die Boote, durch zunächst unfreiwillige Versuche dazu geführt, bis zu 250 Meter Tiefe tauchten. Ursprünglich waren sie nur für eine Tauchtiefe von 100 Metern (allerdings mit sogenannter dreifacher Sicherheit) konstruiert und gebaut. Das britische Asdic-Gerät war inzwischen weiter vervollkommnet worden. Ebenso das Horchgerät und die Wasserbomben, vor allem aber die Taktik, nach der die Jagdgruppen und Flugzeuge des Gegners vorgingen. Eine Änderung des Verhaltens der deutschen Boote zog jedesmal bald auch einen Wechsel der Taktik der Verfolger nach sich.

Im Sommer 1942 wurde deutscherseits endlich der verbesserte Torpedo, und zwar mit der im Nürnberger Prozeß so viel beschrieenen „Abstandpistole" als Torpedozündung eingeführt. Durch ihn wurde den Schiffen des Gegners gleichsam das Rückgrat gebrochen, so daß nun nicht mehr wie bisher oft mehrere Torpedos auf ein einziges Ziel verschossen zu werden brauchten. Die Boote konnten mit der gleichen Anzahl mehr Schiffe vernichten. Ein VII C-Boot pflegte außer den in seinen fünf Rohren gelagerten noch sechs weitere Torpedos als Reserve mitzuführen.

Bald darauf wurde auch ein neuartig in Schleifen laufender Torpedo, der sogenannte „Fat", eingesetzt. Die deutsche U-Boot-Führung durfte mit einiger Erwartung dem kommenden Jahr entgegensehen. Es war keineswegs so, daß schon damals klar ersichtlich gewesen wäre, daß durch den U-Boot-Krieg kein entscheidender Erfolg mehr herbeizuzwingen war.

Bei dieser Gelegenheit sei schon erwähnt, daß damals noch weitere, wiederum andersartige Torpedos kurz vor der Verwendung an der Front standen, der „Lut" und der „Zaunkönig", letzterer ein akustisch gelenkter Torpedo, der auf Schraubengeräusch reagierte, auf dieses sich selbständig einstellte, darauf zulief. Er war für Einzelziele, zumal gegen die Bewacher der Geleitzüge, gedacht und wurde ab Sommer 1943 eingesetzt.

Zunächst mit verblüffendem Erfolg. Aber es dauerte nicht lange, daß die britischen Zerstörer und Korvetten dem unheimlichen Gesellen zu begegnen lernten. Sie stießen einfach nicht mehr wie bisher auf das U-Boot, wenn ihr Gerät eines auffaßte, zu, sondern stoppten spätestens, sowie sie solch einen Torpedo im Horchgerät erfaßten. Der „Zaunkönig" wurde weiter verbessert, so daß er schließlich auch gestoppt liegende Fahrzeuge anlief, auf denen nur irgendwelche Hilfsmaschinen für Lüfter, Kompaßverteiler usw. in Betrieb waren. Die vom Gegner bald als Ablenkung mitgeschleppten Geräuschbojen dagegen erleichterten es dem Boot zu entkommen. In ihrem Störpegel konnten die feindlichen Suchgeräte nicht genau arbeiten. Das Boot hatte, wenn es solche Geräuschbojen wahrnahm, die Möglichkeit, statt mit dem „Zaunkönig" den Gegner mit einem anderen Torpedo anzugreifen. Auch diesem „Lut" war das Schleifenlaufen eigentümlich.

In Erprobung, noch nicht im Einsatz, befand sich schließlich ein weiterer Torpedo, der nicht wie bisher durch Schrauben, sondern durch Rückstoß angetrieben wurde. Durch sehr viel höhere Geschwindigkeit sollte er erheblich treffsicherer sein als die alten, die einen geringeren Aktionsradius bei obendrein weit niedrigerer Geschwindigkeit besaßen. Der alte atmosphärisch angetriebene, bei Tage durch seine Blasenbahn deutlich erkennbar laufende Torpedo lief mit 40 Seemeilen bis zu 10000 Meter, der alte elektrisch angetriebene, unsichtbar laufende bei wesentlich langsamerem Lauf nur bis zu 6000 Meter. So viel zunächst von dem, was sich auf deutscher Seite damals technisch vorbereitete.

Die Lage in der Atlantikschlacht, auf diesem wichtigen, und wie Dönitz mit Recht aber vergeblich predigte, ausschlaggebenden Kriegsgebiet, sah also während der dritten Phase für Deutschland noch nicht hoffnungslos aus. Doch es war klar, daß man mit Ortungswarngerät und noch so wirkungsvollen Torpedos allein das gesteckte Ziel nicht würde erreichen können.

Schon mit Kriegsbeginn munkelte man innerhalb der U-Boot-Waffe von einem umwälzend neuartigen Unterwasserantrieb für U-Boote, den der deutsche Konstrukteur Walter zur Zeit noch entwickle. Einem entsprechenden Unterseeboot werde es möglich sein, unter Wasser sehr lange Zeit sogar hohe Geschwindigkeit zu laufen, wenn nur erst das Material gefunden sei, solcher Beanspruchung zu genügen. Der BdU suchte die Forschungsarbeiten jenes bedeutenden Ingenieurs seit langem vor dem Krieg voranzutreiben. Die Frage wurde brennend, ob nicht bald mit der serienmäßigen Herstellung eines solchen Bootes begonnen werden könnte, das auch unter Wasser schneller war als die zu verfolgenden Ziele. Ein Boot, das nicht täglich mindestens drei Stunden über Wasser laufen mußte, um mit den Dieseln die Energie seiner Akkus für weitere Unterwasserfahrt wieder aufzuladen. Denn nun kam es darauf an, nicht nur vor Verfolgung sicher zu sein, sondern wieder verfolgen und angreifen zu können. Das würde aber künftig nur noch unter Wasser geschehen können. Jetzt also mußten neue U-Boot-Typen und für sie eine neue U-Boot-Taktik entwickelt werden. Der Krieg zur See war zu einem Wettlauf der Techniker, denen der Abwehr wie denen des Angriffs, geworden.

Ehe Deutschland anstelle seiner bisherigen, einst vorzüglichen Boote, die den neuen Bedingungen nicht mehr gewachsen waren, Boote entwickelt und in genügender Zahl gebaut und eingefahren hatte, trat nochmals eine wesentliche Verschärfung der U-Boot-Abwehr durch den Gegner ein. Über sie wird im Kapitel über die vierte Phase des Krieges gesprochen. Was Deutschland damals vorbereitete und trotz aller Schwierigkeiten tatsächlich, wenn auch mit letzter Kraft, auf die Beine stellte, kam zu spät. Ein künftiger U-Boot-Krieg ist zweifellos — nun auf anderer als deutscher Seite — durch diese Entwicklung revolutioniert.

In die dritte, so harte, dennoch erfolgreiche Phase der Atlantikschlacht fällt jener Befehl des mittlerweile zum Oberbefehlshaber der deutschen Kriegsmarine ernannten Befehlshabers der Unterseeboote, Admiral Dönitz, der es den deutschen U-Boot-Kommandanten im September 1942 grundsätzlich untersagte, Schiffbrüchigen des Gegners weiterhin zu helfen. Nach dem Kriege hat das Nürnberger Tribunal diesen Befehl so auszulegen versucht, als habe der Admiral befohlen, alle Schiffbrüchigen versenkter Schiffe des Gegners, die zum großen Teil offiziell als zivile Seeleute fuhren, nach Möglichkeit zu töten. Diese in unserem Zeitalter angeblicher Humanität überaus

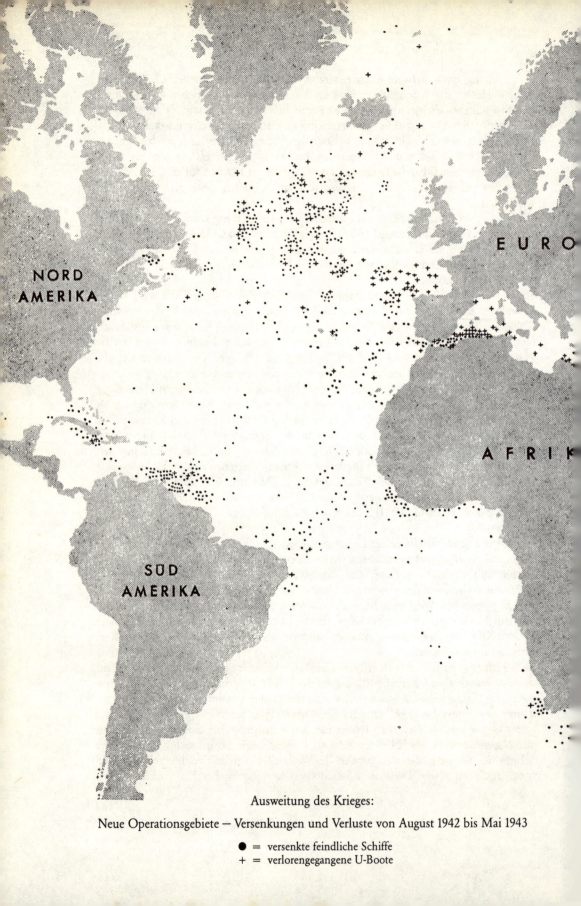

NORD AMERIKA

EURO

AFRIK

SÜD AMERIKA

Ausweitung des Krieges:

Neue Operationsgebiete — Versenkungen und Verluste von August 1942 bis Mai 1943

● = versenkte feindliche Schiffe
+ = verlorengegangene U-Boote

schwerwiegende Anschuldigung konnte trotz aller Anstrengung von seiten der Ankläger nicht aufrechterhalten werden. Es lohnt sich, diesen Nichtrettungsbefehl oder auch „Laconiabefehl", wie man ihn deutscherseits nennt – weil er so viel Staub aufwirbelte – , einmal näher zu betrachten.

Wie kam es überhaupt zu diesem Befehl?

Während der Nacht vom 12. zum 13. September 1942 versenkte U 156, Kapitänleutnant Hartenstein, 600 Seemeilen südlich Cap Palmas den britischen Passagierfrachter „Laconia", dessen Namen der Kommandant des Bootes aus dem nach dem Treffer von jenem abgegebenen SOS-Funk entnehmen konnte. Als die Männer auf der U-Boots-Brücke bald nach dem Treffer italienische Hilferufe durch die Nacht hörten und nach einiger Suche im Wasser schwimmende Italiener und immer mehr von ihnen an Bord zogen, stellte sich heraus, daß die „Laconia" (19695 Bruttoregistertonnen) italienische Kriegsgefangene der Nordafrikafront an Bord hatte. Das schwer bewaffnete und also mit Recht versenkte Schiff, das nach annähernd eineinhalb Stunden sank, hatte, wie kurz darauf erfolgende Unterwasserdetonationen bewiesen, auch Wasserbomben zur U-Boot-Bekämpfung an Bord. Die Beobachtung der Kurzwelle durch das deutsche Boot ergab, daß ein anderer Dampfer ganz in der Nähe stand: Sein Sender schlug bei 25 Meter durch alle Bänder. Das Kriegstagebuch U 156 meldet:

„0000 Nach italienischen Aussagen haben Briten nach Treffer Schotten zu Gefangenen-Wohnräumen geschlossen und Versuch der Italiener, Boote zu besteigen, mit der Waffe abgewehrt.

0125 FT abgegeben: Versenkt von Hartenstein Brite Laconia Marqu. FF 7721 310 Grad. Leider mit 1500 italienischen Kriegsgefangenen. Bisher 90 gefischt, 157 cbm, 19 Aale, Passat 3, erbitte Befehle."

Daraufhin geht bereits um 03.45 Uhr der Funkspruch des BdU ein:

„Gruppe Eisbär, Schacht, Würdemann und Wilamowitz sofort zu Hartenstein gehen. Marqu 7721. Hohe Fahrt. Schacht und Würdemann Standort melden."

Rücksichtslos zieht also der Befehlshaber, um den Schiffbrüchigen zu helfen, eine ganze Gruppe und noch weitere einzelne Boote aus militärischen Operationen heraus, die Hartenstein helfen sollen, Überlebende zu retten; alles, was in einigermaßen aussichtsreicher Position steht, überhaupt noch eingreifen zu können. Daß der Hilfskreuzer und Truppentransporter „Laconia" Kriegsgefangene, also Bundesgenossen von uns und noch dazu in solcher Zahl an Bord hatte, war natürlich für Hartenstein vor Versenkung des Schiffes nicht zu ersehen. Das KTB U 156 meldet weiter:

„Boot im Trümmerfeld voller Italiener. Kann nicht weiter helfen, habe schon 193 an Bord, das ist die äußerste Grenze für längeres Tauchen.

0400 FT eingegangen: An Hartenstein: Sofort melden: Hat Schiff gefunkt, sind Schiffbrüchige überwiegend in Booten oder treibend. Nähere Umstände auf Versenkungsplatz.

0437 FT abgegeben. Schiff hat genauen Standort gefunkt. Habe an Bord 193 Mann, darunter 21 Briten. Hunderte von Schiffbrüchigen treiben nur mit Schwimmweste. Vorschlage diplomatische Neutralisierung der Untergangsstelle. Nach Funkbeobachtung stand unbekannter Dampfer in Nähe. Hartenstein."

Nun taucht das Boot zur Prüfung seiner neuen Belastung und bleibt dann gestoppt über Wasser liegen. Um 06.00 Uhr gibt es zweimal auf der 25-Meter-Welle den Funkspruch ab:

„If any ship will assist the shipwrecked Laconia crew, I will not attack her, providing I am not be attacked by ship or air force. I picked up 193 men." Dazu den Standort, und als Unterschrift: „German submarine". Gleich darauf wird auf 600-Meter-Welle mehrmals der gleiche Spruch, natürlich jedesmal unverschlüsselt, abgegeben.

Kein einziges Fahrzeug folgte der Aufforderung, den Schiffbrüchigen zu helfen. Niemand kam herzu.

07.20 Uhr geht vom BdU Funkspruch ein: „Hartenstein in Nähe Untergangsstelle bleiben, Tauchklarheit sicherstellen. Abgeteilte Boote nur so viel übernehmen, daß Boote tauchklar bleiben. Weiteres bzgl. Neutralisierung folgt." Doch da in dieser Richtung späterhin kein weiterer Befehl ergeht, scheint der Versuch des Admirals, durch diplomatische Neutralisierung der Stelle etwas für das Leben der Schiffbrüchigen zu erreichen, fehlgeschlagen zu sein.

Während des nun folgenden ganzen Tages fischt U 156 Überlebende und verteilt sie auf die rings im Wasser langsam auseinandertreibenden Rettungsboote, die nun zum Teil mit Unterstützung der deutschen U-Boot-Männer einigermaßen instand gesetzt werden. Sie sind alle überfüllt. Die See läuft mit leerer Dünung, Seegang 3 bis 4, der Wind weht stetig — es ist Passat — aus Südosten. Abends geht von der U-Boot-Führung der Spruch ein: „1) Hartenstein, sämtliche Geretteten an erstes eintreffendes Boot, voraussichtlich Würdemann, abgeben. Dann Weitermarsch nach Süden. 2) Übernehmendes Boot auf Schacht beziehungsweise Würdemann und Italiener warten, Gerettete verteilen. 3) Abgabe aller Geretteten an französische Schiffe oder Hafen vorgesehen. Weiteres folgt."

Auch ein italienisches U-Boot von denen, die von Bordeaux aus im Atlantik operieren, befindet sich inzwischen also auf dem Marsch zur Unglücksstelle.

Um 02.09 Uhr gibt U 156 den Spruch: „Schätze etwa 1500 Überlebende in etwa 22 großen, randvollen Booten und vielen kleinen Flößen. von Hartenstein gefischt über 400, davon 200 auf Boote verteilt. Bisher kein Dampfer, keine Luft."

Inzwischen hat, benachrichtigt, Vichy-Frankreich aus Dakar einen Kreuzer und drei Kolonial-Avisos auslaufen lassen, die die Geretteten übernehmen sollen. Am nächsten Morgen endlich, dem 15. September, trifft als erstes U 506 auf dem Schauplatz ein und übernimmt sofort von U 156, welches 131 an Bord behält, 132 Italiener. Die Rettungsboote haben sich inzwischen, zum Teil unter Segel, weit verstreut. Am Nachmittag wird ein mit Engländern und Italienern besetztes Boot angetroffen, das in der See vollschlug und dessen erschöpfte Insassen Hartenstein nun zusätzlich an Bord übernimmt. Seine Männer ösen das Wasser aus dem Rettungsboot aus, das in Schlepp genommen wurde, um es für weitere Vonbordgabe zu verwenden. Zwei weitere Boote werden gesichtet, aufgesucht, die Insassen mit Wasser versorgt, und dann wird das inzwischen hergerichtete geschleppte Boot mit Engländern und Italienern wieder besetzt und losgeworfen.

Inzwischen ist auch U 507, Schacht, eingetroffen und hat nacheinander die Insassen verschiedener Rettungsboote, die es fand, verpflegt, zum Teil gekleidet, Erschöpfte an Bord genommen, darunter zwei Frauen. Die Boote werden nun geschleppt, um sie beisammenzuhalten. Der Artillerie- und Navigationsoffizier der „Laconia" befindet sich an Bord U 507. Laut Kriegstagebuch des Bootes sagt er aus, daß sein Schiff mit acht Geschützen, darunter zwei vom Kaliber 15 Zentimeter, bestückt war, daß es außer über Flak auch über Wasserbomben und Asdic-Gerät zur U-Boot-Bekämpfung verfügte. Es handelte sich also durchaus um einen Hilfskreuzer und Truppentransporter, der im Geleit Truppen zur Afrikafront brachte und sich nun allein von Alexandrien über Mombasa mit 1800 italienischen Kriegsgefangenen und 830 Tonnen Fracht an Bord auf der Rückreise

190

befand. 160 Polen dienten als Gefangenenwärter, 463 Mann zählte die eigene Besatzung des Schiffes, hinzu kamen 268 britische Urlauber (RN, RA, RAF) sowie 80 Frauen und Kinder.

Schacht schreibt im KTB U 507:

„Von den von Hartenstein an der Untergangsstelle gemeldeten 22 Rettungsbooten mit etwa 1500 Menschen 7 Boote gleich etwa 1/3 gefunden mit 163 Italienern, 310 Engländern, 20 Polen. Danach zu urteilen, sind beim Untergang etwa 1300 Italiener umgekommen.

Nach Angabe der Engländer sollen beide Torpedotreffer je einen der acht Gefangenenräume getroffen haben. Abgesehen davon scheinen aber die Italiener weitgehend nicht in die Rettungsboote gekommen zu sein. Beim Kampf um die Rettungsboote sind nach Angaben der Italiener eine Anzahl ihrer Leute erschossen worden (englischer Fliegeroberleutnant Hoad) beziehungsweise durch Schlagen auf Kopf und Hände unschädlich gemacht worden (englischer Armee-Ingenieur Joung 2753798). Von einer Anbordnahme dieser beiden abgesehen, um möglichst viele Italiener an Bord nehmen zu können. – Die Italiener sahen ziemlich verhungert aus. Hatten in letzter Zeit nur Wasser und Brot bekommen, nach Angabe der Engländer als Strafe wegen Einbruchs in Postraum und Fruchtlast sowie Übertretung des Rauchverbots auf der Laconia. Kleidung war sehr schlecht, größtenteils Gefangenenkleidung. Viele nahezu unbekleidet oder nackt."

Nun folgt der Teil der Episode, der zu dem dem Nichtsoldaten am Grünen Tisch zunächst inhuman erscheinenden Nichtrettungsbefehl des Admirals Dönitz führen sollte. Beileibe kein vereinzelter Fall, wohl aber der, der nun zu jenem Befehl den Ausschlag gab:

Am 16. September morgens, als man die Rettungsboote zur nunmehr bald bevorstehenden Abgabe ihrer Insassen an die zu Abend erwarteten französischen Schiffe beisammenzuhalten sich mühte und deren einige im Schlepp hatte, um sie zu den übrigen zu bringen, erscheint ein Flugzeug. Erinnert sei zuvor noch einmal an die von Hartenstein mehrfach wiederholten Funksprüche, die jedem Schiff und jedem Flieger bekannt sein mußten. Im übrigen mag das KTB U 156 für sich selbst sprechen:

„0800 FE 9697. 4 Gr 48,5' S 12 Gr 03' W. In rw 340 Grad die drei aufgesammelten Boote gesichtet. 4. Boot zum Sammelplatz geschleppt. Ein weiteres abgetriebenes ebenfalls in Schlepp genommen. An Bord etwa 56 Italiener und 55 Briten, darunter 5 Frauen.

1125 9697. Kurz vor Erreichen der beiden übrigen Boote aus rw 70 Gr. 4-motoriges Flugzeug mit amerikanischen Abzeichen. Zum Zeichen meiner friedlichen Absichten große Rotkreuzflagge 2 x 2 Meter auf Brücke quer zur Anflugrichtung gezeigt. Überfliegt einmal und kreist dann längere Zeit in der Nähe. Morseverkehr mit ‚Woher?' und ob Dampfer in der Nähe gesehen, mißlingt. Fliegt nach SW ab und kommt nach 1/2 Stunde kurz zurück.

1232 Anflug von Maschine gleichen Typs. Passiert in 80 m Höhe kurz vor Bug. Wirft zwei Bomben mit etwa 3 sec Verzögerung.

Während nach achtern Schleppleine mit 4 Booten losgeworfen wird, wirft Flugzeug 1 Bombe mitten in Boote. 1 Boot gekentert. Flugzeug kreist in der Nähe und wirft nach einiger Zeit seine 4. Bombe 2–3000 m weit ab. Erkenne Bombenschacht leer.

Erneuter Anflug. 2 Bomben. Eine detoniert mit Verzögerung direkt unter Zentrale. Turm verschwindet in schwarzer Wasserglocke. Zentrale und Bugraum melden Wassereinbruch. Klar bei Schwimmwesten. Befehl: Alle Briten an Deck. Danach, als Batteriebilg gast: Italiener ebenfalls an Deck (habe keine Tauchretter für sie)."

(Wegen der sich aus der Akkumulatorenbatterie entwickelnden Gase muß im Boot durch das Sauerstoffgerät, den sogenannten Tauchretter, geatmet werden.)

„1341 Kriegsnotmeldung auf 4 verschiedenen Wellen je 3 x abgesetzt. Zu den Booten zurückgelaufen, dort alles von Bord gegeben (die letzten mit sanfter Gewalt). Meldung über Wassereinbruch wird widerrufen. Kein Leck. — Wunder deutscher Schiffbauarbeit —. 1345 FE 9697. Getaucht. Boot ausgetrimmt. Mit Kurs 270 Grad abgelaufen.

1600 FE 9689. Schäden soweit möglich beseitigt. Ausfälle: Luftsehrohr fest, Standsehrohr nicht zu schwenken. 7 Batteriezellen ausgelaufen, weitere unsicher. Kühlwasserflansch Diesel gerissen. Funkpeiler gerissen. Lot- und Horchanlage unklar. Vorzügliches umsichtiges Arbeiten des technischen Personals.

2142. . . . aufgetaucht, bei Dunkelheit. Mit 1 Diesel 2 HHF Kurs W weitergelaufen. Während der Nacht FuMB besetzt. Keine Ortung.

2304 FT abgegeben: ,von Hartenstein. Amerikanische Liberador beim Schleppen von 4 vollen Booten trotz 4 qm großer Rotkreuzflagge auf Brücke bei guter Sicht fünfmal gebombt. Beide Sehrohre vorläufig unklar. Breche Hilfe ab, alles von Bord, abgesetzt West. Repariere. Hartenstein.'"

Trotz allem aber setzen die beiden anderen deutschen Boote ihre Hilfsaktion auch weiterhin fort. Das KTB U 507 mag weitersprechen:

„0140 Eingang FT: ,An Laconia-Gruppe. Sicherheit des Bootes darf unter keinen Umständen gefährdet werden. Alle Maßnahmen, auch Abbrechen jeder Bergungstätigkeit, entsprechend rücksichtslos ergreifen. Annahme irgendwelcher Schonung der U-Boote durch den Gegner ist völlig abwegig. Schacht und Würdemann Lage melden.'"

U 507 steht nun im Quadrat FE KS 9627 mit sieben Rettungsbooten, die mit rund 330 Menschen besetzt sind. Auf dem U-Boot selbst befinden sich 129 Italiener, ein englischer Offizier, 15 Frauen und 16 Kinder. U 506 steht im Quadrat 9690 mit 142 Italienern sowie neun britischen Frauen und Kindern an Bord; in seiner Nähe vier Rettungsboote. Die U-Boot-Führung weist das Quadrat FE 9695 als Treffpunkt mit den Franzosen an und übermittelt die mit der französischen Regierung vereinbarten Erkennungssignale und Verhaltensweisen. Sie warnt noch einmal die beiden Boote vor Einwirkung feindlicher Flieger und U-Boote. Hartenstein erhält Befehl, sich nicht weiter zu beteiligen, sondern, falls wieder einsatzfähig, die ihm anbefohlene Operation durchzuführen, den Weitermarsch nach Süden anzutreten. „Keine Rote Kreuz Flagge setzen", lautet ein Funkbefehl des BdU um 18.00 Uhr dieses Tages, „da ihr Zeigen 1) international nicht vorgesehen, 2) auf keinen Fall und am wenigsten beim Engländer Gewähr für Schonung bietet."

Nachts um 23.00 Uhr treffen die französischen Schiffe ein und übernehmen, ohne daß es zu weiteren Zwischenfällen kommt, die Schiffbrüchigen. Gerade die Briten, die rücksichtslos mehr noch als das deutsche U-Boot in Mitleidenschaft gezogen wurden, sind auf das Vorgehen ihrer eigenen Flieger nicht eben freundlich zu sprechen.

Dieser Vorfall gab den Anstoß, deutscherseits für die Zukunft jede Rettungsaktion zu untersagen. Ein durchaus verständlicher und zweifellos damals auch notwendiger Schritt, da es sich erwiesen hatte, daß die Alliierten ohne Rücksicht auf ihre eigenen Landsleute jede, aber auch jede Möglichkeit, die deutschen U-Boote zu bekämpfen, nutzten. Durch den Versuch deutscher Besatzungen, Schiffbrüchigen der von ihnen versenkten Fahrzeuge behilflich zu sein, entstand nichts als eine übermäßig erhöhte Gefahr für sie selbst und ihr Boot, mit dem es Krieg zu führen galt. Nahm der Gegner auf seine Leute, die sich in Seenot befanden, nicht mehr Rücksicht, tat er vielmehr für deren Rettung nicht das

Geringste, so durfte es nicht weiter Angelegenheit der Deutschen sein, sich um jene zu kümmern, so sehr dies auch dem natürlichen Gefühl der deutschen Seeleute und Soldaten widersprach.

Der Gegner hätte mindestens jene in der Nähe stehenden Dampfer leicht an die Versenkungsstelle dirigieren können. Kein einziger Fall sprach dafür, daß ein deutsches U-Boot sein gegebenes Versprechen nicht gehalten hätte.

Als Sieger hat der ehemalige Gegner nach dem Krieg diesen Nichtrettungsbefehl des Admirals Dönitz als Tötungsbefehl auszulegen versucht. Er beweise die dem Deutschen eigentümliche Grausamkeit und speziell die Unmenschlichkeit des ehemaligen Oberbefehlshabers der deutschen Kriegsmarine. Der Vorwurf mußte — auch wenn er damals selbst von bestimmten deutschen Zeitungen begierig aufgegriffen und sensationell verbreitet wurde — in sich zusammenfallen. Die Einstellung des im besten Sinne soldatischen Dönitz belegt eines der Zeugenprotokolle jenes unseligen Nürnberger Prozesses. Der ehemalige Korvettenkapitän Hans Witt sagte am 6. Februar 1946 folgendes aus:

„Im Juni 1943 — also nach Erteilung des vermeintlichen Tötungsbefehls! — war ich als Kommandant eines Front-U-Bootes nach Rückkehr von Unternehmung, zusammen mit dem Kapitänleutnant Siegmann, damals Kommandant eines Mittelmeer-U-Bootes, zur Meldung beim Großadmiral Dönitz befohlen . . . Nachdem der Vortrag beendet war, stellte ich noch eine Frage . . . Es liefen damals Erzählungen über Angriffe britischer Flieger auf wehrlose schiffbrüchige deutsche U-Bootsleute und Flieger um. Die Erregung und Erbitterung darüber war unter den Soldaten aller Dienstgrade groß. Es wurde dabei unter ihnen der Gedanke laut, man solle als Vergeltung und zur Verhinderung weiterer solcher Vorkommnisse ebenfalls wehrlose Schiffbrüchige versenkter feindlicher Schiffe angreifen, die wir bisher stets hilfsbereit und ritterlich behandelt hatten.

Da dieser Gedanke an die bisher allen Soldaten selbstverständlichen Grundlagen unserer Kampfesweise — die Menschlichkeit, Fairneß und Ritterlichkeit — rührte, benutzte ich die Gelegenheit, diese Stimmung und Ansicht der Soldaten dem Großadmiral zu melden und um seine Stellungnahme zu bitten. Der Großadmiral lehnte diese Gedanken, den im Kampf wehrlos gewordenen Gegner weiter anzugreifen, aufs schärfste ab, sie seien mit unserer Kriegführung unvereinbar. Auch wenn der Gegner so unmenschlich handele, dürfte von uns nicht mit gleichartigen Taten vergolten werden. Auch nur ein einziger solcher Fall brächte der deutschen Kriegführung mehr Schaden, als daß er abschreckende Wirkung hätte.

Diese Ausführungen waren kurz und klar und ließen keinen Zweifel mehr. Ich kann mich an die einzelnen Worte, die der Großadmiral gebrauchte, nicht mehr erinnern, versichere aber, daß ihr Sinn unmißverständlich so war, wie ich ihn hier wiedergegeben habe. Ich habe damals diese Stellungnahme des Großadmirals so auch meinen Soldaten bekanntgegeben.“

Von allen Anwürfen der Siegermächte, Kriegsgreuel deutscher Soldaten auf See betreffend, blieb nur ein einziger als halbwegs stichhaltig übrig. U-Boot-Kommandant Kapitänleutnant Heinz Eck, U 852, beschoß am 13. März 1944 Schiffbrüchige des von ihm an der afrikanischen Ostküste versenkten griechischen Dampfers „Peleus“, indem er deren Boot zu vernichten trachtete. Gerade Ecks Beispiel zeigt aber auch eindringlich, wie auf der Gegenseite keineswegs immer Ritterlichkeit dem wehrlos gewordenen Feind gegenüber geübt, sondern mehrfach allzu nüchtern berechnender Vernichtungswille oder gar unmenschlich grausamer „Sportgeist" im Kampf obwalteten. Obgleich es zweifellos auch auf der Gegenseite Beweise der Fairneß vielfach gegeben hat. Das sei nicht verschwiegen. Wäre jener Nichtrettungs- ein Tötungsbefehl gewesen, so wäre er auch befolgt worden, und der Gegner hätte mehr solcher Fälle „Peleus" beibringen können. Dieser blieb für sich allein. Heinz Eck wurde für seine Handlungsweise mit allen, die an ihr teilnahmen, von einem britischen Militärgericht nach Siegerrecht verurteilt und er selbst erschossen. Er versicherte auch nach seiner Verurteilung in Nürnberg unter Eid, daß er — entgegen der Annahme der Alliierten — von einem solchen Befehl, nach dem er gehandelt und durch den er sich gedeckt gefühlt haben könnte, nichts gewußt habe. Sein Entschluß habe vielmehr einzig auf eigener freier Überlegung rein militärischer Gesichtspunkte und seiner Verantwortung als Kommandant beruht. Wenn dagegen in Nürnberg Fälle der Art, daß deutsche Schiffbrüchige, die hilflos im Wasser schwammen und vom Gegner gezielt einzeln abgeschossen wurden, zur Sprache kamen, brach man dort regelmäßig diesen Beitrag ab. Der Vorsitzende des Hohen Gerichts betonte dann stereotyp, daß vor diesem Forum deutsche Kriegsverbrechen, nicht aber die Kriegführung der Alliierten zur Debatte stünden.

Doch zum Falle Eck: Das Boot dieses Kommandanten stand in einem Seegebiet, in dem bis dahin deutsche Unterseeboote noch nicht operierten und deshalb vermutlich auch noch nicht besonders gesucht wurden. Eck hatte Anweisung, möglichst lange unbemerkt zu bleiben. Nachdem hier als erster der den Alliierten dienstbare Dampfer, die „Peleus", versenkt war, hoffte der Kommandant, das Verschwinden dieses Schiffes, das nicht gefunkt hatte, würde nicht sofort bemerkt und der Ort seines Unterganges nicht sogleich erkundet werden. Die Gefahr für sein eigenes Boot, entdeckt, verfolgt und vernichtet zu werden, konnte hinausgezögert, weitere Erfolge herbeigeführt werden, wenn er die größeren im Wasser treibenden Wrackstücke und so auch das Rettungsboot des Schiffes unter Wasser brächte. Sie würden sonst zweifellos sehr bald von der feindlichen Luft durch Radar-Ortung aufgefaßt, und die See in ihrer Nähe wäre sodann nach dem deutschen Boot aufs genaueste durchkämmt worden. Das Beschießen des Bootes, auf welches sich Schiffbrüchige der ,Peleus' gerettet, hatte also einzig und durchaus militärischen Sinn. Denn nur größere im Wasser treibende Objekte werden durch Radar-Ortung erfaßt. Der Verfasser erlaubt sich in diesem Zusammenhang kein Urteil über Ecks Überlegungen , ob sie als solche richtig waren und zu billigen sind.

Das Zertrümmern der Wrackstücke während der Nacht gelang dem Boot nicht so, wie der Kommandant angenommen, und die Schiffbrüchigen erreichten übrigens das Land. Einige Wochen später wurde U 852 vom Gegner aufgefaßt und durch Fliegerbomben vernichtet. Die Besatzung konnte fast vollzählig mit Schlauchbooten und Einmann-Schlauchbooten aus dem sinkenden Boot aussteigen und sich über Wasser halten. Die feindlichen Flieger aber beschossen nun die hilflos treibenden U-Boot-Männer weiterhin. Hatte Eck durchaus Argumente für seine These des militärischen Charakters der „Peleus"-Boote gehabt, so entfielen solche völlig seitens der Flieger gegenüber den Deutschen, deren Kampfboot nicht mehr existierte. Die Deutschen konnten sich bestenfalls an feindliches Land retten und dort gefangengeben, was auch einigen gelang. Zunächst aber fand ein regelrechtes britisches Hasenschießen auf die U-Boot-Männer statt. Eine Anzahl von ihnen fiel, andere, darunter der Kommandant, wurden verwundet. Die feindlichen Flieger wußten nicht etwa schon, daß gerade dieses Boot, das sie vernichtet hatten, das Rettungsboot des „Peleus" beschossen hatte. Ihr Vorgehen ist also auch nicht als eine eigenmächtige „Vergeltungsmaßnahme" zu erklären. Man kann — leider — eine ganze Anzahl von Fällen vorbringen, in denen alliierte Flieger wehrlose Schiffbrüchige sinnlos zusammenschossen. Auch den Überlebenden des U-Bootes v. Tiesenhausen erging es so. Es mag aber mit den vorgetragenen genug sein. Sie sprechen für sich deutlich genug. Überall gibt es Männer und überall Schufte. Überall versuchen sich niedrige Instinkte gerade in einem Krieg zu entfalten. Es steht aber fest, daß die deutsche Kriegsmarine mit rücksichtsloser Strenge durchgriff und Verbrecher ausmerzte. Es waren derer in ihren Reihen nicht viel. Die Auffassung über Recht und Unrecht mag hier und dort verschieden und also die Moral einer Truppe nur schlecht einheitlich zu bewerten sein. Dennoch steht wohl einwandfrei für den, der sich um allgemein menschliche Wertung bemüht, fest — und gerade die Verhandlungen in Nürnberg haben das erwiesen —, daß Ethos und Moral des deutschen Soldaten und besonders des deutschen U-Boot-Mannes — entgegen bedauerlichen geradezu kriminell verzerrten andersartigen Darstellungen wie der eines gewissen Herrn Hans Günther Buchheim — außergewöhnlich und unanfechtbar hoch standen. Der „Laconia"-Fall, der sich während der dritten Phase des U-Boot-Krieges ereignete, gab Anlaß zu solcher Betrachtung.

Berichte

Erstarrte Welten

Januar 1942

Am 26. Dezember, dem zweiten Weihnachtsfeiertag 1941, lief aus dem Stützpunkt St. Nazaire U 552, Kapitänleutnant Topp, zur Unternehmung aus. Ein Filmberichter, Kiefer, war dieses Mal mit, dessen Aufnahmen zum erschütternden, eindringlichen Dokument des U-Boot-Fahrer-Daseins wurden. Außer ihm befand sich zusätzlich noch ein Oberleutnant zur See als Kommandantenschüler an Bord, Brandi, von dem niemand ahnte, daß er sich später im Mittelmeer so hervorragend bewähren und gegen Ende des Krieges neben Kapitän zur See Lüth als einziger Offizier der Marine durch die Brillanten zum Ritterkreuz mit Eichenlaub und Schwertern ausgezeichnet werden sollte. Der Befehlshaber hatte dem bewährten Boot zur Belohnung eine „Erholungsreise" zum angenehmeren Süden versprochen. Aber es kam ganz anders.

Für Topp wurde gerade diese Feindfahrt die schwerste. Über alles andere hinaus, das er gleich seinen Männern erdulden mußte, gab es für ihn die ganze Bitterkeit menschlicher Einsamkeit, die Sorge und dann den Schmerz um Endrass, seinen engsten Freund, der am Feind geblieben war.

Die Fahrt bringt Enttäuschungen, kaum Erfolge, und verlangt obendrein von den Männern auf dem Boot Übermenschliches im Ertragen der Unbilden wahrhaft schwersten Wetters. Seine Besatzung merkt dem verschlossenen Norddeutschen nicht einmal etwas an von alledem. Immer wieder reißt er die anderen empor, hält sie bei Laune und Kampfeswillen.

Es fing schon damit an, daß zu Beginn einmal alles glatt ging. Ein schlechtes Omen bedeutet das bei diesem Boot. Einige Tage stand man zur Beobachtung des Schiffsverkehrs vor Ponta del Gada auf den Azoren. Der Kommandant wagte es, über den Molenkopf hinaus bis in den Hafen vorzudringen, ohne daß einer das Boot bemerkte. Der einzige Engländer, den er zu Gesicht bekam, ein Zerstörer, liegt für einen Beschuß in ungünstigem Winkel. So setzt sich das Boot wieder ab. Und auch am nächsten Tage bei erneutem Versuch ist es das gleiche. Die Witterung ist warm und schön und derart hochsommerlich hier drunten, daß man die Nacht in Tropenhemd und kurzer Hose auf der Brücke zubringen kann. Das lange Unterwasserstehen besonders bei Tage, insgesamt 48 Stunden lang, hat den Leitenden Ingenieur, Kiepert, auf den Gedanken einer besonderen Art der Lufterneuerung gebracht, die sich glänzend bewährt. Ein Regelbunker wird mit Luft gefüllt, die dann, nachdem die inzwischen verbrauchte des Bootes in eine besonders dafür abgesperrte Flaschengruppe abgepumpt und verdichtet ist, ins Boot hinein zugesetzt wird. So greift man den Sauerstoffvorrat nicht unnötig an und kann die schlechte Luft später zum Anblasen benutzen.

Alles freut sich auf die bevorstehende Weiterreise gen Süden, wo es leichtere Erfolge geben soll, als alle bisher erkämpften. Am zweiten Abend vor den Azoren, die man zuerst einmal erkunden sollte, wird ein Funkspruch aufgenommen und entschlüsselt, daß ein anderes Boot diesen Platz vor Ponta del Gada einnehmen wird. U 552 dagegen, statt seine Reise nach Süden fortzusetzen, wird mit Mützelburg, Uphoff (dem früheren Wachoffizier von

Endrass), Schug, Praetorius und Berger zusammen in ein anderes Quadrat befohlen. Seekarten aus dem Schrank! Wo liegt das? Vor Kanada? Am entgegengesetzten Ende der Welt? Unmöglich! Ist das Quadrat auch nicht falsch entschlüsselt?

Es stimmt. Völlig unvorbereitet soll das Boot nach Norden. Und dabei ist es für die Tropen ausgerüstet. Das kann ja heiter werden, urteilen die Offiziere abends, ihre Zitrone löffelnd, in der Messe.

Und kaum liegt der neue Kurs an, briest es auf wie in altgewohnten Zeiten. Am 4. Januar bläst es mit Windstärke 6 aus Südwest. Es herrscht eine unangenehm durcheinanderlaufend hohe See; die Waffenverwendung wäre beschränkt. Und schon wird die Steuerbordkupplung unklar gemeldet. Bei dem Seegang ist die Arbeit am Diesel kein Spaß, aber am 6. meldet die Maschine wieder klar, während der Sturm orkanartig mit 8 bis 9 Windstärken jetzt aus Nordnordosten über das Boot dahinfegt. Ohne nachzulassen, wechselt er seine Richtung bald zwischen Nordwest und Süd. Am 9. Januar macht das Boot bei Südoststurm in Stärke 10 mit Einer Maschine Langsame nicht die geringste Fahrt gegen die See. Topp entschließt sich, der Wetterlage wegen für einige Stunden zu tauchen. Wie er die Nase wieder hinaussteckt, weht es inzwischen von Nordnordwesten nahezu unvermindert immer noch bei geradezu kochender See.

Am 11. Januar setzt bei gleichbleibend schwerer See ein Wettersturz ein, wie man ihn sich nicht krasser vorstellen kann. Aus der Tropenzone des Golfstroms war man unversehens in den eisigen Labradorstrom versetzt; aus der Hitze mondschwüler Nächte vor den Azoren zu Schnee und Hagel, klirrendem Frost und brüllender Wintersee, wie man noch keine erlebt. Ein röhrendes Brausen lag ständig in der Luft. Zehn Grad unter Null zeigte die Temperatur. Das Salzwasser maß genau den Gefrierpunkt. Das ganze Boot, so weit es herausragt, überzog sich dick mit Eis zu einem unbeholfenen, märchenhaften Gebilde in dem beißenden Sturm. Im ununterbrochenen Brecherüberfall vereisten selbst die Männer der Brückenwache in ihrem kalten Gummizeug. Die Wimpern, die Brauen, die Nase, alles hing dick voller Eis. Und man hat keinen einzigen Pelz, keine Schafwolljacken, nicht einmal genügend Deckenzeug für die Kojen an Bord, keinen einzigen elektrischen Heizofen! Es sollte doch in die Tropen gehen. Ohne nachzulassen, wechselt der Sturm zwischen Nordnordwest, Nordwest und Süd. Alle drei Stunden muß getaucht werden, um die Eislast abzuschmelzen, die vereisten Ventile zu befreien, um tauchklar zu bleiben. Durch das schwere Eis sind die Antennenzuführungsdrähte gerissen. Als der Angriffsraum erreicht ist, beginnen die Alarme vor feindlichen Flugzeugen.

Zwei kleine Fischdampfer mit gesetzten Laternen werden zunächst im Horchgerät wahrgenommen und dann gesehen. An der Sichtgrenze taucht Topp auf. Ein spitzer Schatten ist auszumachen, der langsam größer heranwächst. Die erste Beute? Das Boot läuft vor ihm her, bis es völlig dunkel ist. Ab und zu peitschen Hagelschauer schmerzhaft über die Brücke hin, denn es herrscht zur Zeit Südwest in Stärke 6 bis 7 bei Seegang 5.

19.43 Uhr: Auf Gefechtsstationen! 20.18 Uhr verläßt ein Zweiermehrfachschuß Rohr III und Rohr IV. III geht vorbei; die Geschwindigkeit des Gegners war zu hoch geschätzt. Genaue Unterlagen konnte man noch nicht haben. IV wird Kreisläufer. Deutlich ist er zu sehen.

Der Dampfer hat an Steuerbord abgeblendet Laterne gesetzt. 20.58 Uhr: Schuß aus Rohr V. Treffer Mitte! Eine starke Qualmwolke wächst schwarz empor. Gestoppt bleibt der Feind liegen. Rettungsboote werden ausgeschwungen und gefiert. Er funkt aufgeregt, man hört es an Bord mit ab. „Dayrose torpedoed" und die Position. Aber es ist ihm wenig Wirkung anzusehen. Das Boot tanzt in der schweren See um seine Beute herum und beobachtet. Der Kommandant muß sich zum Fangschuß entschließen. Schade um all die schönen Aale! Ein Schuß aus Rohr II macht dem Leben des Frachters ein Ende. Er bricht in der Mitte zusammen und sinkt in einer weiteren halben Stunde vor Kap Race.

Topp hat vom BdU innerhalb des Angriffsraumes seiner Gruppe freies Manöver angewiesen bekommen und steuert jetzt St. Jones an. Die vorgenommene Position ist gegen Morgen des 15. Januars erreicht. Der Kommandant läßt tauchen, um die Hafeneinfahrt durchs Sehrohr einzusehen. Es stellt sich heraus, daß das achtere, das zugespitzte Angriffssehrohr ausgefallen ist. Die Auf- und Niederholer haben sich um die Trommel verstrickt. Das vordere auffälligere Sehrohr aber ist bei dem herrschenden Seegang nicht zu gebrauchen. Die Erkundungsabsicht ist vereitelt. Topp läuft seewärts ab. Verschiedentlich werden Schraubengeräusche gehorcht. So beschließt der Kommandant das gleiche Manöver für den folgenden Tag, falls bis dahin das Sehrohr wieder brauchbar sein sollte.

Gegen Abend dieses Tages wird aufgetaucht. Endlich einmal ist der Wind auf Stärke 2 herabgegangen. Er bläst aus Westen. Noch ist das Feuer von St. Jones zu sehen. Sowie es dunkler geworden ist, wird ein Vorstoß in die Nähe der Einfahrt unternommen. Man sieht, wie ein Scheinwerfer laufend die Sperre vor dem Hafen anleuchtet. Da das Boot — für den Südatlantik eingerichtet — weder mit dem entsprechenden Segelhandbuch noch mit den Seekarten dieses Gebietes genügend ausgerüstet ist, muß der Versuch aufgegeben werden. Topp dreht wieder ab. Mit dem Frühlicht taucht das Boot in etwa 7000 Meter Abstand querab von der Einfahrt, die im Sehrohr bei Tageslicht fjordartig eng und gut überwacht scheint. In kurzen Abständen sind Wasserbombendetonationen zu vernehmen. Hat man das Boot von der Küste aus festgestellt, etwa gehorcht?

Drei Zerstörer sind ständig im Horchgerät zu hören. Zeitweise kommen sie auch in Sicht, einer bis auf 1000 Meter, zackt aber so stark, daß ein Angriff als unmöglich erscheint. Genaue Horch- oder Asdic-Ortung des Bootes dürfte er nicht haben, denn er hält nicht direkt auf dieses zu. Das Boot steht weiter wartend auf und ab an seiner Stelle. Nebelschwaden ziehen über die See. Nach Mittag klart es auf. Das eigene Horchgerät arbeitet vorzüglich, weit über Sehrohrsichtweite hinaus.

Nachmittags läuft ein Dampfer, von einem Vierschornsteinzerstörer gesichert, aus, biegt aber gleich der Küste entlang nach Süden ab; die Entfernung ist für einen Schuß zu weit. Eine Stunde darauf erscheint ein Tanker von etwa 5000 Tonnen, der sich sehr in Küstennähe hält. Das wäre etwas! denkt Topp, der ihn durchs Sehrohr beobachtet. Er macht auffällig geringe Fahrt. Etwa angeschossen? Drei Zerstörer geleiten ihn. Einer wird plötzlich spitz, kommt schnell näher — Topp zieht das Sehrohr ein. Die Peilung des Gegners im eigenen Horchgerät wandert aus. Sofort wird das Sehrohr vorsichtig wieder ausgefahren: Der Tanker hat abgezackt und geht auf die Einfahrt zu. Selbst mit günstigen Unterlagen hätte es keinen Sinn zu schießen. Die Zerstörer horchen bei ihrer geringen Schleichfahrt bestimmt den Torpedo rechtzeitig und weichen aus. Das Boot selbst aber hat nur 30 Meter Wasser unter dem Kiel: Es wäre glatter Selbstmord, ohne Aussicht auf Erfolg. Topp geht vor dem inzwischen näherkommenden Zerstörer auf 20 Meter und zeigt das Heck.

Mit Dunkelwerden taucht das Boot auf. Der Tanker ist mit den drei Zerstörern inzwischen eingelaufen: den vor drei Stunden ausgelaufenen Dampfer jetzt über Wasser zu verfolgen, hätte wenig Sinn. Topp stellt sich südlich St. Jones unterhalb der Küste auf. Fast ist es wolkenlos geworden, gute Sicht; nur geringer Seegang von Südsüdwesten. Unter Land kommt Nebel auf.

Gegen 11.00 Uhr zwei Schatten dicht unter der Küste in Kiellinie hintereinander, Kurs Süd. Ein Zerstörer, dem ein Dampfer folgt. Topp setzt sich nach Backbord seitlich heraus und dampft die Fahrt des Gegners aus, um sichere Unterlagen für den Angriff zu bekommen. Die zwei laufen 9 Meilen.

Von achtern kommt ein weiterer Zerstörer auf und übernimmt die Sicherung des Frachters nach der Seeseite hin; an Steuerbordseite hat er Land. Topp kann nur von See her, von Backbordseite angreifen. Die Wassertiefe beträgt hier 30 Meter. Unangenehm wenig. Leichter Schneefall setzt ein. Jetzt wäre es Zeit! Topp läuft an; er will je einen Schuß auf den vorderen Zerstörer und auf den Dampfer anbringen. Der Angriff mißlingt, denn der Zerstörer an Backbordseite drängt das Boot ab.

Fünfzehn Minuten später ein zweiter Angriffsversuch. Vielleicht glückt es besser, einen Schuß auf den Zerstörer an Backbordseite und zwei weitere, weit, auf den Dampfer anzubringen, überlegt der Kommandant. Der Anlauf beginnt. Ein schnell sich nähernder spitzer Schatten von vorn zwingt wiederum zum Abdrehen. Verdammter Mist!

Der Schatten entpuppt sich als ein Dampfer auf Gegenkurs, ohne Sicherung.

Also auf den zuerst! Die anderen werden sich wieder einholen lassen. Um keine Zeit zu verlieren, verzichtet Topp darauf, die Geschwindigkeit des Gegners genau auszudampfen. Es muß auch so gehen! denkt er. Immerhin so an die 3000 Tonnen mag der Bursche haben; er macht nur geringe Fahrt.

01.04 Uhr Schuß aus Rohr III auf 800 geschätzte Meter Entfernung. Fehlschuß. Nanu? Kurz vor dem Schuß kam ein Zerstörer von achtern auf. Topp zeigt schmale Silhouette und läuft mit Große Fahrt ab.

Drüben blitzt es auf: Der Zerstörer hat das deutsche Boot gesehen und morst es an „Anton, Anton?"

Im nächsten Augenblick müßte es vor dem heranbrausenden in den Keller, wo man sich doch nicht auszuweisen versteht auf die Frage. Wäre es bloß nicht so widerlich flach hier! Da dreht, unerklärlicherweise, der Verfolger ab. Glaubt er, sich getäuscht zu haben?

Sofort staffelt Topp wiederum heran.

01.45 Uhr zweiter Angriff auf den Frachter, auf 600 Meter aus Rohr IV, mit etwas geringer angenommener Gegnerfahrt.

Fehlschuß. Völlig unerklärlich. Im Augenblick des Schusses scheint der Dampfer seine Fahrt noch mehr zu verlangsamen; er wandert nur geringfügig aus. Da — nach sieben Minuten eine heftige Detonation. Enddetonierer! Nun merken sie alle, daß es hier nicht geheuer ist. Trotzdem! denkt Topp, der Kerl soll hinunter.

02.10 Uhr dritter Angriff. Rohr II, und die Geschwindigkeit des Frachters noch geringer angenommen.

Fehlschuß. Was ist denn nur? Auch dieser Torpedo wird Enddetonierer und macht einen Heidenlärm.

„Geschütz klar!" Jetzt soll denn doch — — Ganz egal, was kommt!

Die Bedienungsmannschaft springt ans Kanon — verflucht! ist das Oberdeck glatt — und reißt an dem Verschluß. Völlig vereist die ganze Waffe. Ein Versuch, die dicke Schicht loszuklopfen, bleibt ergebnislos. Wütend enttäuscht dreht Topp 02.45 Uhr ab, da der Dampfer inzwischen vor St. Jones angekommen ist, und läuft nach Süden ab.

Schwer „in Braß" schlägt er den grünen Vorhang um das Reich des Kommandanten, die Koje und den winzigen Schreibtisch, dicht. Was ist dies für ein Gebiet! Da führen die anderen Boote weiter im wärmeren Süden den „Paukenschlag" – man hört die Meldungen ja sämtlich mit! – versenken dem Ami die dicksten Happen einfach vor der Haustür von New York, und das Boot der Roten Teufel muß sich hier in Eis und Schnee ohne jeden Erfolg quälen. Gar nichts haut hin. Die Torpedos versagen, das Geschütz ist nicht klar, kaum Schiffsverkehr, und dazu friert und schnattert man sich die Seele aus dem Gebein.

Mit einbrechender Helligkeit Alarm vor einem Zerstörer, der außer Angriffsreichweite mit hoher Fahrt nach Osten zu läuft. Der Kommandant nimmt an, daß jener einen einlaufenden Dampfer aufnehmen soll. Also kaum, daß er aus Sichtweite ist, auftauchen und mit hoher Fahrt hinterher. Achteraus zieht an der Sichtgrenze ein Flugzeug über die Kimm. Eine Stunde darauf Alarm vor einer Maschine, die Backbord achteraus schnell aufkommt, mit dem gleichen Kurs wie der Zerstörer. Dort ist sicherlich etwas los.

Es geht auf Mittag. Strahlende Sonne. „PK-Mann Kiefer auf die Brücke!" Er soll bei dem wunderbaren Licht das vereiste Boot filmen. Kaum hat der Matrosengefreite alles so weit oben und aufgebaut: Alarm! Ein Flugzeug, und auch dieses mit Kurs hinter dem Zerstörer drein. Hals über Kopf die Apparate hinunter und alles nach. Wieder mal ist die Entlüftung vereist: ein dicker Strahl ergießt sich durchs Luk. Es geht dennoch klar. Der Flieger sah offenbar das Boot gar nicht. Der Zerstörer steht durch den Aufenthalt etwa 30 Seemeilen vor dem Boot. Es hat keinen Zweck mehr, ihn noch einholen und finden zu wollen. Topp bleibt unter Wasser, um abzuwarten, ob man ihn nicht vielleicht, wenn er mit einem Dampfer zurückkommen sollte, abfangen kann. Die Horchmöglichkeiten reichen weiter als die Sicht. Das Boot wird noch auf Sehrohrtiefe ganz schön durchgeschüttelt. Der Wind hat wieder zugenommen; es bläst draußen aus Nordnordwesten, Stärke 5 bis 6. Die Männer klappern vor Kälte. Zwischen den Rohren im Bugraum mißt die Temperatur gerade +1 Grad.

14.20 Uhr: Backbord querab Zerstörerschraubengeräusche. Ein Dampfer ist dicht dabei, aber schwächer, auszumachen. Topp hatte also sicherlich Recht mit seiner Annahme. 14.37 Uhr läßt er auftauchen. Zu sehen ist noch nichts. Der Seegang kommt genau aus Richtung der Geräusche. Inzwischen herrscht ein regelrechter Sturm aus Nordnordwest in Stärke 7. Die überkommenden Brecher vereisen sofort. Die Luft mißt −8 Grad. Das Boot muß tauchen, um die Eislast abzustoßen. Das Kopfventil der Dieselzuluft läßt sich nicht schließen. Der Druckminderer ist wegen der Kälte ausgefallen. Kein Wunder. Bei Alarm gibt das gefährliche Verzögerung. Das Sehrohr läßt sich nur schwer und langsam bewegen. Alles flucht. Wären wir wenigstens entsprechend für die Kälte ausgerüstet! Das alles hilft ja nichts: Es gilt nun einmal Schiffe zu versenken, wo sie am ehesten nach Ansicht des BdU zu finden sind.

Das Ausdrücken der Untertriebszelle dauert viel zu lang. Bei normalem Alarm gerät das Boot zu tief, das heißt, es wird auf Grund stoßen, wo es hier so flach ist. Topp taucht wieder auf. 19.00 Uhr. Um 22.00 Uhr wird wieder einmal zum Abtauen getaucht. Wieder läßt sich das Kopfventil erst nicht schließen. Nach dreißig Minuten unter Wasser unmittelbar unterhalb Kap Race Auftauchen.

23.15 Uhr: endlich Schatten mit Südwestkurs. Das Boot steht zwischen ihm und dem Leuchtfeuer. Kurz darauf werden zwei weitere zwischen Boot und Licht mit nördlichem Kurs ausgemacht. Einer, ein Zerstörer, wandert schnell aus.

23.30 Uhr: Auf Gefechtsstationen!

Die Männer hasten durchs Boot. Wird es endlich einen Erfolg geben? Topp greift den zuerst gesehenen Schatten an. Der Dampfer hat abgeblendete Laternen gesetzt. Das Ausdampfen, das nun anhebt, ergibt, daß er mit sechs Seemeilen Geschwindigkeit quer zur See dahinpflügt. Jetzt dreht er nach Westsüdwesten gegen die See. Es hilft nichts. Auf dem Boot kommen Brecher über die Brücke und vereisen. Es ist unbeschreiblich. Aber man will durchhalten. Der Seegang nimmt zu. Hagelböen und Schnee fallen ein. Ist denn alles gegen uns? fragt sich der Kommandant. Die Sicht löscht einfach aus. Der Dampfer verschwindet im undurchdringlichen Wetter. Die Augen der Männer auf der U-Boots-Brücke sind wund. Das Gesicht brennt wie zerschnitten in dem eisharten Geprassel. Der ganze Körper schlottert vor Frost in dem dünnen Zeug. Da ist der Dampfer wieder!

00.43 Uhr: Angriff aus Rohr V. Der Schuß fällt nicht, weder mit der elektrischen Abfeuerung noch durch Hand. Das Abfeuerungsgestänge ist, wird gemeldet, nur um ein kleines Stück zurückgegangen; die Halte- und Öffnungsbolzen sind nicht gelegt.

01.21 Uhr: Zweiter Angriff. Rohr I. Auf 600 Meter Entfernung zum Ziel. Unmittelbar nach dem Schuß bricht das Schraubengeräusch des Torpedos, das man mithorcht, plötzlich ab; der Funkmaat hat es deutlich im Horchgerät wahrgenommen. Fehlschuß. Ist denn diese Reise wirklich verhext?! Außerdem ist, stellt sich jetzt heraus, der UZO kaputt, wie man vor dem dritten Anlauf noch einmal alles systematisch nachprüft. Vor dem zweiten Schuß war er noch in Ordnung, jetzt läuft die Seite langsam nach, bleibt sogar zeitweise nicht in Deckung stehen. Wohl eine Folge der Vereisung. Es wird fieberhaft an seiner Wiederherstellung gearbeitet.

01.48 Uhr: Dritter Angriff. Rohr II, dieses Mal mit fester Seite gelöst. Entfernung 500 Meter. Das Torpedoschraubengeräusch wird einwandfrei gehorcht. Dennoch: Fehlschuß. Und wenn alles verplatzt: Jetzt wird der vierte Anlauf gefahren. So viele Aale ist der Kerl gar nicht wert. Aber Topp entschließt sich, nach erheblicher Überwindung, und wie er selber bekennt: Jetzt soll er weg!

Der Funkmaat meldet, in unmittelbarer Nähe werde von einer Landstelle auf der 600-Meter-Welle gefunkt. Der Dampfer bittet um Positionsangabe. Es ist, stellt sich nun heraus, der Grieche „Dimitrios G. Thermiotis". Kap Race gibt sie ihm. Der Frachter sendet daraufhin U-Boot-Warnung. Gesehen worden ist das Boot bei seinen verschiedenen Anläufen auf keinen Fall; die Nacht ist viel zu wenig sichtig. Hat er den Aal festgestellt? Jetzt hat er offenbar gestoppt; er wandert kaum noch aus.

02.42 Uhr: Vierter Angriff. Bei Seegang 4 bis 5 und Wind Nordnordwest in Stärke 6. Rohr III mit fester Seite, auf 400 Meter.

Treffer im Achterschiff. Na endlich! Eine hohe Rauch- und Wassersäule springt und schwillt empor. Die Boote gehen zu Wasser. Das Schiff sinkt schnell. SOS funkt es und sackt. Nach kaum zehn Minuten steht nur das Vorschiff um etwa 20 Meter steil heraus, taucht auf und nieder. Die See ist hier 80 Meter tief. Topp läuft nach Osten ab. Die vordere Antennenzuführung, die erneut unter der Eislast gerissen ist, muß geflickt werden. Dann meldet das Boot dem BdU seinen geringen Versenkungserfolg. „Erbitte Befehle. Noch zwei Oberdeckstorpedos. Umladen wegen Vereisung und Wetterlage nicht möglich." Gegen Abend erfolgt der Rückmarschbefehl.

Die See ist unter schwerem Sturm aus Südsüdwest zu Stärke 7 aufgelaufen. Außentemperatur beträgt −4 Grad. Der Brückenwache sind es wie −40. Die Stimmung ist gedrückt; besonders die des Kommandanten. Gut, daß es nun ein Ende haben soll mit dieser hundsgemeinen Arktis-Expedition, die nicht einmal nennenswerte Erfolge brachte, sagen sich die Männer. Bei Helligkeit war jedesmal die See wie ausgestorben. Der Gegner sucht über Tag offenbar die Buchten als Schlupfwinkel auf. Des Nachts schleicht er sich mit stärkster Bewachung dicht unter Land und kaum auffindbar von Bucht zu Bucht. Da hat man nun nächtelang gefährlich dicht unter der Küste gestanden, über flachstem Grund genau vor den Hauptausfuhrhäfen Neufundlands, und doch brachte das Wagnis keinen rechten Erfolg. Zwei mittlere Frachter, und nun ist die ganze Gegend vergrämt.

Mag sein, daß dem Kommandanten diese Reise doppelt schwer erscheint. Die anderen tragen das Unabänderliche eher mit Humor. In seiner unverwüstlichen Art sorgt Kommandantenschüler – „Konfirmand", wie man sie nennt – Brandi dafür. „Obermatrose Brandi meldet sich zur Stelle!" erscheint er morgens mit strammer Ehrenbezeigung am Frühstückstisch der Offiziere. Da in den Kojen dieses Offiziersraumes kein Platz mehr für ihn war, schlief er in der oberen eines Oberfeldwebels. Ständig tropfte Schweißwasser ihm genau ins Gesicht. Das ist nun mal nicht anders bei all den vielen Vorsprüngen unter dem Druckkörper. Bis er sich endlich Segeltuch darunter spannte und mächtig stolz auf diese Erfindung war. Als Gast an Bord trat er nicht besonders in Erscheinung, doch wo es darauf ankam, drückte er tüchtig auf die Tube in seiner stramm westfälischen Art.

Nun ging es heim, und wie das so ist: Jetzt begegnen einem die dicksten Sachen. Mindestens 10000 Bruttoregistertonnen groß ist der erste, mit vier Masten. Man trifft ihn nachts, aber bei einem Seegang, daß ihn etwa mit der Kanone anzugreifen einfach unmöglich ist. Bereits im Morgengrauen erscheint der zweite. Wiederum ein Brocken von über 10000 Bruttoregistertonnen auf Südsüdwestkurs bei glänzender Angriffsposition wie der erste. Der Sturm braust mit acht Windstärken aus Westnordwesten. Etwa Fühlung zu halten und auf dessen Abflauen warten zu wollen, wäre unmöglich. Topp läßt die Beute passieren. Am Nachmittag Numero drei. Ein Frachter mit auffallend hohen Masten. Keine Möglichkeit zu schießen. Alle an einem einzigen Tag, jetzt, wo man verschossen ist. Topp muß tauchen, so dicht rückt der Dampfer dem Boot auf den Leib. Da ist es mit der Geduld des Kommandanten vorbei. Er will es mit einem Bluff versuchen.

Im Sehrohr ergibt es sich, er hat drei Masten und ist etwa 4000 Tonnen groß. Flagge oder sonstige Abzeichen führt er nicht. Eine Kanone ist nicht zu erkennen. Bei diesem Seegang ist die 8,8-cm-Kanone des Unterseebootes vorn an Oberdeck nicht benutzbar. Die Zweizentimeter, eigentlich eine Flawaffe hinter der Brücke in der sogenannten Kanzel, ist als einzige Waffe klar. Auftauchen!

Mittlerweile ist es 17.30 Uhr. Topp läßt ausblasen mit Preßluft, um beide Diesel völlig klar zu haben, wenn Gegenwehr sofortige Bewegung nötig werden läßt. Etwa 1000 Meter hinter dem Frachter kommt das Boot hoch und läuft mit schmaler Silhouette hinter ihm drein.

Brandi, der mit auf der Brücke steht, befiehlt die Wartalampe hoch und beginnt dann selbst hinüberzugeben: „STOP. SEND A BOAT."

Drüben geschieht nichts. Brandi wiederholt.

„Wie morsen Sie denn, Herr Oberleutnant?" fällt plötzlich Stabsobersteuermann Säck, der Wachleiter, ein. Ihm fiel, wie er auf Brandi blickte, auf, daß jener, anstatt mit der leichtgehenden Morseklappe rechts an dem kleinen Scheinwerfer seinen Spruch abzusetzen, sich abmüht, dies durch den sehr viel schwerer zu bewegenden Kontakthebel links zu bewerkstelligen. Das kann natürlich nicht viel geben; der Spruch wird ziemlich unleserlich für die drüben sein.

„Ach so — ", begreift der Offizier, der sich auf seine seemännische Ausbildung jetzt genauer besinnt und über sich selbst lachen muß. Er hat ja nicht die Routine wie ein Signalgefreiter, der ständig morst. „Na, ganz egal!" brummt Brandi. Doch auch nun, wie jetzt das Geben des Spruches besser klappt, antwortet der Bursche drüben nicht.

Erst nach mehrmaligem Anruf kommt eine lesbare Folge von Zeichen zurück. Nicht zu entziffern, weil das Boot von Zeit zu Zeit hinter der hohen See völlig verschwindet. Der Dampfer macht unbeirrt weiter Fahrt.

„Wenn Sie nicht stoppen, werden Sie torpediert!" gibt Brandi hinüber.

Keine Antwort.

„Zwozentimeter klar!" Die an der Waffe ausgebildeten Männer springen heran. Erster Schuß Versager. Dann aber tut sie es. Zwei Schuß jagen dem dickfälligen Bruder durch die Takelage.

Es geschieht nichts.

Das ganze Magazin ihm rein in die Back!

Endlich verlangsamt er die Fahrt.

Es wird dämmrig. Das Boot kommt allmählich an Backbordseite des Frachters auf. Abstand etwa 800 Meter, immer klar zum sofortigen Tauchen, falls drüben Gegenwehr einsetzen sollte. Mehrere Male wird wiederholt. „Send a boat with your papers." Es muß mit allen Mitteln versucht werden, ihn zum Stoppen zu bringen. Und nun endlich morst der Dampfer aufgeregt und kaum zu lesen zurück: „Please, please„ etwa „Captain is coming".

Es geschieht offenbar nichts. Noch eine Ladung ihm in die Back. Er soll begreifen, daß es Ernst ist, wenn es auch nur Bluff sein kann. Man hat ja keinen einzigen Torpedo mehr zur Verfügung, um diesem Schiff wirklich gefährlich werden zu können.

Bewegung drüben an Oberdeck. Ein Boot geht zu Wasser. Allerhand bei solcher See.

Tatsächlich, in einem winzigen Boot erscheint der Kapitän des Frachters in tollstem Geschaukel zwischen den gewaltigen Hängen der Sturmsee, immer wieder hinter der schwingenden Dünung wie auf den Grund der schaurigen See verschwindend. Ein halsbrecherisches Beginnen. Das Boot kommt ihm bis auf 600 Meter in Lee entgegen. Es torkelt in der schweren See gischtüberspült und mühsam umher.

Inzwischen ist es dunkel geworden. Auf dem Dampfer macht sich derweilen die Mannschaft klar zum Aussteigen. Man sieht es. Das Boot mit dem Kapitän ist jetzt in Lee des Unterseebootes, sich mühselig gegen die wandernde Dünung heranarbeitend.

„What ship?" Die Antwort ist nicht zu verstehen gegen den Sturm. Unterdes treibt der schwere Dampfer auf das Unterseeboot zu, das als Unterwasserfahrzeug viel weniger zum Abtreiben neigt. Es eilt also, mit dem Kapitän ins Reine zu kommen. Noch einmal: „What ship?" Das Boot ist noch näher herangekommen. Drüben brüllt einer durch die Hände. Aber man versteht es nicht.

Schließlich bekommen sie heraus, daß er Grieche ist, beladen mit kriegswichtiger Ware von England.

„Abandon ship! Verlassen Sie Ihr Schiff!"

Es wird höchste Zeit, daß man mit der Maschine angeht, sonst droht eine Kollision. Der Dampfer ist in gefährlicher Nähe. Drüben erscheint inzwischen alles zum Insbootgehen mit gepacktem Seesack an der Reeling. Jetzt machen sie den Kutter klar. Topp ruft das gleiche noch einmal durchs Megaphon zum Dampfer hinüber. Die Mannschaft geht mit ihren Sachen ins Boot.

Da liegt der wehrlose Dampfer. Früher brachte man solchen Fang als Prise ein. Das ist heute bei der starken Luftüberwachung nicht mehr möglich.

Und dann läßt der Kommandant alles entleeren, die Untertriebszellen entlüften, die Regelzellen ausblasen, selbst die Torpedozellen lenzen, damit das Boot so hoch wie irgend möglich aus der See herausgehoben wird, denn sonst könnte kein Mensch das Oberdeck betreten und in der schweren See das Geschütz bedienen.

„Geschütz klar!" Jetzt probt man die günstigste Lage des Bootes zur See, dann beginnt die 8,8 zu schießen — jedesmal, wenn das Boot hoch herausgetragen wird und gerade einigermaßen auf ebenem Kiel liegt.

Es ist kein Bravourstück, diesen Dampfer zu versenken. Das empfinden alle an Bord. Aber hinter solchen Gedanken und Gefühlen steht die Notwendigkeit und Härte des Krieges. Jede Tonne versenkten Handelsschiffsraumes schwächt den Gegner.

An den Männern ist kein Faden mehr trocken. Spreng- und Brandmunition wird auf den dunklen Schatten verschossen, der dort verlassen in der See torkelt. Die eisigen Seen gehen über die Back. Drüben treiben die Rettungsboote. Zeitweise heben die Seen sie hoch, so daß man sie sieht, dann verschwinden sie in den Wellentälern.

Das Vernichtungswerk dauert länger als angenommen, bis der Dampfer schließlich mit einem letzten Ausblasen der in seinem Innern zusammengepreßten Feuersglut aus der vorderen Ladeluke in die Tiefe geht. Die stundenlange Suche nach den Booten wird erfolglos abgebrochen. Sie hatten keine Laternen gesetzt.

Dreimal Schwarzer Kater „Teddy"

Januar 1942

Nie werde ich vergessen — und immer, wenn wir gelegentlich uns wieder begegnen, denke ich daran —, auf welch verdrehte Weise ich „Teddy" Suhren, eines der besonderen Asse unter den deutschen Kommandanten, kennenlernte. Das Bild, das ich damals von diesem Offizier gewann, scheint mir für ihn noch heute, nach so vielen Jahren, typisch, so daß ich dieses Erlebnis hier aufzeichnen möchte.

Es war Januar 1942 in Lorient. Schon zu der Zeit galt Suhren nicht nur als einer der fähigsten Kommandanten, sondern auch als eine ganz besondere Type, mehr als Krieger denn als Uniformträger. Obgleich zu einer anderen Flottille und also nicht zu diesem Stützpunkt gehörig, hatte sein Boot zu einer Zwischenergänzung Lorient angelaufen, und bei dieser Gelegenheit war ihm das für seine letzten Erfolge inzwischen verliehene Eichenlaub zum Ritterkreuz ausgehändigt, das heißt umgelegt worden (später gewann er auch die Schwerter noch dazu). Ich selbst war damals noch nicht Matrosengefreiter der U-Bootwaffe selbst, sondern saß zur Zeit noch, als Marineartillerist zu einer Kriegs-berichteinheit eingezogen, in Lorient herum. Von ihr also erhielt ich plötzlich Befehl, den Lebenslauf dieses Offiziers zu erkunden, weil die Presse einen solchen für die Meldung von seiner Ordensverleihung nirgends hatte auftreiben können. Das ganze sei schnellstmöglich nach Berlin durchzugeben.

Ausgerechnet ich, ein Mannschaftsdienstgrad mit „Wäsche hinten", sollte das machen. Vielleicht, weil ich schon eine Feindfahrt hinter mir hatte? Weil meine Berichte davon höheren Orts Gnade gefunden hatten? Ein Interview lag mir jedenfalls ganz und gar nicht. Aber was blieb übrig! Ich zog frühmorgens los, erst einmal auf Suche nach dem gefeierten Mann, der gegen Abend dieses Tages schon wieder in See gehen sollte.

Es war schwierig, den gestern erst am Nachmittag eingetroffenen und ausgezeichneten und dazu außer der Reihe zum Korvettenkapitän beförderten Kommandanten zu finden. Erst gegen Mittag glückte es, nachdem ich schon zweimal vergeblich die mir an Dienstgrad überlegenen Pantrygasten im Offizierswohnheim wild gemacht hatte: Er befand sich also doch hier im Wohnheim der II. U-Flottille, wo er als Gast übernachtet hatte. Eben kam unverkennbar er in den Messeraum hinunter und offensichtlich gerade erst aus Bett und Bad. Ich meldete und trug meinen Wunsch vor — der nicht der meine, sondern Befehl und mir äußerst unlieb war.

„Unangenehm, höchst unangenehm — verstehe!" nickte Suhren, wie ich meinen Auftrag als Forderung des OKM in Berlin mitgeteilt hatte, „Sie haben Befehl, Sie armer Knabe (an Jahren war ich zweifellos weit älter als er!), und ich soll Ihnen also dazu verhelfen, aufzuschreiben, worum ich mich bisher mit Geschick noch immer gedrückt habe. Ausgerechnet in einem Augenblick, wo ich restlos am Boden zerstört bin —."

Offenbar hatte er die Nacht mit den anwesenden Offizierskameraden Auszeichnung und Beförderung entsprechend gefeiert. Der dunkle, mittelgroße Seeoffizier mit dem verschmitzt dummtuenden Ausdruck im Gesicht, das Ritterkreuz mit dem neuen Eichenlaub darüber am schwarz-weiß-roten Band im Halsausschnitt, wirft sich mit dem Ausdruck der Verzweiflung in einen nahebei stehenden leichten Leder-Armstuhl. Der knarrt und schwankt verdächtig, und Suhren blickt unverzüglich den, sodann mich pfiffigbedenklich an: „Wertarbeit dieses Landes!" sollte das sicherlich heißen. Dann, sich zurücklehnend mit also hilfesuchendem Ausdruck, faltet er die Hände vorm Gesicht. Zwei durch einen Kameraden vorbereitete Nitraphot-Lampen flammen in einiger Entfernung unangenehm auf. Ins Schicksal sich ergebend, blickt Suhren mich bei hochgezogenen Brauen an: „Geknipst haben Sie auch schon?" Er streckt beide Arme über den Kopf. Das Ganze ist ihm merkbar unangenehm.

Schon wieder klickt der Verschluß meiner Leica.

„Na hören Sie mal!" fährt er nun doch halb entrüstet, halb verwundert und dabei doch unsicher auf: „Erst muß ich mich doch wohl ordentlich hinsetzen mit Bitte-recht-freundlich-Gesicht! Wo bleibt denn Ihr ‚Gleich-kommts-Vögelchen'?!"

„Nicht nötig, Herr Kap'tän! So wird es viel natürlicher. Ich nehme ja nur Ihren Kopf ins Bild, und der wird viel sprechender so, als wenn Sie sich für die Personalkartei heldenhaft in Positur setzen. Erzählen Sie doch bitte ruhig dabei schon mal Ihren Lebenslauf, Werdegang und so, Herr Kap'tän!"

„Menschenskind! Ich dachte schon, Sie bringen mich verkaterten Mann in dieser flegelhaften Stellung in die Zeitung: ‚Der Held zu Hause!' — Das alles kommt also nicht mit drauf?"

„Nein, Herr Kap'tän. Fertig mit Aufnahmen!"

Ich prüfe noch einmal aus einer anderen Richtung, drücke doch noch einmal auf den Auslöser und lege dann die Kamera mit dem langbrennweitigen Objektiv zur Seite. Der Korvettenkapitän bittet mich, auf dem Stuhlsessel nahe dem seinen Platz zu nehmen. Ich hatte, weiß nicht wieso, von vornherein ein persönliches Verhältnis zu diesem Offizier und muß mir Mühe geben, als Mannschaftsdienstgrad ihm gegenüber die militärische Form nicht allzu zivilistisch zu verletzen; aber mir will scheinen, daß auch dieser Offizier mich weniger als Vorgesetzter, denn kameradschaftlich behandelt.

„Ja, was wollen Sie nun von mir hören? – Schrecklich ist das alles!" unterbricht er sich selbst und schickt seine Blicke in den Raum, in den nacheinander weitere Offiziere eintreten, ob nicht irgendeine Unterstützung anstatt etwa höhnischer Beobachtung komme. In der Ferne erkennt er den dort die Tafel richtenden Pantrygasten. „Hier! Pantry", ruft er, „zwei Glühwein bitte!"

„Woher stammen Sie, Herr Kap'tän?" beantworte ich seine Frage. „Wann geboren und so. Alles hat vergeblich nach einem Lebenslauf in Ihrer Personalakte gesucht."

„Weiß ich, weiß ich – da bin ich auch stolz drauf!" richtet Suhren sich beinahe stramm im Sitzen auf, offenbar daran interessiert, daß diese Tatsache jetzt aufgekommen ist. Und dann sagt er gespielt sachlich:

„In meinem bisherigen stolzen Werdegang habe ich mich noch jedesmal mit Erfolg davor gedrückt. Gar nicht einfach, wissen Sie!" Und das muß auch ich militärischer Säugling zugeben. Lausbubenhaft schmunzelnd beugt sich Suhren gegen mich vor:

„Das OKM, sagten Sie, schreit auf einmal? Oder nur die Presse?"

Ich ziehe fragend die Schultern hoch. „Sie tun mir", fährt er fort, „aufrichtig leid, junger Mann. Aus mir ist nun mal nur schlecht was Gutes herauszuholen. Aber Befehl ist Befehl für Sie; das sehe ich ein. Sie sollen nicht meinetwegen Unannehmlichkeiten bekommen. Also los dafür! Mein Lebenslauf. Und das, wo ich gerade heute körperlich wie geistig und moralisch, wissen Sie, auf dem Tiefpunkt angekommen bin? Na schön! Passen Sie auf! Haben Sie was zu schreiben dabei?" Und er spricht das folgende betont wie ein Diktat:

„Am 10. April 1916 wurde ich als Sohn des Pflanzungsbesitzers Suhren und seiner Ehefrau –" (beider Vornamen habe ich leider vergessen, weil ich mir nichts mitschrieb) „– in Bad Schwalbach bei Wiesbaden geboren – im Taunus, wissen Sie!"

„Pflanzungsbesitzer? Im Taunus?" werfe ich ein.

„Richtig, richtig!" erwidert er. „Mein Vater hatte eine Pflanzung auf Samoa, bei Apia. ‚Tafaigata‘ hieß sie. Jawoll! Als der Weltkrieg kam, ist er über Nordamerika, Norwegen nach Deutschland zurück, nach Schwalbach, wo die Mutter meiner Mutter lebte. Später ist er dann als Güterdirektor an verschiedenen Stellen gewesen: in Udesleben in Thüringen, in Oberullersdorf in der Niederlausitz, in Drehsa bei Bautzen."

„Dann haben Sie ja dauernd die Schule wechseln müssen?" werfe ich ein; denn mir scheint, daß sich das Gespräch in Rede und Gegenrede zwangloser entwickeln wird.

„Ganz recht, ganz recht! Habe ich! Hätte ich vielmehr!" erwidert Suhren prompt.

„Du warst bestimmt immer der Musterschüler, Teddy!" wirft einer der nahebei stehenden Offiziere lachend ein, die uns inzwischen belustigt interessiert in etwa umstehen. „Ja, wenn man berühmt wird –", flachst ein anderer. „Bessere Herren pflegen auf dem Pennal –", halte ich dagegen, „– zwomal hängenzubleiben; denken Sie an Bismarck!" Teddy Suhren gilt nämlich in der Marine als alles andere denn als Musterknabe.

„Keineswegs, keineswegs!" versichert der sofort mit echter, beinahe komisch wirkender Entrüstung: „Ich war ein Musterschüler; ganz glatt durch!" Und wieder zu mir gewandt: „Und zwar auf diesen Hermann-Lietz-Schulen. Damit ich nicht immer wechseln sollte. In Haubinda und dann auf Spiekeroog. Mein Abitur machte ich 1935 dann auf der Deutschen Oberschule in Bautzen. Das wollen Sie ja wohl wissen."

„Und wie", frage ich, „heißen Sie wirklich mit Vornamen, Herr Kap'tän? ‚Teddy‘ ist . . ."

„Ganz recht, ganz recht –", Suhren wiederholt offenbar gern die ersten Worte, wenn er zu sprechen beginnt. Er scheint also gehemmt, wenn er sich beobachtet weiß. Er ist, denke ich, zu klug, um sich unbefangen in seinem neuen öffentlichen Ruhm selbst gefallen zu können; er mag sich nicht gern selbst feiern lassen vor einer Weltöffentlichkeit, zu der der Front-U-Bootfahrer kaum noch Verbindung zu haben meint. Zwar ist er gewiß stolz darauf, daß er Erfolge erzielte, aber er möchte nicht „eine Rolle spielen" vor Menschen, die einer ganz anderen Gesellschaft angehören, die von der seinen doch nichts begreifen können. Reinhard Suhren scheint mir ein ungewöhnlich reflektierender Mensch zu sein, der dies verbergen möchte, möglichst mit dem dummen Witz eines Clowns: „Kinder, gebt euch nicht so feierlich! Nehmt euch doch nicht selbst so ernst!" So etwa kommt er mir vor, und den „Zirkus" läßt er nur meinetwegen, der ich ihm leid tue mit meinem Befehl, über sich ergehen.

„Ganz recht, ganz recht", bestätigt er also: „Teddy — nun ja, das wissen die wenigsten, wie ich wirklich heiße: Ich höre auf den wohlklingenden deutschen Namen Reinhard!"

Ich weiß nicht so recht, ist dies ironisch gemeint? Man hat das Gefühl, dieser ausgesprochene Frontoffizier macht sich unentwegt über alles, über die anderen wie über sich selbst, lustig. Wie harmlos übt er ständig, völlig dumm tuend, Kritik. Es geht die Anekdote über ihn — oder stimmt es wirklich? — ich habe ihn, wenn wir später zusammentrafen, leider nie danach gefragt —, daß er, nach einer Feindfahrt nach Berlin fahrend, während des kurzen Aufenthaltes des Urlauberzuges auf einer Station, um auf dem Bahnsteig schnell etwas einzukaufen, vom Wehrmachts-Bahnhofsoffizier angerufen und zurechtgewiesen wurde, weil er seine Uniformmütze nicht auf dem Kopf, sondern im Abteil gelassen hatte. Es sei doch Krieg, habe sich der Hauptmann der Reserve über den militärischen Etikettefehler gegen den immerhin frontdekorierten Oberleutnant zur See entrüstet. So, so? Doch, das habe er schon gehört; aber er sei an ihm nicht schuld. „Mir war Deutschland groß genug!" Die gesamte U-Bootwaffe war von der Story begeistert. Mit seiner Leistung an der Front mochte sich Suhren so etwas einem Etappenhengst gegenüber wohl erlauben, meinte man. Immerhin hielt der BdU des öfteren seine schützende Hand über ihn wie über ähnliche seiner „Krieger", deren Leistung und sogar deren Art der Befehlshaber irgendwie mochte. Suhren selbst beurteilte sich, als er zusammen mit Wolfgang Frank und mir bald nach dem Krieg einmal bei von ihm selbst destilliertem Kartoffelschnaps, den er stiftete, zusammenhockte, er wäre im Frieden bei der Marine bestimmt nie „etwas geworden" mit seiner dreist flachsigen Art gegenüber einzig militärisch überlegener Etikette. An der „Majorsecke" des Korvettenkapitäns wäre er gewiß spätestens gescheitert. An jenem Abend schilderte er uns eine ganze Reihe ähnlicher Episoden aus seiner früheren Laufbahn, und ich darf sagen, wir haben dabei unerhörten Spaß gehabt. Und das hatte ich einigermaßen auch schon damals, als er mir meine Fragen beantwortete.

Teddy Suhren heißt also Reinhard, und daß solch ein Name gerade im Dritten Reich als verpflichtend gelte, das zweifellos wollte er mit seiner Antwort sarkastisch zum Ausdruck bringen, und: „Das schreiben Sie man lieber gar nicht hin!" fällt er sich ins Wort. „Teddy hat man mich schon in der Schule genannt und auf der Seesport-Führerschule. Das läuft dann so mit."

Der bestellte Glühwein erscheint. „1938 kam ich dann zu den Unterseebooten", fährt Suhren fort. „Wie Bertl Endraß und Erich Topp fuhr auch ich in der gleichen Flottille, als der Krieg vom Zaune brach; als Wachoffizier nacheinander unter drei Kommandanten auf dem gleichen Boot U 48. Schultze, ja ganz recht, Herbert Schultze."

„Und Rösing."

„Jawoll, jawoll. Ajax Bleichrodt und Rösing, Kapitän Rösing, jawoll."

Reinhard Suhren hat eine sonderbar unbeholfen wirkende Art zu sprechen. Man muß ihm, mindestens bei einem solchen Gespräch über ihn selbst, die Worte förmlich herausziehen. „Und schossen", helfe ich nach; denn ich habe mich über ihn immerhin soweit möglich vorher informiert, „als deren I. WO bei den nächtlichen Überwasserangriffen die Aale; und zwar derart viele mit Erfolg, daß man Ihnen schon damals als WO das Ritterkreuz verlieh?"

„Ganz recht, ganz recht! Die habe ich geschossen. Auf neun Fahrten einen Zerstörer und so an die 50 Frachter, zusammen so etwa 300 000 Tonnen. Bis Oktober 40. – April 41 bekam ich dann mein eigenes Boot als Kommandant, U 564."

„Und schießen jetzt also auf eigene Rechnung."

„Jawoll! Drei Reisen habe ich seither mit diesem Boot gemacht."

Es ist wirklich schwer, diesen Mann zum Sprechen zu bringen. Mehrere Offizierskameraden von ihm stehen jetzt, auf das Kater-Mittagessen wartend, um uns herum. Sie versuchen zu helfen. Dazu trinkt er jetzt kleine Verlegenheitsschlückchen, stellt das Glas immer wieder ab und rutscht auf seinem wackeligen Stuhlsessel sprungbereit zur Flucht hin und her. Dann, wieder nach dem Glas greifend, gibt er, verzweifelt von einem zum anderen blickend, näher Bescheid: „Zwölf Fahrten im ganzen. Jawoll. Etwas über 430 000 Tonnen habe ich versenkt. Sozusagen. Jawoll. Das heißt – –", so erklärt er plötzlich ganz ungezwungen, und sieht mich fast erschrocken an, als habe er sich mit fremden Federn geschmückt, „nur 130 000 davon gehen auf meine eigene Rechnung!" Und nach einer Weile vor-sich-hinschauenden Nachsinnens: „Das ist jedesmal kein guter Eindruck, ein schönes Schiff zerbrechen und versinken zu sehen, für einen Seemann, der Schiffe liebt."

Er rafft sich straff zusammen: „Aber danach wird heute nicht gefragt, darf nicht gefragt werden, nach so komischen Anwandlungen." Und wieder ironisch, betont markig im Stil eines Propagandaredners: „Was im Geleit angetroffen wird, muß sinken! – Außerdem, wissen Sie: Der Mensch ist ein Gewohnheitstier. Man gewöhnt sich an alles. Und gefreut haben wir uns natürlich immer. Jeder Mann ist stolz, wenn ihm was glückt."

Das, so wollte es mir scheinen, war wirklich Reinhard Suhren, der Mensch. Ein eigenwilliger Kopf, und dazu schneidig ein „frecher Hund", der nicht zögert vor einer Entscheidung und der dabei ungewöhnlich fix überlegt, was er und wie er es tut; der sein Können und die Situation abwägt, also mit Phantasie begabt und doch kühl genug, im rechten Augenblick durchhalten oder ablassen zu sollen. Ich kann mir nicht vorstellen, daß er sich jemals kopflos festbeißt. Ein Mann also, der mit ausgesprochener Begabung das Mögliche erfaßt und trifft; ein Kommandant, der nicht leicht mit einem anderen zu vergleichen ist. Eine Frontbegabung, kein typischer Vertreter des Militärs.

Als ich am Tage darauf zum Hafen komme, dem schon erneut in See gehenden Boot auch meine Grüße nachzuwinken – die Januarsonne der bretonischen Küste scheint diesig wie bei uns daheim im März auf das schmutzige Hafenwasser, die Pier und den Lieger „Isère", an dem das graue Boot mit dem „3 x schwarzen Kater" als Emblem am Turm (das heißt, der Kater war als ein solcher gemalt!) schon vertäut liegt –, da ist die Besatzung schon achtern angetreten und dem über die Stelling hinab an Bord kommenden Kommandanten gerade gemeldet worden. Im U-Bootpäckchen, einen roten Schal darunter um den Hals gewürgt, steht Teddy Suhren vor ihr.

„Rumschließen!" kommandiert er knapp. Man spürt, daß solch militärischer Ton ihm als das nun einmal notwendige schauspielerische Ritual gilt; er gibt sich damit selbst in gewisser Weise Positur.

53   Reparatur am Steuerborddiesel (Blick aus dem E-Maschinenraum).

54   Befehlsübermittler im Kugelschott zwischen Zentrale und Vorschiff (dahinter der grüne Vorhang um den Kommandantenraum).

55 Tiefenrudergänger – mit den Handballen werden die Rudertasten gedrückt; die mechanische Übertragung mit den großen Handrädern wird nur benutzt, wenn die Elektrizität ausgefallen ist oder wenn auf äußerster Schleichfahrt gefahren werden muß.

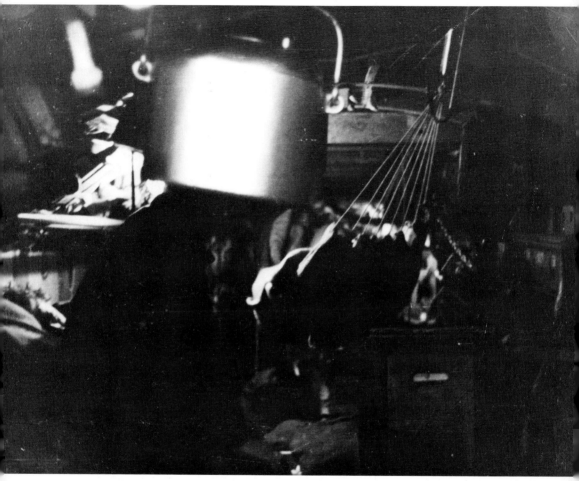

56   Mannschafts- und Bugtorpedoraum. Links ein schlafender Freiwächter, in der Mitte ein weiterer in der Hängematte. Vorn baumelt der Kaffeekessel. Darunter hockt einer auf dem Rand seiner Koje, um sich die nassen Seestiefel von der Brückenwache auszuwürgen.

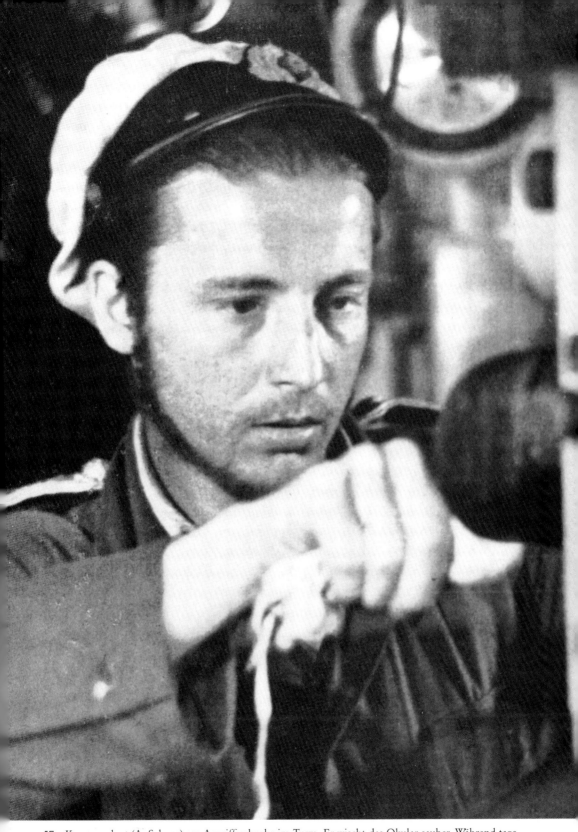

57 Kommandant (A. Schnee) am Angriffssehrohr im Turm. Er wischt das Okular sauber. Während tage- und nächtelang erschöpfend durchgeführter aktiver und passiver Verfolgungen.

58 Begegnung nach der Geleitzugschlacht (die Szene ist im Kapitel „Wolfsnächte" beschrieben): vorn U 124 (Mohr), links U Mützelburg.

59 Nach der Geleitzugschlacht. Jochen Mohr U 124 auf der Brücke.

60   „Ein schweres Wetter zieht herauf." Die achteren Ausgucks.

Die Männer trampeln drängelnd durcheinander und stehen nun gedrängt um ihren Kommandanten, der erst seit gestern den gleich breiten Goldstreifen des Korvettenkapitäns am Ärmel trägt, und auf dem grünspanverwitterten Achselstück befindet sich ein glänzend neuer Stern neben dem bisherigen.

Dann spricht auch hier wieder der junge Offizier fast stockend, angestrengt forsch, doch für seine Männer so wohl gerade echt und wirkungsvoll:

„Hat einer Angst, Jungs? — — Keiner Angst?"

Er macht eine Pause und blickt in lauter grinsende Gesichter.

„Dann is' gutt!" Nach erneuter Pause: „Jetzt geht es also wieder 'raus, Jungs. In See. Die zwo Tage hier waren für euch wie für mich nur eine Belohnung, eine Pause im Einsatz. Daß ihr mir gleich die richtige Einstellung wiederfindet! Den Ernst der Lage! Es ist ein ernstes Geschäft, was wir treiben. 1941 ist gut gewesen; wir haben schöne Erfolge gebracht. Und wenn ihr weiter so eure ganze Pflicht tut, dann wollen wir hoffen, daß wir auch 1942 wieder mit Erfolgen nach Hause kommen. — — Auf Manöverstationen — — Weggetreten!"

Die Männer spritzen auseinander, dann am Turm hinauf und hinein ins Boot; die Seeleute unter ihnen bleiben an Oberdeck klar bei Vor- und Achterleinen, der Bootsmann breitbeinig hinter ihnen.

Suhren selbst kommt, wie es üblich ist, noch einmal auf den Lieger zurück, auf dem die Musiker der Standortkapelle klar zum Einsetzen stehen; und nun drückt er nach militärisch knapper Abmeldung seines Bootes beim Flottillenchef nacheinander den formlos versammelten Offizierskameraden zum Abschied die Hand. Dann tritt er wieder die wippende Stelling abwärts zur Brücke seines Bootes, die danach sofort auf den Lieger zurückgezogen wird. Umständlich zieht er die groben Lederhandschuhe an und gibt, zwischendurch immer wieder verlegen ironisch, wer weiß das, uns Zurückbleibenden zulächelnd, seine Kommandos zum Ablegen. Die Diesel stuckern an. Blauer Qualm stinkt auf. Dann brummen sie gleichmäßiger.

„Heil und Sieg, Teddy! Und fette Beute!" ruft einer, während das Boot sich langsam rückwärts vom Lieger löst, absetzt und dann voraus in Bewegung kommt.

„Heil und Sieg und fette Beute!" das war schon im Ersten Weltkrieg jedesmal der Abschiedsgruß an die deutschen Unterseeboote, die zur Feindfahrt gegen England ablegten.

Über flachstem Grund

März/April 1942

Am 7. März lief U 552 zu neuer Feindfahrt aus, seiner achten, der fünfzehnten des Kommandanten. Gleich beim ersten Prüfungstauchen in See stellte sich heraus, daß das Angriffssehrohr beschlagen war; undicht. Kein Grund, umzukehren.

Vollgelutscht mit Brennstoff bis unter die Halskrause ging es wiederum über den großen Teich mit Kurs Amerika. Es sollte einen ganz großen Schlag geben. Davon träumte die ganze Besatzung. Mit sparsamster Marschfahrt trottete das Boot dahin, um drüben möglichst viel Brennstoff zur Verfügung zu haben. Über zwei Wochen brauchte es so für den Anmarschweg.

Die ersten Tage gehen noch an mit wechselnden Winden in Stärken zwischen 3, 5 und 6. Dann bläst es am 15. gegen Abend schon mit Stärke 7 aus Nordnordwest. Eine gewaltige hohe Dünung hemmt das Boot unangenehm in seiner Fahrt. Zwei Tage darauf tritt es in den coldwall ein. Der eisige Labradorstrom läßt innerhalb von Minuten die Wassertemperatur um 10—15 Grad absinken. Diesmal hat man warme Wintersachen mit. Die Uhren werden um vier Stunden zurückgestellt. Am 19. jagt bei wolkenlosem Himmel Orkan mit Stärke 11 aus Südsüdosten über das schwer arbeitende Boot. Mäßige Sicht, himmelhohe Dünung. Über Wasser wird zu viel Brennstoff verbraucht. Topp entschließt sich, unter Wasser weiterzumarschieren. Morgens und mittags wird aufgetaucht und durchlüftet, nachts die Batterie aufgeladen. Da der Sturm unvermindert draußen tobt, geht man so schnell wie möglich wieder in den stillen, tiefen Keller hinab. Der Kommandant schläft hinter seinem grünen Vorhang, derweilen sich eine ganze Zahl von Männern zur gewohnten „Märchenstunde" in der Zentrale um den L.I. und den WO Leutnant Säck, den ehemaligen Obersteuermann, versammelt, die hier täglich, wenn es die Zeit erlaubt, eine Weile mit interessanten Gesprächen über Fragen aus allen möglichen Gebieten, die „der dicke Säck" gemütvoll humorig mit allerlei Klönschnack würzt, zu verbringen pflegen. Das ist seit Obermaschinist Schmalenbachs Zeiten Tradition auf dem Roten-Teufels-Boot.

Am 21. März — die Luft war von gelegentlichen Hagelböen erfüllt, sonst klar und hart, der Sturm stand nach wie vor aus Westen und schob eine gewaltige Dünung mit schwerem Seegang in Stärke 7 bis 8 vor sich her — besagte ein Funkspruch, daß heute ein Geleitzug nach England vor Halifax sammle. Topp will auf diesen operieren. Tags darauf meldet Bülow schon Fühlung, aber gleichzeitig, daß er wegen Brennstofflage diese nicht weiter halten könne. Es handele sich um fünf große Schiffe, zwei Kreuzer, sechs Zerstörer, die mit hoher Fahrt, 12 Meilen Geschwindigkeit, liefen. Nun entschließt sich Topp, nicht mehr weiter auf diesen Geleitzug zu reagieren, da es zu unwahrscheinlich ist, ihn zu treffen, der Aufwand an Brennstoff wäre zu groß.

Am 23. März wird das Wetter, das tags davor endlich zurückgegangen war, wieder schlechter, flaut aber in der Nacht ab. 00.30 Uhr Rauchwolke in Sicht. Topp stürzt auf die Brücke. „Wo?" Es ist eine mondhelle Nacht. Dort!

Sofort stößt das Boot mit hoher Fahrt auf sie zu. 01.30 Uhr kommt ein Geleitzug in Sicht.

Funkmeldung wird abgesetzt. Fünf bis sechs große Dampfer, ein größeres Kriegsschiff, mehrere Zerstörer. Ob das die Bülowsche Gruppe ist? Dann müßte sie stark Kurs geändert haben; gut, daß man nicht auf den gemeldeten operierte.

U 552 läuft Zwomal Halbe, gewinnt aber trotzdem gegen die See keinen Raum; der Wind steht West zu Nord 3, der Seegang 2. Der Gegner ist zu schnell. Gegen Morgen wird die Verfolgung als aussichtslos abgebrochen.

Jetzt steht das Boot bereits in dem ihm zugewiesenen Operationsgebiet kurz vor Philadelphia. In der Morgendämmerung kommt ein Tanker in Sicht. Die See ist spiegelglatt. In Sichtgrenze hängt sich das Boot an. Der Feind, berechnet man bald, läuft 10 Meilen Fahrt, Generalkurs 340 Grad. Den ganzen Tag über wird die Fühlung gehalten, ohne daß etwas passiert. Für einen Unterwasserangriff zackt der Feind zu stark.

Um 03.00 Uhr beginnt die Dämmerung, aber für den Überwasserangriff bleibt es zu hell. Er müßte auf zu große Entfernung angesetzt werden, denn keine Wolke steht am Himmel, und der Mond strahlt zauberhaft aber verräterisch herab auf das blanke, gleißende Wasser.

210

04.19 Uhr taucht das Boot, klar zum Angriff. Der Gegner ist im Sehrohr gut auszumachen. Der Anlauf beginnt.

Kurz nach dem Tauchen hat aber der Gegner gestoppt. Bei 1000 Meter geht er mit seiner Fahrt hoch und dreht sofort hart auf den Angreifer zu. „Schnell auf 20 Meter!" befiehlt der U-Boot-Kommandant. Der Tanker überläuft haargenau das Boot und mit hoher Fahrt weiter.

Topp läßt auftauchen und setzt sich erneut zum Angriff vor. Der Tanker zackt nicht mehr so stark.

Nach einer Stunde steht das Boot günstig. Der Kommandant versucht es mit einem Überwasserangriff. Er läuft an, aber der Schatten kommt nach einem Zack plötzlich mit spitzer Lage auf das Boot zu, stoppt bei etwa 3000 Meter Entfernung — Topp läuft weiter an — und nun müßte er doch langsam wiederum zacken? Er dreht, gestoppt, genauestens mit, immer in spitzer Lage zum Boot.

Topp läuft ab. In diesem Augenblick geht der Tanker mit der Fahrt endlich wieder an, den alten Kurs. Hat er das Boot doch nicht gesehen?

06.40 Uhr taucht das Boot zu einem neuen Unterwasserangriff. Der Gegner ist gut zu sehen. Er kommt spitz auf das Boot zu, das gleich auf den vorbeiziehenden schießen kann. Da stoppt der Tanker wieder, dreht mit, immer auf das gegen ihn langsam unter Wasser anlaufende Boot, und schließlich geht er mit hoher Fahrt darauf zu. Topp muß das Sehrohr einziehen und tiefer tauchen. Der Angriff ist vertan, und wiederum überläuft der Tanker das Boot.

Topp ist ratlos. Was soll diese Teufelei? Ist denn alles verhext? Der Kommandant ist nicht so veranlagt, daß er jedes Manöver des Gegners auf sein angreifendes Boot bezöge. Die wiederholte Gegenaktion des Tankers aber macht ihn stutzig. Er kann einfach nicht umhin, anzunehmen, daß der Gegner ihn feststellt. Die später bekannt gewordene Entwicklung der Abwehrwaffen bestätigte diese Vermutung. Doch jetzt ist keine Zeit, zu kombinieren. Es gilt, ihm nachzusetzen, soll er nicht entwischen. Die Beute ist lohnend.

Das Boot taucht auf. 07.00 Uhr. Topp hängt sich dem Schatten an, läuft auf und wartet, bis der Mond verschwindet. Das Wetter meint es endlich gut und wird unsichtig. Zum vierten Mal gegen diesen sonderbaren Burschen. Die Männer im Boot munkeln. Was haut denn eigentlich nicht hin bei jedem Angriff?

Topp läßt das Boot, nachdem er es in vorliche Stellung gebracht, mit schmaler Silhouette zum Gegner schußbereit einfach liegen; so wird es am wenigsten gesehen. Endlich wird die Lage des Tankers breiter. Also!

Da zackt der Gegner im letzten Moment doch heran!

„Beide Diesel AK zurück!" brüllt der Kommandant ins Luk. Der Tanker ist schon viel zu nahe. Zum Tauchen ist es zu spät, und — faßt er uns?

So gerade eben, um ganze fünf Meter Zwischenraum, kommt das Boot vom Heck des Tankers frei. Statt Ruder Backbord zu drehen — er hätte es mit dem herumschwingenden Achterschiff zweifellos erwischt und zerschlagen —, hat der Gegner Hart Steuerbord gelegt. So fix schaltete der Kapitän doch nicht, als er merkte, daß er das Boot mit seinem Bug nicht zu rammen vermochte.

Das Boot kommt frei — das Geschütz des Dampfers ist nicht bemannt. Erst jetzt wird gefunkt: „SSS OCEANA FOLLOWED BY SUBMARINE SSS". Topp schlägt sich ab, dreht hart hinter dem Heck des Gegners zum neuen Angriff an und schießt: Treffer Mitte! Das vollbeladene Schiff geht sofort in Flammen auf und brennt über alles.

Kiefer wird auf die Brücke gerufen und filmt. Er ist auch auf dieser Unternehmung wieder mit an Bord.

Das Schiff sinkt merklich tiefer. Das Öl preßt unter dem zunehmenden Wasserdruck überall heraus und lodert wie aus riesigen Düsen. Das deutsche Boot liegt nahebei, aber der Tanker scheint genug zu haben mit dem einen Torpedo. Es heißt für U 552 sparsam umgehen mit den kostbaren Aalen; sie sollen mehr bringen als auf der letzten Reise.

Topp wartet den Untergang der OCEANA nicht ab; denn hier muß man bereits mit Flugzeugen rechnen. Er läuft nach Westen ab und weicht dabei mehreren Fischern mit gesetzten Laternen aus. Um 12.00 Uhr wird vor einem Motorsegler getaucht. Immer noch brennt in der Ferne der Tanker. Tagelang geistert er durch das Funkgeschehen im Äther. Sie haben ihn offenbar nicht mehr abzuschleppen vermocht, soviel sie sich mühten, das kostbare holländische Schiff wenigstens als Wrack zu bergen.

Durch die Verfolgung des Tankers ist das Boot arg nördlich vor die Küste Neuschottlands geraten. Es bleibt zunächst unter Wasser, um Brennstoff zu sparen. Nach Boston! Zwei Tage und Nächte legt es sich dicht vor die Ausfahrt. Mehrmals werden Asdic-Impulse wahrgenommen; einmal fallen zehn bis fünfzehn Wasserbomben in größerem Abstand, sonst nichts. Während der Nacht wird aufgetaucht, durchlüftet und die Batterie aufgeladen. Währenddessen Alarm vor einem Landflugzeug. Dann hört man wieder an die zwanzig Wasserbomben in großer Entfernung detonieren. Während der hellen Nacht ist die Sicht übermäßig gut. Gegen Morgen kommt Pollock-Feuerschiff in Sicht. Topp steuert es an und tastet sich dann parallel zur Küste von Tonne zu Tonne hoch. Es wird nichts angetroffen außer Fischern und kleineren Motorfahrzeugen. Alle Feuer brennen wie im Frieden. Bei Einbruch der Morgendämmerung gegen 12.00 Uhr legt sich das Boot etwa 8 Seemeilen von der Küste entfernt bei Nanset-Beach-Leuchtfeuer in 60 Meter Wassertiefe auf Grund.

Jetzt, wo die Maschinen ruhen, schleicht bald eine lausige Kälte durchs Boot. Die Horchbeobachtung während des langen Tages ergibt keinerlei Verkehr unterhalb der Küste. Nur ein kleineres Motorfahrzeug hält sich in der Nähe auf, und eine Wasserbombe krepiert in mittlerer Entfernung.

Mit Dunkelheit hoch. Das Boot steht auf und ab. Das Motorfahrzeug kommt abgeblendet näher. Topp geht auf Sehrohrtiefe, stellt eine Art Schnellboot fest und taucht bald wieder auf. Querab steht Nanset-Beach. Mit der Helligkeit geht das Boot auf Grund wie gestern. Im Horchraum hockt der Funkmaat gleichmütig an seinem Gerät und läßt es um die Kompaßrose spielen. Nichts.

Also auf und raus aus der Bucht! Leichte Dünung wellt die seidig schimmernde fast glatte See. Abmarsch nach Süden. Gegen Nachmittag frischen die Winde auf, und um Mitternacht brist es bereits mit Stärke 8 aus Ostnordosten, Seegang 6 bis 7. Mehrmals Alarm vor Landflugzeugen. Die Gegend wird überwacht.

Am Abend des nächsten Tages hat der Sturm sich müde geweht, und mit dem Morgen des 31. März wird bei leichtem Seegang und Südsüdwest Winter-Quarter-Feuerschiff erreicht. Topp läßt an der 20-Meter-Linie nach Südsüdwesten ablaufen. Trotz der hellen Vollmondnacht wird kein Schiffsverkehr beobachtet. Um 12 Uhr legt sich das Boot auf Grund. Um 15.50 Uhr geht es auf Sehrohrtiefe, denn es sind Schraubengeräusche wahrzunehmen; vier verschiedene Dampfer. Das Sehrohr zeigt nichts. Die Leitfähigkeit des Wassers für Schall scheint hier besonders gut zu sein. Wieder steuert das Boot Grund an.

212

18.40 Uhr erneut Sehrohrtiefe: Ein 5000-Tonnen-Frachter zieht in allzu großer Entfernung ruhig seine Bahn nach Norden. Also wieder auf Grund.

Eine Stunde später, Sehrohrtiefe: Ein Dampfer von 6000 Bruttoregistertonnen mit Kurs 30 Grad. Topp setzt den Angriff an. Er muß die Werte schätzen. Entfernung 2500 Meter, Schnelligkeit des Gegners vielleicht 6,5 Seemeilen, errechnet aus der Zahl der Schraubenumdrehungen, die man horcht. Nach 30 Minuten fällt der Schuß. Fehlschuß. Unbehelligt zieht der Dampfer vorbei.

Zwanzig Minuten — noch ist er in Sicht — und erneut Schraubengeräusche. Zwei Tanker mit Südkurs; ein dritter entgegengesetzt. Alle drei werden im Sehrohr sichtbar. Am günstigsten läuft der einzelne. Also auf ihn, obgleich er leer ist. Die See ist glatt und von einer ruhigen Dünung durchpulst. „Rohr II —" . . .

Kurz vor dem „Los!" wird das Sehrohr (es ist das große vordere, denn das andere ist seit Beginn der Reise ja unbrauchbar) überspült; es schneidet unter. Wie es freikommt, ist die Lage des Tankers bereits 100 bis 110 Grad. Trotzdem soll der Schuß fallen: „— Los!"

Topp zählt die Sekunden. Obersteuermann Klein, der Neue, steht, die Stoppuhr in der Hand, neben ihm in der Zentrale. Es ereignet sich nichts. War es doch zu spät?

Ein Flugzeug erscheint im Sehrohr. Auf Tiefe! Das heißt: schon bei 18 Metern berührt das Boot Grund. Der Gegner hat es nicht bemerkt.

Zwei Aale vorbei! Das ist bitter! Topp fragt sich, ob er die Unterlagen falsch geschätzt, oder ob etwa bei der geringen Wassertiefe die Torpedos infolge der Dünung Grund berührten und abgelenkt wurden? Jedenfalls gingen sie vorbei. Er läßt das Boot auf Grund liegen.

Um 23.00 Uhr wieder Schraubengeräusche. Der Blick durchs Sehrohr offenbart einen mittelgroßen Tanker von etwa 5000 Tonnen auf ziemlich flachem Wasser, der Kurs Nord fährt. Man hört ihn laufend sein Electrolot bedienen. Topp versucht ihn anzugreifen, muß es aber aufgeben; die Entfernung bleibt zu weit, etwa 3000 Meter. Mit lediglich geschätzten Unterlagen wäre ein Schuß zu ungewiß. So geht das Boot wieder zur 20-Meter-Linie zurück und auf Grund.

Nachtsüber sind im Sehrohr zehn Dampfer zu sehen; gehorcht, ohne daß sie in Sichtweite kommen, werden neun weitere dazu. Dies Gebiet scheint zur Zeit erstaunlich stark befahren zu werden. Wie soll man diesen Burschen beikommen? Es bleibt zu hell und die Flugüberwachung zu stark, das Wasser viel zu flach; man kann ja kaum mehr als bis zu Sehrohrtiefe tauchen. Angriffsgerecht einem vor die Rohre läuft kein einziger.

Topp versucht es auf Biegen und Brechen, zum Schuß zu kommen. Um 03.20 Uhr taucht er auf eine Geräuschmeldung hin einfach auf und stößt über Wasser in Richtung der Peilung vor. Ohne Ergebnis. Trägt denn die See den Schall hier so weit? Um 03.44 Uhr muß er das Boot ergebnislos wieder auf Grund legen.

Um 08.00 Uhr wiederum Schraubengeräusch, das sich zu nähern scheint, 80 Umdrehungen in der Minute. Es ist jetzt 08.45 Uhr und wolkenlose Vollmondnacht; die See liegt weithin spiegelglatt da wie ein Teich. Da wird nicht viel zu machen sein.

Zwei Dampfer kommen in Sicht und ein Zerstörerschatten. Topp taucht, um sie sich im Sehrohr einmal näher anzusehen. Das Horchgerät ergibt, daß sich einer der Dampfer von dem Geleit trennt und nach Osten absondert. Auf den!

U 552 taucht auf und folgt mit Große Fahrt. Es ist jetzt 09.58 Uhr. Vor ihm der Schatten, der in der Ferne eben noch auszumachen ist. Als nach einer Stunde das Boot noch nicht aufgeholt hat, bricht Topp die Verfolgung fluchend ab: der Gegner ist zu schnell.

Zurück zur 20-Meter-Linie. Warten über Wasser.

Um 12.15 Uhr muß vor einem Schatten getaucht werden. Ein Dampfer von etwa 4000 Tonnen Größe kommt mit Lage 0 auf das Boot zu.

„Auf Gefechtsstationen!" Klar zum Angriff. Topp dreht zum Heckschuß ab, der 12.45 Uhr aus Rohr V fällt; auf 600 Meter Abstand.

Vorbei. Fehlschuß. Wie ist das nur möglich? Topp legt das Boot enttäuscht auf Grund und prüft erst einmal — aber ergebnislos — die Schußunterlagen durch. Der Mißerfolg bleibt ungeklärt.

Am Nachmittag — es ist nach Ortszeit früher Morgen — wandert auf zu weite Entfernung ein Tanker vorüber. Das Horchgerät hatte ihn zuerst aufgefaßt. Gleichzeitig wird ein Flugzeug gesichtet. Es ist unmöglich, so dicht unter Land eine Überwasserverfolgung bei Helligkeit durchzuführen. Wieder auf Grund.

Kaum aber richtet man sich mit ruhenden Maschinen ein, als die nächsten Geräusche gemeldet werden: Drei Peilungen, drei Dampfer mit Kurs auf Cap Henry, auf große Entfernung.

Mal müßte es doch klappen! sagt sich der Kommandant. Das Boot läuft infolgedessen mit Große Fahrt unter Wasser ihnen in den Weg und erreicht tatsächlich den letzten der drei schließlich auf 600 Meter Distanz schußgerecht. 18.06 Uhr Schuß aus Rohr III. Der Feind ist etwa 6000 Tonnen groß und läuft in Ballast. Man schießt mit Schußwinkel 0 Grad; aber der Torpedo läuft stattdessen 348 Grad, das ist im Horchgerät genau zu verfolgen.

Topp ist völlig niedergeschlagen. Der vierte vergeblich beschossene Gegner. Der Fehler kann am G.A. (Gradlauf-Apparat) liegen. Die Feuerleitanlage muß nicht richtig gearbeitet haben.

Gegen Abend noch einmal zwei Tanker in aussichtsloser Position. Nachdem man ihr Verhalten beobachtet hat, geht das Boot wieder auf Grund.

Dreißig Minuten später erneut Schraubengeräusch. Und wie man durchs Sehrohr nachsieht, abermals zwei Tanker; einer von ihnen voll beladen mit Kurs Nord, etwa 14 000 Tonnen, ein verlockendes Ziel. Topp versucht mit Hohe Fahrt das Boot in Schußposition zu bringen. Plötzlich erkennt er im Sehrohr über sich ein Luftschiff.

„Schnell auf Grund, Zeppelin!" ruft er dem Leitenden zu. Der meint, wie alle in der Zentrale, der Kommandant mache Spaß; aber dann sehen sie es ihm an, daß es ernst ist, und folgen dem Befehl.

Schon bei 13 Meter stößt der Kiel des Bootes auf, aber es bleibt unentdeckt, wenigstens unbehelligt, obgleich es dicht unter der Oberfläche liegt.

Langsam und vorsichtig verholt es sich auf 17 Meter tiefes Wasser, während noch der riesige Tanker, bis 21 Uhr, im Horchgerät zu verfolgen ist.

Ein Schnelläufer kommt von Osten her auf.

„Sehrohr aus!"

Es ist eine Korvette in Lage 0 mit hoher Fahrt. Topp läßt das Boot wieder auf Grund fallen. Wenn einer ihn hier, auf so flachem Wasser entdeckt und angreift, ist das Boot verloren. 19 Meter Tiefe. Topp läßt dem Boot viel Untertrieb geben, daß es ruhig liegt, stellt alle Hilfsmaschinen, alles ab, was Lärm macht, der es verraten möchte, und wartet auf den Angriff.

Doch der Bewacher stößt in unmittelbarer Nähe dicht am Boot vorbei, und läuft unbekümmert auf Cap Henry zu. Er hatte das Boot wohl nicht bemerkt. Nur wer nachzuspüren vermag, welche Hochspannung während dieses ständigen Auf und Ab über der Besatzung liegt, der vermag hinter diesem — oberflächlich gesehen — ewigen Einerlei des U-Boot-Lebens die starke Dynamik zu empfinden, die jeden an Bord mit sich reißt.

In dieser Nacht werden insgesamt neun Dampfer im Sehrohr gesichtet; fünf davon Tanker. Sechs weitere werden lediglich gehorcht.

„Klarmachen zum Auftauchen!"

„Auftauchen!"

Wiederum breitet sich wolkenlose Mondnacht und glatte See um das Boot, das Topp aus dem Dampfertreck nach See zu ablaufen läßt, um die Oberdeckstorpedos zu übernehmen.

04.10 Uhr plötzlich Alarm!

Ein Schatten war spitz auf das Boot zugekommen, hatte unmittelbar nach dessen Tauchen gestoppt — zuerst war nicht das geringste zu horchen — und ging dann wenig später mit hohen Umdrehungen wieder an. Ein Zerstörer. Er muß das Boot gesehen haben, sagt sich der Kommandant. Jetzt überläuft er es, stoppt wieder, horcht offenbar, und läuft nun, langsamer, um das getauchte einmal rings herum.

Ein kitzliges Gefühl, das einen im Nacken beschleicht. Wäre doch nur die See hier nicht so lausig flach! 40 Meter, was ist das schon?

Als der Zerstörer stoppt, läßt Topp das Boot mit abgestellten Maschinen auf Grund sacken. Anscheinend arbeitet der Gegner nur mit dem Horchgerät, sagt er sich. Asdic-Impulse sind jedenfalls nicht zu hören.

Nun währt das Katz-und-Maus-Spiel schon eine Stunde lang. Plötzlich geht der Feind mit hoher Fahrt wieder an, überläuft verdammt genau das Boot — jetzt! — — jetzt! — — wirft eine einzige Wasserbombe geringen Kalibers (lediglich die Entlüftungen von II und IV springen auf), umkreist noch einmal das Boot und — — — läuft ab.

Niemand an Bord des Bootes hat das ganze Spiel so mitleidlos genau mitbekommen und erfaßt wie der Kommandant. Seine Besatzung ist es gewohnt, daß er für sie die rechten Entschlüsse faßt und durchführt. Gerade der Kommandant hat mit solchen Augenblicken, womöglich Stunden der Belastung und Bewährung allein fertig zu werden. Nur er erkennt die Größe der Gefahr, die ganze Machtlosigkeit, ihr anders als mit menschlicher Haltung zu begegnen.

05.30 Uhr Dampfergeräusch. Sowie es nicht weiter mehr zunimmt, sondern sich zu entfernen anschickt, also dem Boot am nächsten steht, auf und hinterher! Bei guter Sicht hat inzwischen der Wind aufgefrischt. Immer noch ist der nächtliche Himmel fast wolkenlos.

Als nach zwei vollen Stunden der Verfolgung der Dampfer nicht in Sicht kommen will, läßt Topp auf Tiefe gehen und horchen. Ergebnislos. Der Gegner muß in anderer Richtung inzwischen abgezackt haben. (Während Überwasserfahrt ist ein Horchen im Boot nicht möglich.) Der Kommandant bricht die Verfolgung ab, läuft wieder zur Bojenreihe der 20-Meter-Linie zurück, an der entlang der Verkehr sich abspielt, und legt das Boot mit der Morgendämmerung wie gewohnt auf Grund, südwestlich Winter-Quarter-Feuerschiff. Bewacher werden tagsüber gehorcht. Um 16.00 Uhr Geräusch von Schiffsschrauben, 70 Umdrehungen in der Minute, sehr weit weg. Zu sehen ist nichts, als man nachforscht. 17.25 Uhr noch einmal auf Sehrohrtiefe, denn wieder meldet der Horchraum Peilung. Ein großer, vollbeladener Tanker. Topp läßt die Gefechtsstationen besetzen und läuft zum Angriff an.

Das Boot kommt bis auf 1500 Meter an den Gegner heran und schießt — vorbei! Niedergeschmettert läßt Topp Grund ansteuern. Der fünfte Fehlschuß. Woran liegt es nur? Was sollen seine Männer davon halten? Er jagt sie hier auf diesem weiß der Himmel gefährlich flachen Küstenstreifen herum. Ziele begegnen ihm genug, und er schießt einen Torpedo nach dem anderen vorbei ... Verdammt bitter. Alle waren sie mit dem Auslaufen voller Zuversicht. Dieses Unternehmen sollte ein ganz großer Schlag werden, wie ihn seit Monaten die anderen Boote vor Amerikas Küsten führen, endlich einmal ein mächtiger Tonnageerfolg der Roten Teufel! Nun sind fünf Aale bereits erfolglos vertan, fünf wunderbare Ziele hätten vernichtet sein sollen.

Topp versäumt nicht viel Zeit, sich seinen Stimmungen zu überlassen. Acht Minuten, nachdem das Boot auf Grund zur Ruhe kam, erscheinen schon wieder Schraubengeräusche. Nicht locker lassen! Drei Dampfer sind im Horchgerät zu verfolgen. Nur nach einem Wimpernschlag des Zögerns — laß sie laufen, es hat ja doch keinen Zweck, erst einmal Ruhe! — befiehlt er, Sehrohrtiefe anzusteuern. Wie er hinausblickt, sind sie zu weit entfernt.

Auf Grund!

Nach einer weiteren Stunde erneut Meldung. Ein Dampfer mit zwei Bewachern. Sehrohrtiefe. Nichts zu erkennen.

Auf Grund. Fünf Minuten darauf eine weitere Peilung. Zwei Dampfer.

Wieder hoch! Was für ein Schiffsverkehr, und kein Angriff möglich! Alle schleichen sich unter der Küste von Bucht zu Bucht, wo es so flach ist, daß sie ein deutsches U-Boot nicht bis dorthin zu verfolgen vermag.

Wieder auf Grund. Einmal wird die Chance wohl kommen, wenn man nicht locker läßt. Zehn Minuten vergehen, da erscheinen die nächsten Geräusche. Zwei Dampfer mit einem Bewacher. Der Sehrohrblick ergibt, auch sie laufen in zu weiter Entfernung für einen Unterwasserangriff.

Nur wiederum zehn Minuten, kaum daß sich das Boot auf den Grund bettete: Auf! Ein Tanker, aber nicht in Angriffsposition. Dann bleibt es einige Stunden ruhig.

Nach Mitternacht Schraubengeräusch. 00.52 Uhr.

„Auf Sehrohrtiefe!" Der immer und ewig wiederholte Befehl dieser Tage. Ist es nicht sinnlos, überhaupt noch nachzusehen? Man wird so müde, so verdrießlich durch das so oft wiederholte erfolglose Spiel.

Der Kommandant zwängt sich von seinem Raum durchs Kugelschott in die Zentrale und geht ans Sehrohr (das Angriffssehrohr im Turm ist und bleibt unbrauchbar). Ein mittelgroßer Dampfer, der offenbar aufgeregt mit geringer Fahrt noch vor der Dämmerung sich die Küste entlangschlängelt, Kurs Nord. Die Lage ist bereits 110 Grad. Den könnte man vielleicht noch erwischen, urteilt Topp. Er läßt mit Langsame Fahrt unter Wasser das Boot ihm nachlaufen und will versuchen, mit Dunkelwerden aufzutauchen und kräftig nachzustoßen. Diesen könnte man vielleicht mit Artillerie versenken, wenn alles gut und schnell genug geht, daß kein Bewacher dazwischenkommt. Vielleicht ein wenig frech, so direkt unter dem Land, aber da die Aale ständig versagen — versuchen wir's! beschließt der Kommandant.

Eine Stunde folgt das Boot dem Frachter, dann gerät ein Zerstörer ins Horchgerät, steuerbord querab. Er wandert langsam achteraus und hat wohl nichts gemerkt. Topp kann weiter Fühlung halten. Asdicgeräte scheinen sie hier noch nicht zu verwenden. Kaum ist der gefährliche Gegner genügend weit entfernt, so läßt der Kommandant auftauchen. Der Dampfer ist nicht mehr zu sehen, aber Topp nimmt die Verfolgung auf. Die Nacht ist hell. Zehn Minuten, und der Schatten kommt in Sicht, der wohl gerade in die nächste Bucht laufen will.

Topp läßt tauchen, um festzustellen, ob auch keine Zerstörer in der Nähe sind. Die Luft scheint rein. Auf und ihm nach. Geschütz besetzen! Das Boot läuft dem Dampfer von achtern auf. 03.10 Uhr beginnt der Feuerüberfall.

Der Gegner funkt sofort: Er ist der mit Kohle beladene „Dawid H. Atwater", 2438 Tonnen groß, das geht aus seinem Hilferuf hervor.

Nach 93 Schuß aus der 8,8 läßt Topp das Feuer einstellen, denn der Frachter brennt und sinkt. Das Boot läuft mit hoher Fahrt ab, dem tieferen Wasser zu. Da kommt schon ein Flugzeug angebrummt, wird erst gesehen, als es sich knapp 100 Meter vor dem Boot befindet, braust kaum 20 Meter über den U-Boots-Turm hinweg und — wirft keine Bombe. Wieder einmal ein Moment, in dem das Denken einfach aussetzt, denn rechtmäßigerweise müßte nun Schluß sein, einfach Schluß.

Der Flieger kehrt nicht einmal zurück; er scheint das Boot nicht gesehen zu haben. Es machte allerdings gerade in diesem Augenblick nur geringe Fahrt, war also ohne Schaumschleppe. Vielleicht hat er nur auf den brennenden Dampfer gestarrt? Die Roten Teufel kommen mit dem Schrecken davon.

Das Boot ist natürlich mit Alarm inzwischen getaucht — bei nur 30 Meter Tiefe.

Zwei Peilungen, offenbar ein Dampfer und ein Geleitboot. Topp taucht zur Verfolgung auf. Die Kimm ist zu dunstig, um Sicht zu haben. Nach zwei Stunden Vorstoßen wird zum abermaligen Horchen getaucht: die Richtung stimmt. Hoch und mit hoher Fahrt weiter hinterher. Als mit einsetzender Morgendämmerung noch nichts gefunden ist, abermals Tauchen und Horchen. Ergebnislos. Der Feind muß schneller sein als das Boot. Es hat keinen Sinn, weiterzulaufen. Der schöne Brennstoff!

Durch die Verfolgung ist die Grenze des dem Boot zugewiesenen Quadrates überschritten. Es steht nicht weit ab von Kap Hatteras. Topp läßt Kurs auf Wimble Shoal absetzen und meldet einen ersten FT-Bericht: „Lage: drei Tage Cap Cod kein Verkehr. Cap May bis Henry stärkster Verkehr tagsüber längs der Tonnen, nachts gestoppt. Wirksame Luft- und Seeüberwachung. Seit acht Tagen Hochdruckwetterlage. Wolkenlose Mondnächte . . ." Und dann das bisherige Ergebnis seiner Unternehmung: „25. 3. Oceana beladen torpediert, 4 Stunden ausgebrannt, vernichtet. 3. 4. Atwater mit Artillerie versenkt. 1 G.A.-Versager. 2 ungeklärte, 2 geklärte Fehlschüsse auf 18 m tags. 6 + 2 Torpedos." Dazu wie üblich das Quadrat (+ 2, das sind die Oberdecktorpedos).

Der nächste Tag verläuft nicht anders als die bisherigen: ein ewiges Auf und Ab, ohne daß es zu einer Angriffsposition kommen will, die das Boot für sich ausnutzen könnte. Gesichtet wird viel, darunter lohnende Dampfer und Flugzeuge, gehorcht noch mehr. Schließlich sucht Topp doch vorsichtshalber tieferes Wasser auf: siebzehn Meter sind zu wenig bei derart spiegelglatter See, wie sie jetzt herrscht. So setzt er sich weiter von der Wimble Shoal-Tonne ab und legt das Boot bei 22 Meter Tiefe auf Grund. Diese Tagesangriffe weiter zu versuchen, sagt er sich, hat wohl doch keinen Zweck. Trotz Anlehnung an die Tonnen erstreckt sich der Dampfertreck über einige Seemeilen Breite. Die Kimm ist bei der herrschenden Wetterlage meist dunstig, die Fahrzeuge kommen in voller Größe erst bei etwa 3 Seemeilen Entfernung heraus. So muß jeder Versuch, sich dann noch unter Wasser vorzusetzen, erfolglos bleiben. Dazu die dauernde Luftüberwachung: die Gefahr, in dem ruhigen, durchsichtig flachen Wasser gesehen und leicht vernichtet zu werden, ist zu groß, zumal nur das unförmige vordere Sehrohr verwendet werden kann. Heute wurden allein sechzehn Dampfer einwandfrei festgestellt, ohne daß man ihnen etwas anhaben konnte. Die südwärts laufenden scheinen bei Dunkelwerden zwischen Lookout und Hatteras zu stehen. Dorthin müßte man gehen!

Als gegen Abend wieder einmal zwei Dampfer gehorcht werden und Topp das Sehrohr hinausstreckt, ist auch das zweite beschlagen. Die Geräusche sind laut. Topp müht sich, durch den Schleier etwas zu erkennen, aber nur schemenhaft macht er endlich zwei große vollbeladene Tanker aus, die von einem Zerstörer geleitet werden. In einer Stunde wird die Dämmerung einsetzen. So lange wie möglich gilt es erst einmal unter Wasser die Fühlung zu halten.

Da fällt der Kreiselkompaß aus. Es bleibt einem nichts erspart! flucht der Kommandant verzweifelt. Im Sehrohr ist kaum mehr etwas zu sehen. Wenigstens das Horchgerät bleibt intakt und meldet laufend die Peilungen.

Noch ist es nicht dunkel, als Topp, zum Äußersten entschlossen, auftauchen läßt. Die Tanker sind undeutlich zu erkennen, als er die Brücke betritt. Aber die Dunkelheit bricht so schnell herein, daß die beiden verschwinden, ehe das Boot aufgeschlossen hat.

Mit hoher Fahrt aufs Geratewohl hinterher. Zwei Stunden. Die einzige Orientierung bietet der Nordstern, da der Kompaß noch nicht wiederhergestellt ist; die Bojen stehen hier sehr weit auseinander. Ausgerechnet heute wird es dunkel wie in einer Bärenhöhle, wie seit Wochen nicht. Die Kimm ist nicht zu sehen; alles verschwimmt in gleichmäßig einlullendem, düsterem Grau.

Der Kommandant läßt für einen Augenblick die Diesel stoppen, um über Wasser zu horchen; aber das bringt nichts. Weiter hinterher. Zum Tauchen ist keine Zeit. Er muß hoffen, so den Anschluß zu gewinnen. Wenn sie nur nicht vorher abzacken!

Nach zehn weiteren Minuten taucht an Steuerbord ein Schatten auf. Zerstörer. Topp will vorbeidampfen in der unsichtigen Nacht, aber der Schatten dreht unvermutet schnell zu. Alarm! Doch der Zerstörer findet das so schnell verschwundene Boot nicht mehr. Topp kann bald auftauchen lassen und stößt, den Gegner an Landseite lassend, nach. Der nämlich läßt vermuten, daß die Tanker nicht weit ab stehen.

In diesem Augenblick meldet die Maschine, daß die Steuerbord-Diesel-Kupplung zu heiß wird.

Es hilft alles nichts:

„Steuerbordmaschine Stop!“

Bei der herabgesetzten Fahrt mit dem einen Diesel verschwindet der Zerstörer bald aus Sicht. Topp läßt tauchen, um zu horchen. In Schiffspeilung 315 Grad sind die Dampfer zu hören, und das entspricht nach der bisherigen Nordstern-Navigation, nach der das Boot fährt, einem Kurs, der auf Land zuführt. Daß der Kreisel immer noch nicht wieder klar ist! Topp taucht auf, hält auf jeden Fall um 15 Grad weiter nach Steuerbord und jagt hinterdrein, so schnell es gehen will.

Nach zwanzig Minuten: Schatten an Steuerbordseite. Der Tanker? Nein. Wieder ein Sicherungsfahrzeug. Topp kombiniert, daß der Bewacher, so dicht unter Land das Ganze, sein wertvolles Schiff nach See zu sichern wird, und stößt hinter ihm durch nach Steuerbord.

Laufend wird die Tiefe gelotet; noch langt sie so gerade eben aus, um fahren zu können. Zu finden ist nichts.

Zurück! Hinter dem Heck des Bewachers durch und nach Backbord.

Irgendwo müssen die beiden Burschen doch stehen. Was sollen sonst die Bewacher? Noch einmal zurück, hinter dessen Heck wieder nach Steuerbord, und nun weiter vor! Nichts.

Tauchen zum Horchen!

Da sind die Brüder! In Schiffspeilung 20 Grad deutlich zu hören. Der Zerstörer steht jetzt querab, sichert also sehr weit achtern, oder er hat überhaupt mit dem Tankergeleit gar nichts zu tun.

Schnell wieder hoch! Und nun geht die Jagd weiter.

Dreiviertelstunden danach endlich taucht backbord voraus ein Schatten aus der Nacht, der Tanker. Nach allen Hindernissen ist er erreicht. Zähe zu sein, lohnt also doch. Der zweite ist nicht zu sehen. Da gleich der Mond aufgehen muß, kann Topp nicht lange suchen, sondern dampft den etwa 10000 Tonner an Steuerbordseite aus, läuft an und schießt.

Nach einer Minute Laufzeit — schon will man auf der U-Boots-Brücke nach all dem Mißgeschick der letzten Zeit mit diesen Aalen nervös werden — erfolgt drüben eine mächtige Detonation: Hunderte von Metern hoch blafft eine Feuereruption empor, und im Augenblick ist das ganze Schiff ein einziges Feuermeer.

Da jaulen schon Leuchtgranaten heran. Das Boot wird, durch den Brand deutlich angestrahlt, beschossen von dem eigentlichen Bewacher, der weiter vorlich, wahrscheinlich bei dem zweiten Tanker, steht. Der Wind weht günstig: er treibt den dichten Qualm des Brandes zwischen Boot und Feuer, so daß der Feind offenbar das Ziel aus dem Auge verliert. Der Himmel verdunkelt sich. Von dem Zerstörer, den man vorhin überholte, ist nichts zu sehen. Topp dreht mit hoher Fahrt ab nach Osten zu, um tieferes Wasser zu gewinnen. Der Tanker wurde auf nur 15 Meter über dem Grund torpediert und bekommt jetzt starke Schlagseite. Das brennende Öl bedeckt achteraus einen Sektor von etwa 40 Grad. Schauerlich zuckt der verdüsterte Himmel von dem flammenden, leckenden Brand.

Nach zwei Stunden erlischt urplötzlich der Feuerherd, während das Öl auf dem Wasser weiter brennt und schwelt: Der Tanker ist gesunken. Die erste Stunde lang hat der Bewacher Leuchtgranaten geschossen, wirkungslos; er fand das ablaufende Boot nicht. Jetzt geht Topp mit der Fahrt herunter und dreht nach Süden ab. Um 12.00 Uhr taucht er und legt das Boot auf Grund, ohne den genauen Standort zu haben, denn der Kreisel ist noch nicht wieder in Ordnung; das Morgenbesteck des Obersteuermannes blieb ungenau wegen allzu dunstiger Kimm. Der Bann scheint gebrochen. Die Männer sind mit Begeisterung dabei, Kreisel und Sehrohr wieder klar zu bekommen. Was macht doch solch ein Erfolg für Stimmung und Leistungsfähigkeit aus! Während des Tages werden acht Dampfer gehorcht, einige davon auch gesehen, keiner in erfolgversprechender Position. Das Sternbesteck am Abend ergibt einen Standort für das Boot in der Nähe von Kap Hatteras. U 552 läuft noch etwas näher auf das Kap zu, bis querab vom Feuerschiff, das auf Friedensposition angetroffen wird. 06.00 Uhr wird getaucht, um wieder einmal zu horchen, aber außer zwei Zerstörern, die mit hoher Fahrt nach Süden zu laufen, wird nichts aufgefaßt.

Auftauchen! Mit nur geringer Fahrt bummelt das Rote-Teufels-Boot in Richtung Lookout-Tonne weiter, entsprechend der Lagemeldung eines Kameraden, Jochen Mohr, daß die Dampfer die einzelnen Buchten der Küste nicht voll ausfahren. Das will man sich zunutze machen, oder sollte sich das inzwischen geändert haben? Aber nichts wird gesichtet, trotz wolkenlosem Himmel und guter Sicht bei Südwest in Stärke 3 während dieser Nacht, weder Dampfer noch Zerstörer.

Mit Hellerwerden taucht das Boot wie üblich. Während des Tages wird nicht ein einziges Schraubengeräusch wahrgenommen. Der Verkehr muß wohl umgeleitet sein und setzt sich jetzt vielleicht schon von Cap Hatteras aus seewärts ab. Alles, was man hört, sind einige „Routine-Wabos", die in gewissen Zeitabständen irgendwo geworfen werden.

Kurz vor 24.00 Uhr, vor Dämmerung, Schraubengeräusch. Ein Tanker nähert sich von Süden, durch einen Zerstörer gesichert. Topp geht auf Parallelkurs und hält unter Wasser Fühlung.

Mit Einbruch der Dämmerung taucht er auf. Doch der Gegner ist zu hoch heraus: Mit Alarm muß das Boot noch einmal verschwinden. Hat jener es gesehen?

Zwanzig Minuten Geduldsprobe. Aber der Tanker schwindet zu schnell in der hereinsinkenden Nacht. Mit hoher Fahrt stößt das Boot ihm nach ins Ungewisse. Nach Kopplung der Navigation müßte das Ziel jetzt auf gleicher Höhe stehen. Nichts. Also Tauchen und Horchen! Ergebnis: Schiffspeilung 324 Grad. Auftauchen! Weiter draufzu! Um 03.20 Uhr kommt der Feind in Sicht; etwas nach Steuerbord herausgestaffelt der Bewacher. Topp dampft an Steuerbordseite auf, weil der Tanker ziemlich nahe der Bojenreihe fährt, schätzt die Unterlagen: Geschwindigkeit, Größe, Entfernung und Lage des Zieles, und schießt.

Der Schuß geht vorbei; denn kaum verläßt der Torpedo das Rohr, da bemerkt man auf der Brücke, daß das Ziel dreht, und zwar auf Nordkurs, Richtung Wimble Shoal. Topp schlägt sich ohne zu zögern hinter dem Heck des Tankers durch und dampft an dessen anderer, seiner Backbordseite auf zu neuem Anlauf.

04.10 Uhr Rohr Los! Der Vorhalt wird etwas weiter als beim vorigen Schuß genommen, die Geschwindigkeit des Gegners um ein Geringes höher eingeschätzt, auf 10 statt auf 8 Meilen.

Fast zwei Minuten vergehen, schon will man an einen zweiten Fehlschuß glauben, da flammt es drüben auf, ein nur geringer Feuerschein, und dann bebt der Stoß der Detonation durch das eigene Boot: Treffer achtern drüben vor dem weit zurück stehenden Schornstein.

Eine heftige Dampf- und Qualmentwicklung macht sich bemerkbar; dazu starker Ölgeruch. Vorkante Maschine hat der Torpedo getroffen und die achteren Bunker leckgeschlagen. Das Schiff sackt mit dem Heck tiefer und funkt seinen Namen: „BRITISCH SPLENDOUR TORPEDOED SEARCHING FOR SUBMARINE", SSS und den Standort. Lloyds Register ergibt für den Tanker British Splendour 7138 Bruttoregistertonnen.

Leuchtgranaten erhellen den Schauplatz. Der Zerstörer schießt sie, und obendrein detonieren Wasserbomben in mittlerer Entfernung. Topp zieht sich Haken schlagend in die Dunkelheit zurück, bleibt aber in der Nähe, um das Schicksal des Schiffes abzuwarten. Mehrere Male wird er abgedrängt, versucht es aber immer wieder, auf Schußentfernung heranzukommen, um, wenn nötig, einen Fangschuß anzubringen. Gar zu gern schleppen sie solche wrackgeschossenen wertvollen Tanker ab, der Hafen ist ja nicht weit entfernt. Jedes Mal aber muß das Boot schleunigst ablaufen und aufgeben, denn der Gegner scheint es zu horchen und schießt bei Näherkommen scharf.

05.10 Uhr stellt man bei einem Versuch der Annäherung fest, daß der Tanker mit dem Maschinenteil bereits unter Wasser liegt. Die Brücke vorn ist noch zu sehen. Die Back ragt hoch heraus. Das genügt. Topp läuft zunächst nach Osten, dann nach Süden ab. In Höhe Diamond-Feuerschiff begegnen ihm zwei große Schatten. Sie wandern schnell aus. Als der Kommandant, auf die Brücke gerufen, mit hoher Fahrt auf sie zulaufen läßt, entwickeln sie sich — als Zerstörer. Die Nacht ist stark bewölkt. Es herrscht Seegang 2. Man hat es nicht früher erkennen können.

„Hart Backbord!" dreht das Boot ab. Im gleichen Augenblick kommen schon die Zerstörer darauf zu. Sie werden schnell größer.

„Alarm!"

Mit 180 Schraubenumdrehungen in der Minute laufen die beiden über das Boot hin. Werfen sie nicht? Es ist ein verzweifeltes Gefühl, wehrlos dicht unter der Oberfläche sich verbergen zu müssen. Man möchte sich in den Sand buddeln wie eine Scholle, um nur nicht gefunden zu werden. Doch die beiden so gefährlichen Gegner entfernen sich und laufen nach Süden ab, als hätten sie das Boot nicht gesehen.

07.48 Uhr Auftauchen. Kurs auf die Lookout-Tonne. Der Mond geht gerade auf. Alle Wolken haben sich verzogen. Die Sicht ist gut. Topp beschließt, tiefer in jene Bucht zwischen Diamond und Lookout hineinzufahren, die ausgezeichnet geschützt schien, in der er den Kohlendampfer versenkte. Dort könnte er die beiden Oberdeckstorpedos ins Boot übernehmen. Der Platz möchte dazu versteckt genug sein.

Die vielen Fehlschüsse, der Wunsch, zwei weitere Aale zur Verfügung zu bekommen, bewegen ihn zu diesem mehr als gewagten Entschluß.

Um 08.00 Uhr wird mit dem Aufbauen des Geschirrs an Oberdeck begonnen. Eben ist es zur Hälfte angebracht, da — Backbord querab Schatten unter Land; eine Bewachersilhouette.

Topp zeigt das Heck und mogelt das Boot leise aus der Bucht hinaus; die Arbeiten gehen derweilen weiter.

Ein zweiter Bewacher genau voraus! Man ist in der Falle. Das Boot steht zwischen beiden. Abbrechen? Topp läßt die Arbeiten weiterführen und dreht ab.

10.00 Uhr. „Das is' ja 'ne Riesenwolke!" sagt einer von der Wache auf der Brücke vor sich hin. Topp hört es und blickt genauer in die Richtung, die der Junge mit dem Glas abzusuchen hat. Da gehört ja ein Schornstein dazu, zu der Wolke, ein langer schlanker Schornstein dicht unter Land. Ein Riesenschatten. Eine Chance, denkt Topp, ein alter Amerikaner offenbar. Die bauten ja solche sonderbaren Schiffe. Der eine der Zerstörer läuft in dessen Kielwasser, der andere sichert es nach See zu.

Notdürftig läßt der Kommandant das Geschirr zusammenwerfen und versucht anzulaufen. Er befindet sich in ungünstiger Lage. Der Dampfer sowie der eine seiner Bewacher stehen im dunklen Horizont dicht unter Land; er selbst dagegen für beide gut sichtbar genau im Mondlicht, von dem zweiten Zerstörer aus allerdings in Deckpeilung mit dem Dampfer. Wahrhaftig ein Riesenfrachter mit einem Wald von Pfahl- und Lademasten, tief beladen im Wasser liegend, mindestens seine 14000 Tonnen groß, Typ Nestor Ulysses.

Topp läuft an. Der Gegner müßte das Boot sehen. Vielleicht drei- bis viertausend Meter Zwischenraum stehen zur Verfügung, und das bei spiegelglatter See und Dreiviertelmond. Du mußt damit rechnen, sagt sich Topp, daß sie schlafen dort drüben, so gut gesichert wie sie sich hier in der Bucht fühlen mögen.

U 552 dreht auf. Doppelschuß!

Rohr IV wird Rohrläufer. Aber der Aal aus Rohr II trifft. Eine gewaltige Wasserdampf- und Rauchsäule wächst wohl mehrere hundert Meter hoch empor. Der Maschinenraum ist getroffen. Schon will der Kommandant frohlocken, daß auch der eine Torpedo schon genügt hat, da kommt unter der Qualmsäule der Frachter wieder zum Vorschein und wartet offenbar darauf, daß man ihn abschleppt. Die beiden Bewacher stoßen zu. Das Boot ist in der Zange. Mit hoher Fahrt sucht es zu entkommen; es kann keinen Fangschuß mehr anbringen.

Da schüttet eine schwere innere Explosion durch die See, und dumpf grollend tönt kurz hinterher der Schall herüber. So sollte der gewaltige Kasten wohl doch verloren sein?

Das Ausweichen gelingt nicht. Die Nacht ist zu hell, und jetzt setzt noch die Morgendämmerung ein. Topp muß tauchen lassen, so gefährlich das hier ist in dem flachen Wasser bei 35 Meter Tiefe. Er macht sich auf eine Höllenverfolgung gefaßt. „Äußerste Ruhe im Boot!“ Die Männer ahnen, was das bedeutet. Seltsamerweise fällt – allerdings mit wüstem Krach – nur eine einzige Wasserbombe genau über dem Boot; dann laufen beide Zerstörer unverrichteter Sache ab. Seltsam! Niemand begreift es.

Während des folgenden Tages bleibt Topp auf Grund liegen. Vier Dampfer mit Zerstörern werden von See kommend gehorcht. Kaum ist es dunkel, taucht das Boot wieder auf. Zwei Zerstörer stehen achteraus an Sichtgrenze, Kurs Süd. Sie wandern schnell aus und verschwinden. Das Boot läuft nach Westen zu unter Land bis in die Bucht hinein. Endlich sollen die beiden Reservetorpedos von Oberdeck übernommen werden, ein gefährliches, zeitraubendes Geschäft; denn solange dies dauert, ist das Boot nicht tauchklar. Wieder ist die Nacht wolkenlos und mondhell. Ein leiser Südost rauht das Wasser lebendig auf. Aber soll man auf die beiden Torpedos verzichten, wo man erst so wenig versenkte?

Ein Sicherungsfahrzeug oder kleiner Küstendampfer wird passiert. Man läßt ihn laufen. Um 04.00 Uhr kann mit der Arbeit begonnen werden. Um 08.00 Uhr ist sie vom Gegner ungestört beendet. Ein übler Zwischenfall hätte sich unangenehm auswirken können: Beim Wegfieren des Hecktorpedos riß der Block der Winsch aus seiner Verankerung. Halb war der Torpedo bereits im Luk und mußte mit einer Wurfleine abgefangen werden. Ein äußerst kritischer Moment. Das Boot war in höchster Gefahr, von dem abrutschenden und eventuell detonierenden Aal vernichtet zu werden. Nach zehn bangen Minuten war die Störung beseitigt und alles so eben gutgegangen. Das Boot lief auf den ergiebigen Dampferweg zurück.

Mit erwachendem Tag Alarm vor spitzem Schatten. U 552 steht im hellen Morgenhorizont. Das Fahrzeug im Sehrohr vor dem dunklen Himmel wird als Tanker ausgemacht, aber eine Angriffsmöglichkeit besteht nicht mehr. Man hätte ihn frühzeitiger erkennen müssen.

Das Boot geht auf seiner alten Horchposition auf Grund, um die von außen übernommenen Torpedos klarzumachen. Im Laufe des Tages, während die Mechaniker damit beschäftigt sind, werden mehrere Fahrzeuge im Horchgerät verfolgt. Sie alle scheinen Kurs Diamond-Feuerschiff zu gehen. 02.00 Uhr Auftauchen zum Durchlüften; eine Stunde darauf erneut auf Grund, um zu horchen.

04.18 Uhr Schraubengeräusch: Ein von Norden kommender Dampfer. Das Sehrohr lugt über die Oberfläche. Der Feind läuft westlich vorbei. Dann taucht das Boot auf und stößt mit Vorhalt in Richtung der Peilung nach. Um 05.00 Uhr erneut tauchen, um zu horchen, und wieder auf und ihm nach. Die Nacht ist vorab äußerst dunkel, die Kimm nicht zu erkennen. Die See phosphoresziert unheimlich stark. Gegen 06.00 Uhr noch einmal Tauchen, um zu horchen. Lief denn das Boot an dem Gegner vorbei? Das Schraubengeräusch ist jetzt äußerst laut zu vernehmen. Auf und weiter!

Sieben Male geht das so; und jedesmal hat man den Frachter im Gerät, aber von ihm zu sehen ist nichts. Beim siebenten Male steht U 552 bereits bei der Lookout-Tonne. Zwar ist der Dampfer unverändert laut zu hören, aber die Sicht bei der Dunkelheit zu schlecht. Topp gibt enttäuscht die Verfolgung auf.

In diesem Augenblick stellt sich ein neues Schraubengeräusch, von Süden kommend, ein. Und es wird lauter. Topp taucht auf, und ein großer Tanker, voll beladen, 8000 bis 9000 Tonnen groß, steht genau querab. 08.22 Uhr.

Die See phosphoresziert wie unsinnig. Es herrscht ein Meeresleuchten, wie es weder der Kommandant noch einer von der Gefechtswache auf der Brücke jemals erlebte. Eine dicke Schicht schillernden schmierigen Öles schwimmt auf dem Wasser: Erst wenige Tage ist es her, daß Jochen Mohr in diesem Gebiet seine berühmt gewordene Tankerschlacht schlug. Der Befehlshaber hatte ihm nach einiger Zeit des vergeblichen Stehens in dem ihm eigentlich zugewiesenen Quadrat endlich „Freie Jagd" durch Funkspruch gestattet. Kurz darauf wurde folgender Funkspruch des Kommandanten Mohr dem BdU vorgelegt, und jeder, der ihn mitgehört und entschlüsselt hatte, draußen, und die, bei denen an Land er sich schnell herumsprach, schmunzelten über den neuen Spaß, den sich der beliebte Kommandant mit dem „Großen Löwen" wohl erlauben durfte:

> Waidmanns Dank für Freie Jagd.
> In der Gewitterneumondnacht
> war bei Lookout die Tankerschlacht.
> Der arme Roosevelt verlor
> 50000 Tonnen. Mohr.

Das Öl der versenkten Tanker scheint die Infusorien, die das Meeresleuchten verursachen, anzulocken und anzuregen.

Vorsichtig bringt sich Topp in Angriffsposition. Sehen denn die dort drüben nicht das wie magisch erhellte, ringsum aufleuchtende Boot, die schimmernde Kielwasserschleppe? Mit bloßen Augen erkennt man die funkelnde Bugsee drüben am Feind.

Der Angriff erfolgt 09.38 Uhr bei eben herauskommendem Mond. Wie ein Silberpfeil schießt der Torpedo aus Rohr V deutlich sichtbar bis zum Ziel, dem auf Parallelkurs zum Boot laufenden Gegner in die Flanke.

Detonation. Eine hohe Qualm- und Wasserwolke schwillt auf. Aber brennen will der Tanker sonderbarerweise nicht. Er marschiert weiter.

Seine FT ist anscheinend ausgefallen; es wird kein Funkverkehr aufgefangen. Er versucht durch Scheinwerfer Verbindung mit Land zu bekommen.

Ob Einschüchtern hilft? Topp läuft verschiedentlich an. Der Tanker, der das Boot jetzt ohne Zweifel sieht, dreht jedesmal mit, um auszuweichen. Endlich stoppt der Gegner. Hastig steigt die Besatzung aus. Es ist ja auch nicht gerade gemütlich, ein feindliches Unterseeboot bedrohlich neben sich herlaufen zu sehen, wenn man auf lauter Brennstoff sitzt.

Die Boote werden rings um das Schiff gepullt, man sucht jetzt offenbar nach dem Leck. Wollen die Seeleute etwa wieder einsteigen?

Da trifft der zweite Aal, und nun zündet das Öl.

Das Schweröl, das der Tanker geladen hat, riecht penetrant und brennt in grünlich flammenden Zungen, wie man es auf dem deutschen Boot noch nie gesehen hat. Der Brand breitet sich mehr und mehr und immer geschwinder aus, erfaßt die Rettungsboote, die allzulange bei dem getroffenen Schiff zögerten und in denen jetzt mitten durch die brennende See die fremden Seeleute hastig um ihr Leben pullen und zu entkommen suchen, ein schauerliches Bild.

Nur mit knapper Not vermag Topp das eigene Boot vor dem brennend schnell sich verbreitenden Öl davonzubringen. Unheimlich züngelnd huschen die grünen Flammen hinter ihm drein über die dunkle, fast schwarze See. Vor dem höllischen, magischen Feuerherd in der Ferne sieht er noch lange silhouettenhaft die fremden Männer in ihren Booten sich verzweifelt mühen. Dann ist es zu Ende. Mit erwachender Helligkeit legt man das Boot um 12.00 Uhr in der Nähe der Lookout-Tonne auf Grund.

Zwei volle Tage und noch eine Nacht hindurch brannten Schiff und See. Es war wie ein Fanal mit riesiger schwarzer Fackel in unerhörte Höhen, weithin sichtbar. Schließlich wandert der Atlantik wieder unberührt und frisch, ohne Erinnern, selbstgefällig und sich selbst genügend in seiner Langmut wie in seiner urigen Kraft über die Stelle; mitleidlos wie alle Natur.

Am 10. April, nachdem tagsüber wie üblich verschiedene Dampfer und Bewacher gehorcht wurden, um 01.25 Uhr wiederum Dampferschrauben. Von Süden nähert sich ein etwa 6000 Tonnen großer Frachter. Topp blickt durchs Sehrohr. Noch ist es nicht völlig dunkel. Das Boot wird unter Wasser gehalten durch einen Bewacher, der in nur 600 bis 1000 Meter Abstand auf und ab steht.

Als man nach einer Stunde auftauchen kann, ist von dem Dampfer nichts mehr zu sehen. Da es stockdunkel wurde, hält der Kommandant ein Nachstoßen für zwecklos. So wird das Boot durchlüftet und, etwas weiter nördlich, wieder auf Grund gelegt. Noch brennt der Tanker von gestern mit gewaltiger Rauchentwicklung vorn und achtern; sein Mittelteil ist bereits weggesackt. Es herrscht Seegang 3 bei frischem Wind aus Südsüdosten. Der Himmel ist bedeckt.

Die Prüfung des achteren der von Oberdeck übernommenen Torpedos durch den Mechanikermaaten hatte ergeben, daß die Apparatekammer voll Wasser war. Die Oberdecks-Tube muß also undicht gewesen sein; sie hat geflutet. Nun sind die Apparate des komplizierten Mechanismus in tagelanger Arbeit auseinandergenommen, nachgesehen und geregelt. Schäden sind nicht erkennbar geworden, rechtes Vertrauen hat der Kommandant dennoch nicht zu diesem ihm verbliebenen Aal. Das letzte Ziel soll aus nächster Nähe beschossen werden, in direktem Schuß, daß selbst dieser fragliche Torpedo geradezu treffen muß.

Um 04.40 Uhr von Süden aufkommend Schraubengeräusch. Ein Dampfer, durch ein Torpedoboot geschützt. 05.17 Uhr sind die Geräusche auf gleicher Höhe mit dem Boot und sehr laut wahrzunehmen. Auf! Mit hoher Fahrt und geringem Vorhalt geht es in die Dunkelheit hinein. 05.40 Uhr tritt ein Schatten heraus. Topp ist dicht an seiner Steuerbordseite. Ein großer Tanker von mindestens 10000 Tonnen. Die Nacht ist außerordentlich dunkel; der Mond wird erst später kommen; aber das Wasser phosphoresziert unheimlich stark.

Nachdem der Gegner etwa in Lage 30 bei Querabstand 1000 Meter ist, geht Topp auf die leisere E-Maschine über und dreht langsam mit. Um Fehlerquellen zu vermeiden, läßt er am fraglichen Torpedo festen Schußwinkel einstellen. 180 Grad. Um 06.27 Uhr wird er gelöst: „Rohr V ... Los!" Auf 800 Meter. Wie ein Silberpfeil schnurrt der Preßlufttorpedo auf sein Ziel los.

Hält er durch?

Da! Eine gewaltige Detonation: Treffer Mitte. Die Tankerbrücke wirbelt hoch und bricht aufs Achterschiff herab. Das Rückgrat des schweren Schiffes ist gebrochen. Feuer bricht aus, und bald flammt alles lichterloh.

Der Bewacher beginnt LG zu schießen. Ein zweiter kommt dazu und schießt scharf. Die Aufschläge liegen nur 200 Meter ab im Kielwasser des schleunigst ablaufenden Bootes. Topp schlägt Haken. Noch zwei Stunden müht sich der Feind, ihm zu folgen. Kurz nacheinander zweimal hell auflodernd Feuerschein über der Kimm, als flögen Benzintanks in die Luft. Dann ist der Brand auf einmal schlagartig verschwunden. Der Gegner muß gesunken sein.

Die Morgendämmerung beginnt. Topp tritt den Rückmarsch an, Kurs 70 Grad: alle Aale sind verschossen.

Um 10.18 Uhr Alarm vor einem von achtern mit Höchstfahrt unerwartet aufkommenden Zerstörer. Er überläuft das Boot ziemlich genau, und bald verschwimmt sein Schraubengeräusch mit dem eines Dampfers, dessen Sicherung er wohl übernahm. Nun kommt es wieder näher.

11.31 Uhr taucht Topp auf. Etwa 3000 Meter vor ihm ein 8000-Tonnen-Dampfer mit Kurs Cap Hatteras. Man muß ihn laufen lassen; es ist kein Aal mehr da, und für einen Artillerieüberfall wird es zu hell. Der Hauptverkehr des Feindes scheint wirklich von hier aus in Südostrichtung abzuzweigen.

Mittags, das heißt mit Hellwerden, wird getaucht wegen Luftgefahr bei ungünstigen Sichtverhältnissen. Einige Wabos werden in großer Entfernung gehört. Gegen Nachmittag erhebt sich Sturm aus Westsüdwesten mit Seegang 7. Die Sicht wird gut. Topp setzt seinen Marsch über Wasser fort. Während der Nacht wird die zweite Erfolgsmeldung abgesetzt:

„Lage: Cap Henry, Hatteras, Lookout starker Verkehr. Großer Teil abzweigt Hatteras SO bis SSO. Zerstörerüberwacht. Wichtiger Küstenverkehr Bewachergesichert. Günstige Position Wimble Shoal und Raleigh-Bay 40-m-Linie. Luft nachts nicht festgestellt. Bewacher ohne Asdic."

Und dann: „Weitere Erfolge: 5. 4. Gesicherter Tanker, voll, 10 000 BRT, brennend versenkt. 7. 4. British Splendour, gesichert, voll, sinkend verlassen. Gesicherter Riesenfrachter etwa 14 000 BRT torpediert, wenig später innere Explosionen. Sinken nicht beobachtet. Ein Rohrläufer. 9. 4. Tanker, 8000 BRT, voll, brennend versenkt. 10. 4. Gesicherter Tanker, 10 000 BRT, voll, brennend versenkt. Damit insgesamt 43 832 BRT versenkt bzw. vernichtet, 14 000 BRT torpediert. Verschossen. 60 cbm. Rückmarsch."

Am Nachmittag darauf, gerade ehe das große Tafeln des auf diesem Boot traditionellen „Wunschessens" beginnt, das, wenn die Aale verschossen sind und es heimgeht, jedesmal steigt, wird ein anerkennender Funkspruch des BdU entschlüsselt und vorgelegt. Auf 208 000 Tonnen versenkten, für den Gegner tätigen Schiffsraumes, einen Zerstörer und zwei Bewacher hatte es Erich Topp inzwischen gebracht.

Taktik

Juni/Juli 1942

Verschiedene in erreichbarer Nähe befindliche Boote sollen unvorhergesehen zusammentreten und als „Gruppe Endrass" einen gemeldeten Gibraltar-England-Geleitzug angreifen. Kapitänleutnant Topp, U 552, ist der älteste und erfahrenste der Kommandanten und fühlt sich als Headman des Rudels. Daß dieses im Funkverkehr den Namen seines an solch einem Geleit gebliebenen Freundes tragen soll, gibt ihm den inneren Pull, sein Letztes einzusetzen.

Neun Boote werden zum Überraschungserfolg gegen den vermeintlich nur schwach gesicherten und am 9. Juni, vom Mittelmeer kommend, ausgelaufenen Konvoi angesetzt. Eigene Luftaufklärung operiert laufend, heißt es. Die Meldung: „Geleitzug besteht voraussichtlich aus 21 Schiffen mit insgesamt 70000 BRT. Namen bekannt. Sicherung 5 bis 6 Fahrzeuge, darunter 4 Korvetten. Über Zerstörer nichts bekannt."

Es hört sich günstig an. Das Wetter wechselt zwischen Gewittersturm und rauhem Wind, zwischen prasselndem Regen und stechend gleißender Sonne. Schließlich schmiert es sich zu.

Vor einer Korvette, die plötzlich aus solch diesigem Horizont heraustritt, wird mit Alarm getaucht. Es besteht keine Angriffsmöglichkeit, aber wenigstens hat sie das Boot bei der stark bewegten See nicht erkannt, ehe es verschwand.

Wieder einmal ist es Kasprzack, der beste Ausguck an Bord, der sie auffaßte.

Am 13. Juni mittags — U 552 lief wie der Geleitzug am 9. Juni aus St. Nazaire aus — werden Peilzeichen von zwei Flugzeugen gehört. Topp mittelt und meldet. Aber sein eigener Standort ist ungenau bestimmt, denn seit zwei Tagen hat er kein astronomisches Besteck mehr nehmen können. Leichter Südwest: das Boot marschiert gut. Topp setzt nördlichen Kurs des Gegners voraus und läuft mit Höchstfahrt und Vorhalt an.

Der gute Taktiker bekommt als erster Fühlung. Schon um 14.30 Uhr kommen Rauchwolken in Sicht.

U 552 meldet Standort und Kurs des Gegners. Hoch über dem Geleit wird eine eigene Condormaschine sichtbar, eine zweite kurvt ziemlich tief hinter dem Zug. Da die Schiffe stark qualmen, macht das Fühlunghalten wenig Schwierigkeit. Man sieht von den Masten nichts, da die Sicherungsstreitkräfte weit herausgeschoben sind und häufig ausgreifende Aufklärungsvorstöße unternehmen, vor denen knapp notwendiger Abstand gehalten werden kann, ohne tauchen zu müssen.

Auf Topps Meldung hin stoßen die anderen Boote dazu. Die Steuerbordseite des feindlichen Zuges ist zeitweilig von Sicherungen entblößt; wie sich später herausstellt, zur Jagd auf U-Boote an der Backbordseite. Entgegen der Annahme des BdU ist aber der Zug übermäßig stark und geschickt gesichert. Alle anderen Boote werden durch seine Abwehr wüst zusammengefaltet und immer wieder abgedrängt. Es treten mehrere Verluste ein. Capt. Walker, der beste Mann der britischen U-Bootabwehr, fährt die Sicherung, und die Deutschen bekommen es zu spüren. Walker ist der Mann, der allein 12 deutsche Boote vernichtet hat und der die britische Abwehr auf ihren hohen Stand brachte.

Den Tag über bleibt es bedeckt bei guter Sicht. Eine mäßige Dünung wandert. Wind und Seegang nehmen zu. Gut für den Angriff. Wenn nur die See nicht phosphoreszierte! Das starke Meeresleuchten, das in der Biskaya häufig auftritt, muß das Boot nachts verraten.

U 552 steht an Steuerbordseite des Feindes. Um Mitternacht gibt der Kommandant den Befehl: „Auf Gefechtsstationen!" Kaum sind die Umrisse der Fahrzeuge zu erkennen. Näher heranlaufen darf er des wirklich stark leuchtenden Wassers wegen nicht. Es scheinen zwei oder drei Kolonnen zu sein. Deutlicher als sie selbst sind die Schaumstreifen der einzelnen Fahrzeuge zu sehen. Die Abstände zwischen ihnen sind unregelmäßig. Die Kapitäne, wohl im Verband ungeübt, laufen offensichtlich wild durcheinander. Das erschwert die Durchführung schneller Schußabgaben hintereinander, wie sie der Kommandant sich vorgenommen hat. Es soll seine neue Art sein, der verstärkten Sicherung des Gegners angepaßt, mit einem einzigen Anlauf die ganze Chargierung so schnell wie möglich nacheinander herauszuschießen auf möglichst viele Ziele und dann fürs erste wieder in die Dunkelheit hinein zu verschwinden. Zu sorgfältigen Einzelanläufen bleibt heutzutage nicht mehr die Zeit. Das war in der „Nacht der Langen Messer" vor bald zwei Jahren noch wesentlich anders. Denn rumst es jetzt erst einmal in solch einem Verband, so ist kaum noch damit zu rechnen, daß man in dem aufgestörten Haufen zu weiterem Angriff auf nächste Ziele kommt. Man muß sich schleunigst absetzen und später erneut einzubrechen versuchen, wenn sich das Ganze wieder beruhigt hat. Ungesehen sich davonzumachen ist nicht so leicht. Auf dem Kampfplatz setzt mit dem ersten Treffer ein toller Wirbel ein: Leuchtschirme, Leuchtspurgranaten und scharfer Beschuß, Wasserbomben allenthalben, wild umherkurvende Fahrzeuge und neue Ortungsmöglichkeiten, über die der Feind jetzt offenbar verfügt.

Topp sucht sich die vielleicht größten der Frachter aus, läuft an und schießt — durch zwei herausgestaffelte Korvetten gezwungen — auf größere Entfernung, als er eigentlich möchte, nacheinander Rohr I bis IV innerhalb nur eineinhalb Minuten; und dann, nach völligem Wenden des Bootes, sieben Minuten später, auch noch Rohr V aus dem Heck. Inzwischen gehen die Treffer drüben hoch, trotz der Entfernung von über 3000 Meter, einer nach dem anderen. Ein Frachter von etwa 4000 Bruttoregistertonnen sinkt, wie genau zu beobachten, mit starker Schlagseite sofort; ein zweiter beginnt nach der Detonation zu brennen. Der Aal aus Rohr III wird allerdings ein Kreisläufer, schade. Der aus Rohr IV packt dafür einen Tanker an, der wohl das größte Fahrzeug von allen im Geleit ist, 5000 bis 6000 Tonnen, trifft ihn vorn, der Bug sackt schnell tiefer. Im Schein der jetzt aufblendenden Leuchtschirme sieht Topp, wie bereits die Back des Schiffes überspült wird. Also auch der hat genug.

Sämtliche Fahrzeuge schießen Raketen. Es ist ein tolles Feuerwerk, während das Boot immer noch dreht, um den letzten, den 5. Torpedo, anzubringen. An Fallschirmen stehen die Leuchtsätze hell brennend über der wilden Szene und lassen das Kampffeld fast taghell erscheinen. In makabrer Farbe strömt und dünt die See im Widerschein schwarzbraun und golden rot, während in völliger Verwirrung alles durcheinander rast.

Das fünfte Ziel, auf das der Kommandant endlich abgekommen ist, hat inzwischen gestoppt. Während Topp vor zwei heranbrausenden Korvetten mit Höchstfahrt abläuft, erkennt er, daß der Aal vorbeigegangen sein muß. Sichtlich stieß er vor dem Frachter durch. Es gelingt dem Boot trotz der Helle der bewegten, überall schimmernden See, sich unaufgefunden in genügend dunkle Entfernung abzusetzen.

Nach einer halben Stunde Dauer erlischt schlagartig das ganze Theater. Der Rabatz bricht ab. Man hört nun nichts mehr als das Rauschen der nächtlichen See an den Flanken des Bootes, das Prasseln der Spritzerschauer gegen den Turm und das brummende Summen der Lüfter in der Brückennock. Beruhigend spürt jeder das kräftige Schüttern der Diesel. Langsam staffelt U 552 erneut an den Gegner heran.

Beim Herantasten an einen Schatten wird dieser plötzlich spitz und größer: Zerstörer! Er nimmt die Verfolgung auf, hat also das deutsche Boot erkannt. Topp dreht hart ab und versucht, mit Dreimal Äußerste und E-Maschinenzusatz, über Wasser zu entkommen. Und offenbar verliert der Gegner das Boot aus den Augen, denn auf einmal wirft er, immer noch in dessen Kielwasser liegend, Wasserbomben. Glaubt er, es sei vor ihm getaucht? 1500 Meter entfernt hinter dem Boot jagen die Detonationen die See hoch. Der Zerstörer dreht nun ab. Bei schmaler Silhouette des Bootes ist offenbar das Meeresleuchten nicht so deutlich zu sehen. Man muß sich das merken.

Schon vor dem ersten Angriff dieser Nacht hat der Kommandant die Reservetorpedos klar zum Nachladen an die Schienen hängen lassen. Bereits um 04.00 Uhr werden ihm alle Rohre wieder klar zum Schuß gemeldet. Eben erbittet ein anderes Boot Peilzeichen vom Fühlungshalter. Topp gibt sie. Haben denn die übrigen alle keine Fühlung mehr?

Der Zerstörer sichert an Steuerbordseite des Geleitzuges. Trotzdem setzt Topp wiederum von dieser Seite den Angriff an, noch in Sicht dieses Gegners, nach dem gleichen Prinzip wie vorhin: möglichst viele Torpedos hintereinander auf verschiedene Ziele, alle mit gleichen Schußunterlagen aus dem langsam drehenden Boot.

04.32 Uhr Rohr I Los! auf zwei sich überlappende Frachter. Aber der Aal wird Kreisläufer. Rohr II auf einen weiteren Frachter. Rohr III auf zwei ebenfalls sich überlappende Schatten, von denen der zweite in der nächsten Kolonne fährt, 45 Sekunden nach Rohr I. Und dann um eine Minute später Rohr IV auf einen Frachter aus verhältnismäßig spitzer Lage heraus; aber der Zerstörer kommt gerade bedrohlich näher, und es ist keine weitere Zeit mehr zu verlieren. Topp dreht jetzt härter ab zum Schuß aus Rohr V.

Inzwischen gehen die Treffer hoch: Der zweite Torpedo detoniert mit hoher schwarzer Explosionswolke; der dritte unter nur geringem Feuerschein zeitlich wenig früher erst als der aus Rohr IV, dessen Ziel schnell nach dem Treffer Schlagseite bekommt. Der dritte hat also den Frachter der zweiten Kolonne getroffen.

Wie vorhin setzt der Leuchtzauber ein, ehe es soweit ist, daß auch das Heckrohr, und zwar mit festem Schußwinkel 180 Grad, gelöst werden kann. Und wieder geht dieser Schuß, der die Gefahr für das Boot durch die Verzögerung, die er verursacht, vermehrt, fehl. Der Gegner kommt, ehe dieser Aal treffen kann, zum Überlegen, und da er richtig kalkuliert und Fahrtänderung macht, gehen die auf seine bisherige Geschwindigkeit berechneten Torpedos vorbei. Topp sagt sich, daß es zweckmäßiger ist, bei diesen Mehrfachschüssen auf Rohr V überhaupt zu verzichten. Jetzt rennt er mit voller Geschwindigkeit ab und zeigt dem Gegner wieder die schmale Silhouette. Der scheint ihn trotz der Helligkeit ringsum nicht zu sehen. Blendet das Leuchten etwa mehr, als es nutzt? Bald erreicht der Schein nicht mehr das deutsche Boot, das mit AK dahinprescht. Topp kann erneut die Fühlung am Gegner aufrechterhalten.

Um 05.45 Uhr sind die beiden letzten Torpedos des Bootes nachgeladen. U 552 staffelt zum dritten Mal in dieser Nacht zum Angriff heran. Unglücklicherweise wird es gerade in seinem Horizont hell, so daß sich wohl das Boot schon gegen den helleren Himmel abhebt. Uphoff, der als WO früher unter Endrass fuhr, erbittet Peilzeichen und bekommt sie von Topp.

05.50 Uhr Angriffsversuch U 552. Die Zerstörer sind jetzt wachsam und drängen es ab. 06.10 Uhr erneuter Versuch, sowie der herausgestaffelte Zerstörer abläßt und breit wird.

Aber wieder dreht der lästige Gegner sofort zu, bevor der Angriff glückt. Dann wiederholt sich das gleiche verwegene Spiel ein letztes Mal. Es ist zu hell. Topp muß sogar vor dem Zerstörer tauchen, wie dieser dem hartnäckigen Angreifer ernstlicher zu Leibe rückt. 06.32 Uhr. Es gilt nüchtern zu bleiben bei allem Schneid und sich nicht hinreißen zu lassen. Man kann nichts erzwingen. Vielleicht glückt ein Tages-, ein Unterwasserangriff? überlegt der Kommandant.

Durch Stunden hin setzt sich das Boot vor und taucht. Der Plan scheint zu glücken. Als der Verband endlich die Stelle passiert, geschieht es in einem etwas anderen Kurs als vorausgesehen, und das Boot kann unter Wasser seine Position nicht schnell genug verbessern. Elf Frachter ziehen in weiter Distanz unbehelligt an ihm vorbei, ein zwölfter kommt nach. Vielleicht der? Das Boot schafft es nicht mehr, zurechtzukommen. Auch er wandert entfernt durch die Zieloptik. Als letztes folgt ein fischdampferähnliches Fahrzeug in Ballast. Auf dieses könnte Topp wohl gerade noch zum Schuß kommen. Aber es ist knapp 500 Tonnen groß, wahrscheinlich eine Falle, auf so was schießt man keine Torpedos. Das lohnt sich nicht. Pech gehabt.

Doch U 552 darf mit dem bisherigen Erfolg wohl zufrieden sein. Kein anderes Boot ist zum Schuß gekommen. Einige sind bereits verloren. Äußerst vorsichtig geht der Gegner vor. Nur altbeschossene Hasen können sich an einem solchen Geleit behaupten. Topp läßt sich sacken, taucht auf, nachdem alles aus Sichtweite ist, und hält erneut Fühlung.

Flugzeuge, erst von Gibraltar aus angesetzt, dann abgelöst von solchen aus England, drücken sein Boot immer wieder unter Wasser, damit der mittlerweile wie wild und unberechenbar zackende Rest des Transportes entkommen kann. Doch der erfahrene Kommandant U 552 läßt sich so leicht nichts vormachen. Auf Finten fällt er nur schwer herein. Immer wieder während dieses Tages findet er den aus Sicht gekommenen Verband. Fühlungshaltermeldungen dieses und jenes Bootes, das für kurze Zeit Anschluß gewinnt, unterstützen ihn. Die Sicherungen operieren jetzt so ausgezeichnet, daß an die Frachter kein Herankommen mehr ist. Man muß froh sein, den Bewachern und Flugzeugen überhaupt rechtzeitig zu entgehen. Das Wichtigste bleibt, Fühlung wiederherzustellen und zu halten. Darin ist Topp jetzt Meister. Bei Tage, hat ein Zerstörer ihn gesehen, taucht er so schnell wie möglich weg, ganz gleich, ob der Verfolger noch so weit entfernt ist. Nur so hat er Zeit, genügend Abstand zwischen sich und die Tauchstelle zu bringen, von der jener bei seiner Suche nachher ausgeht. Einmal geht er, da alles still bleibt, auf Sehrohrtiefe wieder hinauf. Da liegt die schnittige Silhouette eines Zerstörers knapp 800 Meter entfernt gestoppt und mucksmäuschenstill neben dem Boot, mit Lage 0, geht sofort an und wirft Wasserbomben, ehe das Boot genügend auf Tiefe kommt. Es sackt durch. Ausfälle. Der Bursche zielte haargenau. Nun hält er offenbar doch dieses Boot, von dem Öl aufstieg, für erledigt und läuft endlich ab. Laß ihn ruhig seine Erfolgsmeldung geben.

Funkspruch vom Befehlshaber: „An Gruppe Endrass. Falls Erfolge vorliegen, sind diese umgehend und laufend zu melden."

U 552 gibt: „5 Frachter, 1 Tanker torpediert. 1 Kreis-, 1 Oberflächenläufer, 2 Fehlschüsse." Und schon kurz darauf trifft die Bestätigung ein: „Bravo, Topp!"

Am späten Abend dieses Tages wird voraus ein Boeing-Bomber gesichtet, der einen der Kameraden beharkt. Die Fontänen der Aufschläge sind deutlich wahrzunehmen. Armer Kerl! Es rumst erheblich. Vielleicht ist es Flachsenberg.

Die Nacht wird hell und sichtig. Gut, um den Feind auffinden zu können, den auch Topp im Augenblick verloren hat, aber ungünstig für einen Angriff.

02.30 Uhr meldet die Brücke Rauchtrübung an Steuerbord. Wie Topp hinaufeilt, liegt der Geleitzug vor ihm.

„Auf Gefechtsstationen!"

Formation und Kurs des Gegners sind nicht recht ersichtlich. Einige Schiffe liegen spitz, andere mit Lage. Wenig später hat der Kommandant die Situation erfaßt: Der Verband fährt in Dwarslinie, nebeneinander, Kurs Nord.

Das Boot staffelt an den Steuerbordflügel heran. Auf einmal wird das Flügelschiff spitz, als ob es das Boot erfaßt habe. Die Entfernung beträgt immerhin noch 5000 Meter. Eigentlich also unmöglich. Topp läßt vorsichtshalber abdrehen. Der spitze Schatten wird dennoch größer. Zerstörer! Plötzlich ein Leuchtschirm genau über dem Boot, alles ist taghell. Schon schießt der Feind scharf.

„Alarm!"

Unter Wasser dreht Topp um 90 Grad, läuft drei Minuten lang mit Große Fahrt ab und verholt sich in größere Tiefe. Schleichfahrt, denn der Heranjagende ist schon deutlich zu hören. Die Peilung steht; also kommt er trotz der Wendung des Bootes genau auf dieses zu. Jetzt überläuft er und wirft. Mit wüstem Krachen bellen nacheinander acht Detonationen auf, die es in sich haben.

Das Boot wird übel erschüttert und mitgenommen. Nicht nur das Licht erlischt selbstverständlich sofort, es gibt Ausfälle noch und noch. In der Zentrale laufen die Klarmeldungen der einzelnen Räume zusammen. Notlampen glimmen auf. Wassereinbruch wird nicht gemeldet.

Ein zweiter Schnelläufer, Zerstörer oder Korvette, kommt auf. Beide gehen auf Hochfahrt. Ihre Maschinen stoppen, gehen dann wieder langsam an. Das Suchgerät wird hörbar, als streiche ein Besen über den Druckkörper hin.

Jetzt kommt einer von beiden langsam näher, ortet, lotet jetzt auch mit den gewohnten Asdic-Strahlen. Einwandfrei ist schon mit bloßem Ohr deren Zirpen zu hören. Dazu aber ein dumpfes, bisher unbekanntes Echo.

Alles bleibt still. Nur dieses unangenehme kratzig streichende Geräusch bleibt. Mehrere Male wird das Boot vom Gegner genau überlaufen. Dann geht der Verfolger ab, verschwindet und ist nicht mehr zu horchen.

Nach längerer Zeit schleicht Topp vorsichtig bis dicht unter die Oberfläche, fährt endlich das Sehrohr ein wenig aus. Es ist dunkel draußen und nichts zu sehen. Topp läßt noch 40 Minuten verstreichen, dann: „Klarmachen zum Auftauchen!" Der Kommandant will den Anschluß an das Geleit möglichst wiedergewinnen. Weshalb ließen die Verfolger ab? Haben ihre Geräte das Boot verloren? Dabei liefen sie jedesmal genau darüber hinweg. Das Maschinenpersonal arbeitet fieberhaft, die vorhin eingetretenen Ausfälle zu beheben.

„Auftauchen!" Das Boot kommt raus. Topp springt – zunächst allein – ans Schanzkleid der Brücke, und – – „Alllarrrm!"

Wieder so schnell wie möglich hinab: In etwa 3000 Meter Abstand liegt noch gestoppt der zweite Zerstörer mit breiter Silhouette da und dreht gerade wieder zu. So ein schlauer Hund!

Aufs neue umfängt einen zunächst die große Stille der Tiefe, dann läuft der Feind droben langsam an Backbordseite vorbei. Darauf wieder Ruhe.

Nach 40 Minuten: Sehrohrtiefe. 30 Minuten später, nachdem gar nichts auszumachen ist, Auftauchen. Der Anschluß wird für diese Nacht längst verloren sein.

Draußen starker Ölgeruch. Und nun wird als Hauptschaden jener schauderhaften Wasserbomben vorhin ein Riß im Tauchbunker IV festgestellt. Beide Druckwasserschalter sind aufgesprungen und eine üble Ölpfütze klebt am Boot. Der Feind hat, als er ablief, wohl geglaubt, es sei vernichtet.

U 552 meldet: „Bei Angriffsversuch Waboverfolgung", dazu den letzten Standort des Geleites und, daß jenes Dwarslinie fuhr. Es ist eine helle, sichtige Nacht. Das Öl wird in einen Regelbunker und die Torpedozelle umgepumpt, den schadhaften Tauchbunker spült man durch, bis keine Spur mehr bleibt. Sellhorn-Timm, der neue Leitende Ingenieur des Bootes, ist mit der Reparatur der wichtigsten Schäden bald so weit fertig. Das Boot geht schon längst wieder weiter hinter dem Geleitzug her. Ob man ihn wiederfindet? Da flammt ein Leuchtschirm auf. Topp stößt unbeirrt durch solchen Zauber, der, wie er meint, nur irreführen soll — „Alte Männer wissen schon!" — weiter in Richtung 0 Grad nach, in der vorhin der Geleitzug aus dem Hörbereich geriet.

Wahrhaftig: Kurz darauf kommen die Rauchfahnen wieder in Sicht. Für einen Angriff ist es zu hell geworden. Weit abgesetzt hält U 552 die Fühlung und meldet. Der große Abstand bewährt sich; Topps Boot wird nicht unter Wasser gedrückt.

Da trifft Funkbefehl des BdU ein: „Operation abbrechen. Topp Rückmarsch St. Nazaire." Es lohnt nicht mehr; die englische Küste ist inzwischen schon zu nahe. Nach nur neun Tagen Feindfahrt läuft U 552, als einziges an diesem hartgesottenen Geleitzug erfolgreich, zur Reparatur im Stützpunkt ein.

Meisterschaft

Juli 1942

Immer mehr verschärfen sich die Bedingungen des U-Boot-Krieges für die Deutschen. Schnelle Neubauten der alliierten Handelsflotten bestimmen das Tempo. Immer geschickter setzt der Gegner eine ständig unangenehmer werdende Abwehr am Geleit ein,und immer noch schwieriger wird es den Booten, Fühlung zu gewinnen und zu halten. Immer härter wird der Kampf, wenn man überhaupt zum Schuß kommen will. Nur die Tüchtigsten unter den Kommandanten erzielen an Geleitzügen noch Erfolge, nur die Geschicktesten bringen ihre Boote wieder heim. Wer nicht kühn und besonnen zugleich, wer nicht zäh ist, eine Chance zu nutzen; wer nicht klug genug ist, rechtzeitig abzulassen und dann erneut anzugreifen, den behält die See, den löschen die feindlichen Bomben für immer aus. Es gibt jetzt kaum noch ein Seegebiet im Atlantik, das nicht ständig unter gegnerischer Luftüberwachung stünde. Die ersten Anzeichen setzen ein, daß der Feind über ein neuartiges Ortungsgerät verfügt, das ihm ein Boot auch bei Nebel und Nacht ohne jede optische Sicht anzeigt. Die große Pause in den U-Boot-Erfolgen kündigt sich an, während der auf deutscher Seite Neues gesucht und vorbereitet werden wird, das aber dann nicht mehr rechtzeitig zum Einsatz gebracht werden sollte.

Kapitänleutnant Topp, Kommandant U 552, des Roten Teufels-Bootes, ist jetzt so etwas wie eine Kanone unter den deutschen Kommandanten, die noch und die neu im Einsatz stehen. Sie suchen von ihm zu lernen, wie man es macht. Sein Geheimnis ist nicht nur die

Erfahrung, sein taktisches Wissen, sein Instinkt, sondern seine Persönlichkeit, die geprägt wurde in sechzehn Feindfahrten im Nordatlantik, diesem härtesten Kampfgebiet gegen England.

Wieder einmal marschiert U 552 durch die ihm seit je vertrauten pfadlosen Breiten des Nordatlantik südwärts. Endlich jetzt wollen sie wirklich einmal den Südatlantik kennen lernen. Der erfahrene Bootsmann hat neben der Tropenausrüstung doch die warmen Sachen für den Norden auf alle Fälle mit übernommen. Man kann nie wissen, was kommt. Und richtig: Ein Funkbefehl des Admirals stößt alles um; es soll wiederum in die alten Jagdgründe gehen.

Von vierzehn Tagen ist vielleicht ein einziger ohne Nebel, kaum einer ohne Sturm. „Wegen Wetterlage kein Waffeneinsatz möglich", lautet die tägliche Funkmeldung des Bootes. Ein Orkan nach dem anderen — und das mitten im Hochsommer! — wühlt die See zu wild dahertorkelnden Gebirgsmassen auf, die ins Unendliche zu schwanken und zu wandern scheinen. Gischtumsprüht, brecherüberschüttet wühlt sich U 552, wüst umhergewälzt, seinen schweren Weg durch die wilde See. Es ist ein Dasein an Bord, im engen Boot, alltäglich, das an sich härtesten Einsatz bedeutet. Wenn man jetzt auf den hier oben im Norden erwarteten Geleitzug wirklich stößt?

Funksignal U 71, daß ein Geleitzug in Sicht, dazu Quadrat und daß er mit mittlerer Fahrt nördlichen Kurs laufe.

Nördlich? Da wird er sich bald entscheiden müssen für Ost oder West. Topp sieht die Karte ein. Sein eigenes Besteck ist einigermaßen genau. Er läßt zunächst bei hoher Fahrt, soweit das in der See möglich ist, ebenfalls Kurs 0 Grad vorstoßen. Bald wird wohl eine nächste Fühlungshaltermeldung die Lage klären. Peilzeichen werden noch keine gehört.

Das Boot fährt mit geschlossener wasserdichter Back und ausgeblasenen Untertriebszellen. So wird es nicht derart schwer von den Seen überlaufen. Die Brückenwachen stehen ständig angegurtet. Immer wieder muß das Luk dichtgetreten werden, wenn ein voller Schwall sogar den Turm überschwemmt. Den ganzen Nachmittag über kommt keine Funkmeldung.

Gegen Abend die Mastspitze eines Zerstörers in rechtweisend 315 Grad. Gleich darauf in einer Regenbö, 340 Grad, ein Vierschornsteinzerstörer. Vorausgesetzt, daß vorhin die Meldung von Roithberg, die das Quadrat angab, auf brauchbarem Besteck beruhte, muß der Geleitzug inzwischen also auf Ostkurs gegangen sein, überlegt Topp. Wenn ... diese Zerstörer ihm wirklich zugehören.

U 552 läuft zunächst ab. Der Feind ist in der Regenbö wieder verschwunden, ohne daß seine Lage, entweder 30 oder 150 Grad, recht auszumachen war. Topps Funkspruch: „Zwei Zerstörer östlicher Kurs anscheinend Geleit", dazu Quadrat und Wetterlage. Kaum ist die Bö vorüber, so dreht das Boot wieder auf Nordkurs ein, um Fühlung zu suchen. Zehn Minuten darauf meldet Roithberg: „Abgedrängt. Generalkurs West. Acht bis zehn Meilen. Nach neuem Besteck stand Geleit um 14 00 Uhr" — und es folgt zur vorigen Meldung das verbesserte Quadrat. Topp wendet sofort. Die Lage der vorhin gesichteten Zerstörer war also 150 Grad.

Gegen die See an! Es ist, als renne sich das Boot völlig zu Bruch in den Verbänden beim harten Anprall in die mächtigen Wassergebirge. Schon mittlere Fahrtstufe ist kaum zu verantworten und für die Wache draußen keine Kleinigkeit. Sie muß durchgehalten werden.

Um 22.00 Uhr kommt der Zerstörer in 260 Grad wieder in Sicht. U 552 muß mit hoher Fahrt sofort nach Osten zurück ablaufen, denn der Gegner staffelt ziemlich genau auf das Boot heran. Einige Minuten später dreht er mit breiter Silhouette Südkurs und tritt dann in eine Regenbö, so daß das Boot wieder vorzugehen wagt. Zehn Minuten darauf kommt der Zerstörer aber aufs neue in Sicht. Also abdrehen! Nur nicht gesehen werden! Dann wechselt der Feind auf Kurs etwa 300 Grad. Erneut stößt U 552 nach. Bald darauf ändert jener abermals die Lage: Nordkurs. Nun wird es Topp klar, daß dies der „achtere Feger" am Geleitzug sein muß.

Der Himmel ist völlig bedeckt. Mit Windstärken 8 prescht der Sturm aus West zu Nord. Die Dünung schwillt genau von Westen heran. Höchstens acht bis neun Meilen vermag das Unterseeboot gegen solches Wetter anzuklotzen.

Bald nach Mitternacht kommt der Zerstörer mit Lage 150 schnell aus Sicht. Topp erscheint für einen Augenblick selbst auf der Brücke und läßt mit Zwomal Halbe nachstoßen. Es ist das Äußerste, was in diesem Seegang zu verantworten ist als Grenze der Sicherheit für die Brückenwache. Da kommt nach reichlich einer Stunde ergebnisloser Jagd der erlösende Funkspruch des BdU: „An Gruppe Wolf. Falls U 71 ostwärtigen Geleitzug gemeldet hat, Meldung wiederholen und darauf operieren, andernfalls auf Position im Vorpostenstreifen zurückkehren."

Viel Zeit zum Angreifen wäre nämlich doch nicht mehr an diesem Geleitzug geblieben, höchstens diese eine Nacht, ehe er sein Ziel erreicht. Der Kommandant atmet erleichtert auf, wie er beim Lesen dieses Spruchs auf dem Funkblock die Absicht des „Großen Löwen" erfaßt: Der will uns ja auf einen ganz anderen Konvoi ansetzen, der nach Osten geht! Also wird die aufreibende Jagd hinter diesem her abgebrochen. Alles ist innerlich entlastet, und das Boot geht nun mit langsamerer Fahrt und ruhigeren Bewegungen wieder nach Osten.

Schlagartig wird am nächsten Tag die Wetterlage besser. Der Sturm geht mittags auf Stärke 5 zurück. Das ist immer noch genung, aber während der darauffolgenden Nacht hat er dann ausgetobt. Die See glättet sich. Dafür setzt Nebel ein. Die Sicht ist miserabel, oft keine hundert Meter weit. Immer wieder läßt Topp das Boot zur eigenen Sicherheit zwischendurch tauchen. Zur Hälfte sind die Stunden der nächsten sechs Tage mit Nebel ausgefüllt. Der Befehlshaber ordnet an, daß während einer der Nächte, in der das gesuchte Geleit den Vorpostenstreifen passieren müßte, ein Kurs quer zu dessen Richtung eingelegt wird, um das ungesehene Durchbrechen des Feindes zu verhindern. Auch das hilft nichts. Das Wetter macht eben durch jede Berechnung der Befehlsstelle einen Strich.

Am 18. Juli wird eine neue Standlinie angegeben von der aus die Gruppe suchen soll. Es ist möglich, daß der Feind längst durch die Maschen schlüpfte. Nach der Art des neuen Vorpostenstreifens und der befohlenen Fahrt von 7 Seemeilen nimmt Topp aber an, daß der BdU hofft, daß sie den gemeldeten Geleitzug auf jeden Fall, auch bei Tage, zu erfassen versuchen sollen. Dicker Nebel! Aussichtslos, meint er. Bei dem System der Leitung solcher Operationen von der Heimat aus ist seines Erachtens für die Befehlsstelle unbedingt die genaue Kenntnis der Wetterlage am Ort erforderlich; besonders was Nebel und schwere See betrifft. Er wiederholt durch Kurzsignal seine letzte Wettermeldung, die von dort nicht bestätigt, offenbar also nicht aufgefaßt wurde: „Innerhalb der letzten sechs Tage 50 Prozent Nebel."

Der Wind nimmt zu. Nebel und Regen wechseln ununterbrochen einander ab. Das Boot taucht laufend, um wenigstens zu horchen, damit es nicht unversehens auf einen Verfolger aufbrummt bei dieser nun einmal von oben befohlenen Überwasserfahrt.

Am 19. Juli erfolgt die Anweisung eines anderen Vorpostenstreifens. Am nächsten Morgen soll dorthin abmarschiert werden. Kurs 50 Grad, Fahrt 6 Seemeilen. Unverändert Hochdruckwetterlage. Jedes weitere Herumstehen in diesem Gebiet ist zur Zeit doch hoffnungslos. Topp gibt Kurzsignal: „Kein Waffeneinsatz möglich wegen schlechter Sicht." Dies, in Verbindung mit dem der letzten Tage und dem gerade von Mengersen aus seinem Quadrat abgegebenen entsprechenden Spruch, den U 552 mitgehört hat, sollte der Befehlsstelle die aussichtslose Lage hier oben doch wirklich offenbaren.

Der neue Vorpostenstreifen wird erreicht. Trotz pottdickem Nebel wird mit dem befohlenen Kurs abmarschiert. Und dann folgt sogar der Befehl: „Gruppe Wolf sofort Kurs 320, Fahrt 7 Seemeilen."

Topp kommt langsam in Brass. Noch einmal wiederholt er sein letztes Kurzsignal: „Kein Waffeneinsatz möglich wegen schlechter Sicht." Endlich wird dies inhaltlich wenigstens bestätigt. Aber es erfolgt nichts.

Der Sturm nimmt zu: Süd zu West 5 bis 6. Trotzdem herrscht dabei unverändert Nebel. Wie nasse Tücher streicht er über die Gesichter der Männer auf der Brücke hin. Abends wird wiederum eine Verlegung des Streifens befohlen. Die neue Standlinie ist am Morgen des 21. Juli erreicht. Noch einmal Kurzsignal U 552: „Kein Waffeneinsatz möglich wegen schlechter Sicht." Der Sturm schwillt zu Stärke 7.

Am Mittag des 22., Befehl: „Gruppe Wolf: 1) Aufklärungsstreifen erledigt. 2) Am 23. Juli 08.00 Uhr im Quadrat . . ." (folgt die Zahl und genaue Art der Verteilung eines neuen Streifens auf die Boote). „Stehen in Erwartung eines ostwärts steuernden Geleitzuges. 3) Mit allen Mitteln, zum Beispiel Horchen, eigenen Aufklärungsraum überwachen. Funkstille bis auf Feindmeldungen."

Es flaut ab. Bis Mittag herrscht überhaupt kein Seegang mehr und nur mittlere Dünung. Der Nebel bleibt zunächst.

Das befohlene Quadrat wird erreicht. Einzelne Wolken werden jetzt von frischem Nordwest über einen klaren, blauen Himmel getrieben. Die Sicht ist vorzüglich und hier die Gefahr von Seiten überraschender Aufklärungsflugzeuge des Gegners nicht so groß.

Gegen Abend dieses 23. Juli wird dem Kommandanten eine Mastspitze gemeldet. Topp steigt hoch, und es erweist sich bald, daß man eine Korvette vor sich hat. U 552 hält Fühlung. Zweieinhalb Stunden später kommen Rauchwolken in Sicht und im gleichen Augenblick Funksignal von Kettner: „Feindlicher Geleitzug in Sicht", dazu das Quadrat. „Feind läuft mittlere Fahrt." Der Zug ist also gleichzeitig vom Nebenmann der Gruppe aufgefaßt und gemeldet worden. Die übrigen Boote stoßen herzu.

F. T. vom BdU: „An Gruppe Wolf: Endlich. Nun aber ran!"

Gegen Mitternacht wird dem Kommandanten die Backbordmaschine unklar gemeldet. Trotzdem kann U 552 die notwendige Geschwindigkeit eben halten. Außer ihm haben Bobst und Oldberg Fühlung. U 552 steht steuerbordachteraus vom Geleitzug. Jetzt wird es durch einen herausstaffelnden Zerstörer abgedrängt. Nur für kurze Zeit, dann hat es die Rauchfahnen wiedergefunden. Der Wind wird steifer und steht jetzt unangenehm schräg von vorn. Wenn nur die See nicht wieder so hoch aufliefe! Sie erschwert es den kleinen Booten ungemein, bei diesem Kurs dranzubleiben.

Endlich bricht die Nacht herein. Topps Boot stößt ins Leere. Der Gegner hat mit Dunkelwerden gezackt. Kurz nach 02.00 Uhr muß das Boot „keine Fühlung" melden.

„Höchstfahrt neun bis zehn Meilen." Die anderen Boote sind ebenfalls abgedrängt. Keines hat Fühlung behalten.

02.20 Uhr Leuchtgranaten in rechtweisend 320 Grad. Na ja, denkt Topp, als man es ihm meldet, „alte Leute wissen schon!" Man darf nur nicht darauf reinfallen. Vermutlich ist inzwischen umgekehrt das Gros auf Südkurs gegangen.

Also nach Nase! Zehn volle Stunden operiert U 552 ins Ungewisse hinein, ohne abzulassen. Topp ist nun einmal hartnäckig. Er glaubt sich seiner Sache sicher. Hat es noch Sinn? Die Brückenwache ist angegurtet, um nicht fortgespült zu werden, denn Rasmus steigt immer wieder ein. Die Augen der Männer auf der Brücke schmerzen. Sie sind salzverkrustet und entzünden sich in dem unentwegt beißenden Sturm. Aushalten! denken sie und beißen die Zähne aufeinander. Weiter! Nur nicht weich werden.

Um 07.30 Uhr ist die Backbordkuppelung endlich wieder soweit klar. Weiter mit beiden Maschinen.

Keiner hat wohl je eine Suche ohne jeden Anhalt, daß der Kurs so richtig sei, derart lange und konsequent fortgesetzt. Aber Topp ist überzeugt, daß der Geleitzug gerade diesen Kurs und keinen anderen während der Nacht steuert. Die anderen hatten was auf die Nuß gekriegt, erzählt er später, wie er von dieser Nacht spricht, daß ihnen die Strümpfe platzten. Die waren dem verlockenden Zerstörergeschieße sämtlich gefolgt. – So sprechen, war nun einmal U-Boot-Jargon. Man bagatellisierte, karikierte und redete nicht gern von Gefühlen. – Jetzt war allen der Appetit vergangen, noch weiter nach diesem verdammt unangenehmen Geleitzug zu suchen. Und wirklich gibt gerade der BdU Befehl, abzulassen und den alten Vorpostenstreifen zu besetzen.

Es ist inzwischen 10.45 Uhr, also früher Morgen geworden, Topp aber läuft trotzdem, gegen solchen Befehl, noch eine Weile weiter. Er meint, nun wirklich bald dran zu sein. Da meldet, kaum fünfzehn Minuten später, der wachhabende Obersteuermann Klein eine Rauchwolke backbordvoraus. Zwar ist sie, bis der Kommandant Augenblicke später auf der Brücke erscheint, schon wieder verschwunden. Überhaupt will sie nur ein einziger des Ausgucks, der allerdings bestimmt, gesehen haben. Kasprzack, auf den als Ausguck unbedingt Verlaß ist. Vielleicht ist es wirklich nur ein einzelner Rauchausstoß gewesen? Topp jedenfalls läßt zwei volle weitere Stunden hindurch in der angegebenen Richtung vordringen. Dann noch eine dritte. Da kommt wahrhaftig eine Mastspitze über die Kimm heraus. Noch eine: Der Geleitzug!

Funksignal sofort: „Feindlicher Geleitzug in Sicht", das Quadrat dazu. Die anderen werden wieder angesetzt und müssen ran.

U 552 bleibt vorsichtig achtern am Geleitzug. So hält es sich für am ehesten vor Überraschungen geschützt. Die Mahalla qualmt stark. Das ist gut zum entfernten Fühlunghalten.

Windstille. Nur eine niedrige Dünung läuft aus Nordwesten. Der hohe Himmel ist zur Hälfte von Stratokumuluswolken bedeckt. Topp meldet laufend und führt so die anderen Boote heran. Später Nachmittag. Zwei Kameraden kommen und laufen unternehmungslustig an seinem Boot vorbei nach vorn. Unvorsichtig! Topp läßt sich nicht mitreißen. Er ärgert sich vielmehr, denn sie können womöglich alles verderben. Zum Fühlunghalten genügen auch geringste Anhaltspunkte des Geleites. Dazu braucht man nicht näher an dieses heran. Die beiden wollen offenbar schon jetzt an Backbordseite vorsetzen. Viel zu früh dazu, urteilt der erfahrenere Kommandant. Die Sicherung des Gegners wird sie abdrängen.

Topp meldet jede Kursänderung. 21.40 Uhr Funkspruch vom BdU: „An Gruppe Wolf. Angriff geht über alles. Auch am Tage Angriff anstreben. Erfolgsaussichten für Tagesangriff gut, da Sicherung als Fernsicherung vom Geleit aufgestellt ist. Mit Sichtverschlechterung ab morgen früh rechnen."

Jetzt sinkt die Dämmerung herein. Nun erst beginnt auch Topp aufzuschließen und sich vorzusetzen. Das Boot gewinnt schnell an Raum. Es schiebt sich an der seines Erachtens günstigeren Backbordseite des Geleitzuges vor, von dem man nur hin und wieder die Mastspitze eines der herausgestaffelt patrouillierenden Sicherungsfahrzeuge zu sehen bekommt. Schon hat U 552 den Geleitzug in Lage 90 Grad querab. Nun den obligaten Abendzack des Gegners mit Dunkelwerden nach Süden abwarten, und man kommt wunderbar zum Angriff.

Sichtverschlechterung! Der Geleitzug verschwindet in Dunst und Regenböen. Das Boot ist gezwungen, näher heranzustaffeln, aber schnelles Wiederaufklaren verlangt, daß es mit Höchstfahrt wieder abläuft. Die Sicht wechselt dauernd. Topp läuft in Richtung der zuletzt gesehenen Rauchfahne nach.

Nichts! Verkehrt! Also muß der Feind dieses Mal nach Norden gegangen sein, und das Boot steht wieder achterlich? Pech! Es ist zum Benießen.

Inzwischen haben acht Boote wahrhaftig Fühlung gemeldet. Hinterdrein!

Da sind sie ja! Also nach Osten laufen sie.

Es war zuletzt Seegang 2 gewesen von Südsüdosten. Mit der vollen Dämmerung setzt schlagartig ein Wetter ein, wie es der Kommandant, der doch vieles auf allen seinen Fahrten erlebte, noch nie gesehen hat. Vorm Westen eine U-Boots-Silhouette neben der anderen. Fünf schwarze Knöpfe, die Türme, hoch heraus über die Kimm vor dem letzten brennend gelben Streifen klaren Himmels auf der dunklen, von Gewitterwolken tiefschwarz überschatteten See. Wie unvorsichtig! denkt Topp. Sie müssen doch von dem im Regen zwar schlecht, aber noch hoch heraus sichtbaren Feind deutlich erfaßt werden. Zu allem Überfluß fängt eines der Boote mit der großen Wartalampe zu morsen an, ausgerechnet in Richtung auf das Geleit zu. Und dann löscht alle Sicht einfach aus. Der Geleitzug verschwindet, ehe Topp recht aufschließen kann, in die Dunkelheit hinein. Jetzt stoßen die Boote eines neben dem anderen vor, hinterdrein, aber sie verlieren, stellt sich dann heraus, jegliche Fühlung.

Erst nachdem auch der eigene Horizont dunkler geworden ist und der Gegner längst verschwand, stößt Topp mit Höchstfahrt nach. Du läufst jetzt trotz alledem stur den alten Kurs! sagt er sich. Der Ostkurs wird lediglich der Abendzack in die günstige Dunkelheit hinein gewesen sein, um die aufgefaßten Verfolger abzuschütteln. Dort suchen überdies ja die anderen. Regen schüttet. Nicht die Back ist mehr zu sehen. Dicht triefend, richtig wie ein flimmernder Vorhang, steht es zwischen Vorschiff und Turm. Es pladdert nur so herab. Ringsum finster. Langsam wird auf der offenen U-Boots-Brücke alles weich. Auch innerlich.

„Hat keinen Zweck mehr, Herr Kaleunt", meint der Offizier der Wache, sich umwendend, verdrossen. Es ist der ältere Oberfähnrich Kluge, den Topp schon seit mehreren Fahrten an Bord behält, um nicht dauernd seine I. WO als Kommandantenanwärter gleich wieder zu verlieren.

„Halten Sie Ihren Schnorchel voraus!" ist alles, was der Kommandant, der selbst oben ausharrt, aus triefnassem Gesicht heraus erwidert. Es hat wohl wirklich bald keinen Sinn mehr, einzig auf Annahme hin zu operieren.

„Zerstörer!" Auf vielleicht 600 Meter läuft plötzlich, wie es für eine Weile nachlassend etwas sichtiger wird, ein Schatten rechtweisend 50 Grad schräg nach Norden durch.

„Auf Gefechtsstationen!" Jener ist wieder aufgeschluckt von der Finsternis. Nichts ist mehr zu sehen.

Achteraus werden Leuchtgranaten geschossen. Dort jagt man die Kameraden. Topp hält stur durch. Neunundneunzig Prozent der Zeit wird völlig blind gelaufen bei tropischem Regen. Jedes Nachlassen fleißig ausgenutzt zum Sehen.

Achteraus für kurze Augenblicke schemenhaft ein Sicherungsfahrzeug. Lage 40.

Da –! Vor auf einmal dastehendem spitzen Schatten muß das Boot sofort abdrehen. Zurück! Der Schatten wird kleiner, hat also Lage annähernd 180 Grad und nicht auf das Boot zu. Jetzt ist er verschwunden. Topp stößt in der gleichen Richtung wieder eine Stunde lang nach, blind hinter dem Schatten her in rechtweisend 70 Grad. Es sind nur 300 Meter Sicht bei dem erneut stärker strömenden Regen. Seit drei Stunden ist der Anschluß an das Geleit verloren.

Plötzlich ist der strömende Regen weg, und ... auf nur 3000 Meter hat man den gesuchten Feind vor sich.

Einer der Schatten wird groß sichtbar; daneben andere. Außerdem drei Zerstörer. Ein großes Durcheinander. Offenbar findet gerade eine Kursänderung statt.

Noch ist es diesig, Seegang 5 bis 6, aber das Wetter bleibt jetzt wenigstens einigermaßen sichtig, so daß Topp die Lage beim Gegner mitbekommt. Langsam dreht er dessen Kursänderung mit bis auf 180 Grad, den neuen Kurs. Das Boot steht unmittelbar hinter dem Geleit. Um keine Zeit und Gelegenheit mehr zu verlieren, stößt Topp diesmal von achtern durch die Sicherung vor. Er hat also mit seinem Kurs rechtgehabt und meldet den Gegner, Quadrat, Kurs und Geschwindigkeit – 9 Seemeilen. In drei Kolonnen marschiert der Verband, die Sicherungen außen. Es ist jetzt 03.50 Uhr geworden. Der ganze Verein hat einen großen regelrechten Kreis von 360 Grad geschlagen, Topp mit. Auf was alles diese Burschen kommen. Raffiniert!

Das Boot schiebt sich zwischen die Steuerbord- und die mittlere Kolonne der feindlichen Frachter ein. Nach beiden Seiten bleibt etwa 800 Meter Abstand. Die verhältnismäßig geringe Sicht wird jetzt, da der Feind gefunden, dem Boot zum Verbündeten.

Angriff auf einen Tanker. Das Schiff ist wachsam, bemerkt den angreifenden Feind, dreht hart ab und verschwindet lautlos in der unsichtigen Dunkelheit. Vielleicht war es sich seiner Sache nicht ganz sicher, denn es meldet nicht. Sofort stattdessen Angriff auf einen großen Frachter mit Pfahlmast und Maschine achtern, mindestens 9000 Tonnen groß, in der Steuerbordkolonne. Die Fahrtschätzung kann nur ungenau geschehen; denn zum Ausdampfen bleibt keine Zeit. Deshalb Doppelschuß Rohr I und Rohr II.

Nach 48 Sekunden Laufzeit kurze Feuererscheinung: Treffer achtern. Der Gegner funkt sofort: „Torpedoed starboardside by submarine. Engineroom flooded" und schießt Sterne. Mündungsfeuer blitzt an verschiedenen Stellen der Dunkelheit auf, Leuchtschirme blenden fahl in diesiger Höhe der regenfeuchten Luft, in allen Sektoren. In der dunsterfüllten Atmosphäre reicht ihr Schein nicht weit. So mittendrin vermutet keiner das Boot.

U 552 dreht ab und läuft jetzt zwischen der mittleren und der Backbordkolonne auf. Inzwischen schwillt die See wieder an, bis zu Seegang 7 bis 8, gibt also keineswegs mehr sichere Unterlagen für den Torpedoschuß. Aber einmal ist es geglückt und soll noch öfter glücken. Böen mit bis zu 10 Windstärken jagen jetzt wieder über das Boot. Wieder zieht der Geleitzug, durch die Detonation des Treffers aufgebracht, einen vollen Kreis. Topp mit. Endlich liegt alles wieder auf normalem Kurs. Erneut dreht U 552 an. Auf den nächsten Dampfer, etwa 8000 Bruttoregistertonnen. Rohr III und IV.

Treffer! Mittschiffs! Kessel und Maschinenraum. Hohe schwarze und weiße Rauchwolke. Anscheinend Kesselexplosion. Genügt. Bei dieser See hält sich kein Havarist.

Die Detonation lockt das gleiche Feuerwerk hervor wie die des ersten Treffers. Topp fühlt sich auf der Brücke noch recht wohl zwischen den Kolonnen. Derweilen wird im Bugraum seines Bootes eifrig nachgeladen. Bei der geringen Sicht erkennt man draußen gleichzeitig immer nur ein bis zwei Schiffe. Und da ist ja der schöne Tanker wieder, der große von vorhin. Topp versteift sich darauf; jetzt soll auch der fallen!

Er fühlt sich nicht ganz wohl bei dem Entschluß, aber er steckt nicht zurück. Schien nicht dieser Bursche vorhin besonders auf Zack zu sein? An Steuerbord, in weiter Staffel zu ihm, fährt ein Frachter. Topp nimmt sich vor, mit spitzer Silhouette erst auf das Heck des Tankers zuzulaufen und dann anzudrehen zum Schuß auf diesen Frachter.

Schon ist man gut aufgekommen gegen die wüste See, die Brücke steht laufend völlig unter Wasser, aber hindurch! Dreihundert Meter. So, jetzt drehen —

„Steuerbord 10! — — Rohr I und II — —" — — da blitzt es achtern auf dem Tanker auf — — eine wahnsinnige Detonation wie ins Gesicht — — er schoß. Hat er das Boot mit seiner ersten Granate getroffen? Genau mit dem Schlag zugleich brach donnernd das Vorschiff ein in die See. — Was ist? Sinkt es weg?

Der Luftdruck hat dem Kommandanten den Südwester vom Kopf gezerrt.

„Alllarrrm!" brüllt er und alles stürzt, schnell das Nachtzielgerät vom UZO reißend, durchs Luk hinab. Trotz allem bleibt nichts anderes übrig, als zu tauchen. Vielleicht — das Boot sackt weg — ist nur die wasserdichte Back getroffen und noch nicht alles vorbei?

Taucht der Leitende Ingenieur, oder sinkt das Boot bereits ohne ihn? Voller Spannung trifft der Kommandant als Letzter von oben in der Zentrale ein. Nichts war getroffen. Nur, daß eine ausgewachsene 15-cm-Granate in unmittelbarer Nähe des Bootes aufschlug und detonierte. Das Boot taucht ordnungsgemäß mit dem Alarm.

Im Horchgerät ringsum Ortungsgeräusche, sonst nichts. Topp läuft seitlich ab, um erst einmal aus den Kolonnen herauszukommen. Nach 15 Minuten auf. Wieder hinaus. Der Seegang ist auf 8 bis 9 angeschwollen, der Sturm zu vollem Orkan, Stärke 10 bis 11. Der Kommandant versucht in Richtung 180 Grad nachzustoßen, aber gegen solche See kommt er überhaupt nur mit Eine Maschine Langsame Fahrt an, wenn nicht alles zu Bruch gehen soll. Die Sicht bleibt schlecht. An den inzwischen weitergedampften Geleitzug ist einfach nicht mehr heranzukommen. Das Boot schafft es nicht.

U 552 meldet: „Aus Geleit 2 Dampfer mit etwa 16000 Bruttoregistertonnen. Treffer beide Maschinenraum. Sinken wahrscheinlich. Durch nahes Geschützfeuer unter Wasser gezwungen. Nachstoßen gegen die See aussichtslos."

Keines der Boote hat mehr Fühlung. Und doch schafft es Topp. Trotz der geringen Fahrt seines Bootes gegen die brüllende See. Erst trifft er auf einen Zerstörer, ist aber vor dem schnell und spitz herankommenden zum Tauchen gezwungen. Als er wieder hoch kommt, ist nichts mehr zu sehen. Der Feind passierte mit Kurs 150 Grad. In diesem Augenblick wird der Funkspruch des BdU dem Kommandanten vorgelegt, der befiehlt, daß Gruppe Wolf auf Generalkurs 210 Grad möglichst viel Raum gewinnen soll. Er meldet für 11.45 Uhr ein Funkschlüsselgespräch mit Topp an. Bald darauf entwickelt sich dieses folgendermaßen: Leitstelle: Hier Dönitz. Wie ist die Wetterlage? Was können die Boote auf Generalkurs laufen?

U 552: Hier Topp. WSW 8, See 7, Cyclone. Sicht etwa 4000 Meter. Eine Maschine langsame Fahrt.

Leitstelle: Wie war die Abwehr, und wodurch wurde die Geleitzugbekämpfung anderweitig schwierig?

U 552: Starke Sicherung. Angriff erschwert durch plötzlich einsetzendes Unwetter, vom Geleitzug geschickt benutzt zu Kursänderungen bis zu 360 Grad. Dadurch Verlust Fühlung vieler Boote.

Leitstelle: Was halten Sie von der Aussicht, noch irgendwas an dem Geleitzug zu erfassen, zum Beispiel abgesprengte Einzeldampfer?

U 552: Geleit selbst im Unwetter tadellose Formation. Bei diesem Wetter beziehungsweise durchschnittlich schlechter Wetterlage in diesem Gebiet halte Möglichkeit, Fühlung zu bekommen, für äußerst gering.

Leitstelle: Frage, was die Boote auf Kurs Süd laufen können, und nehmen Sie an, daß dieser Kurs an den mutmaßlichen Standort des Geleitzuges näher heranführt?

U 552: Auf Kurs Süd etwas mehr. Annehme Kursänderung auf SW in der Morgendämmerung wie am Vortage.

Leitstelle: Gut, Topp. Jedenfalls sind Ihre beiden Dampfer anhand des Wetters mit Sicherheit weg. Heil und Sieg! Schluß des Gesprächs.

Es wird hell. Schug meldet einen Zerstörer und bald darauf den Geleitzug. Sofort darauf F.T. vom BdU: „An Gruppe Wolf: 1. Tut Euer Bestes! Das Wetter wird besser; 2. Schug mit allen Mitteln dranbleiben!"

Topp bittet den Kameraden um Peilzeichen. Um 23.00 Uhr, kurz vor Dunkelwerden dieses Tages, haben außer Schug auch Hackländer, Mengersen und Keßler Fühlung. Um 01.22 Uhr meldet Bopst den Feind. Kurs 300 Grad. Topp geht auf 120 Grad; er müßte das von jenem bezeichnete Quadrat in etwa 15 Minuten haben. Die Nacht ist gut sichtig. Das Boot steht nun auf und ab. Jetzt brauchte es Peilzeichen von den Kameraden, die doch Fühlung haben. Topp fordert sie vom Fühlungshalter an. Endlich jetzt werden welche in 19 Grad gehört. Mit Höchstfahrt geht U 552 an, auf 350 Grad. Eine Stunde lang. Ergebnislos. Wie ist das nur möglich?

Erneut werden Peilzeichen angefordert. „Daß sie nicht von selbst darauf kommen!" flucht Topp, der, wenn er Fühlung hatte, jedesmal die anderen heranführte. Sie denken einfach nicht daran. Es ist jetzt 04.10 Uhr. Seit 01.30 Uhr ist keine einzige Fühlungshaltermeldung mehr gesendet worden. Topp ist wütend. Er gibt noch einmal durch Kurzsignal: „Erbitte Unterrichtung über Feindlage; erbitte Peilzeichen vom Fühlungshalter. U 552." Um 05.00 Uhr endlich wenigstens Standortmeldung von U 71. Schug hat inzwischen die Fühlung längst verloren.

Ruhiger ist das Wetter geworden. Wind aus Westnordwesten, Stärke 4. Noch läuft allerdings die Dünung ungewöhnlich hoch. Mit höchstmöglicher Fahrt stößt Topp in der als letzte ihm mitgeteilten Kursrichtung des Gegners nach. Unverständlich, daß die Boote immer noch keine Peilzeichen senden. Deshalb noch einmal Kurzsignal: „Bisher keine Peilzeichen gehört. U 552." Nichts rührt sich. Inzwischen haben sie alle die Fühlung abreißen lassen.

Um 08.10 Uhr voraus ein kurzer Feuerschein. 09.20 Uhr Rauchfahne in rechtweisend 260 Grad.

Man will es kaum glauben, — es ist nun anderthalb Tage her! — daß so etwas möglich ist in der unermeßlichen Weite atlantischer Seeräume bei der geringen Sichtweite vom U-Boot aus. Aber Topp hat es geschafft. Ist das nun „Nase" oder Klugheit? Fingerspitzengefühl jedenfalls, und Zähigkeit!

10.30 Uhr gibt Topp Kurzsignal: „Habe Fühlung am Geleit. U 552." Und schon 12 Minuten später wird der Funkbefehl des BdU entschlüsselt: „Hart bleiben. Wir müssen an diesem Geleitzug zu Erfolgen kommen." In seinem Lagezimmer verfolgt der „Große Löwe" also aufmerksam die Operationen dieser Gruppe. Die anderen Kommandanten fluchen nicht schlecht, als sie Topps Meldung entschlüsseln. Also doch wieder gegenanknüppeln gegen die noch bullige See, hinter diesem verfluchten Geleitzug her. Im Grunde aber nehmen sie die groben Reden, mit denen man sich Luft macht, selbst nicht ernst. Immer wieder bekommt dieser Kerl, der Topp, Fühlung, wenn endlich der BdU ein Einsehen hat und die weitere Verfolgung als aussichtslos abbrechen läßt.

Beim Näherkommen entwickeln sich mehrere Dampfer. Noch ist ihr Kurs nicht recht ersichtlich, und bevor Topp ihn erfaßt, wird er durch einen Zerstörer bis an die Grenze der Sicht der Rauchfahnen zurückgedrängt.

Topp legt seiner Berechnung den zuletzt von Mengersen beobachteten und mitgeteilten Gegnerkurs zugrunde und beginnt sein Vorsetzmanöver, um noch bei Tage zu einem Unterwasserangriff zu kommen.

In mühevoller Kleinarbeit, immer wieder nach kleinsten Andeutungen operierend, immer wieder auf schnell herausstaffelnde Zerstörer reagierend, hat er das Boot endlich vorgebracht, taucht zum Unterwasserangriff, um nun den Zug auf sich zukommen zu lassen — da macht dieser noch vor der Möglichkeit des Schusses eine Wendung, und alles war umsonst.

Aus Sicht kommen lassen. Auftauchen. Wieder hinterher.

Da trifft U 552 — die Kimm schmiert sich unterdessen zu, es scheint eine neue Verschlechterung der Wetterlage einzusetzen — plötzlich einen Dampfer und eine Korvette mit Lage 0 in rechtweisend 30 Grad vor sich. Kursänderung des Geleits diesmal auf das Boot zu? Es ist 12.30 Uhr. Das Boot taucht. Im Sehrohr bleiben die Masten nur des Dampfers zu sehen. Sie kommen nicht höher heraus. Ihre Lage ändert sich des öfteren, aber es ist, als stünde der Gegner auf der Stelle still. Endlich läuft Topp unter Wasser ab und taucht dann auf. Um 15.00 Uhr hat er es erkannt. Der Dampfer setzt sich jetzt nach Westen zu langsam in Bewegung. Es ist lediglich der eine, durch eine Korvette geschützt. Der Geleitzug ist inzwischen auf und davon. 4000 bis 5000 Tonnen möchte dieser Dampfer haben. Er scheint havariert oder torpediert zu sein. Etwa durch den letzten Sturm? Mit 5 bis 6 Seemeilen Fahrt liegt er tief im Wasser. Vorsichtig hält Topp Fühlung. Um 18.00 Uhr kommt pottendicker Nebel auf. Aus!

Trotzdem stößt Topp nach.

Das ist gefährlich. Aber der Kommandant ist nach all den enttäuschenden Erlebnissen entschlossen, aus diesem Verband noch etwas herauszuschießen. Wenigstens diesen versprengten Nachzügler. Und wenn es härteste Mittel erfordern sollte. Um Mitternacht — es ist noch hell — ist steuerbord voraus Geschützdonner zu hören. Zu sehen ist bei dem Nebel nichts. Bald darauf zwei schwere Detonationen im Abstand von fünf Minuten hintereinander. Das sind keine Torpedos. Hin! In Richtung des Schalls.

Es wird ein wenig sichtiger. Und dann kommt allein die Korvette mit höchster Fahrt an und wieder aus Sicht. Zweifellos war sie das. Sie hat sicherlich den zurückgebliebenen

Frachter, der das Tempo der übrigen nicht halten konnte und havariert war, mit Geschützfeuer und Sprenggranaten versenkt.

Topp geht auf 260 Grad, um den verlorenen Geleitzug wiederzufinden. Der ist inzwischen nicht mehr weit ab von seinem Ziel. Es ist zweifellos nichts mehr zu machen.

Während des darauffolgenden Tages kommt vom BdU der Befehl, die Suche abzubrechen und zur Brennstoffergänzung aus einem U-Tanker ein bestimmtes Quadrat anzusteuern.

Der größte Teil der bisher beteiligten Kommandanten trifft bei dem U-Tanker zusammen. Ein feines Palaver beginnt, zum Teil durch Wink- und Blinksprüche von Brücke zu Brücke, zum Teil mit heftigem Stimmaufwand durchs Megaphon. „Da haben sie mich alle fertiggemacht", erzählt Topp später schmunzelnd. Im Grunde aber waren wohl doch alle stolz auf ihn und voller Bewunderung für sein Können. Der „Flachs", um Gefühle zu verbergen, war unter rauhen Kriegern nirgends so zuhause wie in der U-Boot-Waffe. Um seine Zähigkeit wie seine „Nase" beneideten sie ihn, der als Kommandant allmählich so etwas wie ihrer aller Meister geworden war. Er hatte sich nicht geschont, nicht sich, nicht seine Männer. Darauf war nicht nur seine eigene Besatzung stolz. Er hatte dem Schicksal jeden Erfolg buchstäblich abgezwungen.

Es war ein herrlich schöner Tag. An dieser Stelle des weiten Weltmeeres, an der so gut wie keinerlei Luftgefahr damals bestand, war alles an Oberdeck. Vom U-Tanker kam im Schlauchboot der Friseur an Bord. Die Haare wurden geschnitten. So sah man doch wenigstens wieder einmal etwas menschlicher und soldatischer aus. Den Bart ließen die meisten stehen. Nur ein wenig Fasson mußte der Figaro einigen hineinbringen. Sellhorn-Timm, der Leitende Ingenieur und Apostel gesunder Lebensführung auf dem Roten-Teufels-Boot, war von der Brücke aus natürlich als erster in den Bach gesprungen. Die klare See verlockte. Die anderen sind dabei, sich ebenfalls dazu klarzumachen. Da kommt von Stieblers Boot, dem Tanker, herüber: „Vorsicht, Baden verboten! Haifische!" „Handgranaten klar!" Und während der Offizier eiligst aufs Boot zurückkommt, beginnt der neue Sport, das Gefecht gegen den Hai, der seit je als der rücksichtslos mit alle Mitteln zu bekämpfende Feind des Seemanns gilt. Es sind keine großen Tiere, die man jetzt deutlich überall herumgeistern sieht. Man reißt die erste Handgranate ab. Sie detoniert. Aber die Viecher schwimmen unbeeindruckt weiter. Nanu! Fische können das doch sonst nicht ab? Ein wildes Gewerfe und Gekrache ringsum setzt ein. Aus dem Bootsinneren kommt die Frage der dort Verbliebenen zur Brücke, was denn bloß sei? Die Guten hatten, jäh aufgescheucht, an Wasserbomben in einiger Entfernung gedacht, derart rumste es jedesmal im Boot, wenn die Töpfe losdröhnten. Kaum war das Spiel erst alt, mußte Kasprzack den Kameraden von der Maschine, die nun auch einmal ans Licht kommen konnten, seinen „Affen" vorführen, den er sonst, wenn kein Feind in Sicht kommen wollte, auf Brückenwache auszutoben liebte. Immer rund herum um das zur Hälfte ausgefahrene Sehrohr. Er, der tadellose Ausguck und verläßliche Mann auf Feindfahrt, war eine rechte Betriebsnudel und an Land ein unverbesserlicher Bolzenschieber. Ein Glück für ihn, daß er in seinem Kommandanten einen Fürsprecher fand, der ihn ob seiner Leistung draußen aus den heikelsten selbstverschuldeten Situationen zu retten nicht müde wurde.

Einen Tag brachte man so beisammen in rechter Urlaubsstimmung zu. Nachts war die Übernahme beendet. Das Boot machte seinen Trimmversuch, dann ging es mit der Dunkelheit aufs neue gegen den Feind.

Ein anderer Geleitzug war gemeldet. Die frisch versorgten Boote wurden zur Verstärkung der Gruppe Pirat angesetzt. Entsprechende Positionen befohlen. Man setzt sich in Marsch. Schon am 1. August folgt der Befehl, die Gruppe Pirat aufzulösen. Als neue Gruppe Steinbrinck sollen die Boote Lemke, Mengersen, Hackländer, Rodler, Kettner und Topp vom 6. ab einen bestimmten Vorpostenstreifen bilden. Abermals erhebt sich schwerer Sturm mit Regenschauern. Was für ein Sommer herrscht in diesem Gebiet!

Noch während der Dunkelheit trifft unversehens Topp bei halbem, ab und an heraustretendem Mond auf einen Schatten. Ein Geleitzug mit westlichem Kurs, backbord vorn ein Zerstörer. Mehr ist noch nicht zu erkennen.

„Auf Gefechtsstationen!" Das Boot steht günstig. Es kann sofort zum Angriff anlaufen. Bis auf drei-, viertausend Meter, hinter dem Zerstörer durchbrechend, ist es geschafft, da wird ein zweiter Zerstörer sichtbar, backbord achtern, der mit hoher Bugsee, Lage Bug links 10, heranbraust. U 552 steht genau zwischen beiden, dreht ab und läuft mit äußerster Kraft jetzt auf den vorderen zu. In diesem Augenblick tritt wieder einmal der Mond heraus, die Lage des achteren Zerstörers wird spitz. Er dreht mit.

„Alarm!" Topp glaubt das Boot gesehen und geht auf größere Tiefe. Das Horchgerät verfolgt, wie der Zerstörer in unmittelbare Nähe kommt. Aber er läuft — vorbei. Er hat wohl doch nichts gemerkt.

„Auf Sehrohrtiefe!" befiehlt endlich der Kommandant. Lange hat das Horchgerät keinerlei Geräusch mehr aufgefaßt.

„Der hat nur gestoppt!" meldet ihm der Rudergänger, wie Topp in den Turm hinaufklimmt, um sich ans Sehrohr zu begeben. „Ich habe ihn eben noch gehört mit dem Ohr."

„Machen Sie die Mannschaft nicht verrückt! Sie müssen sich täuschen", verweist Topp und läßt nach ergebnislosem Rundblick durchs Sehrohr auftauchen. Er verläßt sich auf das Gerät und seinen tadellosen Horcher Steinweg. „Turm ist frei!" heißt es aus der Zentrale herauf. Topp öffnet das Luk und klettert schnell heraus. Blickt über das Schanzkleid ringsum — — da liegt in 3000 Meter Entfernung wahrhaftig der Feind gestoppt mit breiter Silhouette. Er hat also doch etwas bemerkt. Wieder Alarm. Es geht klar. Aber unterdessen entfernt sich der Geleitzug immer weiter.

Mit Dämmerungsbeginn taucht das Boot auf. Keinerlei Sichtfühlung. Topp meldet und stößt dem entschwundenen Feind nach. 09.30 Uhr hat er ihn. Nun kann er bald festere Angaben machen. Admiral Dönitz setzt daraufhin sämtliche Boote der ehemaligen Gruppe Pirat und die der Gruppe Steinbrinck auf diesen von U 552 unvermutet aufgefaßten Geleitzug an. Es bleibt den Tag über steifer Nordwest und gute Sicht. Langsam setzt Topp das Boot zum Tagesangriff vor. Fühlunghalten ist dadurch sehr erschwert, daß der Geleitzug überhaupt nicht qualmt. Lediglich nach den Mastspitzen, nach denen der herausgestaffelt laufenden Zerstörer, muß es geschehen. Vor den herankommenden muß sich das Boot mehrmals reichlich weit absetzen. Durchschnittlich bleibt es in 10 Seemeilen Entfernung vom Gegner.

Nach Mittag wird die Kimm dunstig. Topp geht näher heran. Zeitweilig werden die dicken Masten der Dampfer selbst in halber Länger über die Kimm heraus sichtbar. Kurz nach 17.00 Uhr steht das Boot ziemlich vor dem Zug, als es vor einem mit Höchstfahrt herankommenden Zerstörer nicht mehr freizukommen vermag. Es taucht gleich zum Angriff. Weit entfernt wirft der Zerstörer Wasserbomben. Auf was wohl? Senkrecht zur Kurslinie des Geleitzuges läuft U 552 unter Wasser an. Nach etwa einer halben Stunde kommen im Sehrohr die Mastspitzen in Schiffspeilung 55 Grad heraus. Mit Halber Fahrt läuft das Boot weiter. Langsam wandert der Gegner ein, kommt näher.

Im letzten Augenblick zackt der Geleitzug um volle 30 Grad von dem ihm auflauernden U-Boot ab, wahrscheinlich im Zusammenhang mit jener doch wohl unbegründeten U-Boot-Bekämpfung des Zerstörers.

Nach zwei Stunden kann Topp auftauchen und meldet den Standort des Gegners, dessen neuen Kurs: „Geleit bei Angriff auf 270 Grad gezackt." Mehrere Boote halten Fühlung. Dann also gemeinsam des Nachts!

Ein Boot der eigenen siebenten, der Stier-Flottille, begegnet. Es könnte Thurmann sein. Topp, der aufschließt, wird mehrfach durch Sicherungsfahrzeuge des Gegners gezwungen, abzudrehen. Da es auf die Dämmerung zugeht, staffelt er mit ganzen Maßnahmen sofort wieder heran. Dickfellig, damit nur ja nicht jetzt die Fühlung abreißt. Die Zeit des Dämmerungsbeginns ist erfahrungsgemäß besonders kritisch.

Der Wind läßt nach. Es ist stark bewölkt und verspricht eine dunkle Nacht bei mittlerer Sicht. Topp meldet laufend jede Änderung in Kurs und Geschwindigkeit des Gegners. Kurz nach 00.00 Uhr drängt einer der Zerstörer ihn besonders weit ab und wirft um 01.00 Uhr Wasserbomben. Das kann nur ein Täuschungsmanöver sein, sagt sich Topp, um mit Dunkelwerden den Verfolger auf falsche Spur zu locken. Er läßt sich nicht beirren. Die meisten Boote fallen auf des Gegners Finte herein, der in einer dunklen Wolke über der Kimm verschwindet. Sie alle werden durch Korvetten abgedrängt.

Nur Thurmann und Topp gehen stur sofort wieder auf alten Kurs. Es ist der große Abendzack, den der Feind einlegt, sagen sie sich. Mit Höchstfahrt stößt Topp auf diese Wolke zu. In diesem Augenblick tritt Sichtverschlechterung ein. Die Kimm schmiert zu, und binnen kurzem herrscht völlige Finsternis, ehe er den Anschluß wiedergewonnen hat. Topp läuft nordwestliche, dann nördliche Kurse, ohne etwas zu finden. Zwei volle Stunden lang. Dann trifft er auf die Silhouette eines Zerstörers. Nach dessen zackenden Bewegungen zu schließen, möchte es der achtere Feger des Geleitzuges sein. Laufend muß Topp ab- und wieder zudrehen, um wenigstens an ihm Fühlung zu halten. Mit Höchstfahrt geht er an dem Zerstörer vorbei, und wahrhaftig: da marschiert ja der Zug! Das Boot steht an Backbordseite des im Augenblick etwa 300 Grad steuernden Verbandes. Ein Schatten neben dem anderen wird sichtbar — wie zur Parade.

Topp dreht zum Angriff an, da werden die Schatten spitz und kommen nun in Dwarslinie mit Kurs 240 Grad auf das Boot los. Topp muß abdrehen, läuft nun vor dem ganzen Geleitzug her, dessen Fahrzeuge sich, als habe einer auf dem Exerzierplatz „Reihe rechts!" gerufen, zur Kiellinie ordnen. Topp läßt sich heransacken bis auf 500 Meter, dann dreht er und schießt seinen ganzen Satz heraus. Den bisher gesammelten Erfahrungen entsprechend, kommt es darauf an, die Situation zu nutzen, ehe sie ungünstiger wird und ein Zerstörer drängt.

Der Schuß aus Rohr V, aus reichlich spitzer Lage heraus geschossen, geht fehl. Die übrigen Torpedos treffen. Zwei Dampfer sinken sofort; der eine, ein Frachter oder Tanker, etwa 8000 Tonnen, der etwas weiter abgesetzt fuhr, nach kurzer Stichflamme im achtern liegenden Maschinenraum und schwarzer Rauchsäule. Andere Dampfer schieben sich davor, aber sein Zustand war durchaus gewiß. Der andere, ein Frachter gleicher Größe, nach Treffer Mitte im Maschinenraum: Er geht über alles, Schrauben und Ruder hoch herausragend, auf Tiefe.

Wie zu erwarten, hat schlagartig mit dem ersten Treffer ein wüster Rabatz eingesetzt.

Unter dem Leuchtraketengeschieße von sämtlichen Dampfern erkennt man das unverschämte deutsche Boot, das jetzt in 500 Meter Entfernung vor der Kolonne daherjagt. Taghell ist alles erleuchtet. Doch mit ihren achternstehenden Kanonen können die Frachter nicht schießen, und bis einer der abgesetzt Sicherung fahrenden Zerstörer angehastet kommt — sie schießen Leuchtgranaten —, ist U 552 längst in die düstere Nacht hinein verschwunden. Es kam sofort Stocken in den Zug. Er schien zu stoppen und formierte sich auf westlichen Kurs um.

Der Lärm dauert eine halbe Stunde. Das Boot hat sich seitlich abgesetzt und lädt Torpedos nach. Lange nachher werden Leuchtgranaten in irreführenden Richtungen geschossen. Sie leuchten, eben noch sichtbar, an der Kimm. Das sind die Zerstörer, sagt sich Topp, während der Geleitzug zweifellos längst wieder still dahinmarschiert.

Sobald dieser sich beruhigt hat, staffelt Topp heran und erhält auch wirklich Fühlung. Für den Angriff ist diese Nacht günstig. Dunkle niedrige Regenwolken, aus denen es von Zeit zu Zeit nieselt, bedecken den Himmel. Die Beleuchtung ist ungewiß. Kein Seegang. Leichter Wind aus West. Gelegentlich wird die Wolkendecke etwas dünner, die Sicht besser. Dann setzt das Boot sich eine Kleinigkeit weiter ab. Auch Thurmann glückt es in dieser Nacht, zu Schuß und Erfolg zu kommen. In 1500 Meter seitlicher Entfernung von dem geisterhaft wirkenden Schattenzug bleibt Topp unbemerkt von diesem, bis einige Stunden darauf die Ausstoßrohre nachgeladen sind.

Als die Meldung davon hochkommt, dreht er an, und wie auf dem Schießplatz geht die ganze Chargierung, Rohr I bis IV, und, nach völliger Wendung, Rohr V raus.

Kein einziger Torpedo traf. Und das bei einer derart sicheren Sache! Was mochte sein? Geradezu ein Kunststück war es, diesesmal vorbeizuschießen. Die Unterlagen waren genau ausgedampft. Die Frachter fuhren nicht mehr in Kiellinie hintereinander, sondern gestaffelt und nebeneinander, so daß, von der Seite gesehen, ein Fahrzeug das andere überlappte und also kaum ein Zwischenraum blieb, durch den man vorbeischießen konnte. Materialfehler? Jedenfalls völlig unbegreiflich.

Der Kommandant rafft sich zusammen. Wenigstens will er nun weiter Fühlung halten für die anderen und gibt Funksignal. In 1000 Meter Abstand fährt er weiter neben einem Dampfer her, aber er kann ihm nichts, kann keinem mehr etwas tun, denn er hat keine Aale mehr.

Eine halbe Stunde später setzt Nebel ein. Aus! Kann man denn wirklich nicht ——? Doch! An Oberdeck hat das Boot ja noch einen einzigen Reservetorpedo im Tubus.

Topp will — eine wahnsinnige Idee in dieser Lage und nur aus der Stimmung des Fehlschlages heraus zu verstehen! — den Torpedo im bergenden Nebel ins Boot übernehmen und nachladen. Bei dieser Sicht ist es ein mehr als gefährliches Unternehmen, weil man jeden Augenblick überrascht werden kann. Ein U-Boot ist bei solchem Treffen mit einem Gegner rettungslos verloren.

Kaum hell geworden, wird mit der Arbeit begonnen, das Geschirr an Oberdeck aufgebaut. Währenddessen kommt der Befehl vom BdU, die Operation auf diesen Geleitzug abzubrechen, und für Topp Rückmarschbefehl.

Die Männer arbeiten an Oberdeck des so lange wehrlosen und nicht einmal tauchklaren Bootes. Das Umladen gelingt. Der Torpedo ist ins Boot hineinbugsiert und dort übernommen, das Torpedoluk im Vorschiff wieder dicht, das Geschirr abmontiert. Die Alarmbereitschaft des Bootes ist wieder hergestellt. Der Kommandant hat auf Heimatkurs „Beide Maschinen Halbe Fahrt Voraus!" befohlen. Brennstoff hat das Boot noch genug.

„Auf Ostkurs gehen! Ich leg mich schlafen!" und hat sich auf seiner schmalen Koje endlich einmal ausgestreckt, da — —

Ein Schrei auf der Brücke: Alarm!

Schlaftrunken springt Topp hoch, in die Zentrale — am Kugelschott fällt ihm die Brückenwache aus dem Turm herab einer über den anderen sozusagen entgegen. „Was ist los?" Ein Blick auf den Tiefenmesser. Das Boot sinkt langsam ab. Jetzt erst sieht Topp den Leitenden Ingenieur heranhasten und an eines der Ventile springen. Wo ist denn der Zentralemaat? denkt Topp. Der legt noch die Lüftung, ach so — —

„Was ist denn, Obersteuermann? Was ist?" drängt Topp, wie er den endlich vor sich sieht, der zur Zeit Wachleiter ist. Der starrt nur wortlos, entsetzt, den Kommandanten an: „Zerstörer —", stottert er endlich — —. Das Vorschiff steigt ja an? Verdammt! Weiß denn keiner — (das Ganze spielt sich in Sekunden ab) — „Voraus! Alle Mann voraus!" hat der Leitende Ingenieur gerufen und springt zurück zum Tiefenrudergänger. Es ist, als ginge an Topp im Augenblick alles vorbei. So kommt er sich vor. Da trampeln die Männer durch den Mittelgang von achtern nach vorn. Topp selbst, noch völlig überrumpelt und benommen, was eigentlich geschieht, stürzt mit nach vorn.

Erst hier wird er sich dieser Sinnlosigkeit bewußt. Er drängt sich, noch immer ein wenig „blaß um die Nase" (so sagt der U-Boot-Mann, und so sahen ihn seine Männer noch nie) — zur Zentrale zurück. Dort ist sein Platz, nicht hier.

16 Meter zeigt der Tiefenmesser. 14 Meter. Verdammt, will denn — was ist denn bloß los? 12 Meter — Schlag! Detonation! Das Boot erbebt, zögert und sackt dann wie ein Stein vorn abwärts und auf Tiefe. Ist alles aus?

Wasserbomben. Das Licht löscht aus. Stille. Irgendwo rauscht es. Da wird schon Wassereinbruch gemeldet. Das Boot fällt. Nur nichts Unbedachtes befehlen, zwingt Topp seine Gedanken zusammen. Laß Sellhorn-Timm man machen, denkt er, so lange ich nichts Näheres weiß. Und der Leitende Ingenieur fängt tatsächlich das Boot ab. Nun hat auch der Obersteuermann sich gefaßt und meldet, was er sah.

Was war geschehen? Obersteuermann Klein als Wachoffizier sah plötzlich hoch über sich im Nebel, keine 50 Meter entfernt, einen weißen Strich: Die Back eines Zerstörers. Vier Mann an dessen Reling — ein Mast war offenbar als Ausgucksplattform gestutzt — springen gestikulierend auf, das sieht er deutlich, und an einen Vierling, brüllen Alarm. Dann wird im selben Augenblick das Boot mit einem Hagel von Zwozentimetergeschossen überschüttet. Hart Steuerbord dreht der Zerstörer bereits zu und stößt — er stand bereits zu nahe — knappe 5 Meter am Heck des Unterseebootes vorbei. Das taucht, kommt aber wieder heraus, und eine Granate Kaliber 10,5 zerstört im Turmumbau den Dieselzu- und -abluftleitungsschacht. Daher der Schlag und der Wassereinbruch, während schon geflutet wurde. Es schien, als sänke das Boot eben auf diesen Treffer hin ab. Bei 20 Meter setzen Wasserbomben ein, wahrscheinlich durch Werfer geschleudert. Weitere Schäden und Ausfälle. Aber im Ganzen gesehen hat das Boot ein geradezu märchenhaftes Glück entwickelt. Es folgen noch einmal weitere, doch gegen Abend kann es auftauchen.

Es war schon ein Allerlei, das, zusammengetroffen, solche „whooling" hervorrief. Leutnant Säck, der frühere Obersteuermann und jetzt II. WO an Bord, war gerade mit dem Kommandantenschüler Oberleutnant Hertin auf der Brücke, um gemütlich eine Zigarette zu rauchen. „Da! Zerstörer!" hört er plötzlich, fährt herum, blickt über die Nock, und sagt: „Is kein Zerstörer. Handelsschiff! Das Ding is doch viel zu groß."

„Hart Steuerbord! Beide Maschinen Äußerste Kraft Voraus!" schreit dennoch der Wachhabende, Obersteuermann Klein. „Doch Zerstörer! — Alllarrm!" Da springen sie alle schleunigst ab ins Boot hinein, während der Feind — ein Zerstörer — schon am Heck vorbeischert, unentwegt schießend. Drunten brüllt gerade der Leitende Ingenieur sein „Alle Mann voraus!", als der dicke Säck in die Zentrale poltert. Also mit zum Bugraum! Ein Häufchen Ungewisser, pressen sich die Männer im Dunkeln fragend aneinander vorn am Rohrsatz, so weit es geht. Mit dem Schlag sackt das Boot endlich steil hinab. Ein unsympathisches Gefühl. Das kriecht in einem hoch und würgt. Wird denn noch nicht Anblasen befohlen? Wird es gleich knacken, und dann ist Schluß? Rauschen wir durch?

„Na endlich!" versucht Säck die Stimmung zu heben. Es fällt ihm nicht leicht, denn er weiß ja selbst nicht, ob das Boot auf den Treffer hin oder ob es auf die Maßnahmen des Leitenden Ingenieurs hin jetzt abwärts geht. Verdammter Mist! Doch das Vorschiff richtet sich wieder auf. Das Licht springt an.

Sellhorn-Timm, der Leitende, war vom Alarm auf einem gewissen Örtchen überrascht worden. Er stürzt zur Zentrale. Dort hat bereits in diesem Augenblick der Maat ohne Befehl die Entlüftung I aufgerissen. Der Offizier springt hinzu und muß sofort selbst die Untertriebszellen ausdrücken, sonst ginge es nun wirklich hinab auf Nimmerwiedersehen. Der Tiefenrudergänger, so lange alleingelassen — denn sonst steht der Leitende Ingenieur hinter ihm — macht infolge des allgemeinen Durcheinanders ebenfalls Mist. Er legt „Hinten oben hart". Nullastig fiel bereits das Boot. Nun wird es zu allem Überfluß 20 Grad achterlastig und kommt infolgedessen nicht weg, vielmehr vorn heraus. Ein Zwozentimeterschuß reißt Kreiselkompaßleitung und Sprachrohrschacht durch, und in diesem Augenblick die 10,5-cm-Granate den Zuluftschacht der Diesel. Wassereinbruch achtern ist die Folge, also weitere Achterlastigkeit. Den kleineren Einschuß im Turm hat dort der Seitenrudergänger schon von sich aus dichtgesetzt mit einem Splitter vom Sitz, den er neben sich fand. Der paßte gerade genau in das Loch. Und dann endlich folgte das Boot den Maßnahmen und tauchte weg.

Der feindliche Zerstörer hätte, wäre er nur um ein Geringes früher erschienen, während man noch beim Umladen des Deckstorpedos und tauchunklar war, das Boot mit Sicherheit vernichtet. So ging es noch einmal gut. Es ist anzunehmen, daß der Zerstörer bereits mit Dete-Ortung das Boot trotz Nebel auffaßte und, durchaus auf die Begegnung vorbereitet, darauf zustieß.

Nun auf dem Rückmarsch — blieb das Wetter heiter und schön mit den für den U-Bootsfahrer der feindlichen Flugzeuge wegen so unangenehmen weißen Einzelwolken am klaren Himmel. Der Marsch durch die Biskaya brachte denn auch dem angeschlagenen Boot trotz aller Vorsicht drei unangenehme Flugzeugangriffe. Besonders einer hatte es in sich. Die Verdichter sprangen, als die Bomben detonierten, von ihren Fundamenten, und Tauchzelle I erhielt ein Loch. Beide auf dem Turm als Abzeichen gemalte Teufel erhielten einen völlig dem anderen entsprechenden Schuß durch den Bauch.

Das Boot kam dennoch heim. Am Sonntag, dem 13. August, bei strahlendem Sonnenwetter wurde U „Adelheid", das Rote-Teufels-Boot U 552, wie nie zuvor empfangen. Es war die schönste Heimkehr, die es je erlebte. Denn es war von den Toten wieder auferstanden. Über die Schweiz waren nämlich amerikanische Zeitungen nach Deutschland gelangt. In ihnen stand, daß das „Rote-Teufels-Boot" endgültig versenkt sei. Das Emblem sei deutlich zu sehen gewesen.

Aber auch alles dran

Juli 1942

Bisher operierte Kapitänleutnant Adalbert Schnee immer im Nordatlantik, diesem Seegebiet anhaltender Stürme und härtester Geleitzugschlachten. Die schwer gesicherten zwischen Gibraltar und England verkehrenden Geleitzüge waren sozusagen dieses Kommandanten Spezialität.

Dieses Mal sollte der lebhafte, an Wuchs nicht eben große rheinische Offizier endlich auch einmal eine leichtere Reise bekommen, nach dem Südatlantik, wo die Abwehr zur Zeit noch wesentlich geringer war. Der BdU sagte sie ihm als Abschluß seiner Kommandantenzeit zu, denn nach dieser soll Schnee aussteigen. Ein Kommando im Stabe der Unterseebootführung ist ihm zugedacht.

Es wurde eine Unternehmung „mit auch allem dran", wie Schnee sich auszulassen pflegte, völlig anders als erwartet.

Zusammen mit einer Gruppe von Booten soll Schnee zum Südatlantik hinunterstoßen, um vor afrikanischen Häfen den britischen Schiffsverkehr zu beunruhigen, zu lähmen und zu schwächen. Der Gegner soll durch die Anwesenheit deutscher U-Boote jetzt auch in diesen Breiten veranlaßt werden, Sicherungsstreitkräfte aus bisherigen Gebieten ab- und dorthin zu ziehen. Man will seine Kräfte durch den Zwang zum Einführen des die Fracht verzögernden Geleitsystems und Zickzackfahrens zersplittern.

U 201 läuft Ende Juni 1942 aus St. Nazaire aus.

Kaum ist das Boot acht Tage in See, trifft es auf den ersten Feind, einen 15000-Tonnen-Dampfer. Ein fetter Happen für den Anfang!

Es ist gegen Abend, etwa um 19.00 Uhr am 6. Juli. Mit nördlichem Kurs kamen die vielversprechenden Masten des Gegners in Sicht; kurz darauf die zwei Schornsteine. Das Schiff muß wohl von den Azoren nach England unterwegs sein. Schnee wendet sein Boot und setzt sich etwas seitlich heraus. Noch sind fünf Stunden Zeit bis zum Einbruch der Dunkelheit. Der Dampfer — so viel ist aus den laufend genommenen Peilungen bald zu berechnen — läuft um eine volle Meile schneller, als es das Boot selbst bei äußerster Kraftanstrengung vermag. Aber er zackt von seinem Generalkurs jedesmal um drei Dez nach jeder Seite regelmäßig aus. Also kann Schnee — wenn dieser Kurs erst einmal genau bestimmt ist und wirklich beibehalten wird — durch Vorsetzen parallel zum Generalkurs des Gegners Raum gewinnen.

Die See läuft in langer, hoher Dünung mit Seegang 6 bis 7 fast genau von vorn. Schnee läuft mit Äußerste Kraft zum Generalkurs des Gegners parallel mit. Noch steht er vorlich, aber trotz aller Anstrengung, den Vorsprung zu halten, holt der schnelle Feindfrachter stetig auf. Jedesmal, wenn seine Masten wieder in Sicht kommen, hat sich der Vorsprung des Bootes etwas verringert. Dabei muß es doch bis zur Dämmerung wenigstens so weit vorausbleiben, daß es erst mit der Dunkelheit zum Schuß noch gerade aufschließen kann. Von Bewachern ist bisher nichts dabei.

Die See steht also genau von vorn gegenan! Dem Großen macht sie nichts aus, aber dem Kleinen; ihn hemmt sie viel zu stark. Nach zwei Stunden Jagd ergibt sich, daß der Dampfer — man sieht ihn jetzt jedesmal nur an der äußersten Spitze seiner Zacks nach Steuerbord — um bedenklich viele Grade Bootspeilung nach vorn gerückt ist. Wenn doch das Boot nur schneller laufen könnte! Jede See, gegen die es anrennt, stoppt es ab. Es ist wie ein toll verwegener Ritt ununterbrochen über schwerste Hindernisse. Hält das Material solcher Beanspruchung auf die Dauer stand? Lockern sich nicht die Verbände? Der große Einzelfahrer ist ein zu verlockendes Ziel, um nicht alles zu versuchen.

Nur Kommandant und II. WO sind auf der Brücke. Kein Ausguck sonst. Und auch das nur, damit man nicht von irgendeiner Seite plötzlich Überraschungen erlebt. Zur Sicherheit vor allem gegen Angriffe aus der Luft, denn den Frachter beobachten können die beiden bei dieser Tour nicht. Auf der von Brechern wahrhaft überschütteten Brücke kann man kein Glas benutzen: Die Okulare sind im ersten Augenblick bereits naß und unbrauchbar. Ohne Gläser sind die Masten des Gegners gar nicht auszumachen, wenn sie wieder auftauchen. Das Ziel verfolgen muß also drunten der Erste Offizier. Am sehr weit ausgefahrenen Sehrohr sitzt er im Turm. Dessen Okular ragt über die wildesten der Wassergüsse hinaus. Er hat die Masten, die zur bestimmten Uhrzeit wie berechnet jedesmal sichtbar werden, einzupeilen. Es ist, als führe das Boot getaucht, nur, daß es auf solche Weise ganz wesentlich schneller vorankommt. Das Bestimmen der Peilung durchs Sehrohr bei dem wild arbeitenden Schlitten ist auch kein Vergnügen.

Die beiden auf der Brücke haben sich angegurtet. Jedesmal fällt das Boot mit harter Wucht in die Wogentäler der hohen See ein. Kaum steht es mühsam wieder auf aus dem Element, so wälzt sich bereits der wuchtige Berg der nächsten heran und bricht polternd herein, schwemmt mit voller Masse gegen den Turm und lastet dann wild brodelnd über das Achterschiff dahin, während sich jetzt das Vorschiff steil heraushebt, als ginge es ins Nichts, denn die dahindünende Masse ist bereits weitergewandert. Stunden geht es so.

Die Diesel wummern auf höchsten Touren, die Abgasklappen am Heck sind ständig unter Wassermassen begraben, die Abgasrohre infolgedessen glühheiß von der übermäßigen Beanspruchung. Der halbe Maschinenraum des Bootes ist abgesoffen, bricht doch das Wasser durch die Lüftungsschächte, deren Öffnungen oben unter der Brückennock liegen, ein. Immer wieder muß gelenzt werden.

Die beiden Männer auf der immer wieder überschütteten Brücke spannen alle Kräfte an, durchzuhalten. Rufverständigung ist unmöglich. Sie stehen buchstäblich unter Wasser, im wildesten Brausen, Gurgeln und Schäumen. Das Luk ist längst geschlossen. Gut, daß die See wenigstens lauwarm ist. Ausguck muß sein, trotz allem. Käme der gefährliche Gegner in ihre Nähe, man würde ihn immerhin erkennen.

Es ist, als würde die Leistung der Maschinen fast wettgemacht durch die wilde, dem Boot entgegenarbeitende See. Kommt es überhaupt von der Stelle? Sieht es nicht nur so aus in der eilig vorüberschwingenden Wasserwüste, durch die es sich mühsam hindurchzieht?

Endlich, kurz vor Mitternacht deutscher Zeit, setzt die Dämmerung ein. Ohne Rücksicht darauf, zu guter Letzt doch noch gesehen zu werden — denn dann würde der Gegner abdrehen und schießen —, schließt Schnee sofort heran an den Frachter. Wird es glücken, den Kollisionspunkt mit ihm so zu gewinnen, daß seine Lage überhaupt den Torpedoschuß erlaubt? Oder stößt das Boot womöglich hinter ihm durch ins Leere?

Noch einmal wird auf der Karte, in die mit Uhrzeit genau die gelaufenen Kurse und einzelnen Positionen eingetragen sind, alles berechnet. So gerade eben müßte es noch gelingen, ist das Resultat.

Das Boot prescht heran. Auf 1500 Meter Abstand geht der Kommandant mit der Fahrt herunter, — es ist noch viel zu hell! — und mit dem Auslaufen des Bootes wird der Doppelschuß losgemacht. Wirklich „mit letzter Kraft", kann man sagen, kommt es zum Schuß.

Der Vorsprung, mit dem die Jagd begann, ist nun völlig aufgezehrt. Treffen die Aale nicht, so ist einfach nichts mehr zu machen. Dann kann man nur noch fluchen, denn wiederum einzuholen vermag man das schnellere Fahrzeug nicht.

Da! Trotz des schweren Seegangs Doppeltreffer. Wassersäulen unter der Brücke und unter dem vorderen Schornstein. Die Aale sind doch jetzt wirklich hervorragend! Noch vor einem Jahr wäre solcher Erfolg mehr als unwahrscheinlich gewesen.

Augenblicklich muß der große Bursche abstoppen. Er kann seine hohe Fahrtstufe nicht aufrechterhalten. Jetzt hat der Deutsche freie Hand über den Gegner, der ihm nicht mehr davonlaufen kann. Immerhin mit beachtlichem Geschütz armiert, liegt das Schiff da.

Es ist dunkel geworden. Als schnittiger Schatten ragt der große Schiffsrumpf vor dem deutschen Boot auf, das jetzt, bei der geringen Fahrt, wenn auch noch bewegt genug, so doch weich in der hohen Dünung dümpelt und wartet. Die Silhouette des Gegners erinnert den Kommandanten an die der deutschen „Gneisenau" der Ostasienlinie. Es handelt sich um einen der formschönen Star-Dampfer. 170 Meter Länge weist er auf. Ein unvergeßlicher Anblick, dieses wundervoll gebaute Schiff mit seiner nur geringen Schlagseite trotz der schweren Beschädigung durch zwei Torpedotreffer.

Schnee fährt gemächlich einen Bogen um das waidwund geschossene Wild und wartet beobachtend ab. Das Schiff sinkt nicht, wenigstens nicht schnell genug. Nach dreiviertel Stunden sieht der Kommandant sich gezwungen, einen Fangschuß zu opfern. Der dritte Torpedo wird losgemacht, denn bei dem herrschenden Seegang wäre es unmöglich, den Gegner vom Oberdeck des Bootes aus mit Artillerie leckzuschießen.

Der Aal läuft und trifft, das wird im Horchgerät einwandfrei festgestellt; aber er detoniert nicht. Versager.

Ein Teil der britischen Schiffsbesatzung ist unterdes in die Boote gegangen. Schnee muß einen vierten Aal opfern gegen das Achterschiff. Endlich senkt sich der riesige Leib des Schiffes achtern, stellt sich vorn um ein Drittel hoch heraus und schneidet dann übers Heck abrutschend unter, hinab in die Tiefe. Immer wieder ist es ein erschütterndes Bild für jeden Seemann; und zumal bei solchem Schiff.

Fünf Minuten nach dem Sinken erschüttert eine schwere Explosion die See: Die Kessel des Dampfers sind in der Tiefe geplatzt.

Schnee geht auf seinen bisherigen Kurs, von dem ihn die Beute ablockte. Am nächsten Tage meldet der englische Rundfunk, daß der Kühldampfer „Avila Star", 14443 Bruttoregistertonnen, mit 10000 Tonnen Gefrierfleisch auf dem Wege von Argentinien nach London versenkt worden sei. Schnee hört es mit. Nun weiß er also den Namen und genau die Tonnage. Drei Tage später heißt es in einer weiteren englischen Meldung, daß Schiffbrüchige der „Avila Star" auf den Azoren gelandet seien.

Am gleichen Tag, an dem diese Meldung durchkommt, gewinnt eines der anderen Boote seiner Gruppe Fühlung an einem Geleitzug, der ebenfalls nach Süden dampft, genauer: nach Südosten. Um 13.52 Uhr deutscher Zeit sichtet auch auf Schnees Boot der Ausguck in rechtweisend 30 Grad zwei Rauchfahnen. Ein Frachter, wie sich bald herausstellt, mit einer Korvette als Sicherung. Ostwärts davon kommen bald vier weitere Rauchtrübungen über der Kimm in Sicht.

Schnee nimmt Fühlung an dem zunächst angetroffenen Dampfer, der seine 6000 bis 8000 Tonnen haben mag. Dieser setzt sich offenbar immer weiter von den anderen ab; denn deren Rauchfahnen verschwinden bald ganz aus Sicht. Der Kurs der beiden aber, des Frachters mit seiner Korvette, weist nach Südamerika hinüber. Mögen die übrigen Boote ihren Geleitzug verfolgen, denkt Schnee. Ich halte mich erst mal an diesem Einzelgänger fest, der sich davonstehlen will.

Kurz vor Einfall der Dämmerung wird an Steuerbordseite, etwas achterlicher als querab, ein weiteres deutsches Boot, der Turm als Höcker über den Wogenbuckeln der Kimm, sichtbar. Will auch der Kamerad hinter diesem Einzelfrachter her? Von seiner Position aus möchte er diesen allerdings kaum ausmachen können, sagt sich Schnee. Sicherlich steht er nur weiter ab vom Rudel und schließt nun auf die Fühlungshaltermeldungen der übrigen hin an den Geleitzug heran. Bald ist das Boot denn auch aus Sicht.

Wie um Mitternacht die Dämmerung voll einsetzt, schließt Schnee ran. 15 Minuten später wird auf 300 Meter Entfernung ein Einzelschuß losgemacht. Treffer vorn. Sofort funkt der Dampfer Standort, Namen und daß er, von einem deutschen U-Boot torpediert, sänke. Aus seiner Meldung geht hervor, daß es sich um den Dampfer „Cortona" handelt, ein Fahrgast-Frachtschiff.

Der Treffer, den die Cortona erhielt, war nicht tödlich. Offenbar lief das Schiff seit Dunkelwerden weniger Meilen als vorher. Schnee hatte die Werte den ganzen Nachmittag und Abend über genau ausgedampft, so daß eigentlich kein Fehler möglich war. Jetzt saßen sie beim Schuß doch nicht richtig. Der Torpedo traf zu weit vorn, der Dampfer lief nicht genug in den Schuß hinein — trotz der geringen Entfernung. Daß seine Geschwindigkeit sich während der Zeit, in der Schnee heranschloß, änderte, hatten weder der Kommandant noch der Torpedooffizier mitgekriegt.

Der Bursche braucht einen Fangschuß, einen weiteren der doch so kostbaren Aale, die noch so viele Frachter versenken sollten.

Der Torpedo läuft. Man hört sein Schnurren deutlich im Horchgerät. Er läuft immer noch, weit über die ihm gesetzte Zeit hinaus, ohne getroffen zu haben. An Bord herrscht dicke Luft. Vielleicht hat der Torpedo bei der herrschenden Dünung sein Ziel untersteuert, wie sie es Anfang des Krieges so gern taten. Hilft nichts! Noch einen Schuß! „Rohr IV klarmachen!"

In diesem Augenblick wird eine Funkmeldung aufgefangen: „Soeben Dampfer ‚Cortona' versenkt." Folgt Name des Kommandanten, eines rangälteren Kameraden der Gruppe; dazu Standortangabe.

„Was soll das nun bedeuten?" platzt Schnee los. Und was gehört solches „soeben" in eine dienstliche Meldung!

„Rohr IV ist eingestellt und klar zum Überwasserschuß!" kommt es derweilen quakig verzerrt durchs Sprachrohr zur Brücke hoch. Na schön! denkt Schnee. Erst mal die angeblich schon versenkte „Cortona" erledigen! Das Boot läuft an.

„Rohr IV fertig . . . . Los!"

Fauchend zischt die Preßluft und treibt den Torpedo aus seinem Rohr, der nun selbständig zu laufen beginnt.

„Aal läuft!" meldet der Horchraum, und wenig später zuckt drüben die Detonation auf, flammt eine Feuersäule mittschiffs an dem Frachter hoch, ein hoher weißer Wasserpilz schießt empor und bricht nach einigem Zögern wieder in sich zusammen. Eine riesige Sprengsäule erhebt sich hinterdrein. Dann explodiert der Kessel, kaum, daß der Stangenpilz in sich versunken ist.

Der Frachter geht schnell auf Tiefe, eine Stunde, nachdem er den ersten Treffer erhalten hat. 01.30 Uhr. Die Korvette hat sich während der ganzen Zeit in respektablem Abstand von dem Geschehen gehalten.

So! rafft Schnee sich auf, was ist denn nun mit dem rätselhaften Funkspruch des Kameraden? Hat der einen anderen Frachter versenkt und den Hilferuf der „Cortona" auf sein Schiff bezogen? Die „Cortona" sank erst später, aber das Ortsbesteck ihrer Funkmeldung stimmt genau mit dem eigenen und dem der Meldung der Kameraden überein und trifft also zweifellos auf dieses Schiff zu. Ein weiterer Torpedotreffer auf diesen Dämpfling, und damit die Möglichkeit, daß ein anderes Boot zum Erfolg gekommen war, wurde nicht beobachtet.

Also meldet Schnee mit Ortsangabe: „Irrtum. ‚Cortona' von mir mit zwei Treffern auf 300 Meter versenkt. Bei Meeresleuchten beide Torpedos bis zum Ziel gesehen. Keine weiteren Treffer auf Dampfer. Schnee."

Das Boot setzt sich von der Versenkungsstelle ab, auf der nichts mehr daran erinnert, daß hier ein wertvoller Frachter spurlos mit Ladung und sicherlich auch einigen Menschen zerstört wurde und unterging. Das Meer hält keine Spur des Kampfes, der auf ihm tobte, wie es das Land tut; ewig wieder gleich verzaubernd, unberührt, breitet sich die See.

Aus einem der Rettungsboote hat Schnee, bevor er ablief, den Kapitän des Schiffes aufgepickt und mitgenommen. Der erzählt ihm nun, daß mehrere Frachter des Geleitzuges Befehl hatten, selbständig nach Südamerika hinüber sich abzulösen, nicht nur die „Cortona". Darauf baut nun Schnee seine weiteren Absichten auf: Statt hinter den anderen deutschen Booten her dem Geleitzug „nachzuwetzen", wie der U-Boot-Mann sagt, sucht er nach diesen sich verkrümelnden Einzelfahrern. 03.15 Uhr, nicht ganz zwei Stunden nach dem Untergang der „Cortona", trifft man in rechtweisend 40 Grad auf einen Schatten. Mit 10 Seemeilen Geschwindigkeit pflügt ein massiger Frachter die nächtlich dunkle See. Wiederum ein Passagierfrachter, wie sie nicht nur von deutschen Linien im Frieden auf der Südamerikaroute so gern eingesetzt wurden. Deutlich ist auch auf diesem Schiff das Geschütz sichtbar, das es zum Kriegsfahrzeug und Gegner stempelt, das man somit ohne vorherige Warnung und Untersuchung versenken darf. Gut und gern 7000 Bruttoregistertonnen ist das Fahrzeug groß.

Der Hecktorpedo wird zum Schuß klargemacht, denn der vordere Rohrsatz ist noch nicht völlig wieder nachgeladen. Beeilung, daß auch die Bugaale zum Schuß fertig werden. Im Boot wird angestrengt von den Torpedomixern und einigen Männern der Freiwache gearbeitet, während auf der Brücke der Kommandant das Opfer nicht aus den Augen läßt. Es herrscht gute Sicht. Der Wind treibt von Nordwesten nur leichten Seegang vor sich her.

Eine Stunde, und es ist soweit. Schuß aus Rohr V, also übers Heck auf 700 Meter Entfernung. Treffer Mitte!

Der Dampfer bekommt Steuerbord-Schlagseite. Er sackt im ganzen tiefer, aber er sinkt nicht.

„Artillerie klarmachen!"

Die Granaten werden bereitgelegt, die Geschützbedienung jumpt mit umgelegten Schwimmwesten von der Kanzel hinab an Oberdeck, Munition wird gemannt.

„Ziel aufgefaßt!"

„Feuererlaubnis!"

Blaff!!! bellt der erste Abschuß auf, – und Rrrummms! haut es drüben ein. Gleich der erste Schuß Treffer. Aber zu hoch.

Der nächste sitzt zu kurz. Doch nun haben sie sich auf die Wasserlinie des Dampfers eingeschossen.

Von der Brücke beobachtet durchs Glas der II. WO die Wirkung und gibt Verbesserungen. Kaum, daß jetzt noch, durch den Seegang bedingt, ein Schuß vorbeigeht. Aber der Bursche sackt nicht weg, schießt sogar zurück. Schnee muß sich absetzen und erneut aus dem Dunkel heraus anlaufen. Er läßt den Artillerieoffizier Pausen einlegen und wartet die Wirkung erst einmal ab. Nichts. Erst nach hundert Schuß der 8,8-Zentimeter sinkt der hartnäckige Kerl, zwei Stunden, nachdem er in Sicht gekommen war.

Überlebende gibt es nicht. Keiner scheint nachgeblieben, den man nach dem Namen dieser nächtlichen Begegnung fragen könnte, soviel auch der Kommandant die See auf der Untergangsstelle des Frachters absuchen läßt. Kein Boot ist zu Wasser gebracht worden. Tapfere Kerle! Sein Funk schien bereits durch den ersten Torpedotreffer ausgefallen. Lautlos und ohne Hilferuf, zäh sich haltend, ist das Schiff auf Tiefe gegangen.

Wieder läßt Schnee das Boot Fahrt aufnehmen und stößt mit Höchstfahrt nach Südosten, um jetzt die anderen einzuholen. Inzwischen hat der BdU des Kommandanten Bitte, auf dieser Route nach Südamerika weiter operieren zu dürfen, abgelehnt. Trotz aller gegenteiligen Beobachtungen und Kombinationen Schnees, die nach Urteil der U-Boot-Führung wohl nur Ausnahmen beziehungsweise Fehlschlüsse seien, wäre der Verkehr hier nicht lohnend. Er solle wie befohlen mit den anderen zusammen vor Afrika operieren. Na schön! denkt der Kommandant. Der „Große Löwe" muß ja wissen!

Der Tag bricht an, der 13. Juli, mit Wind aus Nordnordost in Stärke 4 und Seegang 3. Es wird Mittag. Die Wache wechselt. „Matrosengefreiter Petzke meldet sich als backbordachterer Ausguck abgelöst!" heißt es auf der Brücke soeben. Ein kurzes „Ja!" antwortet der Meldung. — „Matrosengefreiter Pauli meldet sich als backbordachterer Ausguck!" tritt der neue Kamerad an seine Stelle.

„Ja! Schön! Paßt mir gut auf, Kinder!" erwidert der I. WO, der noch nicht abgelöst ist. Eben erscheint als letzter der Neuen, als Wachhabender, der II. WO im Luk und klettert heraus. Das Einerlei des U-Boot-Alltagslebens hat wieder Platz gegriffen. Nur, daß man hin und wieder noch von den Erfolgen der vergangenen Nacht spricht. Ein tolles Schwein war das doch, in einer einzigen Nacht zwei Einzelfahrer zu knacken! Hundert Schuß hat der Bursche gebraucht. Allerhand! Seine Zähigkeit hat ihm doch nichts genutzt. Er mußte runter zu den Fischen.

„Sonderbar, diese Meldung!" nimmt in der Messe der abgelöste I. WO das Thema der letzten Nacht wieder auf. „Womöglich hat der Gute einen ganz anderen Dampfer geknackt und nur falschen Standort gekoppelt?" „Beide Boote sind aufgefordert worden", greift der Leitende Ingenieur den rätselhaften Fall auf — er hat die letzten Funksprüche eingesehen — „ihr Besteck zu überprüfen. Das von uns stimmte jedenfalls einwandfrei. Wir haben nun beide die genauen Schußunterlagen mitgeteilt. Wie wird der BdU urteilen?"

Man hat zu Mittag gegessen. Hungrig und müde kam die abgelöste Wache von der Brücke herunter, aus dem Dieselraum, von der E-Maschine und aus der Zentrale, wo es, abgesehen von der Brücke, immer noch am interessantesten zugeht. Sie alle sind über ihr Essen hergefallen, das der Schmutt den Backschaftern für jeden Raum ausgab. Die Reste wurden kurz beiseite geräumt, während man die Ereignisse besprach, die Backschafter „backten ab", das heißt, sie spülten und klarten das Geschirr wieder auf in die betreffenden Spinde. Alle, die nicht auf Wache sind, legen sich auf ihre Kojen. Die Rede verstummt, nur der Plattenspieler dudelt. Das stört niemanden. Im Gegenteil, auch wenn sie jetzt die wenigen Stunden Freizeit „rucksen“, das heißt schlafen wollen, um beim nächsten Wachwechsel wieder frisch zu sein: „Sieke muß sind!“ Musik muß sein.

Der Kommandant sitzt vor seinem kleinen Klappschreibtisch und döst ein wenig über den Eintragungen ins Kriegstagebuch des Bootes. Mittagsruhe. Soll auch er sich schlafen legen und „an der Matratze horchen“?

Da! — er hört es schon, wie es der Rudergänger im Turm an die Zentrale hinunter weitergibt — man hört ja alles im Boot, das mit geöffneten Schotten zwischen den einzelnen Räumen fährt, und sein eigener „Raum“ ist ja gleich der erste vor der Zentrale: „An Kommandant: Dampfer rechtweisend 75 Grad. Mit südlichem Kurs.“

Schnee springt hoch, nach Glas und Mütze langend, bückt sich, das Bein vorstreckend, durchs runde Kugelschott zur Zentrale und hastet die Sprossen des Niederganges durch den Turm zur Brücke hoch, ehe der Zentralegast die Meldung überhaupt anbringen konnte.

„Wo?“ Der II. WO weist den Kommandanten ein.

Der geht also ebenfalls nach Südamerika. Unser Käptn scheint heute nacht wirklich recht erzählt zu haben. Schnee läßt das Boot die Fährte aufnehmen. Auch dieser Frachter, stellt sich bald heraus, läuft seine zehn Meilen Fahrt. Schnee turnt bald schmunzelnd wieder hinab, bringt seine Eintragungen zu Ende und legt sich schlafen. Bis zur Dämmerung ist Zeit.

Inzwischen klärt sich der „Fall“: Aus dem Vergleich der von beiden Booten angegebenen Position und der Hergangsschilderung der Versenkung, den Schußunterlagen beider Kommandanten, geht einwandfrei hervor, daß tatsächlich auch der andere die „Cortona“ angegriffen und — auf 800 Meter Entfernung — beschossen hat. Schnee stand ziemlich genau zwischen ihm und dem Ziel. Des anderen Aal aber ging vorbei, fast in dem gleichen Augenblick — zur entsprechenden Uhrzeit also, sonderbarerweise! —, in dem Schnees erster Torpedo den Dampfer traf und stoppte. Da die „Cortona“ daraufhin funkte, sie sei im Sinken, lief das andere Boot hinter seinen Kameraden her, ohne das Sinken abzuwarten, des Glaubens, es habe mit seinem Schuß den Frachter bereits versenkt. Es war das Boot gewesen, das Schnee nachmittags gesichtet hatte.

Gegen Abend trifft Funkmeldung von Schröter, einem der Kameraden, ein, daß es Fühlung an dem gesuchten Geleitzug halte. Dazu Position, Kurs und Geschwindigkeit des Gegners. Nun werden sie also dort bald alle „raken“! denkt Schnee; aber er hat ja auch wieder einen vor.

Endlich dämmert es, und Dunkelheit verbreitet sich. Die ganze Zeit über hat das Boot Fühlung gehalten. Der Angriff kann beginnen. Schnee ist auf der Brücke und fährt. Der I. WO kontrolliert, ob auch alles mit den Torpedos in Ordnung ist, ob die Feuerleitanlage zuverlässig arbeitet und die Mechaniker drunten vor den Ausstoßrohren „auf Zack“ sind und nicht „torfen“. Es wäre nicht notwendig: Der Mixersmaat hat seine Gasten ohnehin gut im Trimm.

Das Boot rückt näher auf. Beutelüstern schnürt es neben dem großen Schatten her. Nicht lange, und dann schießt der Torpedooffizier, der I. WO, seinen Aal auf den noch ahnungslosen Frachter, nachdem Schnee das Boot in Angriffsstellung gebracht hat. Fehlschuß. Verflucht! Was ist denn bloß mit unseren Aalen! Dauernd Fehlschüsse! Nun der dritte dieser Reise. Der kostbare Vorrat schwindet dahin. Diesmal war ein Splint gebrochen; der Torpedo ging zu früh los. Erneuter Anlauf. Knapp eine Stunde nach dem ersten: Schuß! Auch der geht fehl.

Versager — weshalb? Wahrscheinlich arbeitete die Tiefensteuerung nicht recht. Die Schußunterlagen sind sicher, die Einstellung hätte stimmen müssen. Beim Überprüfen kommt nun mal nichts anderes heraus.

Der dritte Torpedo. Diese Beute wird teuer.

Der Gegner hat bisher noch nichts gemerkt. Das würde ihm jetzt auch nicht mehr viel helfen. Er ist zu langsam, als daß er entkommen könnte. 02.21 Uhr. Mit genau der gleichen Schußeinstellung und Lage wie beim zweiten Anlauf wird der dritte Torpedo losgemacht.

Treffer Mitte!

Fast augenblicklich bricht der Frachter mitten durch. Bis an die Halskrause ist er mit Kohlen vollgeladen. Die ziehen ihn hinab. Er sinkt, Bug und Heck getrennt, nach nur zweiundzwanzig Minuten.

Die Schiffbrüchigen werden befragt. Ihr Dampfer war die „Sithonia", auf dem Wege nach Rio. Das Register verzeichnet sie mit 6723 Bruttoregistertonnen.

Wiederum mit Hohe Fahrt geht Schnee nun wie befohlen nach Südosten. 35000 Tonnen — ehe man zum eigentlichen Operationsgebiet vorgedrungen ist. Aber die Aale! Man sollte noch den Bauch voll haben von dem Zeugs!

Der Morgen bricht an. Ein Tag im Mittelatlantik mit seiner tiefblauen See. Der Wind hat auf Nordnordost gedreht und weht mit Stärken bis 4. Wann werden wir die anderen einholen? fragt sich Schnee. Er läßt den Obersteuermann kommen und berechnet mit ihm den Termin.

Mittags erscheinen in rechtweisend 215 Grad Zerstörermasten über der Kimm.

Zerstörer? Der Geleitzug steht auf einer ganz anderen Position. Zu dem können sie nicht gehören. Und dann erkennt man, zart und kaum zu sehen, ganz blaß gestrichelt, Rauchfahnen hinter den Masten. Der ganze Verband dampft nördlichen Kurs, offenbar 300 Grad.

Schnee entschließt sich zu folgen. Wiederum eine Unterbrechung. Und trotzdem. Das Boot nimmt die Fühlung auf.

Während der Dämmerung, kurz ehe Schnee ranschließen will, verliert das Boot infolge plötzlich eintretender Sichtverschlechterung die Spur. Der Anschluß bleibt verloren, jede Suche ergebnislos. Mit Abenddämmerung muß die Gruppe auf anderen Kurs gegangen sein. Nach vier Stunden vergeblichen Suchens bricht Schnee den Versuch, sie wiederzufinden, ab und entschließt sich, da die anderen Boote erheblich nach Süden vorausgekommen sind, auf eigene Faust für sich allein zu bleiben und auf der Südamerikaroute weiterzuoperieren.

Um Mittag des folgenden Tages erscheinen tatsächlich Mastspitzen:

„Zwo Masten 130 Grad!" ruft ganz aufgeregt, daß gerade er sie entdeckt hat, der backbordachtere Ausguck, ein junger Matrosengefreiter, der seine erste Feindunternehmung fährt.

Es scheint ein Tanker zu sein. Auf nordöstlichem Kurs, Strecke Trinidad—Gibraltar. Der Kerl zackt reichlich stark! Ein Unterwasserangriff scheint wenig erfolgversprechend. Schnee hält an den Mastspitzen Fühlung, um dann bei Dunkelheit über Wasser anzugreifen.

Um 6 bis 9 Dez jedesmal wechselt der schwer beladene Kasten ständig von Bug links auf Bug rechts und wieder auf Bug links. Das ist eine tolle Zackerei. Auch als es endlich Nacht geworden ist und Schnee, der näher heranschloß, den Angriff entwirft und ansetzt, schlägt der erste Anlauf fehl. Der Tanker hat wiederum unvorhergesehen abgezackt. Der Kommandant muß das Boot erneut vorsetzen und erneut angreifen.

Kurz vor 01.00 Uhr erst – Schnee ist wütend und versucht jetzt sein Glück schon auf 1200 Meter Entfernung, um nicht plötzlich doch wieder abgeschmiert zu werden – wird der Einzelschuß gelöst.

Gespannte Sekunden, Minuten!

Bei 1575 Meter – der Laufzeit nach festgestellt; die vorher geschätzte Entfernung war also falsch – Treffer. Der Aal detoniert, und der Tanker brennt auf der Stelle, ein Riesenfeuerwerk.

Unglaublich, wie ringsum die See brennt von dem auslaufenden Öl! Ein ungeheuerliches wogendes Flammenmeer. Laufend verbreitet es sich, und mitten darin der riesige qualmende Flammenberg mit seinen Gluteruptionen. Sofort bei dem Treffer ist die Besatzung des Schiffes überhastet außenbords gesprungen. Nur wenige Boote sind zu Wasser gekommen. Die pullen nun, vollbesetzt, durch das Feuermeer um ihr Leben, während von allen Seiten die Schwimmer sie zu erreichen und sich an sie zu klammern versuchen, durch die blaffend flammende Fläche, bis sie erschlaffen und zergehen. Ein schauerlicher Anblick für die Männer auf der U-Boots-Brücke, die doch nicht helfen können. Der Krieg ist hart.

Die Hitze des Brandes wird sogar bis hierher zu stark. Schnee ist gezwungen, weiter abzulaufen. Das brennende Öl verbreitet sich immer mehr. Vorher hat der Mond hell geschienen. Jetzt ist es mehr und mehr trüb geworden, schwarze Nacht von all dem rußend blakenden Qualm des Ölbrandes, der den Himmel überzieht. Sechs Stunden hindurch brennt auf riesigem Komplex das Meer.

Wie das Boot am nächsten Morgen zu der Stelle des Brandes zurückkehrt, trifft es – wie ist das überhaupt möglich! – noch ein einzelnes Boot, ein einziges, mit einigen Schwarzen darin als Überlebenden. Die Leute sind völlig durcheinander, verbrannt und übel verletzt. Jetzt versuchen sie, auf die Küste zuzusegeln. Vielleicht schaffen sie es. Die Männer auf der deutschen U-Boots-Brücke wissen, daß ein erstaunlich hoher Prozentsatz der Schiffbrüchigen der versenkten Frachter sich jedesmal rettet und immer und immer wieder zur See fährt. Manch einer, dem schon das dritte, das vierte Schiff unter den Füßen versenkt wurde. Diese Crew? Helfen kann man ihr nicht, obwohl man es möchte. Den Männern auf der Brücke steigt es heiß hoch. Die Brutalität des Krieges mit seinen unmenschlichen Notwendigkeiten tritt jede menschliche Regung nieder.

Noch schaut das Heck des völlig ausgebrannten Tankers etwas aus dem Wasser heraus. Als Luftkissen schwimmt es auf der See. Mit 61 Schuß Artilleriemunition wird der Luft Ausgang verschafft, daß auch dieser Rest der Hülle sinken kann. Er gehörte – so sagten die Schiffbrüchigen aus – der „British Yeoman", einem englischen Tanker von 6990 Bruttoregistertonnen, vollgelutscht mit Erdöl, auf dem Wege von Curaçao nach Gibraltar.

Das Boot hat jetzt nur noch einen Aal. Schnee bittet offiziell durch Funk um die Erlaubnis, in diesem ihm aussichtsreich erscheinenden Seegebiet weiteroperieren zu dürfen, anstatt wie vorgesehen hinter den allzuweit vorangekommenen anderen Booten drein nach Südosten zu gehen. Zwei Stunden später wird die Antwort des BdU aufgefangen und entschlüsselt, daß die von Schnee angenommene Verkehrsdichte hier für ein einzeln operierendes Boot zu gering sei. Er muß wohl Glück gehabt haben. Er solle, sagt der Befehlshaber, mit höchster Fahrtstufe auf die befohlene Position gehen. Mit dem letzten Torpedo im Bauch soll Schnees Boot wenigstens die Augen der übrigen Boote des Rudels verstärken helfen. Vielleicht haben wir wirklich nur unverschämtes Glück gehabt mit unseren vielen Einzelfahrern, auf die wir stießen, denkt Schnee. Auf denn! Gen Afrika! Quer durch den Mittelatlantik.

Schnee stellt sich auf die voraussichtlich völlig geruhsame „Badereise" von mehreren Tagen Dauer durch dies in Krieg wie Frieden gänzlich unbelebte Seegebiet ein.

Wieder nimmt U 201 seinen nun schon so oft unterbrochenen Kurs nach Südosten auf. Wuchtig schüttern die Diesel. Mit hoher Fahrt schiebt es sich durch die seidig dunkle See.

Sie sind am Ende der Welt, sind im toten Winkel der Christlichen Seefahrt. Nichts da ringsum als See und Himmel und gleißende Sonne. Allenfalls Haie. Lediglich die kurze Tropenhose an, lehnt die seemännische Wache an der Brückenschanzverkleidung, unablässig trotz allem das Glas vor die Augen hebend und die Kimm entlang führend. Der Kommandant hat es sich im „Wintergarten" bequem gemacht, der Kanzel hinter der Brücke mit der Zwozentimeter darauf. Da gibt es wenigstens eine Art luftigen Sitz, wenn auch die Rückenlehne reichlich weit zurückliegt und hart ist. Die Seeleute der Freiwache stehen um ihn herum. Denn hier dürfen einmal die wachfreien Männer zusätzlich auf die Brücke kommen und Luft schnappen. An Oberdeck lungern ein paar Unentwegte mit der Haifischangel. Ein blinkendes Konservenblech schleppt als Köder an der Leine durchs Wasser nach. Einige der gierigen Tiere umkreisen das Boot. Deutlich sind ihre Rückenflossen — begehrte Trophäen! — zu erkennen; und wenn sie dem Boot näherkommen, sieht man die ganzen Formen der Untiere in dem glasig klaren Wasser. Wird einer sich auf den starken Angelhaken stürzen? Geduldig und doch voller Spannung beobachtet man. Schnee hat in Anbetracht der sicheren Route das Betreten des Oberdecks durch die Freiwache gestattet. Im „Wintergarten" wird derweilen gefeiert. Der Kreis wechselt von Zeit zu Zeit, erneuert sich immer wieder um den ausdauernden Kommandanten auf den verhältnismäßig bequemen Sitzbrettern des luftigen Gestänges mitten in der gewaltigen Einsamkeit des weiten Mittelatlantik, unter dem unermeßlichen sternenflimmernden Himmel der nun hereinbrechenden Tropennacht. Es ist eine herrliche Nacht mit leichtem Wind und wenig Seegang. Leise lebt und bebt das Boot. Die Männer haben Tod und Not vergessen, sie sind vergnügt und stolz, daß sie es geschafft haben, diesmal sogar verhältnismäßig leicht. Und dann geht es nach Hause, viel früher als gedacht.

Tags darauf schläft der Wind ein zu völliger Stille. Seegang und so etwas wie Dünung gibt es jetzt nicht. Es ist, als führe man mit tuckernden Motoren über einen unendlich großen Teich. Der weite Umkreis des Horizontes ändert sich nicht. Wie eine weiche unermeßliche Metallfläche, wie eine Art Asphalt, dehnt sich die See, in der blendenden, brüllenden Hitze schmorend. Menschenferne, tropische Wassereinsamkeit.

Erst während der Nacht zum 19. Juli wacht wieder ein leiser Luftzug von Westen her auf. Das Boot sputet sich befehlsgemäß mit hoher Fahrt durch die zähe See, nach Südosten weiterzukommen. Man fährt durch eine der einsamsten Zonen der Welt. Da wird einem das Boot, dieses Stück Heimat, doppelt teuer. Wie lange noch ziehen wir durch dieses brütende Einerlei? fragen sich die Männer allmählich. Wann endlich kommt Afrika? Ob wir wohl seine Küste zu sehen bekommen?

Im Boot ist es fast unerträglich heiß; ständig über 50 Grad Hitze, dazu noch tropisch feucht.

61　Typ VII-Boot im Atlantik.

62 Aufkommender Sturm.

63   Schweres Wetter.

64   Achterliche Sturmsee.

65 Nordatlantiksturm. Abgelöster Ausguck der Brückenwache beim Einsteigen.

66   Schwere Sturmsee. Die Brückenwache hat sich weggeduckt und richtet sich jetzt wieder auf. Blick nach achtern.

67 Vordere Brückenwache bei viel Spritzwasser im „Großen Seehund", links der Bootsmann, rechts als Wachleiter der 1. Wache der I. WO Mohr; er fiel bald darauf als Kommandant mit seiner gesamten Besatzung beim ersten Auslaufen aus Salamis durch eigenen Minentreffer.

68   Ausguck bei schwerem Atlantiksturm mit achterlicher See.

69   Verbeugung vor Spritzgüssen bei grober abendlicher Sturmsee (Steuermannsgefreiter, späterer Obersteuermann Billigmann).

Wieder verglüht ein Tag in einer unendlichen, unbeschreibbaren Farbensymphonie. Aus der Höhe senken sich Dämmerung und Nacht herab auf das nachschimmernde Meer. Die Luft ist heiß und weich wie ein vorgewärmtes Laken, das einem um Kopf und Körper geschlungen wird. Der Fahrtwind kühlt nur wenig, denn das bißchen Wehen, das mit dem Abend aufgekommen ist, kommt ausgerechnet von achtern.

Über der Kimm beginnt es diesig zu werden. Ein leichter Dunstschleier kommt auf. Wie Statuen stehen der Obersteuermann als III. WO, der I. Bootsmaat und die beiden achteren Ausgucks über dem völlig ruhig und scheinbar unbewegt dahingleitenden, nur ständig vom Diesel zitternden Turm. Sie hängen jeder eigenen Gedanken nach. Aber immer wieder heben sie mit beiden Händen das Doppelglas vor die Augen, das am Riemen um den Nacken hängt. Das gehört nun einmal zur Wache. Man prüft seinen Sektor, den Horizont, die Luft, weil es nun mal so sein muß und einem längst in Fleisch und Blut übergegangen ist. Noch für mindestens zwei Tage wird man niemandem begegnen.

Fahl schimmert die See neben dem Bootskörper her und zieht eine grün-geisterhafte Schleppe nach. Meeresleuchten. Zu beiden Seiten funkeln in mäßigem Abstand die Strähnen der zur Seite gewaschenen Bugsee wie der sich gabelnde Bart eines vorandrängenden Welses und bleiben, sich immer mehr breitend, achteraus zurück. Ein ungewisses Nichts, in das hinein das Boot mit wummernden Dieseln ständig vorstößt, ohne daß sich die Szenerie verändert, ohne daß sich etwas zu bewegen scheint. Es ist, als stünde man auf der Stelle fest und auch die See wäre erstarrt. Nur dieses Gefunkel in den Tiefenschichten des Wassers lebt. Die Trennung zwischen Himmel und Meer ist kaum, ist gar nicht mehr zu fassen. Alles schwimmt in der warmen, diesigen Luft der Nacht.

Wunderbar ist dieses räumlich in die Tiefe zu verfolgende Gefunkel in der See. Man blickt hinab bis dorthin, wo sich das letzte Glimmen am Bootskörper und seiner Spur in geheimnisvolle Nacht verliert.

„Da! — — Herr Obersteuermann!" stößt plötzlich der Bootsmaat gepreßt, fast flüsternd, heraus.

Der Wachoffizier nimmt das Glas hoch und blickt in die angegebene Richtung, Donnerwetter — —!

„An Kommandant — —", da sind wahrhaftig zwei Zerstörerschatten, in Rotte fahrend, mit Lage 0 genau auf das Boot zu, kaum, daß man das fahle Schimmern ihrer Bugsee sich abheben sieht — — „Steuerbord 5!" versucht der Wachhabende das Boot erst einmal vorsichtig aus dem Weg der beiden herauszusetzen, „— bitte den Kommandanten auf die Brücke!"

Vielleicht merken die zwei ja nichts? Unheimlich aber, wie schnell sie herankommen. Das verfluchte Meeresleuchten! Nur noch 800 Meter mögen es sein. — — Sie drehen an, haben das mit Große Fahrt dahinmarschierende Boot an seiner infolgedessen stark schimmernden Schleppe wohl längst erkannt. Haben sie es womöglich schon vorher in einem dieser teuflischen Funkmeßgeräte geortet, von denen neulich gemunkelt wurde? Undeutlich jagen sich die Gedanken in den Hirnen der Männer auf der Brücke, während ihre Augen auf die näherkommenden Schatten starren.

Schnee, der sofort auf die Brücke stürmt, übersieht mit dem ersten Blick die hoffnungslose Lage. Zum Tauchen ist es zu spät. Das Boot käme nicht mehr weg in den zur Verfügung stehenden Sekunden, es würde gerade im Tauchen gerammt. Die beiden stoßen genau darauf zu. Keine Chance, noch zu entkommen, keine —.

„Rein! Los! Einsteigen!" kommandiert Schnee, mit beiden Händen das Schanzkleid pressend. Noch 400 Meter beträgt die Entfernung. Nur wenige Sekunden noch, dann — —

Wie der Blitz sind die Vier im Luk verschwunden. Schnee steht als letzter, schon über dem Luk, aber den Blick wie gefesselt auf die beiden Zerstörerschatten gerichtet, die in diesem Augenblick das Ende bringen werden. Gedanken wirbeln ihm durch den Sinn. Dies also das Ende! Gibt es denn nichts mehr? Doch! Es muß! Tauchen ist Unsinn! Schnee bleibt noch oben, zögert, läßt nicht fluten, steht gebannt von dem Anblick wie das Kaninchen unter dem Blick der Schlange. Gibt es nicht doch noch irgend etwas, ein Loch, durch das man entschlüpfen kann? Aber was? Sie sind verloren!

Sind sie verloren? Dann lieber droben! Gibt es denn keine Chance? Bloß nicht tauchen! wirbelt es in Bruchteilen von Sekunden in seinem Hirn. Freien Überblick behalten! Wenn es denn sein muß.

„Hart Steuerbord!"

Wie ein Reiter auf seinem Tier steht der Kommandant über dem Turmluk, jeder Bewegung wie jedem Geschehnis zu begegnen. Elastisch bereit, sofort ins Boot hinein einzusteigen, und doch bleibend, einsam, ganz allein jetzt in dem nächtlichen Raum über dem fast geschlossenen Körper des Bootes mit seinem warmen Leben darin, seinem Boot, das immer noch gleichmäßig brummend, als wäre nichts geschehen, jetzt mit Hart-Steuerbord-Ruder sich zur Seite lehnend, als wolle es dem um so viel schnelleren Gegner entschlüpfen, voranstürmt.

100 Meter noch. Jetzt hat U 201 so weit gedreht, daß der eine der Gegner hinter dem Heck des Bootes, ihm ein wenig den Weg abschneidend, zum Rammen ansetzt. Beide Zerstörer brausen mit hoch leuchtender Bugsee heran. Gleich muß der eine das Boot fassen. Entsprechend dem Drehkreis des Deutschen hält er ein wenig vor, um ihn zu treffen.

Da muß doch — — die Lähmung ist abgefallen —:

„Mittschiffs!" brüllt Schnee dem Rudergänger hinab zu.

„Hart Backbord!"

Das Boot verhält zögernd in seiner bisherigen Drehung. Die neue gegensätzliche Ruderlage wirkt sich, noch kaum bemerkbar, aus. 60 Meter sind es noch Galgenfrist vor dem scharfen schneidenden Steven des Zerstörers. Immer wuchtiger und höher wächst der heran.

Genügt der Haken? schätzt Addi Schnee ab. War er im rechten Augenblick angesetzt? Erst jetzt beginnt das Gegenruder sich voll auszuwirken. Das Boot schwoit herum und geht dann, weich sich überlehnend, auf Gegenbug.

Nun hat der Gegner dessen Drehung erkannt und folgt augenblicklich der Ausweichbewegung seinerseits mit Hartruder.

Noch 20 Meter! Jetzt — — —

Bei seiner höheren Fahrt kann der Zerstörer den Drehkreis nicht so eng nehmen wie das kleinere deutsche Boot. Er vermag nicht so im Augenblick herumzuholen: im Wasser fährt man nicht Spur wie mit Rädern zu Land.

Der Bug! Immer höher, drohender — — jetzt stößt er — — —

Vorbei!!!

Aber der breitere Rumpf des herumschwingenden Zerstörers packt nun doch noch den Körper des Bootes, schrammt, mit der Masse seiner Bordwand, seines Leibes, hart aufprallend, mit widerlichem Schurren an ihm entlang, schiebt sich vorbei!

Noch während der Zerstörer an seinem Boot entlangkratzt, springt Schnee durchs Luk ein, schließt den Vorreiber dicht:

„Fluuuuten!" Jetzt endlich!

In der Zentrale werden unverzüglich jetzt die Schnellentlüftungen herabgerissen. Pfeifend entweicht die Luftsäule; das Boot stöhnt auf. Das Wasser strömt nach in die Tanks. Dann sackt es ab und taucht.

Fragende Gesichter. Entspannung. Gerettet! Das Manöver ist, weiß Gott, geglückt!

Schnee fühlt sich auf einmal sonderbar fertig, ganz schlapp in den Gliedern. Die Sache ging klar, so verzweifelt sie sich auch anließ. Jetzt sind wir erst mal weg, denkt er schlapp, und bis der herumkommt — — —

Bei 15 Meter Tiefe des Bootes detonieren die ersten Wasserbomben. Sechs hintereinander. Der Zerstörer war doch schon zu weit vorüber; sie liegen trotz allem nicht genau.

Wie das Boot auf 40 Meter ist, detonieren die nächsten; neun Stück. Zu weit entfernt. Die weiteren folgen erst, nachdem man die volle Tiefe längst erreicht hat. Zwei Stunden hindurch verfolgen die Zerstörer das getauchte Boot, ohne daß dies nennenswerte Wirkung gibt. Die ersten Bomben lagen noch am besten. Ein paar Schäden sind entstanden, aber sie sind unerheblich. Schnees Boot ist anderes gewohnt.

Schließlich geben es die Verfolger auf.

Ein tolles Unternehmen! Es blieb keine Wahl, und der liebe Gott hat noch einmal seinen breitesten Daumen als Fender voll dazwischengehalten, wortwörtlich, meinen sie. Ein widerliches Erlebnis war es trotzdem, und die Haare können sich nachträglich sträuben, wenn man nur daran denkt. Und das alles ausgerechnet hier auf diesem einsamen Kurs durch den Mittelatlantik. Zwei britische Zerstörer! Waren sie selbst ebenso überrascht, als sie das Boot sahen? Aber sie waren im Vorteil. Bei dem tollen Meeresleuchten konnten sie das Boot mit seiner hohen Fahrtstufe ungewöhnlich früh am Heckwasser erkennen. Vielleicht auch hatten sie es bereits vorher in ihrem Funkmeß. Es fehlte jedenfalls nicht mehr viel — eigentlich nichts! — am Verderben. So kann das einem also gehen — —

Am nächsten Morgen sind die Schäden behoben. Es geht weiter hinter den anderen Booten drein zur afrikanischen Küste. Punkt Mittag wird voraus ein Unterseeboot gesichtet. Der Turm hebt sich über die Kimm. Ist es einer der Kameraden oder ein Feind? Schnee dreht jedenfalls hart nach Backbord ab. Sein Boot soll möglichst unbemerkt bleiben hier drunten.

Und dann ist das befohlene Operationsgebiet vor der Küste erreicht.

Vier volle Tage steht Schnee auf Wartestellung, ohne das Geringste auszumachen. Keine Beute. Es ist keinerlei Schiffsverkehr festzustellen. Ein langweiliges Geschäft, über Tag hier getaucht herumzuliegen und auch die Nacht über Wasser nicht viel besser dran zu sein: Angespanntester Ausguck nach dem kleinsten Anzeichen gegnerischen Verkehrs. Nichts unterbricht den gleichmäßigen U-Boot-Alltag. Mit Kleine Fahrt operiert Addi Schnee auf und ab und lauert mit seinem letzten Torpedo.

Nichts. Wie ausgestorben breitet sich die weite See.

Noch näher schiebt sich Schnee unter Land, bis kurz vor die Hafeneinfahrt von Freetown. Am fünften Tage endlich erscheint eine Rauchfahne in rechtweisend 40 Grad. Kurz darauf kommen in rechtweisend 69 Grad Mastspitzen heraus. Beide Fahrzeuge gehen mit südlichem Kurs aus dem Hafen heraus in See. Es ist frühmorgens.

Schnee nimmt an, daß die Rauchwolke von einem Bewacher stammt, der ein Fahrzeug, eben jene Masten, durch die Minensperren geleitet. Er hält Fühlung an den Mastspitzen;

das wird der Frachter sein. Schnee will versuchen, ihn noch bei Tage anzugreifen, muß also zunächst genau den Kurs des Gegners herausbekommen.

Um 12.00 Uhr mittags kommt die Rauchfahne aus Sicht. Dann hat das Geleitfahrzeug seine Aufgabe wohl durchgeführt, denkt Schnee, jetzt ist es zum Hafen zurück.

Zeitweilig wird es neblig. Der Tag ist hier an der Küste dunstig. Es fällt dem Boot schwer, Fühlung zu halten. Mehrmals kommt das Fahrzeug aus Sicht. Es hat — mit vielen Zacks — Kurs nach Amerika hinüber aufgenommen.

Man hört einige Serien von Wasserbomben in mäßiger Entfernung detonieren. Welchem Kameraden mögen sie gelten? Das Wasser trägt den Schall viele Seemeilen weit.

Nur langsam bewegt sich der zäh verfolgte Gegner von der Stelle. Er zackt auf eine unglaublich schlecht zu berechnende Art. Das geht nun schon so, seit er allein fährt. Man muß höllisch aufpassen, wenn man ihn nicht verlieren will. Schnee entschließt sich, erst während der Nacht über Wasser anzugreifen. Bei dieser unberechenbaren Zickzackfahrerei des andern kommt man sonst doch nicht recht in Schußposition.

Mehrmals muß das Boot tauchen, um die im Dunst verlorenen Masten durch das Horchgerät, das die Schrauben des Gegners auffaßt, wiederzufinden. Zäh in die erhoffte Beute verbissen, bleibt U 201 dem vorsichtigen Frachter auf der Spur.

Eigentlich gar kein Wetter für einen Nachtangriff, denkt er, gerade heute wird Vollmond scheinen, Wolken sind in dieser Gegend selten, die ihn verbergen und eine günstigere Dunkelheit hervorrufen möchten. Nachts ist die Sicht hier klarer als am Tag. Doch was hilft das! Man muß eben etwas Glück entwickeln, um dennoch ungesehen zum Schuß heranzukommen. Wenn der Kerl wirklich so wachsam ist, wie er vorsichtig tut mit seinen Zacks —? Ein Unterwasserangriff bei Tage hat jedenfalls nicht den geringsten Sinn; wir würden vorbeistoßen.

6,5 Seemeilen Geschwindigkeit läuft der Kasten. Das wenigstens ist bei dieser verzwickten Verfolgung genauestens bis auf den Bruchteil von Metern berechnet worden. Wenn man nun dicht neben der flimmernden Mondbahn anläuft, kombiniert der Kommandant, dann sollte man doch trotz allem wohl ungesehen auf Schußentfernung an ihn herankommen bei seiner geringen Geschwindigkeit?

20.00 Uhr. Der Wind weht aus Südost mit Stärke 4. Leise nur dünt die verhältnismäßig glatte See. Das macht die Küstennähe.

Endlich sinkt die Dämmerung herab. Mit ihr schließt Schnee ran, schnell, um die Helligkeitsspanne zu überbrücken und nicht zu guter Letzt den Gegner noch zu verlieren, wenn der jetzt zackt. Schon leuchtet der Vollmond unverschämt hell am Himmel. Aus der Dunstschicht ist er heraus, und aus dem rötlich gelben, dicken, trüben Lampion ist bereits eine silbergleißend strahlende Scheibe geworden.

Die Gefechtswache ist aufgezogen, alles zum Angriff, zum Schuß des letzten Aales vorbereitet. Es wäre dumm, wenn der vorbeigehen sollte. Zwar ist man eigentlich ja nur noch als Fühlungshalter hier auf Position für den Fall, daß ein Geleitzug endlich aufgefaßt werden sollte, wie man es erwartet, um mit für die anderen zu beobachten; aber warum nicht den letzten der verderbengeladenen Fische günstig anbringen?

Das Boot läuft an.

3000 Meter. Die Diesel wummern auf A.K. Weit zu beiden Seiten breiten sich die Gabelenden der Bugsee wie mit dem Messer geschnitten aus. Als hell schäumende Schleppe folgt das Kielwasser dem voranstürmenden Boot. Wird man auf der Brücke des Gegners zu früh in der stillen Nacht den Angreifer hören? Ihn sichten? Wird man dem

Anlauf noch ausweichen können und die Abwehr auf das Boot richten? Spannungsvolle Minuten für die auf der U-Boots-Brücke.

Immer deutlicher wächst das Fahrzeug aus der Dunkelheit heraus, dessen Masten allein man bisher gesehen hat.

Sind das nicht, sind das nicht überhaupt Kriegsschiffsaufbauten? Schnee läßt das Glas nicht von den Augen, während sein Boot anläuft. Neben ihm auf der Brücke, vielmehr seitlich hinter ihm über das Zielaufsatzgerät gebeugt, lauert der I. WO, der als Torpedooffizier den Aal schießen wird. Alles fiebert auf den Augenblick, daß der Kommandant die Erlaubnis zum Schießen gibt.

Jetzt zeigt das aufs modernste vergütete und infolgedessen verblüffend lichtstarke Nachtglas deutlich das ganze feindliche Fahrzeug: Vom Mondlicht übergossen taucht es immer mehr völlig heraus: Ein Zerstörer!

Das hatte gerade noch gefehlt, verzweifelt Schnee. Und den greife ich bei solcher Tageshelle wie ein Stier über Wasser an?! Gleich wird er, muß er, uns vorm Monde sehend oder längst ortend, schießen. Zum Abdrehen ist es längst zu spät! 2000 Meter. Käme das Boot jetzt herum und zeigte seine volle Silhouette, so würde jener das bequeme Ziel in seiner ganzen Länge unbedingt erkennen, auffassen und vernichten. Durchhalten also!

Das ist wieder einmal die einzige Chance, die noch bleibt. Vielleicht dusselt der da drüben wahrhaftig und erkennt den schmalen Schatten nicht, ehe der Aal ihn, den gefährlichen, schnellen, bestgeschulten Gegner tatsächlich trifft? So dicht neben der flimmernden Mondbahn sehen uns die Wachen drüben vielleicht wirklich nicht?

Wie eine blinde Wespe in verzweifelter Wut rennt das Boot auf seinen gefährlichen Gegner los, gegen dessen Steuerbordseite. In sein eigenes Verderben? Drehte es jetzt ab, es würde im selben Augenblick — tausend gegen eins — erkannt und beschossen. Aus einer ganzen Batterie von Rohren auf einmal würde das Verderben ausgespien werden, und dann liefe der Feind auf das Boot an, und die Unterwasserverfolgung, wenn es taucht, würde das Ende bringen, so dicht vor dem Hafen mit all seinen Hilfsmitteln planmäßiger U-Boot-Bekämpfung.

Noch ist drüben alles ruhig. Jeden Augenblick aber kann es aufblitzen, kann der Zerstörer andrehen und zum Rammen vorpreschen. Zum Schießen ist für den Deutschen dann keine Möglichkeit mehr.

Jetzt kommt alles an auf das Glück des Bootes, auf den richtig gewählten Augenblick. Wird man zum Schuß nahe genug sein, ehe jener etwas bemerkt? Denn nur aus absoluter Nähe kann ein Torpedo auf ein derart bewegliches Ziel wie einen Zerstörer treffen, der so fix seinen Kurs wechseln und sich dem anlaufenden entziehen kann.

„Schießen?" und gleich darauf und immer wieder „Schießen?" drängt der Torpedooffizier. Schnee nimmt sich zusammen, sosehr er selbst auch vor Erregung fiebert und ständig fürchtet, den Bogen doch vielleicht schon überspannt zu haben. Was mag nun richtig sein?

„Ruhig, zum Teufel! Noch nicht! — Nein!" wehrt er ab. Der Treffer muß vernichtend sein, beharrt er, immer wieder diesen Gedanken bewegend, denn sonst wird der Gegner immer noch das Boot übel zurichten, wenn nicht erledigen in wenigen Augenblicken.

Er muß, er muß uns doch sehen! Verdammt! So unglaubwürdig das für ein solches Kriegsfahrzeug ist. Noch hat es nichts bemerkt. Näher ran also! Näher ran! Der eine Torpedo soll sitzen, daß ihm die Schwarte knackt! Sonst sind wir selber dran!

Eine verteufelte Situation. Der Kerl läuft offenbar hier Horchkurs vor dem Hafengebiet, als Sicherung, seine Stunden ganz gemütlich ab. Und stellt uns nicht einmal fest?! Das haben wir sicher nur unserer Frechheit zu verdanken, indem er wohl bloß auf Unterwassergeräusche achtet. Anders ist es gar nicht zu erklären. Und wir stürzen uns hier mit kräftig brüllenden Dieselmotoren ihm geradezu in den Rachen! Schläft er wahrhaftig denn immer noch? Nach wie vor schleicht er mit langweiligen sechseinhalb Meilen seine sonderbaren Zacken ab. Hört er uns denn nicht?

Übler Nervenkitzel. Aber jetzt heißt es durchhalten, sagt sich Schnee. Der Abstand beträgt noch etwa 1300 Meter.

„Schießen?"

„Unsinn! Ruhe!" flüstert Schnee erregt.

Noch 1000 Meter. Bemerkt man drüben das deutsche Boot immer noch nicht?

„Schießen? — — Schießen?" fragt immer wieder der I. WO über seinem Zielgerät.

„Nein! Noch nicht!" fährt jedes Mal wieder der Kommandant seinen Offizier fast flüsternd an, als würde man ein lauteres Wort drüben bereits hören. Er läßt dabei die Augen nicht von dem Gegner.

„Nein! Verflucht noch mal! Ruhe doch!"

Jetzt endlich läßt Schnee doch mit der Fahrt heruntergehen. Der Maschinentelegraf schrillt nach dem Kommando erschreckend laut auf, wie ihn der Rudergänger im Turm gleich unter der Brücke legt, um der Maschine das Kommando mitzuteilen. Geringere Fahrtstufe. Das bedeutet längere Zeit, aber zugleich doch auch weniger deutliche Bug- und Hecksee. Fast ist es taghell, so kommt es ihnen vor, unter dem Mond. Allzu deutlich liegt der Gegner breit vor ihnen da, voll mit Licht übergossen. Die Köpfe auf der Brücke des Zerstörers sind im Glas schon zu erkennen. Und immer noch deutet nichts darauf hin, daß einer dort sie bemerkt hat. Kein Durcheinander, keine besondere Bewegung, keine Aufregung dort drüben verrät, daß im nächsten Augenblick etwas geschehen wird. 900 Meter.

„So, nu schieß!" sagt Schnee fast jovial. Der Bann ist mit dem Entschluß und dem Befehl von ihm abgefallen und hat geradezu einer Ermüdung Platz gemacht. Der Torpedooffizier rührt sich nicht von dem Zielgerät, während er den Befehl hinuntergibt:

„Rohr IV fertig! — — —"

„Jetzt!" stößt der Kommandant heraus. Es ist ihm selbst jetzt unheimlich. Schlägt nicht augenblicklich der Blitz auf sie herab?

„— — — Lllosssss!"

Man spürt den federnden Rückstoß im Boot. Mit heller Blasenbahn verläßt der letzte der Torpedos das Ausstoßrohr — es ist ein „Ato" — und spurtet, deutlich sichtbar durch die Blasenbahn, auf sein Ziel zu.

Schnee hat die Maschinen stoppen, das Boot „liegen lassen" — so nahm er es sich vor. Es ist die einzige Chance, weiterhin ungesehen zu bleiben, bis der Aal trifft, indem er mit der geringen Fahrt, bis das Boot stoppt, dem Gegner weiterhin nur die schmalste Silhouette zeigt. Noch immer zieht der friedlich seine sechseinhalb Meilen dahin, genau in die etwas vorgehaltene Torpedolaufbahn hinein. Beide müssen zusammentreffen! Müssen!

700 Meter nur! Noch schnurrt der Aal seine Bahn, und aus dem Boot verliert sich jetzt die Fahrt. Nach dem Schuß hat auch Schnee seinen kühlen Kopf verloren. Allzu unverschämt kommt er sich plötzlich vor, derart vor dem Gegner stillzuliegen.

„Hart Backbord — und weg!" ruft er dem Rudergänger zu und wendet sich selbst dabei um, als könne er so dem Gegner schneller entgehen.

Die Diesel brummen wieder auf, nachdem ein neues Maschinenkommando ausgesprochen ist; das Boot dreht ab. Und da nun endlich bemerkt man auf dem Zerstörer das unverfrorene deutsche Boot. Kein Wunder. Bewegung auf seiner Brücke. Man sieht es, schon ehe etwas geschieht. So'n Wahnsinn aber auch! Wie konnt' ich bloß! möchte Schnee sich selbst ohrfeigen vor Wut für sein letztes Kommando. — Jetzt dreht der Gegner an, und der Schuß wird vorbeigehen! Verflucht, was für ein Esel bin ich doch! beißt er sich nervös auf die Lippen. Jetzt hat er uns sofort! Er dreht tatsächlich, natürlich. Und jetzt, jetzt wird es drüben aufflammen, jeden Augenblick, das Mündungsfeuer! Wie weit ist unser Torpedo denn? Schnee klammert sich an die Hoffnung, daß er schon weit genug gewesen sein möchte —

Und kaum, daß der Gegner andreht von seinem bisherigen Kurs ab und auf den Deutschen zu, — in diesem Augenblick trifft der Torpedo wahrhaftig und detoniert kurz hinter dem Schornstein des Gegners mit einer solchen Gewalt, daß der eben angehende buchstäblich in Stücke zerrissen mit in die Höhe schießt.

Wasserbomben, die der Gegner offenbar in großer Zahl an Deck bereitstehen hat, gehen mit hoch. Und nun prasseln die Bruchstücke sirrend herunter und schlagen ringsum aufklatschend und zischend in das dunkelgleißende Meer, kaum, daß die Explosionswolke glühschimmernd in schwarzem Ölqualm weiter emporblafft und weit in den stillen Mondscheinhimmel hinein sich erhebt.

„Donnerwetter —!" ist alles, was Schnee herausbringt. Nun hat er trotz seiner Eselei dennoch wieder einmal Schwein gehabt, unverschämtes Schwein.

Schon nach einer Minute ist die See wieder glatt und harmlos einsam, als wäre nichts geschehen, ein unbeschriebenes Blatt, während noch der Qualm der Explosion den Himmel verdunkelt.

Von dem Zerstörer ist nichts mehr übrig. In der entscheidenden Sekunde traf ihn das Geschick. Zwei Leichen allein treiben in der stillen See. Und eine Rettungsboje „H.M.S. T. 137". Das ist alles. Seiner Majestät Schiff T. 137 ist nicht mehr. Mit Mann und Maus ist es grausam vernichtet. Verflucht! Nur nicht weich werden! Wir leben!

Das PQ 17
Juli 1942

Reinhard Reche erzählt:

— — Die Maßstäbe sind im hohen Norden ganz anders als überall sonst. Zwar hat in Narvik der „AU" beim Admiral Nordmeer, Kapitänleutnant Oesten, das neue Boot mit dem Fuchskopf eingewiesen, einen langen Nordmeerbefehl erläutert, der die Erfahrungen der ersten zwei Kriegsjahre auswertet, und viele gute Ratschläge erteilt. Man hat auch schon diesen kalten Winter in der Ostsee geübt, Navigation unterm Eis und so weiter; das Boot ist mit besonderen Heizeinrichtungen versehen, damit die lebenswichtigen Ventile und Leitungen nicht einfrieren und das Sehrohr klar bleibt; man ist auf die Schwierigkeiten der Funkverbindung in diesen hohen Breiten hingewiesen: Und doch haben die Männer dieses Bootes jetzt dauernd das Gefühl, am Rande der Welt zu stehen. Man stößt in ein Quadrat bei Jan Mayen zu einer Gruppe anderer Boote, die man nie gesehen. Aber die Kommandanten sind meist nordmeererfahrene Crew-Kameraden: Tex Teichert, Marks, v. d. Esch, Zetzsche, Simon, und ältere Jahrgänge: La Baume, v. Hymmen, Timm . . . Weite Nebelfelder liegen über dem seidigen Meer. Alles ist so geheimnisvoll und unfaßbar. Vogelarten begleiten das Boot. Selten, daß die Sonne einmal klar zum Besteck herauskommt; und dann ist die Kimm sicher verschleiert, oder Luftspiegelungen ergeben Abweichungen, die keine Tabelle erfaßt.

Auch die Nachrichten über den erwarteten PQ 17, den Geleitzug, der den Russen Tanks und Flugzeuge liefern soll, sind durchaus nebelhaft. Die deutschen Aufklärungsflugzeuge haben nur selten günstiges Wetter, um den weiten Seeraum zwischen Island, den Shetlands und Norwegen einigermaßen einzusehen. In Reykjavik sollen etliche Dampfer liegen.

Die Sonne kreist in diesen letzten Junitagen 1942 hier über der ganzen Kimm. Man verliert das Gefühl für die Tageszeit; nur die gleichförmigen Wachwechsel und die Mahlzeiten erinnern irgendwie an die Uhr. Aber ist es das Frühstück oder das Abendbrot? So wird es auch keine Nächte zum Angriff geben. Dazu schwankt die Sicht ständig durch Schauer aller Art, meist Schnee. Und diese ewigen Nebel!

Aus einer solchen Wand sind auf einmal zwei Zerstörer schemenhaft aufgetaucht und nach kurzer Jagd wieder verschwunden. Da liefert auch das Funkschapp die erste Geleitzugmeldung eines anderen Bootes. Die Fühlung ist natürlich wieder verloren, kein Wunder. Dann der Ansatzbefehl der Führung. Man schätzt einen Kurs in Richtung Bäreninsel, möglichst weit ausholend vor dem Arm der deutschen Luftwaffe in Norwegen, aber auch beschränkt durch das Eis, das vielleicht die Durchfahrt zwischen Spitzbergen und der Insel noch sperrt.

Man jagt nordostwärts.

Ein tyske U-Boot prescht mit völlig anderem Kurs heran. Kurze Verständigung, Suchkurse. Und dann hinein in diese braungraue Wand. Die Sicht reicht nur wenige hundert Meter, vielleicht mal eine Meile. Nach Stunden Große Fahrt wird getaucht. Gespannt hängt der Kommandant am Horchraum. Im Boot äußerte Stille. Da ist ein klares, schmales Horchband. Man weiß, wie weit der Schall im Wasser tragen kann, Hunderte von Meilen. Also hoch, die Meldung heraus, vielleicht hilft sie einem anderen Boot — wenn die Standorte stimmen! Nur das Ohr kann weiterhelfen. Mit hoher Fahrt wird eine Stunde schräg zur Peilung zugelaufen, zugleich ein Ansatz, um den vermeintlichen Geleitzug zu überholen. Leider steht man hinter ihm, immer gewärtig, mit diesen 16 Knoten plötzlich in den Geleitzug hineinzustoßen. Die Sicht wechselt manchmal schlagartig. Das Wasser dampft; darüber das wogende unwirkliche Braun.

Erneutes Tauchen ergibt eine veränderte Peilung und einen angenäherten Standort der wehrhaften Beute, wenn man ihre verhältnismäßig geringe Fortbewegung in der kurzen Zeit vernachlässigt. Andere Boote funken inzwischen abweichende Vermutungen des Geleitzugs. In dieser Nebelwelt gibt es eben zu starke Versetzungen. Aber hier ist die Spur. Nur 14 Meilen dahinter. Drauf — und zunächst einmal sehen.

Plötzlich hellt sich die Landschaft auf, wird blauer, die letzten Nebelfetzen. Vorne, wie auf einem Tablett, der Geleitzug! Fieberhaft werden die Kolonnen gezählt, die Geleitfahrzeuge. Die Schiffe führen Sperrballons. 38 dicke Schiffe, den Bauch voll Tod und Verderben für unsere feldgrauen Kameraden im Osten. Die erste Meldung als Kurzsignal, dann ausführlich. Und vor allem Wolkenhöhe und Wetterlage für unsere Helfer in der Luft dazu. Raus damit! Und dabei spitz bleiben, vielleicht haben sie uns noch nicht

264

gesehen hier am Nebelrand. Das Boot furcht wie durch atmendes Glas. Wie kommen wir bei dieser klaren Sicht nur nach vorn! Ein ungeheurer Bogen wird das. Ein Glück, daß sie hier wenigstens noch keine Flugzeugträger dabei haben.

Aus dem braunen Kissen im Rücken taucht ein schwarz qualmender Schlot, schiebt sich eine aufgeregte Korvette hinterher. Auch das noch! Das Fuchsboot hebt sich auf höchste Fahrstufe; die letzte ergänzende Meldung muß noch hinaus. Und möglichst noch Raum aufholen, bevor man in den Keller muß. Das Ungetüm im Rücken wird langsam größer. Da seitlich ein zweites. Man hatte im Nebel die Sicherung durchstoßen.

Nun wirds Zeit. Alarm!

Ein paar Wasserbomben fallen.

Wie gut, daß der Nebel auch dem britischen Admiral Schwierigkeiten macht. Sicher nicht einfach, solch einen Haufen ziviler Schiffe zusammenzuhalten. Das U-Boot braucht mehr als einen Tag, um per Kreuzeraufgabe wieder in eine vorliche Position zu kommen, ungesehen, 20 Meilen vor der Sicherung. Für diese Strecke braucht das ganze Geleit dagegen fast nur drei Stunden. In drei Stunden, die das Boot mit nur geringer Fahrt unter Wasser steht, um sich durch die Sicherung sacken zu lassen, den lohnenden Zielen zu, in diesen drei Stunden kann man den Geleitkurs so ändern, daß auch höchste Unterwasserfahrt dem Boot nicht mehr viel helfen kann.

So erreicht der erste Front-Anlauf des Fuchsbootes nur die backbord-vordere Sicherung des Geleits. Ein Zerstörer zieht in arger Nähe breit vorüber. Das Sehrohr, nur sekundenweise aus der Glätte der See gehoben, folgt seinen Masten und starrt plötzlich geblendet in die kalte Sonne. Vorbei!

Die Mündungsklappen werden geschlossen. Der Kommandant flucht gottsjämmerlich vor sich hin.

Wieder nach vorn. Der Nebel hilft. Erste Eisbrocken und Schollen. Irgendwo in der Nähe muß die Bäreninsel sein. Das Echolot klettert beunruhigend. Durch Flächen dünnen breiigen Eises stößt das Boot ostwärts dem entschwundenen Geleitzug nach. Es sind Angriffe eigener Bomber- und Torpedostaffeln angekündigt. Die Gruppe „Eisteufel", bislang noch ohne Erfolg, kurvt unterdessen nach vorn. Für das neue Boot ist diese Gegend nur ein Begriff aus Berichten von Polarexpeditionen. Man meint, jeden Moment müßte hier die Welt zu Ende sein. Ein Seehund guckt neugierig über das Wasser, taucht flink unter; immer wieder erscheint sein ulkiger Poller.

Auf einmal ist die Luft voller Flugzeuge, nordwärts, nordwärts. Alles eigene, noch oben. Dann der Himmel übersät mit Flak-Wolken. Und nun knallen die Detonationen der Bomben durch die Barentssee.

Stunden später brausen dicht über dem Wasser die Torpedoflugzeuge vorbei, freundlich wackelnd. Darüber als dicke Brummer mit ihrem blechernen Motorengeräusch die BV-138, unsere dreimotorigen Aufklärer, die als Fühlunghalter ein störungsfreies Vorsetzen für die U-Boote ermöglichen. Man fühlt sich kolossal stark mit diesen Freunden in der Luft, wenn auch ab und zu in der Höhe etwas blendend aufleuchtet und mit dem Leben tapferer Kameraden verglüht. Dann schlucken die fünf Seeleute auf ihrer Brücke einen Augenblick. Die zurückstehenden Boote sind angewiesen, den Geleitweg nach treibenden Fliegern abzusuchen.

Durch ein dämmeriges Grau stößt das Fuchsboot auf das Schlachtfeld zu. Aus dem fahlen Horizont heben sich Masten sinkender Schiffe, dabei Bewacher. Die Lichtverhältnisse erlauben keine Entfernungsbestimmung. Das Boot taucht, das letzte Stück unter Wasser

heranlaufend. Durchs Sehrohr ist gar nichts zu sehen; das Schmelzwasser kühlt die unterste Luftschicht anscheinend zu stark ab, so daß sie total reflektiert. Also auf! Aber beim Auftauchen sind die Masten verschwunden, versunken vielleicht, die Bewacher im Ablaufen. Ein zweites Boot, U-Simon, begegnet uns, läuft nun mit viel Fahrt mit. Da blitzt es hoch im Dunst auf, und Sekunden später haut die Salve des Kreuzers vor den Booten in die See. Spitz abgedreht. Da kommt schon die zweite, diesmal weit. Unter Wasser schon hört man die dritte krachen. Dann die eiligen Schraubengeräusche, die sich entfernen. Wieder hoch und auf langen Suchkursen hinter dem Geleitzug her. Die Diesel müssen hergeben, was sie können. Plötzlich wieder: „Kommandant auf die Brücke!" Bei glasklarer Kimm da drüben Artillerie-Einschläge. Vom Gegner nichts zu sehen. Da wieder! Harms, der alte Fischersmann und II. Wachoffizier, erkennt jetzt aber die alten Freunde: Wale. Ein erleichterndes Gelächter auf der Brücke, dann im ganzen Boot. Doch auch die Kondenswolke des eigenen Auspuffs muß weit über der Kimm zu sehen sein.
Nach Stunden eine einzelne Mastspitze, unheimlich klar und nahe wirkend. Man sieht geradezu den Erdball sich runden. Sie wird ausgedampft: 12 Knoten. Vorsichtig näher heran. Ein dicker Schornstein dahinter. Wenn die einen Ausguck am Mast hätten, sähen sie die Brückenwache ebenso greifbar. Offenbar ein schneller Einzelfahrer, vielleicht aus dem Geleit entlassen, um allein durchzubrechen. Es kommen auch Erfolgsmeldungen anderer Boote, die einzelne Dampfer angriffen. Und endlich das Ergebnis der Luftangriffe, die offenbar zur Auflösung des Geleitzuges führten.
Der einsame Mast steuert schnurgeraden Kurs, 120 Grad. 16 Meilen südlich von ihm knüppelt das Boot mühsam voran. Langsam, langsam wandert die Peilung achteraus. Das schnelle Schiff, sicher ein besonders lohnender Happen, strebt anscheinend auf Nowaja Semlja, das „Neue Land", zu, um außerhalb der Reichweite der norwegischen Flugplätze die russischen Gewässer zu gewinnen. Es läßt sich ausrechnen, wann das Boot in Angriffsposition ist. Auf einmal voraus ein bräunlicher Strich, höher, und dann verschluckt das Nebelfeld die mühsame Beute. Aber dahinter müssen noch die anderen kommen, denen der Schnelle davongelaufen ist. Doch nein, man darf keinen Vorteil aus der Hand lassen. Der muß noch zu kriegen sein! Hoffentlich hält er wenigstens seinen Kurs durch. Das Boot dreht heran, bis es nach Kopplung vor ihm steht. Dann ein schwerer Entschluß: Tauchen zum Horchen. Das braucht, alles in allem, eine halbe Stunde, in der jener 6 Meilen gewinnt, also anderthalb Stunden Verfolgung mehr, wenn man nicht mit Glück schon richtig steht. Stille! – Da! Das Schraubengeräusch, schnell auswandernd, demnach ganz in der Nähe. Also richtig gerechnet. Aber durchs Sehrohr nichts als dieses bräunliche Wasser jetzt, und der Nebel. Auftauchen! Raus! Beide Maschinen Langsame – Halbe – Große Fahrt voraus! Plötzlich durch ein Nebelloch das Schiff, ein dicker Kasten. Doch auch er hat das Boot gesehen, dreht ab und klackert ihm mit seiner Kartoffelschmeißbüchse um die Ohren.
Nun weiß er, daß sie ihm auf den Fersen sind. Von jetzt an wird er mit dem Kurs wechseln, wird vielleicht, wenn sie weiter vorstoßen, im Nebel da hinter ihnen durchbrechen, bevor sie sich zu einem neuen Tauchen entschließen. Dieser verfluchte Nebel, diese verdammte wechselhafte Sicht! Kommandant und Wachoffiziere ermuntern sich gegenseitig, ihren Dampfer nicht mehr fahren zu lassen, zähe zu bleiben und schlau, wie der Fuchs auf der Fährte.
Und das Glück läßt sich schließlich überzeugen. Nach 30stündiger Nebelfahrt stößt der Fuchs südwärts aus dem Nebel, legt sich vor der Matotschkin-Straße auf die Lauer. Und

richtig, dort kommt der dicke Mast hoch. Die Position verbessert, ein schulmäßiger Anlauf. Aus sicherer Nähe, und dann auf alle Fälle ein Fächerschuß. Zwei Detonationen. Der Große stoppt, legt sich etwas auf die Seite. Boote gehen zu Wasser. Deiring, der I. WO aus Kempten, darf den Heckaal als Fangschuß schießen. Das Schiff bricht auseinander und geht auf Tiefe. Seine Boote setzen rote Segel und halten auf das ferne Land zu. Von einem Floß erfährt man mit englischen Brocken Namen und Größe des Amerikaners: 10800 Tonnen. Ein schöner Anfang und Lohn für die Ausdauer. Man übergibt Brot und Wasser und weist den Kurs aufs Land. Dort gibt es freilich noch mühsame Wanderungen bis zu den nächsten Siedlungen seiner „Bundesgenossen".

Im Boot Siegesstimmung. Ein Funkspruch geht an die Führung mit der Vermutung, daß die Dampfer vom Geleitführer diese Küste als Ansteuerung zugewiesen bekamen. Und sie trügt nicht. Die lange Verfolgung mit hoher Fahrt hat den Fuchs vor die Spitze dieses aufgelösten Verbandes gebracht, währenddessen Sicherungsstreitkräfte sich noch im Norden mit anderen Booten herumschlagen und die Besatzungen der von der Luftwaffe versenkten Schiffe bergen. Das Boot mit dem dreieckigen Wappen am Turm erfaßt nordwärts von der verdächtigen Sinkstelle die nächsten Mastspitzen. Es geht hier auf 50 Grad Ostlänge nun fast wie damals den ersten Booten an der amerikanischen Ostküste auf 80 Grad Westlänge. Nur ist man hier 40 Grade nördlicher.

Der Kommandant beschließt, mit den Torpedos sparsamer umzugehen. Jedes der beiden Schiffe soll nur einen erhalten. Der Anlauf wird wieder in aller Ruhe schulmäßig angelegt. Erst auf den vorderen ... Da zeigt ein schneller Rundblick, daß das zweite Schiff, seitlich herausgestaffelt, viel zu dicht kommt und das Boot überlaufen muß. Ein Torpedo aus spitzer Lage. Los! Dann mit Hartdrehung und AK gerade noch freigekommen. Die beiden haben nichts davon bemerkt. Da ziehen sie hin. Kein Treffer. Im Boot ist dicke Luft. Die Götter bestrafen eben jeden Übermut. Aber wenn die Rechnung stimmt ... Und richtig, das auftauchende Boot braucht den beiden Glücklichen nicht nachzubrausen; denn schon kommt der nächste Mast im Norden heraus. Dieses Mal sitzt der Aal. Die Munition wird klargemacht und den Seeleuten der Spaß der Beschießung über Wasser gegönnt. Brennend und sinkend wird „Olopatra" verlassen. Im Norden hat, aus dem Nebel tauchend, das nächste Schiff argwöhnisch beigedreht, läuft schließlich in den Nebel zurück. Doch kurz darauf läuft der dritte in die Fänge des Fuchses. So langsam lernt man's. Wieder spielt die Artillerie. Harms und seine Geschützbedienung sind in ihrem Element. Qualmend geht der Pott zu den Fischen.

Da man nun annimmt, daß die „Unsicherheit" dieser Gegend allmählich ruchbar geworden ist, wendet sich das Boot wieder nach Südwesten. Auch gibt die Führung Auffangstellungen an, die den Weg des Restgeleits ins Weiße Meer überstreichen. Unversehens gelangt das Boot dabei in schwere Eisfelder, die hier noch der Insel Kolgujew vorgelagert sind. Doch ehe man westlich ausweichen muß, werden die Deckung und das ruhige Wasser zwischen den Schollen genutzt, um die Torpedos aus den Oberdeckstuben in das Boot umzuladen; ein Unternehmen, das ohne den Nebelschleier über diesen Eisfeldern in Reichweite der Landluftwaffe wohl zu gewagt wäre. Für lange Minuten sind dabei die großen Torpedoluken knapp über dem Wasserspiegel geöffnet, und während der Einführung des schweren Aals ist das Boot jeweils tauchunklar.

In dieser Jahreszeit haben die Russen die Fahrt nach Archangelsk schon aufgebrochen, so daß ihr Nachschub möglichst weit außer Reichweite der deutschen Flugzeuge geführt werden kann. Aus dem Treibeis heraus stoßen die Eisteufel auf die Küste der Halbinsel

Kola zu, die letzten Schiffe noch vor dem sicheren Hafen zu holen. Da zeigt sich den Männern der Brücke des Fuchsbootes am frühen Morgen eine sonderbare Erscheinung. Zwei Schiffe und ein Bewacher dampfen schemenhaft hoch an den Wolken dahin, die Masten nach unten, reiten so auf den Spitzen der wirklichen Masten, die eben nur über die Kimm tauchen. Die Männer starren das Schauspiel an, während das Boot noch versucht, sich dieser Gruppe vorzusetzen. Die Frage ist, ob es nicht selbst auch umgekehrt diesen Schiffen auf den Wolken erscheint, so daß sie gewarnt sind? Der Zirkel zeigt auf der Karte, daß bis zu der von der Führung wegen Minengefahr angegebenen Operationsgrenze an ein Vorsetzen nicht mehr zu denken ist. So wird wenigstens so weit seitlich an die Schiffe herangelaufen, daß man die Strecke wohl einem Ato zumuten kann, und der vorn umgeladene wird dann mit den besten Wünschen im Tages-Überwasserschuß auf die Reise geschickt. Natürlich schwört Dreiring auf seine Torpedos; aber schließlich müssen die letzten Schiffe doch der Luftwaffe überlassen werden. Und sie sollen nachher wirklich vor Archangelsk noch geknackt worden sein.

Tatsächlich schickt der Russe nun doch so eine alte Mühle von Doppeldecker heraus. Immerhin kostet sie den Fuchs bei dieser ewigen Helligkeit eine schöne Unterwasserstrecke und dann ein spitzes Davonschleichen. Dann hastig nordwärts. Hier ist nichts mehr zu holen.

Dies ist die Geschichte des sagenhaften PQ 17. Die Engländer rauften sich wohl die Haare. In Narvik beim Admiral Nordmeer und beim Fliegerführer in Bardofoss zählt man die versenkten Tonnen zusammen. Doch noch hat das Fuchsboot einen netten Schlußpunkt auf Lager.

Von den Booten, die noch genug Treiböl haben, wird zum Abschluß der Operation der Geleitzug noch einmal rückwärts über bestimmte Standlinien abgekämmt, um Nachzügler oder beschädigte Schiffe aufzuspüren. Der Fuchs bekommt die äußerste Bahn. Sie verläuft bis zum 76. Breitengrad hinauf, dann zur Bärenenge und heim durch den Andfjord nach Narvik. Eines Morgens wird der Kommandant wieder hochgereppt. Harms hat schon abgedreht. Unter einem Eisblink, dem weithin sichtbaren Anzeichen für treibendes Eis, sind die Masten von scheinbar zwei oder drei Zerstörern auszumachen, merkwürdig unbeweglich in der weißfahlen Helligkeit. Da sich drüben nichts tut, wird wieder zugedreht und die Artillerie klargemacht. Vorsichtig in ganz spitzer Lage geht's ran. Da liegt schließlich an großen Schollen „festgemacht" nur ein, wie sich bald zeigt, verlassenes Schiff, die holländische Flagge an der Gaffel.

Drei Enterkommandos gehen hinüber, während der Ausguck argwöhnisch Luft und See bewacht. Der Dieselmaschinist soll versuchen, ob das Schiff flottgemacht werden kann. Doch steht der Maschinenraum, offenbar nach einem Lufttorpedo, zu tief unter Wasser.

Schulz, der Obersteuermann, erkundet die Proviantlast; er bringt jedoch nur den Inhalt der Pantry mit und hat den noch vollen Frühstückstisch restlos abgedeckt. Das Schiff ist offenbar in Panik verlassen worden. Das beweist auch die gelochte Geheimkiste, die Harms auf der Brücke entdeckt und die man nicht erst versenkt hat. Sie liefert für den Wehrmachtsbericht die genaue Zusammensetzung des PQ 17, ferner das neue Signalbuch für Geleitzüge und andere willkommene Unterlagen. Nebenbei wandert eine Menge von Kleidungsstücken an Bord, die später in Bergen dem Roten Kreuz übergeben werden. Die holländische Flagge sinkt mit Seite-Pfiff. Der letzte Aal gab den Gnadenstoß. Eisschollen treiben über „Paulus Potter" zusammen.

Im steilen Skjomen-Fjord auf der standesgemäßen Yacht „Stella Polaris" treffen sich die Eisteufel mit ihren Kameraden aus der Luft zu lebhaftem Gedankenaustausch, wobei das dauernde Tageslicht manche Verwirrung stiftet. Hier im hohen Norden ist man wie eine große Familie. Die Reise nach Deutschland dauert allein vierzehn Tage, so daß die Besatzung die kurzen Zeiten der Überholung des Bootes beim Werkstattschiff hier mit Skifahren in den Bergen oder mit Wanderungen in den hohen Mooren verbringt.

Bald freilich wird auch hier jeder Geleitzug seine Trägerbegleitung haben, wird König Radar in der langen Polarnacht herrschen, werden viele Kameraden nicht mehr die Stützpunkte erreichen. Doch wer lebt, hat unvergeßliche Erinnerungen in seinem Herzen heimgebracht an die Gewalt der Winterstürme, die einsame Schönheit der eisbedeckten Inselwelt, die ragenden Krater des Beerenberges auf Jan Mayen und den stillen Glanz des Polarlichtes im Winter, der Mitternachtssonne im Sommer.

Der Flugzeugträger

August 1942

Es war die achte Unternehmung, die Kapitänleutnant Helmut Rosenbaum als Kommandant fuhr, seine letzte, ehe er zum Chef der neuaufgestellten Kleinboot-U-Flottille im Schwarzen Meer ernannt wurde und dort auf tragische Weise, bei einem Flugzeugunglück, ums Leben kam. So mancher U-Boot-Kommandant hat nicht draußen vor dem Feind, sondern später in der „sicheren Etappe", Kapitänleutnant Franken zum Beispiel bei einem Kinobrand, Kapitänleutnant Mannesmann bei einem alliierten Bombenangriff auf Hamburg, sein Leben gelassen. Eben diese letzte Reise Rosenbaums auf U 73 wurde in besonders sinnfälliger Weise zur Krönung all seiner Unternehmungen, die er, zuverlässig und dennoch jedesmal mit nur mäßigem Erfolg, im Atlantik wie im Mittelmeer gefahren hatte.

Daß U 73 Pech habe, hieß es besonders, als Rosenbaum das von einer Fliegerbombe vor Tobruk schwer beschädigte Boot mit restlos zerstörtem Achterschiff, — es konnte überhaupt nicht mehr tauchen! — mitten durch das so stark flugüberwachte Mittelmeer dennoch nach Hause, nach La Spezia brachte. Man hätte in diesem Falle von besonderem Glück sprechen dürfen. Es war reiner Dusel gewesen, daß dieses aufs schwerste beschädigte Boot auf dem nun folgenden Überwassermarsch von keinem einzigen Flugzeug, weder von einem alliierten, noch einem der Achse, gesichtet und angegriffen wurde: eine wirklich erstaunliche Begebenheit. Kein Kommandant konnte sich erinnern, auf dieser Strecke einmal nicht alle Augenblicke vor Flugzeugen getaucht haben zu müssen. Denn auch die eigenen Flieger hätten das Boot, dessen F.T. ausgefallen war und das deshalb nicht melden konnte, sicherlich angegriffen. Unerhörtes Glück war schon die Tatsache, daß U 73 sich nach dem Treffer überhaupt noch hochbringen und über Wasser halten ließ und daß die feindliche Maschine, als es auftauchte, aus dem Gesichtskreis verschwunden war. Als es dann unangemeldet, das Achterschiff tief im Wasser schleppend, durch alle Einfahrtsperren unbeschossen hindurch, vorm Hafenbecken in La Spezia bei hellichtem Tage in Sicht kam, glaubte man dort die Toten auferstehen zu sehen. Seit Tagen hatte man U 73 und seine Männer verloren geglaubt. Die Seekriegsleitung und der FdU Mittelmeer hatten das Boot aufgegeben, das auch keiner

Flugleitung und keiner Küstenbatterie als auf dem Marsch befindlich gemeldet war. In langer Liegezeit waren nun die Schäden, so gut das auf der fremden Werft nur gehen konnte, behoben worden. Sogar ein Teil des Druckkörpers wurde von der mit solcher Arbeit keineswegs vertrauten Belegschaft erneuert und angeschweißt und die Diesel durch andere ersetzt. Ungefähr alles an Bord ist nun neu und vielfach erst behelfsmäßig eingebaut bis zum Kleiderhaken, zum Kojenvorhang und zum Hocker im Oberfeldwebelraum. In der langen Zwischenzeit ist ein Teil der alteingefahrenen Besatzung des Bootes abkommandiert worden und nun an anderen Stellen eingesetzt. Neu sind an Bord der I. Wachoffizier (und spätere Kommandant dieses Bootes, Oberleutnant zur See Deckert), der Leitende Ingenieur (der mit der bevorstehenden Unternehmung überhaupt zum ersten Male auf Feindfahrt geht), zwei der drei Obermaschinisten, zwei Unteroffiziere und sieben Mann. An der Einsatzfähigkeit des „alten Veteranen" U 73 fehle noch viel, werftmäßig sowohl, was den technischen Zustand des Bootes angehe, wie ausbildungsmäßig bei der Besatzung, meint Rosenbaum. Es sei noch längst nicht alles „fit".

Aber Rosenbaum drängt, zumal sich jetzt im Mittelmeer Chancen auftun, zum Angriff zu kommen; die Notwendigkeit wächst, mit allen Mitteln drohende feindliche Unternehmungen zu stören. Es hat sich seestrategisch eine Lage ergeben, die den Einsatz eines jeden auch nur irgendwie verfügbaren deutschen wie italienischen U-Bootes dringend erfordert. In Gibraltar sammelt ein offenbar besonders wichtiger Geleitzug des Gegners zum Marsch über Malta nach Alexandrien, das durch die Sommeroffensive Rommels stark bedroht ist. Die Gegner benötigen den Nachschub für ihren Widerstand unbedingt. Es ist erstaunlich, doch nicht verwunderlich, was alles, geheimen Meldungen zufolge, an Frachtern und Kampfeinheiten zu deren Sicherung in Gibraltar zusammengezogen wird. Der Deutsche, der im Mittelmeerraum steht, muß dem zu begegnen versuchen. Auch die Arbeiten an U 73 werden noch beschleunigt, das schließlich zur Feindfahrt ausrüstet. Es ist der 4. August 1942. Glühend strahlt die Sommersonne Italiens um Mittag dieses Tages steil auf die steinerne Pier neben dem Arsenal-Hafenbecken von La Spezia. Stapel von Proviant und sonstiger Ausrüstung lagern dort, ganze Berge, dicht neben dem seit heute vormittag vertäuten Boot, das noch heute morgen drüben im Dock lag. Aufgeregt läuft der neu an Bord kommandierte Schmutt, ein Bremer Junge und Gefreiter der Verwaltungslaufbahn, der sich danach drängte, einsteigen zu dürfen, zwischen und auf all den Vorräten herum, ordnet an und greift selbst mit zu. Er hat noch keine rechte Erfahrung. Immer wieder muß er zwischendurch aufs Boot und hinunter, um, seinen Stauplan in der Hand, die Verteilung all der vielen Kisten, Säcke, Büchsen, Körbe und Pakete zu dirigieren, manche Ordnung womöglich nachträglich wieder umzustoßen; denn immer wieder gibt es Stauungen, während mehrere von der Mannschaft das alles von Hand zu Hand ins Bootsinnere hineingeben. Nachher soll doch alles so, wie es gebraucht wird, zu greifen sein. Dem flachsblonden Jungen, der bis gestern noch in der Küche des Flottillenstützpunktes wirkte, schwirrt der Kopf.

Oberleutnant zur See Deckert, der neue I. WO, führt, auf einer der Kisten sitzend, Liste. Dieser, dann jener kommt und meldet ihm. „Zustand" ringsum! Ein toller „Betrieb". Deutsche Vorarbeiter und italienische Werkleute von der Werft drüben hantieren noch an Bord; das Boot ist selbst in dieser allerletzten Stunde sozusagen — den späten Nachmittag soll es auslaufen — noch nicht klar. Dort wird Munition der Zwozentimeter gegurtet. Der stämmige junge II. WO Fritz sieht zu und kontrolliert als Artillerieoffizier, daß Bootsmann und Bootsmaat, zu deren „Ressort" die Artillerie an Bord gehört, sorgfältig vorgehen. Sie sind damit beschäftigt, die Geschosse der Maschinenwaffen in die Gurte zu stecken, es soll nachher nichts klemmen und keine Versager geben, wenn die Flugzeugabwehr sprechen muß. Kopfschüttelnd steht der Kommandant in Tropenhemd und kurzer Hose, wie alle, inmitten des um ihn brausenden Durcheinanders und zweifelt, daß sein Boot wirklich noch bis zum Abend seeklar ist und in See gehen kann. Ein Kriegsberichter, wie zwischen ihnen vereinbart und daraufhin veranlaßt, zu ihm an Bord kommandiert, spricht, unmilitärisch, wie dieser Knabe, der gute Leo Mehl, nun einmal ist, ein paar natürliche Worte mit ihm, ehe er über die wippende Stelling aufs Boot hinüber seine Klamotten und Apparate bringt. Jetzt verschwindet er durchs vorläufig noch offene Kombüsenluk im Achterschiff. Kurz darauf erscheint er wieder an Oberdeck, denn drunten ist es in der allgemeinen whooling noch unmöglich, sich einzurichten.

Sie schaffen es. U 73 läuft zur vorgesehenen Stunde aus. Kaum, daß der gute alte Schlitten, wie ihn die Männer nennen, den Stützpunkt verließ und bald darauf zwischen Tino und Palmeria hindurch die freie See gewinnt, beginnt der Kommandant mit allerhand Übungen, um sowohl die Brauchbarkeit seines Bootes wie die der Mannschaft zu überprüfen und zu steigern. Es stellt sich heraus, daß wirklich manches nicht so, wie es sein müßte, gearbeitet ist, und ebenso, daß vieles noch nicht recht klappt. Eine der beiden Abgasklappen zum Beispiel zeigt starke Undichtigkeit schon beim ersten Tauchversuch auf größere Tiefe. Der Funkpeiler ist ebenfalls nicht richtig abgedichtet. Die Hauptlenzpumpe leckt; die Dieselkupplung schleift; der Funkmeß ist überhaupt unklar — nun, das wäre nicht so schlimm, auf ihn kann man verzichten. Aber in der Angriffssehrohrbuchse gibt es Schrumpfknalle, und das mag sich unangenehm auswirken. Außerdem aber fehlt es an den nebensächlichen, auf Feindfahrt dennoch unerhört wichtigen Kleinigkeiten wie zum Beispiel Haken zum Einhängen der geöffneten Schotten zwischen den einzelnen Abteilungen des Bootes, die mindestens bei Tauchfahrt offen stehen müssen, an Kojenhalterungen und allerlei Gerät des täglichen Bedarfs. Der Kommandant, zwar Seeoffizier, technisch aber besonders interessiert und herangebildet geradezu wie ein Ingenieuroffizier, vermag am besten zu beurteilen, wie schlimm all diese Fehler sich im Ernstfall auswirken können.

Zu seiner Sorge kommt hinzu, daß am zweiten Tage in See plötzlich vier Mann der Besatzung Fiebererscheinungen zeigen. Darmerkrankung. Leichte Störungen der gleichen Art hat fast jeder im Boot. Ist die Verpflegung am letzten Tag im Stützpunkt nicht einwandfrei gewesen? Das sommerliche Mittelmeerklima bekommt dem deutschen Menschen vielfach nicht; mit der Ernährung heißt es deshalb vorsichtig sein; aber die Männer verlangen nun mal nach der gewohnten viel zu schweren Kost selbst bei tropischer Temperatur. Vielfach Bauernsöhne, passen sie sich dem südlichen Klima und den Gewohnheiten seiner Menschen ungern an: Gelbsucht und Darmerkrankungen sind oft die Folge. An ungewohnte mittelmeerisch leichte Kost wollen sie nicht heran. Ist die Krankheit an Bord jetzt etwa ernsterer Natur? Wird sie das Boot womöglich zwingen, umzukehren? Nur das nicht! Rosenbaum hat das Gefühl, daß es diemal draußen für ihn etwas gibt. Alles in allem: U 73 ist noch keineswegs wieder voll einsatzfähig.

Kapitänleutnant Rosenbaum hält durch auf seinem Marsch in das ihm zugewiesene Operationsgebiet im westlichsten Mittelmeer. In den bis dahin noch zur Verfügung stehenden Tagen muß die Besatzung sich einspielen, sagt er sich. Der volle Gesundheitszustand aller wird sich hoffentlich bis dahin ebenfalls einstellen.

Eine Chance wie diese, endlich einmal auf ein mit Sicherheit zu erwartendes lohnendes Ziel eingesetzt zu sein und voraussichtlich zum Schuß zu kommen, bietet sich nicht oft; und zu wichtig ist der Einsatz gegen gerade diesen Transport des Gegners in diesem Augenblick. Die Lage ist ernst im Mittelmeer. Von einer Kontrolle der Seewege kann nicht die Rede sein. Malta ist noch immer in britischer Hand. Man konzentriert nicht genügend Kraft auf diesen Kriegsschauplatz; überall ist das Hemd zu kurz. Ohne Nachschub ist Rommel verloren; und ohne Nachschub ebenso auch der Brite in Ägypten.

Ein britischer Flugzeugträger ist als zu dem erwarteten Geleit gehörig gemeldet worden. Dessen Trägermaschinen sollen etwaige Angriffe von Achsenflugzeugen und deutschen Unterseebooten auf die ihm anvertrauten Frachter verhindern. Ob man nicht gerade ihn als den ersten und wichtigsten Wert in diesem Geleit vernichten kann? Admiral Kreisch, der FdU Mittelmeer in Rom, hat diese Hoffnung deutlich genug zum Ausdruck gebracht, als Helmut Rosenbaum sich von ihm seinen Einsatzbefehl holte. Das wäre allerdings der wirkungsvollste Schlag, wenn es gelänge, diesen Träger auszuschalten, daß er auf Monate hinaus ausfiele.

Am 6. August 1942 ist ein volles Drittel der Besatzung U 73 darmerkrankt. Trotzdem wird energisch weiter rollenexerziert, das heißt, es werden alle nur denkbaren Situationen, Ausfälle und dergleichen, wie sie im Ernstfalle sich begeben und eintreten können, durchgeprobt. Die Besatzung murrte anfangs zwar, das hat der Kommandant ohne weiteres gespürt und auch nicht anders erwartet, aber nun macht ihr selber die Sache Spaß, und auch das war vorauszusehen. Sie beginnt nämlich Sicherheit zu gewinnen in ihrem Tun, und das fühlt sie; man spielt sich miteinander ein und gewinnt das nötige Zutrauen zu sich selbst. Die Alten können ein Liedlein singen von dem bitteren Ernst, der erst kommt, und was es dann heißt, sein Boot voll in der Hand zu haben.

Währenddessen marschiert U 73 weiter dem ihm als Lauerstellung zugewiesenen Punkt zu. Nachmittags kommt fern ein Tanker in Sicht. Er wird über Wasser umgangen: Die Anwesenheit deutscher U-Boote an dieser Stelle soll dem Gegner so lange wie möglich verborgen gehalten werden. Abends sichtet man achteraus an der Kimm das Boot eines Kameraden, das, um im Stützpunkt neu auszurüsten, aus dem Operationsgebiet heimkehrt.

Um 22.00 Uhr ist es fast dunkel. Da plötzlich: Schatten backbord voraus! Ein U-Boots-Turm, eben aufgetaucht; man ist dort gerade beim Ausblasen. Erst 2 bis 3 Seemeilen Fahrt macht das geheimnisvolle Schiff mit seinem verhältnismäßig kleinen runden Turm, seinem langen Vor- und flachen Achterschiff. Ist es eines der ehemals holländischen, jetzt für England fahrenden Boote? Es kann auch ein zurückfahrender Italiener sein. Der Wachoffizier hat die laut wummernden Diesel sofort abstellen, die Antriebswellen auf E-Maschine umschalten und Ruder legen lassen. Als Rosenbaum auf der Brücke erscheint, zeigt man dem geheimnisvollen Schiff nur noch das Heck, die schmale Silhouette, und ist also sicher vor seiner Torpedowaffe. Fast geräuschlos fährt U 73 dahin. Mit zum Schuß sofort klargemachten Ausstoßrohren und für alle Fälle auch schußklarer Artillerie läßt Rosenbaum das rätselhafte fremde Boot vor spitzem Heck breit passieren, etwa 1500 Meter entfernt: eine totsichere Chance, es zu erledigen. Aber gemäß dem Angriffsverbot und dem Befehl, vorläufig verborgen zu bleiben, wird weder Erkennungssignal noch scharf geschossen. Offenbar ahnungslos fährt der Fremde vorüber. Er scheint U 73 gar nicht gesehen zu haben, sonst würde auch er sofort nur schmale Silhouette zeigen, gegen die jeder Torpedo wirkungslos bleibt. Nächtliche Begegnung im Kriegsgebiet, im Niemandsland, auf einsamer See.

Vom nächsten Tage an bleibt U 73 unter Wasser, um nicht frühzeitig entdeckt zu werden, da mit stärkerer feindlicher Aufmerksamkeit hier schon zu rechnen ist. Der Feind soll sich sicher wähnen, dann kommt man leichter auf ihn zum Schuß. Am Sehrohr beobachtet zur Zeit Rosenbaum selbst. Die See ist vollkommen ruhig, typisch Mittelmeer; geradezu ölig glatt. Unter der starken sengenden Sonne verschwimmt die Kimm in diesigem Dunst und flimmernder Luft. Erst während der Nacht wird für kurze Zeit aufgetaucht, das Boot durchgelüftet, die Batterie aufgeladen.

Das Leben der Besatzung geht seinen regelmäßigen anstrengenden Gang. Vor allem über Tag ist es erschlaffend heiß im Boot mit seiner abgeschlossenen, sich ständig mehr verbrauchenden Luft. Der Gang der E-Maschine verbreitet ungeheure Hitze. Trotzdem läßt Rosenbaum nach wie vor seine Männer alle nur denkbaren Situationen proben. Immer besser wächst die Crew zusammen. Sicherer werden die einzelnen Hantierungen ausgeführt; alle Manöver gehen jetzt reibungslos.

Die Kranken erholen sich. Bis auf einen, der mit den typischen Anzeichen starker Ruhr (es befindet sich ein Büchlein an Bord mit Angaben über die häufigsten im Unterseeboot auftretenden Krankheiten und deren Bekämpfung durch Laien) isoliert wird, so gut das auf einem feindfahrenden Unterseeboot nur möglich ist.

Am 11. August morgens ergibt das Horchgerät Peilung. Auf Sehrohrtiefe ist im Okular nichts zu erkennen. Offenbar steht das betreffende Fahrzeug noch unterhalb der Kimm, die für den niedrigen Blick durch das Angriffssehrohr, oder den durch den „Spargel", das Luftzielsehrohr, viel zu nahe liegt.

Eine Viertelstunde später, nachdem das Boot in Richtung der Peilung angelaufen ist, erscheinen recht voraus die Masten eines Zerstörers im Blickfeld. Der Gegner mag etwa 5000 Meter entfernt sein.

Fast gleichzeitig mit den Zerstörermasten kommt in Schiffspeilung 40 Grad ein außerordentlich langes Fahrzeug in Sicht. Ist es ein riesengroßer Frachter? Eher ein Schlachtschiff, sagt sich Rosenbaum; denn fünf Zerstörer und ein kleinerer Bewacher sichern rings, wie sich nach und nach herausstellt.

Doch nicht schon der Flugzeugträger? 12 Seemeilen Fahrt läuft der Verband, und er zackt um jedesmal 90 Grad; das kann man anhand der Peilungen genau berechnen. Der Feind läßt einem die Zeit, ihn genügend lange zu beobachten. Eine Angriffsmöglichkeit ergibt sich nicht. U 73 bleibt in ungünstiger Position etwa 5000 bis 8000 Meter entfernt. Dann gerät alles wieder aus Sicht.

Eine Stunde später, und ein Zerstörer passiert auf etwa 400 Meter Abstand, von Westen aufkommend, mit etwa 25 Seemeilen Fahrt das deutsche Boot, das mit Schleichfahrt, auf die es sofort schaltet, unbemerkt bleibt. Mit kurzen aufgeregten Zacks strebt der Zerstörer dem jetzt zu vermutenden Standort jenes zuerst gesehenen Verbandes zu. Weitab wird ein Flugzeug im Sehrohr sichtbar. Wäre nur nicht so spiegelblanke See! flucht Rosenbaum in sich hinein. Zu leicht sieht der Gegner das Periskop, den senkrecht aus dem Wasser ragenden Stock, wenn man es zeigt. Ein Flugzeug muß doch geradezu den Schatten des nur flach getauchten Bootes im stillen, klaren Wasser ausmachen! Zwanzig Minuten hindurch kann Rosenbaum den Zerstörer beobachten, dann macht dieser plötzlich, heftig mit seinem Signalscheinwerfer morsend, kehrt und passiert, anfangs mit Lage 0 genau auf U 73 zustoßend, in nur 60 bis 80 Meter Entfernung von dessen Heck, nach Westen zurück.

Eine kitzlige Situation. Hat er das Boot geortet, etwa das Sehrohr gesehen, und greift nun an? Rosenbaum hat Nerven und hält durch, ohne auf größere Tiefe zu gehen, wo jetzt hier herum solcher „Betrieb" herrscht. Es wäre dann allzu gefährlich, in solches Gedränge hinein blind aufzusteigen. Solange es irgend geht, gilt es Sehrohrtiefe und also Übersicht zu behalten. Dieser Gegner hat tatsächlich von ihm nichts bemerkt, und daß er zunächst genau auf das Sehrohr zustieß, das Rosenbaum nur äußerst knapp und selten zeigte, war ein Zufall. Selbst beim Vorüberlaufen auf so geringe Entfernung bemerkte der gefährliche Feind nichts vom Boot. Das Asdicgerät des Zerstörers arbeitet zur Zeit nicht. Der deutsche Kommandant läßt diesen Gegner trotz sicherer Chance zum Schuß jedenfalls laufen; lohnendere Ziele gilt es diesmal anzugreifen.

Kaum ist der Gegner genügend weit entfernt, wagt Rosenbaum einen Rundblick durchs zweieinhalb Meter über die Oberfläche hinaus ausgefahrene Sehrohr. Und wirklich ist in der Richtung, in die hinein der Signalscheinwerfer des Zerstörers seine Morsezeichen gab, ein wahrer Wald von Masten zu erkennen. Er reicht über ganze 60 Grad des Blickfeldes. Rosenbaum läßt das Sehrohr einfahren, denn eines der Geleitboote kommt soeben auf und läuft schließlich in kaum 600 Meter Abstand an dem deutschen Boot vorbei. Wiederum zeigt Rosenbaum das Angriffssehrohr währenddessen nur äußerst sparsam, um den Überblick so gerade eben zu behalten. Alles geht gut.

Und wieder wandert, wenige Minuten später, ein Sicherungsfahrzeug des Verbandes, ein anderes, auf knapp 400 Meter Abstand an dem deutschen Boot vorüber, und während der ganzen Zeit sendet dieses, im Boot deutlich wahrnehmbar, seine Ortungsimpulse aus. Aber auch sein Gerät reagiert offenbar nicht: U 73 bleibt unentdeckt.

Nur Ruhe! Denn vorhin hat Rosenbaum mindestens acht, vielleicht noch weit mehr riesige Frachter erkannt, als er das Luftzielsehrohr so weit ausfahren ließ; das heißt, er sah deren Masten. Dazu deutlich die andersartigen typischen Gefechtsmasten einer mächtigen Einheit; und weiterhin, unverkennbar, Masten zweier Kreuzer und die von im ganzen acht Zerstörern. Das muß bereits der ganze Geleitzug sein! Obendrein gab es weitere kleine Geleitfahrzeuge. Drei glaubt Rosenbaum gesehen zu haben. Beide E-Maschinen befiehlt er zunächst auf Große Fahrt und läßt das Boot schnellstens auf den feindlichen Verband, erst einmal mit Lage 0, zulaufen. Dann, nach einer Weile, staffelt er, vorsichtiger werdend, weiter heran.

Die Männer seiner Besatzung, längst auf Gefechtsstationen befohlen, spannen den weiteren Worten des Kommandanten entgegen, seit er über Bordsprech „An Alle" von der Lage kurz berichtete. Nun geht es los! Sie haben jeder unbändiges Vertrauen darauf, daß ihr „Alter" es schafft. Ihr Alter, der trotz derart toller Bombentreffer dieses Boot von Tobruk unbehelligt bis La Spezia brachte.

Sparsam, nur für kürzeste Augenblicke das Angriffssehrohr zeigend, schiebt sich U 73 derweilen dem feindlichen Verband in den Weg. Dessen derzeitiger Kurs ermöglicht es. Alles im Boot ist angespannteste Aufmerksamkeit, jeder bei seiner Sache, der Kommandant im Turm hinter dem Sehrohr. „Ein!" heißt es jedesmal, kaum daß er es knapp ausfahren ließ. I.WO Oberleutnant Deckert und der Bootsmann stehen eng geklemmt und gebückt in dem niedrigen Raum beim Kommandanten, um die Schußwerte nach seinen Angaben zu berechnen und über die Feuerleitanlage die Mechaniker im Bugraum anzusprechen. Das „Aus!" und das „Ein!" ruft der Kommandant zur Zentrale hinab, wo der Maat den Sehrohrmotor bedient. Die Kommandos für die Maschine und das Ruder werden vom Rudergänger übermittelt beziehungsweise ausgeführt, der ja auch noch im Turm hockt.

274

Es ist still im Boot und drückend heiß. Es surrt wie von erwartungsvoller Spannung: die E-Maschine, der Sehrohrmotor, der Umformer in der Zentrale; und fast erschreckend laut, wenigstens für die, die im Bugtorpedoraum sind, knackt jedesmal das Anschlagen der Übertragung auf die Tiefenruder, sooft deren Lage geändert wird. Erhorcht man das nicht draußen? Im Bugraum jedenfalls hört sich das Klacken und Nachsurren, solange die Taste am Tiefenruderstand gedrückt wird, unheimlich laut an, hier, wo der Torpedomaat mit seinen beiden Gasten am vorderen Rohrsatz steht, die Rohre schon bewässert hat und nun zum wievielten Male alles überprüft und durchs Sprachrohr zum Turm hin klarmeldet. Alle tragen nichts am Körper als die Sporthose; einzig der Obermaschinist im E-Maschinenraum, der das seinem Range schuldig zu sein glaubt, das weiße Sporttrikot dazu; die Offiziere allerdings stecken in kurzem Tropenzeug. Schweiß perlt ohne Unterschied allen die feucht glänzenden Leiber herab. Begegnen sich zwei Augenpaare, so zwingen sich beide zu verlegenem Lächeln, das so viel heißen soll wie: Gut, mein Junge! Der Alte und wir, wir werden es schon schaffen! Angst haben wir doch wohl nicht! Paß auf, Mensch, tu Deinen Kram! Verläßlich! Immer mit der Ruhe, Kumpel! Wir kommen schon durch! Nur nicht durchdrehn!

„Aus!" hört man den Kommandanten wieder einmal befehlen. Rosenbaum starrt durchs Sehrohr hinaus. Da läuft der ganze riesige Verband wie vermutet, und dort, als Schlußschiff der Steuerbord-Außenkolonne, wahrhaftig! da haben wir ihn ja, den Flugzeugträger!

Er ist es, und zwar die „Eagle", der wichtigste und gefährlichste Gegner im ganzen Mittelmeergebiet. Seine Hornissen sollen den deutschen U-Booten das Angreifen unmöglich machen und den Fliegern der Achse den planmäßigen Angriff auf Schiffsziele stören. Ein Riesenapparat, dieser Träger, denkt Rosenbaum; und da kommt er wunderbar genau, wenn er so weitermacht, in Schußposition! Rosenbaum zwingt sich zu ruhigem Beobachten der Lage. Er staunt: Kein einziges all der vielen Flugzeuge des Trägers scheint überhaupt in der Luft. So ein Dusel! Womöglich komme ich glatt zum Schuß?!

„Ein!" Und dann gibt der Kommandant ruhigen Tones, denn er nimmt sich zusammen, über Bordsprech bekannt: „An alle Stellen: Voller Einsatz! Ziel ‚Eagle'!"

Nun weiß es der jüngste Neuling an Bord, was auf dem Spiele steht.

Sieben Zerstörer sichern als Schirm den kostbaren Geleitzug des Gegners. Zwischen diesen hindurch gilt es das Boot an sein eigentliches Ziel zu bringen, ohne daß einer vorzeitig den Angreifer bemerkt.

Eine mitreißend überlegene Selbstgewißheit und unbedingte Ruhe strahlt von dem Kommandanten aus auf die drei, die um ihn sind. Knappe Befehle an den Rudergänger, der unbeweglich in dem ruhig dahingleitenden Boot vor seinen Ruderknöpfen, Kompaßrose und Maschinentelegraf sitzt. Kursänderungen, Maschinenkommandos. Der Mann wiederholt, was Rosenbaum von seiner Gummimuschel am Okular aus befiehlt, und meldet dann, sowie das Aufknurren des Telegrafen von der Maschine her sie anzeigt, die Ausführung, den neuen Kurs, sowie der Kompaß ihn weist. Alles im Boot arbeitet auf Präzision.

Immer wieder werden vom I. WO Deckert die Torpedomechaniker durchs Sprachrohr leise angewiesen. Rosenbaum läßt mit der Fahrt jetzt heruntergehen; denn nun steht der feindliche Verband so, daß er, falls nicht ein unvorhergesehener Kurswechsel alle Berechnung über den Haufen wirft, zu rechter Lage und in rechtem Abstand für das Boot läuft.

Kurz darauf überläuft der Zerstörerschirm das Boot, das trotz der außergewöhnlich ölig glatten See, trotz der als widerliches Zirpen von allen Seiten laufend zu hörenden Asdic-Ortung des Gegners immer noch unaufgefaßt bleibt.

„Hart Backbord!" Nun bricht U 73 leise und langsam zwischen dem dritten und dem vierten Zerstörer durch und dreht auf die anrückende Hauptgruppe ein; nur drei- beziehungsweise vierhundert Meter Abstand bleiben beim Durchbruch nach beiden Seiten Raum. Wenn jetzt einer den Schatten in der See, einer den bleistiftähnlichen Kopf des Sehrohrs, der sich sekundenweise durch die Oberfläche stippend zeigt, bemerkt, dann Gute Nacht! Aber durch müssen sie. Ein solches Ziel ist den Verlust eines kleinen deutschen Bootes allemal vielfach wert.

„Aus!" Und wieder: „Ein!" und jedem Kommando folgt unverzüglich die Ausführung. Rosenbaum wägt ab. Es sind jedesmal nur Bruchteile der Zeit, die das Okular über die Oberfläche der See sich schiebt. Dort nähert sich jetzt die Steuerbordkolonne des Geleitzuges seinem Boot: Ein Kreuzer, und dahinter, etwas gestaffelt, die „Eagle", beide mit je einem Zerstörer als Nahschutz. Im Augenblick, noch vor ihnen, passieren, seitlich etwas weiter vom Boot entfernt als sie, acht große Frachter und Transporter von je 7000 bis 10000 Tonnen, der Beginn der Mittelkolonne, immerhin auch sie nur knappe 500 Meter entfernt an Steuerbordseite; einer nach dem anderen.

Hätte man bloß mehr Rohre, denkt der Kommandant, und dürfte schießen! Man könnte sie alle totsicher torpedieren aus einer einzigen Angriffskurve heraus. Vollkommen sichere Ziele sie alle. Gar nicht zu verfehlen, einer wie der andere. Rosenbaum brennt darauf, schon auf sie Torpedos loszumachen. Wer weiß, so versucht es ihn, ob nicht das große Ziel dort vorn, auf das er sich orientiert, noch irgendeine Teufelei im letzten Augenblick, bevor er es beschießen kann, begeht, während man all diese dicken Sachen hier so vorbeilaufen läßt? Wem wurde eine derartige Chance überhaupt je geboten, und er ließ sie vorbeiziehen? Womöglich faßt der Gegner ihn selbst im nächsten Augenblick auf, ehe der Schuß gegen den Träger fallen kann, und alles ist vertan? Soll man nicht doch lieber diese dicken Kästen erledigen, die einem sicher sind? Nein! zwingt sich Rosenbaum und fühlt sich jetzt wieder überraschend zuversichtlich, es heißt, sich ganz auf dieses eine Ziel konzentrieren! Heute geht es nicht um Tonnage. Mögen die anderen später sich die aus dem dann weniger geschützten Geleitzug heraus zusammenschießen.

So läßt Rosenbaum die schweren Frachter nacheinander unbehelligt passieren.

Eine Minute darauf ist es soweit: Der Flugzeugträger kommt klar und offen heraus.

Von innen her nach Backbord eindrehend, setzt der Kommandant auf ihn den Angriff an. Die Torpedos der einzelnen Rohre sind bereits entsprechend eingestellt und klargemeldet. Her und hin gingen die Weisungen, Anfragen, Meldungen und Kontrollen durchs Sprachrohr zwischen I. WO im Turm und Mechanikersmaat am Rohrsatz im Bugtor- pedoraum. Die Aale sind als Viererfächer, die dem Ziel angemessene Tiefe von sechs Metern für ihren Lauf ist an ihnen eingestellt. Die Feuerleitanlage läuft.

„Backbord 5!" heißt es zum Rudergänger — — und kurz darauf „Mittschiffs!": noch einmal verbessert der Kommandant den Angriffswinkel; dann läßt er noch einmal durch Umstellung der Werte an den Aalen — im letzten Augenblick! — den Streuungswinkel des Fächerschusses um einige Grade verringern gegenüber dem, wie er ihn sich vornahm und mit seinem Torpedooffizier verabredete: Auf eine derart kurze Entfernung, wie er zum Schuß jetzt kommen wird, braucht er sich nicht durch breite Streuung vor einem Fehlschuß zu sichern; da, findet er, sollten alle vier Torpedos sitzen.

Noch einmal ein kurzer, prüfender Blick durchs Sehrohr: Gleich ist es soweit. Vom Bugraum ist wiederholt die Meldung gekommen, daß die Feuerleitanlage seit geraumer Zeit Hartlage zeigt; der Fächer ist also bereit, aber der Gegner noch nicht im günstigsten Schußwinkel, das Boot, das auf ihn andreht, noch nicht genügend herum. „Hartlage!—— — Hartlage!" kommt es immer wieder durchs Sprachrohr.

„Torpedowaffe Achtung!" So, und jetzt endgültig, spricht sich Rosenbaum zu: Das Sehrohr erst wieder zeigen, wenn es soweit sein muß, und dann sofort schießen! Ein ungeheuer spannender Moment, sich beherrschen zu müssen, wo sonst alles bereit ist, nur noch nicht das Boot selbst.

„Hartlage!" kommt es wiederum vom Rohrsatz vorn.

„Sehrohr aus!" und „Fächer fertig! — — —" Rosenbaum starrt hinaus — Richtig! Genau richtig jetzt! — — „Fächer . . . Lllossss!"

Der Mechanikersmaat am Rohrsatz, der im Sprachrohr das Kommando hört, schlägt noch zur Sicherheit ebenfalls die Handabzugstaste nieder. Mit leisem Zischen verlassen federnd die Torpedos nacheinander die Ausstoßrohre. Wasser spritzt auf in den Bugraum, hell tönt das in die vorderen Tauchtanks sofort nachströmende Wasser, weil der Zentralemaat unverzüglich nachflutet, um das so plötzlich vorn verminderte Gewicht des Bootes auszugleichen; sonst würde jetzt der Bug die Oberfläche durchbrechen. Auf Befehl des Leitenden Ingenieurs drängeln die irgendwie von Station abkömmlichen Männer ohnehin bereits nach vorn. Es erfordert Geschicklichkeit und Erfahrung, bei einem Viererfächer das Boot voll in der Hand zu behalten.

Das Boot, das erst ansteigen wollte, hält sich. Es neigt sich vielmehr — und das ist besser — abwärts und sinkt dann mit Sturztauchen auf Tiefe.

Die Aale laufen. Im Horchgerät des Funkmaaten, dem verlassenen Kommandantenraum gegenüber, ist ihr Schnurren deutlich zu verfolgen. Und dann, dann hallt, noch während das Boot abwärts geneigt sinkt, laut und gefährlich, mit zuckender Erschütterung der See, die erste Detonation auf — Rrrummms —, dann die zweite — — Rrrummms! — und die dritte mit gewaltigem Grollen, in gleichen Abständen nacheinander alle vier — genau nach Maß.

Die Männer der Besatzung, inzwischen zurückbefohlen auf Station, trotzdem aber geradezu mit angehaltenem Atem die ganze Zeit über spannend, sie können sich nun nicht länger halten und brüllen begeistert los:

„Treffer! Hurra! Treffer! — Treffer! Mensch Treffer! Alle viere — Hoh!!" „Ruhe im Boot!" befiehlt der Kommandant hart. Der zweite, schwierige Teil dieser Unternehmung, das Boot heil herauszubringen, steht noch aus; denn jetzt wird die Abwehr des Gegners mit allen Mitteln einsetzen. Ihrer genug sind es droben ja.

Doch nun ist starkes Krachen und Bersten, ein sonderbares Knattern deutlich wahrzunehmen. Das müssen doch Sinkgeräusche sein? Und das, wahrhaftig, schon zwei Minuten nach den Treffern? Unmöglich, redet Rosenbaum sich zu, zu zweifeln, obgleich er gar zu gern daran glauben möchte. Sollte das gewaltige Schiff tatsächlich verloren sein? Ist es denn wirklich nicht nur beschädigt? Da er die Wirkung der Torpedos nicht beobachten konnte, sind die akustischen Anzeichen jetzt doppelt wichtig. Sinkt die „Eagle"? Sollte das möglich sein? „Klar doch Mann!" meinen die Soldaten. „Die is hin!" Aber die Offiziere, die mehr davon verstehen, fragen es sich und debattieren leise miteinander, was die Geräusche sonst wohl bedeuten möchten, und ob das überhaupt möglich sein mag, und schon nach so kurzer Zeit, bei einem Schiff, das durch wer weiß wie viele Schotten unterteilt und gegen die Folgen von Beschädigungen, vor Wassereinbruch, gesichert ist.

Derweilen schwebt das kleine Boot, vom Leitenden Ingenieur aus seinem zunächst unfreiwilligen Sturz endlich abgefangen, in seiner großen Tiefe leise dahin. Nach vierzehn Minuten grollt noch eine starke Detonation dumpf durch die See.

Das müssen die Kessel des Riesen sein. Es gibt keine andere Erklärung für solchen Laut. Die Kessel des Flugzeugträgers sind tief unter Wasser explodiert. Nun ist es allerdings sicher, daß die „Eagle" versank.

Allenthalben bellen erst jetzt, völlig planlos geworfen, so scheint es, Wasserbomben auf. Zunächst fünfzehn Stück. Dann weitere sechs; und noch einmal drei.

Diese letzten liegen schon näher. Und noch einmal zwei wieder weiter entfernt. Nochmals zwei.

Derweilen sind ohne Unterlaß ringsum die widerlich sirrenden, zirpenden Laute der Strahlen gegnerischer Unterwasserortung selbst mit bloßem Ohr im Boot zu vernehmen. Man sucht also endlich jetzt nach dem unsichtbar sich davonschleichenden Gegner alles ab.

Ein unangenehmes Gefühl, aber die Wasserbomben kommen trotz der Ortung nicht näher, die offenbar ergebnislos bleibt. Die starke Sonneneinstrahlung in den oberen Schichten lenkt die Suchstrahlen sicherlich ab; Rosenbaum ist zur Sicherheit tiefer, als er es seinem nicht mehr ganz frontreifen Boot zutrauen möchte, hinabgetaucht. Das infolgedessen übermäßig eindringende Leckwasser, das durch die schadhafte Abgasklappe und den undichten Funkpeiler eindringt, darf jetzt nicht gelenzt werden: Das Summen der Pumpe würde zu laut den Standort des Bootes den feinen Horchgeräten des Feindes droben verraten.

So leise es nur geht, muß Rosenbaum sich herauszumogeln versuchen. Alle Hilfsmaschinen sind deshalb abgestellt; das Boot läuft absolute Schleichfahrt in 170 Meter Tiefe. Das eingedrungene Wasser vermehrt ständig sein Gewicht. Man müht sich, es dennoch auf gleichbleibender Tiefe zu halten, indem die Tiefenruder vorn sowohl als auch achtern schließlich hart oben gelegt werden. Bei der geringen Fahrtstufe allerdings wirkt selbst solche Lage sich nicht allzustark aus. Aber es gelingt, ohne daß man die Schleichfahrt aufgeben und die Umdrehungen vermehren müßte. Zwar knistert es unheimlich „im Gebälk": Der kürzlich erst, und das auf einer für deutsche Begriffe nicht unbedingt zuverlässigen Werft, neu zusammengeschweißte Druckkörper schiebt sich unter dem ungeheuren Wasserdruck hier unten zusammen und preßt die in ihn eingefügten hölzernen Täfelungen und Spinde, daß diese geradezu gefährlich knacken. Das Boot aber bewährt sich selbst unter dieser übermäßigen Belastungsprobe. Es hält stand. Infolgedessen beläßt es der Kommandant zunächst in dieser Tiefe.

Drei Stunden lang schleicht U 73 mühsam so dahin; fast lautlos. Ruder wie Tiefenruder werden von Hand bedient; das gibt kaum Geräusch. Drei Stunden rührt es sich nur gering vom Fleck. Der Gegner, der es sucht, findet es nicht.

Die Besatzung, soweit sie nicht unbedingt benötigt ist, wird vom Kommandanten auf die Kojen befohlen, sich lang zu legen. Auf solche Weise verbraucht der Körper weniger Sauerstoff, und wer weiß, wie lang man drunten bleiben muß. Die meisten haben ihre Tauchretter umgelegt und atmen über die Kalipatrone. Es ist ungeheuerlich schwül in der engen Röhre, heiß und drückend. Fast unerträglich ist die feuchte, längst verbrauchte Luft. Aber man kann sie jetzt auf keine geräuschlose Weise erneuern.

In der Zentrale sitzt, die Arme auf den Knien, vornübergebeugt, der Kommandant und versucht zu lesen, um sich abzulenken. Irgendeinen spannenden Schmöker der Bordbibliothek, die mit jeder Fahrt ausgewechselt wird. Ein jungenhaft glückliches Lächeln liegt auf seinem Gesicht. Geduld! Dann wird das Boot auch weiter unbemerkt bleiben, denkt er, wo sie es bisher noch nicht faßten. Ein Wunder ist es, daß alles so gut klappt. Es scheint wahrhaftig auch noch glücken zu wollen, daß sie sich unbehelligt wieder davonstehlen. Damit hatte man kaum rechnen dürfen. Jetzt ist die „Eagle" vernichtet. Daran ist kein Zweifel mehr. Und sie werden wieder herauskommen, wenn alles so bleibt, wie es sich bisher anläßt. Überlegenheitsgefühl stellt sich bei Rosenbaum ein, denen dort droben gegenüber, die nach ihm suchen. Und dankbar ist er, unaussprechlich dankbar, daß ihm solch ein Erfolg endlich beschieden ist mit U 73, seinem alten treuen Boot.

Rosenbaum liest. Aber seine Gedanken schweifen immer wieder ab zu allen Einzelheiten des Geschehens, das eben erst so selbstverständlich und präzis wie ein Uhrwerk ablief, als hätte es sich gar nicht anders abspielen können. Es hat also geklappt. Genauso, wie man es als den allergünstigsten Fall kaum zu erhoffen wagte: Mit der „Eagle" ist der Hauptgegner weggeräumt, der Weg für die anderen Boote und die Bomber gegen dies Geleit freigekämpft. Nun mögen sie angreifen, auf Jagdabwehr stoßen sie nicht. Es ging wirklich nach Programm.

Mit ganzen fünf Tonnen Leckwasser in den Bilgen stiehlt sich U 73 nach drei in Hitze, Luftmangel und bitterem Schweiß tief dort drunten zugewarteten Stunden langsam wieder auf Sehrohrtiefe zurück. Inzwischen ist das Horchgerät unklar. So heißt es doppelt auf der Hut sein; womöglich taucht das Boot dicht neben einer der immer noch nach ihm suchenden Einheiten auf? Denn der Weg, den es mit Schleichfahrt während dieser Zeit hinter sich brachte, ist minimal gegenüber dem, den jene droben in wenigen Augenblicken zurückzulegen vermögen: wer weiß, wie weit sie ihre Suche ausdehnen!

Rosenbaum steht wartend vorm Okular des Fliegersehrohrs in der Zentrale.

„Sehrohrtiefe!" meldet ihm der Leitende Ingenieur, der knapp neben ihm steht; Rosenbaum hat es selbst schon am Tiefenmesser gesehen.

„Sehrohr aus!" befiehlt er. Vorsichtig peilt der Kopf über die Oberfläche, und so weit der Rundblick reicht, ist man allein. Auch der Himmel scheint rein zu sein. Dem Kommandanten wird es leicht und froh um die Brust. Noch einmal mustert er sorgfältiger alles ab.

Was ist denn das? denkt er. U 73 schleppt eine breite Spur von Öl hinter sich drein? Daß von den Verfolgern keiner die bemerkt und, an ihr sich herantastend, das Boot gefunden und vernichtet hat, ist denn doch ein Wunder! Man muß wohl alles Öl im Umkreis der See auf die „Eagle" bezogen haben.

Vorsichtshalber bleibt Rosenbaum unter Wasser. Möglich, daß der Gegner, wenn man höher als das Sehrohr hinauskommt, doch noch in Sicht ist. Und die Flugzeuggefahr vor allem ist zu groß. Den schadhaften Bunker läßt der junge Leitende Ingenieur schleunigst ausdrücken, nachdem der Treibstoff in eine andere Zelle umgepumpt ist. Nun taucht das Boot einige Zeit später doch erst einmal völlig auf zum Durchlüften und meldet in dieser Zeit dem FdU Italien, Admiral Kreisch, als wichtigstes seine Beobachtung:

„Geleit 15 Zerstörer und Geleitboote, 2 Kreuzer, 9 bis 10 Frachter, ‚Eagle', 1 Schlachtschiff wahrscheinlich", dazu Standort, Kurs und Uhrzeit. Dann fährt der F.T.-Spruch fort: „4 Treffer ‚Eagle' auf 500 m. Starke Sinkgeräusche. Wabos. Alles klar. Rosenbaum."

Dann taucht das Boot — inzwischen ist das Leckwasser gelenzt, die Batterie aufgeladen — erneut, um als wichtigstes in Ruhe einige Maschinenschäden zu beseitigen, die sich einstellten. Mit Dunkelheit kommt es dann wieder hoch. Nun, wo alles, was sich Rosenbaum erhoffte, wirklich geschafft ist, nun scheint plötzlich eine Leere an die Stelle aller Erwartung und jeder Aufgabe getreten.

Bereits um 22.00 Uhr kündet eine Sondermeldung des Deutschen Rundfunks den Untergang des britischen Flugzeugträgers „Eagle" im Mittelmeer. U 73 hört sie mit. Und dann treffen über den Funk nacheinander Gratulationen ein.

Das wird ja eine Mordsangelegenheit, denkt der Kommandant. Und dabei ging doch alles so glatt, beinahe einfach.

„Ein Glückstag heute!" schreibt er ins Kriegstagebuch des Bootes, „denn auch der Ruhrkranke befindet sich jetzt endlich auf dem Wege der Besserung. Er ist zum zweiten Male fieberfrei. Heute gelingt alles!" Und Rosenbaum freut sich jetzt wie ein Kind über diese Tatsache beinahe noch mehr als über den Erfolg, der nun so sonderbar tot und abgetan hinter ihm liegt.

Der britische Geleitzug, mit dem Flugzeugträger „Eagle" seiner Luftsicherung beraubt, wird in den folgenden Tagen von deutschen Bomberverbänden und italienischen Torpedoflugzeugen ununterbrochen derart angegriffen, daß nicht ein einziger der schwerbeladenen Frachter durchhält und sein Ziel erreicht. Mit seinem Erfolg hat das kleine deutsche Tauchboot U 73 die Vernichtung des gesamten Transportes eingeleitet und ermöglicht.

Als erst Wochen später U 73 im Stützpunkt La Spezia wieder einlief, ohne daß es in dem ihm nach seinem Erfolg zugewiesenen Seegebiet auch nur eine einzige Mastspitze noch zu Gesicht bekommen hat, trug der Schmutt des Bootes, dem nun die Seebeine und der Umgangston des rechten U-Boot-Mannes gewachsen waren, ein grauwattiertes Etwas mit einem darin aufgepflanzten Schildchen auffällig feierlich vor sich her: „Das letzte Brot" stand da zu lesen; denn zum Einlaufbefehl durch den FdU war endlich — wohl zum einzigen Mal in diesem Kriege für ein deutsches Unterseeboot! — die Tatsache zwingend geworden, daß der Proviant von U 73 bis zum letzten Krümel inzwischen aufgefuttert war. Gelächter dröhnte auf, Schmunzeln, als man diese Trophäe, das völlig verschimmelte Brot, und ihren Sinn erkannte und begriff. Nun aber, während ringsum alles festlich geschmückt und vor dem nüchtern kahlen Wohnheimbau das Stammpersonal der 29. U-Flottille an der Pier feierlich angetreten war, wurde — und eine italienische Kapelle intonierte währenddem sogar schlecht und recht das Deutschlandlied und dann, als Zugabe nach glücklich vollbrachtem Spiel aus eigenem Antrieb ausgerechnet ihr geliebtes, überall unvermeidliches „Lilli Marleen", das sie wohl für eine Art National-hymne der Achse hielt! —, da also wurde dem ob all des Tamtams schmunzelnd strahlenden Kommandanten, Kapitänleutnant Rosenbaum, durch den FdU, der eigens aus Rom herübergekommen war, das breite farbig schwarz-weiß-rote Band mit dem Ritterkreuz als wohlverdiente Anerkennung umgelegt.

Mit der bloßen Hand
1942

Es war in Berlin, Sommer 1943. Ich hatte Korvettenkapitän Heßler, damals schon I. A. im Stabe der Unterseebootführung, aufgesucht und saß mit ihm in der Halle des Hotels in der Uhlandstraße, das den BdU-Stab beherbergte. Ein auffallend großer, geradezu mächtig wirkender hellblonder Offizier trat im weißen sommerlichen Messejackett, das Ritterkreuz mit dem farbigen Band im Halsausschnitt, an uns heran, stellte sich zuerst mir, dem ihm noch Fremden und Mannschaftsdienstgrad, vor, „Witte!" und begrüßte sodann überaus herzlich den Schwiegersohn des Oberbefehlshabers, Heßler.
Helmut Witte war Heßlers früherer Wachoffizier, der jetzt, seit über einem Jahr selbst Kommandant, durch wirklich erstaunliche Erfolge von sich reden machte.
„Den müssen Sie mal erzählen hören!" meinte Heßler bald darauf, nachdem Witte gegangen war. „Tolle Sachen!"
Einige Tage später stand ich in der Wohnung des erst jung Vermählten. Auf mein Klingeln öffnete er selbst. Seine anmutige Frau kam hinzu, verschwand aber gleich wieder in der Küche, wo man sie das Geschirr des wohl eben beendeten Mittagessens aufwaschen hörte, während wir zwei in das Zimmer gingen, das der U-Boot-Kommandant mit Erinnerungen an seine Fahrten ausgestattet hatte.
„Sehen Sie, so ist das bei einem Fahrensmann!"
Auf der Längswand spannt sich eine Flaggleine mit den vierzehn Siegeswimpeln von Wittes erster Unternehmung. Mindestens 50 405 Bruttoregistertonnen und weitere, die bis heute ungeklärt blieben, hatte er damals im Karibischen Meer versenkt. Eine amerikanische Flagge darüber an der gleichen Wand – „unter anderem haben wir die von einem riesigen Fünfmastenschoner heruntergeholt, dem größten Segelschiff der Welt, ehe wir es versenkten." „Und diese hier, was ist das?" Noch nie sah ich diese Farbenkombination als Flagge. „Südafrikanische Union – das war auf der zweiten Reise, vor Kapstadt. Die brachte wieder so viel Tonnen. (Wie sich nach dem Kriege herausstellte, waren es zehn Schiffe mit zusammen 55 918 Bruttoregistertonnen.) Es war der längste Turn in See, den ein Unterseeboot bis dahin bewältigt hatte: 135 Tage, 22 000 Meilen!"
„Allerdings ein Haufen Zeug, Herr Kaleunt! Verflucht noch mal!"
Hundertfünfunddreißig Tage draußen! Ich mußte an meine Feindfahrt denken, die eine, die ich damals hinter mir hatte, ganze neununddreißig Tage lang, wenn auch bei winterlicher Sturmsee im kleineren Boot, während Witte ein größeres und wenigstens etwas bequemeres Boot in günstigeren Gewässern fuhr. Vier Monate lang aber – mein Himmel! Das mußte genügen! Doch der Mensch gewöhnt sich wohl an alles und an jede Situation, und hat man erst die ersten Tage und Wochen hinter sich, so ist das Schwerste wohl überstanden. (Die längste Feindfahrt mit 203 Seetagen brachte Kapitän z. S. Wolfgang Lüth später 1943 hinter sich!)
„Und die dritte? Sie waren doch, so viel mir Heßler sagte, inzwischen noch einmal draußen?"
„Ja, aber diesmal nicht so lang. Nur bis zum Mittelatlantik. Eigentlich nur an einem einzigen Geleitzug, auf den wir angesetzt waren. Aber der war auch danach! Das Modernste an Bewachung und Abwehr, was der Engländer uns heute zu bieten hat. Kein leichtes Stück Fressen –."

„Und Sie haben Erfolge gehabt, trotzdem?"

„9000 Tonnen, ja, die habe ich herausgeholt. Als alter Zerstörermann, wissen Sie – – sonst, an dem Geleit, da hat sich jeder von uns höchstens etwas herausschnappen können. Das war eine harte Nuß diesmal."

„Sie waren erst Zerstörerfahrer?"

„Allerdings."

„Und wie sind Sie zur U-Boot-Waffe gekommen, zur Marine überhaupt, Herr Kaleunt?" frage ich.

„Ja –" meint er und entkorkt bedächtig im Sitzen eine der Flaschen aus der kleinen Hausbar, die etwas verlassen in dem sonst noch kaum eingerichteten Raum steht; „zur Marine, ja, wissen Sie: Mein Vater war ja schon dabei. Der war Feuerwerker bei der alten Kaiserlichen gewesen. Ich bin 1915 auf Fehmarn geboren."

„Eine nahrhafte Gegend offenbar", werfe ich ein, „was ich von dort kenne, hat alles eine Statur ungefähr wie Sie!"

Witte lacht. „Ja, aber ich kam schon früh von dort weg. Mein Vater ging nach dem Kriege zur Reichsbahn; als Zugführer. Seitdem bin ich in Wittenberge zu Hause, wissen Sie, zwischen Hamburg und Berlin, — ach so, zu Hause bin ich also jetzt eigentlich hier. Wundern Sie sich nicht? Die Möbel hab ich halbwegs noch zusammenbekommen. Jetzt bin ich also in Berlin, seit meiner Heirat. Aber in Wittenberge ging ich zur Penne. Daß ich zur Kriegsmarine kam, war eigentlich von vorn herein klar. 1934 war es für mich so weit, da hatte ich mein Abitur. — Zum Wohl!"

„Zum Wohle!" nicke ich zurück. „Haben Sie eine der großen Ausbildungsreisen mitgemacht?"

„Mit der Karlsruhe, ja. Wir waren in Nordamerika und dann um Südamerika herum. Später war ich dann als Offizier auf der Köln vor Spanien mit dabei. Sehen Sie? Das ist das Wappen, zur Erinnerung!"

An einer der Wände des Zimmers hängt unter anderem, aus Eisen gegossen, in den frischen Farben Weiß und Rot, mit drei goldenen Kronen, elf schwarzen Flammen bemalt, das schöne Wappen der alten Hansestadt Köln, wie es die Männer an Bord unserer Kriegsschiffe während ihrer Freizeit aus Gußeisen anzufertigen pflegten. Ein britischer Schiffschronometer, Fotos, ein ausgegrabener Inkaschädel (wenn er echt ist!), Erinnerungen an die halbe Welt und die ganze christliche Seefahrt stehen, hängen und liegen ringsum. Sie geben dem sonst noch reichlich leeren großen Raum etwas wie den Charakter persönlicher Schicksale.

„Und der Zerstörer?"

„Nun —" fährt Witte fort, „der kam im Anschluß an das Kommando auf der Köln. Ich wurde Wachoffizier auf Torpedobooten, bis der Zerstörer Anton Schmidt in Dienst gestellt wurde, einer der neuen damals. Auf dem wurde ich I. Wachoffizier."

„Der war doch in Narvik dabei?"

„Narvik habe ich mitgemacht. Da ging er verloren. Aber vorher hatten wir schon schöne Sondersachen, verschiedene Minenunternehmungen zum Beispiel, die haben wir gefahren. Nach den Landkämpfen um Narvik meldete ich mich dann zur U-Boot-Waffe. Ich kam nach entsprechender Ausbildung zu Heßler als I. Wachoffizier, und dann wurde ich selbst Kommandant. Das war im August 1941. Aber erst April 42 war es so weit, daß ich zur ersten Unternehmung auslaufen konnte. Mit einer völlig unerfahrenen Besatzung. Außer mir war nur der Leitende Ingenieur schon mal als U-Boot-Fahrer draußen. Ich erwähne das, weil der Engländer immer behauptet, die neuen Besatzungen könnten überhaupt nichts leisten. Wir kamen, wie gesagt, mit immerhin über 50000 versenkten Tonnen gleich von der ersten Unternehmung zurück: 14 Dampfer; es war bis dahin die absolute Rekordreise. Mehr hat niemals eine Besatzung auf einer einzigen Unternehmung versenkt. Und von der zwoten brachten wir wieder über 50000 mit. Die jungen Leute waren also gar nicht so schlecht."

Kapitänleutnant Witte ist aufgestanden und kramt im Bücherschrank. „Das ist alles noch nicht richtig geordnet hier, wissen Sie!" erklärt er dabei. „Meine ganzen Klamotten sind zweimal verlorengegangen, abgesoffen (und auch diese Berliner Wohnung wurde übrigens sehr bald darauf zerstört!). Jetzt endlich hab ich 'ne Wohnung und alles, was sich hier und da noch angesammelt hatte, hergeschafft. — — Ah! Hier ist es!"

Er bringt eine Mappe zum Vorschein.

„Das sind die Bilder von den durch mich versenkten Schiffen."

Es sind Buntstiftzeichnungen, nach den Kennungen der Schiffsregister und nach der Erinnerung des Augeneindrucks von ihm selbst gemacht. Eine eindrucksvolle „Strecke", wie der Jäger sagt, wenn man bedenkt, daß nur ein einziges und derart kleines deutsches Fahrzeug mit ganzen 48 Mann Besatzung all diese riesigen und noch dazu bewaffneten Tanker und Frachter, die für den Feind fuhren, vernichtete. „48 Mann versenken eine Flotte!" Kommt es mir in den Sinn. Und das auf nur drei zum Teil allerdings lang andauernden Fernunternehmungen!

„Bequeme und sicherlich auch zähe Happen werden darunter gewesen sein?" bemerke ich, um den Kommandanten zum Erzählen zu bringen, während er nachdenklich die Bogen des Heftes blättert.

Helmut Witte blickt auf: „Nur eine einzige wirklich üble Situation habe ich bisher erlebt —"

Er hat ja keine Nordatlantik-, bis auf jene eine also keine Geleitzugoperationen erlebt, fällt es mir ein, sondern nur die leichteren Erfolge im Süden —.

„— das war nicht schön", fährt er fort, „da ist uns einer regelrecht um die Ohren geflogen."

Ich horche auf und sehe ihn fragend an.

„Wir waren nicht darauf vorbereitet. Das ging wie der Blitz. In der Zentrale dachten sie, unser Boot wäre explodiert und söffe jetzt ab. Ein feiner Schrecken, mutterseelenallein im Atlantik, so aus heiterm Himmel, kann ich nur sagen! Drunten wußte ja noch kein Mensch, was wirklich anlag. Wir hatten zwar einen Torpedo losgemacht, das hatten sie natürlich mitgekriegt, und die Männer warteten, daß es in einiger Zeit rummsen würde, wie das so üblich ist; aber dann kam schon viel früher, sozusagen im selben Augenblick, diese verheerende Explosion. Daß wir überhaupt da rausgekommen sind, ist mir noch heute ein Wunder. Es gab Verwundete, viele Verletzungen an Bord. Es gab einen Sprengregen, kann ich Ihnen sagen. Daß da nicht mehr passierte an Bord, begreife ich nicht. Ich selbst stand auf der Brücke, es war des Nachts, aber ich hatte alles andere als solche Wirkung erwartet, als wir unseren Aal schwimmen ließen. Ich wartete eigentlich darauf, daß er vorbeiginge — —

Einen einzigen hatte ich nur noch im Bauch gehabt. Und der war mir unklar gemeldet worden. So war er bis zuletzt übrig geblieben. Wir wollten ihn bei der nächsten Versorgung unterwegs abgeben und nach Hause schicken. Stockdunkle Nacht, stellen Sie sich vor; aber da läuft mir doch so ein bewaffneter Passagierfrachter derart in die Quere, so dicht, daß ich denke, vielleicht tut es auch unser Sorgenkind, der kranke Aal, noch, auf solche Entfernung. Versuche es wenigstens mal!

Ich ließ also alles zum Schuß klarmachen und lief an. Dabei zackte aber der Bursche näher auf uns zu, so nahe, daß er höchstens noch 300 Meter entfernt war; immer näher, geradezu längsseit.

Kaum war also der Aal unterwegs, da traf er schon. Wie dann der Treffer eigentlich saß, das weiß ich gar nicht. Ich kann Ihnen sagen! Im Moment dachte ich: Der hätte besser nicht getroffen! Im Augenblick des Treffers ging der ganze schöne Frachter in die Luft. Wie angestochen.

Unser Boot wälzte sich auf die Seite; der Luftdruck schmiß es einfach um. Verletzt war ich auch, eine üble Quetschung dazu. Ein Krach, ein Donnerschlag: Wüst! So was hab ich nie für möglich gehalten. Wir standen aber auch wirklich sinnlos dicht dabei. Zweitausend Meter hoch ging die Explosionssäule. Wir haben das genauestens nachher berechnet. Und eine Qualmwolke hinterdrein, wirklich ungeheuer.

Und dann der Sprengsegen. Alles rauf und runter. Zweihundertfünfzig Granatteile haben wir am nächsten Tag an Deck gesammelt. Der Bursche war voller Munition und Sprengstoff gewesen. Wo unser Aal gesessen haben mag, weiß ich nicht: Der Kerl flog augenblicklich, in Atome zerspellt, in die Luft, sowie der Torpedo ihn nur berührte. In Bruchteilen einer Sekunde.

Wir hatten einen Haufen Ausfälle an Bord. Sozusagen aber auch nichts war mehr heil. Bei der Erschütterung! Alles durcheinandergestürzt. Alles mögliche kaputt. Das Boot eines Kameraden, der 78 Sm entfernt von uns stand – achtundsiebzig Meilen! –, meldet am Morgen, daß da und da eine riesige Rauchsäule stünde, und daß er nachts einen starken Luftdruck gespürt habe. Achtundsiebzig Meilen entfernt! Hätten Sie das für möglich gehalten?!"

„Aber im wesentlichen ist doch alles klargegangen."

„Ja, wenn man so will. Wir haben die Schäden langsam wieder behoben, die wir hatten. Lebensgefährlich waren sie nicht. – Und dann kamen die Anfragen! Aber ich wollte noch nicht wieder nach Haus, und so haben wir schleunigst dementsprechend gemeldet, daß wir einen Munitionsdampfer geknackt und durch die Explosion leichte Schäden abbekommen hätten – – ‚Leichte Schäden!' Sie waren ziemlich erheblich. Aber man hat so seinen Stolz. – – Wir haben dann noch lange Zeit hindurch weiteroperiert, nach Brasilien hinüber. Wie gesagt, wir waren hundertfünfunddreißig Tage in See, die längste Reise bis dahin."

Kapitänleutnant Witte blättert weiter in der Mappe seiner Erinnerungen, der von ihm bezwungenen Fahrzeuge:

„Hier, sehen Sie! Das ist der Shooner, Hochtakelung, ja, ein tolles Schiff. Den haben wir vorher ausgeräumt, ehe wir ihn versenkten. Der Kapitän lief voran und zeigte uns alles, schleppte selbst herbei dies und das: Seife, Zigaretten, die gute Chesterfield und Lucky Strike, Frischproviant, alles, was wir nur wollten. Dort unten hatten wir ja Zeit und keine Sorge vor feindlichen Flugzeugen. Keine Abwehr. Beinah, wie es im Ersten Weltkrieg wohl gewesen ist. – – Und den hier, den fingen wir sozusagen mit der bloßen Hand!"

„Wieso?" frage ich, „was meinen Sie damit?" Ein in der Linienführung seiner Form wunderbar gebauter moderner Tanker ist auf dem Blatt zu sehen.

„Den haben wir ganz ohne Torpedo, ohne Granaten versenkt, nur durch Bluff und unsere Dreikommasieben, die Flugzeugabwehrspritze. Und selbst die hatte nur noch ein paar

Schuß Munition, die wir dabei verpulverten. Von denen sank das Riesenschiff natürlich nicht. Wirklich, wir haben es mit der Hand versenkt."

„Toll! Erzählen Sie schon, Herr Kaleunt! ‚Vertell! Vertell! Du riechst so scheun nach Köm!' Sie kennen doch diesen angeblichen Spruch aller Seemannsbräute?"

„Klar!" lacht er.

„Wie war das mit der bloßen Hand?"

„Es war ein starkes Stück", beginnt Witte wieder; seine hellen Augen blicken mich verschmitzt lachend dabei an. „Ein tolles Stück, wenn man es recht bedenkt. Aber was macht man nicht alles, wenn es drauf ankommt! Daß es gelingen würde, hab ich mir selbst wohl nur so halb und halb gedacht. Es war auf dem Rückmarsch vom Panamakanal. Wir waren übrigens das erste Boot, das dort operierte. Für mich die erste Feindfahrt als Kommandant. Damals war der Amerikaner noch baß erstaunt, daß unsere Boote ihm derart bis an die Nase langen konnten. Er war dort noch gar nicht auf uns eingestellt.

Ich war also schon fertig, die Unternehmung beendet. Der letzte Aal war weg, es sollte zurückgehen über den großen Teich, mit an die 50000 versenkten Bruttoregistertonnen. Versorgungen unterwegs draußen in See gab es damals noch nicht; das kam erst später, daß wir eigene U-Tanker draußen rumfahren ließen. Und allzu lange ging das dann ja auch nicht gut.

Mein Boot konnte verhältnismäßig lang draußen bleiben. Nun ging es zurück, und da kam mir dieser Tanker in den Weg. Sollte man ihn einfach laufen lassen? Das kam mich denn doch zu hart an. Funkelnagelneu war das Schiff. Wirklich ein herrlicher, ein besonders schöner und wertvoller Kasten. Bis an die Halskrause mit Öl vollgelutscht. Und wir ohne Torpedos, ohne Artilleriemunition!

Aber da muß ich weiter ausholen, denn er war nicht der erste, den wir ohne Torpedos versenkten über die 50000 hinaus. Zuerst lief uns so'n Küstendampfer quer. Jedenfalls hielt ich ihn für'n harmlosen Küstenkollier. Den müssen wir mitnehmen, den können wir wohl auch mal ohne Aal nur mit Artillerie erledigen, dachte ich. Wir verfolgten ihn außerhalb seiner Sichtweite bis zum Abend. Dann wollte ich ihn nachts überfallen. Der Bursche lief aber gar nicht schlecht und dummerweise auf die Küste zu. Wir mußten uns anstrengen aufzuholen. Es wurde scheußlich flach. Nur noch zwanzig Meter Wasser hatten wir unter dem Kiel. Wir vertrauten auf die Unsichtigkeit der Nacht und liefen an. Aus allen Knopflöchern schossen wir plötzlich in ihn hinein, was wir nur hatten. Doch der Bursche ließ sich nicht verblüffen. Er drehte hart ab und schoß über Heck auf uns zurück. Ziemlich genau sogar, so daß ich erst mal in die Dunkelheit hinein ablaufen mußte. — Jetzt packte uns denn doch der Ehrgeiz. Der Frachter war keineswegs ein kleiner Küstenbummler, wie ich, solange nur seine Mastspitzen über die Kimm heraussahen, angenommen hatte, sondern ein recht achtbares Überseeschiff; soviel hatten wir inzwischen schon festgestellt. Wir stießen erneut vor. Und wieder ein Feuerüberfall unserer Artillerie. Obgleich er nun schon gewarnt und auf der Hut war, hatten wir diesmal Glück: Ein Treffer nahm dem Schiff durch riesige Qualmentwicklung jede Sicht gegen uns. Da gingen wir einfach noch näher ran und donnerten ihm ein Loch neben das andere hinein, bis er glühend geschossen war. Zwei Stunden dauerte das Gefecht, dann war er erledigt und soff ab. Viel abzusaufen war da nicht. Kaum sank er, da lag er auch schon mit ebenem Kiel auf Grund. Seine Masten und Aufbauten ragen wohl noch heute heraus.

Bei diesem Gefecht war also der größte Teil auch unserer Artilleriemunition draufgegangen. Ganze fünf Schuß hatte ich noch; Torpedos, wie gesagt, keinen einzigen mehr. Wir setzten unsere Heimreise erneut an. Dann trafen wir zwei Tage darauf einen Jugoslawen. Den haben wir mit den letzten Schüssen, die wir noch feuern konnten, versenkt. Hätte der gewußt — —! Nun, er wußte eben nicht und ließ sich mit unseren paar Dingern bluffen, gab sofort auf, stoppte, und wir konnten ihm in aller Ruhe die Wasserlinie kaputtschmeißen. Das Ganze mit unseren fünf Granaten. Und jetzt hatten wir also restlos nichts mehr.

Aber da muß mir doch dieser funkelnagelneue Tanker ins Gesichtsfeld geraten! Und das, wo wir doch eigentlich längst nach Hause liefen."

Kapitänleutnant Witte hebt mir noch einmal das Blatt zu, auf dem das Bild jenes Tankers gezeichnet ist, den er ohne jeden Schuß Munition und ohne jeden Torpedo auf so abenteuerliche Weise versenkt haben will.

„Ist das nicht wirklich ein verführerisch schönes Schiff?" fragt er. „Immer näher rückte uns der Bursche, so richtig bequem für einen Unterwasserangriff bei Tage gleich aus der zufällig gewonnenen Position heraus. Ärgerlich ist das, wenn man solch einen lohnenden Happen so richtig frech präsentiert bekommt und soll nicht mehr zuschnappen können! Verdammt ärgerlich! Wie oft fährt man Wochen und Wochen wie ein wildgewordener Bettsack draußen über die See herum und sucht, mit Torpedos voll bis obenhin, daß kein Platz ist, an Bord sich zu bewegen, und trifft und trifft auf kein Schiff — — Und hier?! Schließlich mußten wir tauchen, so haargenau lief uns dieser Kerl unverschämt in den Weg. Ich konnte ihn mir in aller Ruhe durchs Sehrohr voll und ganz ansehen. Immer mehr kam er über die Kimm heraus. Achtern schien er eine Kanone zu haben. Auf 10000 Tonnen schätzte ich ihn. Das entspricht einer Ladung von ganzen 16000 Tonnen Rohöl! In übelster Laune zog ich mich vom Sehrohr auf meine Koje zurück.

,Bitte um Meldung, wenn Tanker aus Sicht!' sagte ich zu dem Wachoffizier, der nun weiter beobachtete. Dann wollte ich auftauchen lassen und die Heimreise wieder über Wasser schneller fortsetzen. Wie ich da so lag, ging mir der fette Brocken, den ich doch vergessen wollte, einfach nicht aus dem Kopf. Gab es denn gar keine Möglichkeit, ihm doch irgendwie beizukommen?

Nein, keine!

Aber wenn ich nun — — Frechheit siegt, heißt es doch so schön! Ich sprang auf und in die Zentrale ans Sehrohr. Da lief der Tanker gerade herrlich vor uns auf.

„Auftauchen! Geschütz besetzen!" Wir werden ihn bluffen! Ob er nicht doch vielleicht darauf hereinfällt und stoppt? Dann ist alles gewonnen! sagte ich mir und erklärte es dem I. WO.

Tanker sind feuergefährliche Dinger, die leicht brennen. Ob nicht die Besatzung Panik macht vor Angst und in die Boote geht, wenn sie uns so dicht neben sich auftauchen und ans Geschütz springen sieht? Ich wollte das wenigstens nicht unversucht lassen."

„Aber wie wollten Sie ihn dann versenken können?!"

„Allerdings! Das war es ja! Ich wußte es selbst noch nicht, alles ganz mit ohne —", erwidert Witte schmunzelnd. „Denn selbst die Dreikommasieben, die noch ein kümmerliches Paar Schüsse hatte, die Flugzeugabwehrspritze, die war nicht mal mehr ganz ernst zu nehmen; bei einer schweren Wasserbombenverfolgung, die wir hinter uns hatten, war ihr Visier kaputtgegangen. Und außerdem, was will man mit der Mückenspritze einem ausgewachsenen Schiff anhaben?.

Wir kamen also dicht bei dem Tanker hoch. Meine Seeleute stürzten an die Geschütze; ich lief mit hoher Fahrt auf ihn los, drehte dann hart ab, damit die Dreikommasieben überhaupt feuern konnte (sie stand auf der Kanzel hinter der Brücke und konnte also nicht nach vorn schießen), und dann zischten unsere letzten Mäuse zu ihm hinüber.

Ich sagte mir: Wenn die Brücke über den Ölbunkern erst brennt, schlagen die Flammen wohl durch, und der Kasten explodiert. Davor haben die sicherlich drüben Angst.

Der Kerl drehte ab. Aber er schoß wenigstens nicht zurück. Ich hatte Mühe, auf gleicher Höhe mit ihm zu bleiben. Er lief glatt seine 14 Meilen.

Also vergeblich das Ganze?

Doch dann bekam er es mit der Angst! Als unsere paar winzigen Geschosse wirklich in seine Brücke einschlugen, stoppte er und ließ die Boote zu Wasser. Vielleicht hatte die Besatzung inzwischen gegen die Schiffsführung Krakehl gemacht? Jedenfalls war das Spiel so weit gewonnen. Unentwegt schrie sein Funker um Hilfe in den Äther. Und von drei Seiten wurde ihm auch Beistand zugesagt; unser Funkmaat konnte das genau verfolgen. Die Brücke flackerte jetzt beachtlich. Als das vierte Boot glücklich herabkam, ging ich bis auf 100 Meter ran, um noch unser allerletztes Geschoß so richtig mit Bedacht anzubringen. Es brannte drüben wirklich ganz hübsch. Dann setzte ich mich ab in der Annahme, daß der Tanker jeden Augenblick hochgehen würde.

Ich wartete. Die Brücke brannte lichterloh.

Aber sie brannte noch nach vier Stunden! Ohne daß die Flammen durchschlugen. Es geschah nichts. Unverständlich.

Der muß unter Wasser! sagte ich mir. Der muß sinken, ehe die anderen herbeikommen, den Brand womöglich löschen und das Schiff retten, wenigstens abschleppen. Seine eigene Besatzung, die in den Booten da herumschwamm, hätte das machen können, wo doch von uns aus nichts weiter mehr erfolgte. Die mußte langsam merken, was los war. Wir konnten sie nicht hindern, wenn sie wieder an Bord zurückging. Aber die waren wohl zu feige, so vor unseren Augen.

Weg muß er!

Aber wie? Munition war jetzt kein Schuß mehr vorhanden.

„Schlauchboot klar machen!"

Es war kein leichter Entschluß, aber er mußte gefaßt werden. Vier Stunden lang hatte ich nun schon zugesehen, und die Flammen schlugen nicht durch. Viel zu brennen war an der Brücke nicht mehr dran. Vermutlich würde das Feuer so erlöschen. Der vollbeladene Tanker war aber den vollen Einsatz von Männern wert. Sank er nicht bald, so würden die anderen kommen und ihn abschleppen. Bergungsdampfer wimmelten ja sowieso für solche Zwecke überall herum.

Ich fragte zwei, ob sie es wagen wollten, auf einen brennenden Tanker mit 16000 Tonnen Rohöl im Bauch überzusteigen, achtern in den Maschinenraum hinunterzuklettern, wo immer noch der Überdruck aus den Kesseln abblies, und Sprengpatronen am Schiffsboden anzuschlagen?

Die Zwei waren tadellos. Sie sprangen in das Schlauchboot ein, paddelten es hinüber, kletterten an der Bordwand des Riesen hoch, wo dessen Boote gefiert worden waren und die Taue noch herabhingen, und verschwanden.

Eine bange Viertelstunde für mich auf der Brücke. Jeden Augenblick konnte die Flamme der nun schwelenden und sicherlich glühenden Brücke in das darunter lagernde Öl endlich durchschlagen und das ganze Schiff augenblicklich in die Luft jagen.

Die beiden kamen aber auch gar nicht wieder zum Vorschein. Ob sich dort unten etwa giftige Gase gebildet hatten und sie hilflos dort lagen?

Endlich kam das Schlauchboot zurück. Kaum waren die beiden wieder an Bord, gab es drüben auch schon eine Riesendetonation. Die Maschine zerriß. Die zwei hatten ihren Auftrag ausgezeichnet erfüllt.

Der Kahn soff achtern ab. Langsam aber sicher senkte sich seine Maschine; dann ging der Schornstein weg, und dann stellte sich das längelange Schiff, der Bug senkrecht, heraus. Das Öl war nicht hochgegangen durch den Brand; unsere letzten Dreikommasieben-Geschosse hatten nicht ausgereicht für dieses tadellos gebaute Fahrzeug. Aber meine zwei Jungs hatten diesen Tanker eigenhändig gesprengt und versenkt. Sie haben mehr Mut bewiesen als die Tankerbesatzung, die gleich bei unseren wenigen kümmerlichen Geschossen, rein aus Furcht vor einem Torpedo oder der Zehnkommafünfmunition — die wir gar nicht hatten — Hals über Kopf ihr Pulverfaß verließ und das Weite suchte. Viele haben sich allerdings anders verhalten. Es war wohl auch ein einzigartiger Fall."

Bravo, Brandi!
Januar 1943

Ausgerechnet Heiligabend 1942 lief U 617 zu seiner Unternehmung im Mittelmeer aus. Niemand war an Bord, der innerlich nicht gemurrt hätte, daß es gerade heute in See gehen sollte. Aber der Krieg kannte keinerlei Rücksichtnahme solcher Art. Zu wichtig war im damaligen Augenblick der Einsatz zur Störung des gegnerischen Nachschubverkehrs im Mittelmehr. Es ging bereits um das hart bedrängte Tunis. U 617 feierte draußen das Weihnachtsfest an Hand der mitgenommenen Schätze, leise gewiegt von seinem Element, der See. Der Marsch in das ihm zugewiesene Operationsgebiet wurde dadurch nicht verzögert.

Am 28. Dezember bereits traf U 617 auf einen Hochseeschleppzug. Er wurde restlos versenkt, und noch am gleichen Abend ein feindlicher Zerstörer dazu. Von einem fetten Dampfer mußte Brandi ablassen. Er war als Lazarettschiff gekennzeichnet. Die deutschen Boote richteten sich streng nach den internationalen Abmachungen selbst in solchen Fällen, wo Zweifel an der rechtmäßigen Führung dieser Zeichen auftauchten und bereits berechtigt waren. Dafür aber traf das Boot am 30. Dezember ein ganzes Geleit.

Es war nichts im Mittelmeer mit den Geleitzugschlachten des Atlantiks. An langes Verfolgen des Gegners außerhalb der Sicht war nicht zu denken. Dazu war das Seegebiet zu klein und die Luftüberwachung zu dicht. Es hieß, bei Insichtkommen sofort unter Wasser anzugreifen, wenn der Kurs des Gegners dazu eine Möglichkeit bot. Brandi hatte Glück. Es gelang ihm, unbemerkt die Sicherung des Gegners zu untertauchen, trotz deren ständig feststellbaren Ortungsstrahlen, die an Bord U 617 mit bloßem Ohr zu hören waren.

Vier gezielte Einzelschüsse erledigten kurz darauf drei Frachter.

Das Boot mußte im Anschluß an diesen Erfolg zu einer kurzen Reparatur den Stützpunkt noch einmal anlaufen. Die durch jene Tat ausgelöste Wasserbombenverfolgung hatte Schäden eingetragen, die man in See mit Bordmitteln nicht beheben konnte.

Nur wenige Tage Unterbrechung, und wieder war U 617 am Feind. Am 8. Januar wurde bald nach dem Auslaufen, nachts um 01.00 Uhr, gleich vor den eigenen Minensperren von Palmeria, der alten Graf Platen-Insel, ein feindliches U-Boot gesichtet, das in rechtweisend

200 Grad, etwa 2000 Meter entfernt, eben auftauchte und ausblies. Ehe etwas unternommen werden konnte — in fieberhafter Eile wurden die Torpedos zum Schuß vorbereitet —, hatte auch der Gegner das deutsche Boot erkannt.

Auf jede nur denkbare Weise, mit seemännisch raffinierter Geschicklichkeit, suchen nun beide Kommandanten einander zu überwinden. Ein regelrechtes Katz- und Mausspiel. Keinem gelingt es, dem anderen die erstrebte Schußposition abzugewinnen. Auf höchsten Touren brummen die Diesel, mit Vor- und Rückwärtsgang der verschiedenen Schrauben und Hartruderlage dazu werden die Wendungen durchgeführt, aber der Gegner hat Fahrtüberschuß, so viel Brandi sich auch bemüht. Jenes geheimnisvolle Boot drüben ist weit schneller und größer als das seine. Immer wieder bringt es sich in vorliche Stellung. Doch sie nützt dem Gegner nichts, denn Brandi weicht aus und zeigt dem Feind nie breit genug seine Silhouette. Zäh und verbissen geht das Duell der beiden neuzeitlichen Ritter unentschieden vor sich unter dem strahlenden Mondhimmel einer wahren, wenn auch ein wenig kühlen Santa-Lucia-Nacht. Brandi versucht es mit Finten, den Feind zur Darbietung seiner vollen Breite zu bringen. Ohne Erfolg. Nach drei vollen Stunden des Umeinander-Herumturnens in tödlich bitterem Ernst bricht endlich der deutsche Kommandant das gefährliche Spiel ab. Es war sinnlos geworden. Er taucht. Und nun stellt sich heraus, daß der Schaden, der vor acht Tagen das Boot einzulaufen zwang, noch nicht recht behoben ist. Also kehrt Brandi wieder zum Stützpunkt zurück. Ein neues entsprechendes Gerät wird statt des reparierten eingebaut. Am gleichen Abend geht es nun endgültig hinaus.

Zwei Tage darauf, am 12. Januar 1943, sichtet U 617 einen feindlichen Kreuzer, kommt aber nicht an ihn heran. Er ist zu schnell. Und wiederum zwei Tage später geht es ihm genauso mit einem Geleitzug, einem typischen Mittelmeergeleitzug: Ein einziger Dampfer — bewacht und gesichert durch ganze fünf Zerstörer.

Verdammtes Mittelmeer! Sein Raum ist nicht weit genug. Wird im Mittelmeer ein Ziel ausgemacht, so kommt es darauf an, daß man die günstigste, überhaupt eine Schußposition sofort und noch rechtzeitig gewinnt und nach geschätzten Werten schießt; denn sonst wird aus dem Angriff nichts. Schnell handeln heißt es im Mittelmeer, wenn einem das Glück einen Gegner einigermaßen waidgerecht vor die Rohre treibt.

Den Frachter mit seinen fünf Bewachern muß Brandi ebenso wie den Kreuzer zwei Tage vorher laufenlassen; das Boot steht zu ungünstig zu dessen Kurs und kommt nicht heran. Am nächsten Tag aber, dem 15. Januar, frühmorgens, ist es soweit.

„Schatten 230 Grad!" ruft der backbord-achtere Ausguck der Brückenwache des Bootes. Noch ist es nicht recht hell. Während der Nacht lief das Boot über Wasser. Kaum, daß der Wachoffizier den Blick in die gegebene Richtung geworfen hat, brüllt er auch schon „Alllarrrm". Alles springt überhastet ein, das Boot geht mit Alarmtauchen schnell auf Tiefe.

Auch das ist eine Besonderheit im Mittelmeer, daß nicht gleich jeder von der Brückenwache selbst Alarm geben darf, sondern nur der Wachoffizier. Zu oft womöglich würde das Boot tauchen, auch wenn es noch ungesehen von dem Flieger ruhig hätte über Wasser bleiben dürfen oder wenn es der angreifenden Maschine mit Bordwaffen begegnen will, da es vorm ersten Anflug wegzukommen ohnehin zu spät ist. Der Wachoffizier hat zu entscheiden und nicht die Ausgucks.

Die vier Mann der Brückenwache purzeln also durchs Luk — und im Mittelmeer sind sie auf Fixigkeit dabei besonders gedrillt. 20 bis höchstens 30 Sekunden vom Alarmruf an gerechnet benötigt hier das Boot, bis es wegkommt, während drunten noch schrill die Alarmglocken gellen und alles, auch die Schläfer der Freiwache, auf die Gefechtsstationen rufen. „Wasserdichte Back ist auf!" tönt es mit noch halb schlafbelegter Stimme vom Mechanikersgasten im Bugraum her, der diese Station bei Alarm zu besetzen hat. Vom Befehlsübermittler wird der Ruf durch das mit offenen Schotten, von vorn bis achtern also einigermaßen übersehbar fahrende Boot weitergegeben bis zur Zentrale, wo jetzt auch von achtern die Klarmeldung einläuft, daß die Lüftungsklappen geschlossen sind. „Fluuuuten!" gibt der Leitende Ingenieur den Befehl. Die Schnellentlüfter werden herabgerissen, das Boot sackt sofort aufstöhnend ein. Die Wache am Diesel hat die Motoren längst ruckartig schweigen lassen, die im Elektromaschinenraum dagegen die Hebel vor den weißen Trommeln hochgeschwungen, also die E-Maschinen eingeschaltet. Der lange graue Fisch neigt sich aus seiner Fahrt, durch die Hart Unten gelegten Tiefenruderblätter gezwungen, vorlastig und sinkt in nur 23 Sekunden hinab.

Schon ist der Kommandant, von seiner Koje augenblicklich aufgesprungen, durchs Kugelschott geturnt, in der Zentrale.

„Was'n los?" Reichlich mittelgroß, ein blonder kräftiger Westfalenschädel, steht er wie geballt von Energie vor seinem Wachoffizier, der sofort meldet, was droben anlag . . .

Es war zuletzt nur geringe Sicht, vielleicht eine Seemeile weit. Uhrzeit 06.10 Uhr, noch herrschte Dämmerung. Der Wind stand aus Südwesten mit Stärke 4. Der Himmel war bedeckt. Fast Nordseewetter mitten im Mittelmeer. Da lief plötzlich überraschend von achtern aus etwa 235 Grad Bootspeilung ein Schatten auf, wahrscheinlich ein Zerstörer.

Mit geheimnisvollen, offenbar neuartigen Ortungsgeräten werden die feindlichen Zerstörer jetzt sogar bei Nacht und Nebel den Booten gefährlich. Hatte nun dieser das Boot wirklich bereits festgestellt und schon gesehen? Der Funkmaat, der anstelle des Funkraums sofort den Horchraum besetzt hat, meldet Zerstörerschraubengeräusche. Sie wandern schnell aus. Keine Detonation. Offenbar ahnungslos läuft der Gegner vorbei und ab.

„Auf Sehrohrtiefe gehen!" Brandi hat mit dem Alarm das Kommando übernommen. Durch die vorn und achtern aufwärtsgelegten Tiefenruderblätter wird das schwebende Boot nun emporgezwungen. Endlich meldet der Leitende Ingenieur, daß Sehrohrtiefe (14 Meter über dem Kiel) erreicht ist. Bootsmann und Steuermannsmaat vor ihren Schaltknöpfen achten darauf, daß Lastigkeitswaage und Tiefenmesser sich nicht mehr verändern und das Boot also genau in der jetzigen Lage schwebt. Der Kommandant hat das große Luftzielsehrohr in der Zentrale, das bei Dunkelheit besser zeichnet, besetzt. „Sehrohr aus!" läßt er es emporstippen. Der Zentralemaat bedient den Sehrohrmotor. Nun blickt der „Spargel" knapp über die Wasseroberfläche hinaus; der Kommandant fährt es herum.

In der inzwischen heller gewordenen Dämmerung ist von dem Zerstörer nichts mehr zu sehen. Dafür aber kommen eben drei Dampfer mit drei kleineren Bewachern herangeschoben. In Dwarslinie, nebeneinander.

„Ein!" und gleich darauf wiederum „Aus!" Brandi ist erregt, und zwar von jener durchpulsenden Intensivierung aller Sinne, die ihn bei seiner sprichwörtlichen Ruhe doch gespannt sich aufs äußerste konzentrieren und seine Schlüsse und Beschlüsse sicher und schnell wie Eingebungen fassen und in Befehle umsetzen läßt. Er schätzt Lage, Entfernung und Geschwindigkeit, überschlägt, wie er am günstigsten zum Schuß anlaufen möchte — —

„Ein!"

290

Brandi wechselt in den Turm hinauf seinen Platz zum weniger auffälligen Angriffssehrohr. In Abständen läßt er das Boot auf Große Fahrt gehen. Mehrmals ändert er dessen Kurs. Das Sehrohr zeigt er jetzt nur noch gelegentlich, und jedesmal nur für äußerst kurze Zeit.

I. WO und Obersteuermann des Bootes stehen gebückt neben ihm im engen Turm und führen die Berechnungen durch nach dem, was er ihnen zuruft. Im Bugraum macht der Mechanikersmaat mit seinen Gasten die Aale klar und bereitet alles zum Schuß vor. Die Öffnungsklappen der Ausstoßrohre werden, nachdem diese bewässert, zurückgedreht, und vom Bootsinneren aus die Werte, die durchs Sprachrohr hinabkommen, an den Torpedos eingestellt, die Feuerleitanlage eingeschaltet. Die Entfernung zwischen Boot und Gegner verringert sich. Die drei kommen nicht ungünstig heran. Sparsam prüft Brandi mehrmals die sich entwickelnde Konstellation durch kurze Sehrohrblicke. Es wird ständig heller. Auf Grund der ihm mitgeteilten Peilungen unter Berücksichtigung der eigenen mehrfach wechselnd gefahrenen Kurse, die ja laufend eingetragen werden, sucht der Obersteuermann die Geschwindigkeit des anzugreifenden Verbandes und genauere Werte für den Schuß zu ermitteln. Der mittlere Frachter ist der größte; immerhin mögen auch die beiden äußeren je 2000 bis 3000 Tonnen verdrängen.

Die Zeit verrinnt in dem ruhig und sonderbar schweigend dahingleitenden Fisch. Nur der Umformer summt leise und zeigt die Spannung, die alles erfüllt, noch deutlicher. Außer den Kommandos des Kommandanten an Sehrohrmotor, Ruder und Maschine, denen des Leitenden Ingenieurs in der Zentrale an den Zentralegefreiten, soundsoviel Liter zu trimmen, von vorn nach achtern oder umgekehrt zu pumpen, ist nichts zu hören. Durchs Sprachrohr zwischen Bugraum und Turm Anfragen und Anweisungen der Torpedowaffe.

„Ein Mann Bugraum — Kombüse?" fragt, seinen Wuschelkopf durchs Kugelschott streckend, der Schmutt den Leitenden Ingenieur. Im getaucht fahrenden Boot muß der über jede Gewichtsverlagerung sofort ins Bild gesetzt werden; er hat die Zustimmung zu geben und dann den notwendigen Ausgleich zu veranlassen.

„Ja!" gibt er kurz, die Kontrollen am Stand der Tiefenrudergänger nicht aus den Augen lassend, zurück. Dann wendet er sich knapp gegen den Schmutt um und schmunzelt: „Frühstück? Dann nehmt man heute 'ne Bohne mehr!"

„Wird jemacht, Herr Oberleutnant!" feixt der Brave und zwängt sich nun nach achtern weiter durch: „'n richtijen Mokkadubbel wird serviert!" Dann verschwindet er durchs zweite Kugelschott, das zum U-Raum führt, hinter dem dann sein Reich, die Kombüse, eingezwängt liegt.

Knapp eine halbe Stunde schon nach dem Alarm fällt viermal das „Los!" des Kommandanten. Je einen gezielten Einzelschuß hat er, das Boot dabei leicht andrehen lassend, auf jeden der drei Frachter und dazu noch einen der Bewacher losgemacht. Er hat Direktschüsse gewählt, nicht Winkelschüsse, die sich nach gewisser Laufzeit erst umschalten.

Im Turm haben sie die Stoppuhr gedrückt wie auch der Maat im Horchraum. Wie weit standen die Ziele beim Schuß wirklich entfernt? Wie lange werden die Torpedos brauchen? Jetzt muß es sich zeigen, ob die geschätzten, kaum berechneten Werte richtig waren. Das ganze Boot hält gleichsam den Atem an.

Drei Detonationen sind nacheinander zu hören. Ein vierter Aal scheint vorbeigegangen zu sein. Im nachprüfenden Sehrohr erkennt Brandi, wie der vordere und der mittlere Frachter getroffen sind. Der immer noch herrschenden Dämmerung wegen ist im

Augenblick von dem dritten überhaupt nichts zu sehen. Auch er oder die Korvette muß getroffen sein.

Im Bugraum werkeln seit dem Schuß die Mechaniker wie die Heinzelmännchen, um die leergeschossenen Ausstoßrohre neu zu belegen. Der hölzerne Zwischenboden über ihnen im Bugraum wird zunächst aufgebrochen, das Geschirr der Nachladeeinrichtung ausgerichtet, und dann schieben sich langsam, erst emporgewunden, die nächsten Ungetüme, dick mit Fett verschmiert, in ihre für sie bereitstehenden hohlen Betten ein. Schlimm, wie es jetzt im Bugraum aussieht! Der Zentralemaat regelt das durch die Torpedos veränderte Trimmgewicht durch Wasserverlagerung in den Reglerzellen. Nach einer halben Stunde allerdings angestrengtester Arbeit — fast ein Rekord! — ist es so weit, daß der vordere Rohrsatz des Bootes wieder gefechtsbereit gemeldet wird. Die Wirkung des dritten Treffers, den man einwandfrei hörte, hat Brandi leider nicht kontrollieren können, denn mittlerweile setzte die unvermeidliche Abwehr ein und zwang das Boot tiefer hinunter.

Zwei Stunden darauf — die inzwischen abgelöste Wache (denn die Gefechtsbereitschaft ist längst aufgehoben) sitzt gerade vor der unordentlich mit den Frühstücksresten der jetzt auf Wache gezogenen Kameraden bedeckten Back beim „doppelten Mokka" — meldet der Funkgast wieder Schraubengeräusch, das sein Horchgerät aufgefaßt hat.

Ein prüfender Ausblick des Kommandanten, der das Boot auf Sehrohrtiefe hinaufbringen ließ, ergibt zunächst noch nichts, dann aber, nachdem er eine Weile in Richtung der Horchpeilung anlaufen ließ, wiederum einen Geleitzug. Donnerwetter! denkt er, was ist das hier für ein Betrieb! Diesmal sind es vier Dampfer und dazu vier Korvetten als Bedeckung.

Sonst geschieht es doch, daß man auch im Mittelmeer wochenlang auf der einem zugewiesenen Position auf und ab stehen kann, ohne auch nur eine einzige Mastspitze zu sichten. Sieht man welche, so fahren sie einen Kurs, der nicht zum Angriff kommen läßt. Wieder gelingt es Brandi, durch die Sicherung durchzustoßen und zum Schuß zu kommen. Drei Einzelschüsse gibt er nacheinander ab. Sonderbarerweise gehen alle drei Torpedos vorbei.

Während Brandi noch wütend durchs Sehrohr blickt, passiert in höchstens 50 Meter Abstand eine der Korvetten ahnungslos das getaucht fahrende Boot. „223" ist überdeutlich an ihrer Back zu lesen. Unverschämt gewagt von Brandi, den Gegner derart nahe vorbeiziehen zu lassen. Aber drüben herrscht entsprechender „Betrieb" an Bord, daß er es glaubt riskieren zu dürfen. Brandi erkannte nämlich, daß der Mastkorb des Briten überhaupt nicht besetzt ist und der Ausguck auf der Brücke schön gegen Wind und Regen geschützt hinter Glas, seinem Scheibenschutz, steht. Junge, Junge! denkt der deutsche Kommandant, auf solche Weise fährt euer Alter mit euch zur See?! Euch friert es wohl so früh am Morgen, ihr Herzchen! — Ein zweiter Mann — und das ist alles, was von der Besatzung dieses Schiffes überhaupt erkennbar wird — arbeitet an Oberdeck achtern am MG. Sonst ist auf dem ganzen gefährlichen Fahrzeuge nichts zu sehen. Ein Jammer ist es doch, daß die Aale vorbeigingen. Treffer hätten die Burschen wunderbar überrascht und aufgescheucht aus ihrer Bequemlichkeit.

Brandi setzt sich, trotz der laufenden Aale immer noch unbemerkt, ab, um die leergeschossenen Rohre noch einmal nachladen zu lassen.

Mittags wird aufgetaucht zum Durchlüften. Zwanzig Minuten lang wummern mal wieder die Diesel im Boot, saugen die Lüfter in der Brückennock brausend die Frischluft in den

Maschinenraum hinab und durchs Boot bis in den letzten Winkel. Die Akkus werden aufgeladen, der Luftverdichter angestellt, damit man auf alle Fälle wieder gerüstet ist und auch genügend Preßluft mitführt, die man zum Ausblasen nach dem Auftauchen meist braucht. Derweilen aufmerksamer Ausguck auf der Brücke, damit nur ja keine Schweinerei einen überrascht und das wichtige Geschäft unliebsam stört.

Hier im Mittelmeer ist es zumal bei Tage niemals recht geheuer. Zu schnell sind von allen Seiten „Bienen" heran. Sie brauchen das Boot mit Bomben und Bordwaffen gar nicht wirklich zu treffen und zu vernichten: Sahen sie es erst einmal, gleich läßt sich in dessen Bereich auf Tage hinaus kein Fahrzeug mehr blicken.

Als U 617 am späten Nachmittag wiederum auftaucht, weht der Wind mit Stärken 3 und 4 aus Westen. Die See läuft bei mittlerer, aber unverhältnismäßig steiler Dünung, wie sie das Mittelmeer so gern aufwirft, mit Seegang 2 bis 3. Die Sicht reicht knapp 6 Meilen, der Himmel ist immer noch bedeckt. In der kurzen See arbeitet das Boot schwerer, als man erwarten sollte.

Bald läßt Brandi wieder tauchen. Eine kleinere Reparatur wird durchgeführt. Nach einer Stunde kommt das Boot abermals hoch. Der Wind hat inzwischen um noch 1 bis 2 Grad an Stärke zugenommen. Die Sicht ist schlecht. Brandi läßt das Boot über Nacht droben. Bislang war in diesem Seegebiet noch nichts von nächtlicher Flugüberwachung zu spüren; also wagt er es. Gegen Morgen wird getaucht und den ganzen Tag über unter Wasser marschiert. Erst mit der Zeit der einfallenden Dämmerung, kurz nach 17.00 Uhr, läßt er auftauchen.

U-Boots-Alltag. Der Schmutt bereitet das Abendbrot. Verheißungsvoll duftet es aus der Kombüse nach gebratenen Eiern fast durchs ganze Boot. Und dann wird aufgebackt. Zuerst essen die Maaten im U-Raum. Dann, noch während jene dabei sind, die Mannschaft vorn, auf ihren Kojen sitzend: Gott sei Dank, daß man sich endlich jetzt, wo die Reservetorpedos nachgeladen sind, ein bißchen besser bewegen kann und nicht immer platt auf dem Boden sitzen muß. Man darf sich nun endlich mit aufgestützten Beinen auf den Rand der Koje setzen, wenn auch der Schlingerschutz arg hart zum Sitzen, eben nur eine dünne Stange ist und die obere Koje einen ständig im Nacken stört. Jetzt hat man wenigstens eine Back, den Tisch, auf dem man schneiden und seine Brote streichen kann; bislang lagen die unteren Kojen tiefer als der provisorische Estrich über den Reserveaalen. — Zuletzt kommen die Oberfeldwebel und die Offiziere in ihren hintereinander liegenden „Räumen" des schmalen Ganges dran, der sich das U-Boot nennt. Sie haben es insofern bequemer, als sie auf kleinen Feldstühlen vor sauber gedeckten Tischen zwischen ihren Spinden und Kojen einigermaßen gemütlich tafeln können. In diesen beiden „Messen" geht es unbequem genug zu. Wer seinen Platz vor dem Tisch genau im Mittelgang hat, muß laufend aufstehen, seinen Stuhl zusammenklappen und zur Seite halten, sowie jemand von vorn nach achtern oder umgekehrt durchs Boot sich zu begeben hat; und das geschieht ohne Unterlaß.

Nun wechselt die Wache. Die jetzt frei sind, essen, und dann legen sie sich lang, um zu „filzen". Ein kurzer „Rees" geht noch durch den U-Raum; der eine oder andere liest noch für eine Weile im Schmöker, den er unter dem Kopfkeil seiner Koje aufbewahrt, und dann schaltet schließlich auch der letzte seine Kojenlampe, wie sie die meisten am Kopfbrett anmontiert haben, aus. Aus dem Horchraum tönt unverdrossen über Lautsprecher das Grammophon, das der Funkgefreite zu bedienen hat; die Radioapparate sind neuerdings abgegeben worden, weil sie als schwache Sender wirkten und es hieß, daß sie durch den Gegner eingepeilt würden. Aber Musik soll, so wollen es die Jungs, keinen Augenblick bis Mitternacht aussetzen, gleich, ob sie wachen oder schlafen.

Der 15. Januar bricht an. Kaum daß die Morgendämmerung beginnt, wird wieder getaucht. Das Wetter ist zwar ruhiger geworden, zugleich aber äußerst unsichtig.

Um 09.00 Uhr früh meldet der Funkmaat durch seinen Gasten dem Kommandanten Horchpeilung. Im Sehrohr erscheinen bald darauf zwei Frachter mit drei Korvetten. Offenbar kommt der Transport von Malta her.

Was für eine starke Bewachung sie hier diesen Frachtern ständig mitgeben! wundert sich Brandi. Trotzdem gelingt es ihm, innerhalb einer Stunde eine solche Position zu gewinnen, daß er angreifen kann. Er ist Meister im Ansetzen von Unterwasserangriffen. Vier gezielte Einzelschüsse verlassen aus einer der gestrigen genau entsprechenden Position, mit gleicher Schußeinteilung, das Boot.

Nacheinander springen drüben, im Sehrohr deutlich zu sehen, vier Wasserpilze auf. Dumpf schallen bald darauf die Detonationen durch die See. Beide Frachter sinken. Brandi kann es verfolgen, aber dann muß er vor einer der Korvetten, die offenbar sein Sehrohr gesichtet hat und zustößt, auf größere Tiefe gehen.

Ein paar Wasserbomben detonieren, aber sie schaden dem Boot nicht wesentlich. Die Schäden werden gleichmütig abgestellt. Zu Beginn des Krieges war das anders. Damals überschätzte man die Wirkung der Wasserbomben noch, obwohl sie damals wesentlich geringer war als jetzt. Nun sind die Besatzungen der deutschen Boote längst Erhebliches gewohnt und wissen, Mensch und Materie können eine ganze Menge ab, wenn man nur ruhig bleibt und nicht durchdreht, sondern jedem Schaden sofort begegnet.

Ein toller Erfolg ist es doch, eine lohnende Reise für die Verhältnisse im Mittelmeer, wo es unmöglich ist, in Rudeln Geleite anzugreifen, hier, wo dem Boot Leben und Kämpfen so erschwert sind, wo alles auf das sofortige Zugreifen ankommt, wenn eine Möglichkeit dazu erscheint. Ein noch nie dagewesener Erfolg, was Brandi mit U 617 auf Anhieb leistete. Einen Zerstörer, sieben Frachter und einen Schleppzug auf nur einer einzigen, seiner ersten Unternehmung. Vielleicht noch mehr!

Mit der Dämmerung taucht das Boot wiederum auf. Der Verfolger ist inzwischen durch geschicktes Hakenschlagen längst abgeschüttelt.

Der Wind weht heftiger aus Südwesten. Die See hat kleine helle Mützen aus Schaum aufgesetzt. Der Himmel bleibt bedeckt. Vorab reicht die Sicht noch über 8 Meilen, aber sie beginnt, sich zuzuschmieren. Es dunkelt allmählich.

Man ist noch keine 10 Minuten an der Oberfläche, da meldet der Funkmaat vom FuMB Ortungsgeräusche eines Seeaufklärers. Das Gerät zeigt die Dete-Impulse an. Alarm!

Aha! denken sie auf U 617, der Gegner ist aufmerksam geworden. Jetzt schickt er also seine Bienen aus in dieses Gebiet, damit sie zustechen und jeden Angreifer unter Wasser halten, bis ihm die Puste vergeht und er hochkommen muß, um ihn dann zu erledigen.

15 Minuten nach dem Alarmtauchen kommt das Boot wieder hoch. Kaum ist es oben, noch keine 5 Minuten, daß seine Diesel wieder wummern, so ist schon wieder eine Flugzeugortung da.

Alarm! Da hilft nichts, allzusammen nichts! Runter müssen sie, und zwar so schnell wie möglich. Ein Glück, daß man jetzt wenigstens dies komisch primitiv erscheinende Funkmeßbeobachtungsgerät hat — ein herrliches Wort, und es selbst sieht aus wie eine Mausefalle alten Stils —, das die Ortung durch den Gegner, wenigstens meistens!, anzeigt. Diesmal bleibt U 617 länger unten. Ob dies noch der gleiche Flieger war? denkt Brandi.

Warten wir!

18.26 Uhr: Auftauchen.

18.33 Uhr: Alarm! und also weg!

18.50 Uhr: Auftauchen.

18.53 Uhr: Alarm.

19.04 Uhr: Auftauchen.

19.08 Uhr: Alarm. So meldet es nachher das Kriegstagebuch des Bootes. Soll denn das jetzt so bleiben mit dieser gottverdammten Luftaufklärung durch den Gegner? Es sieht wahrhaftig so aus, als hätte der Feind die Luftherrschaft gewonnen!

Jeder an Bord flucht sich die Wut so oder so vom Leibe. Aber es gilt besonnen zu bleiben. Immer hübsch mit der Ruhe, Verstand und Gefühl!

20.00 Uhr: Auftauchen! — Woll'n doch mal sehn, wer zäher ist!

Und wirklich, jetzt bleibt es ruhig. Manch einer an Bord ist doch schon etwas nervös geworden. Ist womöglich nur mal wieder dieses FuMB in Unordnung und zeigt nicht an? Es erscheint nichts. Endlich kann das Boot neue Preßluft verdichten und die Akkus aufladen, frisch durchlüften.

„Ortung Seeaufklärer!" ruft der Funkmaat.

„Alllarrrm!"

Also doch! Es ist, stellen die Männer in der Zentrale fest, 21.27 Uhr.

21.50 Uhr: Auftauchen.

21.55 Uhr: Alarm!

Allmählich hat jeder Mann der Brückenwache seine blauen Flecke weg von dem Carracho den Niedergang hinab, ohne die Sprossen zu berühren. Der Teufel hole diese verdrießlichen „Bienen" mit ihrer verfluchten Orterei. Immerhin: heute, nach solchem Erfolg, wollen sie sich doch die Laune nicht verderben lassen und ein kleines Entgelt als Anerkennungsgebühr wohl dranwenden.

22.07 Uhr: Auftauchen.

Endlich wird jetzt der Funkspruch an den FdU, den Führer der Unterseeboote Mittelmeer, Admiral Kreisch, abgesetzt:

„1. Aus Geleit von 3 Dampfern 3 Bewachern 1 kleinen 1 mittleren Frachter versenkt. 2. Geleit von Malta 1 normal 1 großer Frachter 3 Bewacher. Beide Dampfer versenkt. 3. 1 Heckaal. Gehe La Spezia. Brandi."

1 Heckaal, das bedeutet, daß U 617 nur noch diesen einen Torpedo im Heckausstoßrohr V zur Verfügung hat.

Kaum ist die Meldung abgegeben, geht der Spaß auch schon wieder an:

23.00 Uhr: Ortung durch Seeaufklärer. Alarm.

23.14 Uhr: Auftauchen.

Kurz nach Mitternacht wird die Antwort des FdU aufgefangen und entschlüsselt:

„Bravo Brandi!"

Die hier geschilderte, für die Verhältnisse im Mittelmeer damals außergewöhnlich erfolgreiche Unternehmung war die erste des Kommandanten, wenn man von seiner Überführungsfahrt durch Gibraltar hindurch absieht, auf der er bereits fast ebenso auffallende Erfolge zu verzeichnen hatte. „Cherry"-Brandy, wie ihn seine Kameraden nannten, besaß einen schlagfertigen trockenen Humor. So sagte er mir einmal, vor seinem Inseegehen zu jener Unternehmung, die ich oben schilderte: „Ach wissen Sie, bis wir hier im Mittelmeer zu Erfolgen kommen, haben wir doch alle längst ins Seegras gebissen —", und andere köstliche Geschichten gingen von ihm um. Aber nicht davon wollte ich berichten, sondern, daß auch die nächsten Feindfahrten dieses Kommandanten ein ähnlich ungewöhnliches Ergebnis zeigten wie die geschilderte: Brandi wurde zu einer „Kanone". Das zeigt neben seinen Fahrten folgende Begebenheit:

U 617 war beim Angriffsversuch auf britische Flotteneinheiten direkt auf deren Übungsplatz vor Gibraltar derart schwer beschädigt worden, daß der Kommandant das Boot schließlich vor der afrikanischen Küste auf einen Felsen aufsetzen mußte. Der Plan, von hier aus doch noch zum Stützpunkt später zurückgelangen zu können, stellte sich als nicht zu verwirklichen heraus. Das Boot mußte hier vom Gegner aufgefaßt werden. Brandi rettete seine Besatzung an Land, vernichtete die Geheimsachen, und als das Boot trotz entsprechender Maßnahmen von seinem Felsen herab, auf dem es auflag, nicht sinken wollte, entschloß sich der Kommandant, es durch einen seiner Torpedos zu sprengen. Die Zündschnur wurde also gelegt und gezündet. Ein einziger Mann befand sich noch mit an Bord. Er hatte seinen Kommandanten diese Aufgabe nicht allein durchführen lassen wollen. Die Strecke bis an Land jetzt zu schwimmen, wäre der sichere Tod gewesen, weil die für den nächsten Augenblick zu erwartende Detonation erfahrungsgemäß solchen Wasserdruck hervorrufen mußte, daß im weiten Umkreis die Lungen von Schwimmern zerreißen würden. Brandi blieb also mit dem Mann zusammen kaltblütig auf der eigenen Brücke, um die Torpedierung seines Bootes hier abzuwarten. Wie stark diese sich auswirken und sie beide in Mitleidenschaft ziehen mochte, darüber gab es keine Erfahrung, keine Analogie, aus der man Schlüsse für das Verhalten hätte ziehen können; es blieb abzuwarten. Die Schwimmwesten um, warteten die beiden Männer mit federnden Knien das Hochgehen der Sprengladung ihres eignen Torpedos auf der Brücke U 617 ab. Solcher Fall steht wohl einzigartig da. Es wäre geschmacklos, versuchen zu wollen, Gefühle zu schildern, die sie in diesem Augenblick bewegt haben mögen, und über die Spannung Worte zu verlieren, die sie erfüllt haben muß. Eine solche Tat, scheint mir aber, war typisch Brandi; sie ist für seine ganze Art bezeichnend. — Ich habe von ihm selbst über dieses Geschehen nie etwas erfahren, sondern lange später erst aus dritter Hand davon gehört; aber es scheint mir als so unerhört und zugleich so charakteristisch, daß ich es hier wenigstens erwähnen wollte. Der Torpedo ging also im Vorschiff in gewaltiger Detonation hoch, dicht vor den Augen der beiden auf der Brücke, das Boot wurde zerstört und soff nun, von dem Unterwasserfelsen zurückgleitend, endgültig ab. Die zwei kamen mit dem Leben davon und konnten sich nun zu den übrigen an Land retten, von wo sie auf Umwegen schließlich nach Deutschland zurückgelangten. Brandi erhielt bald ein neues Boot; aber dies wurde nicht lange darauf an der Pier in Toulon durch feindliche Fliegerbomben vernichtet. Zuletzt war Albrecht Brandi Einsatzleiter der Kleinkampfverbände.

Hintereinander . . .
März 1943

Daß eines unserer Boote noch im Jahre 1943, als die Bedingungen, zu einem Erfolg zu kommen, mindestens im Atlantik schon fast unüberwindlich waren, aus einem gesicherten Geleitzug hintereinder vier, wenn nicht gar fünf Frachter, darunter einen übergroßen Munitionstransporter, versenkte und heil nach Hause kam, muß als eine überdurchschnittliche Leistung, zu der auch Glück hinzukam, gewertet werden. Dem dies gelang, Kapitänleutnant Harald Gelhaus, ein ruhig wirkender schlanker Norddeutscher, war damals Kommandant des ehemals Heßlerschen U 107, eines 750-to-Bootes, und es geschah in der Nacht zum 13. März 1943.

Bald nach Mitternacht — so hatten Kommandant und Obersteuermann mit Greifzirkel und Winkellineal am Kartenpult in der Zentrale berechnet — würde man, wenn der bei seinem Kurs blieb, auf den Großgeleitzug stoßen, der als von England nach Gibraltar unterwegs gemeldet und also für die britische Afrikafront bestimmt war. Nicht weniger als 50 Schiffe hatte die deutsche Luftaufklärung entdeckt, und ein Funkbefehl der U-Bootführung hatte einzig dieses Boot — weitere standen im Augenblick nicht in aussichtsreicher Position — angesetzt. Nun also operierte Gelhaus mit Große Fahrt auf den möglichen Kollisionspunkt westlich Spanien und hütete sich, weiterhin zu funken, da er ja allein operierte; und wie wir erst heute wissen, wurde er infolgedessen vom Gegner auch nicht eingepeilt und blieb unaufgefaßt. Aber stimmten auch die Angaben der Brüder von der Luft wirklich? Selten genug kamen Meldungen dieser Art überhaupt, und wenn, dann stimmten ihre Beobachtungen meist nicht genau genug, was Kurs und vor allem Geschwindigkeit des Gegners betrafen.

Die Nacht ist diesig wie so oft in diesem Seegebiet zu dieser Jahreszeit, und es läuft nur gering dünende See. Findet man die Kolonnen? fragt sich Gelhaus, fragt die Besatzung. Viel Zeit, zu suchen, viel Zeit, hinterherzugurken und dann erst anzugreifen, bleibt nicht: Bald wird der Feind die Enge erreichen; an ein längeres Fühlunghalten, Vorsetzen, Angreifen ist nicht mehr zu denken.

Um 04.00 Uhr früh kommt tatsächlich der Gegner in Sicht. Und tatsächlich scheint es die rechte Kolonne des allerdings riesigen Verbandes zu sein. Um zunächst genauer zu beobachten, um brauchbare Schußunterlagen zu bekommen, läuft Gelhaus eine Weile parallel mit und bleibt offenbar wirklich ungesehen. Er steht — was für ein Dusel! — vorlich. Dann bricht er mit seinem Boot zwischen einem der den Verband bewachenden Feger-Zerstörer (die also feindliche U-Boote gegebenenfalls abdrängen, zum Tauchen zwingen sollen) und der Seitensicherung offensichtlich immer noch unbemerkt durch in die dahinziehende Frachter-Flotte hinein. Über Wasser also. Es ist dazu noch dunkel und unsichtig genug.

Als düstere Schatten walzen die tiefbeladenen Schiffe durch die schummrige Nacht. Es ist still auf der Brücke des deutschen Bootes, das jetzt mit, wie sie meinen — viel zu laut brummenden Dieseln mitten zwischen ihnen dahinzieht. Es wird nicht gesprochen; wenn ein knapper Satz fallen muß, sind die Stimmen verhalten, als könnte einen der Feind hören. Aber bisher bemerkt niemand den beutegierigen Wolf, nicht das fremde Geräusch zwischen den Frachterschiffsmaschinen ringsum. Niedrig im Wasser liegend, zieht der Raubfisch mit, kontrolliert die Geschwindigkeit des Zuges, macht seine

Torpedos klar, deren Einstellung, alles fiebert in der Erregung vor dem entscheidenden Augenblick. Die Aufmerksamkeit jedes einzelnen im Boot ist in Anspruch genommen. Auf der Brücke hat jeder eine bestimmte Aufgabe zugewiesen bekommen. Hin und wieder die Frage des Kommandanten, etwa: „Was macht dort der Zerstörer?" Und der, der zu dessen Beobachtung angehalten ist, gibt kurz zurück: „Zerstörer 120 Grad, hält seinen Kurs, hat uns nicht gesehen."

„Abstand?"

„Abstand etwa 900 Meter, Herr Kaleunt, stumpfe . . ."

„Bast! — Da!" unterbricht der Kommandant und stößt seinen I. WO, der über den UZO gebückt, das Nachtzielpeilgerät, beobachtet, an der Schulter: „Haben Sie den gesehen? Den müssen wir nehmen! Der lohnt!"

„Das 'ne Schangs, Herr Kaleunt!" staunt der nach kurzem Aufblicken in die gewiesene Richtung.

Es ist jetzt 06.00 Uhr deutscher Zeit geworden, hier also noch Nacht. Ein riesiger Frachter scheint das, der als mächtiger Schatten aus der Dunkelheit herauswächst. Wahrscheinlich läuft er in Kiellinie mit den drei weiteren dort, die jeder auch nicht gerade mager wirken. Harald Gelhaus hat sich entschlossen. Er läßt das Boot zum Angriff gegen jenen anlaufen. Stürmischer sausen mit der vermehrten Fahrtstufe die Lüfter; drängender pulsen die Motoren. Über sein Zielgerät gebeugt, lauert Oberleutnant Bast, ein riesig langer Mensch, darauf, daß dieser erste der Frachter in die Schußposition zum Lösen des Torpedos einwandere. Noch einmal die Anfrage durchs Sprachrohr zum Bugtorpedoraum:

„Torpedowaffe, Achtung!"

Von dort unverzüglich die Antwort: „Rohr I bis IV . . . " — und es folgen die früher befohlenen Werte — „eingestellt und klar zum Überwasserschuß!" Im Sprachrohr auf der Brücke hören sich die Worte plärrig an.

Noch ist die Lage aber nicht erreicht. Der Kommandant läßt mit der Fahrt etwas heruntergehen und sein Boot in leichtem Bogen drehen.

„Rohr I — — lllosss!" Dann wiederum:

„Rohr II — — lllosss!"

„Rohr III — — lllosss!" — —

„Hier, WO! den großen!" unterbricht Kptlt. Gelhaus und macht den Torpedooffizier aufmerksam: „Da! den Zwoten!"

„Den hab ich ja schon, Herr Kaleunt!" gibt der gelassen zurück.

„Schon!" lacht Gelhaus. „Dann den nächsten!"

Es ist aber auch wie bei einer Treibjagd! Geradezu auf dem Präsentierteller ziehen die vier Frachterschatten dahin. Und viermal hintereinander, mit fast gleichem Abstand alle Bugtorpedos, werden gezielte Einzelschüsse gegen sie losgemacht. Dann dreht Gelhaus härter ab, um jetzt möglichst schnell auch noch mit dem Hecktorpedo zum Schuß zu kommen, während die anderen noch laufen; das gelingt selten, denn mit dem ersten Treffer wird das Boot bemerkt und die Abwehr mit dem ganzen Feuerzauber entfesselt werden.

Und wirklich: Da! Noch im Drehen des Bootes schießt dort hinten der erste der Aale als Wasserspargel hoch. Also ist es jetzt wohl vorbei mit weiterem Angriff!

„Dampfer funkt auf 600-Meter-Welle!" meldet der Maat aus dem Funkraum; er ist dort angestrengt dabei, die einzelnen Wellen abzuhören, auf denen Frachter sich zu melden pflegen. Und im gleichen Augenblick gehen drüben auch schon rote Leuchtraketen hoch.

Da! Die zweite Detonation an dem nächsten Frachter. Noch dreht das Boot, und im Schein der feindlichen Leuchtraketen wird plötzlich, hell angestrahlt, dicht hinter den bereits beschossenen Zielen ein wirklich riesenhafter Viermastfrachter sichtbar, den man bisher noch gar nicht aufgefaßt hatte.

„Den müßte man noch kriegen!" macht der Kommandant seinen Torpedooffizier aufmerksam.

Zugleich aber wird auch ein weiterer Zerstörer sichtbar, der aufgeregt auf den zuerst getroffenen Frachter zustrebt.

„Licht aus!" möchte man auf der Brücke des deutschen Bootes rufen. Aber was hilft das! Hat der Zerstörer das Boot schon aufgefaßt?

Im Augenblick scheint es noch nicht so; aber unangenehm nahe steht er bereits: knapp 2000 Meter mögen es bis zu ihm sein; und soll der Riesenfrachter noch beschossen werden, dann muß das Boot seinen augenblicklichen Kurs noch eine ganze Weile durchhalten, ausgerechnet auf den gefährlichen Gegner zu. Wird das glücken trotz der Beleuchtung? Heißt das nicht den Bogen überspannen?

Ein harter Entschluß für den Kommandanten. Einsatz zum Erfolg ist immer ein Tanz auf des Messers Schneide. Nerven behalten! Genau beobachten und kühl abwägen! In Bruchteilen von Minuten.

„Oh! Herr Kaleunt!" staunt in diesem Augenblick Bast. „Is ja'n Riesen-Dampfer!"

„Gut, WO!" Gelhaus hat schon entschieden: „Gib ihm man zwei! Ich kann jetzt nicht hinsehn, muß auf den Zerstörer achten."

Völlig ruhig wirkt der Kommandant. Aber er ist in der sonderbar gehobenen Stimmung äußerster Gefahrenminuten, jede Faser erregt. Mit dem Schießen soll sein Torpedooffizier allein klarkommen. Er als Kommandant soll das Boot fahren, und er trägt dabei die Verantwortung für das Ganze. Darf er wirklich den dazu notwendigen Kurs zum Schuß noch weiter durchhalten, ohne schon wegzutauchen? Genügt die Lage denn immer noch nicht? Das wird verdammt brenzlich! denkt er. Ist es nicht überhaupt schon zu spät, noch wegzukommen?

Der Obersteuermann steht laufend in Verbindung mit dem Hecktorpedoraum, in den Mechanikersmaat und Gasten sofort nach dem vierten Schuß überwechselten. Sind Rohr V und VI immer noch nicht klar?

Beherrscht ruhig im Ton gibt Gelhaus ein Maschinenkommando dem Rudergänger im Turm, der ja auch den Maschinentelegraphen bedient. Man merkt dem Niedersachsen die Erregung, von der er gepackt ist, nicht an. Fast gleichgültig wirkt er der Gefahr gegenüber. Er spricht besonnen wie sonst seine Worte.

Inzwischen gehen der dritte und kurz darauf auch der vierte Torpedo an ihren Zielen hoch. Es ist eine Freude mit diesen, ein stolzes Gefühl, so empfindet Gelhaus, wenn man daran denkt, wie es vor gut einem Jahr noch damit stand! Auch die Männer im Boot hörten natürlich, spürten die Erschütterung der Detonationen. „Nach Maß! Weiß der Teufel!" denken sie. Und wenn von den Dämpflingen womöglich noch mehr fallen – ihr Kommandant liebt diese Bezeichnung – das wäre so was! Und hat er nicht durchgegeben, noch stehe das Boot im Angriff? Wie lange brauchen unsere Mixer noch?

Endlich!

Vor allem Gelhaus dünkte es eine Ewigkeit. Und sofort an Bast: „Feuer frei!"

Den Augenblick darauf zweimal das „Los!" des Oberleutnants. Und mit dem, endlich, läßt Gelhaus den Rudergänger das Boot ziemlich hart abdrehen.

Der Zerstörer scheint es wahrhaftig auch jetzt noch nicht entdeckt zu haben trotz des ganzen Lichtzaubers. Kaum zu glauben! Dürfen wir über Wasser bleiben?! Ist seine Aufmerksamkeit so in Anspruch genommen durch die so kurz hintereinander getroffenen Frachter?

Gelhaus will jetzt, wenn irgend möglich, versuchen oben zu bleiben. Die Lage des gefährlichen Gegners war zwar spitz auf sie zu, aber keineswegs 0 Grad; er scheint demnach das Boot immer noch nicht aufgefaßt zu haben. Bleibt man oben, entgeht man den sonst unvermeidlichen Wasserbomben und ist dabei nicht wie auf die Stelle genagelt. Noch immer aber läuft das Boot zwischen ihm und dem Ziel. Ist die Nacht heute für ihn wirklich derart unsichtig? Ist etwa sein Gerät defekt, um es einzupeilen?

„Komm auf! Mittschiffs!" ruft der Kommandant dem Rudergänger zu. Ob er sich wirklich weiter so vorbeimogeln kann, ohne Tauchen? Gelhaus möchte zu gern die Wirkung der Treffer noch beobachten. Zwei der Dampfer hat der Bootsmann schon als gesunken gemeldet. Soeben macht der II. WO auf das Sinken auch des dritten aufmerksam. Gelhaus wirft schnell einen Blick in Richtung des weisenden Armes. Wahrhaftig! Auch der dritte liegt schon hoffnungslos. Die Wirkung unserer neuen Torpedos ist, registriert er, phantastisch! Sie brechen einwandfrei den Kiel des Getroffenen. Der vierte, der als erster getroffene Dämpfling, ist im Dunst um das Geleit leider aus Sicht gekommen, bevor man behaupten konnte, daß er sank. Der Treffer lag kurz vor ihr unter seiner Brücke, hieß es; vielleicht etwas zu weit vorn.

Und jetzt scheint es wahrhaftig auch noch zu glücken, wieder hinauszukommen aus dem riesigen Verband. Das Boot muß zwischen dem Viermastfrachter, den es zuletzt beschoß — noch laufen die beiden Torpedos —, und dem Zerstörer durch. Der strebt tatsächlich immer noch auf den als dritter getroffenen Frachter zu, der zurückgeblieben ist. Jetzt kommt alles darauf an! Kaum 1200 Meter von ihm entfernt schiebt sich das Boot an diesem gefährlichen Gegner vorbei.

Erregt starrt Bast auf die riesigen Formen des von ihm soeben beschossenen Frachters. War die Entfernung, 1200 Meter geschätzt, richtig? Werden die Aale treffen? Gelhaus dagegen hat entgegengesetzt einzig den Zerstörer im Auge. Bleibt der bei seinem Kurs? Bemerkt er uns nicht? Kommen wir durch?

„Eben bricht der dritte auseinander!" meldet der Bootsmann. Und dann: „Jetzt ist er weg!"

„Ob auch die beiden achteren noch treffen?" spannt Bast. Das wäre was! 15 000 Tonnen hat der bestimmt, wie man ihn jetzt deutlicher sieht. Ein wunderbares Schiff!

Da ...! Mit geradezu ungeheurer Wucht werden alle auf der Brücke des Bootes gegen das Schanzkleid geschleudert.

Verdammt! Wie angestochen explodiert der mächtige Frachter in diesem Augenblick. Ein Feuerball blafft aus ihm heraus, breitet sich nach oben aus: Munition! begreifen sie augenblicklich, während sie sich aufraffen, zurechtfinden und dann ihre Aufmerksamkeit wieder den anbefohlenen Zielen und Sektoren zuwenden. Mein Gott! Das Boot schwingt nach der Druckwelle wieder zurück. Sie hatte den Männern auf dem Turm ihr dickes Zeug um den Leib gepreßt; sie prüften unwillkürlich an sich herunter, ob sie jetzt nicht ausgezogen dastehen. Das Boot hatte sich zur Seite geduckt. Und noch einmal, in die Feuersglut hinein detoniert, kaum einen Augenblick später, auch der zweite Torpedo. Das ganze Schiff ist zerplatzt. Buchstäblich zerplatzt. Die Feuersglut steigt hoch; darunter nichts mehr. Weg!

Wo ist denn der Steuermann geblieben? Verflucht! Eben stand er doch noch breitbeinig, das Glas vor den Augen, hinter uns gleich neben dem Luk?

Ihn hat der Luftzug einfach hineingedrückt, hineingepreßt durch die geringe Öffnung ins Boot hinunter, durch den gesamten Turm beide Stockwerke tief, hineingeschlagen, ohne die Steigleiter zu nehmen; er weiß selbst später nicht, wie er sich zerschunden zusammenrappelt, wie. Unbegreiflich, daß ihm nichts Ernsthafteres passiert ist. Verblüfft kauert er in der Zentrale.

Auf der Brücke ist von dem ganzen Frachter nur der weiter und weiter aufblowende Glutball übrig, aus dem heraus jetzt, wie sie hinüberstarren, einzelne Teile sich lösen und fallen, dunkle und hell glühende Brocken vor der emporflammenden Feuersglut.

Harald Gelhaus sucht nach dem auch von ihm kurz wahrgenommenen Schauspiel wieder nach seinem Zerstörer.

„Allarrrm — ! Rein, Kinder, rein! Verflucht! Schneller doch!"

Denn jetzt hat der Zerstörer das deutsche Boot wahrgenommen: Er dreht an! Vor der grellen Stichflamme und dem Feuerball mußte er endlich die dunkle Silhouette erkennen: Er drehte augenblicklich auf sie zu.

Noch während der Kommandant über sich das Luk dichtklemmt, noch ehe er den Befehl dazu überhaupt gegeben hat, hört er drunten — und fast zugleich mit den einlaufenden Klarmeldungen in der Zentrale — die tiefe Stimme seines Leitenden Ingenieurs:

„Fluuuten!"

„Mein Gott!" reagiert er. „Aber recht so! Keine Sekunde verlieren!"

Und da stöhnt auch schon dieser Fisch, das ganze Boot, auf, und die Luft beginnt ihm laut zu entweichen; das Wasser dringt dröhnend ein in die Tanks.

Als er, den gesamten Niedergang an den Handläufen hinabgerutscht, in der Zentrale eintrifft, sieht er, wie die Tiefenrudergänger ihre Tasten schon drücken, und hinter ihnen den breiten Rücken seines Leitenden Ingenieurs. Der schaut auf die Lastigkeitswaage und die Scheibe des Tiefenanzeigers. Offensichtlich hat er längst „Alle Mann voraus"! die abkömmliche Besatzung zum Bugraum hin gescheucht, um die Vorlastigkeit zu vermehren. Der Tüchtige hatte die Lage durchaus kombiniert und sofort begriffen, das Notwendige von sich aus eingeleitet.

Gelhaus lehnt sich an das Kartenpult, um nichts zu behindern, stets sein Platz, wenn er von der Zentrale aus regiert, und beobachtet mit aufs gespannteste den Tiefenmesser: Senkt denn das Boot immer noch nicht steiler seinen Bug abwärts? Sinkt es nicht schneller? Höchstens 1000 Meter war der Gegner noch entfernt, als der Alarm begann. Prescht er jetzt mit vermehrter Fahrt auf das noch vor ihm einsinkende Boot, die deutlich bleibende Tauchstelle zu? Ist er noch nicht heran? Die Spannung, die über den Männern, vor allem Harald Gelhaus, dem Kommandanten, liegt, der als einziger den gefährlichen Feind beobachtet hat und die Gefahr genau übersieht, wird unerträglich. Noch immer nichts. Nichts zu hören?

Jetzt endlich ist das Boot tief genug, daß er es nicht mehr rammen kann, und die Fahrt geht jetzt schnell abwärts auf Tiefe. Endlich läßt der Leitende die Männer zurücklaufen, das Boot mit den Tiefenrudern abfangen. Noch keine Bomben? Man spürt seine Knie weichwerden.

Jetzt endlich hört man das Schlagen der Zerstörerschrauben. Wirft er nicht? Jetzt bleibt es still, und sofort läßt auch Gelhaus den Leitenden Ingenieur auf Schleichfahrt gehen; denn droben horcht der Gegner jetzt. Entfernt hört man es ununterbrochen wummern;

sicherlich die Wasserbomben, die mit den versenkten Frachtern auf Tiefe gingen und jetzt detonieren. Und der Zerstörer? Gelhaus sieht in der Zentrale auch seine Männer sonderbare Gesichter machen. Solches Warten ist entsetzlich. Wenn es erst detoniert, irgendwo, dann weiß man wenigstens, wie genau der Feind einen aufgefaßt hat.

Da ––! Mit widerlichem Bersten zerplatzt die erste – das Boot schüttelt sich – die zweite, die dritte – sie sitzt verdammt nahe! Das Boot erzittert durch und durch und bockt – die vierte ist wieder weiter –: aber keine Ausfälle werden gemeldet.

Da gehen die Zerstörerschrauben, die deutlich auch mit bloßem Ohr zu hören sind, wieder an; und sofort auch die E-Maschinen des Bootes, und Gelhaus läßt den Rudergänger den Kurs um einige Grad ändern.

Die Besatzung atmet vorerst auf. Ihr Boot hat die befohlene neue Tiefe erreicht und schlägt seinen Haken. Die Schraubengeräusche droben setzen aus. Sofort läßt auch Gelhaus wieder auf Schleichfahrt zurückschalten. Alles lauscht angespannt. Warten.

Und dann brechen die nächsten vier Detonationen auf und lassen das Boot erzittern. Aber auch diese Serie lag nicht tödlich. Sicherungen flogen zwar heraus, wie immer als erstes, und man tappt für eine Weile im Dunkeln, bis Taschenlampen etwas erkennen lassen, und dann flammt die Beleuchtung wieder auf. Die Tiefenrudergänger haben allerdings ihre Dusche abbekommen; denn auch das Glas eines der Manometer über ihnen zersprang. Schon aber hat der Zentralegast das entsprechende Außenbordventil geschlossen. Wenn's nicht mehr wird und nicht mehrere Verfolger dazukommen, macht es keinen mehr verrückt.

Gelhaus hatte mehr erwartet. Die unangenehmste Spannung, ob er das Boot vor dem Zerstörer noch schnell genug auf Tiefe bekam, ist überstanden. Fünf Frachter getroffen, mindestens vier davon vernichtet, dafür nimmt man eine ausgiebige Verfolgung in Kauf, solange man schließlich durchkommt!

Das Boot bleibt zunächst auf der extremen Tiefe. Alle Hilfsmaschinen sind abgestellt. Nun mögen sie droben horchen! Das bisher war bestimmt noch nicht alles. Jetzt also mag der unvermeidliche zweite Teil kommen, der allemal folgt, wenn man tauchen mußte. Über Wasser zu entkommen hat ja leider nicht geklappt.

Da zirpt auch schon wieder das Ortungsgerät des Gegners. Er sucht also weiter nach dem, den er so deutlich vor sich und dann tauchen sah. Jetzt gibt das deutsche Boot kaum einen Laut von sich; denn droben horchen und orten sie wieder. Erregte Ruhe im Boot, durchströmt von dem Stolz auf ihren wunderbaren Erfolg: fünf Frachter innerhalb von nur sieben Minuten! Vier sind bestimmt gesunken, hat der Bootsmann verkündet. Das ist –––

Rrbenng! geht die nächste Wabo-Serie in ihre Betrachtungen hinein los, ihr Boot geht sofort mit den Schraubengeräuschen droben auch wieder an und wechselt seinen Platz. Zunächst ist wieder das Licht erloschen. Irgendwo hat es geklirrt, und man hört es in der bangen Finsternis rauschen. Ist –––

Rrbenng! Rrbenng!

„Meldungen bitte!" die Stimme des Kommandanten klingt ruhig durch die Finsternis der Bootsröhre. Beruhigend, sie so zu hören. Sein Befehl wird von BÜ zu BÜ wiederholt. Eine Handlampe strahlt in der Zentrale auf und sucht umher. Es sind jetzt also auch die weiteren Manometer kaputt, stellt der Leitende fest.

„Bugraum alles klar!" – „Bugraum klar!" „Bugraum meldet alles klar!" wandert der Ruf von Schott zu Schott durch die dort hockenden Befehlsübermittler. Von achtern dagegen:

302

„E-Raum hat Wassereinbruch!" Ein Ventil hatte sich gelockert. Jetzt wird es bereits nachgezogen, auch dort wieder alles klar.

Zuvor aber meldete, wütend, daß gerade ihm der Ausfall passieren muß, der Steuermannsmaat auf dem Kartenschrank vor seinem Tiefenruder-Handrad, das der geräuschloseren Bedienung wegen statt der elektrischen Übertragung eingeschaltet wurde: „Achteres Tiefenruder klemmt!" Er irrt sich nicht. Er hat inzwischen erfaßt, daß das an sich schwergängige Handrad nicht mehr bewegt werden kann, wo er es doch jetzt, entsprechend der Anzeige der Lastigkeitswaage, bewegen müßte. Die Stimme aber klingt kaum anders als bei einer Übung, die man oft probte, indem man angenommene Schäden durchexerzierte, nicht etwa aufgeregt. Überdies ist der Maat böse, daß sich schon wieder genau über ihn und seinen Nachbarn aus dem zerstörten Wasserstandsglas ein Wasserstrahl ergießt; darauf darf er doch keinesfalls reagieren. Endlich aber, wie jetzt auch das Licht wieder angegangen ist, hat der Zentralemaat auch dies Ventil geschlossen: der sprühende Strahl setzte urplötzlich aus. Neue Sicherungen sind eingesetzt. Die gewohnte Helligkeit ist wiederhergestellt. Zwei Mann haben inzwischen im Heckraum begonnen, das achtere Tiefenruder wieder gängig zu bekommen. Läßt es sich wieder bedienen? Das vordere blieb intakt. Der Leitende muß das Boot durch leichtes Trimmen von Wasser nach achtern und wieder zurück, um das vordere Tiefenruder zu unterstützen, waagerecht zu halten versuchen. Nach Gefühl; denn die Lastigkeitsanzeige ist unbrauchbar. Während der höheren Fahrtstufen gelingt das leichter. Der Kommandant muß weiterhin versuchen, durch Hakenschlagen und zwischendurch, sowie der Feind oben stoppt und horcht, so still wie möglich dessen Ortung zu entgehen.

Fast eine Stunde lang sucht der Gegner das Boot, das seinem Geleit solchen Schaden zufügte. Er bleibt glücklicherweise bisher allein und stellt es nie so genau fest, daß er es mit seinen Wasserbomben vernichtet. In der wechselnden Tiefe zwischen unter und über 200 Meter darf man mit Wasserschichtungen rechnen, die die Suchimpulse des Sonargerätes derart brechen, daß es den richtigen Standort des Bootes nie genau genug anzeigt.

Gelhaus ist dem, was droben geschieht, gegenüber jetzt genauso blind, wie seine Männer im Boot es immer sind; aber er kombiniert und überlegt den Plan, nach dem der Gegner offenbar vorgeht. Das geringe Ausweichen in Tiefe und Kurs soll das Boot unmerklich aus den Messungen hinausmogeln. Nach einer Stunde des Dahinschleichens und ständigen Behebens von Schäden, die nie so schwer sind, daß das Boot seinem Willen mittels der Tüchtigkeit seines Leitenden nicht mehr gehorchen würde, bleibt endlich alles ruhig. Ist der Vorrat an Wasserbomben droben erschöpft und läßt der Feind ab, oder ist schon eine Suchgruppe im Anmarsch?

Wohltuend, und doch können die Männer im Boot es zunächst noch gar nicht glauben, — — aber es geschieht immer und immer noch nichts. Ist es etwa eine Finte, daß der Feind so lange still zuwartet, damit das Boot auftauchen soll? Im Horchgerät ist nicht mehr das geringste vom Gegner zu hören.

Harald Gelhaus wartet. Endlich aber läßt er doch höhergehen, und bei Sehrohrtiefe nimmt er mit dem dünnen Angriffssehrohr vorsichtigen Rundblick. Nichts.

Dann durchs größere Luftzielsehrohr in der Zentrale. Auch nichts zu bemerken. Draußen ist jetzt Tag. Ringsum nichts in Sicht.

„Auftauchen!"

Als der Turm freikommt, klimmt der Kommandant zunächst allein auf die Brücke. Ringsum tatsächlich nichts!

„Ausblasen mit Diesel! Brückenwache aufziehen!" ruft er das erlösende Wort durchs Luk hinab. Drunten warten bereits die Männer darauf. Die Diesel springen an. Frische Luft strömt ins Boot. Und dann setzt der U-Bootsalltag wieder ein.

An der Stelle der nächtlichen Schlacht findet sich ein Trümmerfeld, vor allem wohl von dem Munitionsfrachter. Und etwa zwölf Rettungsboote treiben leer, von drei verschiedenen Schiffen stammend, in der nur leichten Dünung. Die sich vielleicht in sie gerettet hatten, sind zweifellos längst aufgefischt worden. Mindestens vier Frachter sind also vernichtet; denn von dem letzten sind mit Gewißheit keine Boote zu Wasser gekommen; der flog mit allem, was er war und trug, auseinander. Zerfetzte Einrichtungsstücke, Türen, Balken, Bootsteile, Kisten, eine zerstörte Kommode aus Mahagoniholz, leere Rettungsflöße, ein Schreibmaschinendeckel, leere Konservendosen, alles das schwabbert in einem dreckigen Ölfleck kläglich herum. Die sonst so saubere See ist widerlich verschmutzt, entweiht! Sie sieht traurig und abstoßend aus.

Und der zuerst getroffene Frachter? Ist nicht auch von ihm noch irgend etwas aufzufinden?

Leider nein. Es scheint, er hat doch weiterhumpeln können. Der Treffer saß offenbar zu weit vorn. So darf der Kommandant auch nicht behaupten, daß der erste als der fünfte ebenfalls sank.

Aber auch viere, und das auf einen Schlag, in einem einzigen Anlauf, ist schon ganz schön!

Und genau das sagt auch die Besatzung. Jeder ist stolz. Sie selbst sind jedenfalls wieder einmal davongekommen, trotz aller Angst, die sie überwunden haben. Unser Alter, meinen sie, versteht was. Wir haben dann wieder recht behalten.

Gelhaus läßt auf höhere Fahrtstufe gehen und die leergeschossenen Ausstoßrohre sämtlich mit neuer verderbenbringender Last nachladen. Aber jetzt endlich ist die britische Luftsicherung wach geworden und hier geradezu rebellisch. Mehrmals zwingt sie das Boot, schleunigst wegzutauchen; aber das glücklicherweise jedesmal rechtzeitig genug. Hier ist jetzt nichts mehr zu wollen; der Geleitzug steht längst vor der Gibraltar-Enge. Gelhaus nimmt den alten Kurs weiter hinaus wieder auf, und nach einer danach leider erfolglosen Unternehmung bringt er sein Boot mit seinen Männern glücklich in den Stützpunkt zurück. Sein Erfolg, vier, wenn nicht gar fünf voll mit Nachschub gegen Rommels Afrikakorps beladene Frachter in einem einzigen Anlauf zu vernichten, und das noch zu dieser Zeit, war ungewöhnlich genug.

70   Grobe See bei spätem Abendlicht.

71   Schwere Schräglage des Bootes. Vorn das Flak-Geschütz auf der Kanzel.

72   Ein Guß überfällt die Brückenwache.

73   Ein voller Brecher schwappt durch das Turmluk in die Zentrale. Zentralemaat Wilhelm Lorenz. ▶

74 Mahlzeit der soeben abgelösten Maaten im U-Raum bei schwerem Wetter.

75 Jeden Morgen heißt es für die Freiwächter im Bugraum für 48 Esser die Kartoffeln schälen.

76   Der Schmutt wählt aus dem zweiten (gegen Seegang verschalten) Konservenspind – eigentlich das zweite Klo an Bord – die Gemüsedosen für den beliebten „Halben Schlag" (Eintopf).

77   Der Schmutt an der „Anrichte" seiner Kombüse (darunter verbirgt sich das Spülbecken). Hinter
ihm (nicht sichtbar) der Herd. Der Niedergang (Leiter) führt zum während der ganzen Zeit in See
geschlossenen Oberdecksluk. In dieser Enge, vor der Leiter hindurch, spielt sich auch noch der
gesamte Verkehr zum Diesel- und E-Maschinenraum ab.

78 Mahlzeit der Mannschaft im Bugraum.

79 Ein gerade noch mit dem Apparat festgehaltenes Dokument: Bootsmaat Erwins letzten drei von tatsächlich gezählten sechzehn (!) ihm zum Teil von Kameraden überlassenen Würstchen der „Erbsensuppe mit Speck". Der schmächtige Limburger konnte unheimlich viel essen. „Was, Du Farmer hast mich gefilmt?!" fuhr er auf, als der Verschluß klickte.

Die vierte Phase des U-Boot-Krieges

April 1943 bis Mai 1945

Seit Frühjahr 1942 waren durch die Einführung eines neuen Kurzwellen-Funkmeßgerätes, das auch von Flugzeugen aus verwendbar war, die Verluste an deutschen U-Booten zunächst erschreckend angestiegen. Daraufhin wurde deutscherseits ein Funkmeßbeobachtungsgerät (FuMB), ein reines Warngerät, herausgebracht, so daß sie danach etwas zurückgingen.

Wir sahen, daß trotz der ständig wachsenden Härte der Bedingungen der Kampf im Atlantik von den Deutschen erfolgreich geführt wurde, wenn auch das einzelne Boot jetzt nur einen Bruchteil von dem versenkte, was es noch ein Jahr zuvor hatte vernichten können. Die Alliierten vermehrten und vervollkommneten ständig ihre Sicherung am Geleit (Zerstörer, Korvetten, immer mehr Flugzeuge, sämtlich jetzt mit Funkmeßortung, mit Asdic- und Funkpeilgeräten vorzüglich arbeitender Konstruktion ausgerüstet). In die Nähe eines Geleitzuges zu kommen, war schon eine erhebliche Leistung. Einige beachtliche Erfolge wurden erzielt durch Einpeilen und Abhören der „Grenzwelle", der Frequenz, auf der sich der Sprechverkehr zwischen den Fahrzeugen des Geleits entwickelte. Zum Beispiel gelang es einem Boot, das sich durch Einpeilen dieser Grenzfrequenz an den Geleitzug gebracht hatte, einen Zerstörer zu versenken, nachdem es dessen Meldung: „Ortungsgerät ausgefallen" aufgefangen hatte und nun ungehindert angreifen konnte. So etwas setzte natürlich englische Sprachkenntnisse voraus, die in diesem Fall vorhanden waren, im allgemeinen aber bei Funkern nicht vorausgesetzt werden konnten. Die Zahl wahrer Spezialisten der U-Boot-Abwehr beim Gegner wuchs stetig und wurde immer fähiger. Man warf Wasserbomben von unheimlicher Wirkung, nun durch Salvenwerfer in einer Art Teppichwurf und auf verschiedene Tiefen eingestellt, warf Fliegerbomben und Geräuschtorpedos, die speziell gegen das U-Boot konstruiert waren.

Das Netz der Flugüberwachung über See war nun so engmaschig und so weitreichend geknüpft, daß kaum ein Durchschlüpfen mehr war. Wohin die Maschinen des Coastel Command von ihren Küstenflugplätzen aus nicht hinlangen konnten, da überwachten jetzt Trägermaschinen und Bordflugzeuge die See ständig, wenn ein Geleitzug kam. Die Zusammenarbeit zwischen den feindlichen Gruppen der U-Boot-Abwehr hatte sich meisterhaft eingespielt. Nicht mehr nur bei Tage, wie früher, sondern jetzt also selbst bei unsichtiger Nacht stellte das Ortungsgerät jedes aufgetaucht fahrende Boot — und was, wie sich erst jetzt, lange nach dem Krieg, herausstellte, weit mehr noch ein neues britisches Peilgerät, das die Kurzsignale der Boote, mit denen diese sich verständigten, einpeilen und auf dem Peilstrahl die Boote genau anzulaufen erlaubte — schon auf weite Entfernung fest. Und das Boot mußte ja immer wieder auftauchen, um nachzuladen, durchzulüften und um sich überhaupt bewegen zu können (denn getaucht bewegte es sich nur wie ein Fußgänger), um in der Lage zu sein, einen Feind aufzuspüren und ihn anzugreifen. Es gibt keine Atempause mehr für die U-Boot-Besatzungen am Feind. Nur wenige Boote bringen

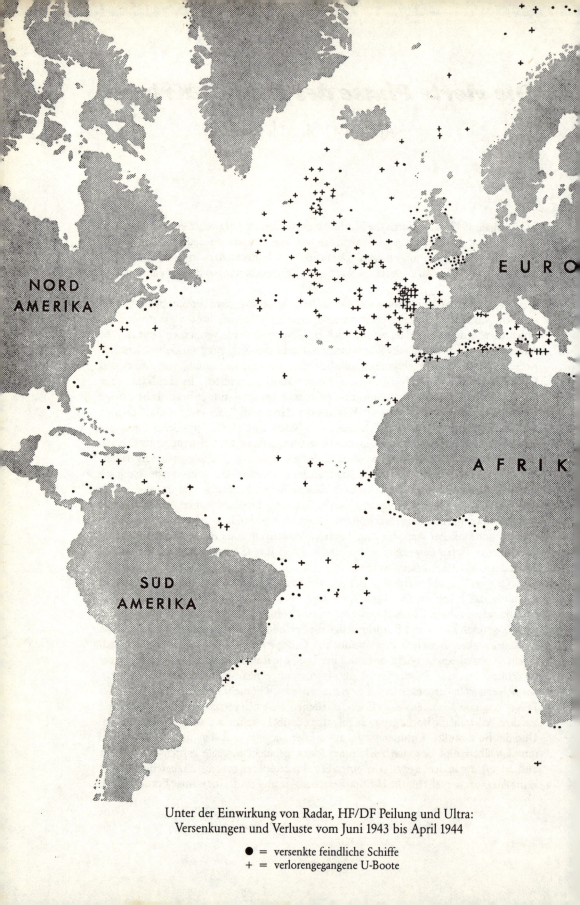

Unter der Einwirkung von Radar, HF/DF Peilung und Ultra:
Versenkungen und Verluste vom Juni 1943 bis April 1944

● = versenkte feindliche Schiffe
+ = verlorengegangene U-Boote

es über mehrere „Reisen". Die Feindfahrt wird besonders schwierig für die Boote, auf denen Personalwechsel stattgefunden hat und deren Crew infolgedessen noch nicht von vornherein bis ins Letzte aufeinander eingespielt ist. Wie oft kommt es nun vor, daß ein Boot trotz aller Gefahr nach monatelanger aufreibender Unternehmung zwar glücklich wieder in den Stützpunkt kommt, jedoch nicht einen einzigen Erfolg aufzuweisen hat. Gerade das aber zermürbt mehr als alle parierbaren Schwierigkeiten.

So war die Situation im Winter 1942/43. Und nun, in den ersten Monaten des Jahres 1943, übersteigt die bisherige Misere noch diese neue unheimliche Sache. Kommandanten melden bei ihrem Bericht vor dem BdU, daß sie bei Nacht und Nebel angegriffen wurden, ohne daß ihr Warngerät Funkmeßortung anzeigte. Gleichzeitig steigen die deutschen Verluste geradezu ungeheuerlich an: Im Mai sind es 38 Boote, die von Feindfahrt nicht zurückkehren. In dieser Zeit ist ein Erfolg praktisch nicht mehr zu erzwingen. Selbst durch stärkste Zusammenballung von U-Boot-Rudeln vermag man nicht mehr zum Erfolg, an ein Geleit zu kommen. Einmal sind 60 Boote auf einen einzigen Geleitzug vergeblich angesetzt. Jeder versenkte Dampfer muß mit dem Verlust eines Bootes gleichsam aufgewogen werden.

So geht es also nicht weiter! Der Nordatlantik, dieses wichtigste Gebiet der Geleitzugschlachten, fällt für Operationen mehr oder weniger aus; hier ist die Abwehr des Gegners zu stark, und das Auffinden des Gegners will kaum noch gelingen. Dennoch fahren die deutschen U-Boot-Männer weiterhin gegen den Feind. Es ist notwendig, durch ihre Anwesenheit den Gegner wenigstens zu zwingen, sein zeitraubendes und kräftebindendes Geleitsystem, seine ganze Überwachung der See und seine Abwehr weiterhin aufrechtzuerhalten. Dieses Wissen ist zwar für den, dem solche undankbare Aufgabe zufällt, nicht gerade erhebend. Ein, zwei Reisen, mehr übersteht in dieser Zeit kaum ein Boot. Nur in entfernteren Seegebieten erkämpft sich jetzt der Deutsche hin und wieder noch einmal neben dem indirekten auch einen direkten Erfolg.

Der deutschen U-Boot-Führung wird es seit einigem klar, daß ein neues Funkmeßgerät (Radargerät, Radio-Detecting-And-Ranging) beim Gegner das bisherige, das doch schon unangenehm genug war, abgelöst und die deutschen U-Boote lahmgelegt haben muß. Die Schlacht im Atlantik scheint verloren. Die größere Zahl an Booten kam zu spät.

Auf die neue Lage hin trommelt Großadmiral Dönitz alle einschlägigen Wissenschaftler zu einer Besprechung zusammen. Ein wissenschaftlicher Führungsstab entsteht, der alle Fachleute und Erfinder planmäßig in den Dienst der Rüstung stellt.

In der Reaktion auf die mit Funkmeß und — was uns unbekannt blieb — mit Kurzwellenpeilgerät ausgerüstete feindliche Luftüberwachung war zwischen verstärkter Flakbewaffnung und den Versuchen, das U-Boot wieder „schwarz", also ortungssicher, zu machen, bereits die Entscheidung gefallen. Der verstärkte Flakschutz hatte sich als wirkungslos erwiesen. Auch die Versuche, die Boote mit einer Kautschuk-Masse zu überziehen und damit die Reflektion der Bootswand herabzusetzen, verliefen unbefriedigend. Das U-Boot mußte zur Wiedergewinnung seiner alten Kampfkraft ortungssicher gemacht werden. Alle Kräfte wurden jetzt mobilisiert, einen Bootstyp zu schaffen, der lange Zeiträume und schnell unter Wasser fahren kann, ohne aufzutauchen, der wirksam unter Wasser operieren kann, denn die Ortungsstrahlen brechen sich an der Wasseroberfläche. Alles, was unter Wasser ist, ist auf dem Radarbildschirm nicht zu erfassen. Das Ergebnis der Überlegungen ist der Typ XXVI, das schon so lange vorbereitete sogenannte Walterboot mit dem wesentlichen Merkmal seiner hohen Unterwasser- und Überwassergeschwindigkeit, sein Antrieb ursprünglich als Einheitsmotor gedacht. Dieser Typ, der bereits in seiner Idee und in ersten Versuchen vor dem Kriege vorlag, wurde Sommer 1943 endlich in die Planung gegeben. Als Übergangslösung aber wurde das „Elektroboot" geschaffen mit den Typen XXI und XXIII. Die Konstruktion dieses Zwischentyps wird zunächst mit aller Energie in Angriff genommen. Das Konstruktionsbüro der Unterseeboot-Waffe in Blankenburg am Harz geht intensiv an die Arbeit und entwirft diese völlig neuartigen Bootstypen nach dem neuen Stand der Technik.

Auf den Hilferuf der U-Boot-Führung hin wird zunächst aber auch den alten Typen geholfen: ihnen wird ein Luftmast eingebaut, der hydraulisch ausfahrbar ist und so auch bei Unterwasserfahrt auf Sehrohrtiefe das Laufen der Diesel ermöglicht. So brauchen jetzt die Boote vom Typ VII und Typ IX nicht mehr unbedingt aufzutauchen, um ihre Elektrobatterie für die Unterwasserfahrt nachzuladen und um das Boot zu durchlüften. Sehrohrkopf und Luftmastkopf sind zu klein, als daß die Ortung des Gegners sie wirksam von weither feststellen könnte.

Während das Boot mit Luftmast fährt, wird das Sehrohr zur Beobachtung ausgefahren, um gegen überraschende Angriffe aus der Luft gesichert zu sein. Was allerdings nicht in jedem Fall gelingt: Der Feind überrascht mehrere Boote. Der Luftmast wird durch die Rauchfahne seiner Abgase oder durch den Schaumstreifen bei ruhiger See entdeckt und das Boot vernichtet.

Manchen gelingt es nicht mehr, rechtzeitig auf Tiefe zu kommen. Zeitweise wird Befehl gegeben, nur noch des Nachts mit Luftmast zu fahren, damit das angreifende Flugzeug ausschließlich nach Ortung werfen muß und die Trefferchancen verringert werden. Was auf diese Weise gewonnen wird, geht wieder verloren durch Angriffe der U-Abwehrfahrzeuge.

Denn das unter Wasser aufladende Boot ist bei Nacht blind und durch seine eigenen Geräusche taub. Sein Hochgerät vermag aufkommende Fahrzeuge wegen des eigenen großen Störpegels nicht auszumachen. Es kann dann nur in kurzen Abständen geladen werden, um zwischendurch den Horizont abhorchen zu können. Jedes Schnorcheln bei Nacht wird zu einem Vabanque-Spiel. So wird das U-Boot ein gehetztes Wild. Hinzu kommt für die U-Bootsfahrer psychologisch das Gefühl der Ohnmacht. Praktisch sind die nun ständig getaucht fahrenden Boote ausgeschaltet. Sie sind zu langsam, sind auf die Stelle genagelt und können nur noch mit der Geschwindigkeit eines langsamen Fußgängers operieren, allenfalls für kürzere Zeit die eines Läufers erreichen. Ihnen fehlt jede rechte Aufklärungsmöglichkeit. Denn der mit dem Sehrohr zu überblickende Umkreis ist minimal im Verhältnis zur Weite der See, in der die Schiffe des Gegners sich bewegen, die sie angreifen und versenken sollen.

So müssen die Boote wie zu Beginn des Krieges die Bündelungen des Schiffsverkehrs anlaufen und sich hier auf die Lauer legen, in den Einfahrten zu den großen Häfen der britischen Inseln, den Flußmündungen, den Passagen. Der Luftmast gibt ihnen die Möglichkeit dazu, aber die Gefahren sind hier doppelt.

Was aber ist mit der unheimlichen Ortung des Gegners? Was für ein Gerät hat dieser neuerlich eingesetzt? Wie arbeitet es? Wie ist ihm zu begegnen?

Im Frühjahr 1943 wird bei Rotterdam ein feindlicher Bomber abgeschossen. Aus seinen Trümmern birgt man ein bis dahin unbekanntes Gerät, vielmehr die Bruchstücke eines solchen, die man zunächst für zu einem neuartigen Bombenzielgerät gehörig ansieht. Erst nachdem aus den Trümmern einer weiteren abgeschossenen Feindmaschine die Reste eines zweiten derartigen Apparates geborgen sind, gelingt es in mühseliger Kleinarbeit, das ganze Gerät zusammenzubauen, es zu rekonstruieren, so daß es zu arbeiten vermag. Nun bestätigt sich die andere Vermutung, daß es sich um das neue Ortungsgerät des Feindes handelt. Verblüfft begreift man: es ist das Panoramagerät, das Radargerät, das man nun deutscherseits als Rotterdamgerät bezeichnet. Es arbeitet auf der ultrakurzen 9-cm-Welle. Weder Metox noch FuMB, die im Hinblick auf das englische ASV (Eineinhalbmeterwelle) konstruiert waren, reagieren auf seine Strahlen. Es ist überaus schwierig, an deren Stelle ein Warngerät für den so kurzen Wellenbereich zu entwickeln und gleich in größerer Anzahl, wie es doch sein müßte, herzustellen.

Der Luftmast ist für die alten Boote nur ein Behelf. Bei einigen niederländischen Booten gab es diesen bereits vor dem Kriege, nachdem 1925 das italienische U-Boot „Sirena" als erstes mit solchem Luftmast, allerdings nur zur Durchlüftung des Bootes, nicht für Dieselfahrt, ausgerüstet worden war. Zwei Jahre später kamen die Holländer mit dem ähnlichen Patent des ehemaligen deutschen Kapitänleutnants Wichers heraus. Diese Anregung wurde nun weiterentwickelt, und zwar so, daß nun nicht wie bei den Holländern und Italienern das Boot lediglich durchlüftet, sondern daß auch den Dieseln die notwendige Frischluft zugeführt werden kann und die Abgase aus dem Boot entweichen können. Erst dadurch ist ein langes Unterwasserbleiben der Boote, das Nachladen der Batterie während der Unterwasserfahrt möglich geworden.

Dönitz nennt das Instrument, diese Nase des Bootes, den Schnorchel. Und dieser der Welt unverständliche Name ist bekannt geworden als eine geheimnisvolle unerhörte deutsche Erfindung, ohne daß man im allgemeinen recht begriff, um was es sich eigentlich handelte und wie primitiv im Grunde alles war. Der Schnorchel erhöhte eben nur die Sicherheit der Boote. Wenn man bedenkt, daß ein in 3000 Meter Höhe fliegender Bomber auf seinem Bildschirm ständig bei jeder Wolkenlage eine Kreisfläche von bis zu 80 Seemeilen Radius einblickt, so kann man sich leicht vorstellen, daß es bei geschickter Verteilung der Luftaufklärungsstreifen möglich war, von den verschiedenen Stützpunkten aus das sogenannte Operationsgebiet deutscher U-Boote lückenlos zu jeder Zeit zu erfassen. Lediglich bei schlechtem Wetter, das heißt bei Seegang, verringerte sich die Reichweite der feindlichen Ortung. Aber die Einführung des Schnorchels brachte eine merkliche Besserung. Der Schnorchelkopf zeichnete sich nur auf wenige Seemeilen als Stecknadelkopf auf dem feindlichen Bildschirm ab. Die Boote fühlten sich wieder sicherer.

Durch diesen Schnorchel ist das Tauchboot, das nur gelegentlich unter Wasser fuhr, halbwegs zu einem Unterseeboot geworden, das zwar auftaucht und über Wasser läuft, dessen Leben sich aber auf längere Zeit unter Wasser abzuspielen vermag. Bis zu 66 Tagen sind in der Folgezeit deutsche U-Boote ununterbrochen unter Wasser geblieben. Wahrlich keine Kleinigkeit für deren Besatzung. 59 Tage blieb ein Boot getaucht im Kanal. Ein anderes erlebte, durch den Indischen Ozean schnorchelnd, an die 70 Grad Hitze im Boot. Die Schnorchelei beanspruchte den U-Boot-Mann aufs äußerste. Herrscht auch nur geringer Seegang, so geht immer wieder die See über den Schnorchelkopf hin, der Luftstrom wird unterbrochen, die Diesel saugen, bis sie schleunigst abgeschaltet werden, die Luft aus dem Bootsinneren ab, so daß den Männern die Augen aus den Höhlen quellen. Die ständigen Druckunterschiede führen auf die Dauer zu gesundheitlichen Störungen. Anfangs kam es nicht selten vor, daß das Boot stärker unterschnitt, die Abgase nicht mehr gegen den Wasserdruck ankonnten und in das Boot traten. Ehe noch der

Diesel abgestellt oder der Tauchretter angelegt war, lagen die Männer der Maschine unter den Einwirkungen der CO-Gase unter Krämpfen auf den Flurplatten. Der U-Boot-Mann war zu einem Engerling geworden. Daß mehr noch als das Radar das Peilgerät HF/DF der Briten den Angriff der U-Boote unmöglich machte, erfuhren wir erst dreißig Jahre nach dem Krieg. Und genauso erst, daß unsere Funksprüche mitgelesen, die Geleitzüge um die U-Bootsaufstellungen herumgeleitet wurden.

Mit der Einführung des Schnorchels war die Wiederherstellung der Kampfkraft des U-Bootes also nicht gelungen und damit das wesentliche Ziel der U-Boot-Führung noch nicht erreicht. Die Boote konnten sich unter Wasser nicht schnell genug bewegen, und aufzutauchen bedeutete den sicheren Tod. Man mußte nehmen, was einem zufällig vor die Rohre lief. Viel verbessern konnte man seine Angriffsposition bei Insichtkommen eines Zieles nicht mehr. So blieben die meisten Schiffe unbeschossen. Den Typen VII und IX fehlte die für Unterwasserangriffe erforderliche Unterwassergeschwindigkeit. Während viele Boote jetzt in weit entfernten Weltmeeren operierten, um dort besser zum Erfolg zu kommen, versuchte ein beträchtlicher Teil wie zu Beginn des Krieges direkt in Englands Küstengewässern einen Erfolg zu erzwingen. Dabei ereigneten sich die meisten Verluste.

Zwar vermögen die jetzt etwa 450 vorhandenen deutschen Boote bisherigen Typs, die sich noch vermehren, da der Bau schon zu weit fortgeschritten war, um die Aufträge noch annullieren zu können, jetzt wieder ruhiger als zu Beginn des Jahres zur See zu fahren. Große Erfolge sind von ihnen nicht mehr zu erwarten und treten auch nicht ein. Die große Zeit des Unterseeboot-Krieges mit Typ VII und Typ IX ist vorbei. Aber er wird aufrechterhalten, um die für die Schlacht im Atlantik vom Gegner eingesetzten gewaltigen Kräfte weiter zu binden. Auch mit Schnorchel sind die Verluste an Booten hoch: von 16 Booten, die zwischen dem 6. und dem 30. Juni 1944 gegen die Invasionsflotte nach dem Kanal ausgeschickt werden, gehen sieben bereits beim Ausmarsch verloren, fünf kehren infolge Beschädigungen unverrichteter Dinge zurück, nur vier operieren, und von ihnen wird eines während dieser Zeit vernichtet. Drei kehren heim.

Das soll mit den neuen Booten anders werden. Alles kommt darauf an, daß sie bald zum Einsatz kommen. Ab und zu aber hat ein besonders beherzter und vom Glück begünstigter Kommandant doch noch einen Erfolg, wie zum Beispiel Kapitänleutnant Schröteler, U 1023, der erst nach der am 8. Mai 1945 erfolgten Kapitulation dazu kommt, seinen kurz zuvor errungenen, den letzten Erfolg eines deutschen U-Bootes, durch Funk zu melden, und dem daraufhin der OBdM und BdU den Funkspruch macht: „Habe Ihnen mit dem 4. 5. das Ritterkreuz verliehen", was in der gesamten deutschen U-Boot-Waffe, die diesen Spruch mithört, wehmütig stolze Genugtuung auslöst.

Während dieser Zeit setzte allein das Britische Coastel Command ständig 1500 Flugzeuge gegen die deutschen U-Boote ein. Über allen Meeren waren es sicherlich Tausende von Flugzeugen — genaue Zahlen sind nicht bekannt geworden —, die durch die U-Boot-Bekämpfung gebunden wurden. Über 300 Zerstörer und mehr als 700 weitere Sicherungsfahrzeuge standen unentwegt im Dienst des Geleitzugwesens in See. Weitere 2000 übernahmen den Schutz in Küstennähe. Mit einem derartigen Aufwand von Kräften des Feindes, den sie anderer Verwendung entzogen, hatten sich die deutschen Boote ständig herumzuschlagen.

Hier darf ich einen Absatz aus Wolfgang Franks ebenso zuverlässigem wie brillantem Buch „Die Wölfe und der Admiral. Triumph und Tragik der U-Boote" einfügen. Frank drückt genau und besser aus, als ich es formulieren könnte, was an dieser Stelle einmal ausgesprochen werden muß (wie auch er seinerzeit, der über vier Jahrzehnte hin bis zu seinem Tod mein engster Freund war, aus einem meiner während des Krieges im Verlag Bertelsmann erschienenen Bücher, aus „Jagd im Atlantik", eine Episode des Kapitels „Lords gehen einen blitzen", das jetzt auch in diesem Buch wieder erscheint, in seine „Wölfe" übernahm). So beginnt Frank mit dem Hinweis auf den ausgelassenen, aber entschlossenen Galgenhumor der deutschen Besatzungen der letzten Kriegsjahre und zitiert die damals bei den üblichen internen Abschiedsfeiern der Besatzungen vor dem Auslaufen so gern gesungene Parodie:

> „Laßt den Kopf nicht hängen,
> Kinder, seid vergnügt!
> Wenn auch alles schiefgeht,
> Es wird doch gesiegt . . .",

„und dann folgt unvermeidlich die U-Boot-Fassung der ‚Lili Marleen'", so fährt Frank fort:

> „ . . . wenn wir auf tausend Meter gehn,
> woll'n wir zu Fuß nach Hause gehn.
> Zu dir, Lili Marleen . . . "

„Die PK hat diese Gesänge auf Wachsplatte geschnitten, und sie sind von Messe zu Messe gelaufen, die ganze Biskayaküste hinab, und schließlich sogar dem Großadmiral vorgespielt worden, der sie sich mit kritisch gehobener Braue und einem versteckten Zucken um die Mundwinkel anhört. Er weiß, was sich hier einen Ausweg sucht, und daß es solche Ventile geben muß; denn wer in dieser Zeit U-Boot-Fahrer ist, der ist sozusagen ‚auf Abruf zum Tode verurteilt', und sie sind alle gesunde junge Männer, voll Willens zu leben. Achtzehn- bis zwanzigjährig die Soldaten, wenig älter die Unteroffiziere und WOs, dreiundzwanzig bis fünfundzwanzig die Kommandanten, halbe Kinder, die unter dem unerbittlichen Druck der Kriegslage in Wochen und Tagen innerlich einen Raum durchmessen müssen, für den sie unter normalen Verhältnissen Jahre brauchen würden. Er weiß, welche geheimen Wege das bloße Lebenwollen geht und welch wachsamer Selbstkontrolle es bedarf, welcher Stärke des Herzens und des Willens, um Herr seiner selbst zu bleiben.

Der Zwang, sie immer wieder hinausschicken zu müssen, nur damit sie draußen sind und dadurch den Gegner binden, lastet schwer auf ihm. Immer wieder, allein oder in langen Gesprächen mit Godt, dessen unbestechliches Urteil er herausfordert, mit Heßler und Schnee, ringt er um die richtige Entscheidung: Darf ich von ihnen verlangen, daß sie weiterfahren, obwohl keine ins Gewicht fallenden Erfolge zu erzielen sind, obwohl ihre technische Unterlegenheit klar zutage liegt und obwohl die Übermacht des Gegners sie fast mit Sicherheit erschlägt? Dann sieht er vor sich die Tausende von Flugzeugen, die über die gemarterte Heimat herfallen, die vielen Hunderte von Zerstörern, Fregatten und Korvetten, die in das Küstenvorfeld von Norwegen bis Bordeaux einbrechen und mit der Lähmung der Nachschubwege die Niederlage herbeiführen würden, und dies Bild vor Augen, zwingt er sich zur Kühle des Abwägens: Wann ist die Zahl der unvermeidlichen Opfer geringer? Wenn ich die opfervolle U-Boot-Fahrt einstelle und das Leben derer schone, die mir am nächsten stehen? Oder wenn ich sie weiterfahren lasse?

An diesem Punkt wird die Entscheidung unausweichlich: Keine andere Waffe bindet mit einem so geringen Aufwand an Material und Personal so unverhältnismäßig viel stärkere Kräfte des Feindes wie die U-Boot-Waffe, keine legt ihm mit einem Sowenig an eigenem

Potential ein Soviel an Zwang und Lasten auf, keine schränkt mit gleich geringen Kosten seine Handlungsfreiheit auch nur annähernd ähnlich ein. Darum müssen die Boote weiterfahren und den Anschluß halten, bis mit den neuen Typen der revolutionierende Umschwung im U-Boot-Krieg eintritt, den die Elektroboote XXI und XXIII und das Walter-U-Boot (XXVI) versprechen.

Der Typ XXI wird trotz seiner Größe von 1500 Tonnen das Geleitzugkampfboot der Zukunft werden, das — ob Gegnerkonzentration oder nicht — den freien Atlantik sicher erreicht; die Vorbereitungen laufen auf vollen Touren."

Die Vierte Phase des großen Ringens, wie wir sie damals einteilten, war für die deutschen U-Boote die schwerste. Sie hofften auf eine nächste, die sie wieder in Vorhand bringen sollte, aber es war bereits die letzte in diesem Krieg. Die deutsche U-Boot-Waffe hatte das ihr gesteckte Ziel trotz ihres vorbildlichen Kampfwillens nicht erreicht.

Berichte

„Zu Hause" — im Eismeer
Sommer 1943

„Wohin, Herr Kaleunt?" fragt der Obersteuermann nach dem Auslaufen aus Hammerfest den Kommandanten Grau von U 601.
„Nach Hause!" antwortet der kurz. Der Obersteuermann verschwindet im Turmluk, um Kurs auf Novaja Semlja abzusetzen, von dem man in Hamburg sagt, daß es „Nowaja Rundstücknein" hieße. Aber wieso nach Hause? Novaja Semlja? Jawohl, zu Hause ist man nämlich da, wo man sich wohlfühlt und einem keiner was tut und wo man bei alt und jung bekannt ist, wo jede Ecke einem wie die sattsam bekannte eigene Hosentasche irgendwie geläufig ist. Aber lassen wir Peter Grau selbst weitererzählen. Er kann es am besten:

„Wir fühlten uns wohl dort", meint er, „weil unsere schwimmende, tauchfähige Heimat U 601 alles hatte vom Bett, hier Koje genannt, bis zu einer wohlgeleiteten Küche, sprich Kombüse. Bei Muttern konnte es nicht besser sein. Es tat uns hier keiner was, weil keiner da war und wir keinem was taten.
Wir waren zur Beobachtung der sibirischen Passage angesetzt; mit Feindeinwirkung, Zerstörern, U-Jagdgruppen war nach menschlichem Ermessen nicht zu rechnen. Bekannt waren wir hier oben schon seit langem. Wir hatten die gigantische Schönheit dieser Landschaft erlebt, wir atmeten ihre glasklare und kalte Luft.
Unvergessen sind noch heute die Abende, wenn das letzte Tageslicht abebbte. Die Wolken bekamen einen goldschimmernden Rand und kündigten den Mond an. Immer mehr verschwammen die scharfkantigen Silhouetten der Eisberge und fernen Gletscher im verdämmernden Dunst des letzten Widerscheins der Sonne. Leise schlugen kleine Seen gegen unseren Bug. Hinter dem Brückenschanzkleid glommen verstohlen die Zigaretten der Freiwache. Die Brücke quoll über von den Männern, die die köstliche Luft in ihre Lungen saugten.
Da beginnt über uns ein Schauspiel, wie es Bilder nur kümmerlich wiedergeben und Worte nur fade beschreiben können. Ein zitternder Lichtstrahl bricht am Sternenhimmel aus, wandert anschwellend und verebbend. Noch einer, zunächst zaghaft, da auch, überall bricht es heraus. Der ganze Horizont flammt auf, strahlt empor zu einem Pastellring im Zenit, eine lichtgewordene Bachsche Fuge. Wie ein Schleier webt es auf und nieder und klingt langsam ab, aber nur, um in neuer Farbenpracht im Südosten wieder aufzuerstehen. Dunkelrot bis violett beugt sich das Licht in riesigen Bögen, schießt auf in mächtigen Pfeilern — Nordlicht.
Menschen waren da kaum, und die da waren, sahen wir nicht, oder sie sollten uns nicht sehen, und doch wußten sie von uns. Es ist so wie im dritten Stock eines Hauses. Die im vierten und die unter uns wissen, daß wir da sind, aber man hat keine Tuchfühlung. Und das ist in diesem Fall gut so.
Anders war es mit unseren Freunden, den Vögeln. Wenn wir kamen, so grüßten sie uns durch Vorbeifliegen in gerader Haltung und Blickwendung. Papageienschnäbel nannte

man diese uns besonders ergebene Gattung. Andere verbeugten sich so tief vor uns, daß man nur noch die Schwanzfedern sah und was darunter sitzt. Das war weniger ehrerbietig. „Tölpel" trieben sich auch dort rum. Genau wie zu Hause. Wir wandelten auf Barents, Nordenskjölds und Nansens Spuren. „Nach Hause", Kurs 52 Grad. Pankrazius-Inseln auf dem Kopf.

Einen ganzen Tag begleitete uns ein Walfisch auf dem Marsch. Er hielt uns wohl für einen Bruder; irgendwie verwandt waren wir ihm ja. Wir mußten auch ab und zu wieder hoch, um Luft zu holen. Außerdem sehen sich U-Boot-Jäger und Walfänger verdammt ähnlich.

Oft sind sie sogar identisch, sozusagen in Zivil bei unserem Freund, und in Uniform bei uns – die U-Jagdboote dieses Krieges waren oft umgebaute Walfangboote.

Es ist possierlich, sich gegenseitig zu beobachten, fanden wir beide und waren uns, als wir über uns nachdachten, sehr sympathisch. Unser großer Außenbordskamerad drehte, als wir die 200-m-Tiefenlinie erreicht hatten, bei und blies in der Weite der Barents-See seine Wasserdampffontäne in die winterlich kalte Sommerluft.

Wir hatten noch anderen Besuch: Eine Möwe. Ihre Artgenossen griffen sie dauernd an. Sie floh zu uns auf den Turm. Sie war in einen Ölfleck von einem versenkten Dampfer geraten nach einer der erbitterten Geleitzugschlachten in dieser Gegend. Ihre Flügel waren stark verklebt und behinderten den Flug. Wir nahmen sie auf, fütterten sie mit Ölsardinen, der Funkgast säuberte ihr mit Liebe, Andacht, Benzin und Seifenwasser die Flügel. Sie hatte den Krieg nicht gewollt, und der war hier nicht total. Also sollte sie nicht darunter leiden, auch wenn sie sich leichtsinnigerweise zwischen die Kriegführenden begeben hatte.

Ja, so ist nun mal das Leben, „Emma"! Wenn es dir schlecht geht, hauen alle auf dir rum; wenn du so Durchschnitt bist, wirst du nicht besonders beachtet und fliegst so in der Masse mit. Wenn du aber an der Spitze stehst, dann begegnen sie dir mit Ehrfurcht. Zu dieser letzten Gattung aber laß dir gesagt sein: Das sind die Möwen mit den spitzen Schnäbeln, dem lauten Schreien, die ihre Flügelbogen gut gebrauchen können. Ab und zu ist auch eine an der Spitze, die das Meer gut übersehen kann und weiß, wo sie die dicksten Fische findet. Diese sind aber selten. Ihnen kannst du dich anschließen.

Daß unsere Möwe bei dem Tieftauchversuch über 100 Meter unter den Meeresspiegel geriet, hat nur wenig Eindruck auf sie gemacht. Wieder oben, setzte sie sich auf den Sehrohrbock und fraß Kartoffeln mit Tartar-Beefsteak. Ab und zu startete sie zu einer Platzrunde, später bezog sie das Oberdeck, und dann flog sie ganz weg. Bis zum nächsten Tauchen lagen ihre reichlich hinterlassenen Visitenkarten überall herum. Irgendwie berührte uns diese kreatürliche Selbstverständlichkeit menschlich, und jeder noch so harte Krieger verspürte eine weiche Stelle beim Gedanken an unsere Möwe. Flieg weiter, kleine Emma! Unserer gedacht hast du sicher nicht, und das ist auch nicht nötig. Du und wir sind ja nur ein Stäubchen in der weiten Welt.

Nach Mitternacht: Die Sonne schwebt tief im Norden am Himmel. Ihre bleichen Strahlen wärmen nicht. Wie ein polierter Stahlschild hängt sie da am fahlblauen Himmel. Ihr Widerschein auf der trägen, grauen unendlichen Wasserfläche schwabbelt wie ausgelaufene Milch auf uns zu. Die „Hundewache" steht frierend trotz Pelzmütze, Isländer und Lederzeug. Ach, es war in der Koje so schön gewesen! Der Traum hatte sie in die Heimat, in die Wärme geführt, in Räume ohne Pflicht und Tat. Nun stehen sie hier oben auf dem Turm auf Ausguckposten. Jeder hat seinen Sektor. Denn vor Flugzeugen müssen wir uns auch hier in acht nehmen. Unablässig gehen ihre Köpfe von links nach rechts, von rechts nach links, mit Glas, ohne Glas, gespannt.

„Backbord achtern frei." „Aye."

„Steuerbord achtern frei." „Aye."

Am Ruder im Turm sitzt der Dresdner, im Frieden war er Seemann.

„Backbord vorn frei." „Aye."

Im „Wintergarten" raucht Kaleunt Grau und sinnt: Sibirischer Seeweg, Jennissei, Geleitzug, morgen soll der Koch mal Eisbein kochen. Ach, bei der Indienststellung in Hamburg, da gab es auch Eisbein, und nachher in den „Vierjahreszeiten". — Ob der Offiziersfunkspruch schon entschlüsselt ist? Den Funker Henschel schicke ich, wenn wir zurückkommen — „Backbord achtern Frei." „Aye" — auf Unteroffizierskurs.

„Frage, darf Pütz entleert werden?" „Ja." Hoch kommt der Zentralegast und kippt einen Eimer voll Dreck und Abfall nach Lee. „Abwärts."

„Steuerbord achtern frei." „Aye."

„AK voraus! Hart Backbord! Torpedolaufbahn an Steuerbord!" Zwei Streifen rasen auf unser Boot zu. Da, der dritte. Verdammt, der vierte. Was ist denn das? Fünf, sechs, zehn, zwölf — Delphine.

„Ruder mittschiffs, beide Maschinen halbe Fahrt voraus. Auf Kurs 52 Grad gehen."

„Zehn Grad geht durch", meldet der Rudergänger. Die Schweinsfische haben uns mal wieder gefoppt und tanzen uns jetzt in anmutigen Sprüngen vor der Nase rum. Alles lacht. „Kurs 52 Grad liegen an." Zwischen den einzelnen Rundblicken sehen die Posten mal eben verstohlen dem Spielen der eleganten glatten Gesellen zu.

„K. an Zentrale: Ist der Kaffee fertig?" „Jawohl! Mit Milch und Zucker." „Dasselbe." Von unten „Frage, ein Mann Brücke"? „Ja." Der Kaffee kommt. Nur eine Muck wird jeweils auf die Brücke gereicht, damit die Aufmerksamkeit nicht vernachlässigt wird. Der Zentralegast bleibt oben, und je nach Wunsch holt er eine neue Tasse. Er ist müde, seine Wache ist gleich rum, um 02.00 Uhr.

„Herr Leutnant, kann ich das Wetter bekommen?" fragt er; „ein Mann von Brücke!" „Abwärts!" und verschwindet nach unten. „Thermometer auf die Brücke." Nach kurzer Zeit: „Wind Nord 1, Bewölkung 6, Sicht 5 Seemeilen, Temperatur 6 Grad, Kurs 52 Grad, Halbe Fahrt."

Wie ein Echo kommt die Bestätigung von unten. Nach kurzer Zeit meldet der Zentralegast nach oben: „Alles notiert. Wassertemperatur 7 Grad, Salz 34, Barometer 1020 Millibar." „Aye."

Plötzlich, wie auf dem Exerzierplatz, machen die noch immer ums Boot spielenden Schweinsfische linksum, und ab braust die ganze Mahalla nach Norden. So gespenstisch, wie sie gekommen, verschluckt das Eismeer die Tümmler. — Schade — weg sind sie.

„L. I. an K., Trimm berichtigt. Zwei Tonnen gelenzt."

„Paßt gut auf. Hier können auch Flieger patrouillieren."

„Jawohl, Herr Kaleunt!"

„Gute Wache!" Die weiße Mütze des Kommandanten verschwindet im Turmluk.

„Der Alte kommt noch ein paarmal. Der kann erst schlafen, früh, wenn wieder Leben im Boot ist", meint der I. WO.

Vorbei an den Pankrazius-Inseln. An Steuerbord im Dunst liegt Novaja Semlja, Russenhafen, Cap Stalin, Gletscher, Berge, Nebel. „Kurs 0 Grad." Der Bug verschwindet im Dampf. Zum Schneiden ist die Luft. Plötzlich wird es heller.

„WO an K.: Kommandant auf die Brücke!" „Was ist los?" „Da, die Sonne. Lauter Sonnen." Eine Luftspiegelung. Am Himmel steht die blasse Sonne umgeben von einem Regenbogen. Vier Sonnen bilden mit der richtigen in der Mitte ein Kreuz, und darunter, wie eine Schale, sind viele Sonnen aneinandergereiht, zu den Rändern schwächer werdend. Ein Wunder. Ein Menetekel? Glück oder Unglück? Der Mensch wird klein. Der Nebel steigt, das Bild verwischt. —

Es gluckst am Bug, rauscht an der Bordwand. Schäumend zischt das Wasser am Heck. Der Diesel singt ein eintöniges brummiges Polterlied. Die Sonne strahlt vom klaren Himmel und wärmt. Ja, wirklich, sie wärmt. Voraus ist der Himmel hell. Der Eisblink.

Dort ist die Welt mit Eis vernagelt. Schollen, Brucheis, kleine Eisberge, bizarre weiße Gebilde ziehen an uns vorbei, immer neue Durchfahrten tun sich auf. Dann ist es auf einmal zu Ende. „FT: Eisgrenze 80 Grad 22 Min. Nord — 73 Grad 5 Min. Ost." Wir liegen gestoppt inmitten dieser sonnigen weißen Märchenwelt. In irgendeinem dieser Eispaläste müßte Frau Holle wohnen. Alle Mann dürfen an Deck. Wie die Kinder, so bestaunen die Jungs die kalte Pracht.

„Das ist ja schöner als Weihnachten!" Es blitzt und blinkt, dauernd wechselt das Bild. Leises helles Singen und Knistern hängt in der Stille. Es ist das Schmelzen des Eises, das Rieseln des Wassers und das Zerfallen der Blöcke unter der Sonne und dem Nagen des Wassers: Vergehen, nichts bleibt, dauernder Wechsel, Panta rhei sagen die Griechen. Zwei Stunden Friede, Entspannung.

Dann Kurs 180 Grad, raus dem Eis. Das Boot windet sich durch die riesigen Felder. „310 Grad Land!"

„Da kann doch gar keins sein." Und doch reckt sich ein riesiger Zuckerhut aus der Weite empor. „Unentdecktes Land? Obersteuermann, was ist das?"

„Auf der Karte ist kein Land eingezeichnet."

„Gut. Peilung! Achtung 0! Kompaßpeilung 85 Grad, Entfernung 20 Seemeilen. Tragen Sie dort ein: U 601 Insel entdeckt im 2. Weltkrieg."

„Obersteuermann an K: Die Insel geht nicht mehr auf die Karte."

„Dann tragen Sie sie auf der Anschlußkarte ein."

„Auf der Anschlußkarte ist schon eine Insel, die Wiese-Insel!"

„Schade! Schon 28 Jahre alt und noch nichts für die Unsterblichkeit getan." Alle freuen sich, doch mit einem wehmütigen Zug um die Lippen. Es wär so schön gewesen, eine Insel entdeckt zu haben. Wie oft ist jeder in Gedanken mit Nansen zum Nordpol gefahren, mit Stanley durch Afrika und hat unbekannte Welten entdeckt. Und wo er selber . . ., da war die Insel auf der Anschlußkarte.

Wir kommen raus aus dem Eis. An Backbord weicht es zurück.

„Herr Kaleunt, da ist was! 300 Grad. Was Gelbes." Tatsächlich, auf einer großen Eisscholle steht was Gelbes. Ein Eisbär. Beim Frühstück. Eine blutige Robbe liegt vor ihm.

„Dich werden wir gleich haben! Beide E-Maschinen! Karabiner auf die Brücke!"

Auf den leisen Sohlen unserer E-Maschinen schleichen wir uns an. „Der Eisbär windet", würde ein passionierter Großwildjäger sagen, wie er den Kopf hebt und in der Richtung auf den sich ihm nähernden U-Boot-Eisberg schnuppert. Da zerreißt ein Schuß die Stille. Der Bär liegt im Feuer. Die Eisscholle kantet sich hoch und kippt. Er rutscht mitsamt der Robbe ins Wasser. Das U-Boot muß vor dem Eis abdrehen.

„Weg! Ist das ein Pech! Ich wollte immer schon mal Eisbärschinken und Bärentatze essen." Vergebliche Suche. „Der kann doch nicht weg sein!"

„Dahinten über dem freien Wasser fliegen die Möwen so komisch", sagt plötzlich der Leitende Ingenieur, der auch auf die Brücke kam.

Vorsichtig manövriert das Boot, um seine Tiefenruder nicht zu beschädigen, durchs Eis dorthin. Und tatsächlich, wo die Möwen kreisen, guckt eine gelbliche Puderquaste aus dem Wasser. Da schwimmt unser Eisbär, Köpfchen unter Wasser, Schwänzchen in die Höh. Das Eis war über ihn weggetrieben. Die seemännische Nr. 1 nimmt einen Tampen um die Hinterbeine. Durch Fluten der achteren Tauchzelle wird das Oberdeck unter Wasser gesetzt. Dann wird das Tier so weit wie möglich hochgeschwommen und geschleift und die Tauchzelle wieder angeblasen. Das Oberdeck kommt aus dem Wasser. Da liegt er, ein kapitaler Bursche. Kopfschuß. Wir bleiben noch an der Eiskante, bis er aus dem Fell geschlagen ist. Die Schinken und noch ein schönes Stück aus dem Rücken sind herausgeschnitten. Der Rest fliegt über Bord, den Möwen zum Fraß. Wie das Fell gespült und gewaschen an Deck liegt und in der Sonne trocknet, meint der Koch ganz versonnen: „So, und jetzt müßte auf dem Fell ein braungebranntes nacktes Mädchen liegen!" Er hatte grad das Fleisch auf Trichinen untersucht und die ersten Bärsteaks in die Pfanne gehauen. —

Südwärts geht es. Zwischen der Einsamkeitsinsel und Novaja Semlja begegnet uns eine Herde von Walrossen auf dem Marsch nach Westen. Unser Ziel ist Cap Tscheljuskin, das nördlichste Cap des asiatischen Festlandes. Unser Operationsgebiet, der sibirische Seeweg, hat viel Nebel, keine Wärme, manchmal Sturm, keine Gegner. Vielleicht weiß man, daß wir hier sind. Zwei Monate kann man hier zur See fahren, dann deckt das Eis das Meer. Die Technik muß der Natur weichen. „U-Boot in being" würde der Engländer sagen. Nur durch unser Hiersein wirken wir. Auch eine Aufgabe!

Da, was will der Funker? „Herr Kaleunt, FT an U 601. Auf Halifax-Island-Murmansk Geleitzug mit Höchstfahrt operieren! Geleitzug steht südlich Island. 72 Dampfer, 72 Geleitfahrzeuge, darunter 3 Flugzeugträger. Unterschrift BdU."

Vielleicht hätten wir den Frieden der Natur nicht stören sollen. Also: „Hart Backbord. Auf Kurs 270 Grad gehen. Beide Maschinen Große Fahrt Voraus." Im Dunst verschwindet die Karasee, unser „Zuhause". Hinein geht es in die Geleitzugschlacht. Ja, eine Geleitzugschlacht des Eismeeres mit Dampfern, Flugzeugen, eigenen und feindlichen, Überwasserstreitkräften beider Seiten und U-Booten, Eismeer-U-Booten. Mit Nebel, Kälte, Bomben, mit Sieg und Niederlage, mit Versenken und Versenktwerden."

Gehetzte Wölfe

Winter 1943/1944

„Wann können Sie auslaufen?" Der Flottillenchef der Zehnten blickt vom Schreibtisch auf. „Ihr Boot liegt technisch klar an der Pier."

Oberleutnant z. See Tillessen, der sich eben bei ihm als neuer Kommandant U 516 meldet, stutzt einen Augenblick; die Frage bedeutet unmißverständlich, daß der Einsatz seines Bootes besonders eilig ist. „In drei Tagen, Herr Kapitän!"

„Nein, Sie laufen in zwei Tagen aus!" erwidert der Vorgesetzte knapp. „Ihre Besatzung steht heute Nachmittag 14.00 Uhr angetreten im Hof. Sie melden sich morgen zur selben Zeit noch einmal bei mir, damit ich Ihnen allgemein die Lage erklären kann. Ich danke Ihnen."

Verdammt schroff, empfindet der frischbestallte Kommandant, der an die Front will und soll, dieses Tempo aber für überstürzt hält. Wo ich das Boot doch überhaupt noch nicht kenne! denkt er; und ausgerüstet ist es auch noch nicht.

Etwas benommen von dem Ton und der Tatsache, daß er, der eben erst aus Deutschland kommt, so schnell ausrüsten und in See gehen soll, setzt Tillessen vor der Tür die Mütze auf. „Mit uns können sie's ja machen!" ist seine Regung. Mit einer Grimasse zögert er; fängt sich, da er sich gleichsam selbst im Spiegel sieht und schreitet nun doppelt eilig aus, um als nächstes seinen künftigen Leitenden Ingenieur aufzusuchen. Zwei Tage! Mein Gott, die Aufgabe ist nicht leicht. Seine Kommandierung als Kommandant dieses IX-C-Bootes hat ihn mit Fernschreiben in Gotenhafen erreicht, als er die Schulung in der Führung solch eines Bootes gerade abgeschlossen hatte. IX-C, das sind die großen „Seekühe", ausgesprochene Fernunternehmungsboote. Man munkelte Indischer Ozean, sogar Japan. Nun, laß sehen!

Als Leutnant hat Tillessen zunächst Dickschiff gefahren. Als Fla-Waffen-Einsatzleiter auf der „Prinz Eugen" erlebte er den Kanal-Durchbruch der deutschen Einheiten mit, und das bedeutet etwas. Dann aber schienen bei fortschreitender Kriegslage die Großen für einen einsatzfreudigen jungen Offizier keine rechte Aufgabe mehr zu bieten; denn die, nur durch die Drohung ihrer Anwesenheit britische Kräfte zu binden, war einem solchen nicht genug. Hannes Tillessen meldete sich zur U-Waffe, in der schon manche seiner Crew 1934 sich längst bewährt und ausgezeichnet hatten. Unter Würdemann machte er eine Feindfahrt als I. WO in den Südatlantik, absolvierte im Anschluß daran den Kommandantenlehrgang, der mit den Übungen der Taktischen Flottille unter seinem Crew-Kameraden Topp in der Ostsee abschloß, und nun ist er frischgebackener Kommandant eines Frontbootes und soeben im Einsatzhafen an der Biskaya, Lorient, eingetroffen. Schon soll es hinausgehen mit diesem ihm noch fremden Boot und einer Besatzung, von der er niemanden kennt. Nun ja, so geht es, denkt Tillessen resignierend; man ist in die Maschinenmühle dieses Krieges hineingeraten. Es gibt kein Zurück, nicht einmal ein Zögern.

U 516 liegt an der Pier; die Werft hat das Boot als frontklar übergeben. Nach den Angaben der verschiedenen Abteilungen wurde es in den letzten Wochen wie nach jeder Feindfahrt gründlich überholt. Man hat sogar Neuerungen eingebaut. Ein Funkmeßgerät und ein neues Funkmeßbeobachtungsgerät — vielleicht die wichtigsten Instrumente heutzutage — und die Fla-Waffen sind verbessert worden. Das Marine-Ausrüstungsamt tut, was es kann, denkt der Offizier; damit ist das U-Bootfahren doch noch lange nicht zur Lebenversicherung geworden, wie es mit der feindlichen Abwehr heute nun mal steht. Für den Einbau der neuesten Dinger, eines „Schnorchels", reichte, hieß es, nicht die Zeit. Zunächst sollen die kleineren Kampfboote damit versehen werden. Irgendwie muß es ohne solches ohnehin problematische Gerät gehen. Jetzt heißt es also, mit Beschleunigung zur Feindfahrt ausrüsten: Torpedo-Übernahme, Munition — dabei soll die Fla-Munition jedes Geschoß einzeln erst gegurtet werden! — und Proviant. Na schön.

Wie Tillessen an die Pier kommt, herrscht dort auf dem Boot „Zustand". Zwei Drittel der Besatzung sind noch unbefahren; ebenso der L.I. Er allerdings besitzt als ehemaliger „Zwölfender" und zuletzt Obermaschinist wenigstens Fronterfahrung. Auch der II. WO und der Obersteuermann sind neu. Lediglich der vom bisherigen II. WO zum I. WO beförderte Offizier und ein Drittel der Besatzung sind vom alten Stamm des Bootes. Ein übles Gefühl für die Alten der Besatzung. Die Männer überhäufen sich gegenseitig mit Fragen:

Wer ist unser „Alter"? Wo hat er gefahren? Was ist er für ein Kerl? Kann er was? Und der L.I.? Daß wenigstens der ein alter U-Boothase ist, hat sich schnell herumgesprochen. Leutnant (Ing.) Philipp Lichtenberg komme, heißt es, aus dem Mannschaftsstand. Da muß er was können! Und wie kommt man mit ihm aus? Diese „Volksoffiziere" sind, finden die Männer, meist verdammt kommissig. Wir werden sehen. Aber mit zwei Drittel Neuen an Bord, größtenteils noch überhaupt unbefahrenem Gemüse, wie soll man da durch die Biskaya kommen? Ein lausig ungemütliches Gefühl für die Alten. Die Biskaya fordert unbedingt schon Eingefahrensein der Besatzung, ein Spiel Hand in Hand ohne jedes Überlegen; sonst ist man am Arsch, so urteilen sie. Die feindlichen Bienen stechen verdammt schnell und hart zu. Seit dem Frühjahr hat gerade hier das große U-Boot-sterben eingesetzt. Die Feindluft macht den Booten aufs übelste zu schaffen. Wenn die Besatzungen auch keine Zahlen kennen, sie merken doch, was gespielt wird, daß nämlich der Alten immer weniger werden und immer neue Boote und Gesichter auftauchen.
Im Augenblick, da der neue Kommandant an der Pier erscheint, haben seine Männer allerdings die Hände voll zu tun und keinerlei Zeit zu Überlegungen, die doch nur unfruchtbar sind. Das Boot soll zum befohlenen Termin ausgerüstet sein. Der Tag hat vierundzwanzig Stunden, und wenn die nicht ausreichen, lautet ein Marine-Schnack, dann nimmt der Seemann noch die Nacht zu Hilfe. — Wenn sich bloß die Neuen nicht so dusselig anstellen wollten! Sie sind mehr im Wege, als daß ihre Hilfe wirklich etwas nutzt. Bisher ist noch keine Kameradschaft zwischen alt und neu aufgekommen. Noch halten sich die Erfahrenen auch während der geringen Freizeit für sich. Einige an die Weiblichkeit — man kann nicht wissen, ob zum letzten Mal, mindestens zum letzten für lange Zeit! — andere an den Alkohol, den es in See nicht mehr gibt. Einige wandern zu einer französischen Hexe und lassen sich die Zukunft voraussagen; glauben sie daran? Sie wissen es selbst nicht recht. Einige gehen früh „filzen" und träumen noch einmal den Traum vom Urlaub, vom Zuhause. Einige aber sehen den Dingen, die nun für viele Monate wieder einmal kommen sollen, nüchtern und gefaßt entgegen: ihr Tun und Lassen unterscheidet sich selbst in diesen letzten Tagen kaum von dem sonst.
Der neue Kommandant sitzt abends mit Kameraden der zuletzt heimgekehrten Boote zusammen. Da sind so viele Fragen; er selbst befand sich ja so lange Zeit nicht mehr draußen. Wie stark war zum Beispiel zuletzt, als jene draußen waren, die Feindluft? Wie war das günstigste Verhalten bei Ortung, wie bei Versorgung? Welche Kurse steuert man dabei am besten? Und was für Neuigkeiten gibt es überhaupt sonst?
Seine Männer konnte er unmöglich schon nach diesen zwei Tagen kennen. Dazu, das wußte er, gehören Wochen, Monate; vor allem: Monate an der Front. Im Stützpunkt sieht alles anders aus als draußen. Im Hafen zeigt keiner seinen Kern. Infolgedessen fehlt auch noch das unbedingte Vertrauen des einen in den andern, das bedingungslose Ja. Noch begegnet man sich wie unter einer Maske.
Seit die Werft das Boot freigegeben hat, ist jeder Abschnitt — neben der allgemein in Anspruch nehmenden Ausrüstung — nur noch darauf bedacht, sein Gebiet auf dem Boot in frontklaren Zustand zu bringen. Keine leichte Sache. Unter den Werftarbeitern befinden sich viele Ausländer, und seit 1940 hat sich deren Einstellung unter dem Druck britischer Propaganda und der des „Widerstandes" gründlich gewandelt. Sabotage droht überall in hohem Maße. So wird deshalb zum Beispiel vor dem Auslaufen grundsätzlich ein Taucher unter das Boot geschickt, um den Bootskörper nach eventuell angebrachten Haftminen abzusuchen. Auf U 516 fand man — allerdings nicht diesmal —, als man

systematisch einfach alles noch einmal kontrollierte, in der Trinkwasserzelle einen toten Hund. Typhusgefahr! Er wurde rechtzeitig beseitigt.

In solcher Lage ist es klar, daß die Verantwortung an Bord zunächst ausschließlich auf den Schultern des altbefahrenen Teiles der Besatzung liegt. Daß so viele neu sind an Bord, ist nun einmal nicht zu ändern. Nach Feindfahrten von fünf bis sieben Monaten Dauer, wie für diese Boote üblich, muß jedesmal ein großer Teil der Männer aussteigen, um befördert zu werden, um auf Weiterbildungslehrgänge zu gehen. Die Unerfahrenheit des Nachwuchses, der an ihre Stelle tritt, ist unabänderlich, weil sie erst in der Praxis überwunden werden kann. Teilweise kommen diese „Männer" — Kerlchen von 17, 18 Jahren und vornehmlich vom Land — nach relativ kurzer Ausbildungszeit an Bord, die Seeleute manches Mal sogar nach lediglich militärischer Grundausbildung; das technische Personal, die Heizer, nach zusätzlichem Lehrgang auf ihrem jeweiligen Fachgebiet. Aber kaum einer von allen war jemals vorher richtig zur See gefahren. Und doch ist es erstaunlich, wie bald sich dieser Nachwuchs entwickelt. Die Flak-Bedienung hat nur eine schulmäßige Ausbildung an ihren Waffen durchgemacht und ein einziges Nachtschießen durchgeführt. Da nun die Boote seit Mitte 1943 nur noch nachts über Wasser stehen, müssen die Kommandanten und ihre II. WO selbst dafür sorgen, daß diese Flak-Bedienung noch vor dem Auslaufen gerade bei Nacht ihre Waffen bedienen und Störungen auch im Dunkeln beseitigen lernt.

In den weitaus meisten Fällen kam der U-Bootfahrer-Nachwuchs erfüllt von Idealen an Bord, die sich in der Praxis als recht fragwürdig erwiesen. Ein Bild, wie der U-Boot-Krieg wirklich war, hatten Film, Funk, Presse und Schulung nicht gezeigt. Vielleicht war es auch besser, daß diese Jungens nicht wußten, was ihnen alles bevorstand; allein die Seekrankheit, noch dazu in Verbindung mit der U-Boot-, der sogenannten Blechkrankheit. Die grauenvolle Enge des zumal anfangs bis ins letzte vollgestopften Raumes, die Luftverhältnisse im Boot, die sich der, der sie nicht kennt, gar nicht vorstellen kann, die der Hygiene, die Art der Ernährung, der ständig nur vier Stunden während Schlaf — es dauert Wochen, bis Körper und Seele sich auf solches aller menschlichen Natur Hohn sprechende Dasein umgestellt haben. Daß sie es überhaupt derart vermochten, war ein Beweis dafür, was der Geist, was der Wille vermag.

Befehlsgemäß lief U 516 nach zwei Tagen aus. Die Eile des Flottillenchefs hatte ihren Grund: sechs U-Tanker sollten mit etwa zwölf Kampfbooten gemeinsam eine Operation in den Indischen Ozean durchführen. Die Abstände, in denen die einzelnen ausliefen, durften nicht zu groß werden. U 516 startete als das vorletzte Boot der Gruppe. Erst später wurde dem Kommandanten bekannt, daß schon beim Versuch, die Biskaya zu durchbrechen, allein von den U-Tankern — längere Tauchzeiten machten diese besonders anfällig gegenüber der Feindluft — fünf vernichtet wurden. Auch der sechste, Willamowitz, ging später in Verlust. Die geplante Unternehmung war aber nur mit Hilfe von U-Tankern durchzuführen. So wurden nun den Kampfbooten getrennte Operationsgebiete zugeteilt. Von ihnen, diesen zwölfen, kehrten später ganze zwei in ihren Stützpunkt zurück. Zwei Boote von achtzehn, so stand zu jener Zeit das Verhältnis.

Daß schon damals, Mitte 1943, nicht mehr nur in der Biskaya und in Küstennähe, sondern in allen Seegebieten mit starker Feindluft zu rechnen war, ging wenigstens für die Offiziere eines Bootes, welche auch die mit „Offiziersschlüssel" doppelt verschlüsselten Funksprüche mitlasen, aus den entsprechenden Meldungen aufgegriffener und gebombter Boote klar hervor. Besonders in den Abendstunden war mit Feindluft zu rechnen, denn dann, das wußte der Gegner genausogut, mußten die Boote heraus aus der schützenden Tiefe, um mit dem letzten Licht des Horizonts Besteck aufzunehmen, das heißt, ihren Standort zu überprüfen. Der Libellensextant, an dem der natürliche Horizont durch einen künstlichen ersetzt ist und so das Bestecknehmen auch nachts ohne erkennbare Kimm erlaubt, wurde den Booten erst ab 1944 mitgegeben.

U 516 läuft also aus. Blumengeschmückt liegt es an der Pier. Schlepper stehen klar zum Abschleppen. Eine Musikkapelle spielt. Es ist wie eh und je, wenn ein Boot seeklar macht, auch jetzt noch, 1943.

Auf der Pier steht die Besatzung neben dem Boot beim allgemeinen Abschiednehmen; jeder zeigt ein möglichst selbstverständliches Gesicht. Der Flottillenchef ist mit seinem ganzen Stab gekommen. Auch die anderen im Stützpunkt anwesenden Bootsbesatzungen. Die Uhr rückt vor. Es heißt einsteigen, antreten an Oberdeck. Der Flo-Chef steigt über und geht die Front der in ihrem U-Bootpäckchen Angetretenen ab. Händedruck mit dem Kommandanten, und, sowie der Chef von Bord, „Wache auf Station! Leinen los vorn und achtern!"

„Denn wir fahren . . .", spielt die Kapelle, und während die Schlepper das Boot in freies Wasser bugsieren, donnern rauh die drei Hurras an das scheidende Boot von der Pier herüber. Erwiderung dort. Dann erst folgt, wie immer schon, Mützenschwenken, während die Offiziere die Hand an die Mütze legen. Das Boot wird gedreht. Jetzt liegt es auf Kurs. Mit stotterndem Lärmen gehen die Diesel an. Achtern quellen gelbe Abgaswolken hervor. „Schlepper los!", und nun läuft es mit eigener Kraft auf die schmale Ausfahrt zwischen Kernevel und Port Louis zu und passiert die hohen Mauern der alten Barockfeste.

Das M-Boot, das etwaige Grundminen räumen soll — diese wirft der Feind jetzt fast allnächtlich mit Flugzeugen in dem flachen Küstenstreifen — geht in Führung. Düster ragt die Steinpyramide des Kirchturmes Larmor Plage vor dem Abendhimmel. Auch sie wird passiert; an einigen Riffen hart neben dem Fahrwasser brandet die Dünung. Der Kurs wechselt nach Steuerbord, und es geht an Fort Blocquee und der Isle Le Groix vorüber — das Festland ist nur noch schemenhaft auszumachen — und nun endlich nimmt auch die Wassertiefe zu. Das Geleit wird entlassen. Kaum ist die 200-m-Linie überschritten, macht das Boot seine Tieftaucherprobung und wird ein letztes Mal auf Herz und Nieren geprüft. Im Bootsinnern ist jeder Mann von der Freiwache dabei, die eigenen Siebensachen in sein kleines Spind zu verstauen und sich „häuslich" einzurichten. Die Neuen sehen es den Alten ab, wie man dabei verfährt.

Über dem leise wiegenden Turm sucht die Brückenwache — zunächst aus den erfahrensten der Seeleute gebildet —, die Kimm ab. Sie wissen jeder: Feindliche U-Boot-Suchgruppen treiben sich hier herum; auch Feind-U-Boote können auf der Lauer liegen. Die Hauptverantwortung aber trägt das Funkpersonal. Mit peinlichster Genauigkeit tastet es den Himmel nach ortenden Feindmaschinen ab. Der Naxos-Finger auf der Brücke wird ständig um die 360 Grade gedreht, und der I. Funkmaat ist mit auf der Brücke, seinen Kopfhörer um, damit er bei Ortung sofort die Richtung bestimmen kann. Seit Mitte des Jahres wird der Metox nicht mehr benutzt. Das sogenannte Naxosgerät ist an seine Stelle getreten, ein Detektor mit Röhrenverstärker, dessen Antennendipol man Naxosfinger nennt. Er stellt feindliche Ortung auch im Zentimeterbereich fest. Aber da die neue Radarantenne des Gegners sich ständig dreht, werden deren Sendeimpulse nur Bruchteile einer Sekunde gehört. Bis dann aus dem Funkraum die entsprechende Meldung nach oben zur Brücke gegeben ist, um die Richtung, aus der die Ortung kam, festzustellen, ist der Naxosfinger längst weitergedreht und häufig nichts mehr festzustellen. Der Dipol muß nämlich genau in Richtung des vom Radargerät ausgestrahlten, eng gebündelten Sendestrahls stehen, um die Ortung wahrzunehmen. So hat denn auf U 516 Funkmaat Schweizer eine Kopfhörerleitung vom Empfänger unten im Boot, mit der Antennenzuleitung verbunden, auf die Brücke gelegt. Von ihm selbst und einem ausgebildeten Funkgefreiten abwechselnd wird nun das Gerät auf der Brücke bedient, und man kann bei drehendem Dipol eine Ortung sofort mit der genauen Richtung ausmachen, halten und auf ihre zunehmende oder gleichbleibende Lautstärke und sich verändernde Richtung beobachten. Aus langsameren Richtungs- und Stärke-Änderungen ist auf Schiffe als Träger des Radar, aus schnelleren auf Flugzeuge zu schießen. Bei schnellem Lautwerden wird getaucht.

Das eigene Funkmeßgerät mit Braunscher Röhre, das dem Boot mitgegeben worden war, fiel sehr bald durch die Luftfeuchtigkeit aus, der Transformator brannte durch, und die Antenne (Matratze) soff durch Wasserdruck ab; sie bekam Feuchtigkeitsschluß.

Langsam nimmt die Dünung zu. Das Boot läuft höchste Fahrstufe, die Diesel übertönen jedes Geräusch, das einen Feindflieger sonst anzeigen würde. Man ist also einzig auf das Echo angewiesen, das dessen Ortungsstrahlen im FuMB hervorrufen. An den Flanken des dahinschäumenden, wohlig sich wiegenden Bootes wäscht die See und spült gelegentlich bereits über Deck; rauschend verläuft sie sich dann zwischen dessen Holzschlitzen. Zu beiden Seiten buckelt sich die Bugsee auf; das Boot fährt ständig wie in einer Mulde.

Es ist völlig dunkel geworden.

„Ortung! Etwa 20 Grad an Backbord", meldet Funkmaat Schweizer; und gleich darauf: „Lautstärke 2 bis 3."

Sofort läßt der Kommandant, der selbst oben ist, das Boot mit dem Heck zum Feind drehen. Nicht nur, weil es achteraus mit den Fla-Waffen ungehindert schießen kann, sondern weil man so dem ortenden Gegner die schmalste Silhouette zeigt. Lautstärke 2 bis 3, das geht noch an: der eigene Empfänger reagiert über die doppelte Entfernung, weil der auf dem Flugzeug erst den reflektierten Strahl wieder aufnehmen kann.

Doch schon im nächsten Augenblick wird eine zweite Ortung, an Steuerbord, gemeldet, und schließlich sind es zu gleicher Zeit ganze vier, die der Maat in verschiedenen Lautstärken hört.

Kaum zu beschreiben, wie solches Funkmeßbeobachtungsgerät einen nervös machen kann. Grundsätzlich wird vor der lautesten Ortung abgelaufen. Zunächst bleibt das Boot über Wasser. Vier Stunden Überwasserfahrt brauchen nun einmal die Batterien, um für die Unterwasserfahrt voll aufzuladen. Mal werden jetzt nördliche, mal südliche Kurse gesteuert, und Funkmaat Schweizer meldet laufend die verschiedenen Lautstärken, die er wahrnimmt. Gefürchtet sind die sogenannten „Sparer", Flugzeuge, die bei einem aufgefaßten Ziel die Frequenz ihres Senders automatisch drosseln, so daß der Empfänger auf dem Boot den Gegner in immer gleichbleibender Stärke hört, bis dieser plötzlich schon im Anflug ist und seine Bombenschächte öffnet. Selbst schlechtliegende Bomben und MG-Beschuß genügen, um ein Boot so zu beschädigen, daß es zur Heimkehr gezwungen ist. Fast ohne eigenes Risiko bemüht der Gegner sich mit erheblichem Erfolg, die Biskaya abzuriegeln. Viele Boote kehren schon nach zwei und drei Tagen schwer beschädigt in ihren Stützpunkt zurück, gar zu viele gehen hier schon beim Ausmarsch verloren. Es hat Boote gegeben, die bis zu sechsmal den Versuch hinauszukommen erneut — nach jeweiliger Werftliegezeit — antreten mußten.

Nur unter Wasser war man wenigstens vor Feindluft sicher. — Aber im gleichen Seegebiet lauerten auch, von den Flugzeugen über die Tauchstellen verständigt, britische U-Jagd-gruppen dem getauchten auf und kämmten systematisch das Quadrat ab, in dem eines festgestellt worden war. Bei seiner geringen Unterwassergeschwindigkeit konnte das Boot sich nicht weit von der Tauchstelle entfernt haben, und so wurde dann vom Gegner versucht, das getaucht dahinschleichende „auszuhungern", bis die verausgabte Batterie und die gering gewordene Atemluft dieses aufzutauchen zwangen. Wurden nach dem Tauchen solche Überwasser-Suchfahrzeuge im Horchgerät nicht festgestellt, so pflegte man nach ein bis zwei Stunden wieder aufzutauchen. Aber es gab hartnäckige Gegner genug auch in der Luft, die selbst dann noch über dem gleichen Gebiet kreisten. Dann hieß es gleich beim Auftauchen wieder „Ortung!", und wieder eine „Ente bauen": es wurde erneut getaucht. Bis dann einmal der Augenblick kam, daß man einfach nicht mehr konnte, denn die Batterie war erschöpft, und als ultima ratio ließ man verzweifelt die Fla-Waffen sprechen mit sehr geringer Wahrscheinlichkeit, sich zu behaupten.

Allzu viele deutsche Boote gerieten durch solches „Aushungern" in Verlust. Mochte man noch im Frühjahr 1942 von Brest, von Lorient und St. Nazaire aus nach etwa zwei Tagen in der Außenbiskaya oder gar schon im Atlantik stehen — 1941 fuhren die Boote gelegentlich sogar noch bei Tage aufgetaucht selbst hier —, so dauerte das Überwinden der gleichen Strecke 1943 rund zehn bis vierzehn Tage und Nächte: des tags grundsätzlich getaucht, viel zu langsam also; des nachts aber, aufgetaucht, wurde man durch Ortungen immer wieder zu den unwahrscheinlichsten Kursen, zu Umwegen veranlaßt, die einen auf dem eigentlichen Weg nur allmählich vorrücken ließen. Der ständige Personalwechsel an Bord zwang überdies die Kommandanten zu besonderer Vorsicht in dieser ersten und gefährlichsten Zone.

Endlich ist es geschafft: U 516 steht auf der Höhe der spanischen Westküste. Der hohe Seegang, den es zunächst antraf, flaut ab, und die Feindluft ist hier merklich geringer. Nach den unruhigen Biskayatagen ist an Bord Ruhe eingetreten. Selbst die Neulinge stecken gelegentlich die Nase in den Turm, um frische Luft zu schnappen und wenigstens den runden Ausschnitt Himmel zu sehen, der mit seinen Sternen so sonderbar hin und her zu pendeln scheint. Einige sind allerdings immer noch sterbenskrank. Teilnahmslos liegen sie auf ihren Kojen, Blechdosen neben sich, denn von Zeit zu Zeit müssen sie „opfern". Ihnen ist alles gleichgültig. Sie nehmen keine Nahrung zu sich, die armen Kerle. Nach all der Propaganda von frisch-fröhlichem Ran-an-den-Feind haben sie sich das U-Bootfahren reichlich anders vorgestellt. Man kann aus ihnen kein Wort herausbringen; sie haben keinen Lebenswillen mehr; sie würden am liebsten aussteigen, einfach in den Bach, und sterben. Aber sie sind in diese Blechröhre wie in ein Gefängnis eingesargt und nie allein. Sie können gar nicht auf und davon. Fährt das Boot getaucht, so liegt es wenigstens ruhig, und einige von diesen Jungs tauen etwas auf, aber längst nicht alle. Es frißt und klemmt, nicht nur in Mägen und Gliedern, auch in ihren Herzen quält eine große Not.

Jetzt, jetzt glauben sie zu merken, was es heißt, U-Bootfahren. Sie waren doch so stolz. Jetzt verzweifeln sie; sie meinen, sie wären hier gefesselt und müßten krepieren, und niemand hat Mitleid mit ihnen. Ihre Gedanken wandern zurück in die Heimat. An Bord fehlt ihnen noch der gute Freund. Sie fühlen sich verlassen von Gott und Welt, sie halten sich für schmählich betrogen. Sie hassen die Gesichter derer, die so rücksichtslos das Boot, als gäbe es nichts anderes, gen Westen steuern, anstatt einfach umzukehren, einfach nicht mehr mitzumachen; die Gesichter, auf denen langsam Bärte sprießen, diese Fratzen, um es genauer zu sagen, die nur derbe Witze für sie Milchbärte haben, die noch nicht seefest sind. Sie glauben sich wirklich kurz vor dem Sterben: O Gott! Wären sie bloß nie zur See gegangen! Noch träumen sie von dem Mädchen daheim — wie war es stolz, als es erfuhr, daß „er" als U-Bootmann an die Front gehen sollte. Aber mit den unrasierten Grimassen ihrer Vorgesetzten und älteren Kameraden drängt sich die Wirklichkeit immer wieder hart vor solches Träumen. Auch noch den „Roten Jim" nennt man den Oberbootsmann an Bord; er trägt wahrhaftig rote Bartstoppeln im Gesicht, und als die „Seemännische Nummer I" ist er die meistgefürchtete Person bei diesen Neulingen. An Land hatte zunächst alles so anders ausgesehen. Da ist der Kommandant — an Land hatte er so menschlich zu ihnen gesprochen, hatte geradezu gutmütig gewirkt; er hatte nach dem Heimatdorf gefragt, nach Eltern und Geschwistern, sogar gefragt, ob man schon mal ein Mädchen geküßt habe, als sollte das eine Prüfung sein — nun aber, wo man ihn brauchte? Kein Wort mehr von ihm; man sieht ihn kaum. Aber wie dankbar wäre man gerade jetzt für ein anerkennendes, ein mitleidiges, ein aufmunterndes Wort! — Wie lange sind wir überhaupt schon in See? Der Junge spürt und hört bis in seinen Bugraum hinein die Diesel rumoren, und wenn man unter Wasser fährt, ist es plötzlich so still, unheimlich still; nur hin und wieder tickt und klirrt irgendein leise widerhallender Laut durch den ganzen stählernen Sarg der Tauchröhre bis zu ihm vorn. Es ist, als wäre man im engen Stollen eines Bergwerks verschüttet, und keiner kommt, um zu helfen.

Die Bootsführung hat die seekranken Neulinge vom Dienst bis auf weiteres abgeschrieben.

„Anblasen!"

„Boot ist raus!" Das Turmluk wird geöffnet. Frische Kühle strömt durchs Boot. See und Luft sind frei; die Brückenwache zieht auf. Aus den Tauchzellen wird das Wasser ausgeblasen; die Diesel tuckern an. Das Lärmen beginnt wieder und die Bewegung.

Der Obersteuermann entert auf zur Brücke, um Besteck zu nehmen. Noch ist die Kimm auszumachen; am Himmel keine Wolke; ruhig atmet die See. Es muß ein herrlicher Tag gewesen sein, denkt er. Vor dreißig Minuten ging die Sonne unter; noch spiegelt ein zauberhafter Abendhimmel ihren letzten Schein, und die See glänzt ihn zurück. Die ersten Sterne sind da. Die Nachtfahrt beginnt, der Weitermarsch ins Operationsgebiet. U 516 soll jetzt den Fayal-Kanal zwischen den Azoren-Inseln Pico und Fayal ansteuern. Auf Fayal ist Horta, ein wichtiger Hafen, in dem angeblich fünfzig Dampfer vor Anker liegen. Vor wenigen Monaten sind die portugiesischen Azoren von Amerikanern einfach besetzt worden, aber der Funkspruch wies an, daß die Neutralität der Hoheitsgewässer dennoch gewahrt bleiben soll. Dampfer dürfen also nur außerhalb der Dreimeilenzone angegriffen werden. Das alles hat der Kommandant der Besatzung über Bordsprech bekanntgegeben.

Es ist nun völlig dunkel geworden. Zwei Dampfer werden ausgemacht, mit brennenden Positionslampen und überhaupt reichem Christbaumschmuck, wie man zu sagen pflegt. Sie liegen auf Gegenkurs, wie sich herausstellt. Da vor wenigen Tagen der Befehl durchgekommen ist, bei neutralen Schiffen allgemeine Kontrollen durchzuführen, läuft das Boot mit hoher Fahrt auf sie zu. Fla-Waffen und die 10,5 an Oberdeck werden besetzt; mit Überraschung muß gerechnet werden. Endlich wird beigedreht und mit der

Warta-Lampe englisch hinübergegeben: „Stoppen Sie sofort! Nicht funken! Kapitän mit Ladepapieren an Bord kommen!"

Obgleich man diesen Morsespruch laufend wiederholt, zeigen beide Dampfer „Nicht verstanden" und fahren, wie nicht anders zu erwarten, einfach weiter.

Befehl an die 2-cm-Doppellafette: „Ziel Vorderkante Brücke auf Dampfer am weitesten rechts — Feuererlaubnis!"

Hackhackhackhack ... spritzen die Geschosse in kurzen Feuerstößen, Leuchtspur in regelmäßigen Abständen dazwischen, an der Brücke des einen der Frachter vorbei.

Jetzt stoppen beide. Na, siehst du wohl!

„Send a boat — — send a boat!" Drüben regt sich nichts.

Inzwischen ist die Fahrt aus den beiden Schiffsleibern gekommen.

Aber nur immer „Nanni! Nanni" — Nicht verstanden! — zeigt drüben ein Signalscheinwerfer.

Also erneut Feuererlaubnis für die 2 Zentimeter.

Hackhackhackhack ... Endlich heißt es drüben, um wenige Sekunden später, „Captain comes ..."

„Feuer einstellen!"

Eine volle Stunde nach der ersten Aufforderung bringen die Burschen wahrhaftig ein Boot zu Wasser. Zwei Mann pullen; achtern hockt der Kapitän. Nach weiteren dreißig kostbaren, gefährlichen Minuten ist dieses Beiboot längsseit. Der fremde Schiffsoffizier — zwei Deutsche sind ihm an Oberdeck behilflich — steigt an Bord. Am Turm die Steigeisen hinauf, dann durchs Luk hinab, durch die Zentrale, endlich steht er im sogenannten Offiziersraum buchstäblich zitternd vor dem deutschen Kommandanten und dem II. WO. Der I. WO ist zur Zeit auf der Brücke. Solche Umgebung ist wohl auch zu ungewohnt, und sind nicht diese Deutschen Hunnen und Barbaren? Es wird englisch gesprochen; das ist so üblich im internationalen Verkehr. Müßig zu fragen, weshalb der Portugiese nicht schneller reagierte. Also läßt man das. Auf einmal tut der Mann dem Kommandanten richtig leid, und so läßt der ihn zunächst einmal drei Schnäpse trinken und genehmigt sich selbst — das muß ja wohl so sein — einen mit.

Wie man ihm solcherart keinen Greuel antut, wird denn auch die Hand des Capitano sichtlich ruhiger. Nun findet er auch, ein kleiner untersetzter Kerl mit listig klugen Augen, seine Sprache wieder.

Zwanzig Minuten, und die Schiffspapiere beider Dampfer, die der Fremde bei sich führt, sind geprüft: Es sind Portugiesen, von Tampico nach Lissabon unterwegs. Nun gut. Mögen sie fahren!

Dem Kapitän fällt offensichtlich ein Stein vom Herzen. Man drückt sich kräftig die Hand, und nun stolpert jener wieder über die im ganzen Boot bereitgelegten 10,5-Granaten an Oberdeck zurück. Daß es durchaus ernst gemeint war mit der Prüfung, hatte er nun wohl begriffen.

Kaum ist der Fremde von Bord, nimmt U 516 seine Fahrt wieder auf. Drei Stunden sind seit Beginn der Episode vergangen. Im Grunde ist es jetzt im Jahre 1943 eine heikle, undankbare Sache, Neutrale zu kontrollieren, denkt der deutsche Kommandant, weit mehr noch als immer schon. Wenn nun ein Flugzeug — —. Nun, es war eben nicht, und alles war klargegangen.

* * *

„Frage Entfernung Fayal-Kanal-Mündung?" wendet sich der Kommandant an den Obersteuermann, der unter der Brücke im Turm steht.

„Noch 15 Meilen, Herr Kaleunt."

Angespannt späht die Wache ins Dunkel. Liegen wirklich 50 Schiffe vor Horta, so ist hier zweifellos mit starker Luftsicherung und mit sonstiger Bewachung zu rechnen. Von Norden kommend stößt das Boot auf den nord-südlich zwischen den Inseln verlaufenden Kanal zu. „Beide Langsame!"

Der Rudergänger im Turm wiederholt den Befehl, der Maschinentelegraf klingt auf, und kurz darauf schwillt das Brummen der Diesel ab auf einen ruhigeren Ton.

Schattenhaft treten die Umrisse der Inseln heraus. Noch immer ist von Gegner-Luft und von Land-Ortung nichts zu bemerken; auch kein Licht ist auszumachen, nichts. Das Wetter ist ruhig, ein wenig diesig.

„Abgeblendetes Fahrzeug voraus!" meldet der backbord-vordere Ausguck.

„Wo —? Klar zum Überwasserangriff!" Tillessen richtet das Glas in die angegebene Richtung. Drunten im Boot werden die Bugrohre geflutet. Das Boot dreht hart ab, dann wieder heran. Man erkennt jetzt, daß man einen Bewacher vor sich hat. Bei geringer Fahrt hält er seinen bisherigen Kurs durch, hat also nichts von dem Deutschen bemerkt. Angreifen? Nein; zunächst soll die Gesamtlage vor Horta erkundet werden, und wird man durch einen Angriff bekannt, so ist es damit vorbei. Der Bewacher als Ziel lohnt auch nicht, alles Übrige aufs Spiel zu setzen. Langsam verliert er sich in einer Dunstschicht, die über den Inseln liegt.

Noch zwei Stunden hindurch steht U 516 auf und ab, es kommt nichts weiter in Sicht. Dann wird getaucht, denn der neue Tag bricht an.

Den Tag hindurch fährt das Boot auf Sehrohrtiefe. Nichts zeigt sich, kein Flugzeug, kein Bewacher, kein Dampfer; nicht einmal Schraubengeräusche werden wahrgenommen. Nichts.

Mit einsetzender Dunkelheit taucht U 516 wieder auf. Mit wechselnden Kursen pendelt es auf und ab, selbst der Bewacher von gestern nacht zeigt sich heute nicht.

Entschluß: Der Kanal wird bei Tage, auf Sehrohrtiefe, durchlaufen. Seine breiteste Stelle mißt etwa 7 Meilen, und an mehreren Stellen besteht „Klamottengefahr", das heißt, es gibt hier Unterwasserfelsen. Das Boot soll den Durchbruch mit der Strömung fahren. Um 14.00 Uhr kentert der Strom.

Es ist soweit. U 516 läuft an. Sparsamer Sehrohrgebrauch. In der Zentrale koppelt der Obersteuermann aufs genaueste mit. Laufend gibt er neue Kursrichtungen an. An Steuerbord und an Backbord wachsen die Inseln dem Kommandanten am Sehrohr entgegen, ein großartiger Anblick, — von Schiffsansammlungen ist vorab nichts zu erkennen. Jetzt wird ein portugiesischer Bewacher an Backbord passiert. An seinem Heck fährt er ein Suchgerät; Tillessen erkennt es deutlich. An Steuerbord kommt ein zweiter heran, dieser läuft höhere Fahrt, auch er fährt ein Suchgerät. Vorübergehend muß das Sehrohr eingefahren werden. Kaum liegen die Schraubengeräusche beider Fahrzeuge achteraus, wird es wieder ausgefahren. An Backbord wird eine Untiefe passiert, und dann kommt an Steuerbordseite der Hafen Horta in Sicht.

Zuerst sieht Tillessen die auf den steil aufragenden Berghängen stehenden Häuser, dann kommt langsam die Hafeneinfahrt, endlich der Hafen heraus. Die Strömung nimmt zu — die Wassertiefe empfindlich schnell ab. Schon liegt Horta querab. Nur ganze fünf Frachter — darunter einen Tanker — zählt der Kommandant. Auf Grund der vorgebauten langen Mole vermag er nicht zu sehen, ob etwa weitere kleine Fahrzeuge im Hafenbecken selbst liegen.

In diesem Augenblick meldet der Horchraum starke, schnell zunehmende Schraubengeräusche Steuerbord voraus. Zerstörer! Im gleichen Augenblick sieht Tillessen das Fahrzeug mit hoher Fahrt Horta ansteuern. Hinter ihm wieder ein Bewacher. Recht voraus, wie er das Sehrohr schwenkt, noch einen. Teufel! Backbord voraus ebenfalls! Jetzt tritt der Zerstörer im Sehrohr klar heraus, ein französischer Typ. Der wäre als Ziel schon lohnender, überlegt der Kommandant. Aber in den neutralen Gewässern, so bestimmt der Befehl, darf nicht geschossen werden.

Jetzt wird das Boot vom Strom aus dem Kanal geradezu hinausgesaugt. Dennoch kann dabei ohne Schwierigkeit den verschiedenen Bewachern ausgewichen werden. Und jetzt ist man raus aus dem Schlauch. Genau an der Dreimeilengrenze läßt der Kommandant beidrehen und langsam auf und ab stehen. Ohne Besonderheiten vergeht des Tages Rest. Enttäuschung auf der ganzen Linie. Nur fünf, nicht fünfzig Dampfer. Eine Schweinerei! Aber wie soll man der Leitung in Berlin mitteilen, daß hier nichts los ist? Funken? Auf keinen Fall! Also weiter im alten Trott.

Bei Dunkelheit wieder raus aus dem Bach. Diesmal pinschern die Bewacher mit festlichem „Christbaumschmuck" an der Hafeneinfahrt von Horta, weithin sichtbar, hin und her. U 516 dampft am Südausgang des Kanals auf und ab; ob vielleicht hier? Aber es kommt keiner der Frachter heraus und auch keiner von See. Nichts.

Bei Tage soll der Kanal erneut passiert werden, zur Kontrolle, ob alle Schäflein noch hübsch brav beisammen sind. Irgend etwas muß ja wohl geschehen.

Wieder geht es mit dem Strom hinein, und wieder steht U 516 von Horta querab. Gerade werden vom Kommandanten die Dampfer gezählt, da — —

Lautes Schraubengeräusch steuerbord achteraus: Ein portugiesischer Bewacher dampft auf. Offenbar hat er das Sehrohr entdeckt und kommt heran. Verdammte Scheiße! Tillessen flucht. Auf Tiefe gehen kann das Boot nicht, dazu ist es hier zu flach. Jetzt drückt die Strömung es hart nach Backbord auf die Hafeneinfahrt zu, und mit Null Grad kommt der Bewacher mit hoher Fahrt auf das Boot zu und überläuft es haargenau. Plötzlich krängt das Boot stark nach Backbord — verflucht! Also ist es von diesem gottverdammten Suchgerät wohl an der Brücke erfaßt. Sind Sprengkörper eingebaut? Wie nur jetzt freikommen?

„Hart Steuerbord! Beide Maschinen Äußerste Kraft voraus!" Aufs äußerste gespannt verfolgt Tillessen die Wirkung seines Kommandos. Sicherlich nicht viel! denkt er; was leisten schon die E-Maschinen! — aber immerhin, was sollte er sonst befehlen —?!

Die Krängung des Bootes nimmt noch zu. Noch mehr. Nun, was wird —? Ein erheblicher Ruck, und im selben Moment schwingt das Boot wieder auf ebenen Kiel: Vermutlich ist die Suchleine gebrochen.

Vielleicht auf Kosten des Brückenkleides? Hauptsache, wir sind frei! atmet Tillessen auf. Verdammtes Schwein, daß kein Sprengkörper im Suchgerät saß! Sonst hätte das ein Ding werden können! Erst mal wieder runter mit der Fahrt! Dann Sehrohr raus und kurzer Rundblick! Denn nun heißt es, ohne weitere Zwischenfälle heil aus der Passage zu kommen.

Das Sehrohr stippt hinaus: Da liegt der Bewacher und hat offenbar gestoppt; einigermaßen vollzählig peilt seine Besatzung übers Heck in den Bach. Was die wohl denken!

Mit aller Vorsicht schleicht U 516 an den Untiefen an Steuerbord vorbei, und dann: Bloß raus! Bloß raus!

Zwanzig Minuten später liegt das Boot wieder vorm Nordausgang Kanal und hat beruhigend viel Wasser unter dem Kiel.

Im Boot herrscht Ruhe. Die Freiwache schlief durch; selbst die Wache hat nicht recht mitgekriegt, was eigentlich geschah. Und das war gut. Der junge Kommandant aber empfindet diesen ersten ernsten Zwischenfall nur als günstig, gibt doch die erste glücklich durchstandene Gefahr das beruhigende Gefühl, daß man den Anforderungen der Front wohl gewachsen ist.

Noch in der darauffolgenden Nacht erhält U 516 Befehl, falls vor Horta nichts los, die Fahrt nach Süden fortzusetzen. Sie wissen längst beim BdU, daß die Boote nicht gern mehr, als unerläßlich ist, funken. Sie denken an alles. Nun denn: los dafür!

Die Tage vor Horta waren wie ein Spuk aus längst versunkenen ersten Kriegsjahren.

* * *

Kaum, daß die Azoren achteraus liegen, bespricht der Kommandant mit dem Leitenden Ingenieur, was man für Boot und Besatzung noch tun kann in den langen Wochen des Anmarsches ins Operationsgebiet. Es wird ein Plan aufgestellt, nach dem die Allgemeinausbildung gefördert werden soll, und zugleich mag auf solche Weise verhindert werden, daß die Männer zu träumen beginnen und „verfilzen".

Vom L.I. werden die Männer des Maschinenpersonals von jetzt an unter Deck geschult, und I. WO und II. WO exerzieren mit ihren Seeleuten. Tage später werden gemeinsam für beide Gruppen Gefechtsbilder gefahren. Zum Beispiel ertönt von der Brücke plötzlich der Ruf: „Flieger, Flieger!" Das Boot geht unmittelbar darauf auf Äußerste Kraft, dreht hart ab, die Fla-Waffen werden besetzt, und kaum ist der fingierte Flieger abgewehrt, folgt der Befehl „Alarm!", und das heißt Beeilung für alles, was draußen ist: Turmluk dicht, die Schnellentlüfter auf, und dann kippt das Boot an. Der L.I. fängt es dann zunächst auf 100, das nächste Mal bei 150, endlich in 200 Meter Tiefe auf, pendelt es ein und läßt es hier für eine Weile steuern. Dann wird von 200 Meter aus angeblasen, was technisch gar nicht einfach ist. Aber schon nach verhältnismäßig kurzer Zeit klappt der Laden nach Wunsch. Schließlich beseelt doch einen jeden das Gefühl, er darf sich nicht nur selbst auf seinem Posten sicher fühlen, sondern sich auch auf die anderen verlassen. Nur das Können jedes einzelnen gibt dem gesamten Boot Zuversicht und Vertrauen. Ein Tag nach dem anderen vergeht, und bald wird U 516 im Operationsgebiet sein, auf dem solches Exerzieren sowieso ein Ende hat, denn dort wird alles ernst.

Während jeder im Boot, auch die Freiwache, durch Alarme und fingierte Situationen in Atem gehalten wird, hat nur der Bordarzt so recht Ruhe. Poldi wird er genannt und ist eine bedauernswerte Gestalt. Dem, was der U-Boot-Krieg verlangt, ist dieser nun einmal nicht gewachsen. Sich nun aber mit Gelassenheit in sein Los zu fügen und wenigstens halbwegs Haltung zu zeigen, dazu fehlt Poldi die Stärke, die letzten Endes jeder U-Bootfahrer aufbringen muß.

Nun gut, Poldi steht vorm Spiegel, und allein schon den Ausdruck seines Mienenspiels mit ansehen zu sollen, bedeutet eine grausame Zumutung. Scheu blickt der Gute nach rechts, dann nach links, ob auch keiner hersieht, und dann wieder auf sein Spiegelbild: Wirr hängt ihm Haar ins Gesicht, das Haar, dessen einzelne Fäden er zu zählen begonnen hat. Der Arme! Seit einigen Tagen konstatiert er nämlich zerknirscht Haarausfall und kontrolliert nun ständig, kratzt sich gedankenvoll die Bartstoppeln am Kinn, putzt mit schwarzem Lappen die Brillengläser blank, setzt solches ohnehin unseemännische Instrument wieder auf, und ausgerechnet in dem Augenblick kommt der L.I., kommt Lichtenberg durch den Gang.

„Herr Leutnant!" hält ihn der Arzt besorgt fest. „Wann steigen wir denn heute auf?" Poldi hat die Seemannssprache noch keineswegs erfaßt. Alles, was mit der See zusammenhängt, wird ihm fremd bleiben. Ob so viel des laienhaften Unverstandes auf einmal aber kommt es ungehalten und betont knapp von dem alten U-Boothasen Lichtenberg zurück, er, Poldi, möge sich bitte endlich merken, daß ein U-Boot „auftauche" und nicht „aufsteige"; und außerdem möge er den Kommandanten fragen, wann aufgetaucht werde, denn der bestimme das.

Dieser Kerl! denkt wohl Lichtenberg, dieser Kerl! Er hat noch nicht einmal bemerkt, daß wir längst über Wasser fahren, was doch selbst ein Blinder mit dem Krückstock fühlt: Die durchziehende frische Luft, der Lärm der Diesel, ihr Schüttern, das sich jedwedem Gegenstand im ganzen Boot unmißverständlich mitteilt, die rollende Bewegung in der See — unbegreiflich, wie ein Mensch das nicht sofort erfaßt! Satt hat er dieses Jammerbild von Mann. Als Offizier sollte er sich nicht so gehenlassen. Kopfschüttelnd läßt er den unglückseligen Bordarzt stehen und turnt, den Handgriff fassend, mit gewohntem Schwung durchs Kugelschott zur Zentrale hinüber. Es gibt Menschen, denkt er, die man besser nicht ins U-Boot steckt, mindestens dann nicht mehr zum erstenmal, wenn sie bereits einen militärischen Rang bekleiden und Vorbild sein sollten.

* * *

Es ist heißer geworden, und ständig nimmt die unangenehme Temperatur im Boot zu. An Bord herrscht dennoch prachtvolle Stimmung. Durch leichte Dünung wühlt sich U 516 des Nachts seinen Weg. Nur die wechselnden drei Brückenwachen sind es, die sie unmittelbar erleben und den lauen Wind spüren.

Eines Nachts wird ein Funkbefehl aufgenommen und entschlüsselt, der besagt, daß U 516 bis zum Panama-Kanal vorzustoßen hat: Vor dem Hafen von Colon freies Manöver. Gleichzeitig wird die Lage einer neuen Minensperre bekanntgegeben, die ein anderes Boot dort kürzlich legte. In der Zeit darauf wird im Offiziersraum lebhaft diskutiert, welche Möglichkeiten sich ergeben. Sechs Wochen stehen sie nun schon in See. Das war zu Beginn des Krieges die Dauer einer längeren Unternehmung, die bereits zum U-Boot-Frontabzeichen ausreichte. Jetzt aber, im Spätherbst 1943, befindet man sich nach solcher Zeit noch nicht einmal im Angriffsraum.

Die Neuen sind dabei, sich einzugewöhnen. Dafür war diese Zeit doch gut. Man empfindet sich jetzt allgemein häuslich. Wohl alle haben nun, so schwer sie das anfangs auch angekommen ist, abgeschlossen mit der Vergangenheit, wie sie für den einzelnen war, mit jener fernen, einem geradezu fremd gewordenen Welt.

Jetzt ist ihnen das Boot mit seinem Alltag der Lebensraum, die Heimat, und das Zusammenleben in dieser widernatürlichen Welt ist ihnen zum gewohnten Dasein geworden. Jetzt tragen viele die klare Erkenntnis in sich, daß es für sie kein Zurück mehr gibt, daß es für sie nur noch heißt, den Feind zu schädigen. Das bedeutet, daß nun jeder seinen eng umgrenzten Aufgabenbereich so gewissenhaft, wie er nur irgend kann, versieht. Denn dies, für ihr Volk zu kämpfen, ist der Sinn ihres Lebens, ihres Auserwähltseins. Das Bewußtsein, Träger der Zukunft zu sein, gibt ihnen Rückgrat. Sie hadern nicht mehr ohne Unterlaß mit dem Geschick, das sie hierher gestellt hat. Sie, die sich Wochen hindurch gehenließen, die verzweifelt aufbegehrten, die zunächst zu keiner Arbeit tauglich waren, fangen jetzt an, sich nützlich zu machen. Man läßt sie ihre Wache gehen, gibt ihnen mehr und mehr Verantwortung, je nachdem, wie sie sich bewähren. „Der Soldat muß sich können fühlen", lautet ein erprobtes Wort. Und langsam werden selbst die Schwierigsten vollwertige Kräfte im Rahmen der fünfzig Mann. Nun werden sie auch gesprächig, machen womöglich selbst schon einmal einen Witz, beginnen sich zugehörig zu fühlen. Sie gewinnen an Persönlichkeit und empfinden wieder den gewissen Stolz, dabei sein zu dürfen; aber dieser Stolz ist jetzt ganz anders fundiert als die Eitelkeit, die sie einst empfanden — wie lange scheint das zurück! Gewöhnung hat die Oberhand gewonnen über das, was zunächst — in voller Wortbedeutung — unerträglich schien. Jetzt sieht sich vieles schon sehr anders an als in den ersten Tagen der Biskaya, an die sie nur noch mit gemischten Gefühlen zurückdenken. Kaum, daß der Seegang sie heute noch stört; das Essen beginnt zu schmecken — es schmeckt ihnen noch! —, und der so streng geregelte Verlauf des Tages mit seinem unnatürlich kurzen Wechsel zwischen Dienst und Schlaf ist ihnen in Fleisch und Blut übergegangen. Jetzt „verstehen" sie auch alle Befehle und selbst die Maßnahmen, die sie anfangs als Schikanen empfanden.

Mehr und mehr bilden sich Gruppen im Boot, die ihre Freizeit gemeinsam gestalten: Hier sitzen die Skatbrüder beisammen, dort hocken die Doppelkopffreunde, immer die gleichen; dort werden Brettspiele bevorzugt; und wieder andere legen sich auf ihre Koje und lesen. Die mit jeder Reise ausgewechselte Bordbibliothek enthält durchaus genügend Stoff, wenn erst die billigen Zehnpfennighefte, die dieser und jener mitbrachte, unter den verschiedenen Kopfkeilen reihum gelegen haben und verschlungen worden sind; die echten Leseratten unter ihnen gewinnen jetzt Geschmack an besserer Lektüre. Während des Unterwassermarsches werden zu bestimmten Zeiten Schallplatten gespielt; Hein singt, Schorsch tanzt dazu, und Vortragskünstler stellen sich heraus. Die Stimmung hebt sich allgemein. Sie alle gehen aus sich heraus. Man lernt sich kennen.

Auch Poldi will — für ihn gibt es dienstlich kaum etwas zu tun — ein Spiel erlernen, und er hat sich das Königliche Spiel erwählt. Nun sitzt er im O-Raum, stützt angestrengt das Haupt in beide Hände und ist gedankenvoll vertieft in sein Buch „Wie lerne ich Schach". Seit langem schon befaßt er sich, das Brett mit den Figuren griffbereit neben sich, mit der Lektüre. „Turm schwarz zieht auf B 4" heißt es jetzt, und so weiter. Poldi studiert. Von Grund auf ausgebildet, glaubt er sich schon einigermaßen als Meister. Der I. WO taucht auf. Und er hat Zeit. Da „fordert" Poldi ihn zu einer Partie. — Der junge I. WO spielt flott und unbekümmert. Er handelt, während Poldi sinnt und Pläne schmiedet, die er dem Jüngeren aufzwingen will. Schon schielt der I. WO ob der Pausen unruhig nach dem Buchgestell über der Koje des Leitenden Ingenieurs, auf der er sitzt, ob er sich die Wartezeiten nicht durch Lektüre versüßen soll? Aber nun ist wieder er am Zug — — Wie ist denn das möglich: Poldis Dame befindet sich in hoffnungsloser Lage. Dabei hat doch der Arzt genau die Züge getan, die im Buche vorgeschrieben sind? Jetzt wird die Dame geknackt, und es heißt „Schach dem König". — Ernstlich böse gibt Poldi das Spiel auf und geht, voll des Zornes; denn er versteht nicht zu verlieren. Er fühlte sich doch so sicher, und nun gegen ein so junges Kerlchen wie diesen Wachoffizier? Das soll ausgewetzt werden! Eines Tages wird er diesen Jungen, nimmt er sich vor, doch noch schlagen.

* * *

Geruhsam schlingernd orgelt U 516 durch die See nach Südwesten. Der Kommandant sitzt in der Steuerbord-Brückennock. Nur noch wenige Tage, dann passiert das Boot den Domenica-Kanal, dann steht es in der Karibik, seinem Operationsgebiet. Auf der Brücke — wie immer — absolutes Schweigen. Durch die Doppelgläser starrt die Wache ins Dunkel. Acht bis zehn Stunden bleibt das Boot jetzt fast allnächtlich über Wasser. Unter dem offen gefahrenen Luk hält sich ein Teil der Freiwache im Turm auf, stets im Wechsel, jedesmal vier Mann. Hier dürfen sie ihre Zigarette „stoßen". Mit verlangenden Augen blicken sie durch das enge Rund hinauf. Wie haben es doch die Seeleute gut, denken sie; das Maschinenpersonal darf niemals hinaus! Doch kaum ein U-Bootfahrer spricht davon, wie sehr er das Licht, die Sonne, wie sehr er wenigstens den Nachtwind entbehrt, den weiten Raum draußen, in den er endlich einmal weiter, als immer nur gegen die Enge ringsum, blicken möchte. Diese Männer steigen im Einsatzhafen ein, und dann heißt es für Monate auf die Außenwelt verzichten. Sie leben eingezwängt zwischen Apparaturen, Tag und Nacht bei trübem Licht, völlig in die feuchte Röhre eingeschlossen. Sie kriegen mit der Zeit ein „Dackelgewissen", spotten sie selbst. Wo sie auch auftauchen mit ihrem Boot, es wird ihnen nachgestellt. Überall jagt man sie, die deutschen U-Bootmänner; das gibt solch „schlechtes Gewissen". Andererseits möchten sie zubeißen, und man zittert vor ihnen, und nur deshalb stellt man ihnen derart nach: Das wiederum gibt Stolz. Es ist eine eigene Mentalität, die sich da entwickelt, die Mentalität des U-Bootfahrers 1943.

Trotz aller Nöte, die ein jeder für sich selbst trägt, nimmt der einzelne doch auch teil an denen des anderen, an all den kleinen körperlichen sowohl wie an den großen der Seele, sowenig man auch über sie spricht. Man kennt sich nachgerade genug, um sie ohne Hinweis zu erkennen.

Seit Beginn der Reise sind sie auf die über Kurzwelle ausgestrahlten Nachrichten aus der Heimat angewiesen. Und was für Nachrichten. Berlin gebombt, Köln wiederum besonders schwer. Und dieses Wissen, wo man doch so gar keine Mitteilungen erhält, zerrt an den Nerven. Da ist der Obermaschinist. Seit Jahren lebt seine Familie in Köln; auch seine alten Eltern wohnen dort. Er hört die Nachricht, daß ein Terrorangriff über Köln niederging. Betreten, möglichst unauffällig, blicken seine Kameraden ihn an. Keiner sagt etwas. Sie wissen, was jener jetzt denkt. Und dann sehen sie ihn wenig später verstohlen eine zerknautschte Fotografie aus der Brusttasche ziehen und betrachten; er steht ihnen abgewandt vorm Spind. Sie wissen, es ist das Bild seiner Frau mit den beiden Jungs, das sie ihm beim letzten Abschied noch auf dem Bahnsteig zugesteckt hat. Sie kennen es, er hat es ihnen damals, als er vom Urlaub kam, voller Stolz gezeigt. Sie hören ihn leise vor sich hinfluchen. „Verdammt", sagt er und steckt das Bild wieder ein. Sie blicken scheu, als hätten sie nichts bemerkt, wie er sich zu ihnen auf den kleinen Faltstuhl vor die Back setzt. Wir wollen für eine gerechte Sache dem Gegner an die Kehle, sagen sie sich; und nun dreht dieser Gegner den Spieß um. Es steht bitter ernst, aber noch halten wir in See wie die in Rußland aus und wollen und dürfen kämpfen für die Gerechtigkeit, die man uns vorenthält. Und wir werden kämpfen, schwören sie sich, werden kämpfen, solange unsre Herzen schlagen, für sie, die Unseren daheim, für die, die nach uns kommen, unser Volk, daß es den Platz gewinnt, der ihm gebührt. Plötzlich stehen die daheim so wie wir an der Front, aber ohne zurückschlagen zu können, und müssen sich bewähren. Auch sie werden es, das weiß der Obermaschinist: Er kennt seine Frau, er verläßt sich auf sie, die so resolut sein kann, wenn es darauf ankommt. Daheim bauen sie darauf, daß wir hier draußen den Sieg erzwingen. Und einmal wird man uns ja auch die neuen Boote geben, auf die wir warten, und mit denen soll das Blatt sich wenden; die Heimat tut, was sie kann. Dann aber sind wir am Zug. Sinnlos ist unser Einsatz auch ohne sie nicht; er muß sein um des Ganzen willen. So etwa lautet das Ergebnis manch stiller Überlegung, die wohl jeder anstellt, einmal oder oft.

* * *

Nachdem es schon lange unangenehm warm geworden war, hat mit einem Mal geradezu eine Bullenhitze eingesetzt. Selbst im getaucht fahrenden Boot kühlt es nicht mehr ab. Auch die Temperatur des Wassers muß noch erheblich zugenommen haben.

U 516 steht auf 17 Grad nördlicher Breite. Eine lauwarme Brise fächelt die Männer des Nachts auf der Brücke. Die See liegt vollkommen ruhig da. Es hat gänzlich abgeflaut. Tausende von Sternen blitzen am samtenen Himmelsgewölbe. Das Kreuz des Südens kommt heraus. Seit vierzehn Tagen begleiten Fliegende Fische in Schwärmen die Fahrt des Bootes. Der backbordachtere Ausguck der zwoten Wache, Krischan, meint, sie seien etwas dumm. Er mag nicht unrecht haben. Jedenfalls tauchen die kleinen Tiere jedesmal zu ungezählten Exemplaren gemeinsam auf, brausen Hunderte von Metern dicht über die Wasseroberfläche dahin, sind ebenso plötzlich allesamt wieder verschwunden, und wenn dann ihr Zug den des Bootes kreuzt, platschen sie wie blind gegen dessen Flanken, fallen an Oberdeck und verfangen sich dort mit ihren Flügelflossen zwischen den Spalten, wo sie, durch den Aufprall benebelt, einfach hängenbleiben. Der Brückenwache sind die sonderbaren Fische schon so vertraut, als wäre es seit Wochen der gleiche Schwarm, der das Boot begleitet.

Die Tropennacht ist merkwürdig klar. Viele Seemeilen weit vermag man zu sehen. Wenn aber der östliche Weltenhimmel den Beginn des neuen Tages vielversprechend ankündigt und der Mond an Leuchtkraft verliert, dann müssen die schweigsamen Männer wieder ins Boot hinab abwärts klettern und in der engen Stahlröhre sich verbergen: sie taucht dann mit ihnen wieder ein in das schwanke Element und wird unsichtbar. Vorher aber, im ersten Licht, jumpen Klaas und Hein noch schnell an Oberdeck hinab, packen die dort hängengebliebenen Außenbordkameraden und nehmen sie mit hinab zum Schmutt. Dann erst taucht das Boot. Auf der Oberfläche der See perlt und schäumt es noch für eine Weile, dann gleicht das Wasser sich wieder aus — vorbei der nächtliche Spuk. Niemand sieht mehr das verborgen dahinwandernde Boot, und für seine Männer beginnt ein neuer Unterwassertag. Sie kennen dessen unveränderlichen Ablauf, kennen das Leben schon gar nicht mehr anders. Mit dem, was war, was irgendwo für andere als sie noch sein mag, haben sie gebrochen; sie sind nun ganz für sich und jenen meilenweit entrückt, ja fremd. Sie sind zu Kreaturen der Tiefe geworden, wie es sie noch nie gab, gehören ganz zu jenem bis ins letzte durchorganisierten Lebewesen Boot, in dem ein Rädchen reibungslos ins andere greift, eine Individualität sich auf die andre abstimmen mußte.

Kommen die Seeleute von Brückenwache hinunter, so knibbeln sie zunächst mit den Augen. Schon das spärliche elektrische Licht empfinden sie nach der Dunkelheit draußen als unangenehm. Ihr ganzes Empfinden sträubt sich gegen die warme, dicke, schwüle Luft drinnen. Die „Heizer" kennen sie längst nicht mehr anders und spüren sie gar nicht mehr. Sie aber empfinden wenigstens die ersten Minuten das Leben im Innern des Bootes als eine Strafe, jedesmal. Dann zieht Kaffeeduft in ihre Nasen, sie eilen zu ihren Backen und Banken, und erst einmal wird der Bauch vollgeschlagen. Wer zu den Maschinenräumen geht, und auch der Maat im U-Raum, der kurz einmal das Schott nach achtern öffnet und in die Kombüse peilt, kann in dem kleinen Küchenraum die Fliegenden Fische auf dem elektrischen Herd in der Pfanne bereits schmirgeln sehen; riechen muß man sie längst durchs ganze Boot.

Erst hatten die Männer von U 516 geargwöhnt, daß diese sonderbare Art von Fischen nicht eßbar wäre, aber längst sind sie auf den Geschmack gekommen. Die treuen Tierchen, die jetzt keine Nacht das Boot im Stiche lassen, gehen täglich reihum und sind als Delikatesse beliebt.

Während die Sorge um Treibstoff und Verpflegung in den ersten Kriegsjahren auf den Booten kaum jemals brennend wurde, viel eher die, ob die Torpedos reichten, so war es durch die lange Dauer der Unternehmungen im Jahre 1943 doch zum Problem geworden, ob der Brennstoff, ob wohl der Proviant bis zurück in die Heimat genügen mochten. An sich sollte, was das Boot mitnahm, jedesmal reichen; häufig aber traten doch Umstände ein, die ein längeres Inseebleiben oder, was den Brennstoff anbelangt, erhöhten Bedarf durch hohe Geschwindigkeit, die das Boot zu fahren gezwungen wurde, zur Folge hatten. Die Möglichkeiten der Unterbringung von Brennstoff und Lebensmitteln waren nun einmal beschränkt, und so hieß es jetzt oftmals, unterwegs aus U-Tankern, zu diesem Zeitpunkt aber bereits meist schon aus anderen Kampfbooten, ergänzen zu müssen. Wer in den Jahren 1943/44 solch eine Brennstoff-und Verpflegungsübernahme in See einmal miterlebt hat, vermied sie in Zukunft, wenn nur irgend möglich, wie ein allzu heißes Eisen. Was eine Versorgung während dieser Jahre bedeutete, läßt sich mit Worten nicht zum Ausdruck bringen: man muß es erlebt haben.

Auf U 516 gab es in dieser Beziehung zunächst keine Sorgen. Wenn alles wie vorgesehen klappt, so sollten die Vorräte bis zurück ausreichen — hoffentlich! denken alle, die solches Manöver schon kennen.

Nun ist für den Speisezettel wohl auf allen Booten, die einen solchen mitführen, der Arzt, auf U 516 also Poldi, verantwortlich. Gemeinsam mit dem Schmutt stellt er den Magenfahrplan jeweils für die kommende Woche auf und läßt vom Kommandanten gegenzeichnen. Voll herrlicher Dinge liegt die Bootslast; alle sind listenmäßig genau erfaßt. Mit der bisherigen Verpflegung ist denn auch jeder an Bord zufrieden und darf es sein, zumal, wenn er bedenkt, wie mager die Rationen derer daheim sind. Nun wird in bestimmten Zeitabständen Bestandsaufnahme gemacht, und dann hat Poldi seinen Kampf mit den sogenannten Blechochsen zu bestehen; das ist nicht zu umgehen.

Ab der vierten, fünften Woche in See ist auch der letzte Frischproviant verbraucht oder durch Fäulnis ausgefallen, und danach lebt der U-Bootmann nur noch aus der Dose, eben dem Blechochsen: Brot, Kartoffeln, Gemüse, Butter, Fleisch, Ei, fertige Gerichte und überhaupt alles, was es nur gibt, wird in Dosen geboten. Bisher ist, wie gesagt, mit der Verpflegung jedermann zufrieden. Nun stellt man aber seit Tagen im Boot allgemein sonderbare Gerüche fest, die von den vielerlei sonstigen, die man nachgerade gewohnt ist, irgendwie unangenehm abweichen. Am stärksten im Dieselraum, also dort, wo der größte Teil aller Art von Dosen gelagert ist. Es muß etwas geschehen. Mit ungeahnter Mühe des Umstauens werden sämtliche Sorten von Dosen geprüft. Das Ergebnis ist niederschmetternd: Gut die Hälfte aller vorhandenen Fleischdosen ist verdorben. Nur diese; alles andere scheint in Ordnung.

Wie ist das möglich? Der Gestank ist wahrhaft erschütternd, und kaum ist das Boot am Abend aus dem Wasser heraus, müssen die stinkenden Ungeheuer außenbords geschmissen werden. Mit durchaus gemischten Gefühlen, versteht sich. „Mit uns kann man's ja machen", denkt Hein Seemann verletzt. Es wird festgestellt, daß die Dosen in französischen Fabriken hergestellt worden sind. Jeder denkt an Sabotage. Man rechnet wohl nicht mit unserer Rückkehr, murren die „Lords", daß man schon so etwas zu inszenieren wagt. Aber wehe, wenn wir der Sache später nachgehen können. Es stellt sich aber heraus, daß man nicht einmal kontrollieren kann, von welchem Werk diese Dosen geliefert wurden; sie tragen keine Firmenprägung. Und damit ist der Fall ziemlich aussichtslos. Viel wichtiger aber: Woher Ersatz nehmen?! Verdammte Gemeinheit! Der Riemen muß enger geschnallt werden, sogar erheblich enger, was die Fleischrationen betrifft. Scheiße! ist das einzige Wort, das man dazu sagen mag. Und so sind auf U 516 die Fliegenden Fische zu dieser Zeit besonders begehrt. Sie sind geradezu ein Geschenk der See an das Boot und seine Männer.

* * *

Schwache, dennoch markante Umrisse der Inseln Martinique und Domenica sind in Sicht gekommen. In der Nacht soll es durch den Domenica-Kanal in die Karibik gehen. Jeder an Bord weiß es. Jeder ist gespannt der Dinge, die nun eintreten können. Nur die besten Augen starren heute ins Dunkel, durch das sich U 516 Bahn bricht. Bedeckter Himmel, mittlere See, lauwarme Luft. See und Wind von Backbord querab.
Die hohen Umrisse der Inseln wachsen. Drohend schwarz ragen sie jetzt aus der See empor. Kommandant und Brückenwache hören die Brandung sich an der Felsenküste brechen. Das Boot dreht auf westlichen Kurs. Alles ist auf Gefechtsstation, die Rohre sind geflutet, und, je näher die Inseln heranrücken, desto aufmerksamer — wenn das noch möglich wäre! — blicken fünf Augenpaare durch die Nachtgläser; desto stärker aber auch wächst die Spannung der fünfzig Mann im Boot. Mit hoher Fahrt schiebt sich U 516 zwischen die Inseln. Zum ersten Mal riecht es wieder ganz ausgesprochen nach Land. Schnell wandern die Peilungen achteraus.
Durch. Prima! Alles klar.
Den Rest der Nacht über bleibt alles in höchster Gefechtsbereitschaft, aber es kommt zu keiner Begegnung. Und dann wird getaucht. Bis auf die Wache schließt jeder die Augen. Ruhe im Boot. U 516 steht in seinem Operationsgebiet.
Etwa vier Wochen bleibt U 516 in der Karibik. Boot und Besatzung tun ihr Bestes. Weder bei Tage unter noch des Nachts über Wasser gibt es den Begriff einer Abkühlung bei 60 Grad Hitze im Boot. Der Schweiß perlt auf den Körpern, die nur noch die Sporthose tragen. Und dieser ständige Schweiß juckt, kratzt und beißt auf der Haut. Zwischen den Beinen, in der Leistengegend, und am unangenehmsten zwischen den Zehen und den Fingern bilden sich Ekzeme. Sie schmerzen besonders, wenn Seewasser mit ihnen in Berührung kommt; aber zum Waschen steht Süßwasser ja nur äußerst beschränkt zur Verfügung. Das Haar ist zu einer mit Öl und sonstigem Fett und Dreck durchtränkten, verfilzten, klebrigen Sache geworden. Um die Bärte der Männer steht es nicht besser. Die Augen brennen entzündet. In den Gliedmaßen zerren und zucken die Nerven. Und ohne Ausnahme fühlen sich die Männer auch genauso, wie sie aussehen. Wer nicht gerade Dienst tut, liegt den Tag und die Nacht über dahindösend auf seiner Koje, deren aufgeschnallte Decke ständig feucht bleibt und stinkt. Hindämmernd verbringt man die Zeit. Und doch fühlt man sich sonderbar geborgen im Boot und nun gar auf seiner Koje.

Man liebt das kleine Kopfkissen, das von deutschen Frauen etwa aus Flickenresten handgearbeitet ist. Es mag unhygienisch sein, dieses Ding, aber ein jeder hütet das seine als einen unbezahlbaren privaten Schatz, den ihm die Heimat gab.

Wegen der sonst noch zunehmenden Temperaturen im Boot darf der Schmutt während der Unterwassserfahrt, also bei Tage, seine elektrische Kochanlage nicht einschalten; aber auch über Wasser gibt es Nächte, in denen keine warme Speise bereitet wird. Die ständige körperliche Inanspruchnahme läßt kaum Hungergefühl aufkommen. Man lebt so dahin, man vegetiert, einen Tag nach dem andern, eine Nacht nach der anderen. Die Wochen verstreichen. Wie lange sind wir eigentlich schon hier? fragt man sich zuweilen. Wie lange überhaupt in See? Ein Ende ist nicht abzusehen. Irgandwann wird das Ende eintreten, irgendwann, irgend einmal für sie alle gemeinsam und gewaltsam, morgen, vielleicht schon heute, vielleicht später erst, irgendwann. Sie glauben, daß dies nun einmal ihr Leben ist. Sie denken nicht an eine Zukunft, die sozusagen wieder normal für sie aussehen wird. Vielmehr ist ihr jetziges Dasein für sie das normale geworden. Sie wollen Schiffe aufspüren und versenken, sie haben sich der damit unvermeidlich einsetzenden Verfolgung auszusetzen und möglichst zu entziehen, bis einmal auch für sie der letzte Augenblick gekommen ist, daß der Feind mehr Glück hat als sie selbst.

Jetzt hat der Bordarzt etwas zu tun. Ein großer Teil der Männer wird von Geschwüren hauptsächlich an Armen und Beinen gequält. Sie reifen einfach nicht aus. Es fehlt ihnen dazu wohl an Licht und Sonne. Schon bevor auch nur eine Rötung sichtbar wird, schmerzen bestimmte Stellen. Man kann nichts dagegen machen, nur abwarten. Acht Tage danach aber tritt dann eine sichtbare Hautentzündung ein. Einzelne haben gleichzeitig fünf, manchmal zehn Stück dieser Biester am Körper. Da sie kaum ausreifen, können sie nur selten geschnitten werden. Sie gehen wieder, wie sie kamen. Zurück bleibt eine bläuliche Stelle, die auch nach Jahren nicht verschwunden sein wird. Poldi versucht es mit verschiedenen Mitteln, Linderung zu schaffen, aber keines hilft so recht.

Während der ersten Nächte in der Karibik steht der Mond jeder aktiven Tätigkeit des Bootes im Weg. Der U-Bootfahrer haßt dieses von den Dichtern so viel besungene Gestirn. Mit Mondabnahme nimmt endlich die nächtliche Dunkelheit wieder zu. Und diese Dunkelheit wird genutzt.

Vier Wochen hindurch operiert das Boot vor der Einfahrt von Colon, dem Eingang zum Panama-Kanal. Es kämpft — und wird bekämpft. In den meisten Fällen führt U 516 den Reigen an: Torpedos werden geschossen. Ihnen folgen aber jedesmal sehr bald von der Gegenseite Fliebos, Wabos, je nachdem. Einmal greift das Boot einen Segler mit Artillerie über Wasser an, weil ihm die kostbaren Aale zu schade für dieses Fahrzeug sind, das es doch wiederum nicht einfach laufenlassen möchte. Dann wieder taucht es mehrmals schon zu einer Zeit auf, da man den Horizont noch klar erkennen kann, greift Dampfer, Fahrgastfrachter und Tanker an, die es auf solche Weise in verhältnismäßig weiter Entfernung erfaßt, schießt und versenkt.

Bei allem Schwein hat es doch auch Pech: Ein gewaltiger Geleitzug überläuft das getauchte Boot bei Tage, nur etwa 30 Seemeilen von Colon entfernt (so daß auch kein Fühlunghalten möglich ist), und gerade heute ist die See für einen Tagesunterwasserangriff völlig ungeeignet. Flugzeuge und Korvetten sichern nämlich das Geleit, und sie wissen bereits von der Anwesenheit des Bootes durch eine Versenkung wenige Stunden zuvor in eben diesem Seegebiet. Wie U 516 dennoch zuzugreifen versucht, wird in dem ruhigen Wasser das Sehrohr bemerkt: Wabos zwingen das Boot in größere Tiefe. Ein andermal verfehlt ein Doppelfächer zwei gestaffelt fahrende Tanker. Schon lange vorher waren sie im Horchgerät aufgefaßt worden; mit seiner höchsten Unterwassergeschwindigkeit lief das Boot auf sie zu. Was ist schon solche Unterwassergeschwindigkeit? Nur ein Dahinschleichen gegenüber der jener Schiffe draußen. Das Boot kommt nicht recht in Schußposition. Die Entfernung, aus der schließlich dennoch die Torpedos gelöst wurden – man wollte den Versuch nicht aufgeben – war noch recht weit; und außerdem stellte sich dann heraus, daß man die Fahrtstufe der Gegner unterschätzt hatte.

Solche gefehlten Torpedos hinterlassen einen bitteren Geschmack. Tillessen sagte sich und tröstete sich damit, daß man nie nach den Sternen greifen soll, und so ging er von nun an nur noch auf das, was ihm auch erreichbar schien. Oft legte er bei Tage das Boot dicht unter Land; große Wassertiefen an dieser Küste ermöglichten es. Hier vor der Küste war mit Einzelfahrern zu rechnen. Während solcher Wartezeit konnte man durchs Sehrohr sogar das Leben der Menschen des fremden Kontinents stückweise verfolgen. Man sah sie ihrer Arbeit nachgehen, Kinder spielen, Pferde Wagen ziehen, Autos vorüberflitzen; Fischer standen mit ihren Booten in See, warfen Netze aus, holten sie wieder ein. Wer Lust hatte, durfte durchs Okular auch mal die Lage peilen und sich ein „Auge voll Land" mit ins Boot nehmen. Aber solches Landpeilen tat nicht gut. Es schmerzte; denn Erinnerungen an ein ganz anderes Leben wurden wach, das doch versunken sein sollte. Nun folterten Gedanken den U-Bootmann, die man bewußt unterdrücken mußte, um überhaupt bestehen zu können. Krasser denn je trat mit dem Vergleich die armselige eigene Existenz, die ganze, wenn man sich besann, so trostlose Lage, in der man lebte, ins Bewußtsein. Plötzlich begann man die Gesichter der Kameraden zu hassen, und dann entlud jeder seine tiefe Bitterkeit naturgemäß auf die Gemüter, die ihm unterstellt waren. Acht Tage lang hatte man einen Piek auf diesen, acht Tage auf jenen. Da hieß es auf sich selbst aufpassen, sich in harten Gewahrsam nehmen und bezwingen. Aber das ist nicht leicht.

Der Kommandant liegt auf seiner klammen Koje. Er denkt, wieviel Uhr mag es wohl sein? Noch nicht bald Zeit? Aber er sieht nicht nach; er will nicht nachsehen aus einer abseitigen Idee heraus. Er will nicht ungeduldig werden. Schließlich blickt er doch nach der Uhr und stellt fest: Erst in sieben Stunden darf aufgetaucht werden. Sieben Stunden, sieben Stunden! Tillessen zieht eine Grimasse und schämt sich im gleichen Augenblick, sich selbst solche Schaustellung zu geben. Großer Gott, ist dieses Untätig-sein-müssen entnervend! Schlafen kann man in solcher Umwelt nicht, aber sitzen bedeutet auch keine Erholung. Schon seit Tagen atmen die Lungen völlig verbrauchte Luft. Das Herz pumpt, daß man sein Klopfen erbärmlich spürt. Kalipatronen zur Luftverbesserung dürfen nur in „besonderen Fällen" eingeschaltet werden: man weiß nicht, was noch alles kommen kann. Wie gut ist, daß man es nicht weiß! Einige Monate später, auf der nächsten Reise des Bootes, wissen sie es, da gibt es solch einen „besonderen Fall":

Aruba und Curaçao sind diesmal, im Jahre 1944, das Operationsgebiet. Das Boot ist noch im Anmarsch dorthin und gerade erst in der Karibischen See, da stößt es auf einen Geleitzug, der von der Windwärts-Passage nach Trinidad läuft. Auf der Höhe von Curaçao wird er gestellt. Durch Bewacher immer wieder abgedrängt, kommt das Boot nur so gerade eben noch zum Schuß, macht einen Zweierfächer los und geht sofort danach auf Tiefe. Nach etwa zwei Minuten erfolgt eine gewaltige Detonation; danach werden einwandfrei Sinkgeräusche gehört. Was nun der Aal getroffen haben mag, was eigentlich sank, diese Frage ist dem Boot und seinen Männern bis heute nicht beantwortet worden. – Griff man an, so mußte man damals längst mit ebenso raffinierter wie hartnäckiger Verfolgung durch den Gegner rechnen. Das Gejagtwerden gehörte jetzt nun einmal zu jedem Angriff unabwendbar dazu. Dieses Mal aber kam es für das Boot doch besonders schlimm. Die ganze Nacht hindurch wurde es durch See und Luft des Gegners systematisch gesucht. Tauchte es auf, sofort war der ganze Umkreis nur eine Ortung. Und dabei hatte U 516 eigentlich unbemerkt in sein Operationsgebiet eindringen wollen, das damals längere Zeit hindurch Ruhe vor deutschen Unterseebooten gehabt hatte. Damit war es nun also vorbei, der Feind durch diesen ersten Angriff aus seiner Bequemlichkeit unsanft aufgeschreckt. Auf Grund der Erfahrungen seiner vorigen Reise wußte das Boot, wie zähe der Gegner an einer einmal aufgenommenen Fährte hierzulande hing. Ein einmal gebranntes Kind scheut das Feuer, und so wollte U 516 dieses Mal auf jeden Fall seine Spur gründlich verwischen. Dazu braucht man unter Wasser sehr lange Zeit. Nach dem Theater der ersten Nacht, da bei allen Versuchen, wieder aufzutauchen, ringsum nichts als Ortungen festgestellt wurden, rechnete der Kommandant fest damit, daß der Gegner auch noch die nächsten Tage dieses Gebiet rings um die Tauchstelle besonders hartnäckig überwachen würde. Also unten bleiben, sagte er sich.

Drei volle Tage lang, zweiundsiebzig Stunden, ohne Lufterneuerung! Weißt du, was das heißt? Dieses Boot wußte es jedenfalls damals noch nicht, und ob es andere jemals erfahren haben —? Zweiundsiebzig Stunden — —.

40 bis 50 Grad Hitze herrschen im Boot. Und das bei einer Luftfeuchtigkeit — — nicht zu beschreiben! Nur die Wache steht oder sitzt; alles andere liegt auf den Kojen. So spart man Sauerstoff; denn daß der knapp werden wird, ist klar. Bereits nach 48 Stunden kann keine volle Wache mehr aufziehen. Schon stellen sich bei einigen Besatzungsmitgliedern Vergiftungserscheinungen ein. Die endlich in die Lufterneuerungsanlage eingeschalteten Kalipatronen werden glühend heiß und müssen immer wieder erneuert werden. Aber es hilft alles nichts: Der Sauerstoff der Luft im Boot ist fast restlos verbraucht. Schweißgebadet liegen die Männer auf ihren Kojen. Gegessen wird nicht mehr. Lungen und Herz arbeiten wie wild. Der Kopf droht zu zerplatzen. Später weiß keiner mehr zu sagen, woran er in diesen Stunden erbärmlichen Wartens dachte. Und jetzt, bei Tage, aufzutauchen ist unmöglich. Der Kommandant vergaß seine Armbanduhr aufzuziehen und wagt, als sie stehengeblieben ist, nicht, nebenan in der Zentrale die Uhrzeit vom Chronometer zu erbitten. Grabesstille herrscht von vorn bis achtern im Boot. Die Stunden verrinnen — aber wie langsam! Irgendwo jedoch bleibt ein Funke Wissen im Hirn lebendig: Auch diese zweiundsiebzig Stunden bis Dunkelheitsbeginn der dritten Nacht werden vorübergehen; einmal werden sie ein Ende nehmen! Grausam.

An die Koje des Kommandanten klammert sich ein Seemann und will eine Meldung machen. Es geht einfach nicht mehr. Er bekommt kein Wort heraus. Aber auch der Kommandant ist am Ende seiner Kraft. Er öffnet eine der Spindtüren im Rückenteil seiner Koje und steckt den Kopf da hinein, in die Öffnung, in der Hoffnung, dort habe sich vielleicht noch etwas Sauerstoff gehalten. Vergebens. Wie er sich umwendet, sieht er den Seemann in der Ecke kauern und sich erbrechen. Und erst jetzt begreift er, dies sollte die Meldung werden, daß die Zeit gekommen ist aufzutauchen, denn jener fand eben noch die Kraft, mit dem Finger nach oben zu deuten. Tillessen versucht sich zusammenzureißen. Er wundert sich, wie stille alles bleibt, wo doch auf diese Stunde alle wie auf der Seelen Seligkeit gewartet haben. Nun aber bleibt es unheimlich still. Er blickt mühsam auf seine Uhr — ach so, sie ist ja schon so lange stehengeblieben. Mit wirklich letzter Energie richtet er sich auf, steht auf den Beinen, wankt, sich aufstützend, zum Kugelschott, steigt mühsam, zugleich sich bückend, hindurch — fast übermannt ihn die Versuchung, rittlings so im Ring sitzen zu bleiben —, richtet sich auf, schwankt durch die Zentrale ——, sein Bewußtsein will sich verwirren — ist denn dies nur ein Traum, oder ist es Wirklichkeit? In der Zentrale steht allein der Leitende Ingenieur, steht wahrhaftig. Und jetzt spricht er sogar, sagt, daß außer ihm nur drei Mann helfen können, das Boot anzublasen. Und in dem Augenblick kommen auch der II. Wachoffizier und der Obersteuermann dazu. Und nun helfen sich diese drei gegenseitig, quälen sich die Sprossen des Niederganges hoch in den Turm. Der Leitende Ingenieur drunten bläst das Boot einfach an, ohne vorherigen Rundblick des Kommandanten durchs Sehrohr, ohne Wache, ohne Bedienung an der Maschine ——. Länger konnte es aber auch nicht mehr gehen. Eine ganze Reihe von Männern liegt längst bewußtlos da.

Das Boot hatte auf 60 Meter Wassertiefe gelegen. Nun war es sofort heraus. Mit wirklich seiner letzten Kraft versucht der Kommandant das Turmluk zu öffnen. Er schafft es nicht. Mit bis aufs äußerste angespannter Anstrengung wird ein Lecksicherungsbalken herbeigeschafft und gegen den Schnepper am Luk gedrückt. Sie alle drei stoßen und zwängen vereint — derweilen schwabbelt schon lange das Boot an der Oberfläche, noch unausgeblasen —, und dann gibt es einen zischenden Laut, und die drei Männer im Turm werden gegen das Sehrohr gedrückt. Es ist, als schlüge ihnen jemand mit aller Wucht auf den Kopf. Sekunden vergehen ohne Besinnung. Dann krabbelt mühsam zuerst der Kommandant, dann der II. WO aus dem Luk ins Freie; der Obersteuermann klemmt noch willenlos am Sehrohrbock.

Weit und breit kein Gegner. Es herrscht noch nicht einmal rechte Dunkelheit. Wurschtegal! Nur Luft! Aber was jetzt tun? Wo so viele Männer ausgefallen sind, daß selbst die notwendigsten Posten nicht besetzt werden können? Es wird überhaupt kein Befehl erteilt.

Erst nach etwa 15 Minuten merken die drei auf der Brücke, daß das Boot ausgeblasen wird, und im Anschluß daran gehen die Diesel an. Grinsend steht auf einmal das Gesicht des Schmutt im Turmluk, und der Kerl fragt auch noch, ob er Kaffee machen darf. Lieber Schmutt, wenn du wüßtest, wie dein Kommandant in diesem Augenblick deine Visage liebt! Wohl nur der liebe Gott weiß, was es in diesen Stunden für die Männer auf U 516 heißt, Kaffee trinken zu dürfen. Zwei Stunden darauf sind Boot und Besatzung wieder einsatzbereit.

Dies also war, im Sommer 1944, solch ein „besonderer Fall", für den die Kalipatronen aufgespart werden sollen. Bevor er eintrat, wußte man auf diesem Boot noch nicht, wie bitter not solche chemische Hilfe einmal werden kann. Bis dahin war, sie aufzusparen, lediglich ein Befehl, den man einfach, wenn vielleicht auch hin und wieder ungern, befolgte. Noch hatte eigene Erfahrung ihn nicht schmackhaft gemacht. Denn damals schienen einem schon nach sehr viel weniger Stunden ohne Lufterneuerung Kalipatronen durchaus angebracht. Lichtenberg aber, der Leitende Ingenieur, blieb hart. Durchaus zu Recht. Es ging auch so.

* * *

Vier Wochen lang kämpfen die Männer von U 516 in der Tropenglut der Karibik. Keine Klage wird laut trotz aller Entbehrungen, aller Strapazen. Längst gibt es keine „Neuen" mehr an Bord.

338

Es ist Ende Dezember 1943, die Torpedos sind fast sämtlich verschossen, und es wird Zeit, wenn man ohne Zwischenergänzung heimkehren will. Die Besatzung hat es verdient heimzukehren. Vier Monate befindet sich nun schon das Boot draußen und hat schöne Erfolge erzielt. Was das heutzutage heißt, weiß nur, wer es selbst erlebte.

Jetzt geht es also heim. Brennstoff und Proviant reichen gerade noch hin, mit sparsamer Marschfahrt bis zum Schlupfloch zu kommen. In der Biskaya steht einem ohnehin noch einiges bevor. Womöglich unterwegs ergänzen müssen — Gnade uns Gott! Luftungefährdete Gebiete wie noch vor einem Jahr gibt es selbst mitten im Atlantik heute nicht mehr. Ergänzung draußen, das bedeutet jedesmal ein Spiel va banque um Leben und Tod. Zu viele Boote sind während solcher Ergänzung, tauchunklar, überrascht und vernichtet worden. U-Tanker gibt es keinen einzigen mehr. Muß man ergänzen, so ist dies nur durch an der Front noch junge Kampfboote möglich, die mit solcher Aufgabe zunächst betraut werden, um Erfahrungen zu sammeln. Selbst Funken darf man natürlich nicht, sonst peilt einen der Gegner augenblicklich ein und ist mit Bestimmtheit wenig später zur Stelle. „Ergänzung", das ist ein Wort, bei dem jeder an Bord, wenn er nur daran denkt, den Schwanz zwischen die Hinterbeine klemmt. Taucht man erst auf, um den Kameraden, dieses winzige Stückchen Etwas in der Unendlichkeit der See, im angewiesenen Quadrat zu finden, so heißt das beinahe Gott versuchen. Im nächsten Moment pflegen die feindlichen Flugzeuge gerade hier und nirgendwo anders als an diesem vom BdU bestimmten Platz zu sein mit ihren Bomben, und das ausgerechnet gerade dann, wenn schon der Schlauch zur Brennstoffübernahme angeschlagen ist und das Boot so schnell nicht wegtauchen kann. Um alles in der Welt nicht versorgen müssen!

Das Boot läuft heim. Vier Torpedos, die es noch besitzt, wird es mit nach Hause nehmen. Zwei von ihnen sind ohnehin solch komische neue T 5, „Zerstörerknacker", die selbsttätig auf Schraubengeräusche zulaufen sollen. Man hat sie auf diesem Boot noch nicht probiert und keine Erfahrung mit ihnen, denn bisher gab es noch nicht entsprechende Gelegenheit, sie an den Mann zu bringen; sie sind auch erst vor wenigen Tagen für dieses Seegebiet freigegeben worden. Es ist aber auf U 516 so recht keiner scharf darauf, in solche Gelegenheit zu geraten. Lieber verzichtet man auf den Versuch mit den geheimnisvollen Instrumenten. Wer weiß denn, ob sie nicht womöglich . . . „Ach watt, Schnauze, Mann! Wir werden es noch früh genug erleben —".

Jetzt also, endlich, nach fast vier Monaten in See, geht es heim; in dieser Nacht Ende Dezember steht U 516 schon auf der Höhe von Aruba. Bald wird der Atlantik erreicht sein. „Schatten an Backbord!"

Knapp 30 Minuten darauf gibt es keinen Zweifel mehr. Dort läuft ein Tanker von mindesten 10 000 Bruttoregistertonnen mit hoher Fahrt. Er zackt bis zu 90 Grad, und es kostet Mühe, ihn nicht zu verlieren, bis man seinen Generalkurs — Süd, so stellt sich endlich heraus — bestimmen kann. Das Schiff läuft 19 Meilen. U 516 in diesen tropischen Gewässern (10 Grad Nord steht man hier) höchstens 15; in nordischen laufen die Boote mehr.

Was ist zu tun? Ein paar Stunden Höchstfahrt mit solcher Geschwindigkeit, dann sind die Diesel kochend heiß und im Boot tropische Schwüle und Temperatur von 50 bis 60 Grad. Die Butter in den Goldblechdosen ist ohnehin ständig Suppe. Ob solche Jagd aber überhaupt zu einem Erfolg führt? Auf jeden Fall schluckt sie den Treibstoff weg, den man zum Heimmarsch braucht, und das bedeutet: Ergänzen müssen. Was tun? Eine Angriffsmöglichkeit ergibt sich nicht direkt. Soll man den Tanker laufenlassen? Wir haben unsere Schuldigkeit doch wohl getan, und wenn wir ungestraft nach Hause kommen wollen — —. Ob wohl jemand an Bord so denkt?

10 000 Tonnen! Und Aale haben wir noch! Zwei T 5, die man versuchen sollte, und weiter zwei G VII A. Im Nordatlantik haben sich die „Zaunkönige" schon bewährt. Wie mag es hier im Süden mit ihnen stehen? Stimmt, was man für diese Breiten als Einstellung berechnet hat?

Dem Kommandanten, der den Befehl für die Verfolgung gibt, begegnen deutlich ablesbar diese gemischten Gefühle auf allen Gesichtern. Er selbst empfindet die Lage um keinen Deut anders. Aber ein Tanker von 10 000 Bruttoregistertonnen — da kann es, darf es für einen, der Verantwortung übernahm, keinen anderen Entschluß geben. Nach den Berechnungen des Obersteuermanns, der die Peilungen des Gegners ausgewertet hat, und nach dem gesunden Menschenverstand kann es gar nicht anders sein, als daß dieser Tanker den Ölhafen Aruba ansteuert, so verzwickt auch sein Kurs im einzelnen verlaufen mag: Generalkurs annähernd Süd, also Aruba. Auf! Versuchen wir's.

Sechs Stunden hindurch rennt U 516 mit Höchstgeschwindigkeit Aruba an. Man läßt den Tanker ruhig seine eigenen Kurse laufen. Nur so besteht eine Chance aufzuholen, ihm zuvor und zum Angriff zu kommen. Ach was Brennstoff! Hier ist das Ziel, um das sie draußen sind und zur See fahren. Sie sind Soldaten. Es gilt Tonnage zu versenken. Das weitere findet sich. Angreifen! lautet die Devise der U-Bootwaffe. Keine „Schangs", dem Feind zu schaden, darf ausgelassen werden. — Doch wenn die Berechnungen trügen, und man findet den Kerl nicht wieder, dann — — ist dicke Luft.

Sechs Stunden, dann geht das Boot auf Gegenkurs. Es steht nur noch etwa 30 Meilen vor dem Hafen. Jetzt liegt es auf der Lauer. Kommt der Feind? Einige Male war sein Schatten an Steuerbord, mal an Backbord gesichtet worden; doch mehrmals, wenn er nach der Berechnung hätte in Erscheinung treten müssen, blieb er aus. Im Osten zeigen sich die ersten Anzeichen des erwachenden Tages. U 516 liegt gestoppt. Der Feind müßte in Sicht kommen. Sie starren durch die Gläser ins Dunkel. Im Boot ist man, da die Maschinen ruhen und nur noch Hitze ausstrahlen, aufs äußerste gespannt.

Da —! Ein Schatten in 40 Grad! Der steuerbordvordere Ausguck, der Wachoffizier, hat ihn im Glas.

„Auf Gefechtsstationen!" Tillessen läßt den Tanker nach Backbord passieren. Der Schatten wächst — und dann sieht man die Umrisse des Riesen fast 0 Grad, von vorn, auf U 516 zuhalten. Er hat wiederum, jetzt auf das Boot zu, gezackt. In dem herrscht völlige Ruhe. Die günstigste Schußposition, 20 bis 30 Grad beim T 5, wird abgewartet. Der erste T 5, denkt jeder an Bord. Hoffentlich hält er auch in diesen Gewässern, was er verspricht. Und dann —

„Rohr III lllosss!"

Sofort nach dem Schuß läßt Tillessen das Boot hart nach Backbord drehen und läuft nun mit höchster Fahrt nach dorthin ab. Trifft der Aal? Trifft er nicht? Kommt dieses neue Teufelsding nicht etwa auf sie selbst zurück?

Da —! Gott sei Denk! Brutal zerreißt die Torpedodetonation die nächtliche Stille. Er ist getroffen, der Tanker, er stoppt, vielmehr schert er aus dem Kurs und bleibt dann liegen. Der T 5 hat, wie es nun einmal seine Natur ist, achtern Schrauben und Ruder des Schiffes getroffen. Die Beute ist gestellt; aber noch nicht vernichtet.

Sofort mit dem Treffer ist U 516 weggetaucht und auf Sehrohrtiefe gegangen. So dicht unter Land ist in Kürze mit Feindmaschinen und Bewachern zu rechnen; zweifellos funkt der Havarist jetzt SOS. Nach Möglichkeit soll keiner der Tankerbesatzung das U-Boot sehen und später Anhalte geben. Schon setzt auch die Morgendämmerung ein. Getaucht fährt das Boot einmal um das stilliegende Schiff herum. Es fuhr in Ballast, ist leer und will nicht brennen. Seine Besatzung steht auf der Schanz und „peilt in den Bach", blickt nach dem Boot aus. Tillessen kann es beobachten. Nur wenig achtern tiefer liegt der Tanker in der See; seine Schotten halten dicht. Will man verhindern, daß er abgeschleppt und repariert wird, so müssen weitere Aale auf den Treibenden losgemacht werden, und zwar so schnell wie möglich.

Es stellt sich später dann heraus, daß der Tanker tatsächlich funkte. Sogar die deutschen Funkstellen in der Heimat faßten seinen Hilferuf auf, und der BdU teilte daraufhin dem Boot mit, daß es nordwestlichen Kurs steuern solle, im Brasilienstrom, der später zum Golfstrom wird und der das getauchte U-Boot so nordwestwärts versetzen helfen sollte.

Nur keine „halben Maßnahmen" jetzt, sagt sich der Kommandant. Ein leeres Schiff sinkt schwer, und so schnell wie möglich gilt es, den Schauplatz zu verlassen. So werden bedachtsam gleich zwei Fangschüsse losgemacht: ein G VII A auf die vordere Ladeluke, ein zweiter G VII A auf die Höhe des achteren Mastes.

Beide Fangschüsse sitzen vorzüglich. Die Tankerbesatzung macht sofort ein Boot klar und steigt aus. Über Heck sinkt das Schiff mit gewaltigem Getöse in wenigen Minuten. Zuletzt werden aufs lauteste die markanten Sinkgeräusche gehört. Es ist wie bei einem riesigen Tier, das nicht sterben mag. U 516 läuft schnellstens ab, um noch möglichst viel Raum zu gewinnen. Im Boot ist alles klar, die Stimmung „bestens". Gleich nach dem Erfolg hat jedes Besatzungsmitglied traditionsgemäß einen „Schnabus" bekommen.

Die Schiffsführung gibt sich keinen falschen Hoffnungen hin. Sie ist sich darüber im klaren, daß der Gegner derart dicht unter Land stärkste Kräfte — Luft und See — ansetzen wird, um endlich diesem Boot, das ihm so viele Schiffe und jetzt noch dieses dicht vor dem Hafen versenkte, das Licht auszublasen.

Kaum eine Stunde später werden schnelle Schraubengeräusche aufgefaßt — schon sind sie hier, die Brüder: Rettungsfahrzeuge, Abwehrkräfte, bestehend aus Korvetten, die ringsum suchen werden. Mehrere Male wird U 516 überlaufen, aber offenbar nicht aufgefaßt.

Erst während der nächsten Nacht taucht U 516 auf, um nachzuladen und durchzulüften. Stockdunkel ist es ringsum, dennoch erfolgt plötzlich ein Flugzeugangriff auf das ahnungslose Boot. Ehe es wegzutauchen vermag, fallen schon die Bomben. Drei sitzen verteufelt gut. Runter, nur runter! ist das einzige Bestreben der Deutschen, runter, solange man dazu noch in der Lage ist. Nur nicht auch den nächsten Anflug des Feindes droben oder erst in ungenügender Tiefe erleben müssen. Das Funkmeßbeobachtungsgerät, das die Ortung rechtzeitig hätte bewirken sollen, hat nichts angezeigt. Ist es unklar? Jedenfalls hat der versenkte Tanker die ganze Gegend vergrämt; der Feind ist noch aufgebracht und auf dem Posten. Erst am Nachmittag des nächsten Tages, einem Sonntag, wird wiederum der Versuch gemacht aufzutauchen. Entschluß: Über Wasser weiter! Wenn das Naxosgerät wirklich unklar ist, sieht man auf diese Weise wenigstens, was kommt. Das Boot muß endlich hoch und sein unterbrochenes Geschäft, die Akkus aufzuladen, fortsetzen. Man muß auch endlich von jener Stelle weg.

U 516 taucht also bei Tage auf. Die Brückenwache tut ihr Bestes: sorgfältig wird der Himmel nach Flugzeugen abgesucht. Dreißig Minuten lang fährt das Boot so, da meldet der backbordachtere Ausguck plötzlich ein Flugzeug aus der Sonne im Anflug — „Alarm!"

Wirklich blitzschnell steigt die Brückenwache ein; der Kommandant als letzter reißt das Turmluk dicht, in der Zentrale werden schon die Flutklappen aufgerissen, das Boot sackt ein — aber da fallen auch schon die Bomben — gewaltige Detonationen — während man erst im Untertauchen, noch keineswegs auf Tiefe ist. Man hatte, wie es oft geschah, die Entfernung des in der Sonne stehenden Flugzeuges überschätzt. Die drei Bomben liegen nur allzugut. Eine Druckwelle reißt das eben erst dicht geschlagene Turmluk einfach wieder hoch: Breit stürzt die Wassermasse herein, vorbei an der noch im Turm zusammengepferchten Brückenwache. Mit dem gleichen Augenblick der Detonation ist ungefähr alles im Boot ausgefallen. Dunkelheit überall. Das Ende.

Die Männer im Turm müssen glauben, daß das Boot durch die Treffer aufs schwerste beschädigt, wahrscheinlich vernichtet ist und sinkt.

„Anblasen!" brüllt der Kommandant bei all dem einstürzenden Wasser zur Zentrale hinunter, doch in der gleichen Sekunde wird durch den zunehmenden Wasserdruck über dem sinkenden Boot das Turmluk wie von selbst wieder dichtgedrückt, der mächtige Wassereinbruch von oben erstirbt sofort. Aber im Boot sonst?

Im Verlauf dieser kritischen Sekunden hatte in der Zentrale der Leitende Ingenieur von seiner Position aus naturgemäß ein ganz anderes Bild. Er meint, das Boot noch durchaus in der Hand zu haben und zu halten. Bloß nicht wieder auftauchen gerade jetzt! „Herr Kaleunt!" meldet er in erstaunlich ruhiger und sicherer Form durch das finstere Chaos hindurch dem Kommandanten zurück, gegen den Befehl, anzublasen: „Boot fällt. Wir sind auf 60 Meter —".

Im Boot daraufhin eisiges Schweigen. Geschieht denn das Fallen, das doch knapp mit den Bombendetonationen gerade erst begann, wirklich normal? Die klare, sachliche Antwort des L.I. machte den bereits erteilten letzten Befehl des Kommandanten tatsächlich überflüssig und rückgängig. Sie rettete dem Boot und der Besatzung das Leben. „Nur nicht die Nerven verlieren!" sagt sich Leutnant (Ing.) Lichtenberg, der Leitende Ingenieur. Schon 1908 geboren, ist er kein Neuling mehr, der sich leicht verblüffen läßt. Er ist erfahren im U-Bootdienst. Seit Kriegsbeginn hat er zuerst unter Max Hermann Bauer, dann unter Mengersen, danach unter Fraatz von unten auf, zuletzt als Obermaschinist auf kleineren Booten gefahren, nun ist er, zum Offizier ausgewählt, Leitender auf diesem großen Fernunternehmungsboot unter Tillessen geworden. Der Kommandant versteht, daß dieser grunderfahrene Ingenieur einmal die Zügel an sich reißt in Dingen, für die er seinem Kommandanten verantwortlich ist; in Fragen, die vom Technischen her beurteilt werden müssen, und in einem Augenblick, da alles in Verwirrung geriet. Doch auf das Technische kam es allein an, das Technische, von dem jener mehr verstehen soll und auch versteht als er. Die klare Ruhe dieses Mannes ist bewundernswert. Tillessen erkennt sie an. Er ist jenem dankbar dafür, daß er im kritischen Augenblick den Befehl, den er selbst nach dem ihm möglichen Überblick einfach geben mußte, und der sie doch alle zweifellos das Leben gekostet hätte, einfach überspielte. Aus solchem Erlebnis wächst Kameradschaft, bestes Soldatentum, über das Militärische hinaus.

Für Lichtenberg kommt jetzt alles darauf an, durch ruhigen Ton seiner Befehle die übrigen zu leiten. Erst einmal Ruhe, sagt er sich, Überblick, kühles Blut und klaren Kopf. Vertrauen bedeutet in solchem Augenblick alles. Irgendwie wird es schon gehen. Es gibt so viele Möglichkeiten in solch einem Boot, jedwedem Ereignis zu begegnen, wenn man sie nur richtig auszunutzen versteht. Nicht durchdrehen! Noch scheint das Boot zu halten.

342

Auch der Wassereinbruch wird geringer, allein schon durch den durch ihn selbst erhöhten inneren Druck im Boot. Und dieses hält sich wahrhaftig. Wenn nur nicht weitere Angriffe dazukommen!

Die erste Zeit war das Wasser nur so durch den Raum geschossen. Die Preßluftflaschen in der Zentrale sind bis zur Hälfte kaputt und blasen ständig ab. Ihr zischendes Geräusch macht jede mündliche Verständigung fast unmöglich. Der Regler ist geplatzt. Glassplitter spritzten nur so durch die Gegend. Hofft Lichtenberg denn wirlich noch, das Boot und uns retten zu können, fragen sich die Männer. Er muß es schließlich besser beurteilen können als wir selbst.

Auch im Heckraum ist eine Luftleitung durch. Die Meldungen aus den Räumen überstürzen sich. Lichtenberg, von der Pieke auf mit U-Booten vertraut, weiß in der Zentrale kaum noch Kopf und Überblick zu behalten. Dabei soll der doch jedem sofort den richtigen Befehl geben! Unbeschreiblich, der Zustand! Dazu bei der funzeligen Notbeleuchtung aus Taschenlampen und der schier unerträglich feuchtheißen Luft von an die 50 Grad im Boot.

Zwei schwere Risse im Druckkörper werden festgestellt; einer davon in der Kombüse — das Wasser springt und sprudelt nur so herein —, der andere, nicht geringer, bei der E-Anlage. Mehrere Zellen der Batterie sind gerissen, und die ganze Anlage bekam durch den Wassereinbruch Schluß. Also aus mit Unterwasserfahrt! Die Spannung der Batterie sinkt unaufhaltsam auf 0. Kein „Saft" mehr. Die Maschinen bleiben stehen. Das Boot kann sich unter Wasser nicht mehr rühren. Kann es sich halten? Und über Wasser? Mindestens für den Augenblick ist der Gedanke, aufzutauchen, sinnlos. Droben sind zu allem Überfluß Zerstörer dazugekommen. Man hört ihre Schrauben deutlich. Was tun? Leutnant (Ing.) Lichtenberg hält das Boot unter Wasser, auch ohne daß Fahrtstrom auf die Tiefenruderblätter wirkt. Durch Fluten läßt er es langsam tiefer sacken, durch Lenzen es sodann möglichst allmählich wieder steigen. So schwebt es auf der Stelle. Alles kommt darauf an, genau das Gleichgewicht zu halten. Die Zentralewache führt zuverlässig und fix seine entsprechenden Befehle aus. Laufend muß der Trimm des Bootes ausgeglichen werden von vorn nach achtern und von dort zurück nach vorn. Heck und Vorschiff sollen waagerecht stehen. Bald haben es die Männer heraus, diese Arbeit selbständig ohne Lichtenbergs besondere Befehle durchzuführen.

Gnadenlos werfen die feindlichen Zerstörer jetzt auch noch Wasserbomben. Von Zeit zu Zeit überläuft einer das Boot, stoppt, horcht sicherlich, ortet, wie man deutlich hört, wirft, und dann geht er mit der Maschine wieder an. Nach allen Regeln ihrer grausam ausgetüftelten Kunst beharken sie das hilflose Boot in der Tiefe. Eine verzweifelte Lage. An Ruhe und Schlaf ist für keinen zu denken, am allerwenigsten für den Leitenden Ingenieur. Das Boot darf keinen Augenblick sich selbst überlassen bleiben. Unentwegt muß es in seiner kläglichen Lage des Auf- und Niederschwebens gehalten werden. Wie ein Tänzer auf dem Seil gilt es mit ihm zu balancieren. Und das ohne Hilfsmaschinen! Denn der Strom, sie zu bedienen, ist wie alles Licht einfach weg. Zunächst gilt es die schweren Schäden anzugehen, so schnell wie möglich sie zu beseitigen. Die Zellen der Batterie, soweit verdorben, werden abgeschaltet. Die Männer sind dabei, sie durch Schienen von einer zur übernächsten zu überbrücken.

Gegen Morgen — in diesen Breiten 12.00 Uhr Mittag deutscher Zeit — auftauchen. Trotz aller Schraubengeräusche, die man noch bis vor kurzem hörte. Es muß einfach sein. Das Boot kann nicht länger unter Wasser bleiben. Es braucht Luft.

Ob es draußen wohl noch so dunkel ist, daß der Feind es wenigstens nicht sieht? Die verdammte Ortung! Einmal wird uns, denken sie, der BdU etwas Neues in die Hand geben, mit dem wir trotz dieser gottverfluchten Ortung wieder besser kämpfen können! Nur nicht weich werden, bis es soweit ist. Trotz allem nämlich sind die deutschen U-Bootmänner optimistisch. Wie sollen sie auch sonst fertig werden mit ihrem Los?

Auf 60 Meter Tiefe wird angeblasen mit einem Teil der restlichen Luft. Das Boot kommt heraus.

Ob das FuMB wenigstens jetzt rechtzeitig anzeigt? Was war das gestern? Warum meldete es nicht?

Sofort ein Diesel in Betrieb, um gleich Ladung einzulegen, damit die inzwischen isolierten Batteriezellen wenigstens etwas neuen „Kujambel" bekommen. Ganz ohne Strom geht es einfach nicht mehr, und die Isolierung der Zellen ist soweit, daß man es jetzt versuchen soll. Nachher ist es zu hell.

Eine Weile geht alles klar. Kein Feind bemerkbar. Aber nach kürzester Zeit säuft das Boot von selbst wieder ab: Die Entlüftungen sind undicht, die Luft sickert aus. Alle zehn Minuten muß ein Diesel stoppen und auf Rückwärtsgang geschaltet werden zum Ausblasen. So geht es.

Nach einer halben Stunde Fahrt über Wasser erfolgt ein neuer, der dritte Fliegerangriff. Diesmal aber bekommt ihn das Funkmeßbeobachtungsgerät früh genug mit. Also Alarm und weg!

Bomben fallen nicht. Die inzwischen glücklich gewonnene Aufladung genügt noch lange nicht zu einer auch nur geringen Unterwasserfahrt. Von Zerstörern war droben zum Glück nichts zu sehen.

Erst also einmal an die Reparatur der Entlüftungen, die sich bei der kurzen Überwasserfahrt als dringend notwendig herausgestellt hat. Lichtenberg weiß kaum noch, wo ihm der Kopf steht. In den wenigen freien Minuten, da man ihn nicht direkt zu brauchen scheint, fällt er jetzt schlafmüde einfach um.

Zwei Stunden später erneuter Versuch aufzutauchen, denn noch ist es draußen nicht hell. Diesmal geht es eine Dreiviertelstunde gut — noch sind die Entlüftungen keineswegs dicht —, da fallen in einiger Entfernung urplötzlich Bomben, ohne daß man auch nur das Geringste vorher wahrgenommen hätte. Ein Flugzeugscheinwerfer strahlte auf — das Warngerät hat also wieder nicht reagiert —, leuchtete hell einen Zerstörer an, den die Maschine im gleichen Augenblick bewarf. Sie hat demnach versehentlich den eigenen Kameraden geortet und angegriffen.

Dieses Drama spielte sich so dicht neben dem deutschen Boot ab, daß der Kommandant es für richtig hält, sofort wieder zu tauchen, zumal er jetzt kein Vertrauen mehr zu dem Funkmeßbeobachtungsgerät hat und jede Art von Feindberührung bei unklarem Boot vermieden werden muß.

Während der folgenden Wartezeit unter Wasser wird unentwegt weiter an den Reparaturen aller Ressorts gearbeitet. Den ganzen Tag über, im auf der Stelle auf- und niederschwebenden Boot.

Auf der Stelle? Laut Seekarte versetzt der Strom hier gegen die nahe Küste. Es wird also Zeit, endlich Energie in die verkleinerte Batterie zu laden, um, wenn auch noch so langsam, ablaufen zu können; sonst treibt das Boot hilflos gegen das Land.

Mit der Energie ist selbstverständlich die Kochanlage des Bootes ausgefallen. Den ersten Tag über hat die Besatzung fast allein von Trinkwasser gelebt. Die tropisch feuchte Hitze und die andauernde schwere Arbeit verursachen unmenschlichen Durst. Man vermischte das Wasser mit Dosenmilch. So hat es wenigstens etwas Nährwert. Der Appetit ist gering. Es wurde Notproviant ausgegeben, aufquellende Kekse, die dem Magen Sättigungsgefühl gaben — sie sind in jedem der Rettungsschlauchboote eingepackt —, und Schokakola, die erfrischt, nährt und belebt. In der zweiten Nacht gibt es Stullen. Viel essen sie alle nicht davon. Die Luft ist nicht vom besten, und immer noch herrschen bis an 50 Grad Hitze im Boot. Die Männer fächeln sich während der Arbeit einer dem anderen mit Pappdeckeln Luft zu. Es wäre sonst unerträglich.

Bei der Arbeit an den Elektrozellen fallen verschiedene Männer durch die sich entwickelnden Batteriegase um. Sie müssen für Stunden Ruhe haben. Alle sind intensiv bei der Arbeit und geben ihr Bestes. Sie wissen, was auf dem Spiele steht. Und zur Führung des Bootes haben sie Vertrauen. Sie veranlaßt, was ihnen irgend helfen kann, das wissen sie und werden es ausführen, so gut sie es nur können.

Wieder soll, wenn es erst dunkelt, der Versuch gemacht werden aufzutauchen und nachzuladen. Im Turm liegt alles für den Notfall klar: Schlauchrettungsboote, Notproviant, Sternsignalpistolen. Den ganzen Tag über sind droben von Zeit zu Zeit Zerstörer zu horchen, die Wasserbomben werfen, wenn dies auch nicht gerade über dem Boot geschieht. Sie wollen sicherlich nur allgemein deutsche Boote abschrecken, die hier, wie sie ja merkten, operieren. Ab und an scheint es allerdings den Männern, als wäre doch der Gegner immer noch auf ihrer Spur und hinter ihnen her.

Die nächsten Tage sind weiter ausgefüllt mit Arbeit, schwerster Arbeit. In jeder Nacht wird wieder und wieder versucht, aufzutauchen, nachzuladen und währenddessen von der Küste möglichst abzulaufen. Und mit jedem Fall glückt das Überwasserbleiben länger. Eine Stunde, zuletzt sogar deren zwei, ehe man wegen vom FuMB festgestellter Ortung durch den Gegner doch schließlich wieder mit Alarm tauchen muß. Endlich hat sich auf diese mühsame Art etwas Strom in der behelfsmäßig hergerichteten Batterie aufgespeichert. Dafür ist aber jetzt die Preßluft zum Anblasen knapp geworden, denn es kann, wenn Ladung eingeschaltet ist, während der jedesmal nur so kurzen Zeit über Wasser nicht gleichzeitig auch noch der Luftverdichter angestellt werden und genügend Preßluft schaffen. Endlich ist die Batterie so weit, daß sie unter Wasser das Boot mit einer Maschine Langsame etwas vorantreiben kann.

Vier Tage hindurch hat der Feind das Boot verfolgt, während es ohne eigene Fahrt nur mühsam auf und nieder stieg, hilflos der Strömung überlassen. Vier Tage und vier Nächte. Nun ist die Anlage halbwegs wieder klar. Werden sie es mit ihr schaffen? Werden sie mit dem geringen „Saft" der so verkleinerten Batterie durch die ganze nun stark überwachte Karibik und dann aus ihr hinaus kommen, um endlich den Rückmarsch über den Großen Teich antreten zu können?

Dunkle Nacht. Das Boot lädt gerade wieder einmal über Wasser auf. 24. Dezember 1943. Heiligabend. U 516 schleicht dahin.

Da! Voraus Land!

Voraus? Was? Unmöglich!

Doch! Deutlich ein Leuchtfeuer. Und jetzt können sie feststellen, wo sie — entgegen aller Berechnung — wirklich sind. Auf viel günstigerer Position, als sie glaubten: Der Strom hat den Angaben der Strömungskarte entgegen das Boot nicht hinein, auf Land zu, getrieben, sondern hinaus auf die vorgelagerte Inselgruppe zu. Nur an der Meeresoberfläche scheint er demnach wie bekannt zu laufen; die Unterwasserströmung geht bereits in 60 Meter

Tiefe genau entgegengesetzt. Ein unverschämtes Glück! Das ist wie ein Weihnachtsgeschenk. U 516 schlängelt sich vorsichtig aus der Karibischen See. Bald darauf liegen die Kleinen Antillen hinter ihm. Noch einmal hat der Herrgott beigestanden.

* * *

Dem Boot steht eine Gefahr bevor, deren Wucht wohl nur die Schiffsführung voll ermißt. Mit der letzten Verfolgung, deren Konsequenzen man bewußt auf sich nahm, haben sie den Brennstoff verfahren, der bei langsamer Marschfahrt gerade noch bis in den heimatlichen Stützpunkt reichen sollte. Das aber bedeutet: Das wundgeschlagene Boot muß nun versorgen, es muß unterwegs Treibstoff tanken.
Was solche Ergänzung heißt, das wissen wohl nur L.I. und Kommandant. Noch ist es nicht soweit, und sie dürfen alle, froh, entronnen zu sein, Weihnacht begehen. Wochen verhältnismäßig geruhsamer Marschfahrt liegen vor ihnen, Wochen in dem Bewußtsein, Erfolg mit heimzubringen, außerordentlichen Erfolg — wenn Heimkehr ihnen bestimmt ist.

* * *

U 516 liegt etwa 500 Seemeilen nordöstlich der Kleinen Antillen auf See, liegt still. Was ist geschehen, daß das Boot das wagt, bei hellichtem Tage in aufgetauchtem Zustand, trotz aller Feindgefahr? Das Gesetz des Krieges lautet: Wer zuschlägt, muß gewärtig sein, daß auch er wiederum geschlagen wird. Nur mit gemischten Gefühlen denkt jeder an Bord an jene letzten Tage und Nächte in der Karibik zurück: Ihr Boot wurde aufs schwerste geschlagen. Die letzten Fliegerbomben haben ihm grausam zugesetzt. Jetzt ist es unerläßlich, daß, bevor es weitergehen kann, Außenbord-Schweißarbeiten durchgeführt werden. Vor allem das, was bei Unterwasserfahrt am Bootskörper klappern kann, soll abgeschnitten und in den Bach geworfen werden. Ruhige See und klarste Sicht, so darf man jetzt am ehesten damit beginnen.
Reges Leben herrscht an Oberdeck. Zwar ist klar, daß diese Überwasserstunden eine neue Nervenprobe sind, aber sie muß durchgestanden werden. Schweißkabel hängen aus dem Turmluk, notgedrungen schaffen viele Männer an Oberdeck. Äußerst ungemütlich, solcher Zustand. Obendrein quält das stechende Sonnenlicht die entwöhnten Augen.
Trotz schärfster Beeilung vergehen Stunden, bis der Leitende Ingenieur melden kann, daß das Boot klar ist und die Arbeiten in See nicht besser durchführbar sind als geschehen. Ein erster Funkspruch, seit sie draußen sind, wird abgesetzt: „Versenkt 13. 11. Dampfer 4000. 18. 11. Segler 200. 23. 11. Tanker 7000. 24. 11. Dampfer 6500. 8. 12. Fahrgastfrachter 5300. 16. 12. Tanker 10 000.“ Dazu Standort, Brennstoffvorrat, Proviant, und daß die neuen Torpedos T 5 erfolgreich angewendet wurden. Unterschrift. Im Anschluß an dieses FT wird sofort getaucht. Ade, liebe Sonne!
Die Stimmung an Bord ist glänzend. Kein Wunder, man hatte Zeit gehabt, tief Luft zu holen, hatte das Boot, das dem Teufel noch einmal von der Schippe gesprungen, einigermaßen wieder klargekriegt, und es geht nach Hause. Die Leckstellen im Druckkörper waren mit Bordmitteln nicht zu beheben, aber U 516 vermochte wenigstens wieder bis 60 Meter tief zu tauchen und im Ernstfall geräuschlos dahinzuschleichen. Auf größeren Tiefen wird der Wassereinbruch allerdings so stark, daß das Boot auf die Dauer dort nicht zu halten ist.

Man wußte damals, jeder Funkspruch, völlig gleich, in welchem Seegebiet, wurde vom Gegner eingepeilt und ausgewertet. Flugzeuge wurden an jene Stelle gesandt, und, wenn nahe verfügbar, auch Korvetten, ganze Suchgruppen, die systematisch das betreffende Gebiet, aus dem gefunkt war, absuchten. So ist jetzt, nach dem Funkspruch, größte Vorsicht geboten. U 516 wartet zum Auftauchen heute das Eintreten völliger Dunkelheit ab und verläßt sich dann auf sein FuMB. Um so erstaunter ist man, als keinerlei Ortung gemeldet wird. Die Nacht bringt eine andere Überraschung, eine erfreuliche. Den am Tage abgesandten Spruch hat die Heimat aufgenommen, bereits jetzt wird die Antwort empfangen: „An U Tillessen. Hannes — Gut gemacht. Ich verlange von dir, daß du gemäß § xyz den Rückmarsch durchführst. BdU." Der betreffende Paragraph aber besagt, daß das Boot mit Vorsicht, unter Vermeidung jeder Feindberührung, in den Einsatzhafen zu bringen ist. Dieser ausgesprochen persönliche und klare Funkspruch des „Großen Löwen" wird denn auch von der gesamten Besatzung genauso wie von dem empfunden, an den er gerichtet ist: Als ein besonderes Lob, das allen gilt. Wohl jeder empfindet, sie stehen also doch nicht so gottverlassen allein. Ihr Befehlshaber blickt nach ihnen aus und trägt sie in sorgenden Gedanken.

Wieder hat das tägliche Einerlei der Marschfahrt von Sinnen und Trachten aller Besitz ergriffen. Die alten Hasen ahnen: jene sechsstündige Tankerverfolgung hat gewiß so viel Brennstoff verschlungen, daß nun Versorgung notwendig wird. Die Funkmeldung des Bootes besagte der U-Bootführung klar, daß U 516 versorgen muß. Hoffentlich, so überlegt man auf dem Boot, kann diese Versorgung noch südlich der Azoren stattfinden, wo die Gegner-Luft nicht derart stark wie weiter nördlich ist.

Die Bärte der Männer sind gewachsen. Einige sehen durch sie völlig entstellt aus. Alle kommen sich ohnehin als eine neue Art von Unterwassermensch vor und sind es auch. U-Bootfahrer sind mit nichts auf der Welt zu vergleichen. Ihr Leben, ihre Einstellung und vornehmlich die zur bürgerlichen Welt sind etwas Einmaliges. Diese Männer können es sich kaum noch vorstellen, wie es „draußen" ist. Sie sind so lange Zeit aller übrigen Menschenwelt entrückt und zu dem durchaus sonderbaren Organismus gleichsam letzter irdischer Lebewesen zusammengeschweißt, die in einem allgemeinen Weltuntergang irgendwo bereits im menschenwesenfremden Raum der Urnatur See schweben und sich dort, aufeinander angewiesen, noch eine Zeitlang halten, bis auch für sie die Stunde schlägt, mit der für jeden Augenblick zu rechnen sie sich längst gewöhnt haben. Es gibt keine Maske mehr, die der einzelne gegenüber dem anderen vor sich her trägt; jede Attrappe ist zerstört. Jeder ist vor sich selbst und den Kameraden das, was er ist. Kein Pathos hat standgehalten, kein Schlagwort, keine Eitelkeit, kein Sichspreizen; nur noch der Kern zählt; er ist jetzt gestählt, und wer verzweifeln wollte, ist durch die tiefste Erniedrigung gestärkt hindurchgegangen und nun nur noch zutiefst Mensch.

Das Boot mit seinem Häuflein Männer orgelt in langer Atlantikdünung gegen eine leichte, von Nordwesten her anlaufende See. Ziemlich tief taucht seine Schnauze jedesmal ein, denn die Tauchzellen sind trotz der Unterwasserschweißarbeiten nicht völlig dicht geworden; in bestimmten Zeitabständen müssen sie immer wieder ausgeblasen werden. Man hat sich an solchen Zustand gewöhnt.

Schweigend träumt die Brückenwache in den nächtlichen Himmel. Seit Monaten ist er ihre Welt; die Sterne sind *ihre* Sterne, die dunkel vorüberströmende See ist *ihre* See, der weite Raum, dessen Wehen sie anrührt, ist ihr Raum. Zuerst war solches Leben jedem fremd gewesen; jetzt ist es ihnen vertraut. Sie gehören zusammen. Jetzt hat keiner mehr das, was man als ausgesprochene Angst kennt. Niemand von ihnen hat mehr diese Art Angst. Wovor auch?

Sie alle haben Zeit und Anlaß gehabt, sich an die Gegenwart des Todes zu gewöhnen. Ja, zu gewöhnen. Anfangs mochten sie nicht fertig werden mit diesem unerwünschten Gast, der so plötzlich unter ihnen stand, daß jeder ihn im Nacken spürte. Damals wollte es den einen völlig übermannen, so daß er haltlos einfach aufschreien und weinen mußte; den andern trieb es an zu beten, sich hilfesuchend auszustrecken nach jener Hand, die sich dem, der inbrünstig fleht, bietet; ein dritter hörte plötzlich einen ihm vertrauten Mund deutlich, fest und ruhig sprechen, sah zwei Augen wie leibhaftig vor sich, ein geliebtes Gesicht, und schöpfte aus solchem Zuspruch Kraft und Vertrauen.

Sie alle waren gewärtig gewesen und schließlich sogar bereit zu sterben in der Zuversicht auf solchen mit Begriffen nicht faßbaren Sinn — und jetzt glaubten sie zu wissen, daß dieses Sterben gar nicht so wehe getan hätte, sosehr sie sich auch festkrallten an dem, was jedem noch als lebenswert erschien, solange es gegeben war. Nach aller Not war nur noch ein Empfinden zu solchem Sterbenmüssen übriggeblieben, wie: „schade" —, nicht mehr. Sie waren, weiß Gott, vorbereitet auf den Tod und hatten schließlich keine besondere Angst mehr verspürt. Nun pflügt ihr Boot doch noch die nächtliche See, sie selbst suchen Kimm und Himmel ab und träumen schweigend vor sich hin. Sollen sie nun dennoch zurückkehren?

Mit jeder Nacht steigen die vertraut gewordenen Sternbilder, steigt das Kreuz des Südens weniger hoch über die Kimm. Mit jeder rücken sie der Heimat, für die sie auszogen, näher. Wie war es doch mit dem „Stoker" Pitt gewesen? Er, ein Fahrensmann von Beruf, der immer sagte: „Wo ich an Bord bin, da rumst es nie!", auch er stand jetzt nachdenklich vor seinen Kurbeln und prüfte mit gerunzelter Stirn die Ventile, die seit jenen Bomben nicht mehr so recht wollten, wie er es sich wünschte. Und wenn das Gespräch dann wieder einmal „darauf" kam, so drehte er sich langsam ab und schwieg. Als Front-U-Bootmann muß man ein starkes Herz in der Brust tragen. Auf U 516 besaßen sie es jetzt. Den Unterschied alt oder jung an Bord gab es nicht mehr.

Elend langsam vergehen die Tage unter Wasser; die Nächte führen das Boot schneller gen Norden. An die Stelle des Südlichen Kreuzes ist der Orion getreten, und auch der Große Bär lugt schon etwas über die Kimm. Die Nase des Bootes prustet und schnauft gegen die See; der aufgekommene Wind geigt auf der Netzabweiser-Antenne. Seit Wochen zum ersten Mal wieder treiben Wolken über den Himmel und sperren dem bösen Mond vorübergehend die Sicht. Man hat sich daran gewöhnt, mit seinen Gedanken allein zu sein, allein bleiben zu müssen. Auch das fiel erst schwer; wie lange liegt das zurück! Es gibt Menschen, die müssen sich mitteilen können, selbst zu unpassender Gelegenheit; sie müssen ganz einfach sprechen. Jetzt haben selbst sie es gelernt, in ihrer eigenen Welt für sich zu leben. Die See macht wortkarg. Nun gar das U-Bootleben. Vier Stunden Brückenwache vergehen, ohne daß es einen der Männer drängt zu sprechen. Jedes überflüssige Wort würde der andere nur als störend empfinden.

Später erinnert sich der Kommandant, daß es Nächte gab, in denen ihn bestimmte Melodien aus italienischen Opern, die er kannte, geradezu verfolgten. Nie vorher, niemals wieder, hat er solche Zustände erlebt. Kaum war das Boot aufgetaucht und nach den üblichen Meldungen auf der Brücke Ruhe eingetreten, so klemmte er sich in seine Nock und, ob er wollte oder nicht, die Melodien kamen, wechselten, gingen. Er wunderte sich selbst — sprach aber während jener Zeit niemals davon —, daß er sich auf die „Musikwachen" auf nächtlicher Brücke ausgesprochen freute, auf jene grenzenlose elementare Einsamkeit ringsum, nur die vier schweigsamen Schatten der Brückenwache um sich, tief unter sich den so lebendig durch die See sich dahinwühlenden Stahlfisch, in dem verborgen, aber dennoch nahe, das verhaßte, so vertraut geliebte Leben seiner Männer haust, die ihm anbefohlen sind, während er selbst sich, wie sie alle, von Unwägbarkeiten abhängig spürt, von Gottes undurchschaubarer Fügung.

Im Boot gab es für ihn solche Entspannung nicht. Wenn andere tagsüber Karten oder dergleichen spielten, er flüchtete sich zu einem Buch. Nichts las man jemals derartig intensiv, nichts so aufnahmebereit und so klar wie die Bücher auf Feindfahrt. Von ihnen machte keines auf diesen Kommandanten je solchen Eindruck wie Heinrich Hausers „Notre dame von den Wogen", ein Buch, das von der Verwandlung spricht, die einer, der aus der gehetzten Welt an Bord eines der letzten Segelschiffe flüchtet, während der langen Wochen Seefahrt an sich selbst erlebt: Notre dame von den Wogen —. Vielleicht hat auch keiner jemals so intensiv dieses Buch nachempfunden wie er. Ja, dieser Schriftsteller hatte verspürt, was solche Fernfahrt mit nur wenigen schlichten Menschen bedeutet: er jedenfalls hatte dem Worte zu geben vermocht, was nun sie, Langfahrer des Krieges, ähnlich und sogar verstärkt an sich erfuhren, ohne es beschreiben zu können. Schlief der Kommandant während des Unterwassermarsches nicht, so las er. Aber immer während dieser Zeit freute er sich schon halb unbewußt auf die mit jeder Nacht wiederkehrende Zeit über Wasser auf der Brücke, auf seine „Musik", die sich dann jedesmal wie von selbst bot. Selbst der so gehetzte U-Bootmann genießt das Leben.

Auf den Befehl, bevor das Boot angeblasen wird, freut sich auch der, der nicht auf die Brücke darf. Schon eine Stunde vor diesem Befehl steht der Kommandant am Luftzielsehrohr, das nicht nur den größeren Blickwinkel gibt, sondern auch erlaubt, außer der See noch die Luft nach jeglicher Unregelmäßigkeit abzusuchen. Dann endlich wird durch seinen Befehl die an der Reihe befindliche der drei Brückenwachen in den Turm gerufen. Dicht bei dicht stehen die Männe unter dem Niedergang und warten auf das Kommando „Anblasen!" Ist das Boot draußen und wiegt zunächst unbeholfen in der See, so wird das Turmluk vom Kommandanten geöffnet, der erste Rundblick mit bloßem Auge genommen. Sofort darauf folgt die Abortung der Luft durch den Funkmaaten. Erst wenn auch sie frei ist, zieht die Wache auf, das Boot wird ausgeblasen, stockend springen die Diesel an, und wenige Augenblicke später schnurren sie, „Dick" und „Doof", ihr eintönig monotones Lied, das jeder an Bord schätzt. Welche auch immer, auf jedem Boot tragen die braven Diesel solche Namen. Das Auftauchen aber ist für alle das aufregende, das interessante Ereignis im Einerlei der Stunden. Der Kommandant freut sich darauf, die Gesichter derer wiederzusehen, die er trotz des engen Zusammengepferchtseins an Bord so lange — viele Stunden hindurch — nicht mehr sah. Der Brückenmaat meldet dem Wachoffizier seinen „Verein", die zwei Mann achteren Ausguck, vollzählig und klar, dieser dann dem Kommandanten, dazu Maschinenleistung und anliegenden Kurs, doch dann wird nicht mehr gesprochen. Es sei denn, Tillessen hätte diesmal vergessen, sich vorsorglich schon am Sehrohr die Zigarette anzuzünden, das einzige Privileg, das er sich allen anderen gegenüber genommen hat. Nutzt er es einmal nicht, raucht der Alte nicht vorm Auftauchen schon, dann, so heißt es auf diesem Boot, wird es in dieser Nacht bestimmt was Ungutes geben. Seemannsaberglaube. Aber nur selten gab es auf dem Boot Anlaß dazu, derart zu unken.

Aus ihrem alltäglichen Trott der Marschfahrt wird die Schiffsführung aufgeschreckt durch einen Funkspruch, der U 516 betrifft. Und zwar werden durch ihn dem Boot Ort, Tag und Stunde der vorgesehenen Versorgung mitgeteilt. U 544, Mattke, eben erst aus der Heimat in den Atlantik vorgestoßen, soll Versorger sein und nicht nur U 516, sondern gleichzeitig auch U 129, Harpe, der aus dem Golf von Mexiko auf dem Heimmarsch ist, mit Brennstoff und Proviant versehen. Als Treffpunkt ist ein Quadrat westlich querab der Azoren vorgesehen.

Vom ersten Tage seiner U-Boot-Fahrenszeit an hat Hannes Tillessen, zunächst als Wachoffizier auf U 506 unter Kapitänleutnant Würdemann, in eine Seekarte sämtliche Begebenheiten zur See, die in Funksprüchen enthalten waren und ihm also bekannt wurden, eingetragen. Interessant ist ihm deshalb jetzt, wie er diese laufend sorgfältig geführte Karte zu Rate zieht, festzustellen, daß schon einmal, vor gut einem Jahr, im gleichen Quadrat eine Versorgung stattfand, die von Feindflugzeugen gestört und gesprengt wurde: damals waren mehr als drei Boote beteiligt. So schäumt Tillessen denn jetzt innerlich: ausgerechnet in diesem Quadrat soll er versorgen! Aber hat dergleichen überhaupt etwas zu bedeuten? Die See ist weit. Trägerflugzeuge mußten es damals gewesen sein, denn die Entfernung zur nächsten Küste übertraf den Aktionsradius der Feindmaschinen bei weitem. Steht dort etwa öfter ein Träger? Nur Ruhe! Zu ändern ist nichts, und noch sind gut vierzehn Tage Zeit bis dahin.

So wird die Versorgung vorbereitet. Im Boot stolpert man bereits über die Ölschlauchlängen, die von vorn nach achtern und von achtern nach vorn auf den Flurplatten ausgebreitet liegen. Schwimmwesten werden in bestimmten Abständen am Schlauch befestigt, damit dieser im Wasser Auftrieb bekommt und beobachtet werden kann.

Eine Versorgung in See erfordert seemännisches Geschick selbst bei völlig ruhigem Wetter. Welche Fahrtstufe der E-Maschinen ist zum Beispiel bei diesem, welche bei jenem Wetter die günstigste? Welcher Kurs zur See, zum Wind? Wie wird die Schlauchverbindung von Boot zu Boot am besten hergestellt? Wie ist die Rolle, der Plan für jeden einzelnen, was er tun soll, am besten zu verteilen? Wer setzt das Schlauchboot aus für die Proviantübernahme, und wer bedient es? Nachher soll alles Hand in Hand greifen.

Der Leitende Ingenieur muß für sein Öl bestimmte Befehle ans technische Personal erteilen. Was soll zum Beispiel geschehen, wenn die Schlauch- und die Proviantboot-Verbindungen hergestellt sind und ein Feindflugzeug kündet sich durch Ortungsimpulse an? In den zurückliegenden Jahren wurden Versorgungen stets bei Tage durchgeführt. Damit ist es vorbei. Jetzt werden sie nur noch des nachts besorgt. Sicht, See und Wind müssen dem Unternehmen günstig sein, damit es überhaupt gelingen kann. Eine der Hauptschwierigkeiten jeder Brennstoffübernahme sind die Schläuche als solche. Man stelle sie sich wie Feuerlösch-Schläuche vor, die innen aus einer Gummischicht und außen aus starkem Gewebe gebildet sind. Läuft erst einmal das Öl von Boot zu Boot, so ist alles klar. Man erlebte aber Fälle, in denen der Versorger mit zu starkem Druck pumpte, und dann platzten die Schläuche. Möglichst sofort wird dann natürlich das Pumpen eingestellt, der schadhafte Schlauchteil unter größten seemännischen und technischen Schwierigkeiten vom Schlauchboot aus ausgewechselt, oder es muß sogar der ganze Salat eingeholt werden. Andere Fälle gab es, in denen die Schläuche, da das Pumpen aus irgendwelchen Gründen vorübergehend eingestellt werden mußte, sich folgerichtig einzogen. Dabei löste sich, vom scharfen Öl angefressen, die Gummischicht von der äußeren Wandung. Als dann das Öl wieder gepumpt wurde, ballte sich die Gummischicht zu einem

350

Klumpen, und das Öl sprengte den Schlauch. Wie oft an Bord der Boote über dies Schlauchmaterial geflucht wurde, läßt sich nicht beschreiben. Noch weniger, was überhaupt solche Versorgung 1944 an seelischen Kräften der Bootsbesatzung nahm. Bessere Schläuche gab es einfach nicht.

Im Funkbefehl hieß es, zwei Stunden vor Sonnenuntergang solle aufgetaucht werden. Damit sich die Boote nicht etwa verfehlen durch Besteckversetzungen, die beim ständigen über Tag Unterwasserfahren unvermeidlich sind; und, damit die ersten Vorarbeiten fürs Versorgen noch bei Tageslicht durchgeführt werden können. Es war nämlich in letzter Zeit mehrfach vorgekommen, daß sich Boote verzweifelt suchten, weil trotz aller angestrebten Genauigkeit beim Koppeln wie auch beim Sterneschießen ohne deutlich erkennbare Kimm doch Fehler in der Ortsbestimmung aufgetreten waren. Um nur ein paar Seemeilen Distanz fuhren beide vergeblich suchend aneinander vorbei. Denn zu funken, das wagte man schon lange nicht mehr. Ganze zwei Stunden vor Sonnenuntergang? Das hieß ja praktisch drei Stunden Tageslicht, also erhöhte Fliegergefahr. Dem Boot, das die Praxis ausüben soll, sind sie äußerst unangenehm. Eine Stunde, meint man, sollte durchaus genügen. Befehl ist Befehl. Ob sie wollen oder nicht, auch aus kameradschaftlichen Gründen werden alle drei Boote sich an die einmal gegebene Ordre halten müssen. Erst beim Bericht zu Hause wird man Kritik üben, Bedenken äußern — wenn man nach Hause kommt. Etwa zu sagen: „Sollen mal erst die andern auftauchen und sich zeigen", wäre verwerflich gehandelt; selbst für U 516 mit seiner Entschuldigung, daß es nur noch ein „Lahmer Muck" sei.

Tag und Stunde sind gekommen. Im Boot ist alles klar. Keine Fragen mehr. Durchs Sehrohr beobachtet bereits, wie üblich, der Kommandant eine Stunde vorm Auftauchen Luft und See ringsum. Und dann ist es soweit.

Befehl: „Brückenwache in den Turm! Unter Deck klarmachen zum Auftauchen! An Obersteuermann: Frage Uhrzeit?"

„Noch drei Minuten bis zum Auftauchen!" kommt es zurück.

Hannes Tillessen hat noch die Augen am Okular. Er denkt: Gutes Versorgungswetter, weiß Gott! gute Sicht, klare Luft, Seegang 2 bis 3, Wind 3 bis 4. Tadellos!

Vom G.H.G. (Gruppenhorchgerät) werden Schraubengeräusche gemeldet Aha! denkt der Kommandant und dreht das Sehrohr in Richtung dieser Horchpeilung; gut navigiert: Das Schraubengeräusch ist natürlich der Kamerad, der bereits aufgetaucht ist. Von einem aufgetauchten Boot kann Tillessen aber noch nichts ausmachen.

„An Obersteuermann: Frage Uhrzeit?"

„Noch eine Minute bis zum Auftauchen!"

Na schön, nicht eine halbe früher, als nötig ist, denkt der Kommandant und beobachtet weiter.

Sekunden darauf stockt ihm der Atem. Denn was er plötzlich sieht, ist mehr als grausam: Wie Bussarde stürzen sich ein, zwei, drei Bomber aus der leichten Wolkendecke, und gleichzeitig krepiert in unmittelbarer Nähe eine Waboserie nach der anderen.

U 516 erzittert. Sofort hat Tillessen das Sehrohr eingefahren und läßt das Boot auf seine größtmögliche Wassertiefe bringen, auf 60 Meter. Dazu Kursänderung. „Da haben wir den Salat!" ist, was er zunächst denkt.

Und dann hört man im Boot Sinkgeräusche; Sinkgeräusche, die für alle akustisch längst zu einem klaren Begriff geworden sind; es gibt da keine Täuschung.

Dann tritt Ruhe ein.

Im Boot eisiges Schweigen. In den Gesichtern zuckt es vielleicht. Wohl jeden überläuft ein Kribbeln der Haut. Minuten hindurch wird kein Wort gesprochen. Einen Zweifel gibt es nicht. Im diesem Augenblick sind fünfzig Kameraden gefallen.

Die feierliche Stille wird durch den Leitenden Ingenieur und durch den Rudergänger gebrochen. Sie melden, daß das Boot auf 60 Meter sich befindet und daß der neue Kurs 40 Grad anliegt.

Was jetzt? Wer ist gesunken, Harpe oder Mattke? Wie jetzt sich wiederfinden? Wann auftauchen? Und dann muß der Vorfall noch in dieser Nacht Berlin gemeldet werden. Verdammte Scheiße! Jetzt auch noch funken! Das sind die nächsten Überlegungen.

Bei der Besatzung völlige Bestürzung. Na, das kann heiter werden, denken wohl alle; denn über dem Boot sind bereits die ersten Schraubengeräusche zu hören. Der Anzahl der Umdrehungen nach muß es sich um Zerstörer, allenfalls Korvetten, handeln. Von Steuerbordseite wechselt das Geräusch nach Backbord hinüber, und dort kurbelt der Gegner nun wild umher. Er sucht.

Nach dreißig Minuten ist er verschwunden.

Drei Stunden darauf läßt der Kommandant auftauchen, denn inzwischen muß draußen die Dunkelheit eingetreten sein. See frei — Luft frei — die Diesel gehen an. Langsam läuft U 516 ab von der Unglücksstelle. Der Funkspruch für Berlin ist klar und soll abgesetzt werden, da meldet Funkmaat Schweizer, daß U Harpe soeben ein FT abgegeben hat, und dieser Spruch, wie man ihn entschlüsselt, umreißt bereits klar, was geschehen ist: Also war es Mattke. Der Versorger ist gesunken.

Wie sich später herausstellt, hatte U Harpe dann das unerhörte Glück, auch ohne Versorgung seinen Stützpunkt zu erreichen. U Tillessen aber schafft das nicht, U 516 muß versorgen.

Bereits wenige Stunden nach dem Vorfall wußte man, daß nun U 539, Lauterbach-Emden, einspringen soll. Und zwar jetzt nördlich der Azoren, ausgerechnet in dem viel umstrittenen Quadrat „D". Wenigstens aber weist dieses Mal der Befehl an, erst eine Stunde vor Sonnenuntergang aufzutauchen. Ein kleiner Trost. Aber dieses Seegebiet —?! Tillessen murrt und ist äußerst skeptisch. Widerrede aber gibt es nicht, kann es nicht geben.

* * *

Und wieder sind Tag und Stunde gekommen.

„Anblasen!" — „Boot ist raus!" — „Turmluk ist geöffnet!" Gleich hinter dem Kommandanten drein flitzt der I. WO auf die Brücke; Tillessen nimmt den vorderen, jener den achteren Sektor — — Mein Gott! Da! Sind wir denn verrückt? Unmittelbar über dem Boot schwebt ein feindlicher Bomber — —

„Alllarrrm!"

Unmittelbar darauf fliegt das Turmluk dicht, und das Boot sackt fast augenblicklich wieder weg. Himmelherrgottsakramentverdammtnochmal! Kommandant und Wachoffizier sehen sich, erst jetzt zur Besinnung kommend, verblüfft an. Was ist denn nun eigentlich mit uns los?! Hannes Tillessen ist soweit anzunehmen, daß nun wohl doch die FTs der U-Bootführung vom Gegner entschlüsselt werden, obwohl diese Möglichkeit von den zuständigen Stellen immer wieder als völlig ausgeschlossen abgestritten wird. Aber wie oft nun schon haben sich solche Fälle wie dieser ereignet! Auch Kapitän Rogge hat mit

80 „Kein Waffeneinsatz möglich." – Zum Ostersonntagskaffeetrinken mit Keksen wird wegen
schweren Wetters tief getaucht. Obermaschinist Muckel feiert mit seinen Heizern im Hecktorpedoraum, dem äußersten Winkel des warmen E-Maschinenraumes.

81 „Nach der Schlacht" – Stilleben im U-Raum.

82   Backschafter im U-Raum beim „Abbacken". In der oberen Koje liest der Mechanikersmaat, ehe er seinen Vorhang dichtzieht, sein Kojenlicht ausschaltet, um bis zu seiner nächsten Wache zu „filzen" (schlafen).

83   „Hier, kommste mit eine stoßen?" Auf sechzehn Würstchen gehört als Abschluß eine Zigarette im Turm. Die eigene schon hinterm Ohr, bietet Erwin seinem Kumpel vor dem Schlafengehen auch eine an.

84 Zwei Kiebitze: Die beiden schauen durchs Kugelschott von der Zentrale dem Skatspiel im U-Raum zu.

85 Skatrunde im U-Raum.

86   So steht Erster Zentralemaat Wilhelm Lorenz seine Wachen hindurch in seinem Reich, den Rücken ans Kartenpult gelehnt; jede Sekunde einsatzbereit und jederzeit zu Scherz und Flachs aufgelegt, blinzelt er lächelnd auf seine mit Draht zusammengebändselten Schuhe. Im vorderen Kugelschott der Befehlsübermittler.

87   Steuermannsmaat Paul Weber ist allen „jungen Aktiven" im Frotzeln über und ein Mann von herrlich trockenem, bärbeißig herzlichem Humor.

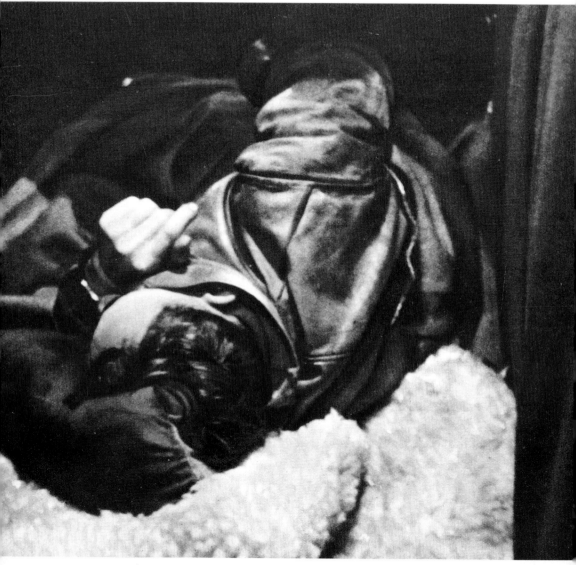

88   In die ewig feuchte Wolldecke eingewickelt, das private kleine Kissen und die Lammfelljacke unter Kopf
und Nacken, schläft auf seiner Koje einer der Maschinenmaaten hinter dem zugezogenen grünen Vorhang,
all dem Lärm ringsum und allen Bootsbewegungen zum Trotz.

der „Atlantis" und kurz darauf mit der „Python" noch einmal ganz ähnlich wie U 516 jetzt auf dem vorgesehenen Treffpunkt jedesmal den Gegner vorgefunden! Da ist doch ein Kinken drin. Da kann doch einer sagen, was er will. Da ist doch was faul!?

Zwei Stunden später Auftauchen. Von Lauterbach-Emden natürlich nicht mehr die Spur. So läuft U 516 30 Minuten lang mit Höchstfahrt in großen Kreisen über Wasser, dann 30 Minuten lang getaucht zum Horchen; so lautet der Befehl für den Fall, daß man sich nicht gleich findet. Ist auf solche Weise der eine oben, so steht der andere unter Wasser und soll den Gesuchten wohl bald im Horchgerät haben. Nichts ist zu hören.

Inzwischen kommt Schlechtwetter auf, viel Wind und entsprechender Seegang. Würden die Boote sich jetzt treffen, an eine Übernahme ist so und so nicht mehr zu denken. Der Obersteuermann versucht noch, den Standort des Bootes genauer zu ermitteln, indem er sein Besteck zu verbessern trachtet; auch diese Absicht durchkreuzen schwere Wolken am Himmel. Sterne sind nur für Augenblicke zu sehen. Ganze zwei weitere Nächte hindurch suchen sich beide Boote vergeblich. Zu funken wagen sie zunächst nicht. Dann aber meldet nun doch U 539. Ein neues Treffen wird von Berlin anberaumt. Und endlich jetzt klappt die Sache. Selbst der Wettergott zeigt ein Einsehen, so daß in zwei Nächten alles glücklich überstanden wird. In der dritten allerdings, nachdem die Übernahme hinter einem liegt, stiemt es schon wieder derart, daß Proviantergänzung jetzt gar nicht mehr möglich wäre. Während beide Boote dicht bei dicht lagen, hat Lauterbach-Emden erzählt, daß er in der Nacht des ersten vorgesehenen Treffens unter Wasser Schraubengeräusche vernahm. Daraufhin sei er sofort aufgetaucht und mit Höchstfahrt in Richtung der Peilung gelaufen. Bei einem glücklicherweise eingelegten Kontrolltauchen aber habe er auf Grund der Umdrehungszahlen und der Auswanderung des Geräusches festgestellt, daß dies Geräusch von U 516 gar nicht stammen konnte. Den Tag darauf bei ganz ähnlichem Vorfall sichtete er dann nicht nur einen Zerstörer, sondern auf große Entfernung auch noch einen Flugzeugträger, auf den er aber leider zum Angriff nicht habe kommen können. Wäre der Angriff möglich gewesen und erfolgt, im Quadrat „D" wäre bald darauf zweifellos wieder einmal der Teufel los gewesen, sagt sich Tillessen. Er selbst war ja auch knapp genug den Bomben entgangen.

* * *

Ein „U-Boot-Paradies" wie noch zwei Jahre zuvor gab es 1944 im Atlantik nicht mehr; kein toter Winkel, in den nicht inzwischen auf der weiten See die Feindluft langen konnte, in dem man aber vor noch gar nicht so langer Zeit unbesorgt wie auf einer Ferieninsel Versorgungen durchführen konnte. Das „Loch im Atlantik" war vom Gegner längst gestopft worden. Alle „Sieben Meere der Welt" wurden bis in die letzten Buchten und fernsten Weiten hinein vom Feind kontrolliert. Monate später, auf seiner nächsten Fahrt mit dem gleichen Boot, geschah es dann, daß Tillessen im Seegebiet südlich Island zur wiederum notwendig gewordenen Versorgung einen Kameraden suchte. In diesen Tagen war hier auf See gerade der Teufel los und bei solchem Wetter an ein Sichfinden gar nicht zu denken. Schon nach der zweiten Nacht funkte deshalb U 516. Es funkte nun in jeder der folgenden Nächte vier-, fünf-, sechsmal; trotz aller Gefahr, die es damit heraufbeschwor. Ein FT absetzen zu lassen, bedeutete damals für den Kommandanten jedesmal von neuem einen Entschluß. Er mußte ihn fassen. Doch trotz aller Funkerei, nichts geschah. Kein FT wurde bestätigt. Kein neuer Befehl kam. Dabei stand der

Versorger gar nicht weit ab. Er nämlich, der ebenfalls funkte, war von U 516 deutlich gehört worden: Man las seine Meldung mit, daß er U 516 nicht gefunden habe und um neue Befehle bäte. Dagegen selbst nicht gehört zu werden, brachte das Boot langsam zur Verzweiflung. Wieder lag eine anstrengende Feindfahrt in die Karibik hinter ihm. Und nun dieses Theater! Die französischen Häfen waren inzwischen gesperrt; alle Frontboote mußten durch die Nordsee hindurch in deutsche oder norwegische Gewässer. Mit anderen Worten, die Feindluft der Biskaya war frei geworden und konnte sich jetzt auf die Passagen dieser An- und Abmarschwege deutscher Boote konzentrieren. Die allermeisten von ihnen waren inzwischen schon mit Schnorchel ausgerüstet. Sie kannten nicht mehr die Sorge, „ausgehungert" zu werden. U 516 aber besaß immer noch keinen Schnorchel. — Schließlich kam die U-Bootführung in Berlin zu der Annahme, U 516, das keine Standlautmeldung gab, müsse wohl doch noch so viel Brennstoff haben, wenigstens Bergen in Norwegen erreichen zu können, oder aber dieses Boot war — — —. Der Versorger setzte sich nach entsprechendem neuem Befehl von Berlin — U 516 hörte ihn mit — ab. U 516 hatte das zweifelhafte Vergnügen, bei tollstem Sauwetter, im Stiche gelassen, draußen in See herumzukrebsen und Rechnungen darüber aufzustellen, für wie viele Tage der Brennstoff und für wie viele der Proviant noch reichen mochten, bis es hilflos treibend am Verhungern war und dem nächstbesten Feindflieger zum Opfer fiel. Die gesamte verzweifelte Wut konzentrierte sich natürlich auf den unglückseligen Funkmaaten, der immer und immer wieder seine Anlage prüfte, nicht einmal, nein, der arme Kerl prüfte sie täglich, stündlich. Das Ergebnis war immer wieder die Meldung: „Die Anlage ist in Ordnung." — Was jetzt veranlassen? Der Funkmaat wurde schon gemieden; man sprach nicht mehr mit ihm. Was tun? So und so reichte der Brennstoff nicht weiter; er reichte weder vorn noch hinten. Also: Das Boot ließ sich nach Süden treiben. Und — — kaum war es eine Tageslänge raus aus dem für die Versorgung bestimmten Seegebiet, da wurde plötzlich sein in jeder Nacht erneut abgegebenes FT-Signal gehört. Die Lebensgeister kehrten zurück. Herrgott, fluchte man jetzt, warum haben wir uns nicht längst nach Süden abgesetzt! Ja, warum?! Weil man immer noch die Hoffnung hatte, gehört zu werden und den Versorger aufzufangen.

Was geschah nun? „Der BdU läßt keinen verhungern", hieß es damals immer so schön. Und wirklich, Berlin setzte jetzt drei Boote zugleich auf U 516 an, und das erste, das eintraf, erwischte es auch gleich. Da auf dem betreffenden noch keine Erfahrung im Versorgen bestand, stieg der I. WO U 516 einfach über, und so klappte denn der Laden. Er mußte klappen! U 516 besaß nämlich nur noch für drei Trage Brennstoff bei sparsamster Fahrt, und nur für zwei Tage noch, bei allerknappster Einteilung, Proviant. Daß das Boot einfach nicht gehört worden war, seine Meldungen also nie Bestätigung fanden, lag daran: Es gab manchmal je nach Wetterlage bestimmte Gebiete, zumal im Norden, aus denen kein FT aufgenommen wurde. — Dieses Erlebnis hatte das Boot also erst auf seiner nächsten Reise. Das Treffen mit Lauterbach-Emden auf der vorigen verlief jetzt endlich ohne weiteren Zwischenfall programmgemäß.

* * *

U 516 steuerte nun fast östlichen Kurs. Es hielt auf die portugiesische Küste zu. Man fuhr überaus vorsichtig. Vier Stunden hindurch ließ man die Batterie aufladen, und wenn das Wetter dazu günstig schien, blieb man noch ein paar weitere oben, aber in äußerster Alarmbereitschaft. Ging alles klar, so konnte das Boot in drei Wochen im U-Bootbunker

Lorient an der Pier liegen. Nur kein „Stalldrang" zu guter Letzt! Ja nicht, um vielleicht zwei oder drei Tage früher heimzukehren, alles verscherzen. U 516 ist eine „müde Ente". Sie spaddelt schon sechs Monate und eine Woche in See; was machen da schon zwei bis drei Tage aus. In drei Wochen, wenn nichts dazwischenkommt — aber die Biskaya liegt nun einmal dazwischen! — in drei Wochen können sie festen Boden unter den Füßen haben. Festen Boden, Sonne — — gar nicht auszudenken!

Acht Tage sind es her seit der Versorgung. Jedermann an Bord hat es sich schmecken lassen. Nach der fleischknappen Reise haben es alle verdient. Dennoch ist auf einmal irgend etwas los. Beim „Backen und Banken" herrscht plötzlich keine rechte Stimmung mehr. Man schweigt beim Essen. Zwar spricht man so und so nicht viel, aber jetzt —? Tillessen, der stets mit seinen Offizieren und nicht, wie es sonst auch wohl üblich ist, in seinem Kommandantenraum für sich Mahlzeit hält, schaut zum Leitenden Ingenieur, und der blickt zurück, als wolle er sagen „Haben Sie was gemerkt?" Der I. WO peilt in die leeren Schüsseln, der II. WO fummelt an seiner Gabel herum, und Poldi sitzt da, als wenn er nicht bis drei zählen könnte.

Nun denn! gibt sich der Kommandant einen Ruck; denn er hat noch Hunger; er beugt sich zur Seite in Richtung Zentrale und ruft nach dem Schmutt.

Meldung: Es sei kein Essen mehr da.

„Dann nicht!" flucht Tillessen verwundert, „Mahlzeit!" steht auf und geht die zwei Schritt ums trennende Spind herum zum Kommandantenraum. Er greift nach dem Logbuch, mit dem er sich jetzt langsam befassen muß, um die einzelnen Aufzeichnungen in eins zu arbeiten und niederzuschreiben.

Am folgenden Tag scheint es dem Kommandanten, daß das Essen noch knapper gehalten ist. Nach dem „Mahlzeit!" ruft er sich als den ältesten seiner Offiziere den Leitenden Ingenieur in seine Kommandantennische und fragt, was denn nun eigentlich los sei mit ihnen. Sie alle drei sähen ihm wie begossene Pudel aus. „Und warum", fragt er, „gibt es eigentlich wieder so wenig zu essen bei uns? Wir haben doch erst vor acht Tagen für ganze vier Wochen versorgt?"

Aber da kommt es heraus: der Poldi hat versehentlich nur für 14 Tage übernommen.

Jetzt ist beim Kommandanten „der Ofen aus". Wie ist nur das wieder möglich! Eine Schweinerei, dieser Poldi! Eine Niete! Der Kerl hat als einziger an Bord so gut wie nichts zu tun, und selbst das Wenige, für das er verantwortlich ist, versaut er noch. Zu unsren Lasten! Wir sind die Dummen, bloß weil dieser unglückselige Mensch —. Nun, zu ändern ist es nicht mehr. Der Riemen muß wieder enger geschnallt werden.

Arme Männer von U 516! Was habt ihr Kohldampf geschoben! Viel schlimmer als vorher. Aus lauter Verzweiflung essen sie jetzt auch die Schokoladerationen auf, die sie bisher über sechs Monate lang für ihre Angehörigen vom Munde sich absparten. Und wenn nun irgendein Ereignis die normale Marschzeit von drei Wochen noch verlängert? Was dann? Einen neutralen Hafen anlaufen? Nicht auszudenken! Und Schuld daran ist dann dieser unmögliche Kerl von einem U-Boot-Arzt, ihr Verpflegungsoffizier, „Poldi" —.

* * *

Etwa in zwei Tagen muß die portugiesische Küste in Sicht kommen, und damit wird sich, wenn man will, viel Zeit gewinnen lassen. Der Weg dicht unter Land darf zwar nur als eine Art Noteingang benutzt werden. Obgleich an Meilen weiter, wird das Boot, das ihn benutzt, durch ein längeres Überwasserlaufen und damit höhere Geschwindigkeiten letzten Endes Zeit gewinnen. Hier nämlich läuft man kaum Gefahr, klar geortet und erkannt zu werden weil in diesen Gewässern auch des nachts Fischfang auf Fahrzeugen aller Art betrieben wird. Tillessen faßt den Entschluß, diesen Weg unmittelbar unter der portugiesischen, dann der spanischen Küste durch die Biskaya anzutreten. Da er ein stark mitgenommenes Boot befehligt, obendrein die Verpflegung viel zu knapp ist und weil die gesamte Besatzung jetzt kaum noch über physische und seelische Reserven verfügt, glaubt er als Kommandant, diesen Entschluß verantworten zu können. Er wird die Notlage für sein Boot in Anspruch nehmen.

Fast im rechten Winkel stößt U 516 auf die portugiesische Küste. Bis auf etwa 10 Seemeilen Abstand läuft es sie an, und dann dreht es nach Backbord ein. Höchstfahrt. Die neutrale Küste an Steuerbord verleiht gewisse Sicherheit, und schon nach drei Stunden liegt Spanien querab. Ungezählte Lichter kommen plötzlich in Sicht. U 516 holt schnell auf, läuft zunächst von der Küste wieder ab, bis es dieses Gebilde als einen unabgeblendet laufenden spanischen Kriegsschiffsverband ausmacht: Zwei mittlere Einheiten, vier Zerstörer und Torpedoboote.

Nachdem er das erkannt, läßt Tillessen das Boot wieder etwas sacken. Der Verband läuft, wie sich nun herausstellt, mit 15 Meilen. Jetzt aber ran! denken Wachoffizier und Kommandant auf der U-Bootbrücke; denn die neutralen Schiffe zeigen sämtlich vollen „Christbaumschmuck", und feindliche Flugzeuge werden ihn bestimmt nicht darüber hinaus noch näher beleuchten wollen. So staffelt denn U 516 langsam aufkommend ins Kielwasser und fährt einfach im Verbande mit. Die leichten Streitkräfte zacken. Dabei sichtet wohl einer von ihnen das Boot. U 516 dreht etwas ab, bis der betreffende Kursänderung vornimmt, und dann geht es wieder „rin ins Kielwasser". Der Verband steigert jetzt seine Fahrtstufe, U 516 kann sie nicht mithalten und sackt langsam achteraus. Bis zur Morgendämmerung bleibt es über Wasser und ist ein gutes Stück vorangekommen.

Auch die nächste Nacht ist dunkel, die See ruhig und glatt. Cap Finisterre. Milliarden von Plankton-Tierchen erleuchten die See, wenn diese durch Tümmler oder ein Fahrzeug in Erregung gerät. U 516 zieht eine Schleppe von Meeresleuchten mit. Überaus gefährlich, weil man sie weithin sieht; aber es werden keine Ortungen laut. Das Boot braust, jetzt bereits mit Ostenkurs, dicht unter der spanischen Küste dahin, viele Stunden. Immer häufiger muß es Fischerfahrzeugen ausweichen.

Manchmal gibt es üble Situationen, weil einige Fischdampfer wohl aus Ersparnisgründen ihre Positionslichter gelöscht haben und erst im letzten Augenblick erkannt werden. Nur „auf Fußspitzen und Augenbrauen" kommt das Boot von ihnen klar. Manchmal mag einem Fischer der Herzschlag stocken, wenn er in der Düsternis plötzlich auf kürzeste Distanz das U-Boot vorbeirauschen und wieder verschwinden sieht. Mehrmals heißt es weithin ausholen, um nicht in Netze zu geraten, die zwischen sechs bis zehn in Dwarslinie laufenden Trawlern gespannt sind. Nur jetzt keine Havarie! Denn die gut freundschaftliche Haltung Spaniens deutschen Seeleuten gegenüber soll durch so etwas nicht getrübt werden.

Und dann kommt nach sieben Monaten Feindfahrt der Augenblick, wo U 516 auf nördlichen Kurs gelegt wird: Einlaufkurs, Richtung Frankreich, Stützpunkt Lorient! Noch zwei, nur noch zwei Tage. Mein Gott im Himmel, wir wollen Dir dankbar sein, dankbar für alles, empfindet wohl jeder an Bord. Sie können es noch kaum fassen, daß sie wirklich heimkehren, daß sie in sauberer Wäsche liegen dürfen in einem stillstehenden

Bett; daß sie Wünschen, die so unerreichbar fern lagen, wieder werden nachgeben dürfen. Das Herz ist ja so übervoll und läßt keine Ruhe mehr. Ganz unbeschreibbar, das Gefühl nach solcher Feindfahrt kurz vor dem Einlaufen.

Im Vordergrund aller Wünsche steht doch die Sonne. Sie haben sie am stärksten entbehrt. Sieben Monate lang mußten sie auf ihr Licht verzichten. Äußerlich sieht man den Männern kaum etwas von Erwartung an. Sie stehen auf ihren Positionen wie sonst, Stunde um Stunde; sie sind erhärtet durch alles Geschehen der durchstandenen Zeit und kennen keine direkte Äußerung von Lebensfreude mehr; noch nicht wieder. In ihren Herzen müssen sie wiederum erst eine Wandlung durchmachen. Noch Tage danach werden sie sonst gewohnten Genüssen abgestumpft oder staunend gegenüberstehen und sich nur wortlos wundern. Ein viel zu großer Ernst lastet zunächst noch auf ihren Herzen. Er ist echt. Erst nach und nach, schneller der eine, der andere schwer, werden sie die Zurückführung in das zunächst mühsam abgestreifte, jetzt wieder vor ihnen ausgebreitete Dasein erleben. Ihre Augen sprechen schon jetzt, so sehr auch ihre Mienen und ihr Mund schweigen. Und diese Augen sagen, daß sie stolz auf ihre Leistung sind, stolz auf das, was sie mit diesem Boot und seinem Kommandanten errungen haben. Sie nehmen teil an seinem Erfolg. Anmaßliche Einbildung kennen sie nicht mehr. Sie haben Eitelkeiten nicht mehr nötig. Aber sie sind stolz und froh.

Im Osten rötet sich der Himmel. U 516 bleibt trotzdem aufgetaucht. Noch sechs Stunden, dann kann es an der Pier festliegen.

„An L.I.: Beide Maschinen äußerste Kraft voraus! Besatzung: Schwimmwesten anlegen! Boot räumen! Alles an Oberdeck bis auf das wachhabende Maschinenpersonal! Fla-Waffen besetzen!"

Und nun dürfen sie „Stalldrang" zeigen; nicht nur die Maschinen, auch die Männer. Da kommen sie zum ersten Mal wieder herauf durchs Luk, einer nach dem anderen. Du lieber Gott, denkt der Kommandant und denken sie selbst gegenseitig voneinander. Welch ein Anblick! Erst jetzt in dem wenn auch nur fahlen frühen Tageslicht kann man die Kerls so richtig mustern und – beschnuppern. So also sehen meine Männer aus, schüttelt Tillessen immer wieder staunend den Kopf. So also sehen wir alle aus! Sie, mit denen ich sieben Monate hindurch unter dem gleichen Stern lebte, sieben Monate lang Freud und Leid teilte, sieben Monate hindurch draußen war und Schiffe versenkte. Dreckig, „verlaust", von Öl überkrustet, stinkig im Zeug, das sie tragen, entstellt durch Bärte und ungeschnittene, ungewaschene, verfilzte Mähnen. Die Augen aus dem Gewirr von Bart und Haar nach oben gerichtet, erscheinen sie einer nach dem anderen im Luk und klettern dann, verlegen grinsend vor innerer Bewegung, vollends heraus. In Gruppen stehen sie beisammen auf der Kanzel und drunten an Oberdeck, manche auch für sich allein.

Und dann geht die Sonne auf – seit sieben Monaten zum ersten Mal die Sonne. Zwei Drittel von ihnen sahen in dieser Zeit nicht einmal den Mond, nicht die Sterne, nicht die nächtliche Weite der See, immer nur den kunstlichtdurchleuchteten stickigen Sarg, ihr braves Boot. Jetzt plötzlich öffnet sich für sie wieder der Raum, die Unermeßlichkeit des Universums. Vor genau sieben Monaten sind sie an dieser gleichen Stelle eingestiegen, andere Kerle damals als heute, und zum ersten Mal nach so langer Zeit erblicken ihre gestraften Augen jetzt nicht nur das Licht der weiten Welt, sondern sogleich die aufgehende Sonne. Für einige ist das zuviel. Es würgt sie in der Kehle. Dieser Augenblick preßt ihnen die Brust. Es rieselt ihnen eine Gänsehaut von Kopf und Nacken bis zu den Füßen. Sie wenden sich verschämt schluckend ab. Erst jetzt begreifen es auch die Sinne.

Dort, dort kommt die französische Küste heraus, zunächst die Isle Le Groix, und dann Larmor, Port Louis, Kernevel und Lorient. Nur wenige Stunden noch, und wir sind wieder ein Mensch, der unter Menschen in der Sonne auf Erden lebt und sich bewegen darf! Dort bricht wahrhaftig die Küste aus der Unendlichkeit. Und dort liegt ja schon das M-Boot auf Position, der gute alte M-Bock, der uns heimgeleiten soll — —. Geschafft! Mensch! Geschafft, Kumpel! Geschafft! Geschafft!

* * *

„Beide Maschinen stop! Feuer aus! Besatzung an Oberdeck antreten!"
U 516 liegt an der Pier fest. Die Stelling ist polternd herübergekommen, und nun geht der Flottillenchef von Mann zu Mann und gibt jedem die Hand. Es wird nicht gesprochen; ein Wort drückt doch nicht aus, was man empfindet. Und dennoch wird es jedem in der Kehle eng. Drüben stehen die Kameraden und blicken herunter auf das Boot. Auch ihre Augen sprechen —. Man weiß, was los ist, alter Junge! U-Bootmänner kennen das.
„Ich gratuliere!" sagt endlich der Flottillenchef zum Kommandanten. Und dann: „Was kann ich für ihre Besatzung tun?"
„Wir haben Hunger!" erklärt glücklich lächelnd Tillessen, der leibhaftige Junge in ihm, und denkt, jener wird schon verstehn, daß nicht nur leiblicher Hunger gemeint ist.
„In zwei Stunden ist das Essen klar," nickt der Flottillenchef.
Und dann steigen sie herauf an Land. Begrüßungen hin, Begrüßungen her. Die Heimgekehrten sind nicht mehr gewohnt zu laufen; jetzt rollen sie geradezu, so kommt es ihnen vor, torkelnd über den festen Boden. Alles ist so ungewohnt. Sieben Monate lang haben sie in ständigem Schwanken zugebracht. Nun glaubt man bei bestimmten Bewegungen immer noch ein Gegenefféte geben zu sollen.
Und dann sitzt der ganze Verein an gedeckter Back und ißt nicht, sondern frißt endlich nach Herzenslust. Vor einem jeden liegt ein Stück Fleisch wie eine Dachpfanne so groß, und grüner Salat dazu, rote Tomaten — frisch, Kinder, frische Tomaten und Salat. Dazu noch Bratkartoffeln. Dann geht die Türe auf, und der Postbüdel tritt ein mit der seit sieben Monaten aufgestauten Post. Der zweite Heißhunger wird gestillt: Man sieht zunächst die Anschriften durch, liest die Handschrift, hier und da schon einmal ein Wort. Herrliches Bier rinnt dazu durch die entwöhnte Kehle: Wie ist das alles schön! Das Gefühl des Geborgenseins kann man noch gar nicht recht wieder begreifen. Zum richtigen Lesen kommen die wenigsten schon jetzt, denn von allen Seiten wird man, nachdem das Essen vorüber, mit Fragen bestürmt, und seine Briefe möchte man doch in Ruhe lesen. Doch nun meldet sich gebieterisch der Gedanke an die Badewanne. Und dann an eine regelrechte Koje. In ihr möchte man einige der Briefe studieren und dann schlafen.
Das Schlafen glückt nicht recht. Die ungewohnte Ruhe stört.Man durchlebt in fortlaufenden Gedanken noch einmal tausenderlei Einzelheiten, die jetzt Vergangenheit sind. Dazu Gedanken an Verwandte und Bekannte, deren Nachrichten man inzwischen las. Alles, was noch so ungewohnt ist, beeindruckt den einzelnen zutiefst. Die Seele hat noch nicht wieder die notwendige Hornhaut für das Zusammenleben übergestreift. Das wird kommen. Aber was ihnen von ihrem Erlebnis bleibt: Sie sind als U-Bootmänner jetzt geprägt von der See, gezeichnet für ihr ganzes Leben durch jenes Dasein im Boot, das sie Monate hindurch als Pflicht, aber auch als ihr stolzes Vorrecht führten. Sie haben mit dem Tod gleichsam Bruderschaft getrunken. Das vergißt sich nicht.

Zwei Monate später. U 516 hat wiederum die Hafenmole von Lorient und dann hart unter der Bastion die schmale Passage von Port Louis auslaufend passiert. Das gleiche Boot, und meist auch die gleichen Männer wie voriges Mal. Wieder frißt es in ihren Herzen. Aber gefahren muß sein! In der Heimat brennt es. Dort verläßt man sich auf sie.

Möwen umschweben das Boot, als wären es die letzten Grüße derer daheim. Dann senkt sich die Dunkelheit herab, die See nimmt das Boot mit seinen Männern darin wieder einmal auf — —. Für wie lange?

Der Schnorchel
Sommer 1944

Lassen wir von den Schnorchelbooten einen der Kommandanten selbst erzählen, Marbach, dessen Unternehmungen im Kanal besonders eindrucksvoll und trotz allem sogar erfolgreich waren.

Ein eigenartiges Gefühl, schreibt er, man hat Urlaub, sitzt am Schliersee in Bayern, hört am Radio Tanzmusik, schwingt sein Tanzbein dazu, trinkt auch etwas, die Stimmung ist gut, und plötzlich sagt die eigene Frau: „Du, hör doch mal, was die da bringen!" — Schweigen. Rauchen. Die Beine hat man übereinander geschlagen; es kann gar nicht so dick kommen, daß es einen aus dem Sessel werfen könnte. Eine heisere Stimme im Radio spricht und spricht, erzählt die Geschichte vom „Schnorchel", mit Einzelheiten, verliert sich zwischendurch in Ungenauigkeiten, gibt aber doch alles in allem ein drastisches Bild, so daß man immer deutlicher empfindet: Dieser verfluchte Soldatensender Calais!

„Du, jetzt weiß ich, was Du für ein Gerät an Bord bekommst, das sehe ich an Deinem Gesicht! Und Du wolltes es mir nicht erzählen. Was ist denn so ein „Schnorchel" eigentlich für ein Ding? Der hat eben gesagt, es sei auch kein Allheilmittel. Ich möchte schließlich nach Deinem bisherigen Pech wissen, ob Dir das nun helfen wird. Wozu sind wir denn verheiratet?"

Vierzehn Tage später, wieder im Stützpunkt La Rochelle — es ist der März 1944 — interessiert mich schließlich selbst, was der Leitende Ingenieur denn nun eigentlich zu unserer neuesten Errungenschaft meint. Die Geschichte mit dem „Schnorchel" scheint einige Haken zu haben. Denn von den ersten „Schnorchelbooten" kam nur der später letzte Ritterkreuzträger der U-Boot-Waffe, Mörle Schroeteler, erfolgreich zurück und wurde in die U-Boot-Kriegführung kommandiert. Die anderen — man weiß nicht, wo und warum sie blieben. Ob das mit diesem neuen Apparat zusammenhängt?

Aber man schreibt 1944. Da ist man manches gewöhnt und erheblich robuster in bezug auf nachdenkliche Betrachtungen geworden: Wenn man seit einem halben Jahr von Feindfahrt zurückkommt und beim Einlaufen auf Fragen stets erfährt, der und der sei auch nicht wiedergekommen, wenn regelmäßig vier Boote der Flottille, mit denen man Freud und Leid der letzten Werftliegezeit teilte, wegbleiben, — dann hat man sich beinahe das Nachdenken darüber abgewöhnt, worin denn noch der eigentliche Sinn der U-Boot-Fahrerei liegen mag. Der U-Boot-Krieg ist eine verwickelte Angelegenheit geworden. Schlimm genug, wenn jeder Mann der Besatzung nach Urlaubstagen aus der Heimat bedrückter zurückkehrt, als er losfuhr. Auch die ewigen Fachsimpeleien in Offiziers- und Oberfeldwebelmessen kann man nicht mehr mit anhören. Alle Gespräche

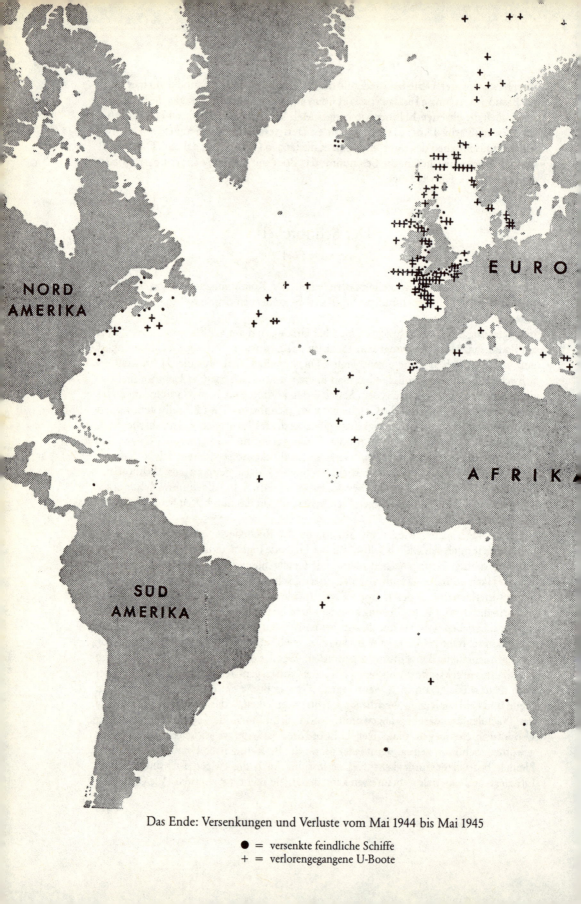

Das Ende: Versenkungen und Verluste vom Mai 1944 bis Mai 1945

● = versenkte feindliche Schiffe
+ = verlorengegangene U-Boote

drehen sich doch nur im Kreise: Das U-Boot ist kein „U-Boot" mehr, es kommt über Wasser nicht mehr unbemerkt an den Gegner heran, wird durch Ortungsgeräte erfaßt und bezieht Fliegerbomben- oder Wasserbombenzunder. Wer aber mit solchem Boot unter Wasser schußgerecht vor einen Geleitzug zu stehen kommt, ist ein ausgesprochener Glückspilz. Nein, die Fachsimpelei, warum das nicht anders ist, sein kann, sein könnte, ist beinahe überflüssig geworden. Deshalb verzieht sich mein Offizierstrupp immer geschlossen, wenn wieder gesimpelt wird, und feiert stattdessen irgendwo an Land mit und ohne Mannschaft im kleinen oder im großen „Rak-Anzug". Wir haben uns ja ohnehin entschlossen, das neue Geschäft mit dem „Schnorchel" zu versuchen.

Meinen Männern ist es recht. Von unseren drei Feindfahrten waren zwei Sonderunternehmungen. Einmal fuhren wir als Flak-Boot; das war die verrückteste Fahrt, weil wir als sogenannte Flugzeugfalle uns befehlsgemäß mit der feindlichen Luftwaffe herumschlagen sollten. Mit zwei Vierlingstürmen zu 2 Zentimeter und einer halbautomatischen 3,7-cm-Kanone. Ein Kollege hatte dabei 22 Tote und Verwundete. Wir ließen es nicht erst soweit kommen. Einzelne Flugzeuge rochen nämlich sehr bald den Braten, kurvten funkend im großen Bogen um uns herum, bis sie mehrere feindliche Brüder in der Luft beisammenhatten. Aber bis dahin waren wir schon weggetaucht. Abschüsse hätten wir bei dieser Methode doch nicht erzielt. Dafür aber machten wir Bekanntschaft mit einer klassischen Kohlenmonoxyd-Vergiftung. Beim Alarmtauchen liefen die Diesel unter Wasser noch weiter, weil die Kupplungen klemmten und wir sie nicht sofort abstellen konnten. Die Abgase wurden nicht wie bei der Überwasserfahrt außenbords gedrückt, sondern ins Boot geblasen. Zum Glück hatten wir einen tüchtigen Bordarzt, Dr. Mulkau, dabei, sonst wären wir nicht nur mit bohrenden Kopfschmerzen davongekommen. Er flitzte mit seiner Sauerstoff-Flasche und irgendwelchen Tabletten von einem zu anderen. Das Beste an der ganzen Flak-Boot-Fahrerei war die Erkenntnis: Über Wasser geht es einfach nicht mehr! Wenn nun der neu eingebaute „Schnorchel" uns von der Wasseroberfläche unabhängig macht, dann wollen wir seine Nachteile gern in Kauf nehmen. Daß er Nachteile haben wird, darüber konnte leider kein Zweifel bestehen.

Zum Beispiel hing im Schwimmerkopf ein Schwimmerventil, das automatisch abschloß, sobald eine Welle darüberspülte. So konnte kein Wasser ins Boot laufen. Im Boot aber gab es sofort Unterdruck, da der Diesel keine Zuluft bekam und sich seine Luft aus dem Boot zog. Wären wir zu diesem Zeitpunkt nicht an Luftknappheit schon gewöhnt gewesen, wir hätten bei den ersten Schnorchel-Übungen infolge Atemnot sicherlich gleich die Platzangst bekommen. So aber sagten wir nur: „Da haben wir einen der Nachteile. Aber dafür schwimmt wenigstens nicht das ganze Boot an der Oberfläche, sondern nur der Schnorchelkopf, den die Flugzeuge schlechter orten können." Schwanengleich zog er durchs Wasser. Wir tauften ihn „Lohengrin".

Für alle Boote, die nach und nach an der Westküste als Abwehrgruppe für die erwartete Invasion bereitgestellt wurden, fand man einen Namen: „Gruppe Bauern". Das paßte nicht schlecht zu unseren einfältig-schlauen Überlegungen und zu unseren „Was-kann-schon-passieren? Schlimmer-kann-es-nicht-mehr-kommen!"-Einstellung. Die erste weitere Probefahrt bestätigte diese durch Erfahrung gewonnene Einstellung zu allen technischen Neuerungen. „Nullachtfuffzehn" — stur wie immer, der Mensch ist ein Gewohnheitstier! — fuhren wir unter Geleitschutz, Flugzeugbomben und Bordwaffenbeschuß auf tiefes Wasser, bis zur 200-Meter-Grenze. Das Gefühl, erst ab 200 Meter Tiefe beginnt der Atlantik, war uns allen deswegen in Fleisch und Blut übergegangen, weil die englischen Wasserbomben 180 Meter tief reichten. Unsere Boote, ursprünglich auf 100 Meter Druckfestigkeit konstruiert, hatten sich genauso schlecht und recht wie wir selbst daran gewöhnen müssen, daß man unter 180 Meter auch noch lebend davonkommen kann. Wir waren damals fest davon überzeugt: 200 Meter sind 200 Meter. Sie bedeuten Sicherheit, atlantische Freiheit. Nur auf tieferem Wasser lohnt es sich, zur See zu fahren. Was flacher ist, ist von Übel.

Auf der 200-Meter-Linie, ganz vorsichtig, ganz langsam, nahezu sträflich friedensmäßig, beginnen wir das Schnorchel-Spiel. Der Flottillen-Ingenieur ist persönlich an Bord. Wenn es schiefgeht, säuft er mit ab: ein überaus beruhigender Gedanke. Schadenfreude ist nur eine Abart der Resignation. „Wenn wir schon nicht, dann sollt ihr auch nicht", war 1944 längst zu einem taktischen Gefühl geworden. Das kommt davon, wenn eine Angriffswaffe zu einer Verteidigerrolle degradiert wird. Wir sind auf Sehrohrtiefe, sind eingesteuert: Lohengrin hoch! Es surrt, bumst. Nun ist er eingerastet, wird verriegelt. Alles freut sich. Hinten im Boot rumort es. Der Diesel soll erstmalig unterhalb der Wasseroberfläche des Atlantik anspringen. Es rattert, aber es hört sich anders an als auf der La Pallicer Reede. „Na . . .", denken wir in der Zentrale. Und da kommt auch schon der Torpedomixer-Obermaat mit dem hellen Köpfchen und den stets funktionierenden Aalen. Er sieht mich an. Das genügt. Ohne ein Wort zu sagen, weiß ich auch so, was er meint: „Da haben wir die Bescherung!" Hinter ihm dringen die ersten Rauchschwaden aus dem Achterteil des Bootes. Kennen wir doch, kennen wir doch . . . unsere damalige Kohlenmonoxyd-Vergiftung . . . Diese Schweinerei wollen wir nicht noch einmal haben! Wir waren damals alle so willenlos und hatten nach dem Auftauchen so blöd dösend auf der Brücke gestanden. „Sauerstofftorkel", hatte der Bordarzt sachlich festgestellt. Schlechte Erfahrungen soll man nur einmal sammeln. — Also hoch!

Daß wir nervös einen Bedienungsfehler gemacht haben, die Männer mit dem Abgasedruck des Diesels, dem Gegendruck des Wassers, dem ganzen Schnorchel-Einmaleins noch nicht richtig klargekommen sind, darüber dürfen wir schon eine Woche später auf unserer Überfahrt nach Brest nachdenken, wohin wir nun zur Invasions-Abwehrgruppe kommandiert sind. In Brest wird weiter geübt. Dort gibt es auf der großartigen natürlichen Hafenreede eine richtige Schnorchel-Rennstrecke. Allerdings, denke ich manchmal, diese Schnorchelei ist bei klarem Wetter und ruhigem Wasser weit zu sehen: Von der Marineschule Brest hoch über dem Hafen, in der wir wohnen, kann man den Gischt der hinter dem Schnorchelkopf sprudelnden Diesel-Abgase der einzelnen „Lohengrine" viel zu gut ausmachen. Gischt hin, Gischt her — mir war längst klar: Wer unbemerkt schnorchelnd vorwärts will, kann das nur nachts tun. Bei Tage läuft man stets Gefahr, entdeckt zu werden. Und das bedeutet Verminderung der ohnehin spärlich gewordenen Angriffs-Chance.

Eines Tages — es ist Mai 1944 geworden — ruft uns der Chef der 1. U-Flottille, Korvettenkapitän Winter, „Pelle" genannt, zusammen und erläutert den Schnorchlern und den Nichtschnorchlern die Absichten der U-Boot-Kriegführung. Ein Blick auf die Karte des Kanalgebietes — und einem wird mulmig: Wassertiefe alles unter 100 Meter. Dazu bei Cherbourg eine Gezeitenströmung bis zu 12 Seemeilen die Stunde. Rechts 'ne Küste, links 'ne Küste, und dazwischen nur ein schmaler Schlauch! Von Flugzeugbedrohung kann nur in Superlativen gesprochen werden. Alles in allem: Wer an die Oberfläche muß, wird geknackt!

Der Einsatzbefehl redet denn auch schlicht und in ergreifenden Worten von Totaleinsatz. Wenn es nicht mehr weitergeht, dann soll die Invasionsflotte von uns wenigstens gerammt werden, und sei es auch nur der kleinste Kahn. Schon früher hatten wir beim Auftauchen den alten lateinischen Spruch als Stoßgebet hergesagt: „Wenn eine Welt in Trümmern in sich zusammenfällt, dann müssen ihre Reste noch die Tapferen erschlagen." Jetzt konnte man ihn nur noch wie eine Gebetsmühle herleiern.

Pelle Winter meistert die psychologische Sackgasse mit Bravour. Er lädt alle „Bauern"-Kommandanten zu einem Invasionsfest ein. Die Kommandanten ihrerseits kümmern sich intensiver noch als bisher um die seelische Betreuung ihrer Mannen. Ein Sportfest jagt jetzt das andere. Handball- und Fußballturniere. Bootsfeste. Selbst der plötzlich angesetzte Unterricht staatlich lizensierter Wehrbetreuungsoffiziere mit ihrem Wettern gegen den „volksfeindlichen Jazz" und für den „nationalen Volkstanz" trägt insofern zur allgemeinen Heiterkeit bei, als niemand diese Vorträge ernst nimmt und „hot" in jeder Dosierung genießt. Wir alle werden Meister der improvisierten guten Laune und halten uns fit wie die Boxer vor dem Kampf. Es gelingt sogar. Bezeichnend die Abkommandierung eines Funkers, der Maat werden soll: Er heult wie ein Schloßhund, will von dieser Beförderung jetzt gar nichts wissen. Und als nichts mehr hilft und ich ihm von der großen Verantwortung predigen will, die jeder von uns für die ständige Ausweitung unserer Bildung für die Waffe hat, meint er nur: „Und wer paßt dann auf Sie auf?" Er blieb. Denn wer möchte einen solchen Hinweis seines Aufklarers unbeachtet lassen?

Mitte Mai.

Neun Schnorchler laufen zu ihrer ersten Kanalerprobung aus. Anlaß: Kein besonderer. Nur mal sehen. Wir sind gespickt mit einer Mischung neuester Aale, den unter dem Namen T 5 oder „Zaunkönig" bekannten Geräuschtorpedos, und mit dem letzten Schrei, dem „Lut". Diese Spielart war das Komplizierteste, was uns die Torpedowaffe anzubieten hatte, dafür aber besaß sie einige Trefferaussichten mehr. Doch vor Aufregung darüber, wie sich unser „Lohengrin" im Kanalgebiet auf diesem lächerlich flachen Wasser bewähren würde, waren die neuesten Errungenschaften der Torpedowaffe nur eine amüsante Beigabe. Sie störten jedenfalls nicht.

Und da ging es denn auch schon los. Die Schnorchelei nämlich. Wie macht man es am besten? Die Anweisung schrieb vor, wir sollten die eine Welle zum Laden der Batterie auskuppeln und mit der anderen Welle wie in Brest mit halber Fahrt elektrisch aus der Batterie fahren. Bei Seegang ein ungemütliches Unternehmen! Denn die Fahrt fraß viel zu viel Strom, die Nachladerei war zu langsam. Wie lahme Enten schipperten wir alle in den Kanal. Dann kam, als Frankreichs Nordwestecke soeben mit Ach und Krach passiert war, ein Funkspruch: Deutsche Zerstörer versuchen schwer angeschlagen entlang der Küste irgendeine Zuflucht zu finden; wir sollen, falls nötig, aufgetaucht, gegen feindliche Kreuzerverbände laufen.

Mit dem Funkspruch zugleich ist schon die Horchpeilung da, wird lauter und deutlicher. Also hoch! Inmitten der Nordwestecke des Kanals. Unser FuMB gegen feindliche Ortungen ist auf der Brücke. Von unten kommen laufend Meldungen: Soviel Ortungen auf einmal haben wir überhaupt noch nie gehört. Die verdammte Küste! Und die noch verdammteren Flugzeuge! Eine halbe Stunde preschen wir mit hoher Fahrt, sehen nichts, starren im Kreis und denken immer nur „Ortung". Durch sämtliche Körperteile.

„Hören Sie mal, Herr Oberleutnant, wie das wild durcheinander piept!"

Vom Überwasserfeind ist noch nichts zu sehen. Es ist Mitternacht; da reicht die Horchpeilung unter Wasser manchmal weiter. Ob wir die Horchpeilung noch einmal kontrollieren?

Alles steigt ein. Der Leitende Ingenieur legt den Kahn schräg nach unten, als gelte es, wie der Teufel von dieser unheimlichen Kanaloberfläche wegzukommen. Er hat die Ortung unten im Boot am lautesten gehört. Das Tiefenmanometer zeigt noch nicht ganz 35 Meter Tiefe, da kracht es genau so, als gelte die ganze Ladung uns. Pause. Luftholen. Verschämtes Grienen. Irgendeiner sagt: „Das genügt für heute."

Stunden später erlöst uns von dem Übel ein Rückruf nach Brest.

Wieder in Brest. Erfahrungsaustausch. Alles dasselbe. Allheilmittel? Wir sind jedenfalls alle wieder zurückgekommen. Rundreise durch die Stützpunkte, in denen die übrigen „Bauern", die Nichtschnorchler, auf Wartestellung liegen. Wir sollen erzählen. Wir tun es und loben den „Schnorchel", geben Mängel zu: Das Aufladen dauert zu lange, die Batterie wird durch die Schnorchelfahrt zu stark beansprucht und wird nie richtig voll, dadurch wird jede Angriffsoperation von der zu kurz gewordenen Leistungsspanne der Batterie erheblich begrenzt. Die Nichtschnorchler halten uns zusätzlich entgegen: Die Durchbrechung des Druckkörpers ist viel zu groß, die Standfestigkeit des Bootes leidet beträchtlich darunter. Einer sagt: „Ich würde lieber mein Boot hinter der Hecke verstecken . . ." Was soll man sagen? Daß wir uns freuen, am Leben geblieben zu sein?

Am 6. Juni 1944 hat die Invasion begonnen. 24 Stunden später sind mit Ausnahme der „Schnorchelboote" fast alle anderen der Invasionsabwehrgruppe entweder geknackt oder so lahmbombardiert, daß sie nur mit Mühe den Rückmarsch durchführen können. Jetzt gilt für uns Berufsschnorchler der Totaleinsatz. Da ist alles egal. Während der Schnorchelei muß einer ständig am Sehrohr sitzen und rund herum den Seeraum überwachen, ob uns auch keiner rammt oder ein Flugzeug seinen Scheinwerfer anstellt. Durch die starken Eigengeräusche des Dieselmotors kann das Horchgerät nicht wie sonst üblich als Ohr eingesetzt werden. Die Besatzung hat das Gefühl, als sei sie taub geworden. Um nicht auch noch blind zu sein, sitzen manche Kommandanten während der ganzen Schnorchelfahrt am Sehrohr, weil es die einzige Überwachungsmöglichkeit an der Oberfläche ist. Bei uns an Bord herrscht die Meinung vor, der Kommandant muß sich klarhalten, bis es kracht, so oder so. Darum lösen sich beide Wachoffiziere mit dem Obersteuermann am Sehrohr ab. Wir anderen lungern „rammbereit" auf Position.

Genau an der Nordwest-Ecke Frankreichs, zwei Tage nach dem Auslaufen, geraten wir in eine U-Boot-Jagdgruppe. Zunächst sehen wir nur einen Zerstörer mit Flugzeugen. Er läuft ungünstig. Der I. WO schlägt deshalb eine Feuerleitübung mit den vertrackten neuen „Luts" vor. Gut. Gewissenhaft werden die neuartigen Feuerleitkommandos des „Ersten" eine Etage tiefer in der Zentrale vom Obersteuermann im Anweisungs-Buch kontrolliert. Wir sind für idiotensicher. Im Ernst geschossen wird nicht.

Eine Stunde später, wir waren längst unten und hatten gefrühstückt, wird es ernst. Derselbe Zerstörer in Lage null, direkt auf uns zu. Für normale Torpedos also unangreifbar. Märchenhaft langsam, ohne zu zacken, dazu aber mit gräßlichem Geräusch wie in einem Sägewerk, wo die Kreissäge sich durchs Holz frißt. Das hat uns bei der Feuerleitübung schon an ihm gestört. Das riecht förmlich nach Vorsicht, der Angriff gegen ihn ist viel zu leicht. So bietet sich keiner im fünften Kriegsjahr an, wenn er nicht irgend etwas im Schilde führt. Vorsicht ist die Mutter der Porzellankiste auch bei Totaleinsatz — jedenfalls bis es soweit ist. Dieses Kreissägegeräusch stört einfach.

„Vorhin habt Ihr doch geübt, welche Seite hattet Ihr da?" — „Bug links". — „Also Angriff an Backbord mit den neuen Aalen, wieviel Meter laufen die geradeaus, ohne Sperenzien zu machen?" – „800 Meter." – „Gut, dann wollen wir es auf 700 versuchen." Man kann es nicht sagen, aber es liegt in der Luft: Wer solchen Krach macht und so langsam ohne Zacken durchs Gelände gurkt, hat es bestimmt auf die Ableitung unserer Geräuschaale abgesehen. Ein Zweierfächer Lut, direkt auf 700 Meter, ist auf jeden Fall besser.

Normalerweise hätte der Zerstörer bei so langsamer Fahrt die Torpedos horchen müssen. Sein eigener arglistiger Krach (seitlich ausgebrachte Geräuschbojen) hatte ihn nun selbst taub gemacht. Sein Pech, daß wir nicht darauf reinfielen! Ein Aal hat getroffen. Der zweite allerdings macht seine Sperenzien und kommt bedrohlich lärmend in Bootsnähe zurück. Wenn der nun nicht die Spielregel einhält? Wir gehen auf alle Fälle etwas tiefer, damit er notfalls über uns wegrauscht.

Wie wir neugierig wieder auf Sehrohrtiefe sind, stürmen zwei weitere von vier in Sicht befindlichen Zerstörern auf die Versenkungsstelle los — 700 Meter von uns entfernt. Mit hoher Fahrt, ohne Kreissägekrach — diesmal das richtige für unsere Geräuschaale! Nach den Schüssen — sie kamen so schnell, daß der Leitende Ingenieur nur einen zählte — stürzen wir auch schon abwärts. Auf 50 Meter Tiefe ist die Hölle über uns los. Wir glauben an das Schicksal und steuern beinahe von allein den 110 Meter tiefen Meeresgrund an, liegen mit der Schnauze bereits längere Zeit auf seichtem Grund. Warten auf das, was kommen soll, und erleben — — es kommt gar nichts.

Dafür hört man längere Zeit wieder diese dreimal verfluchten Nervensägen imaginäres Holz 110 Meter über uns zersägen. Nervenprobe: Bis auf einen „Lut", mit dem man solo nicht viel anfangen kann, sind wir verschossen. Preisfrage: Ist dieses Kreissägegeräusch nun ein Ortungsgerät oder nur ein Torpedoabwehrgerät? Beklemmendes Gefühl: Ist es ein Ortungsgerät, dann haben die uns so sicher, auf 110 Meter Tiefe, daß wir uns getrost schon mal mit den Fischen anfreunden können.

Eineinhalb Stunden denken wir darüber nach. Nachhilfeunterricht: elf zögernd geworfene Wasserbomben.

Dann wird die Luft zum Atmen knapper. Mit jeder Minute, die man länger lebt, wird das deutlicher.

Warum fenstern die nicht Wabos, wenn sie uns haben? Kurz und gut: Nach überstandenen Gefahren wird auch der langsamste Denker wieder wach und frech: Nachladen der Rohre auf Sehrohrtiefe. Ganz weit weg Zerstörer.

Durch das Nachladen, die körperlich schwere Arbeit, ist die Atemluft noch knapper geworden. Alle sind in Schweiß gebadet. Wir brauchen Luft! Also Lohengrin hoch! Sei es auch nur für zehn Minuten, damit das Boot durchgelüftet wird. Die neuen Aale sind jetzt schußfertig im Rohr, beide Spielarten. Die frische Luft weckt die Lebensgeister. Die Männer gehen mit breiterer Brust durch die Räume, und alle denken, „Ach was! Sowieso Totaleinsatz. Wir schnorcheln als Lockmittel. Sollen die uns doch ruhig sehen und uns bei friedfertiger Arbeit wähnen! Wir knallen dann aus der Schnorchelfahrt heraus gegen sie."

Typisch für unsere gute Stimmung, die jeder neue Luftzug ins Boot bringt, ist der lang gehegte Wunsch des Leitenden Ingenieurs, seine seit Wochen ausgeknobelte und immer wieder propagierte neue Ladeschaltung durchzuführen: Aufladen mit beiden Dieseln, aus der Batterie wird nichts entnommen. Ein Diesel also lädt voll bei ausgekuppelter Welle, der andere läuft auf Welle, bestimmt die Vorausfahrt und hat noch zusätzlich Ladung angehängt. Bisher hatten wir immer befürchtet, die größere Fahrtstufe belaste das Sehrohr zu sehr und wir alle hielten die erheblich größeren Unterdruckschwankungen mit unseren Trommelfellen nicht aus. Jede See über den Schnorchelkopf stoppt die Schnorchelzuluft, und beide Diesel saugen im Nu die Raumluft spürbar leer und erzeugen solchen Unterdruck, als würde man plötzlich 3000 Meter hoch ins Gebirge geschleudert. Ist die See vorübergerauscht, pfeift die Zugluft ins Boot, und unsere auf luftdünn eingestellten Trommelfelle müssen sich wenige Sekunden später bereits wieder an das Klima des Meeresspiegels gewöhnen. Rauf — runter, rauf — runter. Trommelfell-gymnastik heißt das im Heilgehilfenjargon. Aber diese neue Art des Schnorchelns, dieses Parforce-Schnorcheln sozusagen, wird jetzt probiert.

Und die Zerstörer? Die Zerstörer haben wir vor lauter Staunen über die bisher nicht gekannte Gymnastik beinahe vergessen — bis der Obersteuermann vom Sehrohr meldet: Die ballern mit Artillerie auf uns! Doch bei dem Seegang und bei der Entfernung ist der kleine Schnorchelkopf kaum zu treffen. Sie hören auch bald wieder auf, und wir schnorcheln so lange, bis wir genügend Luft im Boot und ausreichend Jonnies in der Batterie haben.

Ob unser Sehrohr uns die ungewohnt hohe Fahrtstufe der neuen Ladeschaltung auf Sehrohrtiefe übelgenommen hat oder ob es nur daran liegt, daß wir bei unseren Sondereinsätzen stets ein anderes gerade generalüberholtes eines anderen Bootes erhielten, nach zwei Tagen streikt es. Die Optik beschlägt, man kann so gut wie nichts sehen. Das ist dumm, das Boot wird damit blind. Unsere Techniker aller Fakultäten reizt es, sie wollen trotz aller diesbezüglichen Generalverbote nach genügender Rückversiche-rung beim Kommandanten, der „ich befehle" sagen muß, die Optik reparieren. Als alles in der Zentrale liegt, wird mir angst und bange. Ich sehe nur noch Teile. Richtig in Ordnung kommt es nicht wieder. Es muß alle Nase lang getrocknet werden und beschlägt unregelmäßig. Wir treten aus diesem Grund den Rückmarsch an.

Beim FdU-West beginnt das Frage- und Antwortspiel. Wir sind die ersten Schnorchler, die aus der Nähe der Invasionsfront zurückkommen. „Warum kommt nach Ihrer Meinung keins der Boote in den eigentlichen Operationsraum? Haben die Kommandan-ten etwa Angst? Sagen wir, ist es ihnen unbehaglich? Könnten sie, wenn sie wollten?" Ich staune nur. Es verschlägt mir die Sprache. Was soll ich dem höheren Dienstgrad antworten? Schließlich besinne ich mich: Gerade wenn man in diesen Zeiten Erfolge hat, hat man den anderen gegenüber die Pflicht zu erklären, warum sie keine Erfolge haben. Ich packe aus, rede vom ganzen Schnorchelkomplex, von den Schwierigkeiten und seinen Besonderheiten, schlage vor, sofort unsere neue Aufladeschaltung an die Boote zu funken, da nach meiner Meinung alle anderen Boote bei der bisher angeordneten Fahrweise batteriemäßig aushungern müssen. — Hüben und drüben fallen erregte Worte. Der Stab verzieht sich. Die Frage der Orden wird zu einem Problem. Für frühere Einsätze plus drei Zerstörer verlange ich für meine Männer zehn EKs 1. Klasse. Uns sollen aber nur drei bewilligt werden, die Männer hätten nicht genug Seetage. So weit hat sich die Bewertung der Männer verschoben. Nicht nach Erfolgen, nach der Anzahl der Tage, die sie feindfahrend überlebten, sollen sie dekoriert werden. Bezeichnend für unsere Situation. — Als nach einigem Hin und Her noch ein viertes EK 1 der Besatzung zugesprochen werden soll, weil ein Unteroffizier mehr Seetage als die anderen hat, platzt mir der Kragen: „Ich verteile keine Mitfahrerorden!" —

Der Kampf der letzten Tage hat begonnen. Nach vier Tagen sind wir wieder in See. Pelle Winter hat uns getröstet. Er habe mich zum Halseisen vorgeschlagen, oben sei man aber der Meinung, eine Fahrt sollten wir uns noch bewähren. Das Ansinnen, für das eingeschlossene Cherbourg Munition zu karren, wurde auf seine Initiative wohlwollend zu unseren Gunsten entschieden. Ein Kriegsberichter, der auf einem angeschlagenen Boot zurückkehrte und es nun bei uns versuchen will, wird der Leidtragende: „Wollen Sie U-Boot fahren oder schlafen?" – „U-Boot fahren natürlich!" – „Können Sie normal sehen?" – „Natürlich!" – „Gut, dann werden Sie bei uns zusammen mit den Wachoffizieren und dem Obersteuermann als Nummer vier am Sehrohr sitzen." – „Habe ich aber noch nie gemacht." – „Das werden Sie bei uns an Bord lernen – wir haben Totaleinsatz – da kommt es auf jeden an."... Er hat uns nicht enttäuscht. Was einer Laune entsprang, hat unser Gast zu aller Zufriedenheit vier Wochen lang hervorragend gelöst. Und als nach der Rückkehr die Orden prasselten, erhielt er sein EK 1.

Doch soweit waren wir damals noch nicht. Das Auslaufen entsprach der allgemeinen Nervosität und war gespickt mit Versagern. Wir erhielten zwar damals vor jeder Feindfahrt eine solche Fülle von Geheimanweisungen mit dem Vermerk, alle auswendig zu behalten, daß einem der Kopf schwirrte; aber durchzudrehen brauchte man deshalb noch nicht. Jedenfalls war ich nicht wenig erstaunt, als mir der II. WO, der verantwortliche Funkoffizier an Bord, kurz nach dem Auslaufen mitteilte, er wisse das Kennwort für die Schlüsseleinstellung nicht mehr. Ohne Kennwort kann man keine verschlüsselten Funksprüche abgeben und die eintreffenden nicht entziffern. Wenn die einzige Verbindung zur Außenwelt nicht funktioniert, ist das Boot praktisch taubstumm. Was tun? Zurücklaufen? In dieser Zeit? Nach unserem Privatkrach mit dem FdU?

Unser Versuch, durch Morsen von einem gerade einlaufenden Boot das Kennwort zu erfahren, war sicher zu ungewöhnlich. Entweder hielten die uns für verrückt, glaubten, die wegen der Fliegergefahr mit Klappbuchsen durchgeführte Morserei mißzuverstehen, oder sie hatten sich schon auf Landbetrieb eingestellt. Das Kennwort erfuhren wir von ihnen nicht. Darauf versucht es der II. WO jetzt mit Systematik. Eine Nacht und einen Tag lang probiert er 6000 von ich weiß nicht wieviel möglichen Schlüsseleinstellungen. In der nächsten Nacht, wir fahren vor Brest im Kreis herum, haben wir uns zur Abgabe eines Funkspruches nach dem „Handnotverfahren" entschlossen. Zehnmal versuchen wir über alle möglichen Sender den Funkspruch loszuwerden. Nichts rührt sich, kein Echo. Wir gehen dabei mit dem Boot so hoch an die Oberfläche, daß nur der vordere Netzabweiser als unsere Sendeleitung zusammen mit der Vorderkante Turmaufbau aus dem Wasser ragt. Mißtrauisch geworden, tauchen wir eine Nacht später auf und geben fünfmal – 30 Minuten lang – das sind 1800 Sekunden inmitten stärkster feindlicher Luftüberwachung – unser Mißgeschick mit Hilfe des „Handnotverfahrens" noch einmal bekannt. Es ist zum Kotzen, auch das klappt nicht. Eine halbe Stunde später, wieder unter Wasser, meldet der neue Funkmaat, er habe zumindest seinen Fehler gefunden, nämlich dauernd auf einer falschen Frequenz gesendet. Was soll man sagen! Er ist neu, und wir alle sind nervös geworden bei solchem Start. Wieder versuchen wir fünfzehn Minuten lang den Funkspruch loszuwerden. Diesmal klappt es. Es war auch höchste Zeit, denn wenige Minuten später beleuchten Flugzeug-Leuchtbomben unseren Standort taghell. Wir sind aber nicht mehr zu sehen.

Bestraft wurde hinterher niemand. Soll man jemanden dafür bestrafen, daß er jung ist und neu an Bord, und daß er in dem allgemeinen Durcheinander der Invasionstage nervös wurde? Wie richtig diese Einsicht war, stellte sich später nach der Fahrt heraus, als der II. WO beichtete, die Gestapo habe seinen Vater in ein KZ gesperrt. Das habe er gerade am Auslauftag erfahren und habe deswegen alles vergessen. Vor allem aber habe er befürchtet, daß er nicht hätte mitfahren dürfen, wenn er es gemeldet hätte. Seine Abkommandierung habe er unter allen Umständen vermeiden wollen. Er hat mich Wochen später noch auf einem größeren, modernen Boot als Wachoffizier nach Deutschland begleitet.

Typisch an der Kanalfahrerei: Der Gezeitenstrom war zu groß und unsere eigene Fahrtstufe bei Schnorchelfahrt zu gering. Wir mußten uns bei Gegenstrom auf Grund legen, um den Mitstrom abzuwarten. Dazu fielen alle sonst üblichen navigatorischen Hilfsmittel aus. Mit dem Tiefenlot, der Gewissenhaftigkeit des Obersteuermanns, dem Eifer der Besatzung und der Nase des Kommandanten mußten die ausgedehnten Minensperren des Kanalgebietes passiert werden. Ohne Glück ging das nicht. Wir strapazierten es reichlich. Wir trafen ein dickes Truppengeleit und einige Tage später einen schönen Frachter-Verband. Das Ganze auf einer Tiefe von nur 40 Meter Wasser. Der starke Gezeitenstrom, ursprünglich unsere große Sorge, entpuppte sich bald als vorteilhafte Beigabe. Er wurde der beste Schutz gegen die englische Unterwasser-Ortung. Sie störte uns bald so wenig wie die einst so bedrohlich klingende Kreissäge. Mit fast kindlicher Freude stellten wir unserem Kriegsberichter eine Zerstörergruppe mit Kreissäge-Geräusch vor. Alles weidete sich an den tellerrunden Augen unseres PK-Freundes, als die Funkbude die nächtliche Passierfahrt der Kreissäge-Zerstörer mit Schallplattenmusik begleitete. Zu Olims Zeiten der U-Boot-Fahrerei dieses Krieges war das undenkbar.

Spaß muß sein, dachte sicher auch der Obersteuermann, als er eines Tages in seine Kriegstagebuch-Unterlage den schönen Satz schrieb: „Auf Sehrohrtiefe wild zackender Zerstörer in Sicht, schlechte Schußposition, Kommandant hat keine Lust, Boot geht auf Grund." Solche Späße waren nötig geworden. Denn weil wir unbeobachtet bleiben wollten, schnorchelten wir nur nachts. Wenige Stunden. Die dabei gewonnene Frischluft mußte täglich auf 20 Stunden verteilt werden. „Alles auf die Koje", hieß wochenlang der Routinebefehl. Nur einmal warmes Essen und Kaffeetrinken, beim Schnorcheln. Bewegung, Sitzen, Essen, Kaffeetrinken, alles verbrauchte zu viel Luft, schmälerte den gemeinsamen Vorrat. Bei dem vielen Liegen wurde man ganz lendenlahm. Das Kreuz schmerzte. Ich habe selten Seeleute freiwillig so intensiv Sport treiben sehen mit Kniebeugen, Atemholen und so weiter wie in den wenigen Schnorchelstunden, bei denen Luft in jeder Menge verbraucht werden konnte. Der CO_2-Gehalt unserer Atemluft, der angeblich 3,5 Prozent nicht übersteigen sollte, kletterte des öfteren so hoch auf dem Anzeigegerät, daß wir nach ärztlichen Vorausberechnungen längst alle krepiert sein mußten. Bei Seegang-Schnorcheln war es ganz verrückt. Die Luft im Boot war feucht, wir froren in der ständigen Zugluft wie die Schneider, die Trommelfelle wurden strapaziert. Und dazu nur Konservenkost. Alles schmeckte nach Büchse. Kein Sonnenstrahl, ewig elektrisches Licht. Vom „Blechkoller", wie man den psychologischen Endzustand unter solchen Umständen nennen könnte, waren wir gelegentlich nicht weit entfernt. Aber gerade dann versicherten wir uns gegenseitig, es sei noch längst nicht soweit.

Selbst solche vier Wochen gehen zu Ende. Zwei Tage vor dem Einlaufen bringt der Funker die Funkkladde und sagt: „Da haben ein paar Mann Revolution gemacht, der Alte ist aber nicht dabei!" Ein Funkspruch hatte uns das Ergebnis des 20. Juli mitgeteilt. Wir überschauten den Zusammenhang nicht. Der für unser Boot schwierigste Einsatz lag erfolgreich hinter uns, bald würden wir auf das Geleit treffen.

Aber das Geleit ist dann nicht da. Ringsum dicker Nebel. Wir machen uns durch Abfeuern sämtlicher Flak-Geschütze bemerkbar. Es kommen auch Erkennungssignale. Nur, sie stimmen nicht. Sie konnten auch nicht stimmen — sie waren nämlich . . .

Mündungsfeuer. Der erste Segen geht über den Turm und schlägt weit querab ins Wasser. Die nächsten Einschläge liegen hinter dem Boot, im Nebel gerade noch zu erkennen. Und das ausgerechnet vor dem Einlaufen! Da packt uns denn doch die Wut, und da wir gerade noch einen Aal in einem der vorderen Rohre haben, nehmen wir direkt die vorher beobachteten Mündungsfeuer aufs Korn. Zu sehen ist allerdings nichts, der Nebel deckt alles zu. Zu erleben ist auch nichts mehr.

Etwa zwei Stunden später, inzwischen hat es aufgeklart, erscheinen die altbekannten Silhouetten der Fischdampfer, die stets den Geleitschutz stellen. Kaum sehen sie uns, fragen sie an, ob wir nicht die feindliche Zerstörergruppe gesehen hätten, die sich heute hier herumgetrieben habe. Sie selbst seien deswegen nicht pünktlich gewesen.

Na also! Großmütiges Händeschütteln auf der Brücke. Vier Wochen unter Wasser sind eine lange Zeit. Der Privatgroll mit dem FdU, das dämliche Kennwort beim Auslaufen, die Erlebnisse unterwegs, der 20. Juli und die Begrüßung durch englische Zerstörer waren darin zusammengepackt. Es war etwas viel auf einmal. Das zehrt am Körper. Zwanzig Pfund hat jeder von uns im Durchschnitt abgenommen, stellt der Flottillenarzt bei der Untersuchung nach dem Einlaufen fest. Der FdU West lobt zwei Tage später beim großen Ordenssegen unser gutes Aussehen. Alles in Ordnung. Der Krieg . . .

Vorbereitung eines neuartigen U-Boot-Krieges

1943—1945

An dieser Stelle scheint es angebracht, noch Einzelheiten über technische Entwicklungen und Konstruktionen zu erwähnen, die bei anderer Gesamtkriegslage an Land sehr wohl 1945 noch eine Fünfte Phase des U-Boot-Krieges aussichtsreich hätten bestimmen können. Es handelt sich um technische Meisterleistungen, die einen U-Boot-Krieg seitdem und für die Zukunft maßgebend beeinflußt haben.

Bis gegen Ende des Krieges lieferten die Bauwerften immer noch Boote des alten Typs, die dann zu Schnorchelbooten hergerichtet wurden, um überhaupt einsatzfähig zu sein. Sie waren bestimmt, den U-Boot-Krieg hinhaltend fortzuführen, bis die grundlegend neuartigen Boote an die Front gingen. Diese sollten den veränderten Bedingungen im Atlantik gewachsen sein. Über dieser Planung stand die schicksalhafte Frage, ob die neuen Boote noch rechtzeitig zum Einsatz kämen, ehe nach dem bereits erfolgten Zusammenbruch der Luftfront auch die Landfronten zerbröckelten.

Wahrhaft umwälzend auf dem Gebiete der Unterseebootkonstruktion war vor allem das nach seinem Konstrukteur genannte Walterboot. Es hatte eine Verbrennungsturbine, die nach Patenten von Professor H. Walter entwickelt wurde. Sie verlieh einem etwa 600 Tonnen großen Boot mit einer Leistung von 7500 PS eine Unterwassergeschwindigkeit von 24 Seemeilen. Der mitgeführte Treibstoff in Form von 80prozentigem H_2O_2 reicht aus, um diese Fahrtstufe etwa sechs Stunden laufen zu können. Neben der Verbrennungsturbine hat das Boot wie bisher einen Diesel für eventuelle Überwasserfahrt und zum Aufladen der Batterie, eine Haupt-E-Maschine zur Unterwasserfahrt oder zum Laden der Batterie als Generator, und einen Schleichfahrt-E-Motor für geräuscharme Fahrtstufen. Da das Boot nur eine Welle und einen Diesel hat, ist bei möglichen Ausfällen ein zusätzliches Dieselaggregat vorgesehen zum Aufladen der Batterie.

Allein die Aufzählung dieser verschiedenen Maschinen läßt deutlich werden, wie lange es gedauert hat, bis dieser Typ frontreif war. Auch die Armierung dieses Bootes wich von der bisher üblichen stark ab. Außer vier Bugrohren waren am Bootskörper seitlich, nach achtern gerichtet, je drei weitere Ausstoßrohre angeordnet.

Das kleinere Versuchsboot dieses 26er Typs bewährte sich im Frühjahr 1944 so weit, daß mit dem Abschluß der Vorbereitungen und dem Bauauftrag für die Serie immerhin zum Frühjahr 1945 gerechnet wurde. Das erste Exemplar sollte, wie mir Generaladmiral v. Friedeburg noch am 15. April 1945 versicherte, im Juni frontreif sein und unter Erich Topp auf Feindfahrt gehen, der damals im Begriff war, zuvor mit seinem XXIer auf Unternehmung auszulaufen.

Noch vor diesem „Wunderboot" also entstanden, im Laufe des Jahres 1943 entworfen und seit Dezember 1943 vom Reißbrett weg, ohne jeden praktischen Versuch in Auftrag gegeben (es war keine Zeit zu verlieren), zwei andere Bootstypen, XXI und XXIII, der eine etwa 1500, der andere nur etwa 200 Tonnen groß. Ihre Fertigstellung in großer Anzahl wurde für den Sommer 1944 zugesichert. Der alliierte Bombenkrieg und das Schmalerwerden der deutschen Basis verzögerten diese Fertigstellung bis zum Spätherbst 1944. Dann allerdings — erstaunlicherweise, kann man sagen — fielen die Boote in der vorgesehenen Menge an. Wenn auch noch nicht mit dem Walter-Antrieb ausgerüstet, waren diese Boote doch schon umwälzend genug. Sie erlaubten einen vom bisherigen völlig abweichenden Unterseebootkrieg. Mit jedem Monat wurden nun vom größeren Typ XXI 30 Boote fertig; im April 1945 standen bereits 120 und von dem kleineren Typ XXIII 61 Boote in Dienst. Eine rüstungstechnische Leistung allererster Ranges, wenn man die damaligen Verhältnisse in Deutschland bedenkt! Allerdings war ein ganz wesentlicher Teil des deutschen Industriepotentials, insbesondere das der Elektroindustrie, für sie verwandt worden auf Kosten anderer Rüstungszweige.

Typ XXI verfügte über eine gewaltige Akkumulatorenbatterie, die dem Boot als ständige Unterwassergeschwindigkeit und zugleich Schleichfahrt 5 Seemeilen und als Höchstgeschwindigkeit für etwa eine volle Stunde 16 Seemeilen, also schneller als verfolgende Korvetten zu laufen erlaubte. Die XXIIIer Boote vermochten bis zu 13 Seemeilen Geschwindigkeit unter Wasser zu laufen. Das XXIer Boot konnte mit Kleiner Fahrt annähernd vier Tage ununterbrochen in größerer Tiefe bleiben, ohne nachladen zu müssen und ohne Frischluft von draußen (durch Schnorchel- oder Überwasserfahrt) zuzusetzen. Dann aber genügte es, wenn die Diesel, über die das Boot verfügte, nur wenige Stunden schnorchelten, um die Batterie wieder voll aufzufüllen. Der Schwimmer des inzwischen noch verbesserten Schnorchels war jetzt durch einen besonderen

Bunaüberzug gegen jede Ortung nahezu gesichert. Außerdem trug er die Antenne eines neuartigen Warngerätes, das sogenannte Schnorchelrunddipol, das auf Ortung bis in den Bereich der ultrakurzen 9-cm-Welle reagierte und das auf Schnorchel- beziehungsweise Sehrohrtiefe unter Wasser fahrende Boot vor überraschenden Angriffen schützte. Auf diesem neuen Typ geht die Technifizierung noch einen Schritt weiter. Der Torpedoraum ist in seiner mit Geräten ausgefüllten Weite eine Maschinenhalle im Vergleich mit der engen Röhre der bisherigen Boote. Hinter den Rohren hängen die Torpedos in Reservelagerung. Nur ein geringer Seitentransport bringt sie in Nachladestellung vor die Rohre. Wohnte in den alten Typen hier über, neben, hinter und zwischen den Torpedos die Mannschaft, so ist dieser Raum jetzt ausschließlich der Torpedowaffe vorbehalten. Die Mannschaft hat ihren eigenen Aufenthaltsraum mit Rücksicht auf lange, anstrengende Unterwasserfahrt.

Das Zentrum des angreifenden Bootes ist nicht mehr der Turm mit dem Angriffssehrohr und den Feuerleitgeräten, sondern der Ortungsraum. Der Angriff selbst geht nicht mehr über das Periskop, das Auge des Kommandanten. Er hängt nicht mehr allein an seinem alles übersehenden und durchdenkenden Hirn.

Eine Gruppe von Spezialisten arbeitet an komplizierten Apparaten, team-work, wie es die Angelsachsen nennen.

Daraus resultiert der Angriff.

Mit dem verbesserten Balkon-Horchgerät wird auf größere Entfernung als bisher das Schraubengeräusch des Geleitzuges erfaßt, vielleicht auf 40 Seemeilen oder mehr im günstigen Seegebiet. Die Horchweiten sind ja sehr verschieden und abhängig von Wasserschichtungen, Salzgehalt, Temperaturschichtungen, Wetter, einer Vielzahl von nicht berechenbaren Faktoren. Aus der Auswanderung, das heißt der Änderung der rechtweisenden Peilung kann bei bekannten Generalkursen der annähernde Gegnerkurs geschätzt werden. Es wird versucht, mit erhöhten Geschwindigkeiten das Boot auf Kollisionskurs zu bringen. Das Boot kommt näher heran und, wenn es Glück hat, in den Nahbereich des Gegners, so daß mit der Aktivortung begonnen werden kann. Unter Aktivortung versteht man das Senden von elektrischen Impulsen, die, nach dem Prinzip des Echolotes ausgesandt, von dem Unterwasserteil des feindlichen Schiffes reflektiert, in einem Empfänger aufgenommen werden. Die größte Reichweite ist etwa 8 Seemeilen. Durch Kurzimpulse — damit man möglichst nicht selbst eingepeilt wird — in Abständen nach einem gewissen Rhythmus ausgesandt, bestimmt der Obersteuermann Gegnerkurs und -fahrt. Die Impulse haben eine Meßgenauigkeit von ± 50 Meter in der Entfernung und ± 1 Grad in der Richtung.

Kurz nach Eingang dieser Werte entscheidet der Kommandant über die Art des Angriffs. Wenn das Boot günstig steht, geht es mit geringer Fahrt auf Angriffskurs. Bei ungünstiger Position wird ein forcierter Angriff gefahren mit Höchstfahrt und damit der Gewißheit, vom gegnerischen Horchgerät erfaßt zu werden. Gelingt es dem Boot, unter den Geleitzug zu kommen und damit in den Störpegel der Geleitzugseinheiten, so kann es seinen Angriff mit großer Wahrscheinlichkeit ungestört fahren. Nach einigen Kontrollimpulsen, die ihm noch einmal den Kurs des Geleitzuges bestätigen, verseucht es den Geleitzug mit einem Fächer von „Lut", das heißt „Lagenunabhängigen Torpedos". Diese Torpedos haben die Eigenschaft, daß sie aus jeder Lage zum Ziel, nicht nur mit der bisher möglichen von 60 bis 90 Grad, geschossen werden können. In langen Schleifen versuchen diese ihre Sprengladung an den Feind zu bringen.

Das Schießprinzip hat sich also grundlegend gewandelt. An Stelle des über das Sehrohr gezielten Einzelschusses oder Fächers wird jetzt der Ungenauigkeit der Apparate und Beobachtungen Rechnung getragen und dem Geleitzug ein Netz von Torpedolaufbahnen vorgelegt, in das er mit hoher Wahrscheinlichkeit hineinlaufen muß.

Das Können des Kommandanten liegt nicht mehr in der genauen Ermittlung der Schußunterlagen und in der Fähigkeit, das Boot in die beste Schußposition zu manövrieren, sondern vielmehr in der Kombinationsgabe, anhand vieler Werte und Eindrücke — denn das Gerät zeichnet viele Impulse bei der großen Anzahl der Objekte des Geleitzuges — das Netz der Torpedolaufbahnen so wirkungsvoll zu ziehen, daß der Gegner mit höchster Wahrscheinlichkeit hineinläuft.

Nachdem sechs Torpedos die Rohre verlassen haben, können nach etwa zehn Minuten wieder sechs Aale geschossen werden. Die Vorbereitung der dritten Chargierung dauert dann etwa eine halbe Stunde. Alle Torpedos, das ist neu und wesentlich, können aus einer Tiefe von etwa 50 Meter lanciert werden.

Während dieser Zeit hat das Boot durch die Zusammenarbeit beider Geräte, des Horch-und des Ortungsgerätes, Kontrolle über etwaige Verfolger. Das Horchgerät meldet sich nähernde Zerstörerschraubengeräusche und gibt sie weiter an das Ortungsgerät, das über die Heckbasis ständig Entfernung und Peilung meldet.

Der Kommandant hat zwei Möglichkeiten:

1. Anzugreifen mit Typ XI („Geier"), einem Torpedo, der die Fähigkeit hat, über einen verbesserten Horchkopf auf die Hilfsmaschinengeräusche des Verfolgers loszusteuern.

2. Wenn der Angriff mißlingt, sich der Verfolgung mittels seiner Höchstgeschwindigkeit von 16 Seemeilen durch schnelle und laufende Veränderung der gesteuerten Tiefe und Kurse zu entziehen. Er irritiert dadurch die Beobachter an den gegnerischen Geräten, erschwert die exakte Einstellung der Wasserbomben und erhöht die Unsicherheit beim Gegner, der ständig damit rechnen muß, erneut angegriffen zu werden.

Die Verbesserung dieses echten Unterseeboot-Typs und nicht mehr nur Tauchbootes, lag also nicht allein in der Erhöhung der Unterwassergeschwindigkeit, sondern in dem Zusammenwirken von neuen Geräten, Geschwindigkeit, neuen Torpedos, so daß sich dem angreifenden U-Boot eine Fülle von Angriffs- und Sicherungsmöglichkeiten nach verschiedenen Graden der Wahrscheinlichkeit bot, auf die der Gegner nicht mehr mit gesetzmäßiger Sicherheit reagieren konnte.

Im übrigen war das Boot wieder Einzelkämpfer geworden. Es gab keine Funkverbindung der Boote untereinander, weil sie — nunmehr reine Unterwasserboote — keine Kurzwelle empfangen konnten; allenfalls noch über eine Sehrohrantenne, die aber nur sehr geringe und wechselnde Reichweiten, sende- wie empfangsseitig, zuließ. Das Boot war lediglich mit der Heimat über die Längstwelle verbunden, und auch das nur bis auf etwa 20 Meter Wassertiefe. Darunter war es völlig auf sich allein gestellt.

Die Rudeltaktik, das Zusammenwirken vieler Boote am Geleitzug, war nicht mehr durchführbar. Es wären also auch mit diesen Booten keine Geleitzugschlachten alten Stiles mehr geschlagen worden.

Die Einsatzgebiete dieser Boote deckten sich mit den Bündelungen feindlichen Schiffsverkehrs. Die logische Reaktion beim Gegner wäre eine Konzentration der Abwehrkräfte in diesen Seegebieten gewesen. Bei der Summe der Mannigfaltigkeiten von Aktion und Reaktion ist eine Prognose etwaiger Erfolge oder Mißerfolge schwer zu geben.

Wesentlich war, daß der U-Boot-Mann auf diesen Booten wieder das Gefühl der Zuversicht bekam und nicht mehr auf verlorenem Posten stand.

Seit Herbst 1944 leiteten Fregattenkapitän Topp und Korvettenkapitän Emmermann die kriegsmäßigen Erprobungen in der Ostsee ein, entwickelten für beide Typen die neue Taktik und schrieben die Kampfanweisungen für sie, nach der nun die Besatzung der laufend in Dienst stellenden weiteren Einheiten geschult wurden. Wer diese sehr geheim behandelten und nur den eigenen Besatzungen zugänglichen Boote kennenlernte, gewann in sie unbedingtes Vertrauen. Die in immer größerer Anzahl stromlinienförmig gebauten und eben anders als bisher aussehenden XXIer gaben auch denen Hoffnung auf das, was kommen sollte, die noch auf den Booten des älteren Typs fuhren.

Bald, so hieß es, bekommen auch wir solch einen schneidigen „Dampfer".

Der XXIer-Typ war im Innern in zwei Stockwerke gegliedert. In der unteren Kalotte war die Riesenbatterie untergebracht. Bereits montagefertig, von vielen Zubringerwerften geliefert, wurden die einzelnen „Stöße" auf der eigentlichen Bauwerft nur noch zusammengeschweißt, ein bis dahin im deutschen Schiffbau für unmöglich gehaltenes Verfahren.

Zwar stellten sich noch manche Kinderkrankheiten heraus, aber im ganzen war der neue Typ gut. Mancherlei Mängel, die erst abgestellt werden mußten, verzögerten den Einsatz. Es ergab sich während des Einfahrens der Boote und Besatzungen manches, was, wenn auch im einzelnen gering, so doch in der Anhäufung und im Zusammenwirken wichtig genug war, das endgültige In-See-gehen immer wieder hinauszuschieben. Ein Boot, U 2511, Korvettenkapitän Schnee, hatte gewissermaßen als Vorreiter alle Erprobungen auszuführen und alle Risiken zu tragen, eben alle Mängel vorwegzunehmen, die dann bereits bei den nächsten Booten auf der Werft behoben werden konnten. Auf diese Weise wurde eine lange Typerprobung eingespart. Dieses Boot U 2511, als erstes Boot des neuen Types im Feindeinsatz, war zur Karibik befohlen. Aber schon zu Beginn seines Anfang Mai endlich erfolgten Ausmarsches, bei den Färöern, wurde es durch die Kapitulation des Reiches angehalten und nach Norwegen zurückbeordert. Wenige Stunden nach dem allgemeinen Schießverbot stieß es auf seinen ersten Feind, einen britischen Kreuzer. Schnee fuhr daraufhin trotz dessen starker Sicherung „schulmäßig", das heißt ohne wirklich zu schießen, seinen Angriff. Er gewann dabei die Genugtuung, daß tatsächlich alles so klappte, wie man es sich gedacht hatte. Er wurde vom Gegner überhaupt nicht bemerkt.

Von diesen Booten lagen bei der Kapitulation 20 einsatzbereit schon in Norwegen, 120 weitere bereits fertig in deutschen Häfen, zum Auslaufen klar. Eine Anzahl von ihnen ging auf den Marsch und versenkte sich im Augenblick der Kapitulation selbst. Der Bau weiterer lief auf vollen Touren. Dazu gab es bereits 60 Boote des kleineren Typs XXIII, von denen eine ganze Anzahl schon vor der englischen Küste im Einsatz stand und ohne Verluste blieb. An den verschiedensten Plätzen des restlichen Deutschland lagen die Sektoren dieser Boote in allen Stadien der Fertigung. Für Juni bis Herbst war bereits mit den ersten sogenannten Walter-Booten, Typ XXVI, und mit einem überraschend neuartigen, nämlich durch Rückstoß angetriebenen Walter-Torpedo zu rechnen, der überaus schnell und treffsicher arbeiten sollte. Ob diese Entwicklung den Gegner noch in die Knie hätte zwingen können, was der Führung offenbar als möglich vorschwebte, ist fraglich. Der Frachterbau der Alliierten, vor allem in den USA, erstellte seit langem bereits rund eine Million an Tonnage monatlich neu.

Eines nur können wir heute mit Sicherheit sagen: Was die Alliierten an kriegstechnischen Neuerungen, Erfindungen, Patenten und Ideen in Deutschland erbeuteten, ist unermeßlich. Sie haben nach kritischen Betrachtungen (Manchester Guardian) damit etwa zehn Jahre eigener Entwicklung sprunghaft überschlagen. Wir wissen, daß alle Marinen, am wirksamsten die sowjetische, auf diesen Erfahrungen weiterbauen und daß unsere letzten Typen der riesigen sowjetischen Rüstung zur See zugrunde liegen. Die vierte und letzte Phase des Unterseebootkrieges 1939/45 war von den deutschen U-Boot-Fahrern durchgestanden worden in der Erwartung, noch einmal zum Zuge zu kommen. Nun war sie verloren. Wenn irgendwo, so ist einmal hier das Wort Pflichterfüllung am Platze. Schon 1946, zu einer Zeit also, da man von seiten der Siegermächte eine objektive Beurteilung der deutschen Leistung und gar eine öffentliche Anerkennung deutschen Soldatentums zu finden sonst noch nicht gewohnt war, sagte „Taffrail" (Capt. Dorling) in dem amtlichen Bericht der Britischen Admiralität „The battle of the Atlantic":

„Until the very end the German U-Boat arm fougt with discipline and efficiency. There was no relaxation of effort or hesitation to incure risks. Indeed, on the night before Germany's surrender, two merchant ships were sunk near entrance to the Firth of Forth, and minesweeper in Lyme Bay." (Die deutsche U-Boot-Waffe kämpfte in Zucht und Freiwilligkeit bis zum letzten. Es gab kein Erschlaffen der Anstrengung und kein Zaudern beim Aufsichnehmen von Gefahren. Tatsächlich wurden in der Nacht vor der deutschen Kapitulation nahe der Einfahrt zum Firth of Forth zwei Handelsschiffe und ein Minensucher in der Lyme Bay versenkt.)

Nach der deutschen Kapitulation versenkten sich auf das Stichwort „Regenbogen" hin 219 Boote im Küstengebiet. 154 Boote lieferten sich, nachdem dieser Befehl widerrufen war, auf Befehl ihres Chefs aus. Was auf den Werften im Norden und Osten Deutschlands im Bau begriffen war, fiel in Feindeshand. Einige Boote liefen neutrale Häfen an.

Von etwa 40000 deutschen U-Boot-Fahrern, die überhaupt an der Front standen, gaben 27491 das Leben für ihr Volk. Sie waren nicht „verführt", wie man heute gern behauptet; es ist nicht „Verführung", wenn man die Jugend dazu erzieht, für ihr Volk alles einzusetzen, selbst das Leben. Wer hat denn dieses Volk niederzuhalten versucht! Wer wollte denn diesen Krieg, als es endlich einig und stark wurde? Dieser Krieg galt nicht Hitler, sondern dem deutschen Volk, um es klein zu halten. Der deutsche U-Boot-Mann hat seinen harten Kampf allzeit untadelig ritterlich geführt, so daß selbst das Nürnberger Tribunal, trotz aller Vorwürfe, die es zunächst auch gegen die deutsche U-Boot-Waffe erhob, die deutsche Seekriegführung überhaupt wie im besonderen die deutsche U-Boot-Waffe endlich doch freisprechen mußte. In die Geschichte aber, dessen dürfen wir sicher sein, wird, was deutsche U-Boot-Fahrer vollbrachten, eingehen als eine der unerhörtesten Leistungen bester Seemannschaft und besten deutschen Soldatentums.

Auch das gehört dazu

Verlust des Bootes und Gefangenschaft
März 1941

Etwa 03.30 Uhr nahm der Funker auf dem Boot des Kommandanten Clausen mitten im Atlantik schwache Zeichen auf der U-Boot-Welle auf. Ein offener Funkspruch wurde mitgehört: „Zerstörer Wabos. 50000 Bruttoregistertonnen. Gefangenschaft. U-Kretschmer." Das war noch nicht vorgekommen, daß ein U-Boot sich selbst abmeldet in Gefangenschaft. Was war geschehen?

U 99, das Boot des Kapitänleutnants Kretschmer, befand sich mitten in einem nach England gehenden Geleitzug westlich der Faröer. Es hatte mit den letzten Torpedos einige Dampfer aus diesem Geleit herausgeschossen und die Absicht, Rückmarsch nach Saint Nazaire anzutreten.

Der Mond stand im Süden. Das Boot war dabei, sich vom Geleitzug nach Norden in den dunklen Horizont hinein zu lösen. Es wollte die Lousy Bank nach Nordwesten und Westen umgehen wegen dort vermuteter Minen — treibende Minen waren bereits gesichtet.

Die Brückenwache bestand aus einem Offizier, einem Unteroffizier, zwei Mann, von denen jeder einen Sektor von 90 Grad beobachten mußte. Darüber hinaus hatte der wachhabende Offizier die Aufgabe, gelegentlich alle Sektoren zu kontrollieren. Bei einer solchen Kontrolle entdeckte der Wachoffizier im Sektor des Brückenunteroffiziers plötzlich ganz nahe einen feindlichen Zerstörer, von dessen Bordrand das Mondlicht reflektierte.

Es mochte sein, daß der Unteroffizier nicht recht aufgepaßt hatte, möglich auch, daß die Zerstörer unvermittelt vor dem dunklen Hintergrund heraustraten, — jedenfalls gab der Wachoffizier entgegen allgemeiner Erfahrung und im Erschrecken über die plastisch greifbaren Zerstörer Alarm. Im selben Moment wurde ihm klar, daß er einer grundsätzlichen Anweisung des Kommandanten, bei Insichtkommen nächtlicher Schatten über Wasser zu reagieren, nicht gefolgt war. Wenig später war er sich bewußt, einen fundamentalen Fehler begangen zu haben. Schuld oder Nichtschuld, die Frage wird belanglos vor der Wucht des nachfolgenden Geschehens. Sie wurde viel diskutiert — später. Das Schicksal der Besatzung hing also von einem kleinen Schaltverzug ab. Die Situation war noch gar nicht erfaßt, als gewissermaßen im Affekt der Befehl zum Tauchen gegeben wurde, ein klassisches Beispiel für die Bedeutung der Reaktionsfähigkeit beim U-Boot-Fahrer.

Die Zerstörer hatten, wie sich später herausstellte, das über Wasser laufende Boot nicht gesehen. Erst als es unter Wasser war, wurde es im Gerät erfaßt und mit Wabos belegt. Kretschmer, der alte U-Boot-Hase, hatte bei Unterwasserverfolgungen seine eigene Taktik entwickelt. Seit 1940 waren die Einstelltiefen der Wabos bekannt, die größte zu der Zeit 152 Meter. Kretschmer hielt sich immer zwischen den möglichen Einstelltiefen und war bisher gut damit gefahren. Dieses Mal ging es ihm schlecht. Die Wabos lagen gut, die

E-Maschine fiel aus. Wasser drang ins Boot. Das Boot sackte ab. Anblasen aller Tauchzellen! Das Boot kommt zum Stehen und steigt erst langsam, dann schneller. Um es nicht herauskommen zu lassen, werden bei 80 Meter die Tauchzellen wieder entlüftet. Aber der Auftrieb ist zu groß. Das Boot reagiert nicht auf die Tiefenruder, da es keine Fahrt mehr macht. Es durchbricht die Oberfläche. „Preßluft auf alle Tanks."

Turmluk auf. Kommandant auf die Brücke . . . In unmittelbarer Nähe, recht voraus, liegt ein Zerstörer, Lage 90, gestoppt. Ein weiterer Zerstörer läuft achteraus in spitzer Lage mit Horchfahrt auf das Boot zu.

„Wenn ich Torpedos an Bord gehabt hätte, wären beide noch zu schaffen gewesen." Kretschmer, der große Schweiger, wie man ihn nannte, sagt es zögernd zwischen zwei Zügen aus seiner gutgeformten Pfeife. Und mir wird jetzt und später, als er weitererzählt, deutlich, daß dieser Mann, mit glasklaren Gedanken seine Chancen erfassend, wie auf dem Exerzierplatz seine beiden Torpedos lanciert hätte, wenn sie dagewesen wären. Nur wer zu schweigen vermag, kann so handeln.

Der gestoppt liegende Zerstörer „Vanoc", der das Boot U 99 Schepke seit dem Vormittag im Gerät gehabt und es soeben geknackt hatte, war dabei, dessen Überlebende aufzunehmen.

Der anlaufende Zerstörer „Walker" hatte zunächst geglaubt, dieses Boot im Gerät zu haben.

Kretschmer sah sein Boot in einem großen Ölfleck liegen, manövrierunfähig, sämtliche Maschinen ausgefallen. „Vanoc" hörte sofort auf mit seiner Rettungsaktion und begann zu schießen, „Walker" fiel ein, beide mit mittlerer Artillerie und 4-cm-Pompom. Das Boot wurde überschüttet mit einem Geschoßhagel. Es hatte starke Schlagseite und konnte das Feuer selbst nicht erwidern. Die Zerstörer wetteiferten im Schießen und veranstalteten ein Riesenfeuerwerk. Wie die Mäuse kamen die Geschosse angezischt, streiften die schrägliegende Bord- und Turmwand und — wurden meist abgelenkt oder detonierten sofort beim Auftreffen auf die Bordwand. Die 4-cm-Pompom-Geschosse hatten offenbar empfindliche Kopfzünder für Flugzeugbeschuß.

Teilweise schossen sie erheblich vorbei, weil sie vom eigenen Mündungsfeuer stark geblendet wurden.

Beinahe hätten sie sich gerammt.

Kretschmer: „Sie dachten, das Boot wäre durchsiebt. Dabei brauchte man nur die Köppe einziehen."

Die Situation war eindeutig. Der Kommandant gab in aller Ruhe den Befehl: „Alle Mann aus dem Boot" und ließ die Besatzung in Feuerlee im Schutze des Turmes an Oberdeck Deckung nehmen. Es wurde niemand verwundet. Der Leitende Ingenieur hatte sein Gutachten abgegeben, daß das Boot tauchunklar sei. Die Ruhe des Kommandanten strömte auf alle über. Nur so sind die nächsten Minuten zu begreifen. Der Kommandant läßt alle noch einmal ins Boot, damit jeder sich für die Wassertour klarmacht. Die Geheimsachen werden in aller Ordnung vernichtet.

Das Geschieße geht während dieser Zeit unvermindert weiter. Unten werden inzwischen Maßnahmen getroffen, um das Boot, wenn nötig, schneller zu versenken. Auf keinen Fall darf es dem Feind zur Beute werden.

Die Sprengmunitionslast ist dicht gegammelt. Anbringen von Sprengkörpern zur Selbstversenkung ist deshalb nicht möglich. Das Achterschiff geht vorübergehend weg, weil leckgeschlagene oder undichte Tauchzellen achtern entlüftet haben. Es sackt so weit ab, daß das Turmluk unter Wasser kommt und die See ins Boot läuft. Das Kombüsenluk hatte der dort stehende Bootsmann geistesgegenwartig dichtgeschlagen, sich selbst am achteren Netzabweiser festgehalten. I. WO und L.I. befinden sich noch im Boot. Letzterer hat schnell entschlossen mit der restlichen Preßluft alle Tauchzellen nachgeblasen, wodurch sich das Boot eben mit dem Turmluk unter Wasser hält und schließlich achtern wieder hochkommt. Durch die ins Turmluk hineinlaufende See hindurch werden die beiden Offiziere an den Armen, die plötzlich aus dem Wasser herausschauen, heraus-gezogen. Inzwischen läßt das Geschieße nach. Der Gegner hat erkannt, daß er waidwundes Wild vor sich hat.

Der auf dem Achterdeck befindliche Teil der Besatzung ist über Bord gespült worden. Sie treiben, sich weisungsgemäß in einem Pulk zusammenhaltend, ab. Die Absicht des Kommandanten, die Besatzung auf alle Fälle zusammenzuhalten, ist vereitelt. Petersen, früher Obersteuermann, jetzt Wachoffizier an Bord — er erhielt bereits als Obersteuer-mann das Ritterkreuz —, gibt mit Klappbuxe an Zerstörer: „Captain to Captain, Teil meiner Besatzung treibt auf Sie zu. Bitte aufzufischen, da manövrierunfähig." Der Zerstörer reagiert und nimmt über seine „scrambling"-Netze die achtern schwabbernden auf. Die Netze gehören zum festen Bestand der Geleitzerstörer und werden im allgemeinen ausgebracht zur Rettung der torpedierten Schiffsbesatzungen in Geleitzü-gen. Zu dieser Zeit wurde der eingangs erwähnte Funkspruch offen abgesetzt.

Während jeder an Bord ohne Hast den Handgriff tat, der nötig war, wurde drüben die Überlegung wirksam, das manövrierunfähige U-Boot zu entern. „Walker" kam an Steuerbord ziemlich nahe heran und setzte ein Boot aus.

Jetzt wurde es Zeit, das eigene Boot auf Tiefe zu bringen. Der Leitende Ingenieur, Oberleutnant Ing. Schröder, machte den Vorschlag, achtern zu entlüften, damit das Boot über den Achtersteven absaufen konnte. Durchs Turmluk sah man, daß das Wasser bereits über den Flurplatten stand, aber der Auftrieb war noch zu groß. Die Maßnahmen auf dem Zerstörer werden scharf beobachtet. Sowohl Kommandant wie Leitender Ingenieur sind sich darüber klar, daß das Boot kurz vor dem Absaufen ist, daß aber zusätzlich etwas geschehen muß, wenn es nicht im letzten Augenblick noch Beute des Feindes werden soll. Der Leitende Ingenieur geht runter.

Noch einmal sagt Kretschmer eindringlich seinem Leitenden Ingenieur, als wollte er ihn beschwören: „Achtere Entlüftung nur wenig lockern und dann raus."

Kaum ist der Leitende Ingenier unten, da zischen die Entlüftungen. Das Achterschiff geht im Nu weg, der Bug steilt sich hoch, U 99 geht mit seinem Leitenden Ingenieur auf Tiefe. Das Sehrohr haut klatschend aufs Wasser. Übrig bleiben ein großer Ölfleck und schwimmende Männer.

Der Kommandant, der am Turmluk wartete, um dem Leitenden Ingenieur herauszuhel-fen, wurde plötzlich durch das Wasser angehoben und schwamm.

So, wie sie zuletzt gestanden hatten, der Kommandant mit dem Doppelglas, Petersen mit der Klappbux, so treiben sie jetzt im Wasser, als ob sie noch immer auf den Leitenden Ingenieur warteten, als ob der noch irgendwo auftauchen müßte.

Zwei Männer haben einen Kranken zwischen sich.

U 99 war von der Bühne abgetreten, es hatte seine erfolgreichste Fahrt am 17. März 1941 beendet. Seine Akteure hatten bis zum letzten Wort ihre Rolle gekonnt und beherrscht. Der Vorhang ging nieder ohne Applaus und blieb für sie acht Jahre geschlossen, ehe sie wieder handelnd die Bühne des Lebens betreten konnten.

Der Zerstörer „Walker" treibt auf sie zu. Als sie an der Bootswand angelangt sind, reicht die eigene Kraft nicht mehr. Die Engländer holen sie hilfsbereit hoch. Zwei Mann fehlen. Vielleicht hat sie die Kraft verlassen, vielleicht sind sie der Kälte zum Opfer gefallen. Das Wasser war noch sehr kalt am 17. März zwischen Faröer und Island. Kretschmer läßt sich als letzter an Bord ziehen. Er war nicht mehr in der Lage, allein hochzuentern. Die Seestiefel waren voll Wasser und bleischwer. Man brachte ihn in die Kommandantenkajüte. Alte Klamotten, Handtuch, Decken, Rum, Zigaretten stehen ihm zur Verfügung. Nachdem er sich umgezogen hat, versinkt er in einen tiefen Schlaf. Noch im Einschlafen bemerkt er an der Tür einen Matrosen, umgeschnallt mit Pistole. Als er wach wird, sitzt vor ihm auf der Schreibtischkante der Zerstörerkommandant.

Kretschmer beglückwünscht ihn zu seinem Erfolg (der Engländer erhielt später den Orden D.S.O., Distinguished Service Order). Der Zerstörerkommandant kondoliert dem deutschen Offizier. Über die ritterliche Geste hinaus besteht eine menschliche Atmosphäre. Der Leitende Ingenieur des Zerstörers besucht den Gefangenen: „Was machen Sie?" „Ich versuche zu lesen, aber es gelingt mir nicht, habe noch nicht die Ruhe dazu." Kurz darauf bringt der Brite ein Puzzle-Spiel.

Die Kapitäne von den versenkten Dampfern, von „Walker" aufgefischt, kommen herein, stellen sich vor und berichten, daß vom Geleitzug nicht viel übriggeblieben ist. Man unterhält sich freundlich. Sie erzählen, daß sie alle geschwommen sind und daß sie ihr Aussteigepäckchen immer bei sich trugen.

Am zweiten Abend tut sich die erste Bridge-Runde zusammen. Kurz nach dem Einlaufen in Liverpool wird Kretschmer mit seiner Besatzung von Bord geholt.

Man schenkt ihm eine Tabaksdose, und als er übers Fallreep von Bord geht, steht der I. WO mit der Wache angetreten. Die Besatzung drängt auf der Back.

Beim Vonbordgehen steht der Zerstörerkommandant auf der Pier. Hinter ihm sind ein paar Admirale zu sehen.

Unter dem Schutz einer Army-Wache werden sie nach einigen Stunden Militärgefängnis zum Bahnhof gefahren. Wenn sie halten, sammelt sich der Mob, meistens Weiber, Kinder und Halbstarke. Einige haben dicke Steinbrocken in den Händen. Dem Kommandanten, als solcher durch seine weiße Mütze kenntlich, drohen einige mit dem Zeichen des Halsdurchschneidens. Aber der Army-Wache war wohl klar, welche wertvolle Fracht sie beförderte, wertvoll gemessen an dem, was man noch aus ihnen herauszuholen gedachte.

* * *

Anschließend geht es nach Cockfosters Camp ins Verhörlager.

Die Räume, in denen sie in Gruppen untergebracht werden, haben oben Sperrholzdecken, mit Tapete beklebt. Vorsicht, da stimmt etwas nicht. Man lernt das Schweigen, wenn man es noch nicht kann. Die Wände haben Ohren.

Kretschmer wird persönlich sehr zuvorkommend behandelt. Die Männer versucht man einzuschüchtern. Einigen wird mit Erschießen gedroht. Der Wege und Methoden sind viele, um zum Ziel der Preisgabe von militärischen Geheimnissen zu gelangen. Das Haus liegt in einem schönen großen Park, in dem man spazierengehen kann. Die Zimmerbelegschaften werden oft ausgetauscht, um das Gespräch immer wieder anzuregen. Aber die Männer halten sich zurück wie ihr Kommandant, der große Schweiger. Eines Tages erhält Kretschmer Zivilzeug und wird nach London zur Admiralität gebracht, in die Privatwohnung des director of anti submarine warfare, des Chefs der U-Boot-Bekämpfung. Captain Creasey will sich bei Portwein und guter Unterhaltung einmal einen U-Boot-Offizier ansehen. Er ist bestens orientiert über alle Atlantikfahrten von U 99 und bringt sein Erstaunen darüber zum Ausdruck, daß die deutschen Boote beim dreckigsten Wetter noch fahren, schießen und treffen. Die Engländer gingen bei solchem Wetter unter Wasser. Man könne sich doch nicht trockenhalten, und das Handtuch um den Hals wäre wohl nur ein symbolischer Akt.

Captain Creasay war sehr kameradschaftlich, dabei geschickt im Einflechten von militärischen Fragen, die Kretschmer, stets wachsam, abfahren läßt.

Der Captain war eine prächtige Type, und die spätere Laufbahn dieses Mannes zeigt, daß die Briten damals schon ihr bestes Pferd in die U-Boot-Abwehr steckten.

Was ihm hier bereits auffiel, bestätigte sich für Kretschmer in der Gefangenschaft: Die Engländer waren gut orientiert über das Personal des Gegners. Sie kannten viele mit Namen. Dadurch gewann dieser Komplex für sie an Leben. Für uns war der Gegner eine anonyme Masse. Wer kannte bei uns schon den Namen des englischen Abwehrchefs!

Auch im Verhörlager bemühte man sich um den persönlichen Kontakt, um so mehr herauszubekommen. Eines Tages wurde Kretschmer zum Tee eingeladen. Bei der Gelegenheit wurde ihm seine Beförderung zum Fregattenkapitän bekanntgegeben, die durch den Deutschen Rundfunk veröffentlicht wurde, als er noch in See oder schon gefangen war.

Das politische Verhör im Zentrum von London war zum Ausgleich etwas härter. Man ärgerte sich über die Zuversicht, mit der die Deutschen den weiteren Verlauf des Krieges beurteilten, und ließ sie diesen Verdruß spüren.

Auf der Fahrt nach Windermere, einem neuen Lager in der schönsten Gegend Englands, fiel Kretschmers Pappkarton zu Boden, und seine Habseligkeiten rollten heraus. Sofort sprang der Bahnhofsoffizier hinzu und packte alles wieder ein. Dieses kennzeichnet eine gegenseitige Achtung, die zu dieser Zeit noch zwischen manchen Engländern und deutschen Gefangenen den Verkehrston bestimmte, ehe die politische Vergiftung einsetzte, die jeden Gegner a priori zum Verbrecher stempelte.

Fluchtversuche in England schlagen fehl. Nach einem weiteren Jahr kam Kretschmer nach Kanada. Ein Protest — nach Genfer Konvention dürfen Gefangene nicht durch Kriegszonen transportiert werden — blieb erfolglos.

Die Kanadier behandelten die deutschen Kriegsgefangenen zunächst insgesamt als halbe Kriegsverbrecher. Zum Beispiel saßen sie in Fort William in Kasematten und sahen nichts als ein Stück Himmel. Als diese Zustände nach Deutschland gemeldet und daraufhin hier englische Offiziere eingesperrt wurden, änderte sich das Bild.

Kretschmer kam dann in das Lager Bowmanville am Ontario-See, dessen Baracken, Schwimmbad und Turnhalle in einem großen Park lagen. Die Marine improvisierte sofort und baute selbst, was noch notwendig war, zum Beispiel einen Sportplatz.

* * *

Dort ereignete sich ein Zwischenfall, der unter dem Stichwort „Fesselungsaktion" in der Weltöffentlichkeit Aufsehen erregte.

Bei englischen Kommandounternehmen, sogenannten raids, wurden die deutschen Gefangenen gefesselt und manche in Ketten gelegt. Das schien den Briten das einfachste

Verfahren, die Gefangenen unschädlich zu machen und alle Kräfte für das Unternehmen selbst freizubekommen. Natürlich widersprach dieses Vorgehen den Genfer Konventionen über die Behandlung von Kriegsgefangenen. Bei dem englischen Landungsunternehmen in Dieppe stellte man wieder fest, daß deutsche Soldaten gefesselt waren. Darauf wurden auf Veranlassung der Reichsregierung alle bei Dieppe gefangenen englischen Offiziere ebenfalls gefesselt. Die amtlichen deutschen Stellen verlautbarten, daß diese Maßnahmen in Kraft blieben, bis die Engländer sich verpflichteten, solche Willkürakte zu unterlassen. London reagierte sauer und befahl, daß in jedem Kriegsgefangenenlager eine bestimmte Anzahl deutscher Heeresoffiziere gleicherweise gefesselt wurde.

Repressalien sind nach Völkerrecht erlaubt, wenn sie den Zweck haben, den Gegner zur Aufgabe eines völkerrechtswidrigen Verhaltens zu zwingen. Churchill antwortete also mit einer Gegenrepressalie, die immer völkerrechtswidrig ist.

Im Lager Bowmanville gab der kanadische Lagerkommandant eines Tages bekannt, daß er Befehl zu dieser Aktion hätte und sie am folgenden Tage bei einer der üblichen Zählungen durchzuführen gedächte. Den deutschen Protest und die Mitteilungen an die Vertreter von Schutzmacht (Schweiz) und Internationalem Roten Kreuz gab er zwar weiter, erhielt aber von Ottawa keinen Aufschub zugebilligt. Die Deutschen reagierten zunächst mit passivem Widerstand (Nichterscheinen zu den routinemäßigen Zählungen) und, als der Kanadier Gewalt ankündigte, mit aktivem Widerstand. Alle Unterkünfte wurden sturmfest gemacht, Türen und Fenster dicht verrammelt.

Am ersten Tag überwältigte der Kanadier nach längeren harten Kämpfen zwei Unterkünfte. Am zweiten Tag, einem Sonntag, herrschte Waffenruhe, da ein Bataillon Infanterie vom nächsten Truppenübungsplatz hergerufen wurde. Die Lagerbewachung bestand nur aus Angehörigen der Veterans Guard. Am dritten Tag wurde nur das Bataillon eingesetzt und überwältigte im Laufe des Tages die übrigen Unterkünfte. Die Kanadier waren durch Stahlhelm und aufgepflanztes Seitengewehr im Vorteil. Die Waffen der Gefangenen waren Knüppel, Hockeyschläger, Zeltstangen, Feuerwehräxte, Steine u. a. Die Kanadier benutzten Rammböcke für Türen und Fenster, schlugen neue Eingänge in die Außenmauern der Häuser und Einsteiglöcher in die Dächer. Wasser aus Feuerlöschschläuchen wurde auch eingesetzt. Nach Überwältigung des Lagers wurden die Heeresoffiziere ausgesondert und die Unterkünfte geplündert. Danach fehlten alle Wertsachen (Orden, Füllhalter, Uhren, Pullover, Schals, Uniformabzeichen wurden gleich mit Stoff herausgeschnitten usw.). Die Beschädigungen an den Unterkünften waren schwer. Die Reparaturen wurden größtenteils von den Gefangenen ausgeführt, da sie für die Schäden aufkommen mußten. Dafür machten sie den kanadischen Staat für die Verluste durch die Plünderung haftpflichtig. Die beiderseitigen Forderungen waren der Höhe nach etwa gleich. Daher wurde die ganze Angelegenheit durch ein Aufrechnungsabkommen aus der Welt geschafft.

Diese Aktion wurde sofort „Schlacht von Bowmanville" genannt. Unter dieser Bezeichnung (Battle of Bowmanville) wurde auch der ganze deutsch-kanadische Schriftwechsel geführt.

Es gab einige Verwundungen und Gehirnerschütterungen. Die Handschellen wurden bald mit Duldung durch die Kanadier nur noch zu den Appellen getragen und nach einiger Zeit wieder eingezogen.

* * *

Die Männer am Ontario-See versuchten, Verbindung mit der Heimat aufzunehmen, und zwar außerhalb der Zensur. Das gelang mit dem Briefschlüssel „Irland", wenn auch die Übermittlung hin und zurück drei Monate dauerte. Das ganze Geheimnis des Briefschlüssels bestand darin, daß die ersten Buchstaben der entsprechenden Worte in offiziellen Kriegsgefangenenbriefen, erneut zusammengesetzt, den geheimen Sinn ergaben.

Man fand auch andere Wege zur Nachrichtenübermittlung. So wurde von einem Physiklehrer der Luftwaffe ein kombiniertes Sende- und Empfangsgerät gebaut. Der Empfänger war laufend besetzt. Einmal nahm man sogar SOS-Rufe eines deutschen Sperrbrechers bei Tristan da Cunha im Südatlantik auf. Kranke, die in die Heimat ausgetauscht wurden, führten winzig klein geschriebene Berichte mit, die zusammengefaltet und gepreßt an irgendwelchen unauffindbaren Stellen eingebaut oder eingenäht und nur mit der Lupe zu lesen waren.

Dann tauchte plötzlich der tolle Gedanke auf, beim BdU anzufragen, ob eine Abholung von der Ostküste Kanadas mit einem U-Boot möglich sei. Dönitz antwortete „ja". Das Datum wurde abgemacht. Die Schwierigkeit bestand unter anderem darin, dem BdU einen Punkt für die Abholung vorzuschlagen. Aus dem Atlas ließ sich nur ein günstiger Punkt entnehmen, der von beiden Teilen gut angesteuert werden konnte: Ostspitze Maisonette Point in der Chaleur-Bucht. Er wurde von Dönitz akzeptiert, und er teilte mit, daß ein U-Boot an sieben Tagen um Neumond herum einige bestimmte Stunden dort stehen würde. Sämtliche Vorbereitungen wurden getroffen. Geld kam in Dosen mit doppeltem Boden aus der Heimat, desgleichen Funkschlüssel und anderes mehr. Ein Tunnel wurde gebaut. Als er halb fertig war, soff er ab. Ein zweiter Tunnel von 75 Meter Länge wurde gebaut, das dauerte etwa ein Jahr. Der Tunnelbau mußte immerhin gewissermaßen unter den Augen der Lagerbewachung und ihrer ständigen Kontrolle unbemerkt durchgeführt werden. Jedes Krümchen Erde hatte zu verschwinden, um keinen Verdacht zu erregen. So brachte man die Erde in den doppelten Barackendecken unter. Gelegentlich wurden allerdings die Korkplatten weich und kamen mit ihrer Erdlast von oben. Dann mußte alles in der selben Nacht noch ausgebessert und die ganze Decke neu bemalt werden. Lichtleitungen wurden gelegt, Wagen zum Transport gebastelt. Dazu kam eine Belüftungsanlage für die vorne im Tunnel Arbeitenden. Außerdem waren Pumpen nötig, um eventuelle Wassereinbrüche abzufangen. Alles bauten die Männer selbst.

Nachts lebte das Lager, und unter der Erde ging es zu wie in einem Ameisenstaat. Das Ganze war eine technische und organisatorische Meisterleistung unter vorbildlicher Verschwiegenheit aller Beteiligten.

Eines Nachts wurde zur Beseitigung eines Schadens an der Barackendecke eine Tischpyramide aufgebaut, die zusammenkrachte. Kanadier kamen auf den Lärm hin angelaufen, und alles platzte auf. Das Wachpersonal war zwar schon vorher sehr aufmerksam, und es besteht der Verdacht, daß die kanadische Lagerkommandantur den Briefschlüssel „Irland" kannte.

Nachdem so der Massenausbruch vereitelt war, wurde ein neuer Plan gefaßt, um noch zu dem verabredeten Termin zurechtzukommen.

Kapitänleutnant Heida ging mit Steigeisen an der Lichtleitung hoch, hangelte sich mit einem Bootsmannsstuhl aus dem Lager hinaus und ging an der anderen Seite hinunter. Er hatte sich eingekleidet mit kanadischen Uniformstücken, Trophäen aus der Fesselungsaktion, besaß falsche Papiere und das Geld. Zur verabredeten Zeit erreichte er den Treffpunkt, nachdem er sich in Montreal noch eine Taschenlampe zum Morsen gekauft hatte.

Auf der Landspitze war ein Zeltlager kanadischer Truppen. Heidas Papiere wurden kontrolliert, dann ließ man ihn wieder laufen. Als er sich erneut heranschlich, wurde er festgenommen.

Das U-Boot des Kommandanten Schauenburg, der den Auftrag durchzuführen hatte, erhielt auf seiner Welle eine Anfrage von Unbekannt. Es war die durch Schlüssel „Irland" festgelegte Verkehrsschaltung zwischen U-Boot und Lager. Schauenburg war also gewarnt. Als er in die sonst völlig vereinsamte Bucht eindrang, tauchten plötzlich vier Korvetten auf und jagten ihn. Aber er konnte entkommen. Damit war allerdings klar, daß die Angelegenheit bekannt geworden war.

Aus dem Lager am Ontario-See waren künftig nur wenige Fluchtversuche erfolgreich. Kretschmer selbst kam erst 1948 aus Gefangenschaft zurück.

Der Kamerad und Mensch

Wer unsere deutschen U-Boot-Männer wirklich gekannt hat, abseits vom Pathos, Menschen mit der ganzen Skala menschlicher Empfindungen, Spannungen, Leidenschaften, Schwächen und Stärken, der spürt, wie durch diese Aufzeichnungen, die ja in erster Linie den kämpferischen Einsatz zeigen sollen, ein Bild entworfen wird, das der Gefahr der Einseitigkeit nicht entgeht. Es wurde versucht, auch vom Leben der Männer etwas aufleuchten zu lassen. Aber es stand bei jeder Versenkung die Trauer um den Verlust eines Schiffes, die jeder Seemann empfindet. Bei jeder Vernichtung, wie heiß sie als Erfolg ersehnt war, stand die Sorge um das Los der Schiffbrüchigen, jedem Seemann erstes Gebot.

Die U-Boot-Männer waren eine „Band of brothers". Sie hatten ungeheure Verluste in ihren Reihen. Und jeder Verlust traf so schwer wie der erste. Sie waren daran gewöhnt, lange auf ein Wiedersehen zu warten. Es waren doch immer nur die kurzen Zeiten im Hafen, die man sich sah. Die Unternehmungen führten weit auseinander: Nordatlantik, Eismeer, Südatlantik, Mittelmeer, Indischer Ozean.

Sie trennten sich oft und lange von ihren Kameraden, und das Immer-wach-sein und Auf-dem-Boot-sein hinderte sie, viel aneinander zu denken. Aber sie sind da, wenn sie auch nicht gegenwärtig sind. Man hört nichts von ihnen, vielleicht einmal wird das Boot im Funkspruch erwähnt, dann drückt man im Geiste fest die Hand. Monate oft gehen vorüber, ja, ein halbes Jahr. Die Stützpunkte liegen weit auseinander, man sieht sich nicht. Und doch sind sie einander treu. Kreuzen sich dann einmal wieder die Wege, dann schlagen sie sich strahlend auf die Schulter und schauen sich in die Augen, als ob sie sich entschädigen wollen für das lange Fernsein.

Wer könnte besser über diese Kameradschaft sprechen als sie selbst! Als es zur Gewißheit wurde, daß Kapitänleutnant Endrass am Feind geblieben war, schrieb sein Crewkamerad Topp zwischen Angriffen im Nordatlantik in sein privates Tagebuch:

„Wieder stampft das Boot im Atlantiksturm, Kurs West. Es ist wie immer, dieses fünfzehnte Mal. Beim dreizehnten haben wir etwas geargwöhnt, nun ist es vorbei. Das

Meer ist mir vertrauter geworden, seitdem ich von dem Verlust des Freundes erfuhr. Das Meer, seine weite und überwölbte Ewigkeit mögen die trostlose Leere ausfüllen, die dieser Verlust hinterlassen hat. Und wo ich hinsehe, denke und fühle, Du bist da und bist doch nicht mehr. Was bleibt, ist das Bewußtsein, den Höhepunkt mit Dir gemeinsam überschritten zu haben. Das ist schön und bitter zugleich.

Die schweren Seen überschütten die Brücke, ein Gurt hält mich auf der schlingernden Plattform, über mir schwankende Sterne, die durch den übersprühenden Gischt und das Salz in den Augen nur verschwommen sichtbar sind.

Wir stehen auslaufend nordwestlich von Cap Finisterre, als die Luftaufklärung uns einen Gibraltar—England gehenden Geleitzug meldet. Zehn in der Nähe stehende Boote werden von der Führung angesetzt. Ich bekomme die Peilzeichen des Luftfühlungshalters und bald darauf die Fühlung mit dem Geleitzug selbst. Das Bootsrudel erhält den Namen ‚Gruppe Endrass‘. Durch vorsichtiges Fühlunghalten gelingt es, die anderen Boote am Tage heranzuführen, so daß am Abend der Geleitzug umstellt ist. Endrass’ Name steht wie eine Mahnung über der Operation, jeder Gedanke, jede Handlung ist für ihn und von ihm, ein Aufruf für jeden.

Der Kampf ist schwer, der Geleitzug stark gesichert von Zerstörern und Bewachern, die mit den modernsten Geräten ausgerüstet sind. Drei Boote bleiben, zwei weitere werden schwer angeschlagen und müssen in die Stützpunkte zurück. Wir selbst fahren drei Angriffe und versenken sechs Dampfer. Dein Geist, Bertl, hatte uns beseelt und beschützt.

Würde ich Deinen Mut, Dein Draufgängertum nennen, so brauchte ich nur an Scapa Flow, das Du als WO bei Prien miterlebtest, und an die annähernd 250000 Bruttoregistertonnen versenkten Handelsschiffsraumes zu erinnern, die Du auf den Grund des Meeres geschickt hast. Es würde Dich erdrücken, der Du nie viel Aufhebens davon gemacht hast. Ich habe einmal einem Maler bei der Arbeit zugesehen, wie er zunächst die Farben von seiner Palette auswählte und nach kurzem Prüfen und sicherem Abschätzen die geeigneten herausnahm und sie seiner Idee und seiner Arbeit unterwarf, so daß man den Eindruck hatte, nur diese Farben konnten es sein. Er sah auch nicht um sich, Bestätigung fordernd. Seine Selbstsicherheit brauchte keine Zustimmung: So warst Du berufen zum U-Boot-Kommandanten. Alles in Dir war eine frohe Zusammenarbeit dafür, ohne dabei an Deine Berufstüchtigkeit zu denken. Nur in kleinem Kreise, unter Kameraden, erzähltest Du gelegentlich gern. Bei mehreren fürchtetest Du die sensationshungrigen Augen.

Wenn Du aber in dieser ruhigen, nichts übertreibenden Art erzähltest, die Deinen wunderbaren Blick für die köstlichen Kleinheiten der Menschen und Dinge zeigte, dann zwang Deine innere Begeisterung uns in den Bann Deines Erlebens, Du beschenktest uns. Wie fremd war Dir die Art, Gefahren zu bagatellisieren. Es lag Dir nicht, Deinen Gegner klein zu machen. Sturm war eben Sturm, und Wasserbomben waren Wasserbomben. Du sagtest auch: Da haben wir uns bleich angeguckt. Denn Du wußtest, daß Mut nicht darin besteht, sich zur lächelnden Maske angesichts des Todes zu zwingen. Wenn jemand von Deinem Mut geredet hätte, Du hättest nicht gewußt, was er damit meinte, und hättest ihn fragend und mißtrauisch angeguckt und hättest gewußt: Der gehört nicht zu uns. Aber Du hättest es ihn nicht merken lassen.

Du wußtest, Geleitzugnächte, Angriffstaumel und Unterwasserverfolgungen sind nicht jedem geschenkt. Es ist schwer, sich von überkommenen Wertbegriffen zu befreien. Ja, Du warst bescheiden. Für Dich gab es nur eine große Offenbarung oder nenn es Wahrheit, die Summe der Erkenntnisse aus Deinem großen Kriegserleben, die Dich zu einem Menschen machte, die alle Wägbarkeiten auf diese letzte Einfachheit zurückführte. Der Krieg und seine Fragestellung an Dich erhob Dich aus Deiner Umwelt, um sie besser sehen und verstehen zu lernen, abseits aller Logik, denn mit Logik kann man alles beweisen, und abseits aller Ideologie; jeder sieht ein anderes Gesicht, zu dem er betet. Mensch sein, seine Umwelt verstehen und sich verantwortlich fühlen für sich selbst und seine Ausstrahlung auf diese Umwelt. Das war Deine große Einfachheit, sie machte Deinen geraden offenen Blick, Deine Ausgeglichenheit und Besonnenheit aus.

Diese Haltung leuchtet aus Deinem Kriegstagebuch, aus allen Erzählungen über Dich: ,— — 1045 durch drei Flugzeuge überraschend mit Bomben angegriffen.

1048 Alarm!
Die Maschinen stürzten aus der Wolkendecke. Das erste Flugzeug warf 4 Bomben. Das Heck wurde schwer beschädigt.
Während der Unterwasserfahrt wurde festgestellt, daß die Bb-Welle und das achtere Tiefenruder unklar waren. Außerdem drang in den Heckraum infolge Zerschlagens der Mündungs- und Verkleidungsklappen aus Rohr V Wasser ins Boot ein. Ferner wurden die Trimmzelle, Tauchzelle I und das wasserdichte Heck leckgeschlagen.
Mit dem Boot zunächst auf Grund gelegt.
Der Wassereinbruch im Heckraum ist so stark, daß wir nicht gegenanlenzen können. Ich muß versuchen, auf geringere Tiefen zu gehen. Das Boot steigt nicht mehr. Wir blasen vorsichtig an. Das Boot rührt sich nicht. — Druckluft auf alle Zellen.
Nach langen Minuten löst sich das Boot und schießt 40 Grad achterlastig an die Oberfläche.
Die Flieger sind weg.
Beim Angriff wurde der Mtr.-Gefr. Plaep durch einen Bombensplitter schwer verwundet.'

Das sind Deine einfachen Sätze. Ich habe denselben Bericht aus Deinem Munde gehört, als das Erleben noch frisch war und die ungeheure Wucht dieser Stunde in Deinen Worten nachzitterte und Du Dir selbst die Erregung niederschlugst, Deine Kameraden ernst anschautest und sagtest: Da hat der liebe Gott seinen ganz dicken Daumen zwischengehalten.
Wir sahen das Riesenloch im Boot, das zertrümmerte Heck, die abgebogene Welle, als das Boot sicher im Dock lag und die Werkmeister sich kopfschüttelnd ansahen: ,Daß der noch heil hereingekommen ist.'
Darin lag der Stolz auf ihr Boot, das sie gebaut hatten, und der Stolz auf ihren Kommandanten.
Ich höre die Bomber heranbrausen, unmittelbar aus den Wolken herausgeschleudert. Ehe noch der Alarmschrei des WO sich auswirkt, krachen die Bomben um und auf das Heck. Der letzte Mann taumelt tödlich getroffen ins Turmluk, ehe es dichtgerissen wird, das Boot bäumt sich unter den Detonationsstößen auf und sackt wie ein Stein auf Grund. Während alles darangesetzt wird, das Boot unter Wasser wieder flott zu bekommen, verblutet der Mann vor den Augen des Kommandanten. Das Wasser steigt im Boot unaufhörlich, macht das Boot schwer und schwerer. Der Augenblick rückt unerbittlich näher, wo kein noch so starker Wille das Boot mehr hochzwingt. Eine Zelle nach der

anderen wird vorsichtig angeblasen, denn das Boot darf nicht rauskommen, draußen warten die Bomber, um dem Verwundeten den Todesstoß zu versetzen. Aber höher, höher muß das Boot. Das Wasser kommt armdick in den Druckkörper.

‚Das Boot steigt nicht mehr. Wir blasen vorsichtig an. Das Boot rührt sich nicht.‘

Dann kommt ein langer Gedankenstrich, und der U-Boot-Fahrer weiß, was das bedeutet. Minuten nur, aber sie vermögen einem jungen blonden Schopf weiße Haare hineinzuzaubern, sie können das Blut aus den Gesichtern weichen lassen. Dieser Augenblick kann Runen in das Antlitz zeichnen, die nie mehr zu entfernen sind und den Menschen um Jahre gealtert erscheinen lassen.

‚Druckluft auf alle Zellen. Nach langen Minuten löst sich das Boot und schießt 40 Grad achterlastig an die Oberfläche.‘

Das ist der letzte Gewaltversuch. Lieber oben zusammengeschlagen werden durch die Bomben, als unten langsam erdrückt werden nach langen Minuten. Wißt ihr, daß es für die Männer Stunden waren, in denen das ganze heiße Lebenwollen sich an einem letzten Hoffnungsschimmer festbiß?

Dann steigt das Boot, schießt nach oben. Die eben aufflackernde Hoffnung duckt sich zusammen. Gleich wird es wieder krachen und vorbei sein.

Der Kommandant reißt das Turmluk auf. ‚Die Flieger sind weg.‘

Wer dieses Übermaß an Dramatik und Spannung, das kriegsgewohnte Männer zusammenbrechen lassen kann und seelisch und physisch hat zerbrechen lassen, aus den nüchternen Kriegstagebuchnotizen herausgelesen hat, der versteht, was ich mit jener Bescheidenheit und Einfachheit meinte.

‚6. 6. 41. Das Wetter ist schlechter geworden. Windstärken 9—11. Große Seen überschütten das Boot. Ein Tanker kommt in Sicht. Geringe Schußentfernung kann auch bei diesem Wetter Erfolg bringen. Also Angriff. Das Boot läßt sich kaum auf Sehrohrtiefe halten.

1005. Rohr III los. Detonation nach 34 Sek. Sehrohrblick ist wegen Seegang zunächst nicht möglich, es kommt aber einige Minuten später für Sekunden frei. Vor mir die Bordwand des Tankers in bedrohlicher Nähe. Der Tanker muß einen Kreis geschlagen haben. Schnell auf Tiefe. Zu spät. Das Boot wird auf 16 Meter gerammt. Der Druckkörper ist nicht beschädigt, aber beide Sehrohre sind ausgefallen. Wir laufen etwas ab, um dann aufzutauchen. Turmluk läßt sich nicht mehr öffnen. Ist festgeklemmt. Wieder runter, wir sind blind.

1200. Erneutes Auftauchen. Ein Decksluk wird schnell geöffnet. I. WO raus, Luk sofort wieder zu, denn es kommen laufend Seen über. Es gelingt dem Offizier, das Turmluk von außen zu öffnen. Da oben sieht es aus wie auf einem Autofriedhof, hauptsächlich aber nur Blechschaden mit Ausnahme des Sehrohrbockes, der völlig umgerissen ist. Die ausgefallenen Sehrohre zwingen zum Rückmarsch.

8. 6. Tanker in Sicht.

1210. Alarm. Angriff angesetzt, das Luftzielsehrohr war behelfsmäßig wieder klar. Doppelschuß, beide Torpedos haben getroffen.

2205. Dampfer in Sicht. Klar zum Artilleriegefecht.

0010 Feuer eröffnet. Gegner erwidert das Feuer nicht trotz seiner zwei Geschütze, sondern geht in die Boote.

0045 Feuer eingestellt.

0217 Dampfer gesunken.‘

In der allgemeinen Betrachtung zu der Unternehmung schreibt der Kommandant: ,Die Kollision mit dem Tanker ist in erster Linie auf das schlechte Wetter und die damit äußerst schwierige Tiefensteuerung zurückzuführen. Bei derartigem Wetter taucht eben die Frage auf, angreifen oder laufen lassen. Ich habe mich für den Angriff entschieden.'

Hinter diesen Eintragungen steht, schlicht mit Deinen ehrlichen Augen gesehen, das Wagnis im U-Boot-Krieg. Du hast nicht nötig, Deinen Angriffsgeist und Deine Entschlußkraft hervorzuheben, auch nicht, als Du mit beschädigtem Boot zwei weitere Dampfer angriffst, von denen der eine mit zwei Geschützen bestückt war. Es ist eine Selbstverständlichkeit für Dich. Sie wird knapp und sachlich aufgeführt. In viele Feindgeleitzüge trug Dein Boot den Angriff mit Deiner Handvoll Männer, die Dich liebten und Dir verschworen waren.

Und dann kam unsere Unternehmung.

Bei strahlendem Spätsommernachmittag lagen unsere Boote nebeneinander in der Schleuse von St. Nazaire. Jeder im Stützpunkt kannte uns als die beiden Unzertrennlichen. So wertete auch jeder dieses lange angestrebte, nun endlich erfüllte gemeinsame Auslaufen als etwas Besonderes.

Unsere Boote waren über und über mit Blumen geschmückt. Die Sonne spiegelte im Wasser wider auf die von Menschen schwarze Pier, und nur frohe Gesichter.

Bevor ich ablegte, ließ ich die Männer auf dem Achterdeck antreten.

,Ihr wißt, daß der Kptlt. Endrass ein guter Freund von mir ist. Setzt Eure ganze Kraft ein, daß wir uns mit unseren Erfolgen beim gemeinsamen Einlaufen nicht zu schämen brauchen.'

Bei schmetternder Musik, unübersehbarem Winken, letztem Glückszurufen liefen wir in Kiellinie aus. Winksprüche herüber und hinüber, dann verloren sich die Boote in der Nacht.

Vier Tage später sichtete ich nachts einen Geleitzug und benachrichtigte das in der Nähe stehende Boot, griff selbst nach mehreren Versuchen an und versenkte einen Zerstörer. Durch den Feuerschein des unter seinen eigenen detonierenden Wasserbomben in die Luft gehenden Zerstörers wurde Endrass in genaue Richtung gewiesen.

Im Morgengrauen trafen wir uns, tauschten Erfahrungen und Absichten aus, klammerten uns an den Geleitzug und haben ihn vier Tage und vier Nächte lang nicht aus den Augen verloren. Die Geleitzugabwehr arbeitete meisterhaft. Von außen, aus der Sonne plötzlich groß heranbrausende Korvetten drückten uns bei Tage unter Wasser, beschossen uns mit Leuchtgranaten und drängten uns ab bei Nacht. Aber sie merkten, daß sie hartnäckige Wölfe um ihre Herde hatten, die immer, wo sie ein Loch fanden, zupackten und ihre besten Stücke rissen. Sie holten neue Zerstörer herbei. Wir griffen diese an, um Luft zu bekommen, erhielten Wasserbomben. Flugzeuge wurden zu Hilfe geholt, eine U-Boot-Falle als Köder eingesetzt, aber wir beschnupperten nur und bissen nicht an. Hatte der eine die Fühlung verloren, hielt sie der andere um so zäher. Wurde der eine durch einen Gegenangriff bedrängt, versuchte der andere ihn zu entlasten. So ging das über 700 Seemeilen, etwa 1300 Kilometer, über eine Strecke von Paris bis nach Warschau, bis der Geleitzugrest im Nordkanal verschwand.

Die Kommandanten verließen die Brücke nicht während dieser Tage. Der eine kannte den anderen wie sich selbst. Das Wissen um diese Gegenseitigkeit, der andere muß jetzt so reagieren, er kann nur richtig handeln, gab uns ein Gefühl der Sicherheit und machte uns stark. Für uns beide bedeuteten diese vier Tage und Nächte den Höhepunkt unseres

U-Boot-Daseins überhaupt. Mit diesen Worten liefen wir gemeinsam wieder ein. Dieses Erlebnis überstrahlte den ganzen Freudentaumel des Wiedersehens, die Fülle der Blumen und die Herzlichkeit der Umarmungen. Und jeder, der bei der Besprechung beim BdU teilnahm, war beeindruckt von diesem Erleben, das in unseren Berichten nachhallte und aus unseren Augen sprach.

Es war immer Sommer, wenn wir zusammen waren. Und dieser Sommer, vor Deinem letzten Auslaufen, er ist unwiederbringlich, unvergeßlich. Es gab nichts, was wir nicht gemeinsam machten: ob wir in Paris waren und uns betäuben ließen von dem sprudelnden Leben, das wir draußen so lange entbehrt, oder ob wir in der Behaglichkeit unseres Hauses in La Baule saßen. Wir sind die Könige, und unser Leben ist ohne Beispiel. Da fuhren wir hinaus, ein paar Männer, ein kleines Boot in der Weite des Ozeans, unter der Ewigkeit des Himmelsdomes ein Nichts, und doch trotzte es Stürmen und Seen. Unter seinen Schlägen zuckt ein Weltreich. Diese Handvoll Männer ist eingespannt in das große Geschehen dieser Jahre. Du bist der Kommandant. Du führst Dein Boot zu Sieg oder Untergang. Hast Du gesiegt, kehrst Du heim unter dem Jubel der Zurückgebliebenen. Die schönsten Mädchen winken für Dich, das vollste Glas — es ist für Dich. Du bist wiederum ein König, beschenkt durch den Dank der Heimat. Hast Du gesiegt und kehrst nicht heim, so bist Du geblieben im Zenith Deines Lebens, den Abstieg hat Dir das Schicksal erlassen. Das war sein königlichstes Geschenk an Dich, und um Dich weinen die Besten.

So lebten wir unser Leben. Wir liebten es, ohne je vor der Vorstellung des Letzten, Äußersten, des Endes zurückzuweichen. Wir rechneten mit ihm wie mit der Bewährung und Erfüllung des Lebens, meinten aber doch, daß wir ihm trotzdem nie begegnen würden, und wenn — dann gemeinsam. Das Schicksal war grausamer.

So kam Dein letztes Auslaufen. Es war wie immer, und doch lag ein Schatten darüber. Es ist nicht so wie immer, sagtest Du, ein gut Teil von mir bleibt zurück. Ich wußte, was Du meintest, und es beunruhigte mich, denn Du warst immer der gewesen, der hinausgedrängt hatte, der in den letzten Werfttagen seine Ungeduld nicht mehr zügeln konnte, dem das ganze Glück aus den Augen strahlte, wenn er wieder im Lederpäckchen auf der Brücke klar zum Auslaufen stand, der dann alles hinter sich abschnitt und nur noch seewärts blickte. Heute war es nicht nur der nasse, eisig kalte Dezembertag, der Dich und uns stiller machte. ‚Beeil Dich mit dem Nachkommen‘, sagtest Du noch, als ob Du mich nötig hättest draußen.

Wenige Tage später lief auch ich aus. Unsere Operationsgebiete sind getrennt. Weihnachten geht vorüber, das alte Jahr zu Ende, das neue beginnt. Ich sitze so manchen Abend und höre vom Belgrader Sender Lili Marlen. Um dieses Lied wollten wir uns so oft wie möglich täglich um diese Zeit mit denen, die wir lieb hatten, vereinen. Und es sollte für alle jedesmal ein großes Fest des Erinnerns und des Glaubens an die Zukunft sein, die wir noch schöner verleben wollten. Monika sang dieses Lied immer für uns.

Die dunklen Ahnungen, als man nichts von Dir hörte, als kein Funkspruch auf allen nur möglichen Wellen von Dir kam; Ahnungen wurden zur drohenden Gewißheit. Ich sträubte mich Tag um Tag. Doch Dein Schweigen wuchs um mich von Minute zu Minute und drohte mich niederzuschlagen wie der Faustschlag eines Riesen. Ich hoffte und hoffte und merkte doch selbst, wie es langsam zu spät wurde. Und doch gab ich mich noch so lange wie möglich der wohltuenden Selbsttäuschung hin.

Wir laufen ein nach unserer ersten Amerikafahrt, das erste Boot, das von draußen zurückkommt. Es sollte ein großer Empfang werden mit viel Menschen und Lärm. Ich wich ihm aus und lief vier Stunden früher ein. Niemand war an der Schleuse. Wir machten fest. Ich hielt es nicht mehr länger aus und fragte den Schleusenmeister unverfänglich neben Wind und Wetter, wann Endrass ausgelaufen sei. Er konnte sich nicht mehr erinnern. Es wäre schon lange her. Das war die Gewißheit.

Das Boot hat im Bunker festgemacht. Die Kameraden kommen, begrüßen und beglückwünschen mich. Alle schauen mich fragend und etwas länger an als gewöhnlich. Ich kenne ihre Frage: Weißt Du's, weißt Du's denn, daß Dein Freund gefallen ist?

Ich zögere mit der Forderung, die letzte Selbsttäuschung zu zerreißen. Keiner sagt ein Wort. Sie wollen mir die Freude des Wiedersehens nicht nehmen, die jeder einzuschätzen weiß, der nach wochenlanger Unternehmung wieder festen Boden unter sich fühlt. Es ist gut, Kameraden, ich danke Euch dafür und spiele mit, erzähle ihnen von der Fahrt, den Dampfern, die wir im Angesicht der amerikanischen Küste versenkten, von gutem und schlechtem Wetter, von meiner Besatzung, von allem, um nur die Frage noch zu vermeiden.

Dann sitzen wir im Empfangssaal unseres Stützpunktes. Der Willkommensschluck ist lange vorbei, der Bericht beendet. Ich breche das Schweigen und sehe den Flottillenchef an:

‚Bertl ist nicht mehr?‘

‚Nein.‘

‚Habt ihr nichts mehr von ihm gehört?‘

‚Nein!‘

‚Ich habe es gewußt.‘

Es ist noch stiller geworden. Nur die letzten Worte stehen hart und knapp im Raum. Das genügt, große Worte werden hier nie gemacht. Ich gehe hinaus und bin allein.

Nun mach Dir klar, daß Dein Freund Bertl nie wiederkommt, daß Du nie mehr seinen Frohsinn und sein Lachen um Dich hörst, daß nichts seinen Verlust ersetzen kann, daß nichts den Reichtum der gemeinsamen Erinnerungen aufwiegt, die uns zu den höchsten Höhen und tiefsten Tiefen unseres Lebens führten, nichts die strahlend geschaute gemeinsame Zukunft ersetzt, daß er nun irgendwo im Atlantik ruht, den wir so oft gemeinsam durchjagten.

Nach Wochen bin ich wieder draußen. Vor mir hängt Dein Bild und liegt das Faksimile Deines letzten Briefes an einen Dir lieben Menschen, der mir wie ein Vermächtnis ist: ‚Wir haben angefangen uns zu entdecken, vollendet ist es noch nicht. Viele tausend Menschen kennen kaum ihr eigenes Herz, sie schweben hin und her. Man muß lieben und sich auch verstehen, man soll in dem anderen sehen, was er wirklich ist. Von all dem bleibt ein Erinnern … Ich bleibe mit vielen Gedanken bei Dir, denke voll Dankbarkeit an all das, was Du mir gegeben hast, denke an das, was ich Dir noch geben kann. Denk an den Glauben, von dem Du zuletzt gesprochen … es könnte sein, was wolle …‘

So bist Du neben dem großen Kommandanten, der die Welt aufhorchen ließ, der große Mensch, der Gebende und Verschwender eines reichen Innern, der allen, die Dich kannten, unvergeßlich ist.“

(Erich Topp)

Abseits der Meere — Rue de Liège

Im folgenden wird von Schauplätzen berichtet, die auch zur Lebensrunde des U-Boot-Fahrers gehörten — von kurzen Tagen in Paris und langen Jahren der Gefangenschaft.

Ein U-Boot-Kommandant erzählt . . .

„Wenige Stunden bereits nach dem Einlaufen in St. Nazaire sitze ich im Wagen nach Savigny, um dort in den Zug Brest-Paris zu steigen. Der U-Boot-Bart ist noch nicht gefallen. Man fühlt sich nicht ganz wohl so als Halbwilder unter zivilisierten Menschen. Die Franzosen blicken mich scheu und ablehnend an.

Was wissen sie davon, daß Dönitz den Bericht des ersten Bootes braucht, das vom Operationsgebiet Amerikanische Küste zurück ist!

Ich ziehe mich in den für deutsche Soldaten reservierten Wagen zurück, ins Halbdunkel eines leeren Abteils. Wie in Nebelschwaden tauche ich in die Ereignisse der letzten Fahrt. Der Regen näßt gegen die Scheiben. Die Beleuchtung auf den Stationen kommt nur so schwach in mein Bewußtsein, wie die Lichter einer fernen Küste am Horizont erscheinen. Die Spannung der Feindfahrt weicht einer grauen Ermattung.

Eine Streife verlangt nach den Papieren; sie möchten ein Gespräch anfangen. Ihre Worte fallen auf mich wie von einem anderen Ufer. Gedrückt verlassen sie den Raum und ziehen leise die Tür zu.

Stunde um Stunde verrinnt.

Wir nähern uns Paris. Man merkt es nicht. Die Stadt liegt im Dunkel. Gare Montparnasse. Ich reiße mich hoch. Es ist fünf Uhr morgens. Nur wenige Menschen sind auf dem Bahnsteig. Ein paar Träger, Eisenbahner, dort eine Gruppe von Menschen, vermummt. Es ist kühl. So trostlos empfing mich Paris noch nie. So spannungslos kam ich noch nie hier an.

Aus der Gruppe löst sich ein Mann, kommt auf mich zu. Dima, mein alter Freund strahlend heller Pariser Nächte, umarmt mich. Da sind sie alle, Pati, Monika, Nina und der alte Zimbalspieler. Wortlos reichen sie mir die Hand und umarmen mich. Sie hätten es auch getan, wenn der Bahnsteig voller Menschen gewesen wäre. Wir kennen uns schon lange. Sie stehen ebenso jenseits der Straße, diese heimatlosen Weißrussen, wie wir als Vertreter einer Besatzungsmacht in einem fremden Lande.

Sie ahnen, daß das Wissen um den Verlust des Freundes, der von Feindfahrt nicht zurückgekehrt ist, mich zu Boden drückt. Sie ahnen, daß die Atmosphäre dieser leichten und heiteren Stadt, die wir noch vor der letzten Fahrt gemeinsam erlebten, den Verlust nur noch stärker empfinden läßt. Nun wollen sie in dieser Stunde der großen Einsamkeit bei mir sein. Ihre Seelen sind weit wie das Land, das sie verloren haben.

Dem Fahrer des Admirals, der für mich bestellt ist, winke ich ab. Wir gehen durch die schlafenden dunklen Straßen und sprechen nicht viel. Diese Behutsamkeit tut wohl.

Rue de Liège.

Jeder U-Boot-Kommandant ist hier zu Haus. Jetzt ist niemand mehr da, kein französischer Gast, keine Uniform. Die Räume sind in indirektes Licht getaucht wie immer, mit diesem etwas kitschigen Rot, das die orientalische Atmosphäre geben soll. Die Tische sind von unten angestrahlt und lassen das Licht durch Papiermasken fallen, die wie kostbare Brüsseler Spitzen aussehen.

Sonst ist Hochbetrieb in diesem exclusiven Pariser Nachtlokal. Die Farben schöner Frauen verbinden sich mit denen der Behänge. Das kleine Programm, Tanz, Gesang und Musik, wird fast ausschließlich von Russen bestritten. Wir kennen sie, die kleinen Balletteusen und Sängerinnen. Sie fürchten sich vor dem Elend, das sie alle schon irgendwie gespürt haben. Wir kennen jede ihrer Darbietungen, die kurzen russischen Tänze oder französischen Chansons. Wir warten ebenso auf Monikas „Unter der Laterne" wie auf das „Chiribiribi" der kleinen Italienerin. Wir warten darauf, daß sie sich an unseren Tisch setzen und ihr munteres Geplauder beginnen. Wir stellen keine großen künstlerischen Ansprüche. Man sucht die Wärme dieser Menschen, um zu vergessen, daß wir übermorgen wieder hinausfahren, daß wir Schiffe versenken und von Flugzeugen und Zerstörern gejagt werden. Daß wir Angst haben, die wir nicht zeigen dürfen. Hier sind wir Mensch unter Menschen. Hier können wir uns vergessen.

Wir kennen ihre Schicksale. Da ist der Oberst mit dem Spitzbart. Früher führte er ein russisches Regiment, heute findet er sich nur schwer zurecht unter der Gruppe seiner jungen Mädchen. Er hat einen guten Geschmack — nicht nur in Weinen.

Mein Freund Dima war Matrose in der Schwarzmeerflotte. Er entkam mit knapper Not der roten Raserei. Heute singt er in seinem wunderbaren Baß die alten russischen Lieder zur Gitarre. Man kann gut mit ihm trinken.

Nina ist eine Schönheit. Sie ist so schön, daß selbst große Admirale in ihrer Nähe den Krieg für eine Zeit vergessen. Nina tanzt und singt unbedeutend, aber ihre Schönheit verzaubert jede ihrer Darbietungen. Ihr Mann kämpfte als Freiwilliger gegen Rotspanien und ist nun wieder aktiv im Kampf gegen den Bolschewismus.

Mit Katja, der Großfürstin, habe ich mich lange unterhalten. Sie verkauft nicht nur Parfüms, sie ist auch eine kluge Frau. Sie steht da unten in ihrem kleinen Boudoir zwischen Fläschchen und Döschen, man unterhält sich mit ihr wie mit seinesgleichen. Dann versinkt die Umgebung, und man befindet sich im Salon.

Man munkelt, hier wäre ein Spionagezentrum. Wo ist es nicht im besetzten Paris! Wir unterhalten uns nie über den Krieg. Aber selbst Gervaise, das Kaffeemädchen, das — so sagt man — so schön und erotisch wie dumm sei, hat überraschend reiche Kenntnisse in der deutschen Literatur, ganz zu schweigen von französischer und russischer Musik und Tanzkunst.

Die Rue de Liège hat ihre Geschichten. Ich denke an Karlchen Thurmann und Hartenstein, die hier zechten und den geliehenen Wagen mitsamt dem Admiral vergaßen. Beide waren von erfolgreicher Fahrt zurückgekommen und hatten dem Befehlshaber Bericht erstattet. Dieser war sehr angetan und wollte seiner Anerkennung sichtbaren Ausdruck verleihen. „Womit kann ich Ihnen eine Freude machen?" „Herr Admiral, wir würden uns gern einmal Paris ansehen und möchten Sie um einen Wagen bitten." Bei der prekären Treibstofflage in dieser Phase des Krieges war das schon etwas Außergewöhnliches. Der Admiral gab ihnen seinen eigenen Wagen und seinen Fahrer. Das war in den Vormittagsstunden. Spätnachmittags forderte er den Wagen an, um einen Besuch beim Wehrmachtbefehlshaber Frankreich zu machen. Der Wagen war nicht da. Er rief seinen Flaggleutnant an, wo der Wagen wäre. „Herr Admiral haben doch den Wagen den beiden U-Boot-Kommandanten heute morgen zur Verfügung gestellt." Das wäre ihm nicht unbekannt, aber er würde vier Stunden für ausreichend halten, um Paris kennenzulernen.

Die beiden Kommandanten waren anderer Meinung. Der Admiral mußte in einem alten Opel seinen Besuch machen und gab Anweisung, die Kommandanten sollten sich sofort bei ihm melden, wenn sie zurück seien.

390

Die halbe Nacht verging, es war gegen Morgen. Der Admiral pflegte oft bis in den frühen Tag hinein zu arbeiten. Thurmann und Hartenstein hatten das Schwergewicht ihres Kennenlernens auf Paris bei Nacht gelegt. In der Rue de Liège trafen sie andere Kommandanten und Jagdflieger vom Kanal. Es wurde ein munteres Zechgelage. Sie vergaßen Zeit und Stunde.

Gegen vier Uhr morgens rollten sie zurück. Der Flaggleutnant machte ihnen die Hölle heiß, sie hätten sich zu melden. Der Befehlshaber sei erbost darüber, daß sie die Fahrt über Gebühr ausgedehnt hätten. Karlchen Thurmann brach zusammen ob der Schwere der Anklage. Der Flaggleutnant, der die Situation dahingehend übersah, daß wohl jetzt nicht der richtige Augenblick zur Meldung war, versuchte nun, die Angelegenheit zu bagatellisieren. Jedoch ohne Erfolg. Hartenstein straffte sich. „Wenn mein Befehlshaber mich ruft, bin ich zur Stelle!" Mit leichter Schlagseite ging er durch die Halle, legte seinen Dolch um, setzte die Mütze zurecht und klopfte an. „Kapitänleutnant Hartenstein meldet sich gehorsamst zur Stelle."

Es mochte nun sein, daß der Admiral zu dieser Stunde ungern gestört war, daß die etwas verlorenen Augen des Kommandanten in merkwürdigem Kontrast zu dem Ernst seiner Arbeit standen, vielleicht aber machte es ihm auch Spaß, den Mann herauszufordern. Er wies den Kommandanten in scharfem Ton zurecht, sprach vom kleinen Finger, den man gegeben hätte, und der ganzen Hand, die genommen worden wäre. Hartenstein hörte sich das alles in Haltung an und antwortete, sich in diesem Moment seines Freundes vergangener Schulzeiten, des alten Herrn Börries Freiherr von Münchhausen, erinnernd: „Auf manche Flagge legt ich schwörend schon die Hand in diesem bitterbösen Krieg, schon manchem Admiral hab ich gedient —", sprach's, machte eine zackige Kehrtwendung und verschwand.

Der Admiral selbst gab die Geschichte wohlgelaunt und schmunzelnd am nächsten Morgen beim Frühstück zum besten.

Es gibt kaum einen U-Boot-Kommandanten, der nicht seine Geschichte mit dieser Straße hätte.

Manches von diesem wird lebendig, wie ich mit der kleinen Schar durch den schmalen Eingang gehe. Heute ist es still. Die Diener huschen lautlos. Sie sind zu diesem Gedächtnismahl für den gefallenen Deutschen, den sie alle kannten und liebten, in ihren Nationalkostümen angetreten. Rot und Gold überwiegt. Lautlos wird serviert. Der Zimbalspieler spielt „Tristesse" von Chopin.

Es erlöschen die Lampen, Kerzen flammen auf. Sie spiegeln sich in den Wodkagläsern. Dann wird Hammel am Spieß serviert, ein russisches Nationalgericht. Jeder Diener tut seinen Griff, lautlos, wie nach einem unhörbaren Comment, einem ungeschriebenen, überlieferten Gesetz.

Das große Schweigen ehrt den gefallenen Freund.

Der Champagner fließt, die Zungen lösen sich. Aber kein Wort zu wenig oder zuviel zur Erinnerung des Freundes, der immer unter uns war und immer unter uns sein wird, auch wenn sein Stuhl und Glas nicht mehr aufgestellt sind wie heute.

Zwei Stunden später sitze ich zum Bericht vor dem Admiral.

Manche große Liebe begann und endete hier in der Rue de Liege. Diese Pariser Mädchen liebten heftig und selbstlos, voll unbekümmerter Hingabe. Monika sang drei Monate nicht, als ihr Freund auf See blieb. Dabei hätte sie doch singen müssen, um zu leben. Es war ihnen gleich, ob sie sich in Gefahr begaben. Sie mußten vorsichtig sein, denn die

Männer der Résistance ächteten sie, wenn bekannt wurde, daß sie nicht nur Geschäfte mit den Deutschen machten. Unbekümmert um das Morgen liebten diese Mädchen.

Wir sahen Maddi zum ersten Mal im L'Admiral, einem Nachtlokal hauptsächlich für Franzosen, die aus der Opéra kamen und die Sperrstunde hier durchfeierten. Sie trat auf, sang und schwang ihre hübschen Beine, wies jeden Blick ab, unnahbar, liebenswert in dem Charme ihrer neunzehn Jahre.

Das Lokal war voll, und der etwas leise Gesang und die zurückhaltende Mimik der kleinen Maddi gingen unter im lärmenden Gespräch der Franzosen. Wir alle am Tisch waren uns einig, daß etwas geschehen müßte, um ihr zu helfen, der die Tränen in die Augen traten vor Enttäuschung — wieviel mochte von diesem Auftreten abhängen — vor Zorn — denn Taktlosigkeit ist allen Franzosen ein Greuel. Da stand Conni auf und sagte laut und vernehmlich ein paar Worte zu den Anwesenden, um Maddi Gehör zu verschaffen. Aber auch seine Worte gingen unter. Nur die Nächstsitzenden blickten kurz auf, nur wenige vernahmen, was der verd . . . Deutsche zu sagen hatte. Aber Conni ließ nicht nach. Er lief seinen zweiten Anlauf, zäh um den Erfolg seiner Absicht kämpfend. Er hielt seinen Skyterrier hoch, ihn am Genick haltend, so daß dieser unsagbar kläglich wie eine tote Katze an seinem Arm hing. Franzosen haben Sinn für Komik. Sie hielten inne, sahen hin und vernahmen Connis französischen Sprachversuch: „Mesdames, Messieurs, mon chien Pupsi va mordre ceux, qui font de bruit maintenant, pendant ‚elle' chante." Donnernder Applaus, Gelächter. Dann lautlose Stille für Maddi. Diese begann nun ihr Lied aufs neue, mit einem leichten Knicks und einem kaum vernehmlichen „Merci Monsieur" zu Conni hingewandt. Sie sang bezaubernd, jedenfalls für uns. Es war der Beginn ihres Erfolges. Alle Versuche aber, das eben geknüpfte Band durch freundliche Blicke zu festigen, blieben stecken. Sie blieb unnahbar.

Nach mehreren Feindfahrten hatte sie sich zu „unserem" Nachtlokal hochgesungen. Einer von uns entdeckte sie dort. Und wir gingen hin. Die Schwester eines Crew-Kameraden war dabei und eine Sängerin von der Opéra Comique, die Bussy. Wir holten Maddi an unseren Tisch. Conni ritt der Teufel. Sei es, daß er die damals vergeblichen Anläufe noch fade im Geschmack, sei es, daß die temperamentvolle Sängerin von der Opéra ihn verhext hatte, er beachtete Maddi kaum und machte der Sängerin den Hof. Maddi verließ den Tisch, um nicht weiter aufzutreten. Der Oberst bedrängte sie vergeblich. Sie saß in ihrer Garderobe und weinte bitterlich. Einer von uns ging zu ihr und sagte ihr gute Worte. Nichts half. Erst als sie eine Schimpfkanonade gegen die Bussy losließ, diese sei eine „entreteneuse", dämmerte es uns, um was es ging.

Eine zurückgehaltene große Liebe ließ sich nicht länger verbergen. Es gelang uns, sie zu beruhigen. Aber keine Macht der Welt hätte es erreicht, sie in dieser Umgebung zum Singen zu bringen.

Conni verabschiedete sich von der Bussy und ging mit Maddi in ein anderes Nachtlokal. Süß sang sie dort. Und nur für ihn, obwohl alle zuhörten. Dann brachte er sie nach Haus. Sie machte es sich bequem und zog mit entwaffnender Natürlichkeit einen leichten Pyjama an. Das hätte sie bei jedem anderen auch getan, ohne sich dabei etwas zu vergeben. Man sprach sich aus. Plötzlich ging das Licht aus. Und damit würde jeder kitschige Roman die Fantasie des Lesers laufen lassen. Aber so geschah es hier mitnichten. Maddi sprang auf, untersuchte den Schaden und sagte lachend: „Pupsi a fait Pipi sur le fil."

Das gab Kurzschluß.

Pupsi, der Postillon d'amour, war der Held des Tages. Maddi trennte sich nicht mehr von ihm. Er war bei ihr, wenn Conni draußen war, und auch dann noch, als der Krieg beide auseinander führte.

Conni wurde in Norwegen nach der Kapitulation mit seinem Boot interniert. Er gehörte mit zu jenem Transport, der mit dem Versprechen, in der amerikanischen Zone entlassen zu werden, in die französischen Kohlengruben geschickt wurde. Obwohl er erfahren hatte, wohin es ging und er Gelegenheit hatte, vom langsam fahrenden Zug abzuspringen, verließ er seine Männer nicht. Er war ihr Transportführer. Im Lager Champagne, auf freiem Feld in Zelten, wurde er als „Homme de Confiance" eingesetzt. Im Winter kamen sie in ein Lager mit Kasernen. Hier war bereits eine Lagerführung, die mit ihren Bewachern für geringe persönliche Vorteile gemeinsame Sache machte auf Kosten der eigenen Leute. Bald wurde der Ruf nach einer anderen Lagerführung laut. Aber es gelang der Korruption, ihn als „Indésirable" zu verpfeifen. Man schickte Conni als Verbrecher ins SS-Lager. Von dort wurde er mit 15 Mann abtransportiert zur Isle de Rhé. In La Rochelle unter einer Rotte Verbrecher ging er den gleichen Weg, auf dem er Jahre vorher als freier Mann im Cadillac gefahren war.

Drei Monate saß er in Haft auf der Isle de Rhé in der Zitadelle. Hier wurden früher die Ruhrkämpfer gequält. Für Kriminelle war es die Vorstation zur Verbrecherinsel Cayenne. Als die Zitadelle geräumt wurde für die Zivilverwaltung, kam er zurück ins Lager und ... wurde wieder Homme de Confiance.

Ein Fluchtversuch mißlingt mit allen üblen Folgen. Der zweite wird besser vorbereitet. Mit einer gefälschten Carte d'Identité im Expreß nach Paris. Conni, der inzwischen leidlich französisch spricht, sitzt in Zivil in einem Abteil. Ihm gegenüber eine junge Französin, die anfängt zu plaudern und zu flirten. Mit Mühe gelingt es ihm, sich unauffällig abzusetzen. Im Nachbarabteil sitzt ein Marokkaner mit drei deutschen Kriegsgefangenen. Als Conni an dem Abteil vorbeikommt, stürzt ein kleiner dicker Franzose mit den Anzeichen höchster Erregung auf ihn zu: „Mais qu'est-ce-que c'est que ça, des boches dans un train exprès." Er wäre auch Kriegsgefangener in Deutschland gewesen, aber nur im Viehwagen transportiert worden. Mit einem „Oui, c'est formidable" entzieht Conni sich einem Gespräch, das ihn entlarven könnte. Der Franzose überfällt den Marokkaner mit Vorwürfen. Der schüttelt nur den Kopf. Er versteht kein Französisch. Bis einer der Deutschen in klarem Französisch sagt: „Excusez, monsieur, nous sommes des malades."

In Paris kommt Conni in einem kleinen Hotel am Ostbahnhof unter. Der geringe Geldvorrat ist verbraucht. Die ursprüngliche Absicht, Fühlung mit einigen Pariser leichten Mädchen aufzunehmen, die einem Kameraden bereits bei einem Fluchtversuch geholfen hatten, muß aufgegeben werden. Die Mädchen hatten Stellungswechsel bezogen.

Conni denkt an Maddi. An einem Abend schleicht er durch die altvertrauten Straßen. Der gefärbte Soldatenmantel verträgt die Helligkeit nicht. Zu leicht fällt man im wieder eleganten Paris auf. Sprache und Papiere sind nicht hieb- und stichfest. Also Vorsicht! Da ist das Haus. Ihm schlägt das Herz zum Halse herauf. Er hat keinen Zweifel, daß Maddi ihm helfen wird. Hoffentlich ist sie allein. Er möchte sie auch nicht belasten durch sein zweifelhaftes Aussehen.

Bei der Concierge brennt Licht. Durch die Scheibe erkennt er im Schein der Lampe das alte verhutzelte Gesicht. Den Mantelkragen hoch, das Gesicht im Lichtschatten, klopft er ans Fenster. Die Alte schreckt hoch und öffnet. Er murmelt etwas von langer Abwesenheit und fragt nach Maddi.

Die Alte mustert ihn. Er tritt weiter in den Schatten. Nur zögernd kommt die Antwort, mitfühlend aus einer schweren Erinnerung heraus. Mademoiselle sei es nicht gut gegangen, die schlechte Zeit — und dann, als ob sie den Frager jäh erkannte, schleudert sie ihm entgegen: „Mademoiselle est morte." Zu Tode gehetzt als Collaboratrice.

Mit 22 Jahren mußte sie die Freundschaft zu einem Deutschen mit dem Tode büßen!

Das war das Ende

Über die Tage der vom Feind erzwungenen, für Deutschland wie für die westlichen Alliierten selbst verhängnisvollen bedingungslosen Kapitulation berichten Aufzeichnungen des Kommandanten Topp, der mit seinem XXIer-Boot am 1. Mai 1945 zu dessen erster, seiner letzten Feindfahrt auslief:

„22. 4. U 2513 von Kptlt. Bungards übernommen. Beschleunigte Ausrüstung. 27. 4. Abmeldung beim Befehlshaber Adm. v. Friedeburg. Der sonst überlegene und herzliche Ton, der für jeden sich meldenden Kommandanten ein Erlebnis war, ist der Unsicherheit gewichen. In den Stäben macht sich eine gewisse Kopflosigkeit bemerkbar. Man spricht von Kiel verteidigen mit Pistole in der Hand. Törichtes Gerede.

28. 4. Abmeldung beim Oberbefehlshaber. Alter, herzlicher Ton. Kein Anzeichen von Nervosität. Spricht von der Übernahme des Befehls im Nordraum, daß der Führer von Berlin aus aber noch alle Truppen führt. Wendet sich gegen Auffassung, Engländer über die Elbe zu lassen, um den Russen abzuhalten. An erster Stelle steht zwar die Forderung, den Russen zurückzuhalten, aber mit freiem Rücken. Wie, ist uns allen ein Rätsel.

29. 4. Rundfunk bringt, daß die Front aus dem Westen zurückgenommen ist, um die Ostfront zu stärken, und daß damit unsere westlichen Gegner die Verantwortung für das europäische Schicksal übernehmen.

30. 4. Gerücht, daß Engländer bei Lauenburg übergesetzt und auf Lübeck marschieren. Alles atmet auf. Es klingt wie Hohn, aber es ist so. Das Grauen vor dem Russen ist zu groß. Das deutsche Volk ist im Zustand völliger Ermattung. Am Abend bei mir an Bord Kptlt. Wächter, Wahlen, Grau, Lambi, Hilbich. Überall die gleiche Auffassung. Der Wahnsinn des Blutopfers, mangelnde Unterrichtung und Anweisung durch die Führung. Es bleibt übrig, für uns und vor uns anständig zu bleiben. Trotz Verbot: Hurra und 2 Flaschen gegen die Bordwand.

1. 5. Ausgelaufen nach Horten, im Geleit. 22.20 Uhr Tod des Führers bekanntgegeben. Der Traum vom Großdeutschen Reich ist ausgeträumt. Dönitz übernimmt die Führung des Reiches. Sagt in seinem Aufruf das Gleiche wie am 28. 4. zu uns Kommandanten.

2.–3. 5. Im Geleit durch Großen Belt gelaufen. Enge minenfreie Wege. Keine Tauchmöglichkeit, kein Platz zum Ausweichen. Einem feindlichen Flugzeugangriff wären wir hilflos ausgesetzt. Wir sind das letzte Boot, das heil durch den Belt kommt. Einen Tag nach uns wird U-Wächter zerschlagen. Durchs Skagerrak getaucht. Einlaufend Oslofjord ein Flugzeug. Sonst unbehelligt nach Horten. Immer noch das Ziel vor Augen, das Boot an den Feind zu bringen. Weiter am Boot gearbeitet. Schnorchel-Runddipol repariert, Verpacken aller Außenbordverschlüsse. Inzwischen gehen die Meldungen ein: Waffen-

394

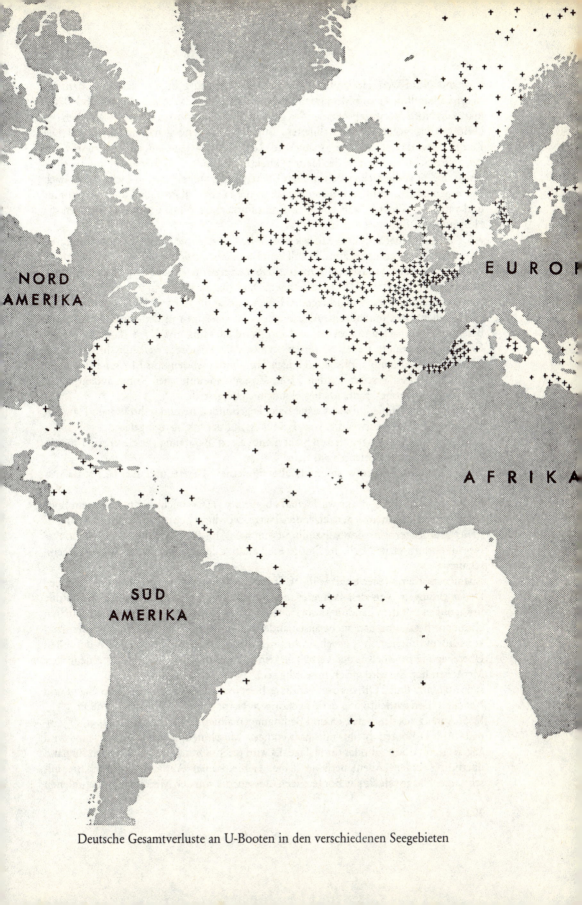

Deutsche Gesamtverluste an U-Booten in den verschiedenen Seegebieten

stillstand Nord-West Holland. Hamburg, Kiel, Flensburg offene Städte. Waffenstill-
standsverhandlungen mit Montgomery. Kapitulation Nordwestdeutschlands und Däne-
marks. In Nord-Norwegen geht der Krieg gegen die Bolschewisten weiter, desgleichen der
U-Boot-Krieg gegen die Westalliierten. Stichwort ‚Regenbogen‘ tritt in Kraft. Die
Kernflotte wird versenkt. Wenig später wird ‚Regenbogen‘ wieder aufgehoben, zu spät, um
das große Schiffssterben in der Heimat effektiv zu hindern. U-Boote, die bis zu einer
gewissen Zeit südlich eines bestimmten Breitengrades stehen, dürfen nicht weiter nach
Norwegen laufen, sondern müssen zurück in die Heimat. Kameraden werden gebombt
und versenkt, Wächter, Witt u. a. Wir sind ohnmächtig. Noch bleibt uns Wenigen die
Hoffnung des Einsatzes.

7. 5. Außenminister Schwerin-Krosigk gibt die bedingungslose Kapitulation der gesamten
Deutschen Wehrmacht bekannt. Es soll kein Blut mehr fließen. Erfahre in Oslo während
eines Lazarettbesuchs davon; gleichzeitig, daß die Engländer mit 48 Einheiten vor Lervik
stehen. Sofort Rückfahrt Horten angetreten. Der Leitende Ingenieur war während meiner
Abwesenheit angewiesen, in dringenden Fällen selbständig zu handeln. Auf der Rückfahrt
alle Möglichkeiten durchdacht, Absicht, Boot zu versenken in Unkenntnis ergangener
Befehle, Teil Gepäck und Proviant an Land. Wird alles hinfällig durch klaren Befehl des
Großadmirals, Boote weder zu versenken noch zu zerstören, weil nur durch striktes
Innehalten der Kapitulationsbedingungen Hunderttausenden von Menschen aus dem
Osten das Leben gerettet werden kann. Zusammenkunft aller Kommandanten auf
Torpedoboot Panther. Einheitliches Handeln sichergestellt.

Annahme, daß Großadmiral an seine Befehle gebunden ist und selbständiges Handeln
zur Ehre der Flagge notwendig, vom FdU West auf das schärfste abgelehnt.

8. 5. Flagge feierlich eingeholt und nicht mehr gesetzt. Besatzung von den Ereignissen in
Kenntnis gesetzt. Ausgelaufen auf tiefes Wasser.

9. 5. Sämtliche Torpedos versenkt, alle modernen Geräte und die Geheimsachen
vernichtet.

10. 5. Liegeplatz der U-Boote wird scharf abgegrenzt. Habe mich aber mit meinem Boot
nach Smörstein, einem jener reizenden Plätze, wo die Wochenendhäuschen am Fjord
stehen, zurückgezogen. Bootsdisziplin ist durch das ‚Im-Päckchen-liegen‘ gefährdet. Das
Negative multipliziert sich. In Smörstein Landhausleben. Wachweise Arbeitsgemein-
schaften.

Abends am Kaminfeuer unvergeßliche Stunden. Walter Flex vorgelesen, alte und neue
Lieder gesungen. Von den Pionieren ein Strom- und Landungsboot erhalten. Große
Erwägungen mit dem Landungsboot: Flucht in die Heimat. Abgelehnt aus disziplinaren
Gründen. Besatzung darf nicht auseinanderlaufen. Befehle der Alliierten werden jetzt
konsequent durchgeführt, gleich, wohin der Weg führt, obwohl ich letztlich der festen
Überzeugung bin, daß unser Verhalten keinen Einfluß auf die Behandlung deutscher
Menschen hat. Sie wird gleich unwürdig sein.

11. 5. Stabsarzt und 2 Offiziere im Landungsboot in die Heimat geschickt; bei Nacht und
Nebel zur Benachrichtigung der Angehörigen. Keine weitere Diskussion darüber.

12. 5. Auszug aus den Befehlen und Bedingungen alliierter Waffenstillstandskommissio-
nen: Auf U-Booten bleibt nur notwendiges Maschinenpersonal. Gleichzeitig wird
angefragt, ob Boote fahrklar für 14 Tage. Es wird offensichtlich, daß Boote nach England
überführt werden. Abenteuerliche Pläne. Gemeinsames Auslaufen in Kiellinie mit
schwarzer Flagge, wie sie alle Boote zeigen müssen, die von den Meeren in die befohlenen

Häfen fahren. Vor vollendete Tatsachen stellen: Marsch nach Kiel. Dort sehen, was weiter geschieht. Panther mit überzähligem Personal vollstopfen und nach Kiel schicken.

13. 5. Befehl von Franke und Meier überbracht, daß alles von Bord bis auf Kommandant, I. WO, L.I., Obersteuermann, beide Obermaschinisten, insgesamt 35 Mann, davon 20 Mann Maschinenpersonal. Zur Besatzung gesprochen, daß wir nun notwendig auseinandergerissen werden. Wer will aussteigen? Es meldet sich ein Mann. 19.00 Uhr, Abgeteilte gehen von Bord. Hurras herüber und hinüber. Mehreren stehen die Tränen in den Augen. Ihnen allen ist klar, daß ein großer, sieghafter Abschnitt ihres Lebens abgeschlossen ist.

14. 5. Das Leben geht weiter. Die letzten schönen freien Tage vor der Ungewißheit. Das Wetter tut sein Bestes. Es ist ruhig und erholsam auf Smörstein. Nur die Gedanken an Zuhause zerren unentwegt. Möge das Schicksal ihnen gnädig sein.

16. 5. Engländer werden für 14 Uhr angesagt. Kpt. Wingfield und mehrere Offiziere, begleitet von den unvermeidlichen Heimwehrleuten. Förmliche Begrüßung. Auf Panther geführt. Mehrere Fragen beantwortet. Zum Schluß wurde von Kpt. Wingfield die Hochachtung für die deutsche U-Boot-Waffe ausgesprochen und sein Verständnis für unsere Situation. Erfreuliche Geste. Besichtigung der Typ XXI-Boote, die sie sehr interessieren. Das alleinliegende Boot vor Smörstein beunruhigt sie stark.

17. 5. Strahlende Sonne in Smörstein. Nachmittags Anker auf zu den Pionieren auf dem Holm. Wir sind das erste deutsche Schiff an ihrer neugebauten Pier. Herzliche Aufnahme. Bis 05.30 Uhr morgens.

18. 5. Starker Wind. Boote nur schwer zu handhaben. Befehl von den Engländern, sofort nach Holmestrand zu den anderen Booten zu gehen. Brechen unsere Zelte ab mit einem tränenden Auge. Das war noch einmal die Freiheit in reinen Zügen.

19. 5. Funkspruch eingegangen von BdU op., daß Verhalten der U-Boote, die sich nicht an Befehl des Großadmirals halten, unverantwortlich ist. Die Boote sollen auftauchen und sich stellen. Mittags mit englischen Offizieren an Bord abgelegt. Fahrt nach Oslo. Feldluftpark Oslo längsseit gegangen. Immer noch nichts über unsere Zukunft bekannt. Abends zusammen auf Minensuchboot Kptltn. Germer.

Pfingsten. Boote geschmückt mit frischem Grün. Englische Marinesoldaten an Bord U-Franke zur Baubelehrung. Ohne Reibung verlaufen. Typ XXI zu kompliziert, um einfach übernommen zu werden. Stabsarzt von Frankes Boot kommt aus dem Lager zurück. Uhren und Füllfederhalter mit vorgehaltener Pistole entwendet. Wir gehen ‚gerechten' Zeiten entgegen. Abends versucht, Deutschland telefonisch zu erreichen. Ohne Erfolg.

Zum ersten Mal wird uns klar, was es bedeutet, die Freiheit zu verlieren. Wir sehen die Menschen auf der anderen Seite des Wassers sich bewegen. Sie können gehen und fahren, wohin sie wollen. Noch können wir sie mit Ferngläsern betrachten, von einer wohlgedeckten Kaffeetafel aus. Demnächst haben wir nur noch Stacheldraht.

26. 5. Abschiedsabend von Kptltn. Wiegand, Brauel, Petersen und Hauter, die nach Schottland fahren sollen. Abend mit viel Gesang und Musik. Feuerzangenbowle. Ab 04 Uhr Diskussion über Sowjetunion, den eigenen Sozialismus, die eigenen Fähigkeiten, warum wir den Krieg verloren haben. Wir müssen bescheidener werden. Auch wenig Zusammenarbeit zwischen den Wehrmachtsteilen. Jeder wollte nach oben gefallen. Auf die Dauer war uns das Material der Alliierten über. Die Ziele waren zu hoch gespannt, die Außenpolitik den Zielen nicht angepaßt. Innerlich hat der ideelle Schwung nicht

ausgereicht. Die Besten sind gefallen, auf die Dauer machen sich die Lauen breit. Um 05.30 Uhr trennen wir uns.

27. 5. 19 Uhr Verabschiedung der 4 Boote: Blumen und Küsse wie zur Feindfahrt. Besatzungen treten an. Deutschlandlied, Hurras und das Lied ,Kameraden, wann sehen wir uns wieder'. Die Frauen weinen. Starker Eindruck bei der Luftwaffe.

28. 5. 09 Uhr Verholen nach Tygesholmkai. Boote sind voller Blumen, Mädchen winken. Wenig später sind wir an unserem neuen Liegeplatz fest vor dem englischen Zerstörer ,Campbell', der drohend seine Geschützrohre auf uns richtet. Mittagsruhe.

Plötzlich gegen 16 Uhr Kommandant schnell an Oberdeck kommen. Vor den Booten stehen englische Marinesoldaten angetreten unter Gewehr mit aufgepflanztem Bajonett. Auf jedes Boot kommen 2 Offiziere und mehrere Mann, einer die englische Flagge in der Hand. Diese Methode ist uns bekannt. Schreiben wird überreicht. Inhalt: Gesamte Besatzung sofort auf dem Kai antreten. Nachher Gelegenheit, einzeln Privatsachen von Bord zu holen. Englische Soldaten an Bord. Kranke werden mit Bajonetten aus ihren Kojen getrieben. Nach 4 Minuten fehlen bei mir sämtliche Auszeichnungen, 500 Norwegische Kronen und einige Seidenhalstücher. Unter Aufsicht des ablösenden englischen Kommandanten die letzten Habseligkeiten gepackt. Strenger Maßstab. Selbst die Lederhose ist noch zuviel für einen verdammten Deutschen. Mein Halsorden kommt nach meiner Beschwerde aus der Hosentasche eines Seemannes wieder zum Vorschein, wird aber auf dem Wege zum Bahnhof wieder aus meinem Koffer gestohlen. Englische Offiziere haben ihre Männer nicht in der Hand.

Es wird geplündert. Konserven werden wahllos mit dem Bajonett erbrochen, den Spritflaschen die Hälse abgeschlagen. Binnen kurzem betrunkene Soldateska. Als ich an Oberdeck komme, ist die englische Flagge gesetzt. Verlasse mit kurzem Gruß gegen mein Boot den letzten deutschen Boden vor Norwegen. An Bord müssen bleiben: der Leitende Ingenieur und die sechs ältesten Soldaten vom technischen Personal, unter anderem mein alter Obermaschinist Steimle, der den größten Teil meiner Feindfahrten mitmachte. Gebe jedem die Hand. Steimle stehen die Tränen in den Augen. Werden mit Lastwagen zum Bahnhof gefahren. (Mein Boot ging auf der Überfahrt von England nach USA im Nordatlantik verloren, wie mir mein L.I. nach Rückkehr aus eineinhalbjähriger Gefangenschaft in England mitteilte.)

20 Stunden Eisenbahnfahrt. Besatzungen im Güterwagen. Männer in unmöglichen Fantasiekostümen. Es wurde keine Zeit zum Umziehen gegeben. Beabsichtigt? Harte und kalte Nacht. Wir rücken zusammen. Auf Zwischenstationen geben Norweger keine Getränke heraus, obwohl vorhanden. Verleumdet, verfemt, verachtet und gehaßt. Die britische Propaganda hat ihr Werk getan. Der Weg des Leids beginnt.

Ankunft im Lager Krageröy. Nicht angemeldet. Überfüllt. Männer schlafen im Schuppen, teilweise draußen unter freiem Himmel.

1. 6. Erster Zusammenstoß mit aufrührerischen Elementen im Lager. Festnahme eines Mannes wegen Befehlsverweigerung. Wenige Stunden später macht johlende Menge Demonstrationsumzug. ,Schlagt den Topp tot.' Wie mag es in Deutschland aussehen? Lagerführung zu weich.

18. Vp. verweigert Arbeitsdienst. Jeder trägt einen Knüppel, rote Halstücher. Polen, Tschechen, Österreicher sondern sich ab. Die Hefe regt sich.

3. 6. Bin Abteilungskommandant geworden. Abteilungsmusterung. Den Männern sachlich auseinandergesetzt, um was es hier geht. Ruhe und Ordnung im Interesse jedes

einzelnen. Führungsaufgabe erlischt erst, wenn jeder einzelne sicher nach Deutschland überführt ist. Ziel, die Männer als anständige Deutsche zurückzuführen, die daheim helfen aufzubauen und die instinktsicher ihren Weg gehen, unangefochten von der Propaganda, die von allen Seiten auf sie einhämmert."

Der Rest des Tagebuches wurde nach einer unwürdigen Durchsuchung mit den letzten Habseligkeiten gestohlen.

Fast jeder Deutsche, der in Gefangenschaft war, kennt diese systematische und organisierte Entwürdigung des deutschen Menschen:

Nachts ohne Decken und Zeltbahn auf durchweichtem Boden, Verhöre im Scheinwerferlicht vor im Dunkeln sitzenden Inquisitoren, Untersuchungen der Offiziere, nackt, vor witzelnden G.I.s oder gedungenen Subjekten aus den eigenen Reihen, die nun ihre subalternen Komplexe abreagierten. Es blieb den deutschen Soldaten nichts erspart.

Am 26. August betraten wir deutschen Boden. So grau wie der Himmel war, so trostlos war der Empfang. Den dreitausend Gefangenen, die in langer Schlange ins Entlassungslager marschieren, begegnen nur wenige Menschen. Gedrückt und eingeschüchtert, wie von einer schweren Last geduckt, schleichen sie an uns vorbei. Hörbar wird nur eine Gruppe junger deutscher Mädchen, die mit Negersoldaten schwatzend Arm in Arm dahinzieht. Ihr Kreischen erstirbt, als sie unsere graue Karawane sehen.

Die Männer aber, die getreu dem Befehl des Großadmirals ihre Boote dem Feind übergeben hatten, wie hieß es noch in dem Funkspruch? –, um Hunderttausenden von deutschen Menschen das Leben zu retten –, wurden für eineinhalb Jahre in die belgischen und französischen Kohlengruben verschachert. So sah das Ende aus.

Menschenführung auf einem U-Boot

Ein Menschenführer von hohen Graden war Wolfgang Lüth, der wenige Tage nach der Kapitulation der Wehrmacht auf tragische Weise ums Leben kam. Als Kommandeur der Marineschule Flensburg-Mürwik wurde er durch einen eigenen Posten erschossen, dessen Anruf er im stürmischen Wetter nicht beantwortet hatte – auf Grund eines verschärften Wachbefehls, den er selbst kurz zuvor in jenen Tagen ausgegeben hatte.

Herbst 1943 hielt der bewährte U-Boot-Kommandant, der bei seinen Männern ungewöhnlich beliebt war, auf einer Tagung des Führerkorps der Kriegsmarine in Weimar einen Vortrag über seine Erfahrungen und Anschauungen, über seine Handhabung der Menschenführung auf einem U-Boot. Das Manuskript gab er mir selbst ein Jahr später in die Hand, um es für dieses damals längst geplante Buch zu verwenden. Ich möchte es jetzt mit geringfügigen Streichungen wörtlich zum Abdruck bringen. Mir will scheinen, daß sein Vortrag besser als jeder Bericht über eine seiner Frontfahrten die Persönlichkeit dieses hervorragenden Offiziers lebendig werden läßt.

Wolfgang Lüth: Meine Aufgabe als U-Boot-Kommandant besteht darin, Schiffe zu versenken. Dazu brauche ich eine Besatzung, die mitmacht, damit alles klappt. Wenn sie mitmachen soll, dann muß sie nicht nur etwas können – all den Kleinkram im täglichen Dienst –, sondern dann muß sie auch Freude am Dienst haben.

Ich war die ganzen vier Jahre lang auf Feindfahrt. Auf jeder Fahrt ist es anders gewesen. Es waren ja auch immer andere Offiziere und Mannschaften um mich. Auf meinen sechzehn Feindfahrten habe ich ständig zugelernt, so daß ich auf der letzten, über siebeneinhalb Monate dauernden Feindfahrt schon reichlich Erfahrung hatte.

Sonderheiten des U-Boot-Lebens

Das Leben an Bord ist lange Zeit eintönig. Lange Wochen muß man Mißerfolge ertragen können. Wenn Wasserbomben hinzukommen, dann ist das ein „Nervenkrieg", der vornehmlich auf den Vorgesetzten lastet. Es geht uns ungefähr so wie einem Flieger, der in der Luft hängt und von, sagen wir, drei Jägern angegriffen wird. Dieser Flieger müßte jeden Schuß, der ihm gilt, laut hören. Auch wenn er fehlgeht, ja sogar, wenn er mehrere tausend Meter vorbei geht. Er spürt also nicht nur die Schüsse, die ins Bein treffen, sondern jeden einzelnen Schuß, der gefeuert wird. Und alle Schüsse haben eine aufpeitschende Lautstärke. Dann geht das Licht aus, und er geht im Dunkeln, und wenn es dunkel ist, steigt bei allen Menschen die Angst. Das U-Boot kann auch nicht wegfliegen, wie es das Flugzeug tun kann. Es steht auf der Stelle und kann sich nicht rühren, nicht zurückschießen und sich nicht wehren. Das alles verlangt starke Herzen von den Soldaten. Es kommt hinzu, daß das Leben auf einem U-Boot unnatürlich und ungesund ist im Vergleich zu dem Leben auf dem Segelschiff.

Den steten Wechsel zwischen Tag und Nacht gibt es nicht, weil das Licht im Boot dauernd brennen muß. Keinen Sonntag und keinen Wochentag und keinen gleichmäßigen Wechsel der Jahreszeiten. Das Leben verläuft also unrhythmisch und eintönig, so daß der Kommandant sich bemühen muß, diese Nachteile weitgehend auszugleichen. Es tritt der dauernde Klimawechsel hinzu, der auch dem gesunden Menschen Schwierigkeiten macht. Das Boot kommt von der Passatgegend in die Tropen, von feuchten Gebieten in Schönwetterbereiche und berührt namentlich auf dem Marsch eine Klimazone nach der anderen. Dazu unregelmäßiger Schlaf, da die Nacht die Hauptkampfzeit ist, und für den Vorgesetzten die wochenlang ständige Verantwortung, die andauernd seine Spannkraft erfordert. Störend wirkt auch der Mief an Bord, der Krach, der Seegang. All dies fördert die sogenannte Blechkrankheit. Nicht außer acht lassen darf man das Rauchen und den starken Kaffee. Beides wirkt auf Magen und Nerven der Soldaten, namentlich bei nächtlichem Genuß auf den nüchternen Magen. Ich habe beobachtet, daß junge Kerls von dreiundzwanzig Jahren innerhalb von zwei Jahren U-Boot-untauglich wurden. Man darf sich natürlich an Land nicht allzu oft betrinken, das kann man sich nur im Frieden leisten. Ich habe während meiner Feindfahrten nie den so beliebten Mittelwächterkaffee getrunken, der so scheußlich schmeckt, weil er viel zu stark ist. Und ich rauchte nicht mehr als ein bis zwei Zigarren täglich und habe mich an Land nur manchmal betrunken.

Der Geist der Besatzung ist abhängig

1. von der Disziplin der Besatzung und dann
2. vom Erfolg des Kommandanten. Wenn einer Erfolg hat, dann wird ihn, mag er auch ein Dummkopf sein, die Besatzung immer mehr lieben als einen, der keinen Erfolg hat. Aber gerade der Kommandant, der Mißerfolge hat, muß eine Besatzung haben, die von gutem Geist erfüllt ist. Und dann kommt es
3. vor allem an auf eine gute Organisation des täglichen Lebens an Bord,
4. auf das Vorbild und die einwandfreie Haltung der Offiziere,
5. auf eine wirklich geistige Führung der Männer, verbunden mit einer einwandfreien Truppenbetreuung.

89 Heimfahrt angetreten!
Der Kommandant (E. Topp) mit seinem
Bootsmaaten auf der Brücke U 57 (verglei-
che Kapitel „Nordkanal").

90 Das Gesicht des deutschen U-Boot-
fahrers: Wie ein Nachfahre der Wikinger
wirkt dieser Wachoffizier.

91   Kapitänleutnant Ernst Mengersen

92   Matrosengefreiter Engelhard, Schmutt U Tiesenhausen

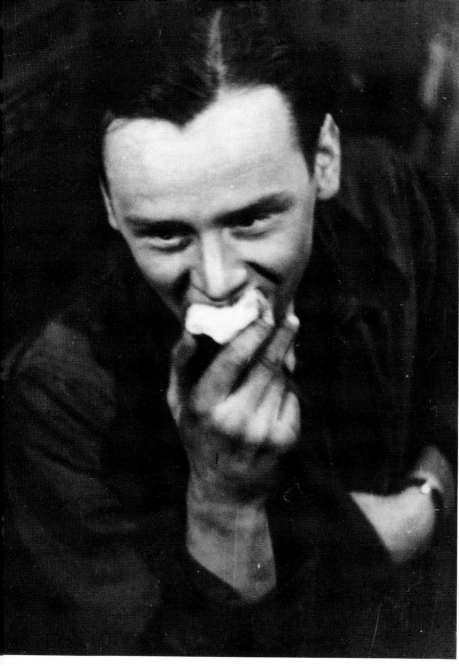

93   Der erste frische Apfel nach dem Einlaufen.

94   Die erste Zigarette des Heizers in freier Luft im Schutz des Geleits kurz vor dem Einlaufen im Stützpunkt.

95   Begrüßung eines heimkehrenden Bootes (U Jahn) in La Spezia durch junge Damen der Stützpunktverwaltung.   ▶

96   Erfolgswimpel am etwas ausgefahrenen Angriffssehrohr (U Jahn); der Begrüßungs-blumenstrauß wird am Flaggstock angebracht.   ▶

97 Soeben erhielt Erich Topp das Ritterkreuz — später dazu das Eichenlaub, dann noch die Schwerter.

Zur Disziplin

Der Kommandant hat die Aufgabe, dafür zu sorgen, daß auf seinem Boot der Geist der guten Soldaten vorherrscht und die Meinung der schlechten Soldaten wenig gilt. Er muß sich an Bord vielleicht wie ein Gärtner verhalten, der das Unkraut ausreißt und die guten Pflanzen pflegt. Das ist auch gar nicht so schwer, denn wir haben ja meist junge Soldaten an Bord, die einsatzbereit sind. Die Männer sind 20 bis 22 Jahre, die Unteroffiziere 23 bis 25 Jahre alt. Es ist auch vorteilhaft, daß die Männer fast alle Handwerksgesellen waren und kaum sogenannte Halbgebildete dabei sind, die die Höhere Schule nur halb besucht haben, weil sie dann rausflogen oder zu dumm waren. Solche Soldaten können sehr ungünstig auf die Besatzung wirken. Wenn man jedoch gut auf sie achtet, kann man auch ihre Fähigkeiten günstig ausnutzen. —

Meine Besatzungen setzten sich aus Männern zusammen, die aus allen Teilen Deutschlands stammten. Sie kamen zu 20 Prozent aus dem Rheinland und zu 10 Prozent aus allen übrigen Gebieten Deutschlands, auch aus der Ostmark und dem Sudetenland, und ich habe täglich mit allen gleichmäßig meine guten und schlechten Erfahrungen gemacht. Die meisten Unteroffiziere waren verheiratet, der Rest ehrlich verlobt. Ich halte das für günstig. Ich weiß wohl, daß die Frauen die kämpferische Moral des Soldaten zermürben können, weiß aber auch, daß sie den Mann in seiner Haltung stärken können, und ich habe oft erlebt, daß gerade Verheiratete besonders gut erholt vom Urlaub zur neuen Feindfahrt antraten. Man muß den verheirateten Unteroffizieren sagen, was sie von einer Soldatenfrau verlangen müssen. Ich war froh, als ich in der Heimat einmal die Gelegenheit hatte, die meisten Frauen meiner Soldaten zu einem Kaffee einladen zu können, sie kennenlernen und ihnen sagen zu können, daß von ihnen eine tapfere Haltung erwartet wird. Ich glaube, daß mancher von ihnen das Rückgrat dadurch gestärkt wurde, und ich habe meine Frau gebeten, ihnen ab und zu zu schreiben und Fühlung mit ihnen zu halten.

Über Ordensverleihung ist viel geschrieben worden und wird noch viel gestritten werden. Dies zeigt aber, wie wichtig diese Frage ist. Es darf nicht verkannt werden, daß es Soldaten gibt, die nach der Verleihung des EK 1 oder eines höheren Ordens plötzlich irgendwelche Krankheiten bekommen, die nicht durch den Röntgenapparat zu sehen sind. Herz, Magen, Rheumatismus sind die Schlagworte. Wenn sich jeder U-Boot-Fahrer nach bürgerlichen Gesichtspunkten untersuchen ließe, würden nur noch wenige tauglich sein. An den eisernen Willen, seine Gesundheit zu erhalten und kleine Schwierigkeiten zu überwinden, muß appelliert werden. Wenn zwei Soldaten zum EK 1 heranstehen, und es kann nur einem eines verliehen werden, so gebe ich es lieber dem, der an Bord bleibt und weiterfährt, als dem, der das Glück hat, Unteroffizier oder Feldwebel werden zu können, und der deshalb aussteigen muß. Schließlich ist das Eiserne Kreuz keine Wohlfahrtseinrichtung, sondern eine Belohnung für Tapferkeit vor dem Feinde, die gerade noch nach der Verleihung erneut verdient werden muß.

Die Disziplinarstrafordnung kann ich auf langer Feindfahrt in der Form der Strafverbüßung nicht gebrauchen, weil ich niemanden einsperren kann, und auch Ausgangsbeschränkung oder Soldverwaltung haben wenig Zweck. Wenn ich einen Soldaten mit vierzehn Tagen Arrest bestrafe, dann muß ich ihm sagen: „Nach einigen Monaten kommen wir nach Hause, dann mußt Du brummen." Nun kommen Erfolge und Gefahren, die wir gemeinsam erleben, in denen sich der Mann bewährt. Wir kommen nach Hause in der Hochstimmung, etwas geschafft zu haben, und dann soll ich den Mann einsperren für ein Vergehen, das Monate zurückliegt? Ich halte das für unklug. Aber Rapporte halte ich trotzdem auf See ab. Bei schweren Fällen sind alle Offiziere dabei.

Ich lege Wert darauf, daß alle einen ordentlichen und gleichmäßigen Anzug haben. Wenn einer zum Beispiel pampig gegen seinen Vorgesetzten war oder sonst etwas verbockt hat, was ihn drei Tage kosten könnte, dann diktiere ich ihm drei Tage „hartes Lager" zu. Er schläft dann an Deck ohne Matratze und ohne Decke. Das ist unbequem genug, und es wirkt besser als drei Tage Arrest. Auf langen Feindfahrten wird von den jungen Soldaten auch viel Geschirr zerschlagen. Zureden hilft bekanntlich wenig, zumal bei Seegang die Backschaft oft schwierig ist. Ich lasse nun jede Woche eine Geschirrmusterung machen. Wenn zuviel fehlt, dann muß der Backschafter drei Tage lang aus der Konservendose essen. Eine harte Strafe ist auch das Rauchverbot. Drei Tage Spielverbot für Skatlöwen wirkt Wunder.

Auf einer Fahrt wurde der Proviant knapp, und trotzdem hatte sich einer in unkameradschaftlicher Weise zusätzlich Proviant „besorgt". Und zwar so viel, daß hart durchgegriffen werden mußte. Ich bestrafte ihn mit vierzehn Tagen „Verschiß", so wie es früher bei den Kadetten üblich war. Und tatsächlich hat keiner mit ihm gesprochen, und er hat so lange auf hartem Lager geschlafen. Anschließend war der Fall ausgestanden. Es wurden keine Worte mehr darüber gesprochen, und die Kameradschaft war wieder voll hergestellt.

Einmal hatte ich auch einen ewigen Nörgler an Bord, der auch gegen Vorgesetzte, die ihm nicht gewachsen waren, gern ungehorsam war und der über alles meckerte, ähnlich wie einige Typen aus dem Zivilleben. Als wir wochenlang keinen Erfolg hatten und er durch sein Miesmachen den Geist der Besatzung zu stören drohte, da habe ich eine Musterung gemacht. Ich tauchte auf 40 Meter, steuerte das Boot gut ein, ließ drei gute Soldaten in der Zentrale und in der E-Maschine, versammelte die Besatzung im Bugraum und sagte laut zu dem Mann: „Entweder kommst Du nach Hause als mein Freund, oder Du kommst nach Hause und ich schicke Dich in eine Strafkompanie an die Ostfront. Jetzt machst Du vierzehn Tage Strafarbeitsdienst nach einer genau festgelegten Routine." Dasselbe gab ich ihm schriftlich und ließ es von ihm unterschreiben. Dann setzte ich dies in die Bordzeitung, die einmal am „Schwarzen Brett" gegenüber dem Funkraum hängt und einmal im Heckraum auf dem Lokus, wo man sie mit der nötigen Ruhe durchlesen kann. Der Mann hat in den Tropen seinen Strafarbeitsdienst tadellos getan. Er hat die schlechten Kartoffeln aussortiert, die Bilgen gereinigt, den Proviant umgestaut und seinen Kameraden solche Arbeit abgenommen, die notwendig getan werden mußte, aber sehr unbequem ist. Er hat sich weiterhin so tadellos gemacht, daß er nun das EK trägt und ich ihn meinem Nachfolger als Gefechtsrudergänger empfohlen habe.

Obst, Schokolade und ähnliche schöne Sachen lasse ich nicht stur durch den Menageoffizier verteilen, sondern halte meinen Daumen darauf. Obst als Belohnung für eine tüchtige Arbeit oder seine Entziehung zur Strafe für Gefräßigkeit ist ein gutes Erziehungsmittel auf langer Fahrt.

Das alles sind Sachen, die sich an Bord sehr gut machen lassen und die sinngemäß angewandt besser wirken als die Strafen der Disziplinarordnung. Wichtig ist, daß jede Strafe in geeigneter Form der Besatzung bekanntzugeben ist. Sei es durch Bordpresse, Schwarzes Brett oder Musterung. Jede Schikane muß verhütet werden, und niemals darf der Mann irgendeine Verärgerung bei seinem Kommandanten merken. Er muß fühlen, daß man ihn letzten Endes gern hat und ihn als vollwertigen Kameraden schätzt. Im allgemeinen hatte ich das Bestreben, möglichst wenig zu bestrafen. Das macht man nicht so, daß man die Hände in den Schoß legt und alles treiben läßt, sondern indem man sich besonders um seine Soldaten kümmert, sie wirklich führt, wirklich erzieht und ihnen durch klare Befehle das Gehorchen erleichtert.

Einen Tag, nachdem ich auf See das Eichenlaub bekommen hatte, sah mein achterer Ausguck einen Zerstörer zu spät. Da blieb uns nun nicht anderes übrig als tauchen und abwarten. Der Erfolg war gefährdet und die unnütze Gefahr war da. Ich habe den Mann trotzdem nicht bestraft. Wir bekamen soviel Zunder, daß wir erst nach 15 Stunden wieder auftauchen konnten. Die Blicke seiner Kameraden zu Beginn der Wasserbombenverfolgung waren für ihn Strafe genug. Daß ich ihn nicht bestraft habe, hat sich gut ausgewirkt. Er funktionierte jetzt prima.

Ich habe auch Männer mit Gefängnisstrafen an Bord gehabt, und ich bin mit ihnen gut gefahren. Selbstverständlich dürfen es keine Kameradendiebe gewesen sein oder ähnliche minderwertige Typen.

Wir bekamen Wasserbomben von einem Zerstörer, da platzte auf großer Tiefe ein Ventil in der Lenzleitung. Wasser spritzte ins Boot, die E-Schalttafel in der Zentrale brannte, und das Licht ging aus. Ich hatte einen Vorbestraften an Bord, der sich bewähren wollte. Dieser sprang in die Flammen und hat sie gelöscht. Er hat das EK 1 bekommen und ist jetzt Unteroffizier. Die Strafe soll in fast allen Fällen den Soldaten erziehen, aber nicht vernichten. Die Chance zur Bewährung gibt solchen Männern oft einen starken Auftrieb.

Es ist klar, daß an Bord die Routine scharf eingehalten wird; daß die Wache pünktlich abgelöst wird, ist Ehrensache, und ebenso lege ich Wert darauf, daß die Etikette an Bord gewahrt bleibt. Im Hafen natürlich mehr als auf See, wo es genügen muß, daß in den Räumen „Ordnung" gerufen werden muß, die der Kommandant zum ersten Mal am Tage betritt, daß stets der älteste anwesende Soldat meldet, was gemacht wird, ebenso, wie sich der Wachoffizier auf der Brücke zu melden hat. Im Hafen muß in der Werftliegezeit mindestens einmal täglich zur Musterung angetreten werden. Besonderen Wert lege ich auf eine würdige Flaggenparade. Auch auf See muß die Spindordnung ab und zu kontrolliert und auf dauernde Ordnung im Boot geachtet werden. — Dazu muß noch erwähnt werden, daß es selbstverständlich ist, daß der Kommandant zu jeder Zeit an Bord zu sprechen ist und nicht durch falschen Abstand von ihm oder Furcht vor seiner schlechten Laune wichtige Meldungen aufgeschoben werden.

Der Ausguck ist besonders wichtig auf dem U-Boot, er ist noch mehr eine Frage des Charakters als der guten Augen. Wir haben während meiner Fahrzeit weit über 100 Flugzeuge gesehen, und wir sind nur dreimal gebombt worden. Selbst bei Nacht hat der Ausguck mehrmals Flugzeuge gesehen und in zwei Fällen sogar rechtzeitig gehört. Trotzdem erlaube ich den Männern, auf Wache zu reden und zu rauchen. Ich weiß, daß man das den jungen Besatzungen in der Heimat verbieten muß. Da darf auf Wache kein Wort geredet werden. Da muß erst „Grund hereinkommen" in den Ausguck. Aber wenn man monatelang draußen ist, kann man die Männer nicht vier Stunden Wache gehen lassen, ohne daß sie ein einziges Wort reden. Wenn ich weiß, daß sie aufpassen, dann lasse ich es zu, daß sie auch mit dem Glas an den Augen Rücken an Rücken langsam zusammenschleichen und ein paar Worte reden. Ob nachts geraucht wird, entscheidet je nach Sicht der Wachoffizier. Nebenbei bemerkt, verbiete ich den jungen Soldaten das Rauchen auf nüchternen Magen von 04.00 bis 08.00 Uhr morgens vor dem Frühstück.

Ich habe auf See einen Toten gehabt und ein paar Verletzte. Als Ersatz holte ich mir von einem deutschen Dampfer auf See einen kriegsfreiwilligen Leichtmatrosen. Er war 19 Jahre alt, seit dem 14. Lebensjahr auf deutschen Schiffen im Ausland. Er kam mit einem Strohhut auf dem Kopfe an Bord und sagte: „Tag, Käp'ten, ich soll hier einsteigen." Er hatte keine Ahnung von der äußeren Form des Soldatentums. Ich habe ihm meinen besten Unteroffizier als Korporal gegeben, der ihn Gehen und Stehen gelehrt hat und der ihm die grundlegenden Themen beibrachte. Nach vierzehn Tagen haben wir ihn vereidigt. Wir haben dazu getaucht, den Bugraum mit Flaggen ausgeschmückt und haben diese Vereidigung zu einer richtigen Feierstunde gestaltet. Den Eid hatte der Mann vorher auswendig gelernt. In meiner Ansprache erzählte ich ihm von den Pflichten eines deutschen Soldaten. Die Besatzung saß einheitlich im braunen Tropenhemd da. Zur Feier des Tages hatten sie sich alle einen ordentlichen Haarschnitt zugelegt, und vorher waren die Lieder, die die Feier umrahmen sollten, festgelegt, so daß der Gesang auch wirklich klappte. Dem jungen Seemann haben wir außerdem die „Pflichten des Soldaten" geschenkt. Einer hatte sie in Schönschrift geschrieben. An solche Kleinigkeiten muß man denken, wenn man solche Feier improvisiert. Und militärische Feiern müssen ab und zu steigen, um die Begeisterungsfähigkeit des Soldaten nicht abflauen zu lassen. Er wurde ein tadelloser Soldat, hat das Eiserne Kreuz und das U-Boot-Abzeichen erhalten und bleibt ohne die übliche Grundausbildung an Bord. Als er auf Urlaub fuhr, habe ich ihm zur Sicherung einen Kameraden mitgegeben, damit dieser ihm sagen konnte: „Hier, den mußt Du grüßen, das ist ein Vorgesetzter. Vor diesem dort mußt Du Dich in acht nehmen, er gehört zur Zugstreife, und dieser Admiral dort in der prächtigen Uniform ist ein Eisenbahner, der tut Dir nichts."
Alkohol darf es normalerweise an Bord nicht geben. Die Männer sind aber dankbar, wenn sie ab und zu mal einen Schluck aus der Pulle nehmen können. Sei es, wenn ein Dampfer versenkt worden ist, einer Geburtstag hat oder einer bei seinen Arbeiten an Oberdeck besonders naß geworden ist.
Je besser die Unteroffiziere mit ihren Offizieren zusammenarbeiten, desto besser die Disziplin an Bord. Deshalb unterstütze ich die Unteroffiziere an Bord, wo ich nur kann, sage ihnen nicht nur, was alles verboten ist und was sie nicht tun dürfen, um sich Gehorsam zu verschaffen, sondern gerade, wie viele Möglichkeiten es gibt und welche Maßnahmen ihnen zustehen, um sich bei ihren Soldaten durchzusetzen. Sie sind meistens so jung, daß sie diese Hilfe nötig haben, und ich rufe sie beim Tauchen manchmal zusammen und unterrichte sie in disziplinaren Fragen und veranlasse sie, mir all ihren Kummer in allen Dingen zu erzählen. Wenn man sich dann mit ihnen ausgesprochen hat, kommt man sich schlecht vor, daß man ihnen nicht schon früher dabei geholfen hat. Ebenso halte ich es für einen Fehler, einen bewährten Obergefreiten ebenso zu behandeln wie einen jungen Matrosen. „Der Soldat muß sich können fühlen", ist ein alter Grundsatz. Der Obergefreite muß, wenn möglich, mehr Verantwortung tragen als seine jungen Kameraden.

Erfolg

Erfolge sind leicht zu ertragen, sie heben die Stimmung. Mein Bestreben an Bord aber geht dahin, daß die Männer auch wacker sind, wenn Mißerfolge auftreten. Denn der gute Soldat kann seine Härte erst beim Mißerfolg zeigen. Es kommt auf Feindfahrt nicht alles ganz so gut, wie man denkt, aber auch niemals ganz so schlecht. Man muß sich nur genügend viel vornehmen. Wenn dann Erfolge da sind, muß auch die Besatzung sie miterleben können. Das ist eine Temperamentsfrage, wie der Kommandant seinen Männern das Erlebnis des Kampfes vermittelt. Denn der U-Boot-Fahrer hat es schwer, er kann nicht aktiv mitkämpfen. Aber wenn nur ein einziger Mist macht, dann geht der sorgfältig und lang vorbereitete Schuß vorbei.

Mitten in dunkler Nacht prallte ich einmal auf einen Geleitzug. Knapp konnte ich einem Zerstörer ausweichen und mich dicht an einem anderen vorbeischleichen mitten zwischen die Dampfer. Bei mäßiger Sicht hatte ich noch keinen Überblick über die Lage und ging auf kleine Fahrt, weil ich mir sagte: „Wer langsam denkt, muß langsam fahren, damit ihm nichts passiert." Nachdem die wichtigsten Befehle ins Boot hinuntergegeben waren, rief ich dem Leitenden Ingenieur, der in der Zentrale war, kurz hinunter, was oben anlag, und er unterrichtete über die Lautsprecheranlage die Besatzung. Da die Männer wußten, was gespielt wurde, war's also nicht nötig, sie noch außerdem zur Eile anzutreiben. Bevor das Boot zum Angriff andrehte, gab ich hinunter: „Anlauf beginnt", das einmal der Besatzung das Gefühl übermäßiger Sicherheit gibt und zum anderen auf den Höhepunkt des Angriffes vorbereitet. Während zum Beispiel der Torpedo läuft, füge ich hinzu: „Es wird mindestens 40 Sekunden dauern, bis er trifft." Und wenn dann das ganze Boot mitzählt und die Siegesflasche schon vorsorglich entkorkt wird und der Siegesmarsch für den Lautsprecher schon klargelegt wird, dann vergehen die Sekunden. Wenn zwei Minuten herum sind und es hat immer noch nicht geknallt, dann wird die Wartezeit mit dem Stichwort „Schiet" beendet. — Gibt es nach dem Treffer Wasserbomben, so findet sich auch dann meistens Gelegenheit, den Männern noch einige interessante Einzelheiten über den Angriff zu erzählen. Kann man sogar über Wasser bleiben, so können einzelne gute Soldaten zur Belohnung kurz auf die Brücke kommen, um den sinkenden Dampfer zu sehen, oder bei Tage auf Sehrohrtiefe. Es gibt doch immer wieder Situationen, in denen man einige seiner Soldaten durch das Sehrohr schauen lassen kann. Bei der Härte des Kampfes läßt sich so etwas nicht oft durchführen. Gerade deshalb sollte man günstige Gelegenheiten dazu stets ausnutzen.

Einen Tag, nachdem ich die Brillanten bekam, erwischte ich einen großen Dampfer, der ebenso schnell wie das U-Boot war. Ich konnte ihn nach langer Jagd versenken (sozusagen als Dank dafür). Bei solch langer Jagd lasse ich die Männer gern einmal auf das Koppelblatt sehen, lasse sie mit in die Schiffsliste gucken und nach dem Typ und der Größe des Dampfers suchen, so daß das ganze Boot allmählich in Jagdfieber gerät. Einzelne Männer lasse ich auf die Brücke kommen und mit dem Doppelglas den Dampfer suchen. An solchen Erlebnissen muß die ganze Besatzung teilnehmen können.

Vor dem Einlaufen in den Hafen gehe ich in der Biskaya noch einmal auf Tiefe und mache Musterung. Ich sage den Männern, was sie zu Hause erzählen dürfen, nicht nur, was verboten ist. Weil jeder Deutsche denkt: „Nur geheime Sachen sind interessant", zeige ich ihnen, daß auch viele Dinge interessant sein können, die nicht geheim sind. Ich habe auch einmal einen Musterbrief ans „Schwarze Brett" geschlagen: „Liebe Erika, bin glücklich eingelaufen. Wir haben schönen Erfolg gehabt und einige Dampfer versenkt. Einmal haben wir sogar einen Haifisch gefangen. In dem Schachturnier habe ich den ersten Preis gemacht . . ." Ich schreibe dann noch alles Mögliche darauf, und sie können sich dann heraussuchen, was für sie paßt.

Der Alltag muß tadellos organisiert sein. Das Boot muß dem Soldaten zur Heimat werden. Es darf natürlich nicht zu viel organisiert werden. Denn, da Ruhepausen auf dem U-Boot besonders nötig sind, gilt der Grundsatz, die Freizeit und der Schlaf sind dem U-Boot-Mann heilig. Der Rhythmus des normalen Lebens muß möglichst gewahrt bleiben. Da der Wechsel von Tag und Nacht im Boot nicht ohne weiteres zu spüren ist, muß man ihn künstlich herstellen. Zum Abendessen wird Schummerbeleuchtung im Boot eingeschaltet und eine halbe Stunde vor bis eine halbe Stunde nach Wachwechsel (20.00 Uhr) das Abendkonzert mit Schallplatten gesendet. Der Sonntag wird hervorgehoben und beginnt mit einem Schallplattenkonzert, und dieses stets mit der Platte: „Ja, das ist mein Sonntagsvergnügen, da schlaf ich mich so richtig aus, bis 10.00 Uhr im Bettchen zu liegen, das macht mir gar nichts aus . . ." Und das Abendkonzert wird mit einer anständigen Platte beendet: „Abendlied", gesungen von den Regensburger Domspatzen. Der Besatzung sage ich: „Wenn ihr schon mal ein sauberes Hemd anzieht, dann tut das nicht am Freitag oder Dienstag, sondern am Sonntag, damit wenigstens einige in Festtagskleidern herumlaufen." Jeder von der Besatzung bringt so viele illustrierte Zeitschriften mit, daß es möglich ist, jeden Sonntag davon sechs neue auszugeben. Es wird so eingeteilt, daß beim Einlaufen die letzten Zeitungen herausgegeben werden können. Selbstverständlich richtet sich auch die Menage danach und stellt den Speisezettel so auf, daß man merkt, es ist Feiertag. Die Lokusfrage kann zu Beginn der Fahrt schwierig sein, wenn noch unerfahrene Soldaten da sind, die mit den Pumpen nicht klarkommen. Sicherheitshalber hängt da ein Schild mit der Aufschrift: „Fasse Dich kurz." Dort lag auch ein Notizbuch, in dem jeder Besucher seinen Namen einschreiben mußte. Ist dann der Lokus nicht in Ordnung, dann kralle ich mir den letzten, und der muß pumpen. Damit die Maßnahme nicht so bösartig aussieht, kann jeder kleine Verse hineinschreiben. Diese wurden allmählich so zahlreich, daß man einen halben Bierabend damit ausgestalten konnte.

Auf langer Fahrt muß natürlich auch Reinschiff gemacht werden. Es ist interessant, daß ich fast der einzige Mensch an Bord war, der wußte, wie man so richtig Reinschiff macht, Farbe wäscht, Decke und Bänke scheuert. Denn kaum einer der Besatzung war auf einem dicken Schiff, wo man so etwas lernen kann. Dieses Reinschiffmachen findet Samstag statt und wird von munterer Schallplattenmusik begleitet, damit es mehr Spaß macht. Die Aufstellung des Speisezettels ist eine schwierige Sache, denn es wird nur zu leicht über das Essen gemeckert. Ich lasse deshalb die einzelnen Wohnräume die Speisezettel aufstellen. Bei zunehmender Länge der Fahrt müssen sie natürlich immer mehr kontrolliert werden, damit die schönen Sachen nicht alle zu Anfang aufgegessen werden. Ich achte auch darauf, daß anständig gegessen wird, namentlich auch im U-Raum. Nicht weil ich Ästhet bin, sondern weil ich glaube, daß die Autorität der Unteroffiziere darunter leidet, wenn sie nicht in jeder Lage auf sich halten. Ich habe es erlebt, daß Unteroffiziere mit offener Kleidung am Mittagstisch saßen und einen Backschafter anfuhren, weil der Teller nicht ganz sauber sei, und neben sich einen Mann hatten, der mit schmierigen Händen seinen Teller verdreckte. Diese Uneinheitlichkeit im Lebensstil macht die Backschafter unsicher und führt zu ewigen Anschnauzern, und das kann leicht vermieden werden. Man muß erreichen, daß an Bord nur selten und in berechtigten Fällen über das Essen gemeckert wird.

Es wird auch Brot an Bord gebacken. Da der Backofen nicht in Ordnung war, wurde es eine schwierige Sache. Da haben wir uns durch einen Bäckerwettbewerb geholfen. Vier Mann, die Bäcker von Beruf waren, mußten um die Wette backen. Wir haben für jedes gebackene Brot durch Rundfunk und Bordpresse so eine Reklame gemacht, wie sie bei Wahlen nicht besser sein kann. Auf diese Weise haben wir schließlich doch anständiges Brot gehabt. Aber auch an andere Kleinigkeiten muß man denken. Wenn keine Wäschetinte und keine Namenläppchen da sind und deshalb die zum Trocknen in der E-Maschine aufgehängten Kleidungsstücke nicht gezeichnet sind, dann gehen sie auch mal verloren, und es gibt unnützen Ärger. Sie finden sich nach Erfahrung erst nach vierzehn Tagen wieder ein. Auch auf die Kantine muß man achten. Es gilt der Grundsatz, daß jeder das Gleiche bekommt, der Kommandant nicht mehr als der jüngste Matrose. Wenn bei bestimmten Artikeln Ausnahmen gemacht werden, dann muß dies der Besatzung ganz klar bekanntgegeben werden. — In all diesen Fragen muß der Wachoffizier wirklich der erste Kamerad seiner Männer sein und ein Vermittler zwischen Kommandant und Besatzung. Er kann ihn aber nur über Unstimmigkeiten unterrichten, wenn seine Männer ihm davon erzählen, er muß also ihr Herz besitzen.

Ärztliche Behandlung

Wir haben keine Revierstunde an Bord gehabt. Ich halte sie bei 50 gesunden Soldaten für überflüssig. Aber ich habe die Männer dazu erzogen, daß sie schon mit Kleinigkeiten zum Arzt beziehungsweise zum Kommandanten kommen. Nicht aus Wehleidigkeit etwa und nicht deshalb, um sich vom Dienst zu drücken, sondern gerade um dauernd diensttauglich zu bleiben. Denn jeder U-Boot-Fahrer hat die Pflicht, sich gesund zu erhalten. Es ist besser, wenn ein Furunkel sogleich behandelt wird, als daß der Mann aus falscher Scham erst wartet, bis es groß geworden ist. Eine gesunde Lebensführung an Bord ist notwendig. Ich befehle nicht nur, daß jeder eine Bauchbinde tragen muß, sondern gebe es auch bei Einbruch der Dunkelheit jeden Abend durch Lautsprecher bekannt. Ich erlaube nicht, daß in den Tropen Eiswasser getrunken wird. Ich habe für die jungen Soldaten das Rauchen auf nüchternen Magen verboten und halte darauf, daß der Mittelwächterkaffee nicht ganz so stark wie sonst bei der Marine gemacht wird.
Wir hatten auf einer Fahrt einen Fall von Diphtherie. Zum Glück merkten wir es erst nachher, als der Mann schon vollständig gelähmt und die Ansteckungsgefahr vorüber war. Sonst hätten wir vor lauter Angst so lange gegurgelt, bis wir alle Halsschmerzen gehabt hätten. Der Gelähmte ist nach vielen Wochen wieder diensttauglich geworden und hat die letzten zwei Monate wieder voll Dienst gemacht, obwohl er stets im Heckraum gelegen und kaum das Licht der Welt gesehen hat. Es gibt körperliche Leiden, mit denen man recht wohl ein guter U-Boot-Mann sein kann. Es sind — sicher viele — U-Boot-Soldaten dienstuntauglich geschrieben worden, die es nach den Bestimmungen auch waren und bei denen keiner die Verantwortung übernehmen wollte, sie wieder an den Feind zu schicken, obgleich es gegangen wäre. Aber wenn so viele Soldaten ihr Leben einsetzen, dann müßten andere in einem harten Kriege auch ihre Gesundheit aufs Spiel setzen können. —
Ein sexuelles Problem hat es an Bord nie gegeben, auch nicht auf der siebeneinhalb Monate langen Fahrt. Ich habe es allerdings auch nicht zugelassen, daß die Männer Wände und Kojen voll mit nackten Mädchenbildern behingen. Wenn man Hunger hat,

soll man sich auch kein Brot an die Wand malen. — Es ist auch ganz gut, wenn man Bücher an Bord ab und zu durchblättert. Man findet immer mal wieder eins, das man außenbords werfen kann, weil es nur an die niedere Phantasie der Menschen appelliert. — Wenn wir in den Hafen kommen, lege ich Wert darauf, daß die Männer recht viel für ihre Angehörigen kaufen, damit sie ihr Geld auf vernünftige Weise ausgeben. Man muß sie im Stützpunkt auch mal ungezwungen feiern lassen.

Vorbild der Offiziere

Der Geist der Besatzung hängt vornehmlich von einem vorbildlichen Offizierkorps ab. Ich habe bisher 17 Offiziere auf meinem Boot gehabt, darunter vier, die sich schwer einleben konnten, und sieben Fähnriche, darunter einen Versager. Alle anderen waren gut und haben geholfen, das Leben an Bord so zu gestalten, „daß jeder Tag ein Sonntag war". Das Leben in der Offiziersmesse muß vorbildlich sein, denn die Besatzung schaut auf die Offiziere, und deren Zusammenhalt überträgt sich auf die Besatzung. Ich rede auch meine Männer alle zusammen mit „Seeleute" an. Denn sie fahren ja alle zur See, und ob der eine jetzt an den Maschinen steht oder ob er in früheren Jahrzehnten die Segel bedient hat, sie tun es ja doch alle für ihr Schiff. Auch diese Kleinigkeit kann mithelfen zu einer anständigen Bordgemeinschaft.
Mit jungen Offizieren muß man sich schon Mühe geben. Denn es ist klar, daß sie alle verschieden sind und auch mal gern einen Bolzen schieben.
Es ist klar, daß auf dem engen Boot und der langen Fahrt keine Zoten oder schmutzigen Witze erzählt werden. Nicht nur aus moralischen Erwägungen, sondern weil es dann leicht kein Halten mehr gibt, weil es schwer ist, dann Grenzen zu ziehen, und weil es vor allen Dingen Schule bei der Besatzung macht.
Es gibt Dinge, die man auf keinen Fall durchlassen darf. Ich hatte einmal einen Wachoffizier, der schlief immer ausgezogen auf seiner Koje, und nicht genug damit, er kam nachts auch nicht auf Gefechtsstation, ohne sich vorher angezogen zu haben. Er vergaß dabei nicht mal Ölhose oder Ölhut. So wichtig war ihm sein persönliches Wohlergehen, ehe er auf Gefechtsstation erschien. Er trank keinen Kaffee, weil er Hypochonder war und glaubte, er hätte etwas am Magen; statt dessen trank er eine Tasse Milch. Da wir keine Kühe an Bord hatten und deshalb nicht so viel Milch, verbot ich das. Er goß dann etwas heißes Wasser in die Milch und sagte, das wäre der Ersatz für Kaffee. Dann aß er dieses nicht und jenes nicht und beanspruchte im buchstäblichen Sinne eine Extrawurst für sich. Ehe so etwas der Kommandant merkt, hat die Besatzung dies natürlich schon lange spitz, und die Offiziersmesse ist blamiert.
Auf der Brücke unterhalte ich mich oft mit den Wachoffizieren. Ich frage sie, was machen wir bei den heutigen Witterungsverhältnissen für Ausweichbewegungen bei plötzlich aufkommenden Zerstörern, wann tauchen wir heute vor einem Flugzeug und wann bleiben wir oben? Wann wollen wir angreifen und von welcher Seite und so weiter. Ich bespreche mit ihnen die Lage an Hand der Karte und lasse sie Vorschläge machen. Es müssen positive Vorschläge sein, sie müssen von Angriffsgeist diktiert sein. Denn Angst habe ich selber genug und brauche mir nicht noch welche machen zu lassen.
Gewiß müssen sie auch oft in der Offiziersmesse allein gelassen werden, damit sie Zeit haben, über ihren Kommandanten zu schimpfen. Die Mahlzeiten werden natürlich gemeinsam eingenommen im anständigen Anzug und mit weißem beziehungsweise noch

leidlich weißem Bettlaken als Tischtuch. – Dann ist der tägliche „Doppelkopf" auch nicht zu vergessen oder was sonst zum gepflegten Zusammenleben gehört. Schön ist es auch, wenn ein Buch die Runde macht und man sich darüber aussprechen kann.

Mit den Fähnrichen habe ich gute Erfahrungen gemacht. Anfangs sind sie manchmal noch sehr jung und verstehen vom praktischen U-Boot-Leben natürlich nichts. Ich habe mir als erstes überlegt, wo ich sie unterbringe. Im Offiziersraum war kein Platz, und im U-Raum wollte ich sie auch nicht unterbringen. Da habe ich sie in den Bugraum gesteckt. Erstens, weil sie nur so wirklich von der Pike auf lernen, wie das Leben an Bord läuft. Zweitens, weil sie nach meinen Erfahrungen doch in recht kurzer Zeit den Männern überlegen sind. Sie werden natürlich öfter in die Offiziersmesse zum Essen, zum Spielen oder zur Unterhaltung eingeladen. Im übrigen lasse ich sie aber bewußt mehr Dienst machen als alle anderen Soldaten. Wenn sie Freizeit haben, dann müssen die Fähnriche noch Bestecke rechnen oder Trimmrechnung machen oder bekommen Unterricht, so daß sich die Soldaten nur sagen können: „Fähnrich sein ist doch nicht so schön, wie es im Film aussieht. Die müssen doch ordentlich ran, wenn sie was werden sollen." Der Erfolg dieser Bemühungen war, daß die Fähnriche was konnten, gut funktionierten und ich gern mit ihnen gefahren bin.

Wenn Wasserbomben kommen, dann schaut alles auf die Offiziere. Das ist eine Binsenwahrheit. Ich habe einen Offizier gehabt mit einem solch trockenen Humor und solcher Ruhe, daß er während einer Wasserbombenverfolgung fest einschlief und erst aufwachte, als ihm verschiedene Armaturen auf den Kopf fielen. Da er Freiwache hatte, schlief er tatsächlich gleich wieder ein und knurrte bloß etwas von „unruhige Zeiten". Als wir auftauchten und in ein Minenfeld gerieten, fragte ich ihn: „Was meinen Sie, sollen wir mehr nach Steuer- oder Backbord halten?" Ich bekam die treuherzige Antwort: „Das ist egal, wenn wir morgen früh aufwachen, dann sind wir richtig gefahren." Das war nicht Schnoddrigkeit, sondern paßte zu seiner Kriegernatur.

Von den technischen Maßnahmen zum Halten des Bootes ist hier nicht die Rede, sondern von Kleinigkeiten, auf die es sich zu achten lohnt. – Neben dem Offizier trägt eine Hauptlast der Funker, der am Horchgerät sitzt und den Zerstörer schon hört, wenn die Besatzung noch nichts davon merkt. Ich verbiete ihm, mir den Zerstörer und seine Bewegungen laut zu melden. Jede Meldung wird mir durch einen Befehlsübermittler überbracht, von einem ruhigen Mann, der sie mir leise sagt. Das Wort „Zerstörer" gibt es dabei nicht, es heißt dann nur „kleines Fahrzeug", damit sich nicht irgendwelche Männer unnütz aufregen. – Man muß es hinkriegen, daß sich die Freiwache hinlegt und schläft. Man muß darauf achten, daß sie auch tatsächlich durch Kali-Patronen atmet; selbstverständlich auch die wachfreien Offiziere, gerade weil es unbequem ist. – Wenn nun alle Vorbereitungen getroffen sind, ist es gut, wenn sich der Kommandant schlafen legt. Das freut die Besatzung, und die Männer denken dann, es ist alles bloß halb so schlimm. Und dann gehe ich durchs Boot und erzähle den Männern, was wir alles machen, um den Gegner zu leimen; das darf man nicht versäumen, wenn die Gelegenheit dazu da ist.

Der I. Wachoffizier soll der Vertrauensmann zwischen den Männern und dem Kommandanten sein. Es ist aber nicht so einfach für einen jungen Offizier, namentlich den gleichaltrigen Unteroffizieren gegenüber. Ich stütze ihn durch Hinweise. Es können sich nur ganz wenige junge Offiziere erlauben, ihre Männer zum Beispiel zu duzen. Das ist keinesfalls immer nötig, um ihr Vertrauen zu erwerben. – Da der Leitende Ingenieur keine Wache mitgeht, muß er sich besonders bemühen, mit seinen Männern öfter einen „Rees" zu machen, um in enge Verbindung mit ihnen zu kommen.

Die Offiziere müssen einfallsreich sein, die Männer müssen begeisterungsfähig gehalten werden, gerade auf solch langen Fahrten. Ich mache es nicht so, daß ich selber alles in die Hand nehme, was in der Freizeit geschehen soll, sondern ich hole mir die Offiziere und Männer und sage ihnen: „Sehen Sie zu, daß wir einmal wieder etwas organisieren. Vielleicht so und so und in dem oder jenem Sinne" und mache ihnen dazu einen Vorschlag, bleibe aber selbst im Hintergrund und lasse die Männer allein weitermachen. Schach- und Skatturniere sind einfach durchzuführen. Durch Lautsprecher und Presse wird der Stand der Runden bekanntgegeben, und die ersten zwei Male ist alles mit Schwung dabei, aber später wird auch das langweilig, und man muß sich wieder etwas anderes ausdenken. Da sind die Feste und Feiertage, die man schön gestalten kann. In der Adventszeit brannten in jedem Raume die elektrischen Adventskerzen auf Tannenkränzen, die aus zusammengedrehten Handtüchern und grünbemaltem Lokuspapier hergestellt waren. Vierzehn Tage lang war die Weihnachtsbäckerei in Betrieb, und jeder durfte auch mal dran naschen, genauso wie zu Hause. Zum Weihnachtsabend steht im festlich geschmückten Bugraum ein selbstgemachter Weihnachtsbaum. Es erscheint der Weihnachtsmann, der in den Tropen nur ein Bettlaken umgehängt trägt, und schenkt jedem Soldaten Süßigkeiten und ein Buch mit Widmung, alles natürlich von schönen Versen und Redensarten begleitet. Wir haben Weihnachtslieder gesungen, und der Kommandant hat eine Weihnachtsansprache gehalten. Nach der Feier wurde in den Räumen an den festlich geschmückten Tischen Abendbrot gegessen. Die Offiziersmesse wurde aufgelöst, und die Offiziere verteilten sich auf die Räume.

Über die Äquatortaufe ist nichts Neues zu sagen. Sie wird von langer Hand vorbereitet und kann auch trotz erschwerter Luftlage zwar im beschränkten Umfange, aber schön durchgeführt werden. Der erzieherische Wert der Taufe ist nicht gering, wenn sie hart genug durchgeführt wird. Ich bin der Auffassung, daß die jungen Soldaten es einmal erleben müssen, wie viele Plagen ein gesunder Körper aushalten kann, und es bleibt für den Kommandanten nur übrig aufzupassen, daß die Härte nicht ausartet.

Wenn einer Geburtstag hat, dann ertönt über die Lautsprecher das „Geburtstagsständchen" von „unserm" Paul Lincke. In der Zentrale erscheinen der Kommandant und die Offiziere mit einer Dose Obst, einem Kuchen, einer Flasche Cognac, und jeder bekommt einen Schluck ab zur Feier des Tages. Und das „Geburtstagsständchen" wird so lange gespielt, bis die Zeremonie beendet ist. Wir sagen auch sonst manches an Bord mit Musik. Wenn getaucht wird, dann erfährt es die Freiwache dadurch, daß sie den schönen Einsteuerungsmarsch hört „Wir schaffen es schon, wir schaffen es schon, wir werden das Ding schon dreh'n", den wir unserem Leitenden Ingenieur spielen, wenn er sich um die Tiefensteuerung müht. Und wenn sich die Wache klarmachen soll zum Auftauchen, dann erfährt sie es durch den Marsch: „Heut stechen wir ins blaue Meer".

Wenn wir Walfische sehen oder gar ein toter irgendwo mit riesiger Ölspur herumtreibt, wenn Rettungsboote zu sehen sind, wenn es gewittert, ein Elmsfeuer oder ein Nordlicht zu beobachten ist, wird die Besatzung — wenn möglich — einzeln heraufgeholt, damit auch sie diese Erscheinungen miterleben kann.

All dies sind natürlich Kleinigkeiten. Man kann sie lassen, man kann sie auch ganz anders machen. Aber man darf nicht verkennen, daß sie in ihrer Gesamtheit das Leben und den Geist an Bord beeinflussen.

410

Die Männer müssen wissen, wofür sie kämpfen, und sie müssen bewußt und gern ihr Leben dafür einsetzen. Da gilt es, eine gewisse passive Lebensauffassung bei manchen zu beseitigen. — Sonntags tauche ich manchmal und mache unter Wasser eine Musterung und erzähle ihnen etwas vom Reich, vom jahrhundertelangen Kampf darum, zeige ihnen die hervorragendsten Gestalten unserer Geschichte; alles unter dem Gesichtspunkt des Ringens um die Verwirklichung des Reiches. Ich spreche mit den Unteroffizieren allein über das Thema Frau und andere Dinge, die man mit ihnen leichter behandeln kann als mit der ganzen Besatzung zusammen. Ich lasse die Offiziere Vorträge halten über Dinge, die ihnen liegen. Der Leitende Ingenieur zum Beispiel spricht über die Kohle als Rohstoff. Ein Wachoffizier über den Atlantik, sein Klima, seine Tierwelt, über den Golfstrom, Fliegende Fische, Passat. Dinge, die zur Allgemeinbildung eines jeden Seemannes gehören.

Solche Vorträge wirken sich auch als gute Freizeitgestaltung aus. Wenn den Soldaten etwas in ihrer Sprache nahegebracht worden ist, dann unterhalten sie sich oft tagelang darüber, denn der U-Boot-Mann verbringt ja einen großen Teil seiner Freizeit auf der Koje liegend bei einem Rees mit seinen Kameraden.

Sie werden dadurch auch angeregt, zu guten Büchern zu greifen. Man kann auch dieses oder jenes in den Bugraum „lancieren", Gespräche darüber anregen und so das Interesse für gute Bücher wecken. Freilich gehört dazu, daß der Offizier sich auch zu seinen Männern setzt und mit ihnen klönt. Wenn er kommt, dann darf die Unterhaltung der Männer nicht plötzlich abgestoppt werden, sondern sie sollen sich darüber freuen, daß sie sich mit einem älteren Kameraden über Dinge unterhalten, die ihnen noch unklar sind. Wir haben Bilder aus Zeitschriften in unserem „Schaufenster" (Rollentafel) ausgehängt. Sie waren ständig von Interessenten umlagert. Mit Rot- und Blaustift werden rechts und links Erläuterungen hinzugefügt.

Außerdem machen wir auf langen Fahrten Unterricht mit den Männern. Ich stelle lockere Unterrichtspläne auf, an die sich Offiziere und Unteroffiziere halten können. Genaue Pläne lassen sich natürlich auf Feindfahrt nicht durchführen. Jeder Wachoffizier macht Unterricht mit seiner eigenen Wache, und zwar über Dinge, die jeder Seemann wissen muß, aber leider nicht weiß: Wind und Wellen, Flaggen, Reedereizeichen, Koppeln und Kartenlesen und so weiter. — Wie üblich haben wir auch eine Bordzeitung. In einem ersten Teil bringt sie politische Nachrichten in kurzem Auszug. Ich halte diesen Teil für so wichtig, daß ich das immer selbst gemacht habe. Im zweiten, dem lokalen Teil, werden in launiger Form die Begebenheiten der letzten Tage geschildert. — Besonders angenehm wurden die „BdU-Nachrichten" empfunden, die in Verbindung mit der Funkpresse eine solche Unterrichtung über die Lage ermöglichen.

Vor Antritt der Fahrt muß man sich darum kümmern, daß genügend Bücher an Bord kommen. Gute Bücher und auch leichtere in einer vernünftigen Mischung, denn der Seemann liest gerne an Bord, wenn er auf der Koje liegt. Und da Bücher einen Menschen stark beeinflussen können, so hat sich der Kommandant darum zu kümmern, was gelesen wird. Dabei ist noch eine Kleinigkeit zu erwähnen. Es ist praktisch, sich mit Bordmitteln für alle Kojen in den Mannschaftsräumen kleine Leselampen anzufertigen, damit die Männer auch tatsächlich einigermaßen bequem lesen können. Denn man kann nicht erwarten, daß sie in der Freizeit nun auch noch an der mehr oder weniger wackligen Back sitzen, soweit das überhaupt möglich ist, da ja oft Torpedos im Raum liegen. Die Beleuchtung ist zum Lesen auch nur mäßig. Außerdem haben die Männer auf Wache ja lange genug gestanden und wollen nun mal bequem liegen.

Man kann noch so viele Schallplatten an Bord haben, auf langen Fahrten werden sie einem doch bald langweilig. Deshalb lasse ich täglich nur eine Stunde Musik machen. Dazu kann jeder Raum abwechselnd das Programm aufstellen oder auch die Geburtstagskinder, so daß jeder Geschmack zu seinem Recht kommt. Ich teile dazu meine Schallplatten in mehrere Gruppen ein: in gute, schwere, aber schwer verständliche Musik, die an Bord nicht gespielt werden kann; in gute, ernste Musik, wie die Egmont-Ouvertüre, Rienzi, Les Préludes von Liszt und so fort. Von diesen Platten muß täglich eine zu Beginn des Konzerts gespielt werden. Dann kommt die gute, leicht verständliche Musik, meist aus deutschen Operetten, die einen großen Teil des Programms ausmacht. Der Rest des Programms wird bestritten von der leichten und leicht verständlichen Musik, wobei ich aber darauf achte, daß nicht allzuviel sentimentale und schmalzige Lieder gespielt werden, weil die Soldaten zur Härte erzogen werden sollen. — Unsere Soldaten haben viel mehr Sinn für unsere deutschen Kulturgüter, als man allgemein annimmt. Wenn wir mal zum Beispiel Mozarts „Kleine Nachtmusik" spielen wollten, dann hat der I. WO kurz vorher über den Lautsprecher einige Worte dazu gesagt und den Männern erzählt, worum es sich handelt, und sie haben sich das dann auch mit etwas mehr Verständnis angehört.

In weniger luftgefährdeten Gebieten hat die Freiwache abends im Bugraum vornehmlich Seemannslieder gesungen. Es waren meist welche, die auf den Segelschulschiffen der Kriegsmarine vor dem Kriege gesungen wurden. Ich habe Wert darauf gelegt, denn wenn wir Seeleute nicht einmal unsere typischen Seemannslieder singen, wer soll es dann in der Marine oder in der Heimat tun!

Über Skat- und Schachturniere habe ich erzählt. Wir haben auch andere Wettbewerbe aufgezogen, zum Beispiel im Singen. Jeder mußte durchs Mikrofon ein Lied singen, und die ganze Besatzung gab dafür Zensuren wie in der Schule. Der Sieger erhielt als ersten Preis eine Freiwache, und seine Wache mußte der Kommandant gehen. Der zweite Preisträger durfte einmal den Diesel anstellen, wenn es ein Seemann war, oder durfte oben auf der Brücke an Stelle des Kommandanten das Boot fahren, wenn es ein Seemann aus der Maschine war. Eine richtige Kraftschau haben wir veranstaltet wie bei einer Olympiade, mit Rundfunkreportage und dicht gedrängten Zuschauermengen. An einem Stock von 50 Zentimeter Länge hing an einem Tampen ein schweres Gewicht. Nun mußte der Stock mit dem Gewicht dran hochgehoben und mit den Handgelenken so lange gedreht werden, bis der Tampen vollkommen um den Stock gewickelt war. Wer das Gewicht am meisten rauf und runter winden konnte, der hatte gewonnen. Ich führe dies genau aus, um zu zeigen, daß es unendlich viel Möglichkeiten an Bord gibt, um seinen Männern einmal eine frohe Stunde zu bereiten. Wir haben dann auch einen Lügenwettbewerb gemacht. Jeder mußte über alle Lautsprecher erzählen, was er zu Hause am Stammtisch seines Vaters erzählen würde, und zwar mindestens im Stile eines Münchhausen. Es kamen wunderbare Lügengeschichten dabei heraus, und manche waren direkt druckreif.

Der Bordarzt hat die Soldaten über Gesundheitspflege unterrichtet. Damit das nun auch sitzen blieb, haben wir einen Dichterwettbewerb angesetzt. Da mußte jeder einen Vier- oder Achtzeiler dichten, in dem in launiger Form einiges von dem, was der Doktor gesagt hatte, zum Ausdruck gebracht wurde. Oder es stieg ein Zeichenwettbewerb. Gefordert waren Zeichnungen über drollige Begebenheiten an Bord, und wer nicht richtig zeichnen konnte, der durfte durch kurzen Text seine komischen Figuren erläutern. Die nette Idee, der muntere Einfall wurden höher bewertet als das zeichnerische Können. Alle Bilder kamen natürlich ins „Schaufenster". Ferner wurden an Bord gern Bücher allgemeinbildenden Inhalts gelesen, die Hefte über Berufsförderungen; und vor allen Dingen wurden Karten und Nachschlagewerke durchgeblättert. Denn mit der Zeit tauchen die unglaublichsten Fragen auf. Da wird gefragt, ob die Kühe mehr Milch geben, wenn in der Gegend viel Radio gespielt wird, oder ob es stimmt, daß die Löcher im Käse mit Preßluft gemacht werden! Oder behauptet, daß bei Gewitter auf See kein Donner zu hören sei! Oder geglaubt, Pferdefleisch schmecke nicht gut, weil die Pferde keine Nieren hätten und alles durch die Rippen schwitzten. Da müssen dann Nachschlagewerke heran, um den Streit zu schlichten. Es ist klar, daß wir Wandkarten haben, in die der Verlauf unserer Fronten eingezeichnet wird. Sie hängen in der Nähe des „Schwarzen Brettes", wo die Bordpresse angeschlagen wird und wo auch die Rollentafel ist, die wir als Schaufenster benutzen, wo besonders interessante Bilder oder Kriegsschiffstypen, besondere Bekanntmachungen oder Zeichnungen ausgestellt sind.

Gebastelt wird gut und gerne. Aber so einfach, wie es im Buche steht, ist es doch nicht an Bord eines U-Bootes. Denn es ist mir fast nie gelungen, Bastelmaterial tatsächlich an Bord zu bekommen; namentlich Holz, das sich zum Schnitzen eignet, ist knapp. Die Männer aus der Maschine haben es bei ihrer Bastelei schon leichter, weil sich aus den Abfällen der Werft doch noch manches gebrauchen läßt.

Ich habe eine Reihe von Beispielen in lockerer Form zusammengetragen. Sie sollen lediglich anregend sein, und man kann sie ja nach Temperament so oder anders verwerten. Fest steht, daß man sich um seine Männer sorgen und kümmern muß. Es genügt nicht nur, Befehle bekanntzugeben und bei der Nichtausführung dann und wann zu bestrafen. Disziplin und eiserne Ausbildungsarbeit in den kleinen Dingen des Alltags sind das Wichtigste für den Kommandanten, wenn er Erfolg haben will. Das ist eine alte Sache, und ich gehe deshalb nicht näher darauf ein. Darüber hinaus muß aber verlangt werden, daß die Besatzung mit dem Boot mitlebt, daß sie mit ihrem Kommandanten innerlich froh mitgeht. Und ich will nun an einigen Versagern, die ich erlebt habe, zeigen, daß es Situationen gibt, die man nicht allein durch Befehlen und Gehorchen meistern kann, sondern wo eben der Kommandant davon abhängig ist, daß all seine Männer mit heißem Herzen dasselbe wollen wie er.

100 Tage waren wir schon auf See gewesen, und alles hatte geklappt. Da müssen wir alarmtauchen, aber wir kommen nicht runter. Ich schaue nach dem Manometer, aber das bewegt sich kaum, und ich denke: Na, das ist ja immer so, wenn man es eilig hat, dann scheint es, als ob das Boot besonders langsam sinkt. Ich lasse nach den Fehlerquellen suchen und stelle fest, daß die Entlüftung im Dieselraum nicht aufgeht. Was war passiert, nachdem es hundertmal klargegangen war? Ein Maat hatte nach dem Auftauchen die Entlüftung mit einem Stecker probiert, diesen aber nicht wieder herausgezogen, wie es nötig ist. Beim Alarmtauchen blieb nun die Entlüftung gesichert. Der Posten, der dran stand, sah nur auf seine Signalanlage und hörte ein Knacken, und das genügte ihm zur Meldung „Entlüftung ist auf". Es folgt der Befehl, die Entlüftung mit der Hand zu öffnen. Aber das dauert zu lange, und um die Situation zu klären, tauche ich auf; aber in dem Moment, wo ich das Turmluk öffne, geht die Entlüftung auf, und das Boot sackt wieder ab.

Da hatte ich als Kommandant auch beinahe Mist gemacht. Nun geht's hinunter auf Tiefe. Es gelingt nicht, die Untertriebszelle auszudrücken. Das Ventil läßt sich immer schwer bewegen. Deshalb brauchten wir dazu einen Schlüssel, der an einem Tampen gesichert war, damit er immer an Ort und Stelle ist. Aber heute ist er nicht da. Am 100. Tag! Wir gingen auf Tiefe mit großem Untertrieb. Dann wurde gelenzt. Wir merkten erst nach einigen Minuten, daß die Pumpen nicht richtig aussaugten. Die Männer in der Trimmecke hatten nicht richtig aufgepaßt. Als wir nach längerer Tauchfahrt die Dieselbilge lenzen wollten, da ging das auch nicht klar, weil sich in dem Lenzkorb allmählich all die Hosenknöpfe und Lappen gesammelt hatten, die die Besatzung im Bugraum in die Bilge hatte fallen lassen. Man darf nie nachlassen in der konsequenten Handhabung des Dienstes auf See.

Nach einer besonders langen Werftliegezeit hatte ich weit über ein Drittel neue Männer an Bord, und zwar gerade unter den Vorgesetzten. Der erste Dampfer, den ich auf dieser Fahrt sah, war ein besonders fetter Brocken, der hohe Fahrt lief. Nach langer Jagd kommen wir nachts glücklich in Schußposition, und ich sage zum I. WO, der seine erste Fahrt macht: „Nun schießen Sie den ersten Schuß auf den vorderen, den zweiten ganz ruhig auf den hinteren Mast." Und der Wachoffizier will es besonders gut machen und sagt so ruhig und so leise: „Rohr 1 los!", daß der Feuerleitmann das im Turm nicht hört. Mir schien das auch zu leise, und ich sage ihm: „Sie müssen beim zweiten Schuß lauter befehlen", und das tut er dann auch. Aber der Feuerleitmann hatte den Sicherungsstift von der Abfeuerung nicht entfernt. Deshalb fiel auch der zweite Schuß nicht. Er war neu an Bord, ebenso wie der Mechanikersmaat, so daß auch die Verständigung durchs Sprachrohr nicht so klappt, wie es vorher eingeübt war. Sofort lasse ich auf die beiden restlichen Rohre umschalten und schieße sie auf den Dampfer. Allerdings ist die Entfernung sehr klein geworden. Die Aale sind raus. Aber nun hat der Dampfer uns gesehen und dreht auf uns zu. Es droht eine Rammung, und die Schüsse sind vorbei! Ich will hart nach Backbord abdrehen und befehle: „Hart Backbord. Steuerbordmaschine A.K. voraus, Backbordmaschine A.K. zurück!" Unser neuer Rudergänger legt erst einmal das Ruder nach Steuerbord, und ich muß ihn erst berichtigen, so daß das Boot nur langsam andreht. Der alte erfahrene Dieselmaat ließ den Backborddiesel auf A.K. zurück anspringen und glaubt, daß der neue Maat am Steuerborddiesel durchdreht, weil der nun A.K. voraus läuft. Er springt hinzu und schaltet auch den Steuerborddiesel auf Rückwärtsgang um. Nun stand ich da mit beiden Maschinen A.K. zurück und falscher Ruderlage. Aber es ging klar, und wir jagten den Dampfer weiter. Er drehte nun auf und fuhr die entscheidende Seemeile schneller als wir. Wenn dann die Erkenntnis da ist, du kriegst ihn nicht mehr, die ganze Sache ist vermasselt, dann ist das zum Heulen. Aber man darf nie weich werden.

Eines Tages gab es einen Riesenknall mitten in der Nacht. Wir dachten an Fliegerbomben oder sonst ein Malheur. Statt dessen war die Wand der Regelzelle geplatzt, und die Luft war mit lautem Getöse entwichen, zugleich war die Untertriebszelle beschädigt und unbrauchbar geworden. Das Manometer war einwandfrei kontrolliert worden und hatte keinen zu hohen Druck angezeigt. Man muß aber nicht nur auf den Druck schauen, der am Manometer steht, sondern man hat darauf zu achten, daß das Manometer an sich in Ordnung ist und nicht bei zehn atü klemmt. Oder wir stellen drei Tage nach dem Auslaufen fest, als endlich mal die Sonne die tiefhängenden Wolken durchbricht, daß sie zur Mittagszeit gar nicht im Süden steht, sondern im Südosten. Der Kompaß schien völlig in Ordnung, so daß der Leitende Ingenieur dem Kommandanten nach einiger Zeit meldete: „Kompaß ist klar, Sonne muß falsch stehen." — Nach mehreren genauen Ortsbestimmungen hatten wir es genau heraus, daß wir drei Tage lang einen um einige 30 Grad falschen Kurs gesteuert hatten und unangenehm nah an Minenfelder geraten waren. Aber der Kommandant ist immer selber daran schuld. Ich hatte mich nämlich nicht darum gekümmert, daß beim Auslaufen der Kreiselkompaß durch Landpeilungen verglichen wurde.

Ich habe eine Fahrt lang einen sympathischen Obersteuermann gehabt, der aber die ständige Eigenschaft hatte, leicht durchzudrehen. Wir fuhren durch ein eigenes Minengebiet, und ich sagte zu ihm: „Morgen früh um 03.00 Uhr müssen Sie anfangen, Zick-Zack zu laufen, weil es dann hell wird und wir mit feindlichen U-Booten rechnen müssen, und morgen früh um 05.00 Uhr machen wir eine Kursänderung von 300 Grad auf 270 Grad. Morgens um 05.00 Uhr komme ich auf die Brücke und stelle fest, daß er ohne mich schon die Kursänderung gemacht hat. Was war geschehen? Er hatte um 03.00 Uhr morgens mit Zick-Zack begonnen und war von 300 Grad auf 270 Grad gegangen, und als er auf diesem Kurs eine Zeitlang gefahren war, da hatte er Backbord und Steuerbord verwechselt und den nächsten Zack auf 240 Grad gemacht, und nun zackten wir zwei Stunden lang im Minengebiet, weil wir ja zwei Stunden um 20 Grad vom Wege abgewichen waren. Ein widerliches Gefühl, und ärgerlich war es, wegen eines solchen Mistes in die Luft zu fliegen. Ich konnte mir nicht verkneifen, ihm zu sagen: „Wenn wir jetzt auf eine Mine laufen und hochgehen, dann trete ich Ihnen im Himmel noch ins Kreuz." Wir haben auf der Hinterhand kehrtgemacht und sind auf denselben Kursen wieder zurückgelaufen. Was hat der Kommandant davon, wenn er in die Luft fliegt, zu denken: „Aber der andere hat schuld!" Nein, er kümmere sich rechtzeitig um alles, schlechte Erfahrungen sind genug gemacht worden.

Alle solche Versager müssen und können im weitesten Umfange vermieden werden. Der Kommandant und seine Offiziere sind letzten Endes immer daran schuld, wenn es schiefgeht. Denn sie müssen wissen, daß es Situationen gibt, in denen nicht hinter jedem Soldaten ein Vorgesetzter stehen kann, wo Befehle zu spät kommen, wo es darauf ankommt, daß die Männer mit Leib und Seele mit „ihrem Boot" verbunden sind. Ich bin überzeugt, daß manches Boot durch solche Kleinigkeiten verlorengegangen ist und daß mancher Erfolg nicht kam, weil er an solchen unwägbaren und unvorhergesehenen Störungen scheiterte.

Es ist die Pflicht des Kommandanten, Vertrauen zu seinen Männern zu haben. Er muß es haben wollen, auch wenn sie ihn in manchen Einzelfällen enttäuscht haben. Denn darüber hinaus ist Tatsache, daß unsere jungen Soldaten mit einer uneingeschränkten Einsatzbereitschaft an den Feind drängen, und das ist ein wichtiger Vorsprung. Wenn sie dazu einheitlich mit revolutionärem Schwung geführt werden, dann folgen sie frohen Herzens zu immer neuem Einsatz und Angriff. Wir müssen sie nur achten und müssen sie gern haben.

Eine verführte Jugend?

Es mag heute üblich und sogar opportun sein (und es mag sich obendrein gut bezahlt machen), wenn man die deutschen U-Bootmänner des vergangenen Krieges als eine verbrecherisch verführte und von der grausamen Realität dann zerbrochene Jugend hinstellt; als von nichts besessen als vom Suff und primitivster hemmungsloser Sexualität.

Doch dieses Bild ist eine wohlfeile, völlig irreführende Legende. Ähnlich der vom teppichbeißenden Diktator, der aus wahnwitziger Machtbesessenheit den Krieg vom Zaune brach, um sich die ganze Welt untertan zu machen. Mit der geschichtlichen Wahrheit haben solche Geschichten nichts zu tun; sie sind Produkte ideologisch eingefärbter Phantasie.

Die deutschen U-Bootfahrer waren nicht „Verführte". Zu was denn verführt?! Als Jungmannschaft ihres Volkes dessen Krieger zu sein? Sie haben ihre stolze Pflicht darin gesehen und diese bis zum letzten erfüllt. So zu handeln ist nun einmal die jedem Volk, sogar jedem gruppenbildenden Lebewesen dieser Erde von Natur angeborene, selbstverständliche Regung so wie die Nahrungsaufnahme und der Trieb zur Fortpflanzung. Verlieren sich diese oder auch nur eine von ihnen, so ist die Art krank geworden, stirbt und geht unter. Kein noch gesunder Mensch muß erst dazu „verführt" werden, so zu handeln.

Jeder einzelne der deutschen U-Bootfahrer glaubte sich verpflichtet, derart handeln zu sollen, so gut er es konnte; und sie alle empfanden es mit gesundem Stolz, zu dieser besonderen Gruppe, solcher „band of brothers" zu gehören, mit ganzer Kraft sich anzustrengen für den Erfolg, und wenn es denn sein sollte, unter Einsatz ihres Lebens. Sie standen für das wichtigere Leben ihres Volkes. War nicht dieses ihr Volk, wie man sie (zweifellos mit Recht, wenn man seine kulturellen Leistungen gegen die anderer hält und wertet!) von seinen geringeren, aber geschickt sich vereinigenden Nachbarn gemeinsam (und zudem mit Hilfe von Verrätern aus der eigenen Reihe) ausgehungert, niedergeworfen und zerstückelt, immer wieder niedergehalten worden? Schon dem großen Stauferkaiser war so geschehen und danach diesem Volk 1648 durch den Westfälischen Frieden, 1815 durch den Wiener Kongreß und vor allem dann 1919 durch das Diktat, den sogenannten Friedensvertrag von Versailles! Eben jedesmal, wenn dieses Volk nach geschlossener staatlicher Einheit und damit automatisch nach Wiederherstellung des ihm gebührenden Ranges in Europa strebte! Dahin sein Schicksal endlich zu wenden, sehnte sich und versuchte dieses deutsche Volk immer wieder. Nun schien es dem von ihm gewählten Führer zu gelingen: Er begann die in sich zerrissenen und die abgesplitterten Teile zu einen und zusammenzufügen, die kunstvoll geknüpften Fesseln abzustreifen. Da griffen wieder die neidischen Nachbarn, ein jeder für sich so ängstlich wie hochfahrend, ein. Und nun galt es gegen den Krieg, den sie begannen, sich zu wehren. Die jungen Männer, jederzeit genügend viele, meldeten sich: Die deutsche U-Bootwaffe rekrutierte sich bis zum letzten Tag ausschließlich aus Freiwilligen.

Waren diese „verführt"? Es ist und es bleibt von Anbeginn bis Untergang Naturgesetz und also Gottes Wille, daß der einzelne sich für seine Art opferbereit einsetzt, wenn es diese zu schützen, zu erhalten gilt. Ein noch nicht vom Intellekt, dem verbotenen Apfel des Paradieses, gespaltenes Wesen spürt dies und handelt danach selbst gegen sein (intellektuell bewußt werdendes) privates Geschick. Es setzt sich aufs Spiel als verantwortlich für das Ganze. „Patriotismus" (also Vätersitte nannte es der Lateiner) ist nun einmal jeder Gruppe, jedem Volk angeboren. Nach ihm zu handeln, dazu bedarf es keiner „Verführung", solange man nicht, inzwischen abartig, Bewußtmachen für kriminell, dagegen egoistisch rücksichtslose „Selbstverwirklichung" für ideales Gebot hält.

Von Verführten dürfte man dagegen weit eher sprechen bei den heute schon allzu vielen Jugendlichen, die durch „Umerziehung" (durch den Gegner und durch bereits umerzogene oder angeborene weltfremde „Philosophen", Lehrer, Journalisten und sogar Pfarrer) zu dem dummdreist lästerlichen Wahlspruch „Ohne Rüstung leben!", zu utopischen „Friedensanhängern" und Wehrdienstverweigerern gänzlich verbildet wurden.

Das Erschütternde dabei ist, daß sich gerade solche diskutierenden Friedensapostel gegen Andersdenkende und gegen den in unserem demokratischen Staat organisierten Willen der Mehrheit des Volkes häufig rücksichtslos agressiv militant wie vermeintlich die „Wilden" verhalten. Diese verführte Jugend will ohne Bindung, ohne Ausrichtung, ohne Tradition leben können; sie glaubt außerhalb ihrer Geschichte stehen zu können, ohne die sie doch gar nicht existieren würde. Von der Unterstützung ihrer Eltern, der Allgemeinheit, des Staates, den sie doch bekämpft, fordert und bezieht sie ihre Existenz. Sie weiß alles am besten, will kein Vorbild, keine äußere und keine innere Führung, kennt kein Tabu.

So aber ist diese Jugend, so meint der Verfasser nach manchem Gespräch, weit weniger glücklich, als es jene war, die damals als Soldaten in schlimmsten Situationen es fertigbrachte, ihren „inneren Schweinehund" in Zucht zu nehmen. Sie war keineswegs „zerbrochen", wie da behauptet wird (superkluge Literaten können sich so etwas allerdings nicht vorstellen). Die, die überlebten, bewiesen das: Sie bauten höchst geschickt und kraftvoll sich nach 1945 eine neue zivile Existenz auf, obwohl sie erfahren und ertragen mußten, daß das, was sie vollen Herzens erstreben halfen, wieder einmal nicht erreicht wurde. Dennoch war sie damals, will mir scheinen, weit glücklicher als jene heutige, der das Sichausleben ohne Bindung durch Sitte und Tradition wichtiger ist als das Wohlergehen des Ganzen, dessen sie ein Glied ist, ob sie das wahrhaben will oder nicht. Jene Jugendlichen heute, die den Ton angeben wollen und mit lachenden Gesichtern wie einen Spaß demonstrieren und demolieren, sind zutiefst „verunsichert", wie man heute so schön sagt. Sie sind enttäuscht, mit allem unzufrieden; und sie sind es, die „zerbrochen" sind, ausgebrochen aus jeder haltgebenden Tradition von Familie, Volk, Geschichte. Sie, und nicht die damals jugendlichen U-Bootfahrer. Wären die damals es gewesen, wie es heute mancher darzustellen sich erdreistet, sie hätten bestimmt niemals das leisten können, was sie „bis zum bitteren, aussichtslosen Ende" auf sich nahmen. Sie halten noch heute ihre alte Auffassung für die einzig rechte anstatt der, die allenthalben so laut gepredigt wird. Mag es Ausnahmen geben wie überall, aber unter den Überlebenden sind es zählbar wenige, die heute alles schon damals anders erlebt haben wollen und dies heute, nicht etwa damals schon, laut verkünden. Mancher tut dies gewiß als geschickt

„lebenstüchtiger" Opportunist. Durchaus im ganzen jedenfalls halten die ehemaligen U-Boot-Fahrer ihr damaliges Handeln auch heute noch keineswegs für komisch und überlebt, als ihnen von der damaligen Führung nur beigebracht. Sie sind nach wie vor überzeugt, daß ihre Denkungsart die von der Natur geforderte und deshalb ungestraft nicht überschreitbare sei, so, wie die Gefallenen, Offizier wie Mann, sie vorgelebt haben, uns verpflichtend; und daß es durchaus einen Sinn des Lebens gibt für jeden Menschen in seiner kleinen wie in der großen Gemeinschaft, nämlich als ein von dieser nur winziger, aber doch ausschlaggebend wichtiger Teil.

Nicht allein als einen Gedenkstein für die vielen gefallenen Kameraden, sondern möglichst auch als ein Samenkorn in die Zukunft hinein, auf daß ein und der andere der heutigen Jugend einmal verläßlich erfahre, wie es denn wirklich war, schrieb der Verfasser vor Jahren dieses Buch und gibt es heute, entsprechend überarbeitet und erweitert, gegen die um sich greifenden Verfälschungen deutscher Geschichte aufs neue heraus.

Karl Dönitz in Nürnberg

Die entscheidenden Beweggründe des BdU bzw. des OBdM Großadmiral Dönitz, auch noch ab Sommer 1943 den U-Boot-Krieg mit den Booten der bisherigen Typen und ihren Besatzungen trotz der unerhört hohen Verluste und der nur allzu geringen Versenkungserfolge dennoch durchhalten zu lassen, sowie seine letzten Worte nach der Urteilsverkündung im Nürnberger Tribunal gegenüber seinem Verteidiger Dr. Kranzbühler und dessen Assistenten Kpt.z.S. Meckel, ehe er für 10 Jahre nach Spandau in die Haft abgeführt wurde, veröffentlichte zuverlässig Wolfgang Frank, dem die beiden sie authentisch übermittelten. Ich zitiere also nach Franks Buch „Die Wölfe und der Admiral":

„ . . . Endlich, in Erwartung des Urteils, von dem niemand wissen kann, wie es ausfallen wird, legt er seinen Dank an die U-Boot-Kämpfer nieder, und denen, die noch Zutritt zu ihm haben, Meckel vor allem, legt er ans Herz: ‚Gleich wie das Urteil ausfällt, ihr dürft euch nicht aus Rücksichten auf meine Person von der Mitarbeit im Staate ausschließen. Es kommt nicht auf mich an, sondern darauf, daß das deutsche Volk die kommende Notzeit übersteht, besonders, daß die Kinder keinen Schaden nehmen. Helft vor allem den Soldatenwitwen.'

Und dann schreibt er:

‚Der Beweggrund dieser Niederschrift ist die tiefe Dankbarkeit, mit der ich erfüllt bin und bis zur letzten Stunde erfüllt sein werde gegenüber allen Männern, die mit Pflichterfüllung, Selbstlosigkeit, Hingabe, Einsatzbereitschaft und — als Höchstes — bewußter Opferbereitschaft in der U-Boot-Waffe kämpfend fielen, die mit größter Tapferkeit kämpften, die mit Selbstverleugnung und rastloser Tätigkeit in den Stäben wie in den Ausbildungsstellen ihr ganzes Können und ihre ganze Arbeitskraft der U-Boot-Waffe gaben — die im Frieden ihrem Aufbau und ihrer Ausbildung, im Kriege der Kriegführung in allen ihren Gebieten und der personellen und materiellen Bereitstellung neuer Boote mit besterzogenen und -ausgebildeten Besatzungen sowie der Erprobung und Weiterentwicklung von Booten und Waffen dienten.

Mein Gedenken in tiefer Dankbarkeit gilt in erster Linie den Gefallenen. Dutzende, Hunderte von Namen und Taten wollte ich hier aus der Erinnerung heraus nennen. Es geht nicht. Mit der Nennung auch nur eines Namens würde ich anderen durch Nichterwähnung Unrecht tun. Dies gilt, angefangen bei den gebliebenen Kommandanten, auch für die bewährtesten Kämpfer. Wie groß auch Tapferkeit, Können und Erfolg der besten U-Boot-Kommandanten in den ersten Kriegsjahren waren, sicherlich sind nicht geringer zu werten die seelische Größe und das Können der Kommandanten, die in den harten, höchste Anforderungen stellenden Kriegsjahren 1943–45 ihre Erfolge einer erdrückenden Übermacht abringen mußten und dabei fielen . . . Sie alle, auch die Kommandanten, die das Schicksal das Ringen dieses Krieges überstehen ließ, sollen wissen, daß ich in Dankbarkeit und Treue ihnen verbunden bin. Es gilt aber auch für die

Leitenden Ingenieure, Wachoffiziere und Besatzungen. Jeder von ihnen, auch der jüngste Heizer und Matrose, die tapfer in der Erfüllung ihrer Pflicht kämpften und fielen . . ., müßte bei der Nennung von Namen genannt werden . . . So gilt allen mein tiefempfundener Dank. Die Gemeinschaft der U-Boot-Leute war und ist wahr und echt . . . Möchte sie weiterwirken zu Nutz der U-Boot-Leute in ihrem jetzigen Lebenskampf und als eine der Keimzellen für Deutschlands Gesundung und Aufstieg'. . ."

Und dann berichtet Frank von der Verkündung des Urteils:

„ . . . Totenstille herrscht im Gerichtssaal, Totenstille und eine fast unerträgliche Spannung, als nun der Gerichtsvorsitzende, der englische Lordrichter Lawrence, den ersten Angeklagten aufruft: Hermann Wilhelm Göring . . .

Im gleichen Augenblick öffnet sich in dem Paneel hinter der Anklagebank eine bisher unsichtbare Tür, und heraus tritt Göring, flankiert von zwei Militärpolizisten im weißen Stahlhelm. Er tritt vor in die Anklagebank und setzt die Kopfhörer auf.

Kein Mensch wagt zu atmen.

Dann die Stimme des Lordrichters Lawrence, monoton leise:

‚Angeklagter Hermann Wilhelm Göring. Gemäß den Punkten der Anklageschrift, unter welchen Sie schuldig befunden wurden, verurteilt Sie der Internationale Militärgerichtshof zum Tode durch den Strang.'

Ruhig, ohne ein Wort nimmt der ehemalige Reichsmarschall die Kopfhörer ab, tritt zurück und verschwindet in Begleitung der beiden Militärpolizisten wieder hinter der Tür, die sich lautlos hinter ihm schließt.

‚Rudolf Heß', sagt Lordrichter Lawrence, während noch der Klang des schrecklichen, leisen ‚Death by hanging' im Saale nachschwingt.

Ein bis zwei Minuten vergehen in Totenstille, ehe sich die Tür wieder öffnet und Heß in die Bank tritt. Das Urteil lautet auf lebenslängliches Gefängnis.

Und abermals die lautlose Stille, das atemlose Warten, bis der nächste heraustritt, die Kopfhörer umnimmt und auf die leise, ungerührte Stimme wartet, die ihm sein Schicksal bekanntgibt: Death by hanging, dieses Urteil, das kein Dolmetscher zu übersetzen braucht. Death by hanging . . .

Siebenmal nacheinander spricht der Lordrichter Lawrence die gleichen furchtbaren Worte: Death by hanging. Death by hanging. Death by hanging . . . Tod, Tod, Tod. Siebenmal. Es ist, als ob eine Maschine arbeitet, gleichmäßig und unerbittlich, und es geht ein hörbares Aufatmen durch den Saal, als danach die Strafe für Funk bekanntgegeben wird: Lebenslänglich. Nur lebenslänglich. Nur. So grotesk es klingt, diese Reaktion stellt sich ein.

Und dann sagt die Stimme: ‚Karl Dönitz.'

Und als der Großadmiral eingetreten ist und die Kopfhörer übergestreift hat, fährt sie fort: ‚Angeklagter Karl Dönitz. Gemäß den Punkten der Anklageschrift, unter welchen Sie für schuldig befunden wurden, verurteilt Sie der Internationale Militärgerichtshof zu zehn Jahren Gefängnis.'

Und dann fügt die Stimme noch etwas hinzu, womit niemand gerechnet hat, am wenigsten Kranzbühler und Meckel. Sie erklärt ausdrücklich, daß diese Strafe nicht im Zusammenhang stünde und nicht verhängt worden sei wegen Regelwidrigkeiten in der Führung des Seekrieges und des U-Boot-Krieges.

Der Großadmiral blickt zu beiden hinüber, ehe er die Anklagebank verläßt, und sie wissen, was er denkt; er hat es noch in der Mittagspause ausgesprochen: ‚Was mit mir passiert, ist jetzt egal, wenn nur die U-Boot-Waffe freigesprochen wird und sauber dasteht.'

In letzter Stunde, selbst vor diesem Gericht und vor der Öffentlichkeit der ganzen Welt, ist das jetzt geschehen. Die U-Boote sind freigesprochen. Makellos und unangreifbar stehen sie da.

Abends treffen Kranzbühler und Meckel den Großadmiral zur gewohnten Stunde im Sprechraum. Fast alle Sprechboxen sind besetzt. Die Verteidiger sind da und die Verurteilten, auch die zum Tode Verurteilten. Es liegt eine eigenartige Stimmung über dem Raum, so, als klänge noch die Stimme des Lordrichters Lawrence nach: Death by hanging . . .

Und noch etwas ist anders als sonst: die Verurteilten sind mit Handschellen an einen Posten angeschlossen. Auch dieser letzte Rest der Freiheit, das Recht der ungehinderten körperlichen Bewegung in diesem Raum, ist ihnen jetzt genommen.

Wütend wie der Löwe, nach dem er benannt ist, reißt der Großadmiral an seiner Fessel, zerrt er den Posten, an den er angeschlossen ist, mit sich herum. ‚Hier!' faucht er Meckel an, indem er den Arm emporreißt, ‚sieh dir das an, Schorsch!' Und Meckel sieht, daß die kurze Zeit seit der Urteilsverkündung ihm genügt hat, sich das Handgelenk an der verhaßten Fessel blutig zu schinden. Doch dann beruhigt sich der Löwe; Wärme kommt in seine Stimme, als er zu sprechen beginnt.

‚Ihnen vor allem habe ich zu danken, Kranzbühler', sagt er, ‚und dir auch Schorsch. Im Oktober waren wir uns einig, daß es darauf ankäme, der Sache zu dienen, das heißt, die Makellosigkeit der Kriegsmarine und die Ehrenhaftigkeit des U-Boot-Krieges zu beweisen. Das ist uns gelungen. Der Erfolg, den wir damit erzielt haben, ist außerordentlich. Durch das Urteil fällt auf die Kriegsmarine kein Makel. Dem U-Boot-Krieg werden keine Verbrechen vorgeworfen. Die Maßnahmen des deutschen U-Boot-Krieges haben nicht zu einer Verurteilung führen können. Für die Rechtmäßigkeit des U-Boot-Krieges ist — im Gegensatz zur bisherigen angelsächsischen Auffassung — neues Völkerrecht geschaffen worden. Die deutsche Seekriegführung steht vor der Geschichte makellos da. Jeder Marinemann kann stolz sein Haupt hochhalten. Das ist bei der Flut der Anschuldigungen, die das deutsche Volk und die deutsche Kriegführung unberechtigt und berechtigt jetzt zu erleiden haben, von großem Wert.'

Er macht eine kleine Pause und blickt Kranzbühler und Meckel fest an.

‚Gegenüber diesem Sieg, der für das Ansehen der Kriegsmarine erfochten wurde, verschwindet die Bedeutung meines eigenen Schicksals.'

Wieder ist es einen Augenblick still.

‚Die zehn Jahre, die Sie bekommen haben, Herr Großadmiral', sagt dann Kranzbühler, ‚sind vor diesem Gericht die Mindeststrafe für erwiesene Unschuld.'

Der Löwe nickt und schweigt eine Weile, ehe er fortfährt: ‚Die Gründe meiner Verurteilung sind fadenscheinig. Ich selbst habe das Bewußtsein völliger Schuldlosigkeit. Ich werde mein Schicksal tragen, ohne mich kleinkriegen zu lassen. Es wird mir erleichtert durch das Bewußtsein, daß die Verteidigung vor diesem Gericht richtig war und der Kriegsmarine in so hervorragendem Maße gedient hat.'

Kurz darauf erhebt er sich, zerrt seinen Posten ungeduldig empor und verabschiedet sich. Durch das Gitter blicken sie ihm nach, wie er, gerade aufgerichtet, mit langen Schritten davongeht, an seiner Fessel reißend, bis sich die Tür hinter ihm schließt."

Soweit Franks Bericht.

Mensch in der Bewährung

In diesem Buch ist der U-Boot-Krieg in einem Realismus geschildert, der sich nicht unwesentlich von „realistischen" Richtungen des Schrifttums unserer Zeit unterscheidet. In einer vielleicht verständlichen Reaktion auf im Letzten überhaupt nicht zu beschreibende Schrecken und menschliche Belastungen des Zweiten Weltkrieges ist es üblich geworden, den versagenden, zerbrechenden Menschen als allgemein normale Erscheinung darzustellen. Der Verfasser hat sich dagegen bemüht zu gestalten, wie das Allzumenschliche aus sittlicher Kraft überwunden werden kann, und diese Tatsache immer wieder hervorgehoben. Wenn man von dem Mut spricht, der gewaltiger sei als das Schicksal, wenn er es unerschüttert trägt, so war diese Kraft des Herzens in unzähligen U-Boot-Fahrern wirksam.

Der Krieg mußte das Profil der U-Boot-Waffe, deren Grundlagen im Frieden geschaffen waren, wandeln. Es spricht für die Führungskraft ihres Neuschöpfers und Befehlshabers und für den moralisch-menschlichen Wert der U-Boot-Fahrer, daß es bis zum bitteren Ende keine Risse und Schatten darin gab. Wenn auch jede militärische Einheit für den Krieg existiert, entweder, um ihn durch ihr Dasein verhindern zu helfen, oder, ihn im äußersten Fall zu führen, so war jenes aktive Offizierskorps der U-Boot-Waffe aus den Jahren vor 1939, aus dem später die erfolgreichsten Kommandanten hervorgingen, nicht etwa aus Begeisterung für den Krieg zur See gegangen. Damals wählten sich junge Männer von 17 oder 18 Jahren das U-Boot wie andere das Flugzeug oder das Forscherschiff. Sie fühlten sich durchaus zum U-Boot-Fahren „berufen". Aber das Boot war ihnen kein Selbstzweck, und oft überwog Abenteuerlust die Leidenschaft für den technischen Apparat, und überwog der unbewußte Drang, die berechnende Geschäftigkeit der Städte, die Massen, die Surrogate der Zivilisation zu verlassen. Viele glaubten sich gleichgesinnt denen, die einmal die Nordwestpassage suchten, die durch Urwald und Wüstensand streiften, oder jenen, die Generationen zuvor sich der Ordensregel unterwarfen und gen Osten zogen. Die einen waren gepackt von der Macht des jungen Staates, dessen Bannerträger sie sein sollten; die anderen erfüllt von sozialrevolutionären Thesen.

Am Anfang dieses Buches ist gesagt, daß die U-Boot-Fahrer des Krieges von vielen Strömungen, mannigfaltig wie das Leben selbst, geschüttelt waren. Verschiedenartige Impulse wie Begriffe formten sie. Viele U-Boot-Kommandanten lebten bewußt in den großen Konflikten und Spannungen jener Zeit, die doch so sehr die unserer Tage geblieben sind, ob wir es wahrhaben wollen oder nicht. Es gab Offiziere, die von den großen geistigen Krisen dieses Jahrhunderts, der Untergangsstimmung über dem Abendland und seinem Kulturpessimismus wußten und sie in sich spürten. Andere überhoben sich an ihrer vermeintlichen Intelligenz und waren wie Narziß berauscht angesichts des Spiegelbilds eigener Skepsis. Sie alle wurden ebenso fertig mit dem Aufbegehren der angeborenen animalischen Natur, die sich unter andauernden schweren

Belastungen anpassen und klein beigeben möchte, wie diejenigen ihrer Kameraden, die unkompliziert auf ihre Art den „Inneren Schweinehund" niederrangen.

In der Tiefe der Meere reduzierte sich das Leben der Männer in der engen Stahlröhre auf wenige Maximen, wenn die Wasserbomben alles erschütterten, immer mehr Ausfälle das bittere Ende ankündigten und der Lebensfaden in endlosen Stunden und Tagen abzureißen drohte. Sowie das Existenzminimum gefährdet ist, treten andere Gesetze in den Vordergrund. Alles, was früher wichtig gewesen, fällt dann weg. Wie oft haben die U-Boot-Fahrer das erlebt. Wie viele überlebten es nicht. Davon sprachen die, die dann doch auftauchen durften — wir sind noch einmal davongekommen —, wenig oder gar nicht. Wenn das Sonnenlicht wieder schien und die Helle über den Meeren da war, verblaßte und verschwand das unvorstellbar Schwere des Erlebten beinahe aus dem Bewußtsein.

Die Kraft zur Überwindung war das Entscheidende. Die Grundlagen dafür waren bei den Offizieren naturgemäß durch Zucht und Erziehung tragender als bei vielen Männern, die leichter die Maske fallen lassen konnten. Wenn unter dem Druck des Kampfes mit dem Feind und seinen Waffen und mit dem übermächtigen erbarmungslosen Element natürliche Reaktionen des Versagens oder Aufbegehrens eintraten, so lag noch mehr als sonst alles an der Haltung des Kommandanten. Einmal saß in solcher Stunde ein Funkmaat da und schrie und jammerte und machte nicht mehr mit. Die Funkgeräte mußten bedient werden. So schickte ihn der Kommandant weg und befahl einen anderen an seine Stelle. Unter der niederdrückenden Wucht von anhaltenden Mißerfolgen und schweren Verfolgungen trägt ein Bootsmaat seinen Aufruhr in die Besatzung, schreit seinen Kommandanten an: „Ich kann nicht mehr, ich mache nicht mehr mit!" Er brauchte nicht mehr „mitzumachen". Der Einsatz ging weiter. Er merkte selbst, es war kein Sinn darin aufzubegehren. Später wurde nicht mehr davon gesprochen. Am Kommandanten lag es, ob mehr oder gar alle Männer schwach wurden. Sie hingen an jeder Regung seines Gesichts. Im Tauchkörper konnte es selbst im äußersten Fall nicht zu einer Meuterei im üblichen Sinne kommen, denn sie saßen alle in der Stahlröhre, und keiner konnte ausweichen. Hier gab es nur, wenn die Kraft zu Ende war, die Meuterei ohne Ausweg, die man dann an Land Nervenzusammenbruch nannte. Ein farbloses Wort, eine durchaus unzutreffende Erklärung für den seelischen Zustand eines solchen „Meuterers".

Es hat Mittelmaß unter den Kommandanten gegeben und natürlich auch Versager. Wie jenen zum Beispiel, der, erschüttert durch die Wirkung von Wasserbombenangriffen, sein Boot auftauchen ließ und es mitsamt allen Geheimsachen dem Feind übergab, der es dann einschleppte. Im amtlichen britischen Bericht über die Schlacht im Atlantik heißt es, daß dieser Kommandant kein Mann vom Kaliber eines Prien oder Kretschmer gewesen sei. Englischerseits ist einmal der gleiche Fall eingetreten.

Die Persönlichkeiten, die als Kommandanten in der erbarmungslosen Auslese des U-Boot-Krieges vor die Front der Kameraden traten, sind durchaus nicht eintönige Typen modernen Soldatentums — weder des Menschen noch des Offiziers. Das Bild des erfolgreichen Kommandanten formt sich wie ein Mosaik aus hellen wie dunklen Steinchen. Die Leistung wuchs aus einer Kette von Enttäuschungen, aus Mühen, die oft kaum noch tragbar schienen, aus Pflichtbewußtsein und Ehrgeiz. Aus nüchterner Berechnung, Zähigkeit wie Wagemut, Überlegung und Phantasie, aus mancherlei Verzicht kam es nicht selten zum kühn dennoch geführten Stoß. Mißerfolg und ausgesprochenes Pech wie doch auch das Glück, das vor dem Ärgsten bewahrte, sind untrennbar mit der Gesamtheit des Einsatzes, die erst die eigentliche Tat des Mannes ausmacht, verbunden wie die immer erneut sich abverlangte Überwindung der kreatürlichen Angst.

Es gab Kommandanten, von denen man auf den ersten Blick den Eindruck einer „Mordsnatur", eines „Bullen von Kerl" hatte. Diese Männer schafften es bei der Auseinandersetzung mit sich selbst leichter als jene entgegengesetzten Typen, die „modernen Helden", diese so andersartigen Kämpfer, die sich gegen ihre sensible Natur und oft dazu anfällige Gesundheit zielstrebig und in einem gewissen unangreifbaren Gefühl der eigenen Berufung die Spitzenleistungen abzwangen. Wenn ihnen einmal „blaß um die Nase" wurde, so rissen sie sich mit aller Energie zusammen nach der alten Erkenntnis, daß nichts schlimmer ist, als wenn die Männer dem Vorgesetzten Angstgefühle anmerken. So wenig sich der einfache Mensch zu verstellen vermag, so sehr kommt es für den Offizier darauf an, daß der, der sie führen will, sich zu beherrschen versteht. Nur aus der Beherrschung wächst die klare Überlegung; nur in ständiger Selbstkontrolle die Persönlichkeit, die fähig ist zu führen, mitzureißen, das heißt, die Geführten zum spontanen Vergessen ihrer Erdenschwere zu bewegen. Walter Flex, der Wandervogel und gefallene Freiwillige des Ersten Weltkrieges, schrieb, vorzuleben sei die Berufung des Offiziers; das so gerühmte Vorsterbenkönnen sei nur ein Teil davon.

Im Kampf mit dem Gegner und mit dem Element lernten es diese Männer, alle Bedürfnisse und Ansprüche auf einfachste Formeln zu bringen. In der Bewährung ohne Maske schöpften sie sich aus und fanden Selbsterkenntnis. Der Stachel verpaßter Gelegenheiten wurde den bewußt Lebenden für immer genommen. Das Ergebnis war Abgeklärtheit in höherem Sinne und echte Menschlichkeit. Der Krieg, der zu diesem fruchtbaren Erlebnis führte, war dazu weder von ihnen ersehnt noch ihnen im Letzten nötig. Er brachte ihnen aber auch die einzigartige Welt ihres Kampfbootes, in der mit Kameraden alles geteilt wird: das Brot, die Gefahr und die Freude. Wenn das Turmluk sich schloß, gab es kein Ausweichen mehr in Selbstsüchte und Eitelkeiten überkommener Wertungen. Kommandant und Besatzung wurden eins, wenn jeder unter den Augen aller mit sich und der Lage fertig werden mußte. Den heute viel und gern zitierten „Kadavergehorsam" hat es bei der hervorragend disziplinierten U-Boot-Waffe schon deshalb nicht gegeben.

Der gemeinsame Einsatz formte den Menschen, den Weg zum eigenen Selbst und zu denen, die mit ihnen, und zu denen, die gegen sie kämpften. Sie waren Schicksalsgefährten zu gleichen Zielen — „band of brothers" (Die englischen Admirale Jervis und Nelson hatten ihre Kommandanten zu einer „band of brothers" erzogen, einer aufeinander eingeschworenen Gemeinschaft, die die englische Flotte zu den Seesiegen von Aboukir und Trafalgar führte) auf beiden Seiten. Wenn feindliche Dampfer angegriffen und versenkt wurden, bewegte sie das Los der Schiffbrüchigen. Sie empfanden die Tragik, die aus dem Zusammenprall harter Kriegsgesetze mit der uralten seemännischen Tradition zur Rettung von Menschen aus Seenot entsteht. In der Nachkriegszeit wurden diese Konflikte durch Prozesse nach Siegerrecht nicht gemeistert, sondern verschärft.

Unter den U-Boot-Fahrern, den U-Boot-Offizieren, gab es manche, welche die Problematik, die durch verhängnisvolle, unkontrollierbare Entwicklungen in der Reichsführung bedingt war, bewußt empfanden und hart und männlich in sich auskämpften. Nicht die sich ankündigende Niederlage führte hier und da in erster Linie zur zwar unsichtbaren, aber echten Vertrauenskrise — denn Kriege wurden zu allen Zeiten gewonnen oder verloren —, sondern der Zug zu einer über die Kriegsnotwendigkeit hinausgehenden Fesselung der individuellen Freiheit sowie rücksichtslose Eingriffe in das staatstragende Gefüge des Rechts. Das Beobachten chaotischer Erscheinungen und das Bewußtsein — besonders für jene, die kritisch tiefer zu blicken Gelegenheit fanden —, daß der Führung das Gesetz des Handelns entglitt, riß manche in Pflichtkollision. Diese Offiziere waren aufgewachsen im Geiste von Zucht und Ordnung und der Achtung vor Tradition und Staat. Solche Kräfte waren in ihnen wirksam, als sie selbst in Situationen, da vieles fragwürdig geworden, an ihren Überzeugungen festhielten, um nicht zur „Kreatur" zu werden. Ihre Konflikte aber wurden überdeckt durch die Vernichtungspläne des Feindes gegenüber dem deutschen Volk, aus denen dieser durch die Forderung nach bedingungsloser Kapitulation, den Bombenkrieg gegen die Zivilbevölkerung, die hemmungslose Ankündigung des Morgenthau-Plans und grausame Massenvertreibungen und Massenverbrechen gegen die ostdeutsche Bevölkerung keinen Hehl machte.

So unterstützte der U-Boot-Fahrer bewußt und pflichtgetreu im Geiste des „Trotzdem" die natürlichen militärischen Reaktionen einer verzweifelten politischen Führung. Der Endkampf hatte bei den U-Boot-Fahrern zwei Triebkräfte: die Entschlossenheit, gegen den Vernichtungswillen des Feindes nicht zuletzt aus Selbsterhaltungstrieb anzutreten und — mochten zum Schluß kommende Befehle von ganz oben nicht selten absurd sein — unter allen Umständen vor sich selbst anständig zu bleiben. Für diese Männer, geformt durch die Art ihres Kampfes, gab es kein Aussteigen des einzelnen aus der Gemeinschaft, genausowenig wie im U-Boot, wenn das Turmluk geschlossen war. Die U-Boot-Männer blieben im Gesetz und in der Ordnung.

Der Krieg ist ein elementares Ereignis. Entscheidend bleibt, wie wir uns ihm stellen und in der Auseinandersetzung mit ihm uns selbst bewähren. In diesem Buch ist von Männern gesprochen, die durch ihre Aufgabe in den Mittelpunkt solcher Konflikte gestellt wurden. Der Geist ihrer menschlichen Bewährung richtet sich an die Gleichgesinnten, denn Toleranz gibt es nur unter ihnen.

Seemännische Ausdrücke

Abstandspistole = nicht durch Aufschlag, sondern beim Untersteuern des Ziels auf Abstand funktionierende Zündvorrichtung des Torpedos. Vorteil: stärkere (rückgratbrechende) Wirkung am Ziel

achtern = hinten

AK = Äußerste Kraft

Aktionsradius = Entfernung in Seemeilen, die mit der dabei angegebenen Geschwindigkeit von einem Kriegsschiff durchlaufen werden kann

Asdic-Gerät = Unterwasser-Ultraschall-Ortungsgerät (englisch: *A*llied *S*ubmarine *D*etecting *I*nvestigation *C*ommitee), entsprechend deutschem S-Gerät

A-Torpedo = „atmosphärisch", durch Preßluft-Ölgemisch getriebener Torpedo mit sichtbarer Blasenbahn

AZ = Aufschlagzündung des Torpedos; beim Auftreffen des Torpedos wird durch einen Schlagbolzen die Sprengladung des Torpedos zur Explosion gebracht.

Back = Vorderdeck, auch Tisch

Backbord (bb) = linke Schiffsseite

„Backen und Banken" = Essen auftragen und essen

Backschaft = Geschirr aufdecken, abwaschen, aufräumen

Backschafter = Essenträger, Geschirrspüler

B-Dienst = Beobachtungsdienst des feindlichen Funkverkehrs

BdU = Befehlshaber der U-Boote

Besteck nehmen = Bstimmung des Schiffsstandortes

Bilge = tiefstgelegener Teil des Schiffsinnern

Bolzen schieben = etwas Verbotenes tun

BRT = Brutto-Register-Tonne. Die Register-Tonne (100 Kubikfuß = 2,83 Kubikmeter) ist ein internationales Raummaß, nach dem der Raumgehalt der Handelsschiffe berechnet wird. *Brutto*-Raumgehalt ist der gesamte Raumgehalt des Schiffes, *Netto*-Raumgehalt nur der für die Ladung oder Fahrgäste nutzbare Raum.

BÜ = Befehlsübermittler

dichtziehen, -machen, -halten = zuziehen, -machen, -halten

Dwars-Linie = Formation von Schiffen, die auf gleichem Kurs in einer Linie nebeneinander laufen

entern = raufklettern

ETO = elektrisch angetriebener, daher blasenbahnloser Torpedo

Fächer = siehe Torpedofächer

FAT = „Falke"-Torpedo; flächenabsuchender Torpedo, Schleifenläufer

FdU = Führer der Unterseeboote (besonderer Gebiete

Fender = „Kissen" zum Abmildern von Stößen zwischen zwei Booten oder Boot und Pier usw.

filzen = schlafen

Flage = Regenbö

Flax = Frozzelei, Scherzrede gegeneinander

Fliebo = Fliegerbombe

FuMB = Funkmeß-Beobachtungsgerät, das elektrische Ortungsimpulse des Gegners empfangen und anzeigen kann

Funkschlüsselgespräch = ein Nachrichten- und Gedankenaustausch zwischen Führung und U-Boot in Form eines Gesprächs. Dies unterscheidet sich vom Telefongespräch dadurch, daß der gesprochene Text in eine Schlüsselmaschine diktiert wird, bei der auf einem Streifen dann der chiffrierte Text erscheint. Dieser Text wird laufend vom Funker als Morsezeichen gesendet. Bei der empfangenden Stelle werden die aufgenommenen Zeichen in die Schlüsselmaschine getastet, und auf dem Streifen erscheint der ungeschlüsselte Text. Vorteil: Das Gespräch kann vom Gegner zwar mitgehört, aber nicht entziffert werden. Nachteil: 1. langsamer als gesprochenes Gespräch, 2. Gegner kann Gesprächspartner einpeilen.

gammeln = faul sein, nichts tun, faul werden

Gast = für Soldat, Seemann, etwa: Signalgast, Pantrygast, Messegast

Hundewache = 00.00 bis 04.00 Uhr

„Jonnies" = U-Boot-Ausdruck für elektrische Energie

I. WO (spr. Eins We O) = Erster Wachoffizier, auch Anrede

II. WO (spr. Zwo We O) = Zweiter Wachoffizier, auch Anrede

Kaleunt = Abkürzung für Kapitänleutnant

Kanzel = „Wintergarten" des U-Bootes (siehe diesen)

Kdt. = Abkürzung für Kommandant

killen = flattern, im Winde schlagen

Kimm, Kimmung = Horizont

Kinken = Bucht, Schlaufe in einer Leine; „aus den Kinken treten" = sich einer Gefahr entziehen – nämlich der Gefahr, daß sich die Bucht plötzlich zuzieht und den Fuß einfängt und verletzt; = auch: falsche Einstellung zu etwas; „er hat einen Kinken"; = auch: eine Sache hat einen Kinken = ist verdächtig, hat einen Fehler, birgt eine Gefahr

Kladnische Klangfiguren = Physikalisches Experiment: auf im Mittelpunkt befestigter Metalldecke ergibt sich beim Anstreichen mit Violinenbogen deren Klang, und es wird, wenn die Scheibe mit Kolophoniumstaub bestreut ist, in Kolophoniumbahnen optisch sichtbar das Spiel der verschiedenen Tonwellen.

Klappbuchs = Handscheinwerfer für Morsezwecke

Koje = Bett

„Kolibri" = stark und „lieblich" duftendes U-Boot-Standard-Eau de Cologne zum Abwaschen des Salzwassers vom Gesicht

Kolcher = kleines, wenig wertvolles Schiff

Konvoy = Geleitzug

koppeln = den Schiffsstandort nach Kursen und Geschwindigkeiten auf der Seekarte errechnen (nicht nach Gestirnen und mit Hilfe des Sextanten

Kpt. = Abkürzung für Kapitän

Kptlt. = Abkürzung für Kapitänleutnant

Krängung = Schräglage

Kugelschott = druckfester Verschluß zwischen zwei Abteilungen des Bootes

Kujambel(s) = Fruchtsaft, „Saft"-Batteriestrom, auch = Geld

Lage = für Lagewinkel = der Winkel, in dem ein anderes Schiff zur Blickrichtung des Beobachters fährt

L.I. (spr. L. I.) = Leitender Ingenieur

Lords = aus dem Englischen: Sailors, Seeleute; die U-Bootfahrer nennen sich so voller Stolz

LUT = Lagenunabhängiger Torpedo, der aus jeder Lage, auch auf den direkt heranstoßenden Gegner geschossen werden kann

Mahalla = Ansammlung von Schiffen

Maling = Zeichnung, Gemälde

M-Boot = Minensuchboot

Messe = Aufenthaltsraum; O-Messe = Offiziers-Messe; OF-Messe = Oberfeldwebel-Messe; Uffz.-Messe = Unteroffizier-Messe

Mief = Geruch

Milchkuh = Versorgungs-U-Boot

Mittelwächter = um Mitternacht von den Mittelwächtern gebrauter starker Kaffee

Mixer = Torpedomechaniker

Moses = der jüngste Schiffsjunge an Bord

Netzabweiserantenne = Netzabweiser-Drahttau vom Bug zum Turm als gleichzeitige Antenne des U-Bootes

Nock = Ecke, Vorsprung, Brückennock, seitlicher Vorsprung der Schiffsbrücke

Nummer Eins = ältester seemännischer Unteroffizier

OBdM = Oberbefehlshaber der Marine

OKM = Oberkommando der Kriegsmarine

Pantry = Speise-Anrichtekammer

peilen = Richtung nehmen

Peilzeichen = Ein Flugzeug oder Kriegsfahrzeug, das am Gegner Fühlung hält, kann auf Funkwellen Zeichen senden, die von anderen Streitkräften eingepeilt werden können, so daß sie die Richtung festzustellen vermögen, in der der Gegner steht, und an ihn herankommen können.

Pier = Hafendamm, Landungsbrücke

PK = Propaganda-Kompanie der Kriegsberichter

Pütz = Eimer

Pulk = Schiffsansammlung

Rabatz = lautes Durcheinander, Krach

raken = zerren, losreißen

Ramming = Zusammenstoß

Rasmus = die See

Rees = Seemannsgarn, Erzählung, Gespräche

Schangs = Chance

Schapp = kleiner Raum, Fach, Schrank

Schmutt = Koch

Seite-Pfiff = Ehrenbezeugung mit Bootsmannsmaatenpfeife beim Betreten eines Schiffes durch Offizier oder dergleichen

slippen = loslassen, fahrenlassen; die Ankerkette geslipt = Anker und Kette verlorengegeben, was nur in Notlagen geschieht

Spind = Schrank

Station = dienstlicher Platz mit bestimmter Aufgabe

Stelling = Arbeitsplanke für Außenbordarbeit, auch Verbindungsplanke von Land zum Schiff

Sterne schießen = den Sextanten bedienen

Steuerbord (stb) = rechte Schiffsseite

Stiem (stiemen) = Sturm, Wind, stürmen, blasen

Stillwasser = Zeit zwischen Flut und Ebbe

Talje = Flaschenzug

Tauchretter = Sauerstoffgerät für U-Boot-Fahrer zum Auftauchen aus sonst zu tiefem Wasser

Tide = Gezeiten, Ebbe und Flut

törnen = drehen (der Schraubenwelle), aber auch durchdrehen, den Überblick verlieren

Torpedofächer = gleichzeitiges Abschießen mehrerer Torpedos, deren Laufbahnen fächerförmig auseinandergehen

Trawler = Fischdampfer

Troier = Sweater, Wolljumper, in der Marine = Hemd

UZO = U-Boot-Ziel-Optik (für Nachtschießen)

wahrschauen = warnen, Bescheid sagen. Wahrschau! = Achtung!

Wasserbombe = großer Sprengstoffkörper, der je nach Einstellung auf verschiedenen Wassertiefen zur Explosion gebracht werden kann, um getauchte U-Boote zu bekämpfen

wegfieren = Gegenstand an einem Tau abwärts lassen, z. B. Rettungsboote

Wintergarten = „Kanzel" hinter der U-Boot-Brücke mit Schnellfeuerwaffe

Wuhling = Gewühl, Durcheinander, Unordnung

Zaunkönig = Horchkopf am Torpedo, auf Schraubengeräusch usw. reagierend, daher „zielsuchend", d. h. den Gegner ansteuernd und verfolgend

Zentralemaat = techn. Unteroffizier in der Zentrale des U-Bootes

Bildernachweis

Archiv Cremer: 52

Archiv Dönitz: 61

Archiv Dr. Frank: Frontispiz, 65, 66

Archiv Schnee: 57

Archiv Topp: 89, 97

Burda-Verlag: 47

Dietrich: 36

Frank, Wolfgang, „Die Wölfe und der Admiral":
  25, 26, 49, 51

Imperial War Museum: 39

Jordan: 29, 35

Kiefer: 30, 31, 45

Mehl: 14, 16

Sponholz-Verlag: 48, 50

Tölle: 1, 91

U-Bootwaffe: 2, 3, 4, 9, 13, 32, 33, 34, 37, 42, 43, 44, 46, 55, 60, 68, 69, 71, 72, 75

Woermann: 38, 58, 59

Alle übrigen Fotos stammen aus dem Privatbesitz des Autors Harald Busch.

Ferner sind im Verlag K. W. Schütz KG erschienen:

Erich Kern
Adolf Hitler und seine Bewegung Der Parteiführer
392 Seiten, 24 Bildseiten, Leinen . . . . . DM 38,—

Adolf Hitler und das Dritte Reich Der Staatsmann
472 Seiten, 24 Bildseiten, Leinen . . . . . DM 38,—

Adolf Hitler und der Krieg Der Feldherr
462 Seiten, 24 Bildseiten, Leinen . . . . . DM 38,—

Georg Franz-Willing
Ursprung der Hitlerbewegung 1919–1922
392 Seiten, 24 Bildseiten, Leinen . . . . . DM 38,—

Krisenjahr der Hitlerbewegung 1923
412 Seiten, 24 Bildseiten, Leinen . . . . . DM 38,—

Putsch und Verbotszeit der Hitlerbewegung
November 1923 bis Februar 1925
464 Seiten, 14 Bildseiten, Leinen . . . . . DM 38,—

Heinrich Härtle
Die Kriegsschuld der Sieger
Roosevelts, Churchills und Stalins Verbrechen
gegen den Weltfrieden
346 Seiten, 16 Bildseiten, Coverlux . . . . . DM 22,80

Peter Kleist
Die europäische Tragödie
Das Nachkriegsschicksal Deutschlands
wurde zur Tragödie Europas
324 Seiten, 16 Bildseiten, Coverlux . . . . . DM 22,80

Captain Russel Grenfell R. N.
Bedingungsloser Haß?
Die deutsche Kriegsschuld und Europas Zukunft
284 Seiten, Leinen . . . . DM 28,-

J. G. Burg
Schuld und Schicksal
Europas Juden zwischen Henkern und Heuchlern
370 Seiten, Coverlux . . . . DM 26,—
Leinen . . . . DM 35,—

Robert Scholz
Architektur und bildende Kunst
1933–1945
Kunstdruckband, Großformat 22x31 cm, 240 Seiten,
220 Abbildungen, teils 4farbig, Rohleineneinband
mit Farbprägung, farb. lam. Schutzumschlag . . DM 56,-

► **Verlangen Sie den neuesten Schütz-Katalog** ◄

Erich Kern
Von Versailles nach Nürnberg
Der Opfergang des deutschen Volkes
540 Seiten, 24 Bildseiten, Leinen . . . . . DM 38,—

Hans-Severus Ziegler
Adolf Hitler aus dem Erleben dargestellt
304 Seiten, 16 Bildseiten, Leinen . . . . . DM 35,—

Karl Bartz
Die Tragödie der Deutschen Abwehr
„Der Fall Canaris" in völlig neuem Licht
Neuauflage, Leinen, Goldprägung, farb. Schutzu. DM 28,—

Professor Dr. Friedrich Grimm
Politische Justiz
Die Krankheit unserer Zeit — Erlebnis und Erkenntnis
192 Seiten, Coverlux . . . . DM 22,80

Karl Springenschmid
Aktion Eisvogel
Die finnischen Freiheitskämpfer
220 Seiten, 10 Holzschnitte, Leinen . . . . DM 28,—

Ion Valeriu Emilian
Der phantastische Ritt
Rumäniens Kavallerie an der Seite der Deutschen Wehrmacht
im Kampf gegen den Bolschewismus
420 Seiten, 40 Abbildungen und Skizzen,
Goldprägung, Schutzumschlag, Leinen . . . DM 38,—

Erich Kern
Generalfeldmarschall Schörner
Ein deutsches Soldatenschicksal
400 Seiten, 16 Bildseiten, Goldprägung,
farb., lam. Schutzumschlag, Leinen . . . . DM 35,—

Hildegard Fritzsche
Vor dem Tribunal der Sieger
Gesetzlose Justiz in Nürnberg
336 Seiten, 70 Abbildungen, Dokumentenanhang,
Leinen . . . . DM 42,—

Bolko Freiherr von Richthofen / Reinhold Robert Oheim
Weltherrschaft
Die Entwicklung Rußlands zur Großmacht — Ziel und Weg des
Kommunismus
352 Seiten, stark bebildert, Skizzen, Dokumentenanhang,
Leinen . . . . DM 42,—

Siegfried Oelsner
Sibirische Odyssee
Mein Weg durch die Hölle des KGB
328 Seiten, 20 Bildtafeln und Skizzen, Dokumentenanhang in
Faksimile, Leinen . . . . DM 36,—

▶ **Verlangen Sie den neuesten Schütz-Katalog** ◀

Skizze der Anordnung des Raumes auf einem U-Boot etwa des Typs VII C

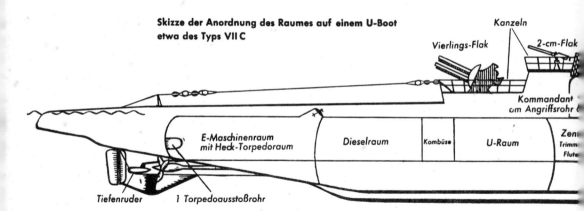

Kanzeln

Vierlings-Flak

2-cm-Flak

Kommandant am Angriffsrohr

E-Maschinenraum mit Heck-Torpedoraum

Dieselraum

Kombüse

U-Raum

Zen...
Trimm...
Flute...

Tiefenruder

1 Torpedoausstoßrohr